国家出版基金资助项目
中国社会科学院重大课题

郭沫若年谱长编

（1892—1978年）

第二卷

林甘泉　蔡　震　主编

中国社会科学出版社

目　录

（第二卷）

1933 年（癸酉　民国二十二年）41 岁 …………………………………（505）

1934 年（甲戌　民国二十三年）42 岁 …………………………………（527）

1935 年（乙亥　民国二十四年）43 岁 …………………………………（549）

1936 年（丙子　民国二十五年）44 岁 …………………………………（588）

1937 年（丁丑　民国二十六年）45 岁 …………………………………（667）

1938 年（戊寅　民国二十七年）46 岁 …………………………………（731）

1939 年（己卯　民国二十八年）47 岁 …………………………………（793）

1940 年（庚辰　民国二十九年）48 岁 …………………………………（822）

1941 年（辛巳　民国三十年）49 岁 ……………………………………（860）

1942 年（壬午　民国三十一年）50 岁 …………………………………（904）

1933年（癸酉　民国二十二年）41岁

2月　国民政府将北平故宫古文物两千余箱南运。

3月27日　日本宣布退出国联。

同月　日本侵略军在占领热河省后继续向华北进攻，驻守长城沿线的中国军队在喜峰口、古北口一带顽强抵抗。

5月　国民党当局加紧迫害左翼作家，丁玲、潘梓年被逮捕，应修人遇害。

10月　国民党军队开始对中央苏区的第五次围剿。

11月20日　李济深、陈铭枢、蒋光鼐、蔡廷锴等人以十九路军为主力，发动抗日反蒋的"福建事变"，在福州成立"中华共和国人民革命政府"，并与中国工农红军签订了抗日反蒋协议。至1934年1月，福建人民政府失败。

1月

10日　以日文致田中庆太郎明信片，正面落款跛脚仙人，信末署名释空如。写道："拓片大小二十八纸妥收。""释文初稿已完成，最后校订亦过半，一周内当可藏事，耗费精力而成果未尽惬意，小有悲观之感。惟愿勿予老兄招致过大损失。诚欲虔心念佛。"（《郭沫若致文求堂书简》第64号，文物出版社1997年12月版）

11日　《卜辞通纂》书成，并作序，说明原拟征集日本诸家所藏甲骨以为一书，后改变为"选辑传世卜辞之菁粹者，依余所怀抱之系统而排比之，并一一加以考释，以使观览"。又讨论卜辞所见"阳甲""河亶甲"，世系中"有妣名者为王统之直系"，卜辞年代之下限、帝乙畋游之地等问题。

收东京文求堂书店1933年5月初版《卜辞通纂》，现收《郭沫若全集·考古编》第2卷。

12日　致信小野寺直助："今日得奉大札，欣喜无似。自离母校，因东奔西走，素阙笺候。数年来流寓贵邦，亦因种种关系，未得趋承明教，恕罪恕罪。东洋医学史诚如尊言，急宜研究，然此事似非一朝一夕及个人资力所能为者。绠短汲深，仆非其器也，奈何奈何！前在学时，侧闻先生于敝国陶磁造诣殊深，想尊藏必多逸品。又，仆近正从事《卜辞通纂》之述作，不识九大文学部于殷虚所出龟甲兽骨有所搜藏否，其民间藏家就先生所能知者能为介绍一二，或赐以写真、拓墨之类，不胜幸甚。"（原信存小野寺和子处，引自《郭沫若学刊》1988年第1期）

小野寺直助，郭沫若在九州帝国大学医学部就读时的老师。

13日 致信田中庆太郎并岭子夫人。写道："日前天雨，又因睡眠未足，意趣郁郁，然得拜晤，已如于清秋良夜地见皓月当空，快慰无似。未能久留者，自惭形秽，恐玷玉宇琼楼耳。""晴霭夫人允为作画，不知已成否？望能彤管早颁，籍辉蓬壁。"（《郭沫若致文求堂书简》第65号，文物出版社1997年12月版）

◎ 以日文致信田中震二。谓：《卜辞通纂·索引》"当甚劳神"。"索引之编纂法，余意可分三种"，即"人名""地名""新字（此项不设亦可）"。又道："星期日或星期六务望过我，余之原稿亦望一并携来。本星期日拟使淑子着柳子小姐裁制之外衣，携往动物园一游。"（《郭沫若致文求堂书简》第66号，文物出版社1997年12月版）

《卜辞通纂》书后"附有人名及地名索引表各一，乃成于田中震二君之手，其劳有足多者"。（《卜辞通纂·述例》）

16日 作《卜辞通纂·述例》。说明该书"就传世卜辞择其菁粹者凡八百片，分干支、数字、世系、天象、食货、征伐、畋游、杂纂八项而排比之"。所选资料的来源，主要有刘鹗《铁云藏龟》，罗振玉《殷虚书契前编》《殷虚书契后编》《殷虚书契菁华》《铁云藏龟之余》，王国维《戬寿堂所藏殷虚文字》，林泰辅《龟甲兽骨文字》。另外又选录殷墟发掘出土的"大龟四版""新获卜辞"以及"日本所藏甲骨择尤"等。编纂的体例则有："原骨破碎多可复合……今悉为复合之"；"所附释文，主就原片画出，逐字迻译，其缺文之可补者补之，不可补者□之……所补缺字则限以方括弧"；"原辞有当疏证之事项，悉述于辞后"；"为读者检阅之便，本书之后附有人名及地名索引表"。

收东京文求堂书店1933年5月初版《卜辞通纂》，现收《郭沫若全集·考古编》第 2 卷。

18 日 以日文致信田中震二。告以"《太平御览》代查条目、柳子小姐裁制之外衣、龟甲兽骨照片四张，均拜领。铭感无暨，淑子欢喜雀跃。""《别录》释文，近二、三日内可撰成。"(《别录》指《卜辞通纂·别录》；《郭沫若致文求堂书简》第 67 号，文物出版社 1997 年 12 月版)

23 日 夜，致信田中庆太郎。说："奉扰竟日，并使多所糜费，感铭无暨。中村氏兽骨释文一纸，乞转交为荷。来礼拜日能偕嫂夫人及诸女公子辈来游否？或暂能消遣老兄之倦怠，亦足破小弟之岑寂也。"(《郭沫若致文求堂书简》第 68 号，文物出版社 1997 年 12 月版)

28 日 以日文致田中庆太郎明信片。说："拟于星期一午前踵府奉访。乞使观中岛翁藏品；东大所藏如尚未摄影，亦将前去一看。郑贞文氏有信来，云已寄出何遂氏所藏甲骨拓本，明晨当可寄到也。"(中岛翁指中岛竦——编者注；《郭沫若致文求堂书简》第 69 号，文物出版社 1997 年 12 月版)

30 日 致信容庚："久疏笺候，隔阂殊深。拙著本责备贤者之例，对于大作多所指摘，时有太不客气之处，闻足下颇引为憾，死罪死罪！唯仆常读大著，见于拙说或录之而没其源……，或隐之若无睹……，颇觉尊怀亦有未广。学问之道，是是非非，善固当扬，恶不必隐，由是辩正始能进展。闲览欧西学术史及思想史，其所由之路率如是也。尊著内史鼎释文亦大有可商之处，如足下乐闻其说，当于次函略布所见，以广大闻。《古代铭刻汇考》闻已邀惠鉴，'再勘误'一纸奉上，乞查核。"(《郭沫若书简——致容庚》，广东人民出版社 1981 年 5 月版)

本月 月末，得董作宾以其《甲骨文断代研究例》三校稿本寄示。

"本书（《卜辞通纂》——编者注）录就，已先后付印，承董氏彦堂以所作《甲骨文断代研究例》三校稿本相识。"(《卜辞通纂·后记》)

2 月

3 日 以日文致信田中庆太郎，署名蒙俱生。云："常吃白食，渐可归入'强狗'一类矣。《三世相》已阅毕，自信可往上海城隍庙一带生活。多谢规矩屋先生。于《三世相》中见'十二宫'一词，希腊少女何时下嫁东方？乞相机请教规矩屋先生为祷。"(《郭沫若致文求堂书简》第 70 号，文物出版社 1997 年 12 月版)

"强狗",系英语 gangc 的日语音译,强盗之意;"规矩屋",即长澤规矩也。

◎ 夜,以日文致田中震二明信片。说:"又发现《卜辞通纂考释》尚有多处需订正,暇时乞携带来游。星期日恭候诸位一同光临!""如有王襄著《簠室殷契征文》乞寄下一部。"(《郭沫若致文求堂书简》第 71 号,文物出版社 1997 年 12 月版)

5 日 以日文致田中庆太郎明信片,署名俱。写道:"不折翁甲骨照片奉到(博物馆一份亦收到)其中二三片全然不可辨识,实无计可施。如能向不折翁求得拓本固佳,否则拟割爱。"信中并"赋《拉狗屁》歪诗一首":"双眼镜下拉狗屁,/越看越响越起劲。/先生三口好应援,/一左一右一中正。/左口叫声'悉加力',/右口叫声拿磨温(Number one)。/中口伸得特别长,/衔着烟草当性命。"(《郭沫若致文求堂书简》第 72 号,文物出版社 1997 年 12 月版)

"拉狗屁""悉加力""拿磨温",分别是英语橄榄球、加油、妙极之意。

6 日 以日文致信原田淑人。说:"东大及帝室博物馆的甲骨,承蒙厚意,允以纵览和摄影,谨表衷心谢意。博物馆的那一部分,照片洗出后极为鲜明,但昨日得到的帝大的部分,稍差一些。有的字迹不清,难以辨认,我想,这无论如何也是印不成书的。为此,请允许我不揣冒昧,委托文求堂的田中先生直接派摄影师前去再拍摄一次。"(信文见刘德有《珍贵的墨迹——日本发现郭老在三十年代写的日文书简》,1980 年 6 月 2 日《人民日报》;写信时间据蔡震《文化越境的行旅——郭沫若在日本二十年》,文化艺术出版社 2005 年 3 月版)

7 日 晨,以日文致信田中震二。写道:

"五日夜手书奉到。查考迅速周密,感佩无似。此问题务请彻底解决,终究是一种见识。另附致原田氏函,乞与令尊商量处置。倘可行,将请摄影师携去转致;如有不便,毁弃即可,姑用那张模糊不清的照片。

令堂视我为无忧无虑者,盖认识不足也。然已觉不复能逍遥自在如今日之状矣。"(《郭沫若致文求堂书简》第 73 号,文物出版社 1997 年 12 月版)

8 日 夜,作《卜辞通纂·后记》。述及其书付印后收到董作宾寄赠所作《甲骨文断代研究例》三校稿本,称赞"如是有系统之综合研究,实自甲骨文出土以来所未有"。又讨论彼此意见相左的"阳甲与沃甲之互易""帝乙迁沬事之有无"二事。又纠正原因王襄《簠室殷契徵文》一书拓片不精，疑为伪品而摒弃未用之误，特选取其"足以证佐余说"的"仅见之例"，译录数片以作补充。

收东京文求堂书店1933年5月初版《卜辞通纂》，现收《郭沫若全集·考古编》第2卷。

10日 以日文致田中震二明信片，署名M.J.。说："十二宫的问题愈益堕入迷宫矣。张果老居广寒宫，自当别论。至若元末郑希诚则由于马可波罗东渡与元代西征，有知晓希腊少女之可能性。已发现之资料推断大抵如此。"（《郭沫若致文求堂书简》第74号，文物出版社1997年12月版）

上旬 得梅原末治赠"臣辰尊铭拓影一"。（《郭沫若书简——致容庚》，广东人民出版社1981年5月版）

13日 致信容庚："示悉。足下慷慨释疑，至欣且慰。""《武英殿》已在文求堂得一见，甚精美。""蔡大师鼎以未见原拓为憾，足下所藏能假我一阅否？近蒙梅原末治赠臣辰尊铭拓影一……兄如需之，可影寄也。"（《郭沫若书简——致容庚》，广东人民出版社1981年5月版）

15日 以日文致田中震二明信片，署名M.J.。谓："无聊之极，现考释《石鼓文》。化石之人也。二三日内当踵府。""今日狂风大作，尘砂蒙蒙，兴味索然，终日忧愁。"（《郭沫若致文求堂书简》第75号，文物出版社1997年12月版）

17日 过访文求堂田中庆太郎。

文求堂自东京本乡一丁目六番地迁至本乡二丁目二番地。（《郭沫若致文求堂书简》第76号，文物出版社1997年12月版）

◎ 致信容庚："复书及大稿均拜读。《卜辞通纂·序》末段因有激而发，请读罗君《古玺文字徵·序》，当知其对象为谁也。'责人过严'及'不可思议'语亦有所激，前者因兄匿名，后者因兄乾没。今既知皆有所为，则知妄言之罪矣。尊评多悱刻语，于弟虽无损，似觉有玷大德。如能及，请稍稍改削之；如不能及，亦请释虑，弟决不因此而图报复也。"（《郭沫若书简——致容庚》，广东人民出版社1981年5月版）

18日 晨，作诗《无题二首》。其一："短别日三五，萦思岁万千。清辉如满月，长恨若新弦。相见一回后，损增一样添。"其二："相对一尊酒，难浇万斗愁。乍惊清貌损，顿感泪痕幽。举世谁青眼，吾生憾白头。人归江上路，冰雪满汀洲。"（《郭沫若致文求堂书简》第76号，文物出版社1997年12月版）

◎ 致信田中庆太郎并晴霭夫人。说："昨日雪中奉访，打扰多多。因白鹰而倾心，为研辰而破笑，趁心之事难可再得。暇时尚望过我。"并将所作《无题二首》另纸写下，寄田中庆太郎夫妇，署名"蒙俱生吟草"。（白鹰系一种酒名——编者注；《郭沫若致文求堂书简》第76号，文物出版社1997年12月版）

25日　以日文致田中震二明信片，署名M.J.。说："惠函奉悉。星期日恭候各位，请阖府来游！"（《郭沫若致文求堂书简》第77号，文物出版社1997年12月版）

28日　以日文致田中震二明信片，署名M.J.。写道："《现代》寄来之书信，请随意开封。""余亦欲每日踵府拜访，如田所君那样。然问题不能唯心地解决，此固马克思主义之精髓也。君乃无问题之人，每日过我无妨。"（《郭沫若致文求堂书简》第78号，文物出版社1997年12月版）

本月　诗《夜半》由大内隆雄翻译，刊载于日本新天地会《新天地》第13卷第2号。

3月

2日　致信叶灵凤。写道：

"二月二十一日信接到。款亦收。我因为你久不回信，日前曾由内山转致一函诘责。今得到信始知曾旅杭二月，想于创作方面必多收获也。我的版税能在'每月十日汇出'最好，望勿失信，因在此羁旅，困苦有难言处，有弟此书厚谊，实精神上之莫大慰安也。

《紫薇花》尚未下笔，因忙于它种研究，无暇创作。我并已决心暂时不愿在任何杂志上发表文字，现代如愿为出单行本，将于最近着手写出，并添写若干短篇以集成一册，特稿费望能先付——最好先寄千元来——才能安心做去。

另纸寄王礼锡一信，如方便时请转交。该稿如取得，请即寄下。如现代愿发表时，亦可。但须售稿。"

载孔另境编《现代作家书简》，上海生活书店1936年5月初版。

3 日　过访文求堂田中庆太郎。(《郭沫若致文求堂书简》第 79 号，文物出版社 1997 年 12 月版）

4 日　夜，以日文致田中庆太郎明信片。说："昨奉扰竟日，蒙诸多款待，孙悟空亦当欢喜雀跃，谢甚谢甚。另函奉上《通纂》残稿，乞查收。"(《郭沫若致文求堂书简》第 79 号，文物出版社 1997 年 12 月版）

13 日　致信田中庆太郎，署名蒙俱生。以《为舌祸问题嘲嘉老》为题赋诗两首。信写道：

"嘉斋夫子剧能谭，口角流沫东西南。
姻缘虽是前生定，说破全凭舌三寸。

舌底无端恼御寮，红线良缘是解消。
如此老人充月下，人间何处赋桃夭。

第二首尾句'赋桃夭'三字拟改为'有黑猫'，更觉道地，特嫌过于男性中心耳。"
(《郭沫若致文求堂书简》第 80 号，文物出版社 1997 年 12 月版）

15 日　以日文致田中震二明信片。告以："书名简作《卜辞通纂》为宜"，"并考释"三字可删去。(《郭沫若致文求堂书简》第 81 号，文物出版社 1997 年 12 月版）

17 日　作《卜辞通纂考释·书后》。收东京文求堂书店 1933 年 5 月初版《卜辞通纂》，现收《郭沫若全集·考古编》第 2 卷。写道："《后记》中论及董作宾氏《断代研究例》所引'五示'及'虎祖丁'二辞，因未见原契，故多作揣测语。今承董氏摹寄，爰揭之于次，以补余书之未备。"

中旬　得董作宾书信，及其所摹录的两片甲骨刻辞。(《卜辞通纂考释·书后》)

29 日　又作《卜辞通纂考释·书后补记》。收东京文求堂书店 1933 年 5 月初版《卜辞通纂》，现收《郭沫若全集·考古编》第 2 卷。谓："《书后》中所录二片，前承彦堂摹示，今复以影片见赠，幸本书尚在印刷中，爰一并采入。""余于此对于彦堂之厚谊深致谢意。"

30 日　以日文致田中庆太郎明信片。告之，昨夜奉上的信中，一日语词，"其汉字当作'悉'，误作'不悉'，谨予订正。意适相反，诚可笑之至也。"（《郭沫若致文求堂书简》第82号，文物出版社1997年12月版）

31日 以日文致信田中庆太郎。说：

"《卜辞通纂》已通读一过，乞加勘误一叶。复为如此拙劣而愕然，实欲泣而焚之，唯愿勿使他人蒙受重大损失。另纸列出当寄赠者姓氏，其中仅五部乞赠阅，其余各部及邮费皆请自版税中扣除。

奉上太平洋书展请柬，如乾郎先生欲往参观，用之是幸。"

信中所列寄赠者为：中村不折、河井仙郎、古城贞吉、中岛蠔山、石田干之助、原田淑人、驹井和爱、黑田善次、内藤湖南、滨田耕作、梅原末治、水野清一、松浦嘉一郎、郑贞文、何遂、董作宾、马叔平、福开森、中央研究所，及郭开文。（《郭沫若致文求堂书简》第83号，文物出版社1997年12月版）

下旬 得董作宾寄赠两片甲骨刻辞照片。（《卜辞通纂考释·书后补记》）

本月 "写成《秦雅刻石研究》一卷，终因资料关系竟无发表之自由。"（《古代铭刻汇考·序》，《郭沫若致文求堂书简》第84号）

《秦雅刻石研究》经改作，后来辑入《古代铭刻汇考》，名《石鼓文研究》。（《古代铭刻汇考·序》）

◎ 自传《我的幼年》更名为《幼年时代》，由上海光华书局出版。改版说明，由于查禁，删去文中一段及《后话》的最后两句。

◎ 作诗一首，无题，表达对于喜峰口抗战的振奋之情："濡水南来千里长，卢龙东走塞云黄。毫端怪底风云满，望断鸿图写故乡。"（手迹载《星星》1984年第5期；叶籁《祖国情深 风云满纸》，《抗战文艺研究》1984年第3期）

年初，侵华日军攻占山海关，3月初热河全省沦陷。日军继续向长城各关口发动进攻，企图进一步占领华北地区。3月11日，驻守长城喜峰口的二十九军官兵奋起反击，将日军一举逐出喜峰口，全国各界大为振奋。

4月

3日 致信叶灵凤。说：

"我前月回你的一封信，应该是早已接到了，一直没有接到你的回信。你说每月十号务必汇二百元来，但是三月份还成了废话。今天是四月三号，此信到你手里当在十号以前，我将特别提醒你，请你于四月十号务必将二百元寄出。

我前信托你转交王礼锡的一信，可作废，因我最近才知道王已出洋。

施蛰存先生写来一信，要我在《现代》上做篇创造社历史，我的《创造十年》已经有一半在那里了，我没意趣再写，请你转告他。在时间上没有长久性，在价值上无可无不可的东西，我是没兴趣做的。"

载孔另境编《现代作家书简》，上海生活书店1936年5月初版。

6日 以日文致田中庆太郎明信片。写道：

"《石鼓文》如难于出版，亦勿勉强。中甲本跋与后劲本小生尚未得阅，故研究亦不能说完成，且目前时期，暂缓发表反为妥当。总之，乞酌情处理。

以二日之功已将卜辞刻痕整理完毕，同时编成《通纂》正误表，今朝已奉寄。内山氏拓本残片亦将另邮奉赵。《华国杂志》当系尊处之库本，容后奉还。"（《郭沫若致文求堂书简》第84号，文物出版社1997年12月版）

19日 致信叶灵凤。写道：

"四月十日信收到，款亦如数收到，收条寄上。

前蒙寄《胡与郭》一书早已收到，这种投机的无聊的文字没有理的必要。

××的冷箭也听他，不愿意和他争一日的短长。

光华寄了稿费千元来约写《武昌城下》，现在已经写了百余页了。我最近想把亡命来日本的这五六年的生活写出来，题为《江户川畔》。可写三四十万字，现代如要时，可预定契约。

今天因为有别的事情，只写这一点。

《创造十年》重版者请寄数册来，因我手中的初版一本都没有了，都送人了。《古代社会研究》也请寄一二册来。又想写《先秦思想批判》了。"

载孔另境编《现代作家书简》，上海生活书店1936年5月初版。

25日 致信田中庆太郎。说："日昨蒙以嫂夫人名义惠赠衣类多件，颇觉惶恐。衣既裁成，却则不恭，谨拜领。厚谊徐图后报。"（《郭沫若致文求堂书简》第85号，文物出版社1997年12月版）

26日 以日文致田中庆太郎明信片。说："日前中央公论社携去原稿，迄无音信，烦请电话询问之，并转告：倘不采用，速退尊处。为《通纂》出版事，拟踵府奉访，届时取回。"(《郭沫若致文求堂书简》第86号，文物出版社1997年12月版)

本月 小说《一只手》由上海大光书店出版。

◎ 月末，作七绝一首题赠尾藤。云："神龟七二钻，殷礼四千年。没道名山事，劳君副墨传。"

题跋写道："卜辞通纂成，文求堂主人言尾藤君为此书之印行甚为尽力，赋此以报。"(据手迹，日本东京亚非图书馆"沫若文库"藏)

尾藤名尾藤光之介，日本开明堂东京营业所所长。文求堂所出版的书籍多由开明堂承印，郭沫若的《卜辞通纂》即由该堂印制。尾藤光之介家中另藏有一幅郭沫若该题诗手迹，其中改"没道"为"莫道"，题跋作"尾藤君清玩 书于江户川畔之鸿台"。

5月

10日 《卜辞通纂附考释索引》由日本东京文求堂影印出版，线装，4册。现收《郭沫若全集·考古编》第2卷。

27日 以日文致田中震二明信片，署名 M.J.。谓："中央研究院历史语言研究所董作宾先生函云，彼友欲购《通纂》，盼寄三四部，并谓一切由彼负责，包括邮费。此事当无碍也。"(《郭沫若致文求堂书简》第87号，文物出版社1997年12月版)

28日 以日文致田中庆太郎明信片。告以，"《大系》及《通纂》原稿二部均妥收"，并询问"装订费几何？乞示"。(《郭沫若致文求堂书简》第88号，文物出版社1997年12月版)

29日 以日文致田中庆太郎明信片。告以，《卜辞通纂》的《别录之二》发现一处差错。"估计再勘误尚赶得及，务请添加于末尾处。"(《郭沫若致文求堂书简》第89号，文物出版社1997年12月版)

◎ 以日文致田中庆太郎明信片。说："《通纂》又有一处须订正，如赶得及，望加再勘误之末。"(《郭沫若致文求堂书简》第90号，文物出版社1997年12月版)

30日 致信田中庆太郎。写道：

"《通纂》再勘误已校好，当无再订正之处矣。

土居香国门下故芝香女史著《九华仙馆诗草》（大正七年出版），有法购求否？其诗甚清隽，斯文中人远非所及。

今日无聊，偶成二绝，录供一粲：

小庭寂寂无人至，款款蜻蜓作对飞。
芍药开残还自谢，荼蘼如醉为伊谁。

阳光疑雾复疑烟，桃叶因风舞自怜。
柔管闲临枯树赋，牢愁如海亦连天。"
（《郭沫若致文求堂书简》第 91 号，文物出版社 1997 年 12 月版）

6 月

11 日 以日文致田中震二明信片。告之："画已题就，暇时请来取。印泥欠佳，需携至府上加钤印章。"又谓："《晶报》有二页载丹翁与洪渔二位评论《通纂》文字，乞暂假一阅，拟作复。"（《郭沫若致文求堂书简》第 93 号，文物出版社 1997 年 12 月版）

丹翁，指张丹斧；洪渔，即叶玉森。

16 日 以日文致田中庆太郎明信片。托请文求堂将《两周金文辞大系》《金文丛考》各一部，"寄上海实业银行刘晦之先生，费用容后面呈"。（刘晦之，即刘体智。——编者注）（《郭沫若致文求堂书简》第 94 号，文物出版社 1997 年 12 月版）

19 日 以日文致田中震二明信片。说："如廿一日天晴，则如约至新宿站汇合。"（《郭沫若致文求堂书简》第 95 号，文物出版社 1997 年 12 月版）

夏

◎ 作题扇诗 5 首：其一："君情如火蓺，妾有冰雪肌。请君一摇曳，凉意满阶墀。"其二："行乐须及时，春花无长好。努力扇阳和，莫恐秋风早。"其三："君喜白雪姬，妾爱黑人种。黑人居炎方，常得蒙恩宠。"其四："长夏安见长，终始无百日。嗟尔寒暑计，堕落何太疾。"其五：

"热意无几时，须臾即抛弃。等待秋风来，飞到南洋去。"（据原诗手迹录入，见蔡震《文化越境的行旅——郭沫若在日本二十年》，文化艺术出版社 2005 年 3 月版）

这 5 首诗均无题，亦无序号，题写在名为《塞外诗集》的一本书的空白页上，分初稿和定稿两部分，未署写作时间。时间的考订据蔡震《文化越境的行旅——郭沫若在日本二十年》。——编者注

7 月

5 日 致信田中庆太郎。写道："蒙赠暑衣多件，感纫无似，日前踵府面谢，适行旌蹔返叶山，未遇为歉。兹有启者，《晶报》前月廿八、九两日，叶红鱼氏（即叶玉森）对于《通纂》续有评骘。祈假我一阅为祷。今日奉到《北平图书馆刊》七卷一号，有《鹰氏钟》出土处之记载，刘节君对拙说复加毒舌，恨无机关以报答之也。"（《郭沫若致文求堂书简》第 96 号，文物出版社 1997 年 12 月版）

12 日 作回忆录《武昌城下》毕。（《北伐途次·序白》，《宇宙风》1936 年 7 月第 20 期）

该文"本是应沪上某书店（指光华书局——编者注）写出的，因该书店欠我的版税不付，这部东西也就没有交出去刊行"。（《北伐途次·序白》）后又曾接洽上海良友图书公司出版，但该公司欲更改书中一些内容，作者未允。1935 年，日本《改造》杂志 5 月号刊登了经过缩写的日文本《武昌城下》。1936 年 7 月该文在《宇宙风》上连载发表，改名《北伐途次》。

13 日 以日文致田中震二明信片，署名 M.J.。说："日前奉上信片，云拟约长泽先生做伴同赴金泽文库。特地烦劳长泽先生，实无必要，故此约作罢。"（《郭沫若致文求堂书简》第 97 号，文物出版社 1997 年 12 月版）

24 日 致信田中庆太郎。写道："日前踵候，适赴叶山，未遇为怅。兹有启者，比来于古器物铭识之研究，复有所得，拟录出以为消夏之具。书名及内容见别纸，形式仿《卜辞通纂》，可得一册之谱。尊处不识肯沿例承印否？如蒙承印，印税并无急需，拟提出一部分为购买《殷虚书契续编》之用。八月内留守期间，亦克藉此以攻破岑寂也。"（《郭沫若致文求堂书简》第 98 号，文物出版社 1997 年 12 月版）

◎ 致信赵南公。谓：

"前复一片谅已达览。书简集可出，但请将稿寄我一阅，至嘱至嘱。

"兹有一事拜托：今日得见神州国光社读书杂志三卷六号末新书预告内有拙译著二种，其详情见同封致胡秋原信中。请兄费心捧信交去，将该译稿取还，停止其印刷。如前方不允时，请费心为登报申明。用费若干，请暂垫出，当嘱上海内山书店如数璧赵。"

所附"郭沫若启事"写道："最近上海神州国光社新书预告中有拙译《德意志观念形态论》，乃三年前旧译为相识者所携去，屡次索还，迄未得覆。又有《沫若四种》，更不知何人所为。该二书之出版，均未经本人同意，特此申明。"（郭沫若纪念馆馆藏资料）

◎ 致信胡秋原。写道：

"今日得见《读书杂志》三、六、新书预告中有拙译《德意志观念形态论》及《沫若四种》，甚为诧异。前项乃四年前旧译稿，由梅电龙君携去时曾交来日币百元，并未成约。彼百元后得王礼锡君来信，言已记入《政治经济批判》印税项下。该稿久无牵罣，已屡次索回，迄未得覆，何以未经同意竟突然登出预告耶？第二项更不知何人所为，仆不曾以此奉托也。兹特托赵南公先生代表鄙意，与足下接洽。务请将二书停止印行，第一项译稿即交赵先生手为祷。足下乃文化中人，贵社亦与寻常市侩异道，为彼此遵守一定界限之礼节起见，特此专函布意。如足下仍以不理处之，个人为自卫计，将有相当之抗议，今且告罪在先。"（郭沫若纪念馆馆藏资料）

31 日 往访田中庆太郎。（《郭沫若致文求堂书简》99 号，文物出版社 1997 年 12 月版）

8 月

1 日 以日文致信田中庆太郎。说："昨夜奉访，闻尊夫人所言俊男事，无以为答。彼久无音讯，今朝收到其信片，故先呈览。"（《郭沫若致文求堂书简》99 号，文物出版社 1997 年 12 月版）

23 日 致信田中庆太郎。写道："昨夜俊男归，携来金文拓景七册，业已检阅一过。惜所切要之品悉未收入，殊出意外。兹有启者，《石鼓文研究》已缮写毕，约新原稿纸三十枚之谱。拟与尊藏照片（四十二张，并之则得二十一页），合为一册单行本以问世，较为妥当。因此著与其它今文、甲骨文等并为一书，殊有杂乱之感，而尊藏照片仅抽印四五枚，亦觉割裂可惜。同一发表，率性全部披露之则两全其美。不识尊意以为如何？"（《郭沫若致文求堂书简》第100号，文物出版社1997年12月版）

25日 作《沫若书信集·序》。收上海泰东书局1933年9月版《沫若书信集》。写道：

"泰东书局写信来，说要出我的书信集，叫我做篇序。我接到这信时，起了一个好奇心：因为我从事文艺活动的十几年来，写给朋友们的信可也不少，假如真能把它们搜集得起来，倒可以算得一部难得的生活的纪录。所以我便回信去，说书信集可以出，序也可以做，但所搜集的信稿须先送给我检阅一遍。

回信去后不久由上海寄了一卷校样来，便是这《书信集》的校样，看那光景似乎已经是最终校了。但把内容一看，使我自己失望的是所搜集的都是已经发表过的，而且是仅仅局限于献给三四个朋友的旧札。写这些信的动机，我自己是很明白的，一多半是先存了发表的心，然后再来写出信，所以写出的东西都是十二分的矜持。凡是先存了发表的心所写出的信或日记，都是经过了一道作为的，与信和日记之以真而见重上大相矛盾。

还有这些信里面所包含的见解，有些极其幼稚，极其荒谬，就中如一九二三年致宗白华《论中德文化书》，几乎满纸都是呓语。书中论及伏羲，以为中国思想史之滥觞，那是极大的错误，伏羲完全是周秦之际的学者所虚构出的人物；八卦的产生时期也应该是在周末的。还有二十八宿的成为系统是在战国初年，设定这个系统的是当时的二位星历大家甘氏和石氏；《国风》中虽然有参昴等单独的星名，但并不是已经有了二十八宿的系统。这些错误，在我的《古代社会研究》和《甲骨文字研究》里面是已经早见清算了。

总之，这个集子是过去了的东西，不过这里面叙到自己过往的生活处也有好些真率的地方；最后一封给成仿吾的信里谈到昨日的文艺，今日的文艺，明日的文艺的一节也还大抵近是，那个见解在初是出于我自己的顿悟，近来是愈见坚信着了。

多谢书局方面的热心。已经把这个集子汇成了书籍的形式，也就听它自生自灭去罢。全书经过我自己校阅了一遍，改正了好多错字错句，但除此而外是丝毫也没有更易的。还有，我很希望书局方面藉这个机会来搜集我其它未曾发表过的信札，汇成一个续集，或者比这部矜持的集子要较为有意义一点。"

26日 作《沫若自选集·序》。初收上海乐华图书公司1934年1月初版《沫若自选集》。写道：

"乐华书局要出作家自选集，让我自己也来选了一册。其实我以前所发表过的东西都是经过我自己的选择的，要说再来经一道严格的选择时也可以说没有一篇可以经得上选择。但我揣想书局的意思，大约是在节省读者的时间和经济起见，让作者自己选择一些比较可以见人的作品来让读者批判，的确是比较有意义的一种办法。我在赞成这个用意上便承应了选出这个集子。

这儿所选择的一些是比较客观化了的几篇戏剧和小说，为顾求全体的统一上凡是抒情的小品文和诗，以及纯自传性质的一些作品都没有加入。在我自己的兴趣上，觉得没有选入的一部分似乎有好些更要适意一点。但这些都是比较上的说法，认真严格地说时，凡是我转换了方向以前的作品，确实地没有一篇是可以适意的。我目前很抱歉，没有适当的环境来写我所想写的东西，而我所已经写出的东西也没有地方可以发表。在闸门严锁着的期间，溪流是停顿着的。

照书局方面的规划，凡是自选集的前面须有作家的照片和自传一篇。但我在最近五六年间没有单独地照过一次相片，要专为这个集子去照相，觉得没有那样的闲心。说到自传，我近年来已经写了不少，翻来覆去地写了又写，连自己都觉得讨厌，所以对于这层也只好违命了。但在去年我写《创造十年》的前编（已发表的只是前编，还有后编未发表）的时候，我曾把我自民国三年留学日本以来的生活和著述作成了一个年表，以作为叙述时的指标，我现在权且把它揭在这儿，就作为自传的代替罢。"

◎ 作《民国三年以来我自己的年表》。初收上海乐华图书公司1934年1月初版《沫若自选集》。

本月 据《后劲本》石鼓文拓本作《石鼓文研究》讫。收东京文求堂书店12月初版《古代铭刻汇考》。(《郭沫若致文求堂书简》第100号，文物出版社1997年12月版；《石鼓文研究·重印弁言》)

◎ 妻儿们去海边避暑，独自留在家中"来做些活计"。(《鸡》)

9 月

6 日 致信田中庆太郎。说："尊价来，持至《神州国光集》六及新海氏所赠法物，至感至感。"(《郭沫若致文求堂书简》第101号，文物出版社1997年12月版)

9 日 致信叶灵凤。说：

"信接到，汇款二百元亦如数领讫，至感至感。关于光华事，拜托拜托。所有各种文件，均存内山书店，可将名刺携去商量妥善办法。内山处已有信去预告矣。

《现代月刊》按月收到，多谢。近来也颇想动笔，写出后或许可以寄你。我在离沪之前有一个月的日记颇有意义，想整理出版，即颜曰《离沪之前》。现代如承印，抽版税亦可。请酌量之。

又光华处的作《武昌城下》，该局仅寄来五百元，尚有五百元至今未到。故稿亦尚在手中。只要你们有诚意，转由现代出版亦可。

丹斧文件寄我一阅。"

载孔另境编《现代作家书简》，上海生活书店1936年5月初版。

10 日 以日文致田中庆太郎明信片。告以彙文堂所寄《汉石经碑图》收到，"即披读，发现与小生之图每行有一字之差，若尚未植字，乞订正原稿后再付排"。(《郭沫若致文求堂书简》第102号，文物出版社1997年12月版)

15 日 作《周代彝铭进化观》作者识。写道："此文乃1931年纂集《两周金文辞大系》时，所拟'序说'之一节，因嫌蛇足，未及印入。今取出观之，觉与本集所论有相应之处，爰颜以令名附录于此以当注脚。"收12月东京文求堂书店初版《古代铭刻汇考》附录。

24 日 整理1928年1月15日至2月23日日记，成《离沪之前》并作前言。前言写道："我现在把它们稍稍整理了一下再行誊录了出来，有些不关紧要和不能发表的事情都删去了。但我要明白地下一个注脚，这'不能发表'并不是因为发表了有妨害于我自己的名誉，实际上在目下的社会能够在外部流传的'名誉'倒不是怎样好的事情。"全文发表于上海

《现代》月刊 1933 年 11 月、12 月、1934 年 1 月第 4 卷第 1 期至第 3 期，由上海今代书店 1936 年 5 月初版发行，后收《沫若文集》第 8 卷，现收《郭沫若全集·文学编》第 13 卷。

25 日　致信叶灵凤。写道："前信想已接到。兹得施杜二君来信，要我在《现代》四卷一号上做些文章，我把前次所说的《离沪之前》整理了出来，凡是不能发表的都删除了，仅留得四十页。原稿已经寄往内山。这在我是很重要的一段生活记录，在《现代》上发表也好，请你叫书局送三百元去和原稿兑换罢。"

载孔另境编《现代作家书简》，上海生活书店 1936 年 5 月初版。

26 日　作散文《鸡》。借家中喂养的一只鸡失而复得一事，表达了对于数万被剥夺了田地房屋，沦落在东京求生的朝鲜人牛马不如的悲惨境遇的深切同情。

初收上海乐华图书公司 1934 年 1 月初版《沫若自选集》；又收 1946 年 5 月上海北新书局版《归去来》，改名《鸡之归去来》；后收《沫若文集》第 8 卷；现收《郭沫若全集·文学编》第 10 卷。

本月　《沫若书信集》由上海泰东书局出版，收入致宗白华、田汉、郁达夫、成仿吾等人书信 15 函。

秋

◎ 集成《古代铭刻汇考》。(《金文丛考·重印弁言》)

10 月

10 日　以日文致田中震二明信片，署名 M.J.。说："信片奉到。前日竟令高堂雨中奔波，失礼之至。星期六如天气晴朗，将奉陪同往格兰特饭店。俟感冒痊可，心情爽朗，请来一逛。"(《郭沫若致文求堂书简》第 103 号，文物出版社 1997 年 12 月版)

20 日　以日文致田中震二明信片，署名 M.J.。回复其来信中所提之问题，并谓："倘遇天气晴好，请诸位同去 Picnic"。(Picnic，英语，野餐、郊游之意)(《郭沫若致文求堂书简》第 104 号，文物出版社 1997 年 12 月版)

29 日　赴松永安左卫门夫妇之邀，往访柳濑山庄。并得松永安左卫门所赠其著作《受玄界波涛之洗礼》。(郭沫若 1933 年 10 月 31 日致小野寺信；菊地三郎《万马齐喑的亚洲学》，日本新人物往来社 1981 年 11 月版)

松永安左卫门是日本电力会社经理，其夫人与小野寺直助夫人系姊妹。柳濑山庄为其别墅。

31 日 以日文致信小野寺直助。说："秋高气爽之际，想必先生清祥万福。前周日（二十九日）承蒙松永安左卫门之邀前往柳濑山庄闲游一日，得以面晤松永夫人并话及先生，使学生甚感亲切。今后若来东京，务必赐学生以叩拜之机会。学生将于寒舍静候大驾光临。"并为因自己传染给安娜的淋病愈益严重，请小野寺直助在东京和千叶一带介绍一位熟悉的、可靠的妇科医生为安娜治病。（原信存小野寺和子处，中文引自武继平《郭沫若留日十年》，重庆出版社 2001 年 3 月版，其中识读之误已据原信手迹订正）

自署写信时间为 11 月 1 日，邮戳日期为 10 月 31 日。——编者注

本月 《现代支那政治论》刊载于日本改造社《改造》第 15 卷第 10 号。

11 月

25 日 作《古代铭刻汇考·序》，收东京文求堂书店年 12 月初版《古代铭刻汇考》。写道："本编所录古代铭刻汇考四种，大抵乃今岁夏间所作。《殷契余论》与《金文续考》二种在补苴旧业，虽无多大发明，然大率新获之知见……《石鼓文研究》一种所费劳力最多。自去岁秋间得见明锡山安国十鼓斋旧藏北宋拓本最古本之影片即存研究心事。今岁三月曾费一阅月之力写成《秦雅刻石研究》一卷，终因资料关系竟无发表之自由，今此所录者乃其改稿也。余之知见尚有进于文中所述者，它日当别有机会详言之。石鼓据余所见乃秦襄公八年始受命为诸侯作西畤时所作，其说具详本文。今阅《秦风·诗序》，言'〈驷驖〉美襄公也，始命，有田狩之事，园囿之乐焉'，则是与石鼓诗乃同时之作，《诗》之'游于北园，四马既闲'，盖即西畤之后苑矣。末附《汉代刻石二种》均据旧有资料，略补前修之所未逮云尔。"

30 日 作《自然への追懷》。日文本发表于日本改造社《文艺》1934 年 2 月号；中文本题作《自然底追怀》，载 1934 年 3 月 4 日上海

《时事新报·星期学灯》第 70 期；又载《现代》月刊 1934 年 4 月第 4 卷第 6 期，题名《自然之追怀》（济之译）；另以《我在日本生活》为题刊载于汉口《西北风》半月刊 1936 年 10 月第 10 期。文章回忆了在日本留学初期，开始写作诗歌的经历，以及日本的自然环境对于这些诗歌的影响。感喟着要把失落了的大自然"抓回来"。写道：

"我在日本的生活可以分为前后两期。第一时期时自一九一四年至二四年止的留学时期，第二时期是一九二八年以降一直至今的流亡时期。算起来，我归祖国只有其间四年，这四年总算为祖国做了一些工作，其余十六年是整个地消耗在日本的。这消逝了的十六个春秋，我现在回想起来，真是无限惊骇，有骇我一半的生涯竟就这样地化去了。这前后二个时期始终不变的是我物质上的生活，那是不必说的，自然是一个穷，但是精神上的生活，却完全像判为两个人的。在前期，我是一个医学院的学生，而且是憧憬着泛神论的，在东洋是崇拜着庄子和陶渊明那样的古人，在西洋是崇拜着斯宾诺莎与歌德等。特别是对于自然的感念，纯然是以东方的情调为基音的，以她作为友人，作为爱人，作为母亲。但是这一种情调至今完全消逝了，特别是在这所谓非常时的日本国土上，我们要憧憬自然，我们只好驾着幻梦的翅膀飞入别一个星球。我们是老早失落自然的。十八世纪的大哲人卢骚曾经为'走回向自然去'而大声疾呼，但是我们宁可来呐喊着'把自然抓回来'。

我的文学活动期是九州大学当学生生活时，那时候我大都以日本的自然与人事作为题材的。这时期所写的东西大概是以新的形式来发表的，但是在以前高等学校的时候，那时因为中国未见有新文学的诞生，因之时不时有以旧的形式来试作诗词的。那些诗词大都是弱年时候的未成熟品，发表自然不要说起了，至于原稿也没有一张遗留。现在仅不过在我记忆里尚有二三十首样子可以爬得出。"

"北条的镜浦在无风的时候真像镜子一样平稳。……然而，在这镜中时常有意外的东西现出来。人们在清晨散步于海滨的时候，你一定会从遥远朦胧的海雾之中发现有像黑色的东西像山一样地陈列着。这就是夜来停泊的军舰。有时一艘，有时三五艘。在海的景色上凭添了这一种奇观，固然也不能不算为有趣的，然而当然是不能算为平稳了。特别是我们异乡人看到了这种现象会唤起种种联想。我因此曾经把这光景作为题材而吟成了像下面所录的一绝句。

　　飞来何处峰　　海上布艨艟
　　地形同渤海　　心事系辽东

这海湾的形的确像地图上的渤海湾，看见这海湾上出现了这一种现象，我自然要联想到这样子。

至秋天，立刻寂寞了；但是海岸的风情仍旧像平常一样。特别是像北条一样，做了学生的浴场，直到九月的始业期开始，海滨于是几乎一个人影也没有了。而我却开始反而一个人呆呆的裸体着躺在海岸。那时候，阳光是温薄地掷出一种衰弱的哀调，潮的声音也不能像仲夏深夜那样拖着一种寂寞的余韵，但空气非常的清澄，对岸富士山的秀姿，在晴朗的清早她老早就从遥远的云端里探出头来。这一种崇高是无话可以形容的。在这一种灵境里当然是诗的情绪会像潮一般涌出来，可是要诌成一首极巧妙精致的诗是多么地艰难吗。"

"我居留冈山的时候，我常常驾着小船荡漾在旭川。在后乐园与冈山的天主阁中间的一段川面，那是顶富有诗意的。在六高对面的东山，虽然不算怎样一个名胜的所在，但是因为开始的一二年我住得很近，所以我常常到那边散步。实行静坐的时候，我往往会陶醉于泰戈尔的诗里，浮入了 Sentimental 时代。在月夜我独自徘徊于东山的山阴，因为我自己的跫音常常会击破周围美丽的寂寞，所以我常常脱去了下驮而作裸足游的。在那时候，我曾经吟下如下《晚眺》与《新月》二绝。

　　　　　　晚眺
　　暮鼓东皋寺　　鸣筝何处家
　　天涯看落日　　乡思寄横霞
　　　　　　新月
　　新月如镰刀　　斫上山头树
　　倒地却无声　　游枝亦横路

在六高的校后是可以走往操山的，这操山比东山是比较的难走。山是相当的高，所以在漫步的时候自己应当常常留意自己。不过，最初我一人上这高山时就获得很深的印象。这是要回忆到一九一六年十月的时候。那时我因为求学，所以昼间是很少时间可以多余下来给我游玩的，因之常常在黄昏时，我一个人孩子般从学校的右边绕道登山。当我走入半山荡进松林的时候,天已经从薄暗里展开了夜景。在夜色朦胧中,睨着山顶的大石,躲在树林之间,这种种姿势,竟使我好像走进了猛兽的王国一样。那时遥远的西方山顶上正有睡眠着一个太阳,但是已经仅剩半规了。这浓红的夕阳弥漫天空,像飞洒着的血流。我置身在这伟大的时空间,招致了我汹涌澎湃的灵感,我一胸舒畅……"

"濑户内海的风景,的确诚如日本夸为自然之一处。各岛的容姿,因为背着日光,所以色彩的变化真是绚烂绮丽,以言语是无以形容的。日本的所以会产生锦绘,我想恐怕大半是因这内海吧。在中国是巫山三峡,在日本是濑户内海,都是自然界的灵境。如果以三峡的奇峭,警拔,雄壮而誉之为北欧的悲壮美,那么濑户内海的明朗,玲珑,秀丽应誉为南欧的优美吧。"

"一九一八年夏,我升学至福冈的九州大学。福冈是元兵遗留过史迹的所在,所以我在一高的豫科时代就把这地方作为憧憬的目的地。博多湾的沿岸,特别是元兵残留着防垒的几处,我几乎闭着眼睛也认识了。这地方的千代松原(别名为十里松原),我居留约莫五年。所以即使在现在还感觉着像我的第二故乡。人类的本性自然是与自然的姿态一样热闹的,这地方当然是聚集有神女伶人而发散着南国的氤氲。在箱崎一带渔村上的居民,他们也为了御祭,拿出了三弦拉拉。有歌唱,有舞蹈,有酒醉,这使我羡慕着他们的乐天。博多湾从北方到海中道因为有很长的土股,所以把外面的玄海滩遮断了,平常是完全像平稳的明亮湖水一样。那是谁也想不到这平稳的大水会得吞没几百艘元兵的军舰。不曾亲眼看见二百十日(日本农事忌日,即大风暴雨之日)那天的发狂光景是谁也要认为奇怪神秘的罢。"

文章最后写道:"在本篇里所集的十首诗都是即兴的口号,所以如果被专作苦心惨澹的诗人们看见,恐怕一定会被认为一首也没有价值的。但是我不过拿来作为回忆过往生活的,作为向日本自然追怀的记录,似乎尚为妥当。总之,我写这篇文章,不过是作为轻减我记忆的负担的一种工具而已。"

12 月

8 日 以日文致信田中震二,署名 M. J. Kuo。告以《古代铭刻汇考》

一部收到，并请出版后寄赠内藤湖南、中村不折、滨田耕作、梅原末治、水野清一、唐兰、刘节、福开森、怀履光、郭开文等诸人。同时询问："请内藤先生复制之罗氏金文拓本一件，费用几何？若价过昂，以余目前状况，能否负担，尚踌躇，乞详告之。《两周金文辞大系》原拓刊行计划已决定终止了吗？贵堂有无再版之意？亦乞便中示知为祷。上海某书局已流露有意出版，姑奉闻。"（《郭沫若致文求堂书简》第105号，文物出版社1997年12月版）

10日 《古代铭刻汇考》由日本东京文求堂影印出版，线装3册，包括《殷契余论》《金文续考》《石鼓文研究》《汉代刻石二种》四个部分。《殷契余论》后编入《甲骨文字研究》，现收《郭沫若全集·考古编》第1卷；《金文续考》后编入《金文丛考》，现收《郭沫若全集·考古编》第5卷；《石鼓文研究》后汇入长沙商务印书馆1939年出版的《石鼓文研究》，现收《郭沫若全集·考古编》第9卷；《汉代刻石二种》现收《郭沫若全集·考古编》第10卷。

11日 以日文致信田中庆太郎。说："昨日令郎枉过，蒙赠火腿，谢甚。""刊行《两周金文辞图版》实为好事，然选择拓本与编制样式须经著者之手，方合情理。此外，再版时，拟稍加增订。"（《郭沫若致文求堂书简》第106号，文物出版社1997年12月版）

14日 以日文致信田中庆太郎。写道："先生谓'三月以后着手印刷《金文辞图版》'，'以后'之意殊难解。倘欲三四月着手印刷，则必须立即着手编纂。复制罗氏拓本一事亦复如是，皆系口头之约也。且闻罗氏亦有编辑成书之计划。倘能先加利用，则于彼此均有益。设若尊意如上，请暂假左记诸书一用，因于编纂需要参照也：1.《周金文存》，2.容庚《秦汉金文录》，3.容庚《颂斋吉金图录》。"（《郭沫若致文求堂书简》第107号，文物出版社1997年12月版）

17日 以日文致信田中庆太郎。谓："书籍多种奉到。""拙著《大系》、《之余》乞各寄下一部，手边所有均系原稿本，批注诸多不便。版税当稍有结余，乞从中扣除。《图版》事，有欲面商者，盼待往过一谈。此外，《石鼓文》亦有欲查核之处。尊藏摄影版（先锋本），暂假一阅为祷。"（《郭沫若致文求堂书简》第108号，文物出版社1997年12月版）

21日 以日文致信田中庆太郎。说："《之余》、《大系》、《石鼓文》

照片 42 张妥收中村先生之《十七帖》昨亦奉到，系先生惠赠，祈代致谢意。""只得承认今年为厄年也，余日无多，或可安然度过乎？乞恕自作主张，罗氏拓本之 85 元，拟自来年《图版》印税中扣除。如是，则新年粘糕之类，亦可为儿女辈准备也。欲面谈之事甚多，容后叙。"（《郭沫若致文求堂书简》第 109 号，文物出版社 1997 年 12 月版）

30 日 以日文致田中震二明信片，署名 M.J.。说："内山所汇款项，当系《现代》之汇款。日内着小儿躜府拜领。《安阳报告》阅毕。商承祚《五家彝器图录》印就后，需用一部。"（《郭沫若致文求堂书简》第 110 号，文物出版社 1997 年 12 月版）

《安阳报告》，即中央研究院历史语言研究所编《安阳发掘报告》。

本月 小说《行路难》由上海商务印书馆出版。

本　年

◎ 年底，继续进行《生命之科学》的翻译工作。

毁于上海"一二八"战火的译稿，留有开始的"一二百页"，"商务印书馆复兴之后，在一九三三年的年底我也'卷土重来'，又把本书的译述继续下去。"（《五十年简谱》中作 1934 年——编者注）（《生命之科学·译后》）

1934 年（甲戌　民国二十三年）42 岁

2 月 蒋介石发表演讲，推行"新生活运动"，提倡"尊孔读经"。

同月 上海一百四十余种进步书籍、七十余种进步刊物遭国民党中央党部查禁，鲁迅、郭沫若等人的许多作品被禁售。

3 月 由日本侵略军扶植的溥仪在长春改称"满洲帝国"皇帝。

5 月 国民政府在上海成立"图书杂志审查委员会"，随即公布了《图书杂志审查办法》。

同月 国民政府下令保存文言，提倡读经。

6 月 国民政府公布《图书杂志审查办法》，规定所有出版物交付印刷前，须先经审查委员会审查。

7月5日　国民政府明令公布：八月二十七日孔子生日为"国定纪念日"。

7月15日　中央工农民主政府、工农红军革命委员会发表《北上抗日宣言》，并派出北上先遣队。

10月16日　中央红军主力开始长征。

12月10日　国民党四届五中全会召开，提出"攘外必先安内"。

1 月

1日　元旦致田中庆太郎明信片，署名蒙俟外史。写道："甲兵满地戎马嘶风。"（《郭沫若致文求堂书简》第111号，文物出版社1997年12月版）

5日　以日文致信田中庆太郎，署名蒙俟外史。告以："同封奉上《臣辰尊铭》，系近日自友人处假得，当收入《图录》，请复写。""《古代铭刻》再勘误中，因小生之粗疏，犹有不少脱漏，且有必予订正之处，务乞另纸加印增补内容。"另乞为《古铜器精华》中若干铭、器摄影，及将从梅原末治之抄本所得铭文刊入《两周金文辞大系图录》。（《郭沫若致文求堂书简》第112号，文物出版社1997年12月版）

6日　致信田中庆太郎，署名蒙俟。云："惠书奉悉。《金文续考》蒙江绍原氏来函指正二处，如别纸，请并刊入再勘误中是幸。"（《郭沫若致文求堂书简》第113号，文物出版社1997年12月版）

10日　以日文致田中庆太郎明信片。云："前日奉上再勘误，小生欲自校阅一过，若尚未付印，拟手写影印之。《铭刻汇考》稿本如装订毕，请寄下为盼。"（《郭沫若致文求堂书简》第114号，文物出版社1997年12月版）

◎　致信杜衡、施蛰存。说："大札奉悉，前致灵凤函，所争非纸面上之地位。仆虽庸鲁，尚不致陋劣至此。我志在破坏偶像，无端得与偶像并列，亦非所安耳。大致如此，请笑笑可也。"（孔海珠辑注《郭沫若书信十二封》，《百花洲》1981年第1期；《〈现代〉杂忆》，《施蛰存七十年文选》）

杜衡、施蛰存所编《现代》月刊第4卷第1期，同时发表有郭沫若的《离沪之前》与周作人的《苦茶随笔——性的知识》，《离沪之前》排在《苦茶随笔》一文之后，因是，郭沫若在给叶灵凤的信中表示过不满之意。杜衡、施蛰存闻知后致信郭沫若作解释，郭沫若遂写此回信。

15日 以日文致田中庆太郎明信片。告以"《古代铭刻汇考》稿本妥收。再勘误亦于前日写定奉上"。另请邮寄刊有徐中舒《小臣谜毁铭考》一文的《中央研究院历史语言研究所集刊》一部及近期刊有同类论文的其他杂志。(《郭沫若致文求堂书简》第115号，文物出版社1997年12月版)

21日 致信张白衣。说："信和长诗都收到。诗在《中华月报》上已经拜读了。在热烈地感着兴会的时候，最好努力地写，别人的批评，好歹都可以不必管。我现在可以贡献你的就只这句话，这是我自己的经验之谈。"

该信作为张白衣的长诗《信号》序，载上海不二书店3月初版《信号》。

25日 以日文致田中庆太郎明信片。告以"照片六张妥收。《克盨》铭文极为必要，然不在内。恐有差误。如漏拍，请补拍为祷"。并告"为再勘误补写二行奉上"。(《郭沫若致文求堂书简》第116号，文物出版社1997年12月版)

27日 以日文致信田中庆太郎。谓：

"今收张丹翁函，有向先生索物事，谨此呈览。梅笺系荣宝斋所制，其茶色之'梅花八种诗笺'似先生曾以为日本印制。其余二种确系made in Japan。

北平燕京大学容庚著《武英殿彝器图录》闻将出版，仆需一部。

《晶报》载《杂记》一则，为兄台书法吹大法螺：'子祥行楷，静韵移人'，当行人也。'德曜画宗禄台……'以下系对尊夫人之赞辞。丹翁竖子也，何言之谀也！"(《郭沫若致文求堂书简》第117号，文物出版社1997年12月版)

本月 《沫若自选集》由上海乐华图书公司初版发行，为"自选集丛书"之一种。书中辑选了《鸡》《湘累》《广寒宫》《雏》《函谷关》《王昭君》《无抵抗主义》《歧路》《行路难》《湖心亭》《聂嫈》《马氏进文庙》等小说、散文、戏剧作品12篇。

2月

3日 与傅抱石一起参加在东京中野的留学生监督周慧文寓所举行的

旧历除夕聚会。"酒喝得很多,是抱石亲自把我送到田端驿才分手的。"(《竹阴读画》)

8 日 以日文致信田中庆太郎。说:"日前乾郎君函云愿来一游,请勿客气,我总在家。近来极欲读古汉文,《古文辞类纂》即可,祈寄下一部。"(《郭沫若致文求堂书简》第 118 号,文物出版社 1997 年 12 月版)

10 日 以日文致田中庆太郎明信片,署名 M.J.。告以"《古文辞类纂》收到。版本太俗,开卷即令人生厌"。(《郭沫若致文求堂书简》第 119 号,文物出版社 1997 年 12 月版)

11 日 致信张丹斧,载 23 日上海《晶报》。信中谓:"弟苦资料缺乏,闻庐江刘氏收藏甚富,惜无缘寓目。近蒙其一寄赠善斋吉金录一部,颇多精品。"

12 日 以日文致信田中庆太郎。云:"上海刘体智昨日寄到《善斋金文录》一部。《大系》所需图象及拓本,大致备齐,拟着手编纂。"并祈函购尚缺图录七种。"此外,版本大小及样式,亦望作最后决定。敝意以《大系》中《矢彝》铭文为标准,大于此者缩小之,裁去周围轮廓,作汉籍式线装。"又告以:"《楚王鼎铭》三纸,自上海金祖同假得,乞摄影(原大),盖面文与鼎沿文可合作一幅。因须立即归还,乞嘱摄影师切勿污损之。"(《郭沫若致文求堂书简》第 120 号,文物出版社 1997 年 12 月版)

◎ 致信金祖同。写道:

"手书奉悉。承示楚王鼎拓本三件,敬谢盛意。足下于该器致疑,深佩立意高超,非同凡响。然仆自憾于原器无缘接近,于尊疑亦无可贡献也。今尚有欲叩问者,该器全体作何形,其分量尺寸曾加衡度否?上海有照片出售否?其他同出之器亦在否?彼此间之花纹形式铭词字形相若否?足下谅能知其详,能蒙见告,至所企祷。如有照片出售时,能代为购寄一张尤所切望。

蕺渔先生逝世,最近始得闻之,深为震悼。闻所著有殷虚书契前后编考释,不识有出版之希望否?拓片暂留数日即当璧赵。乞释厪念。附卜骨照片一条(有毓妣辛一名颇稀见)曾收入拙著卜辞通纂中,今由原稿中摘出以答雅意。"(据原信手迹,《郭沫若研究》第 10 辑,文化艺术出版社 1992 年 9 月版)

此信未署年代,《郭沫若研究》第 10 辑刊载此信时,以其"约写于

1934年"，《郭沫若书信集》将时间定在1936年，有误。据郭沫若本日致田中庆太郎信内容，可知此信当写于本日。

17日 以日文致田中庆太郎明信片。告以"《图录》拟于下月中旬着手。"（《郭沫若致文求堂书简》第121号，文物出版社1997年12月版）

23日 以日文致田中震二明信片，署名M.J.。提出《两周金文辞大系图录》编纂方式："铭文部分拟以《周金文存》为准。书末附各器之简要说明，并补充、订正《大系》之不足及误谬。先发表新增诸器之详细考释，然后收入《图录》，所附说明，长短详略，自然划一。"因由此想到可同时完成《古代铭刻续编》，提议"本部分拟先撰。来月上旬着手，一俟纂就，立即着手编辑《图录》。如无异议，乞拍摄《殷器佚存》第43片"。（《郭沫若致文求堂书简》第122号，文物出版社1997年12月版）

3月

1日 致田中庆太郎明信片。告以"《内史鼎》照片两张奉到"。询问："燕台先生的印谱是燕台先生寄赠的吗？"并告张丹甫来信感谢其所赠之磨刀石。（《郭沫若致文求堂书简》第123号，文物出版社1997年12月版）

28日 以日文致信田中庆太郎。写道：

"《遗文续编》拜领。《蔡大师鼎铭》乃不小之收获。

上月中旬《晶报》曾刊载小生信件，千乞暂假一阅。

马叙伦氏就《石鼓文研究》寄来万言长跋，驳击敝说，然命中率则为零。拟撰文反驳。暇时乞枉过面谈。日前米寿之际，拜领衣类多件，感纫无似。"（《郭沫若致文求堂书简》第124号，文物出版社1997年12月版）

4月

7日 致信田中庆太郎。谓："承寄诸件均已拜领。中村先生处祈代致谢意。""《大系图录》其图象上部，请即照《大系》索引中所录次第摄影为祷。"又谓："天气寒冷，浑如冬令，手冻不能成书。"并附寄有张丹翁来信。（《郭沫若致文求堂书简》第126号，文物出版社1997年12月版）

张丹翁在信中说："手示敬悉，肯、悍同字，义理精确。弟将以尊函揭櫫报端，饷诸同志，今日发稿。"（见《郭沫若致文求堂书简》，文物出版社

1997年12月版，第289页）

10日 致信田中庆太郎。说："《史学》奉到，谢谢。《善斋吉金录》（礼器录三、五四—五五）《曾姬无卹壶》二具器影及《新郑古器图录》图卅七—卅八之二壶，请为适当缩小摄影寄下为祷。因须插入现所笔述之《汇考续编》中也。"又告以，"北平友人来信，言顾颉刚氏拟刻《尚书丛书》由燕京社刊行"，尚缺几种写本，商请设法借印日本东大寺藏《禹贡》、高山寺藏《毕命》《君牙》《冏命》《吕刑》。（《郭沫若致文求堂书简》第127号，文物出版社1997年12月版）

15日 以日文致信田中庆太郎。告以《古代铭刻汇考续编》原稿及几种图书，以火车邮件寄送。乞将《古代铭刻汇考续编》图版"全部采用玻璃版印刷。文中插图，尤其《杕氏壶》之器形与铭拓，务请设法印清楚。先锋本照片三张，中甲本（系中权本之误——编者注）《而师》章三页，全部插入书末。中甲本以缩小为宜，但务乞用玻璃版，盖与文中所述有微妙之关系也"。同时告之："拟于五月中旬赴京都。此前《续编》如可出版，最好不过。倘有不明处，乞垂询，或请令嗣枉过。""《图录》照片印就后，请即寄下。五月中旬前全部工作可望完成。"（《郭沫若致文求堂书简》第128号，文物出版社1997年12月版）

26日 以日文致田中庆太郎明信片。说："《古代铭刻汇考续编》里封面篆书部分须改正。"（《郭沫若致文求堂书简》第129号，文物出版社1997年12月版）

28日 以日文致田中庆太郎明信片。云："《散氏盘》器影亦见于《书道全集》第一卷，如无更佳者，用之亦可。又，贵斋所藏甲骨，确有一骨曰刻辞（不完整），若中村氏所藏亦有刻辞，则以拓片或照片一并插入拙著《续编》卷首文中，仅就增添资料而言亦有意义。"（《郭沫若致文求堂书简》第130号，文物出版社1997年12月版）

5月

5日 致信田中庆太郎。云："不折翁拓器奉到，多谢，并乞代为致谢。《三代吉金录》一册亦奉到。《图录》拟不采用此形式，不知便否？暇时能枉过一谭至祷。"（《郭沫若致文求堂书简》第131号，文物出版社1997年12月版）

9日　以日文致信田中庆太郎。写道:"《华山庙碑》及铭文照片收到。""附出版申请之华翰今朝诵悉。版权券三百张尚未收到,收到后一并奉上。""印数似以限定三百部为宜。去年《金文丛考》出版时,尊函中'手写本较之铅字印刷,著者需负担部分印刷费'云云一节,当犹记得,印税率望按25%计算。"(《郭沫若致文求堂书简》第132号,文物出版社1997年12月版)

信中所言将印制之书即为《古代铭刻汇考续编》。

20日　歌词《昭君出塞曲》发表于《光芒》旬刊第1卷第1期。词云:"朝出塞,暮出塞,侬不出塞来,岂知出塞苦。塞外黄沙飞,塞外白雪舞。风似刀,霜如矛,故国不可思,我愁不可道。胡地胡马上,独把琵琶抱。抱琵琶,弹一曲。一曲辛苦行,一曲去国吟,一曲游子吟,一曲万里情。借秋风与我吹送入君听,曲罢泪沾襟。"

题头说明谓:"日前东京某剧院公演郭氏所著之《昭君怨》一剧,以剧中缺乏歌词,演出未免减少情愫,乃以此请于作者。于是沫若便补作《昭君出塞曲》与之。"

◎《古代铭刻汇考续编》由东京文求堂影印出版,线装1册,收有考释文章9篇并图录。其中《释亢黄》《释非余》《虘氏钟补遗、论及所谓"泰式"器》《寿县所出楚器之年代》等篇汇编入1952年重新修订、改编的《金文丛考》,1954年由人民出版社出版,现收《郭沫若全集·考古编》第5卷;《再论石鼓文之年代》后收入《石鼓文研究》,1939年由长沙商务印书馆出版,现收《郭沫若全集·考古编》第9卷;《骨臼刻辞之一考察》《释七十》《释勿勿》等篇后汇编入《殷契余论》,现收《郭沫若全集·考古编》第1卷。

21日　致容庚明信片,署名鼎堂。询问:"《泉屋》印片尚须缴费若干?乞详示,当嘱沪上友人直接寄上也。"

《泉屋》即《泉屋清赏》。容庚在《海外吉金图录》序说(1935年)中叙述了影印《泉屋清赏》青铜器照片一事,写道:"域外收藏吾国古器著称者,莫若日本之住友氏。住友之《泉屋清赏》乃非卖品。昔年滨田耕作博士来朝,燕谈之顷,吾谓住友所藏,多瑰异之品,其木印之美,他国莫及,馈赠非所敢希,愿以购求为请。滨田允代谋而终未得也。北平图书馆斥千金以购此书,犹是秦藏六初编之本,欲求印本而不可得,乃与同嗜十余人合资摄影，六寸之图，每份犹需六十元。"郭沫若信中所问，即为此事，他是合资摄影的参与者。——编者注（《郭沫若书简——致容庚》，广东人民出版社1981年5月版）

本月 偕田中震二访京都东方文化研究所，初次结识吉川幸次郎。

吉川幸次郎说："初次相见肯定是在昭和十年。那时作为市川的亡命者，埋头钻研《两周金文辞大系》、《卜辞通纂》和中国古代史的郭沫若氏，偕同出版这些书籍的当地文求堂书店店主田中庆太郎的次子震二，访问了京都的东方文化研究所。"（见吉川幸次郎《革命に生き抜いた文人》，《每日新闻》1978年6月14日夕刊）昭和十年应为1935年，但据郭沫若本年4月15日致田中庆太郎的信中所言："拟于五月中旬赴京都。"此次京都之行应在本年。（《郭沫若致文求堂书简》第128号，文物出版社1997年12月版）

5、6月间

◎ **致信文求堂。**嘱将《续编》寄赠福开森、董作宾、马叙伦、马叔平、沈兼士、唐兰、张丹斧、金祖同、刘体智、郭开运及中村不折、内藤湖南、梅原末治等人。并请将稿本装订成册。（《郭沫若致文求堂书简》第173号，文物出版社1997年12月版）

此信未署收信人及书写时间，亦未经邮寄，当由文求堂来人携去。信中所说《续编》即《古代铭刻汇考续编》，5月20日由文求堂出版发行，故置此。

6月

4日 夜，以日文致田中庆太郎明信片。嘱将《秦公钟》等十种器物之铭文重新摹写。（《郭沫若致文求堂书简》第133号，文物出版社1997年12月版）

9日 以日文致信田中庆太郎。请其将《陈侯午敦》等五种资料拍照，"均拟收入《大系》及《图录》"。并乞借用《三代秦汉金文著录表》《双剑誃吉金文选》二书参考，"如无存书，请代购买"。信中还问及："前日嘱为观潮楼作书，观潮楼为何人？"（《郭沫若致文求堂书简》第134号，

文物出版社1997年12月版)

观潮楼为日本近代著名作家森鸥外之旧居。

10日 以日文致田中庆太郎明信片。说:"《历代钟鼎》影钞本收到。此书甚佳,如有存书,请寄下一部。"(《郭沫若致文求堂书简》第135号,文物出版社1997年12月版)

此信函未署日期,明信片发寄邮戳日期为本月11日,但据11日另一信函内容,此信当写于本日。

11日 以日文致田中庆太郎明信片。嘱为《两周金文辞大系图录》补入几种资料。(《郭沫若致文求堂书简》第136号,文物出版社1997年12月版)

信函未署日期,据明信片发寄邮戳日期。

12日 致容庚明信片,署名鼎堂。写道:"数已嘱上海内山书店寄上,乞查收。唯弟所得仅第一次之九十余片,第二次者并未得,特第一次者恐未付清耳。海外吉金书,弟大致已备置矣。关于商铙,尊说因弟未见器物,难作断语,谅尊说必是,请为文以发表之。大著二种,谢甚,谢甚!闻北平图书馆有守宫尊拓本,想兄处必有影片,能假我一阅否?顷方从事《金文辞大系》之增订。甚望有以诲我。"(《郭沫若书简——致容庚》,广东人民出版社1981年5月版)

"数已嘱上海内山书店寄上……"云云,当指合资影印《泉屋清赏》青铜器照片事(见5月21日信)。守宫尊拓本后来得自徐中舒。"《金文辞大系》之增订",即此后相继编成之《两周金文辞大系图录》与《两周金文辞大系考释》两书。

17日 致田中庆太郎明信片。说:"薛氏《款识》《吉金文选》《著录表》诸书均奉到。中岛翁大作亦已拜读。巫、舞同字,文本文身,泽宫、射宫诸说甚有见地。目前正缮写《两周金文辞大系》,已成百数十页,甚感疲劳。小型原稿纸将用尽,请印一二百张掷下为盼。

震二君日前来片说将来访。来时请代我买顶康康帽来,头周约有此邮片之长四倍半。"(《郭沫若致文求堂书简》第137号,文物出版社1997年12月版)

"中岛翁大作",指中岛竦之《书契渊源》。

23日 以日文致田中庆太郎明信片。索要急需的几种资料图片。(《郭沫若致文求堂书简》第138号,文物出版社1997年12月版)

信函未署日期，据明信片发寄邮戳日期。

24日 致田中庆太郎明信片。说："《双剑簃吉金图录》急欲一阅，请寄下为盼。"（《郭沫若致文求堂书简》第139号，文物出版社1997年12月版）

《双剑簃吉金图录》应为《双剑誃吉金图录》，释文已将"簃"字改为"誃"，但原信手迹写作"簃"。

26日 致田中庆太郎明信片。嘱为六器之铭与器摄影。云："今晨阅报，见湖南翁惊耗，为之抚然者久之。"（《郭沫若致文求堂书简》第140号，文物出版社1997年12月版）

湖南，即内藤虎次郎（湖南）。

28日 致信于省吾。谓："近于此间得读大著《双剑誃吉金文选》及《吉金图录》二种，甚为钦佩。文选评解俱精当，所引吴北江先生说尤多妙谛；图录亦多精品。""仆近正从事两周金文辞大系图录之作，闻尊藏有史员卣拓本，急欲一见，不识肯暂时假我一阅否？如能惠以照片亦佳，期必得当以报也。"（于省吾《忆郭老》，《吉林大学学报》（理论学习）1978年7月第4期）

本月 台湾留日学生蔡嵩林来访。（蔡嵩林《郭沫若先生的访问记》，《先发部队》1934年7月15日第1号）

7月

1日 以日文致田中乾郎明信片。谓："暇时，乞一捡《燕京学报》第十一、二期以后之消息栏。似有前年末山东峄县（？）发掘鄩国诸器之报道，如能抄示，不胜感谢。又，上海艺苑真赏社发行之金文（类似法帖，四帙，书名忘记）中，收有《帅佳鼎铭》；如有，请摄影掷下为祷。"（《郭沫若致文求堂书简》第141号，文物出版社1997年12月版）

书中释文所署时间有误，据手迹订正。

4日 以日文致田中庆太郎明信片。说："本拟奉询京都近况，但目前忙于撰述。江户川畔虽非热锅，却有置身蒸笼之感。俟手头工作结束（亦约需二周），拟暂逃御宿附近收费低廉之海滨。"（《郭沫若致文求堂书简》第142号，文物出版社1997年12月版）

6日 以日文致田中庆太郎并田中乾郎明信片。说："四川成都华西大学博物馆寄赠广汉县出土文物照片多张。请寄该校拙著《铭刻续编》

二部，一部赠博物馆，一部赠馆长葛维汉（英人）博士。书款自印税中扣除。"（《郭沫若致文求堂书简》第143号，文物出版社1997年12月版）

9日 致信林名钧："我十分高兴收到你与葛维汉先生的来信，感谢你如此厚意，送给我这些照片、器物图版，以及戴谦和先生在《华西边疆学会杂志》发表的论文复印件。""考古工作要产生极有价值的结果，紧接着要迅速地进行发掘，探索四川史前文化；包括民族、风俗习惯，以及认清它们与我国其他地区的文化接触。这些是极为重要的问题。"你们在广汉的发现证明，"西蜀文化很早就与华北、中原有文化接触"。"有朝一日四川别处会有新的发现，将展现这个文化分布的广阔范围。"（载葛维汉《广汉发掘简报》，四川省文物管理委员会、四川省文物考古研究所打印）

11日 致信胡吉宣："大札诵悉，曾伯簠拓轴洵瑰宝，远道惠假，感荷无似。鸿文四种已盥读，释簠最饶精义，不朽之业也。尊集何时可出，能将全豹见示否？序当遵命，并郑重为之，庶不至于佛头着秽耳。"（据手迹，载胡吉宣《字原》）

12日 致信田中庆太郎并田中乾郎："承转递胡君来信及保险邮件一事亦已奉到。邮件乃《曾伯簠》拓轴，甚难得，将以印入《大系图录》者。请遣一人来携去摄影为祷。又《北平书刊》有福开森英译《大系》序文，已得彼同意转印入增订本《大系》后，请检出，依小型原稿纸用纸样付排。日前嘱为观潮楼作书，因撰述（大系）忙碌，尚未执笔。顷《大系》不日脱稿，当大书而特书也。忆前言，古城先生亦有嘱书意，信否？"（《郭沫若致文求堂书简》第144号，文物出版社1997年12月版）

胡君指胡吉宣。

21日 夜，以日文致信田中庆太郎。告以："《大系》增订毕。目前忙于编制《图录》与《索引》。《图录》若非小生粘贴，则二者页数不符。""怀米山房陈氏影印本在小生手边，其它诸书铭拓等当奉还，乞遣一使者来。"同时，另纸列出所欲追加、追补器形、器铭图片三十余种，谓："请速摄影寄下。"（《郭沫若致文求堂书简》第145号，文物出版社1997年12月版）

24日 以日文致田中庆太郎明信片。为急用若干图片（列有详目）请文求堂增印。（《郭沫若致文求堂书简》第146号，文物出版社1997年12月版）

信函未署日期，据明信片发寄邮戳日期。

26日 以日文致信田中庆太郎信。告以影印图片事，并谓："大稿纸略有不足，请增印百张左右。"（《郭沫若致文求堂书简》第147号，文物出版社1997年12月版）

信函未署日期，据明信片发寄邮戳日期。信中开列有器名二十余种，当为《两周金文辞大系图录》制图所需用。

27日 以日文致田中庆太郎明信片。谓："《双剑誃图录》奉到。所需乃前次据以拍摄之铭文复制件，向开明堂查询便知。"（《郭沫若致文求堂书简》第148号，文物出版社1997年12月版）

信函未署日期，据明信片发寄邮戳日期。

29日 以日文致田中庆太郎明信片，署名碌驼生。嘱为《两周金文辞大系图录》追加二器图、铭，云："至此，《图录》部分似已齐备矣。"（《郭沫若致文求堂书简》第149号，文物出版社1997年12月版）

◎ 致信于省吾。告以收到史员卣拓本照片，将录入《两周金文辞大系图录》。（于省吾《忆郭老》，《吉林大学学报（理论学习）》1978年7月第4期）

30日 携四女往东京访周作人，在座的有徐祖正（耀辰），"共谈良久而去"。（《周作人日记》，大象出版社1996年12月版）

周作人7月上旬偕夫人羽太信子来日本探亲，此时"小寓江户"。（即东京——编者注）他在日本期间的活动多有徐祖正陪同。这是郭沫若与周作人初次见面。

31日 以日文致信田中乾郎、田中震二。嘱："原稿上的线请勿去掉，唯不必要之处——展开后成为一整页时之中缝——除外。编者苦心一如原稿。"又告："今日携淑子赴御宿暂住，如有信，请寄千叶县夷隅郡浪花村岩和田市东金七府上转。"（《郭沫若致文求堂书简》第150号，文物出版社1997年12月版）

◎ 下午，携女儿淑子同往浪花村。

安娜与其他孩子已经先行去往那里。"浪花是日本千叶县面着太平洋的一个村子。"（《归去来·浪花十日》）

8月

1日 上午，携子女沿海湾游览，感慨于海之宏阔："凡是过于伟大的了的东西，总是要令人生畏的。"

◎下午,"译《生命之科学》四页。"(《归去来·浪花十日》)

2日 晨起,译《生命之科学》。

◎下午,全家往波都奇洗海水浴。遇一群海女,叹其嬉笑着的天真,"只是在苦海里浮沉着的愚昧。人是的确为一部分垄断的人所——兽化了"。(《归去来·浪花十日》)

3日 当地警方的刑士来访,"口称他们是来'保护名士'的"。

"我告诉了他,说在此只短住三五天,便回市川,不必大惊小怪地惹得邻近的人都不安宁。"

◎"译得《生命之科学》十二页。"(《归去来·浪花十日》)

5日 "午前译《生命之科学》十页。"(《归去来·浪花十日》)

6日 上午,接徐耀辰信,言"岂明先生欲一见",讯问几时可回市川。"以十号前后回去的消息答复。"同时生出感慨:"岂明先生是黄帝的子孙,我也是黄帝的子孙。岂明夫人是天孙人种,我的夫人也是天孙人种。而岂明先生的交游是骚人墨客,我的朋友却是刑士宪兵。"(《归去来·浪花十日》)

周作人(岂明)此次赴日本虽为探亲,但又是以学者身份出现在东京的。接待他,访问他的大多是文化学术单位和文化人,有日华学会、明治文学谈话会、《中央公论》社等。

7日 中午,接待来访的林焕平等三个中国留学生,应允为《东流》杂志在上海介绍出版处。

返回市川后,即把《东流》介绍给上海杂志公司的张静庐。该公司同意负责印刷发行《东流》,但不付稿酬。当月,《东流》月刊创刊号出版。(《归去来·浪花十日》;陈子谷《中国左翼作家联盟在东京的一些情况》,《文史资料选辑》第109辑,中国文史出版社)

1933年,日本东京曾有中国左翼作家联盟的组织活动,但"九一八"事变后,留日的"左联"盟员都回国了。1934年春,陆续来到日本留学的林焕平、陈一言、魏晋等人经过酝酿,恢复了"左联"东京分盟。当时有成员7人,由林焕平、林为梁、陈一言组成干事会,林焕平任书记,直接与上海的周扬秘密联系。"左联"东京分盟的队伍很快在留日学生中壮大起来。为了更好地在留学生中开展左翼文化活动和抗日救国运动,团结进步的留学生,"左联"东京分盟先后创办了三个文艺刊物:《东流》

《杂文》《诗歌》。

3月6日，东流文艺社成立，成员有林焕平、林为梁、陈子谷、陈斐琴、雷石榆、欧阳凡海、陈一言、杜宣、魏晋等人，决定创办《东流》月刊，以发表短篇小说，介绍外国文学作品、文学流派、文艺动态，特别是日本、苏联的文学作品为主。《东流》月刊的编委会由林焕平、林为梁、陈斐琴、欧阳凡海、陈一言等组成，林焕平任主编。创刊号编出后，杂志的印刷、发行遭遇到很大困难，林焕平等人于是找到郭沫若，请他帮助解决。此后，郭沫若一直对《东流》月刊、东流社出版"东流丛书"（陈子谷的诗集《宇宙之歌》、张天虚的长篇小说《铁轮》等）给予热情的支持和帮助。（《中国留日左翼学生文化运动纪要》，《文史资料选辑》第109辑，中国文史出版社；陈子谷《中国左翼作家联盟在东京的一些情况》，《文史资料选辑》第109辑，中国文史出版社）

9日 上午，译《生命之科学》。

◎ 下午，凭吊小村里唯一的史迹"日、墨、西交通纪念碑"。（《归去来·浪花十日》）

10日 携长子自浪花村先行返回市川。（《归去来·浪花十日》）

◎ 以日文致信田中庆太郎信。嘱为《两周金文辞大系图录》追补一页，并请抄示原稿未编制之目录。（《郭沫若致文求堂书简》第151号，文物出版社1997年12月版）

12日 致容庚明信片。说："承示金石学会章程，甚完备，弟亦甚为赞同。如对弟无须忌避，亦可加入也。"

金石学会章程后修订为《考古学社简章》，发表于考古学社社刊《考古》第一期。据《颂斋自定年谱》载："一九三四年六月，由余及徐中舒、董作宾、顾廷龙、邵子风、商承祚、王辰、周一良、张荫麟、郑师许、孙海波及三弟诸人发起金石学会，征求会员。九月一日开成立大会，会员到者三十五人，将旧拟金石学会名称改为考古学社，选余及徐中舒、刘节、唐兰、魏建功五人为考古执行委员，负责修定社章、编辑社刊。"（《郭沫若书简——致容庚》，广东人民出版社1981年5月版）

14日 上午，接待来访的周作人、徐祖正。（《郭沫若致文求堂书简》第152号，文物出版社1997年12月版；《周作人日记》，大象出版社1996年12月版）

◎ 致信田中庆太郎。写道："今日周作人、徐祖正两先生来访，谈及尊处，颇愿识荆，嘱为介绍。拟于十七日午前奉访，并欲瞻仰观潮楼，不识尊便如何。又两君欲访中村不折翁，兄台如能介绍，尤所至祷。"（《郭沫若致文求堂书简》第152号，文物出版社1997年12月版）

17日　往访文求堂。周作人、徐祖正欲拜访田中庆太郎，故同去，介绍他们相识。（《郭沫若致文求堂书简》第153号，文物出版社1997年12月版）

《周作人日记》载："上午，同耀辰往文求堂访田中君，未几，郭沫若君亦来，同往千□木町田中宅，即旧森氏（即森鸥外——编者注）观潮楼也。午，在大学前'钵の木洋食'田中夫妇为主人。下午一时半回寓。"（《周作人日记》，大象出版社1996年12月版）

18日　致信田中庆太郎。写道："昨日偕周、徐二君奉访，多蒙恳意招待，归时更蒙嫂夫人送至御茶水，感激感激。所说书为《洛阳故都古墓考》（弟处所有一册，如需要时，可奉借以作样本也），怀履光著，英名为 Tombs of Old Lo-yang by William Charles White，上海黄浦滩路别发洋行出版。尊处似可托内山书店代购，在日本当能行销若干部也。"（《郭沫若致文求堂书简》第153号，文物出版社1997年12月版）

《洛阳故都古墓考》英文原版书封面印有中文书名《洛阳古城古墓考》。

24日　以日文致田中庆太郎明信片。询问《两周金文辞大系图录》需用多少"洋纸"，"以便据以贴图"。（《郭沫若致文求堂书简》第154号，文物出版社1997年12月版）

30日　以日文致田中庆太郎明信片。告以"图版已贴毕"。写道："九月中小学即将开学，子女之学费、月票等开支较多，如方便，请预假印税二百元。"（《郭沫若致文求堂书简》第155号，文物出版社1997年12月版）

本月　小说《叶罗提之墓》（《英罗提の墓》）由大高岩翻译，刊载于日本同仁会《同仁》第8卷第8号。

9 月

1日　以日文致信田中庆太郎。示以需补入《两周金文辞大系图录》的器与铭若干。（《郭沫若致文求堂书简》第156号，文物出版社1997年12月版）

7日　致信田中庆太郎。说："梅原氏将有拓本寄来，请稍等。"（此信未经邮寄。《郭沫若致文求堂书简》第157号，文物出版社1997年12月版）

"请稍等",指《两周金文辞大系图录》的编订。

9日 作《两周金文辞大系考释》序文补识。写道:"一九三一年九月九日初版录成时所序。其后三年为增订版重录之,凡于国名次弟及器铭数目有所更改外,余均仍旧。"随序文收东京文求堂书店1935年8月影印本《两周金文辞大系考释》,现收《郭沫若全集·考古编》第8卷。

17日 以日文致信田中庆太郎。介绍留日学生杨凡,说:

"近日留日学生增多,然无理想之日语补习学校。为弥补此缺陷,杨君计划设立日语学院,仆亦愿助一臂之力。兹欲相恳于兄台者:

1. 负责会话班。如兄台无暇,乞介绍合适人选。月薪70圆左右(时间为每周十节课左右)。

2. 借用善邻书院之教室(若其它合适场所亦可)。

3. 指导办理各种必需之手续(征得官宪之理解、办理手续等)。

杨君云,如能办成学校,所有教科书及辞典等,均指定使用贵堂发行者。"(此信未经邮寄。《郭沫若致文求堂书简》第158号,文物出版社1997年12月版)

21日 致信田中庆太郎,并寄《郑伯鬲登》(参见《郭沫若致文求堂书简》第159号,文物出版社1997年12月版)

23日 以日文致田中震二明信片。说"《泉屋别集》之照片亦所盼待,如洗印讫,请寄下"。(《郭沫若致文求堂书简》第159号,文物出版社1997年12月版)

26日 致信田中庆太郎。闻其女柳子将出嫁,赠礼物以表祝贺。(此信未经邮寄。《郭沫若致文求堂书简》第160号,文物出版社1997年12月版)

本月 中旬,以日文致信文求堂。嘱其修改、补充《两周金文辞大系图录》若干处。告以"《录编》全部备齐",并嘱订购商承祚《十二家吉金图录》。(《郭沫若致文求堂书简》第174号,文物出版社1997年12月版)

此信未署日期、收信人,亦未经邮寄,据内容当在本月7日至23日之间。

◎ 以日文致信文求堂。说:"蒙梅原先生慨诺,《泉屋别集》已假得。兹与《怀米山房》一并奉上。"嘱其摄影制图。(《郭沫若致文求堂书简》第175号,文物出版社1997年12月版)

此信未署日期、收信人,亦未经邮寄,据内容当在本月7日至23日之间，但在第 174 号信函之后。

◎ 下旬，以日文致信文求堂。嘱追补若干图，并嘱制图时附各图所在原书编号。（《郭沫若致文求堂书简》第 176 号，文物出版社 1997 年 12 月版）

此信未署日期、收信人，亦未经邮寄，据内容当在本月下旬。

◎ 致郭开文信。告以近译有《生命之科学》一书，不久将出版第一册，已嘱商务印书馆直接寄呈。又告大哥说，因世情巨变，他所翻译的河上肇经济学著作，在沪上难觅出版之处。（郭沫若纪念馆馆藏资料 35—10）

10 月

9 日 致信田中庆太郎。说："承赠盐鲑一匹，谢谢。《删订泉屋清赏》及照片奉到。现正草《彝器形象概说》，已四易稿，颇难浃意。尊处所藏《燕京学报》第一期及《古铜器菁华》彝器部（梅原氏著）能暂时假我一阅否？"（《郭沫若致文求堂书简》第 161 号，文物出版社 1997 年 12 月版）

10 日 致田中庆太郎明信片。说："惠借书四册，妥实收到。"（《郭沫若致文求堂书简》第 162 号，文物出版社 1997 年 12 月版）

本月 译著《生命之科学》（［英］威尔士原作），第 1 册（该书第 1 编至第 3 编）由上海商务印书馆初版发行，署名石沱译。

11 月

1 日 以日文致田中震二明信片。说："王朝与国名似以保留为宜，其余悉听尊便。"索寄北京大学《国学丛刊》及商务印书馆影印之《列子》。（《郭沫若致文求堂书简》第 163 号，文物出版社 1997 年 12 月版）

6 日 以日文致田中震二明信片。说："《录编》耗时半载有余，三、四易其稿，想无须再大改。"（《郭沫若致文求堂书简》第 164 号，文物出版社 1997 年 12 月版）

此信未署日期，据邮寄邮戳。

9 日 作《历史和历史》。发表于上海《太白》半月刊 12 月第 1 卷第 6 期，署名谷人。文章就"人们在主张'读经救国'了"，写道："凡是一种流行总有它的历史，这'历史'之所以流行，也正有它的历史。"

"我们知道有两种的'历史'或'历史的'。一种是说一切物象是动的，变的，相对的，有其发生、成长、消灭、转化。而在这演进的途中顺其动向可以用外力来促进其发生、成长、消灭、转化。反其动向在多少程度之内也可以阻止其演进。这是一种'历史'的意义。"

"而另一种是说当前的对象是不动的，固定的，绝对的，自几千年几万年来，就是这样。这是应该用全力来维系的，要维系到几千年几万年之后都永远这样。譬如日本人夸奖他们的天皇是万世一系……这又是一种'历史'的意义。"

18 日 以日文致田中震二明信片。请其抽出有误之图一纸。（《郭沫若致文求堂书简》第 165 号，文物出版社 1997 年 12 月版）

◎ 致信田中庆太郎（由傅抱石面呈）。写道："顷有中国篆刻名家傅抱石（尤善刻细字，且工画）欲与尊台一谈，特为介绍。又傅君欲晤河井荃庐氏，能为介绍尤祷。"（《郭沫若致文求堂书简》第 166 号，文物出版社 1997 年 12 月版）

20 日 完成《两周金文辞大系图录》，作《引言》。谓："《大系》成书后已历三年，旧时见解有未当意处，新出之器复时有所获，爰更详加增订，改版问世，而别成此《图录》以便观览。"其主要特点有三：（一）引用的著录书由 35 种增至 43 种，又有中外学者提供的诸多新出器铭。（二）录编收录的器铭，全部刊出拓本或摹本，西周之器 162，东周之器 161，合计 323 器，连同参考之器共收 511 器，是当时所知金文资料的完善选编。（三）图编"主在观察花纹形式之系统"，收录两周铜器图像 253 件（占器铭总数的 50%），按照不同器类的形制和年代排比成为图谱，这在金文研究和考古研究中更是一项创举。

21 日 致赖明弘明信片。写道："你们的信接到，尤其是赖君的长信，我是很愉快的阅读了的。台湾有台湾文艺诞生真是极可庆贺的消息，我是渴望着拜读。台湾的自然、风俗、社会、生活……须得有新鲜的观察来表现出来。赖君关于所谓'大众语文'的批评是极正确的。目前的中国正是'黄钟毁弃，瓦釜雷鸣'的时代，让他们去无事忙好了，纵横中国的大众和他们是没有关系的。我大抵每天都是在家的，你们得空的时候可以来谈。"（载《台湾文艺》1935 年 2 月第 2 卷第 2 号）

赖明弘，《台湾文艺》编辑。《台湾文艺》是"台湾文艺联盟"的机关刊物，本月 5 日创刊。赖明弘在 19 日致信郭沫若说："要首先向先生恳请佳稿，以增全台湾同胞之杂志台湾文艺之光辉。窃思我们素来最为敬仰之先生，尤其是能够理解殖民地将要建设大众的新文学之精神的先生，也许所乐应鄙人等之恳求吧。"信中介绍了台湾的新文学状况。

◎ 致容庚明信片，署名郭鼎堂。告以，"弟近患三叉神经痛，苦不能执笔。嘱为《考古学会会讯》作文，并限于旬日之内期成，有难于应命之处，俟编辑第二期时当勉附骥尾也"。（《郭沫若书简——致容庚》，广东人民出版社 1981 年 5 月版）

《考古学会会讯》指《考古学社社刊》，即《考古》半年刊，创刊于本年 12 月。

25 日　作《彝器形象学试探》，为《两周金文辞大系图编序说》。初收东京文求堂书店 1935 年 3 月影印本《两周金文辞大系图录》，又收《青铜时代》附录，后收《沫若文集》第 16 卷，现收《郭沫若全集·考古编》第 7 卷。

26 日　以日文致田中震二明信片。告之："《图编》终于昨晚脱稿。有若干事尚须留意，望近日过我，并携仆佣一人同来。拟奉还《欧美储藏古铜器精华》。此外需些钱用，如方便，请筹印税二百元为祷。窃思倘届岁暮，尊处事繁，故目下预支。"（《郭沫若致文求堂书简》第 167 号，文物出版社 1997 年 12 月版）

《欧美储藏古铜器精华》指《欧米蒐储支那古铜精华》一书。

12 月

2 日　台湾赖明弘、蔡嵩林来访。谈论台湾文学，以为"还是以写实主义，把台湾特有的自然、风俗、以及社会一般和民众的生活，积极的而大胆地描写表现出来"。谈及自己的文学创作，说，"我想写的是中国民众现在的写实底生活"，可是远离故乡多年，无法看见现在中国民众的生活，所以现在搁笔了。（赖明弘《访问郭先生》，《台湾文艺》1935 年 2 月第 2 卷第 2 号）

5 日　以日文致田中震二明信片。索寄《中国古代社会研究》《古史辨》第四册。（《郭沫若致文求堂书简》第 168 号，文物出版社 1997 年 12 月版）

6日 作《两周金文辞大系录编》附录。其中包括"洛阳韩墓所出韩壶及铭""梁币三种""守宫鸡彝"及"玉佩"的图像。

初收东京文求堂书店 1935 年 3 月影印本《两周金文辞大系图录》,现收《郭沫若全集·考古编》第 7 卷。

7日 作《日本短篇小说》序。收上海商务印书馆 1935 年 3 月初版《日本短篇小说》。写道:

"最近半世纪的日本,从封建社会脱胎了出来的资本制度下的日本,其进步之速度真有点惊人。欧美演进了两三百年间的历程,她在五十年间便赶上了。要说是飞跃,的确是值得称之为飞跃。……欧美人示例在先,日本人在'日本'这个实验室中,委实是把资本主义实验成功了。

近代的文化不能不说是资本制度的产物。文化上的一个分野,文艺,在近代资本制度下的绚烂的发展,较诸中世纪以前的各个时代,无论在量上质上,都是可以骇异的。而日本的近代文艺和她的全般的社会机构一样,同一是在飞跃。在明治中年还在盛行一时的汉文口调的文章,五七调的倭歌俳句,到现在被挤到了几乎没有痕迹的地位。现代的文艺之出现直等于生物界中人类之出现,旧式的文字成了猿类了。日本人的现代的文艺作品,特别是短篇小说,的确很有些巧妙的成果。日本人自己有的在夸奖着业已超过了欧美文坛,但让我们公平地说一句话,日本的短篇小说有好些的确是达到了欧美的,特别是帝制时代的俄国或法国的大作家的作品的水准。

但是资本主义的发展已经快要达到尽头的。欧美的社会和一切社会上的上层建筑都已经陷在了沉滞状态,有一部分竟已经崩溃,而有新时代的曙光出现了。在资本制度下飞跃了来的日本,更远的前程是在约束之外的。一个人全靠肉体工具的飞跃,任以若何猛烈的练习,其绝对的高度终是限制,除非他另行选用飞行的工具。社会制度也是一种工具。所以在目前我们似乎可以断言,日本的现代文艺,即资本制度下的文艺,要再发展已到了不可能的地步,换句话说,便是她的文艺已经登上了她所能登上的峰,造到了她所能造到的极。她的发展是约束在另一个新的方向上的。"

序言说明,之所以选译这样一部小说集,是希望一切都落后于人的我们,"不妨选择一个新的目标作新的实验"。

10日 致信张政烺。说:"承赠大作《猎碣考释初稿》一册,已拜读,多精辟独到之处……均能发前人所未发。"(载黄淳浩编《郭沫若书信集》上,中国社会科学出版社 1992 年 10 月版)

14 日 以日文致田中震二明信片。建议:"拙稿插图似宜有十幅左右。若继而将《彝铭进化观》、《大系·序文》等译出,以《彝器形象学》为题,出一单行本,则即使不于杂志上发表,亦可充分发挥作用。总之,尊译翘盼一睹为快。"(《郭沫若致文求堂书简》第 169 号,文物出版社 1997 年 12 月版)

15 日 作《正考父鼎铭辨伪》。发表于上海《东方杂志》1935 年 3 月第 32 卷第 5 期,署名郭鼎堂。就唐兰对作者《汤盘孔鼎之扬搉》一文的不同意见,进一步论证"鼎铭全不足信",前半抄袭《庄子·列御寇》篇而错误,后半摹仿《檀弓》而欠通,因而《左传》所述"孟僖子之预言亦必为伪托"。进而呼吁"我辈幸勿为所愚,庶几彝界铭文及形象等系统之学,方有成立之日"。

现收《郭沫若全集·考古编》第 6 卷。

17 日 以日文致田中震二明信片。同意将《两周金文辞大系图录》分为五册,索看"唐序"校样,"拟酌情删去"。(《郭沫若致文求堂书简》第 170 号,文物出版社 1997 年 12 月版)

24 日 以日文致田中震二明信片。说:"君之译稿似题作《青铜器研究要纂》为宜。请于《图录》出版后出版该书。"(《郭沫若致文求堂书简》第 171 号,文物出版社 1997 年 12 月版)

指田中震二正在翻译《殷周青铜器铭文研究》一事。——编者注

◎ 致信于省吾。谓:"大札及古器影片一纸均奉到,感谢感谢。穆公鼎铭足为穆乃生号之一证。公地处能见到否?"(于省吾《忆郭老》,《吉林大学学报(理论学习)》1978 年 7 月第 4 期)

25 日 作《老聃、关尹、环渊》。发表于上海《新文学》月刊 1935 年 4 月第 1 卷第 1 期,编入《古史辨》第 6 册。文章以为:一、对于老子的认识,以唐兰为代表的一说"近是","老子确是孔子之师老聃,《老子》书也确实是老聃的语录","特集成《老子》这部语录的是楚人环渊","他用自己的文笔来润色了先师的遗说,故尔饱含着他自己的时代色彩"。二、"关尹即是环渊,关环尹渊均一声之转"。"环渊著《上下篇》是史实","现存老子《道德经》是环渊所著录"。三、"环渊的异名

由音变及传讹多到了十种以上",“环渊的年代也是异说纷纭的",结论是"环渊生于楚而游于齐,大率与孟子同时,盖老聃之再传或三传弟子"。

初收重庆文治出版社 1945 年 3 月初版《青铜时代》,后收《沫若文集》第 16 卷,现收《郭沫若全集·历史编》第 1 卷。

◎ 致信史岩。谓:"第二次大扎奉到。我感于你的恳切,赶着写出了这篇东西,这是毫不会发生问题的。但我另外还要希望你做到一件小小的事情,便是在印出后请你饬书店专把这一篇多印二十份,作为分册寄来,以便分赠友朋之用。"(郭沫若纪念馆馆藏资料 34—2)

27 日 致信田中庆太郎。云:"蒙转致不折翁《写生帖》及《楚词概论》,均已领讫。"(《郭沫若致文求堂书简》第 172 号,文物出版社 1997 年 12 月版)

本 年

◎ 访藤森成吉于其在东京的寓所。一起鉴赏渡边华山的画作、题画诗。(《来日郭沫若》,1955 年 11 月 30 日日本《赤旗报》)

藤森成吉当时正在创作以日本江户时代后期南画家渡边华山为题材的长篇历史小说《渡边华山》。

◎ 多次接待来访的日本"中国文学研究会"成员。

日本"中国文学研究会"成立于本年。其成员主要是东京帝国大学一些研究中国文学的青年,有竹内好、冈田俊夫、武田泰淳,及藤枝丈夫、增田涉等人。

1934、1935 年间

◎ 作《宾阳门外》。发表于上海《光明》半月刊 1936 年 8 月第 1 卷第 5 号。回忆了随北伐军攻打武昌城时的一段经历、见闻,记述了纪德甫的牺牲,以及为其所写的几首悼诗。

初收上海北雁出版社 1937 年 6 月初版《北伐》,后收《沫若文集》第 5 卷,现收《郭沫若全集·文学编》第 10 卷。

"这篇东西本来是《北伐途次》的缩写,在为日本《改造》杂志用日文缩写的《武昌城下》之前。原是应上海某杂志的征文写的。""那写法

和《北伐途次》与日文的《武昌城下》都小有不同。"(《宾阳门外·小引》，上海《光明》半月刊1936年8月第1卷第5号)

该篇写作时间不详。据写于1936年7月的该篇《小引》所述，当写在《北伐途次》（原题《武昌城下》，作于1933年7月）与日文缩写本《武昌城下》（发表于日本《改造》杂志1935年5月号）之间。又据《小引》谓："原稿留在上海友人处已历年余"，故置于此。

◎ 为傅抱石作《瞿塘图》题画。

"记得有一张《瞿塘图》，我题的特别拙劣，至今犹耿耿在怀。"(《题画记》；郭平英主编《郭沫若题画诗存》，山西教育出版社1997年11月版)

此画现不知所存。

◎ 为傅抱石作《鸡笼图》题诗。云："笼中一天地，天地一鸡笼。饮啄随吾分，和调赖此躬。高飞何足羡，巧语徒兴戎。默默还默默，幽期与道通。"

《鸡笼图》现藏日本武藏野美术大学。(王廷芳《傅抱石与郭沫若在日本的交往》) 傅抱石在1935年因母亲去世回国时，将他的一些画作、资料留在老师金原省吾处。后因助学金不落实（郭沫若亦曾帮助过问此事），未能再赴日本继续学业。随后抗日战争爆发，联系阻断。金原省吾去世后，其家人将他的遗物捐赠与武藏野美术大学。日本东京三鹰市"沫若文库"藏有郭沫若在日本期间题赠岩村的一幅条幅，也题写了此诗。

1935年（乙亥　民国二十四年）43岁

1月　长征途中，中共中央在遵义召开政治局扩大会议。

2月　"河北事件"发生，日本借此加快了侵占华北地区的行动。

3月1日　德国撕毁《凡尔赛和约》，宣布重整军备。

7月25日　共产国际第七次代表大会在莫斯科举行，会议于8月25日结束。季米特洛夫在会上作题为《法西斯的进攻与共产国际的任务》的报告，号召全世界的工人阶级组织反法西斯统一战线。大会通过了《法西斯的进攻和共产国际在争取工人阶级统一、反对法西斯的斗争中的任务》的决议，确立了建立反法西斯统一战线和反帝国主义的民族统一战线的方针。

8月1日　中共中央和中华苏维埃政府发表《为抗日救国告全国同胞书》(《八一宣言》)。要求停止内战，一致抗日。提出了中国共产党关于建立抗日民族统一战线的主张，号召各党派、各团体、各军队捐弃前嫌共同抗日。

10月　中央红军到达陕北，与陕北红军汇合，结束了二万五千里长征。

11月28日　中共中央以中华苏维埃中央政府和中国工农红军革命军事委员会名义发表《抗日救国宣言》，提出抗日救国十大纲领。

同日　国民党政府与日方商洽设立"冀察政务委员会"，以宋哲元为委员长。

12月9日　为反对"华北自治"，抗议日本扶植下的冀东伪政权成立，北平爆发了声势浩大的学生爱国运动。16日，为了回答当局的镇压，抗议"冀察政务委员会"成立，北平学生举行了更大规模的示威游行。同时，平津学生南下宣传，上海、南京、武汉、广州等地的学生先后奋起响应，社会各界民众团体纷纷通电支持"一二·九"运动。

12月　中共中央政治局召开瓦窑堡会议，讨论了抗日民族统一战线、抗日联军、国防政府等问题，通过了《中央关于目前政治形势与党的任务决议》。毛泽东作《论反对日本帝国主义的策略》的报告，阐述了党的抗日民族统一战线思想。

1 月

1 日　致田中庆太郎明信片，祝贺新年。因"拟取换"《两周金文辞大系图录·补遗》中的铭拓，请田中庆太郎"命人来取"。(《郭沫若致文求堂书简》第177号，文物出版社1997年12月版)

◎ 致信《台湾文艺》编者。以《鲁迅传中的误谬》为题，载台中《台湾文艺》2月第2卷第2期。写道：

"承你们寄了一份《台湾文艺》的新年号来，实在多谢得很。台湾的声音借诸位的喉舌放送了出来，我是感着十二分的喜悦，并怀着十二分的期待的。这次我要写封信给你们，除专诚表示我这番意思之外，我要顺便提到一件关于《鲁迅传》中所述的事体。

《鲁迅传》的作者增田涉君，我也曾有一面之识，他是鲁迅的弟子，他的《鲁迅传》在《改造》上发表时我不曾翻阅，到这次由贵志翻译了出来，我才看见。但一看却使我大吃一惊的是左列的一段话：

'他的《阿Q正传》被翻译于法国，而登载在罗曼·卢兰所主宰的《欧罗巴》……这一个大文豪的卢兰，对他——鲁迅特地写了一篇很感激的批评，寄给中国去。然而很不幸，那篇历史的批评文字，因为落于和鲁迅抗争之'创造社'的手里，所以受他毁弃，那就不得发表了。'

这一节话真是莫须有的一段奇谈。据我所知道的《阿Q正传》是创造社的敬隐渔君（四川人）替他翻译介绍的，同时还介绍过我的几篇东西，时候是在一九二五年。那时候的卢兰、创造社、鲁迅，都还不是左翼，创造社和鲁迅的抗争是在一九二八年，其中相隔了三年，怎么会扯得出这样的一个奇谎？我现在敢以全人格来保障着说一句话：'创造社决不曾接受过卢兰的"那篇历史的批评文字"'，卢兰和敬隐渔君都还现存着，可以质证。还有，诸君要知道一九二五前年后的创造社，它是受着语丝系，文学研究会系的刊物所挟攻的，卢兰批评鲁迅，为甚寄到创造社？创造社没发表，为甚卢兰不说话？鲁迅们的这一套消息又从何处得来？只稍略加思索，便知道是天大的奇事。将来我另有机会要来弄个水落石出的，现刻写这几句来报告诸位，可见得所谓传记历史是怎样靠不住的东西。

今天恰逢是元旦，天气很晴朗，虽然还是冬天，却大有春意。台湾想来是很暖和的，我很希望你们用新鲜的感觉，新鲜的笔致，把台湾的自然、风俗、社会、要求等等，如实地写出来给我们看，我们住在台湾以外的人是有这样的要求的。你们为什么现在还在转载《梁任公提诉老子时代问题一案判决书》那样的文字呢？那文字自然是有趣，但所讨论的问题却依然是梁任公占了胜利的。据我最近的研究，知道了《老子》那部书实在是战国中年的楚人环渊著的，《史记》的《孟荀列传》上有那一段史影。"

2日 致信容庚："示悉。《考古学社社刊》一册亦奉到，诸兄甚为努力，诚斯学之幸。《海外吉金图录》序事勉力为之，唯须足下将大稿或校样见示，方能负责执笔。近有《彝器形象学初探》一文将副其意以应

命。"(《郭沫若书简——致容庚》,广东人民出版社1981年5月版)

《考古学社社刊》即《考古》半年刊,创刊于1934年12月,信中所及即创刊号。为《海外吉金图录》作序事,后因该书已经付印,终未写。

6日 以日文作《天の思想——先秦思想の天道观》讫。由日本岩波书店作为"岩波讲座·东洋思潮(东洋思想诸问题)"第八回配本,于2月出版。文章分四部分:一、天の思想の起源,二、天の思想の利用,三、天の思想の转换,四、天の思想の归着。

中文本题为《先秦天道观之进展》,删去每节标题,署名郭鼎堂,由上海商务印书馆1936年5月初版发行。文章考证、论述了先秦时代关于"天的观念"的起源、发展演进和它的归宿。认为:殷代"是已经有至上神的观念的,起初称为'帝',后来称为'上帝',大约在殷周之际的时候又称为'天'"。"殷人的至上神是有意志的一种人格神","同时又是殷民族的宗祖神"。这是"殷人的独自的发明"。周因袭了殷文化,"关于天的思想周人也是因袭了殷人的"。但是"周人根本在怀疑天,只是把天来利用着当成了一种工具"。周人提出了一个"德"字来,"要把人的力量来济天道之穷",这是关于天的思想的一大进步。春秋时代是政治上的争乱时代,也是思想上的矛盾时代。春秋末年,"新的统一是逐渐地出现了,在中国的思想史上展开了灿烂的篇页"。老子取消了人格神的天道观,"建立了一个超绝时空的形而上学的本体"——"道"。孔子融合了老子和殷周传统思想,把天作为自然、自然界的法理,在天道思想上又是一个进步。墨子复活了殷、周的传统思想,是一种历史的反动。"中国的思想史上自从有老子、孔子、墨子这三位大师出现,在战国年间演出了一个学术的黄金时代,同时也是学派斗争得最剧烈的时代。"天道思想至此,"差不多是再没有进展的可能了"。到了《荀子》之后的《易传》,"一切先秦的天道思想在这儿也就告了一个归宿"。(郭沫若纪念馆馆藏资料35—1,饭田吉郎编《现代中国文学研究文献目录》增补版)

初收重庆文治出版社1945年3月初版《青铜时代》,后收《沫若文集》第16卷,现收《郭沫若全集·历史编》第1卷。

8日 以日文致田中庆太郎明信片。说:"《图录·补遗》所收《楚王簠》三器及《楚王盘》一器(俱采录自《国学季刊》)拓墨收到。拟更换,如尚未摄影望示之。又,《附录》所收《鸡彝》照片一张,系假得

之物，如摄讫，请掷下，拟速璧还物主。"（《郭沫若致文求堂书简》第 178 号，文物出版社 1997 年 12 月版）

15 日 以现代汉语所译的《离骚》"译竣"，并作《附注》。初收上海开明书店 4 月版《屈原》，题名《〈离骚〉今言译》；1942 年 5 月 16 日修改；人民文学出版社 1953 年 6 月初版题名《屈原赋今译》；后收《沫若文集》第 2 卷；现收《郭沫若全集·文学编》第 5 卷。

24 日 作《屈原》讫。由上海开明书店 4 月出版。分为《屈原的存在》《屈原的作品》《屈原的艺术与思想》三个部分。认为："中国自有历史以来的第一个伟大的诗人要推属屈原。"针对近人怀疑历史上屈原这个人物的存在，考证了屈原的存在"不可动摇"。接着，辨析了屈原作品的真伪，论述了屈原思想与艺术上的成就及其在中国历史上的地位。称赞屈原的诗歌创作，"有意识地成就了一番伟大的革命"，屈原"是最伟大的一位革命的白话诗人"，"又根本是一位爱国者"。屈原受到儒家思想的影响，但他是一位艺术家而不是思想家。秦在政治上统一了中国，"由楚人所产生出的屈原，由屈原所产生出的楚辞，无形之中在精神上是把中国统一着的"。

该书系应上海开明书店所邀，为"中学生"丛书所作。其中第一部分发表于上海《中学生》月刊 5 月第 55 期。由于"中学生"丛书是"限于写三万字的"，作者觉得这篇《屈原》"是受了限制的东西，留在我心里的意思还有好些没写出"。（见《屈原时代》）该书后成为《屈原研究》一书的第一部分，题作《屈原身世及其作品》。

26 日 应邀赴东京一桥学士会馆参加日本中国文学研究会第三次例会，被特别邀请做了关于《易》的演讲。讲述了中国文字形成的时间，八卦的由来，象形文字的转化与八卦之间的关系；推断了《易》的经部的构成，同时分析了老子、孔子、墨子、荀子，特别是荀子的思想与《易》的关系。（郭沫若纪念馆馆藏文物 35—9）

中国文学研究会的例会原仅限于与研究中国文学有关的人参加，这次例会因为通过《朝日新闻》发了预告消息，与会者有一百四十余人，结果临时改换了更大的会场。郭沫若的演讲生动有趣，会场里反应热烈。（吕元明《郭沫若在日本》，《四川大学学报丛刊》1983 年 2 月第 17 辑）

日本中国文学研究会成立于 1934 年，是由"几个帝大（指东京帝国大学——编者注）出身的致力研究中国文学的青年所发起的"。研究会邀请过日本学者一户、辛岛骁、池田孝等演讲，介绍中国作家和中国文坛的情况，"中国曾轰动一时的大众语等问题，他们也拿来激烈的讨论过"。研究会办有《中国文学月报》，以介绍当代中国文学为主。(《日本的中国文学研究会》，东京《杂文》月刊1935年5月15日第1期)

28日 以沪难三周年纪念日故，作《〈屈原〉序》。收上海开明书店4月初版《屈原》。写道："屈原是我最喜欢的一位作家，小时候就爱读他的作品，但是精细的研究是没有做过的。这次因为开明书店的征稿，我得到了机会来过细地把我所喜欢的这位诗人和他的作品研究了一下，得到了很多为自己所不曾梦想到的见解。"屈原是看到楚国"几乎演出了国破家亡的惨状"，"才迫不得已而自杀的。所以屈原的自杀是殉国，并不是殉情"。自屈原死后，"神经过敏"的诗人稍不得志，便要自比屈原，"其实屈原是不好自比的。尤其是以国家民族为口头禅的人更不好以屈原自比，因为要想成就一个屈原，那儿须得有一幕亡国灭种的惨剧"。"我国的屈原，深幸有一，不望有二。"

序文的后半部分，后录入《"深幸有一，不望有二"》一文。该文收《沫若文集》第12卷，现收《郭沫若全集·文学编》第19卷。

30日 以日文致田中庆太郎明信片，署名M.J.。告之："尊译一册拜领，谢谢。"并为其解释"入主出奴"一语的出处及日文的译法。(《郭沫若致文求堂书简》第179号，文物出版社1997年12月版)

本月 在寓所晤见专程来拜访的蒲风，并共进午餐。

蒲风于1934年末赴日本留学，到日本后即致信郭沫若求见。郭沫若立即复信表示欢迎，恐其初到异国，人地生疏，特画了一张路程示意图附在信封中，以便其寻访。

2月

15日 为《离骚今言译》补作"附白"。收上海开明书店4月初版《屈原》所附《离骚今言译》后。写道：将原文附于译文之下，为方便读者对照。"原文乃中国至和谐之韵文，译为今语，实多勉强而难于讨好。然余憨然为此者，凡古代韵文，于字法句法多所省略，吾辈读之，每陶醉于其音韵之铿锵，如接聆音乐而多不明其意。"以今言译《离骚》，"则古文之节段与意境有不烦多辞而豁然自呈者。本篇之译述亦略略有此功效。读者请视为余之韵语疏注可尔。"

◎ 致信胡吉宣。谓："承赠大作《字原》十部感谢感谢。蕉函蒙印出真成佛头著秽矣。拙作图录印刷颇费时，大约来月中当可出版。"（郭沫若纪念馆馆藏资料）

本月 应日本中国文学研究会武田泰淳所请，为该研究会会刊《中国文学月报》题写刊头。该刊于3月5日创刊。（吕元明《郭沫若在日本》，《四川大学学报丛刊》1983年2月第17辑）

2、3月间

◎ 谢冰莹代《人间世》半月刊约稿，即致信《人间世》陶亢德，告以有成稿《〈离骚〉今言译》（1月15日译竣，4月收入上海开明书店初版《屈原》）。

"鼎堂来信，说是有一部离骚的白话译稿，不知要否。和语堂一商量，大家觉得恐怕太长，而且既是诗，出版者方面也许不大称心，于是回他一信，婉请撰惠别的文章。结果也就没有下文。"（陶亢德《知堂与鼎堂》，《古今》半月刊1943年4月第20—21期合刊）

3月

5日 《两周金文辞大系图录》由东京文求堂书店影印出版，线装5册。包括《诸家著目录》《目录表》《列国标准器年代表》《图编序说——彝器形象学初探》《图编》《录编》《补遗》七部分，另有《引言》及唐兰所作《序》。后予增订，收科学出版社1957年12月版《两周金文辞大系图录考释》，其"拓本多经选择更易，务求鲜明。摹本刻本，凡能觅得拓本者均已改换。器形图照亦略有增补，而于著录书目则增补尤详"。（《增订序记》）现收《郭沫若全集·考古编》第7卷。

◎ 与丰子恺、朱自清、巴金等200人，及太白社、小朋友社、文学社等15个团体，联名发表《推行手头字缘起》。载上海《太白》半月刊第1卷第12期。"主张把'手头字'用到印刷上去，省掉读书人记忆几种字体的麻烦,使得文字比较容易识,容易写,更能够普及到大众"。

9日 以日文致田中庆太郎明信片。告之:"信片拜读诵。《图录》三部亦妥收。内容虽陈腐,然全书风貌诚壮观。"并向文求堂及印刷所、照相馆各位参与制作者表示谢意。(《郭沫若致文求堂书简》第180号,文物出版社1997年12月版)

10日 以日文作《"易"の构成时代》讫。发表于日本岩波书店《思想》杂志1935年4月第155期。中文本题为《周易的构成时代》,由长沙商务印书馆作为"孔德研究所丛刊之二"1940年3月出版,系中法文对照,书末附有陈梦家所作《郭沫若〈周易的构成时代〉书后》。考证了"在儒家经典中是被认为最古,且最神圣的"《周易》的构成时代及其作者。否定了《周易》由伏羲、周文王、孔子"三位一体"所作的"定说"。文章分十二部分:一、序说,要讨论的问题。二、八卦是既成文字的诱导物,而"其构成时期亦不得在春秋以前"。三、《周易》非文王所作。四、孔子与《易》并无关系,"在孔子当时《易》的经部还没有构成"。五、《易》之构成时代,由晋太康二年汲冢出土品"可以得到一个暗示":"魏襄王的二十年时,《易传》的'十翼'是完全没有的,《易经》是被构成了,但不仅一种","表明那种东西还在试作时代"。"汲冢所出的《周易》及《易繇阴阳卦》,都是孔子以后,即战国初年的东西。"六、《易》之作者当是马干臂子弓。《易》学的传统有两种,一种出于《史记·仲尼子弟列传》,一种出于《汉书·儒林传》,"由时代与生地看来,这项思想上演进的过程,对于子弓之伪作《易》者的认定是最为适应的。子弓大约和子思同时,比墨子稍后"。七、《易传》之构成时代,"我相信《说卦传》以下三篇应该是秦以前的作品。但是《彖》、《象》、《系辞》、《文言》,却不能出于秦前。大抵《彖》、《系辞》、《文言》三种是荀子的门徒在秦的统治期间写出来的东西。《象》是在《彖》之后,由别一派的人所写出来的"。八、《象传》与荀子之比较,"可以知道,《说卦传》里面所有的各种假设是先秦时代的东西。荀子根据了那些假设以解释《易》理,《彖传》又是把荀子的说法敷衍夸大了的"。九、《系辞传》的思想系统,"把道家的术语输入了的却是始于荀子,故尔写出了这些《系辞传》的人们必然是荀子的后学"。十、《文言传》与《彖传》之一致,"特别当注意的是两者所共通的'时乘六龙以御天'的一句","表示着了《象传》和《文言传》一部分的作者的时代。而'乘龙以御天'是南方系统的着想，却又表示了作者的国别"。十一、《易传》多出自荀门，"《易传》中有大部分是秦时代的荀子的门徒们楚国的人所著的。著书的时期当得在秦始皇三十四年以后"。十二、余论，"作《易传》的人是无法决定的。但那些作者和子弓不同的地方是存心来利用卜筮以掩蔽自己的思想的色彩"，"我们研究《易传》，应该抛撇了那卜筮的部分，而专挹取它的思想的精华"。

收上海群益出版社 1946 年版《青铜时代》，改题为《〈周易〉之制作时代》；后收《沫若文集》第 16 卷；现收《郭沫若全集·历史编》第 1 卷。

30 日 致信田中庆太郎。称："丹翁笔调不减当年，可惜帽子戴得太高，有点危险也。细川氏处蒙说项甚感。尊台如方便，请约一日期，当往拜观。"（《郭沫若致文求堂书简》第 181 号，文物出版社 1997 年 12 月版）

丹翁，即张丹翁。细川氏，为细川護立。

31 日 作《阿活乐脱儿》。署名"谷人"，发表于日本东京《杂文》月刊 5 月第 1 号（创刊号）。讲述了北美热带一种叫作"阿活乐脱儿"的两栖类动物的生理特征：只有在水中生活的蝌蚪时代，没有生活在陆地上的青蛙时代。其原因在于，导致其两栖蜕变的甲状腺精分泌不足。人们发现了这一秘密，便用人工注射甲状腺精的方法，使"阿活乐脱儿"终于失掉了它的鳃，从水中生活转变到了陆上生活。文中问道："这'阿活乐脱儿'有点像我们所熟悉的什么？这注射的手术呢？"

阿活乐脱儿，是 axolote 的音译。该文特为《杂文》创刊号所作，实际是借"阿活乐脱儿"喻示：杂文是一种经过演变而被赋予新生命的文体。杂文这种文体出现以后，鲁迅把它视作匕首、投枪一样的武器，许多进步作家都运用杂文创作来表达对现实的密切关注。但在文坛上也有人对这一文体不屑一顾，甚至讥其既非散文也非小品，是艺术的没落。作者作该文，既是对这一文体的赞许，也表达了对《杂文》的支持。

本月 译著《日本短篇小说集》（芥川龙之介等原作）由上海商务印书馆初版发行，分上中下三册，署名高汝鸿选译，为"万有文库"第二集第 548 种。12 月又作为上海商务印书馆印行的"世界文学名著"之一种出版。全书选译了芥川龙之介等 15 位作家于 1912 年至 1930 年间创作的 19 篇作品，即：芥川龙之介《南京之基督》《蜜柑》，志贺直哉《真鹤》《正义派》，里见弥《雪的夜话》，葛西善藏《马粪石》，丰岛兴志雄《工人之子》，藤森成吉《一位体操教员之死》《阳伞》，小林多喜二《"替市民"！》，德永直《"抹杀"不了的情景》，贵司山治《贞淑的妻》，武田麟太郎《色彩》，林房雄《铁窗之花》，片钢铁兵《小儿病》，井伏鳟二《顽童》，中河与一《冰结的跳舞场》，横光利一《现眼的虱子》《拿破仑与疥癣》。

书中所选作品创作发表的时间起于大正元年，讫于昭和 5 年，贯穿了整个大正时代。而这 15 位作家，则包括有"白桦派""自然主义""新现实主义""新感觉派""无产阶级文学"等大正年间日本文坛的各种文学思潮流派。所选作品中内容具有无产阶级文学倾向的作品篇目较多，在创作手法上属于"新感觉派"的作家居多。

◎《现代十六家小品》（阿英编校），由上海光明书局初版发行，内收《英雄树》《三诗人之死》《芭蕉花》《卖书》《小品六章》《新生活日记》等 6 篇作品。

春

◎ 应熊子骏"招饮"，往访寓东京的熊子骏夫妇。（蔡震《郭沫若流亡日本期间若干旧体佚诗考》，《新文学史料》2011 年第 3 期）

◎ 步王国维嘲杜鹃绝句二首韵，作替杜鹃解嘲七绝二首，并书赠熊子骏夫人。诗云："故园今是昨朝非，於虖之胥政渐稀。若问缘何犹作客，只因欲効率滨归。""非关多事苦依依，有史以来皆乱离。亏得年年啼血遍，人间今见赤城归。"（诗文据手迹；蔡震《郭沫若流亡日本期间若干旧体佚诗考》，《新文学史料》2011 年第 3 期）

王国维嘲杜鹃绝句云："去国千年万事非，蜀山回首梦依稀。自家惯作他乡客，尤自朝朝劝客归。""干卿何事苦依依，尘世由来爱别离。岁岁天涯啼血尽，不知催得几人归。"

◎ 自画花卉二帧并题诗，赠京华堂主人小原荣次郎。画兰草的一帧题旧作观兰口占五绝："不用九畹滋，无须百亩树。有此一茎香，诗心自清素。"跋语写道："我不能画，京华堂主人定要叫我画，作此以献奇丑。

千秋万岁，只此一张。"画荷花的一帧只题写了"没奈何"三字。(《郭沫若题画诗存》，山西教育出版社 1997 年 11 月版)

◎ 初识吴履逊于东京。(《一二八炮手》)

吴履逊原为十九路军一团长，福建事变后出国，时在日本东京，因仰慕郭沫若而相识，交往。

3、4 月间

◎ 在东京麻布区吴履逊寓所认识了丘东平。

吴履逊介绍说："这是中国新进作家丘东平，在茅盾、鲁迅之上。"丘东平表示自己有好些小说想请郭沫若看看。吴履逊当即拿出一本《文学季刊》，请郭沫若看刊载在其中的丘东平的作品《德肋撒》。郭沫若读后觉得"还只像春前的一只燕子"。(《东平的眉目》；林林《郭沫若在上海的几件事》，《郭沫若研究》第 6 辑)

4 月

1 日 日文作《考史余谈》发表于日本《同仁》月刊第 9 卷第 4 号。写道："同人杂志上译载的一篇王伯平的文章刊登在《读书杂志》还是其他什么刊物上的时候，我大致浏览了一下，还没有达到对我的研究进行批判的地步。他只是在我的书中任意捏造了对象在进行论述。完全是一心求利不顾其他的做法。他说'在易经时代农业已经发展到了使用犁、锹的阶段'，并举出'见舆曳其牛犁'这句话来反驳我的观点。这都是一些非常严重的错误。犁本应该写成'挈'，它是指牛一只角高、另一只角低（即歪着头）拼命拉车的情形。但是王伯平认为应该写成犁，使用的是锹，所以他认为是农业。王伯平根本就是由陈铭枢主持的 AB 团经营的神州国光社的一名伙计，不仅是他，那些在社会问题讨论集等里面发表的所有人的文章，都是毫无价值的。当然，这并不是说我的《古代社会研究》就没有任何需要修订的地方。"文中简述了秦一统中国之前，殷周各民族的发展过程及其文化关系。

《同仁》月刊是日本同仁会的会刊。这是一个以在中国及亚洲诸国普及医学、药学，改善公共卫生状况为目的而成立的医学同人会。"AB

团"，即"AB 反赤团"。（蔡震《郭沫若生平史料考辨·在日本期间日文著述考》，社会科学文献出版社 2014 年 7 月版）

3 日　致信田中庆太郎："昨日博儿登堂，蒙厚待，谢甚。款已妥收，乞释廑念。令婿贤伉俪玉照甚可人，想不日当见含饴抱孙之乐矣。"（《郭沫若致文求堂书简》第 182 号，文物出版社 1997 年 12 月版）

5 日　以日文致田中庆太郎明信片。谓："目前稍有闲暇，正对增订《大系》作最后定稿。前日于贵堂见吴闿生《吉金文录》，请寄下以为参考。"（《郭沫若致文求堂书简》第 183 号，文物出版社 1997 年 12 月版）

9 日　参加傅抱石为准备个人画展在东瀛阁举行的招待会。席间，充分肯定了傅抱石的艺术功力，"感染、鼓舞了在座的金原省吾（傅抱石的导师。——编者注）和其他学者"。

傅抱石会后致信郭沫若，表示："备蒙训导，曷胜感激。"金原省吾在日记中写道："我去时，大家都聚齐了，郭沫若氏也到了。郭氏真是一位风度很足的学者，但是没有一点架子，对上对下都很诚恳，给我的感觉很好。"（胡志亮《傅抱石传》，百花洲文艺出版社 1993 年 12 月版；傅抱石 1935 年 4 月 16 日致郭沫若的信，《郭沫若致文求堂书简》，文物出版社 1997 年 12 月版，第 309 页；王廷芳《傅抱石与郭沫若在日本的交往》）

17 日　致信田中庆太郎。写道："顷得傅抱石氏来信，言前日所拜托关于篆刻评语，恳于二十二、三日赐下。又盼能转托河井仙郎氏赐题数语。来函照转，乞一过目。再者，梅原氏已将《越王矛》寄来，别封寄上，请摄影（缩小亦可），将插入增订版《大系》中也。摄影后，直接寄还梅原氏为祷。"（《郭沫若致文求堂书简》第 184 号，文物出版社 1997 年 12 月版）

22 日　作《两周金文辞大系考释》"解题"。收东京文求堂书店 8 月初版《两周金文辞大系考释》。谓："初版《大系》出版后已历三年，考释有未当意处，新出资料亦时有所获，故今详加增订，更别成图录，改版问世。"与初印本相比，其特点有二：（一）考释文字普遍加详，每件器铭一般数百字，长铭重器多至数千言，总字数比初印本增多两倍有余。（二）器铭断代有一些明显的调整，如"乖伯簋"由西周早期的康王推迟为晚期的厉王，"静簋""静卣"和"周公簋"（"井侯簋"）由厉王提早到穆王和康王。

现收《郭沫若全集·考古编》第 8 卷。

24 日 以日文致田中震二明信片。说："曾拟作增订版引得，继而作罢。原稿可随时交出，君来最好，有若干处须请注意。""商承祚《十二家吉金图录》已出版否？张丹翁言欲得初版《大系》一册，如有存书，请寄赠一部。"（《郭沫若致文求堂书简》第 185 号，文物出版社 1997 年 12 月版）

引得，即英语 index，索引的音译。

本月 《屈原》由上海开明书店初版发行，附《离骚今言译》。

因为该书是作为"中学生"丛书之一写的，"但写得太艰深了一点"，"得到书局方面的同意，把《离骚今言译》加上去便让它独立了"。（《屈原时代》）

◎ 致信郑伯奇，祝贺他主编的通俗文学刊物《新小说》诞生。以"郭沫若先生来信"的名义刊登于《新小说》6 月 15 日第 1 卷第 5 期。写道："《新小说》饶别致，文体亦轻松可喜。能于大众化中兼顾到使大众美化（广义的美），是一条顺畅的道路，望兄好自为之。"

◎ 日文本《青铜器研究要纂》，由田中震二译，文求堂作为"支那学翻译丛书"之一出版。

5 月

9 日 以日文致田中震二明信片。谓："信片收到。寿县出土楚器照片一张亦欲放大。明日参观傅氏展览会前，将顺过府上，届时再谈，约上午十一时左右。"（傅氏展览会，指傅抱石的个人作品展。——编者注）（《郭沫若致文求堂书简》第 186 号，文物出版社 1997 年 12 月版）

10 日 出席在东京银座松坂屋举办的傅抱石个人作品展揭幕式，并列名主催，又协助举行记者招待会，亲任翻译。

展出的一些作品上有郭沫若的题诗题款。画展举行了五天，"把东京的名人流辈差不多都动员了"。来参观的名人们"有的买了他的图章，有的买了他的字，有的买了他的画。虽然收入并不怎么可观，但替中国人确实是吐了一口气"。（《竹阴读画》；《郭沫若致文求堂书简》第 186 号；罗时慧《怀念》，《群众论丛》1980 年第 2 期）

26 日 以日文致田中震二明信片。说："拟修改《大系考释》P. 165，

请速寄下。""《图录》原稿装订事，请催促之。"(《郭沫若致文求堂书简》第187号，文物出版社1997年12月版)

28日 瞿秋白于狱中写下给郭沫若的信。

瞿秋白此时正被囚禁于福建汀州狱中。这一天，因与一同情革命的军医闲谈起文学创作和翻译，他们谈到了郭沫若。这勾起了瞿秋白对往昔与郭沫若相处的回忆。得知这位军医可设法转交信函，他便提笔写下此信。信中说：偶尔从报刊上"得知你的消息"，"可怜的我们，有点像马戏院里野兽"。"这期间看了你的甲骨文字研究的一新著，《创造十年》的上半部。我想下半部一定更加有趣。"他肯定了"创造社在五四运动之后，代表着黎明期的浪漫主义运动，虽然对于'健全的'现实主义的生长给了一些阻碍，然而它确实杀开了一条血路，开辟了新文学的途径，而后来就像触了电流似的分解了，时代的电流使创造社起了化学的定性分析，它因此解体，分化"。信中还回忆起在武汉时两人一夜喝了三瓶白兰地的豪兴，不禁哑然。最后写道："愿你勇猛精进！"

瞿秋白写罢此信后不久的6月18日，即在福建长汀被国民党当局杀害。这封信与瞿秋白的另两件遗物，先是被辗转邮寄到当时在美国佛罗里达州劳伦斯大学留学的柳亚子女儿柳无垢手中。她特意去纽约，约见了纽约华文报纸《先锋报》常务编辑陈其瑗，即将此信在《先锋报》上发表。后来，柳无垢从其父那里得知郭沫若在日本的寓址，在原信一时无法取回的情况下，将刊载了该信的《先锋报》寄给郭沫若，自己另抄一份保存。1937年4月，柳无垢回国后，将抄件及另两件遗物转交父亲柳亚子保存。柳亚子又把抄件重抄一份，寄给香港《大风》杂志社。《大风》半月刊于1940年1月20日第60期发表了该信。1937年7月郭沫若只身归国，在上海晤见柳亚子时曾问起信的原件。上海沦陷后郭沫若经香港到广州，见到从美国回国的陈其瑗，又问及此事。陈其瑗遂把自己一直保存的信的原件交给了郭沫若。(《瞿秋白给郭沫若的一封信》，《近代史研究》1981年第2期；唐天然《〈瞿秋白致郭沫若〉遗札的写作、转送和发表》《瞿秋白研究》第3期)

31日 以日文致田中庆太郎明信片。说："傅君个人展览，承蒙鼎力相助，傅君之收获，当超乎金钱也。日后仍望关照。"(《郭沫若致文求堂书简》第188号，文物出版社1997年12月版)

本月 《武昌城下》经缩写，以日文发表于日本改造社《改造》第

17 卷第 5 期。

"日本的改造社请我把那精粹处提出来，用日本文缩写成一万五六千字的短篇，我也照办了，在该社出版的《改造》杂志五月号上所发表的《武昌城下》便是那缩写出来的东西。近来，并宣称是经过我的同意和删定的。译者究竟是谁，译文究竟怎样，我都不知道，究竟经过了怎样的'删定'，那可是出于我的想象之外了。"该文刊出后，日本《朝日新闻》《东京日日新闻》等报刊上很快发表有评论文章。（《北伐途次·序白》；《临时消息》，日本东京《杂文》5 月 15 日第 1 期）

◎ 接待来访的"左联"东京分盟魏猛克、陈辛人、孟式钧等人，表示愿意参与"左联"东京分盟的活动，并应允为即将创刊出版的《杂文》杂志撰稿。（魏猛克《关于左联的一些回忆》，《湘江文艺》1978 年第 10 期）

◎ 接待来访的刘侠任，谈论国内的形势，并作五律一首，无题。写道："信美非吾土，奋飞病未能。关山随梦渺，儿女逐年增。五内皆冰炭，四方有谷陵。难甘共鱼烂，矢得一升腾。"后书赠刘侠任。

初见于阿英作《关于郭沫若夫人》，结尾两句改作："何当挈鸡犬，共得一升腾"；又记入作者 1944 年 5 月 10 日所作《影子》一文（发表于28 日《新华日报》）；后收作家出版社 1959 年 11 月初版《潮汐集》，题《信美非吾土》；现收《郭沫若全集·文学编》第 2 卷。（徐振韬、刘汝良《"难甘共鱼烂，矢得一升腾"》，《革命文物》1979 年第 4 期；阿英《关于郭沫若夫人》，《抗战中的郭沫若》，广州战时出版社 1938 年版）

6 月

1 日 为王亚平所著题写封面的《都市的冬》一书，由中国印刷社出版。

3 日 接待来访的杂文社朋友，并作历史小说《孔夫子吃饭》。发表于日本东京《杂文》月刊 7 月第 2 号。取材自《吕氏春秋》，描写被围困在陈蔡之间的孔子及其弟子绝粮七日的一段遭遇和窘境。通过孔子在颜回讨粮、煮饭过程中的内心活动，表现了他的自私、猜疑、妒忌、虚伪，讽刺了他极力维持的"领袖的尊严"。以此影射了现实中"一些领袖意识旺盛的人"。

初收上海不二书店 1936 年 10 月初版《豕蹄》，后收《沫若文集》第 5 卷，现收《郭沫若全集·文学编》第 10 卷。

本日，杂文社朋友来访，急约为第 2 期《杂文》撰写一篇文章，而且立等便要。请他们等在"客间"，做成此篇。（郭沫若纪念馆馆藏文物 36—4）

1934 年，蒋介石为配合其对苏区的军事"围剿"，提倡"新生活运动"。国民党当局在全国掀起一股尊孔复古的逆流，首先抬出孔子，标榜为古今之"大圣人"，将其"神化"，以达到现实的政治目的。针对这股尊孔复古的逆流，郭沫若着意指出："孔子是'道贯古今'的大圣人，这个观念已经比任何铜像、铁像都还要坚固。然而想到孔子也还是人，过分的庄严化觉得是有点违背真实。"因此，创作了这篇小说。（《从典型说起》）

4 日 应上海《文学》月刊"特约"，作《浪花十日》。摘录了 1934 年 7 月 31 日至 8 月 9 日，全家前往位于太平洋畔一个叫作浪花的乡村度暑假期间十天的日记，并加引文。发表于《文学》月刊 7 月第 5 卷第 1 期。初收北新书局 1946 年 5 月版《归去来》，后收《沫若文集》第 8 卷，现收《郭沫若全集·文学编》第 13 卷。

文章发表时，"被削删了的字数东鳞西爪地在五百以上，鳞爪被剥除了的一条蛟龙变成了一条蚯蚓"。譬如，"岂明先生是黄帝的子孙，我也是黄帝的子孙，岂明先生的夫人是天孙人种，我的夫人也是天孙人种，而岂明先生的交游是骚人墨客，我的朋友却是刑士宪兵"。"不知犯了什么禁忌，编辑先生一定要加以删除。"（《鼎》）

5 日 致信田中庆太郎。谓："傅抱石君有《摹印学》一部，欲在此间出版，不识贵堂能承印否？特为介绍。如贵堂乐意承印，据傅君云，条件可不拘，请酌裁。"又附白道："《图录》原稿本已妥收，丹翁信亦接读。"（《郭沫若致文求堂书简》第 92 号，文物出版社 1997 年 12 月版）

此信无书写年代，亦未经邮寄，信封上有郭沫若手书"烦抱石兄持交"。《郭沫若致文求堂书简》将此信书写时间断在 1933 年，有误。《图录》，指《两周金文辞大系图录》。（蔡震《郭沫若生平文献史料考辨·〈郭沫若致文求堂书简〉的疏误》，社会科学文献出版社 2014 年 7 月版）

8 日 作《老生常谈》。发表于日本东京《留东新闻》6 月 12 日第 1 期、6 月 19 日第 2 期。写道：

"前几天有几位年富力强的四川同乡到乡下来访问我，谈起近来留日学界的兴盛，言人数将近五千，而向学的空气却很沉寂。他们要办一种新闻来鼓舞求学的空气，叫我也来做篇文章。

"他们的宗旨我是很赞成的，我以一个老留学生的资格，所可说的话当然也很多。但我近来的生活和一般的留学界虽然近在咫尺，实有远隔天涯之感，对于留学界一般的情形，一般的风气，一般的程度，我是很隔膜的，谈起来恐怕有点近于老生常谈的话来说。

"大家在国内这样不安的时期到日本来留学，想来都各自是有一番抱负，一番决心的。我所希望的就是努力把自己抱负实现，自己的决心坚持到底。谦逊一点的人或许会说自己并没有什么伟大的抱负，但这是不要紧的，真正的抱负用不着伟大。譬如求学便是一种抱负，努力把求学的实际把握着，拼命的干去，脚踏实地的干去，以坦克车机关车那样的坚实、强力，猛勇的干去，不把一种学问或一种真正的本领握到手，便死都不放松。能那样，我看一个人是没有不成就的。进了一步自然会有新的抱负出来，有伟大的使命落在自己的身上自己就想不求其伟大，也不能不伟大。我看国内的文化人总有些夸大的毛病，并不脚踏实地的干，总是玄虚地爱做一步升天的梦。譬如拿文艺界来说。什么中国没有伟大的作家啦，中国没有伟大的作品啦——中国的作家那个最伟大啦……闹着这些叫嚣有什么意义呢？有得一两个方向不错、诚实不伪的作家也尽可以，何必一定要伟大？伟大岂是一朝一夕便可企及的东西？如在科学、技术方面，要想求伟大，尤其不容易的。我看凡事当抱着谦冲的态度，坚忍的精神，明确的认识，求实而不务名的做去，要使自己和自己的业绩，于不识不知之间自然成其为伟大。

"日本的近代文化是资本主义的文化，是渊源于欧美，这是无用说的。我们到日本来留学，不管是有无明白的意识，在事实上是在追求着资本主义的文化。是于暗默中承认着中国的社会还未把封建阶级的羁绊斩断，想求新颖的方法来促进中国社会的蜕变。既到这边来，我想最切要的是技术方面、科学方面的学识，精神文化方面的东西或者占着次位。……"

"杂乱的说了一些，再把要点归纳起来是：（1）凡事都须得认真，秉着坚实的精神，求坚实的本领。（2）应着社会的需要，最好注重技术科学方面的学识。（3）认定自己的文化的使命，一面在学资本主义的文化，一面也须时时想到应该超克资本主义的文化。（4）要时常提一个很简单的问题在心里，——'你来是做什么的？'"

上旬 几位留日学生来访，谈及近来"留日学界的兴盛"，留学人数将近五千，但"向学的空气却很沉寂"，所以要办一个新闻刊物（即《留东新闻》。——编者注）来鼓舞求学的空气，因以约请"做篇文章"。即予应允，写了《老生常谈》一文。（《老生常谈》）

13日 以日文致信田中庆太郎。告以："《古史辨》第五册已收到。""《十二家吉金图录》未能直接订购，贵堂如进货，仆需一部。"同时寄去《两周金文辞大系图录》勘误，以便附于《两周金文辞大系考释》之后。（《郭沫若致文求堂书简》第189号，文物出版社1997年12月版）

夏

◎ 在家中晤见刚到东京的任白戈，以及魏猛克。

任白戈受指派从国内到日本从事左翼文化运动，担任新成立的"左翼文化总同盟"书记。"文总"是作为东京"左联"分盟和中国留日学生组织的各左翼文化团体的领导机构而成立的。任白戈任早已知道郭沫若关于中国古代社会的研究获得了很高声誉，在日本学术界和汉学家中也引起极大的重视，又得知郭沫若也"作为一个'左联'的盟员"，参加了"左联"东京分盟的活动，并且"实际上起着指导作用"，便约了"左联"东京分盟的魏猛克一道去郭沫若家中拜访。他们"一见如故"。郭沫若问及国内左翼文艺运动的情况，对于"左联对外的斗争和内部的涣散"，"表示出很大的关心"。

此后，任白戈、魏猛克常常去郭沫若家里，"向他汇报工作，听取他的意见"。"大家把他当作一个亲密的同志，更把他当作一个敬爱的领导人。凡是遇到一些文艺思想理论方面和文艺组织活动方面带原则性的和比较复杂的问题，我和猛克同志都要专程到他家里去请教。他总是不厌其烦地听我们汇报，然后才和我们一道分析问题，得出结论，甚至往往一谈就是半天。"当时"左联"在东京留日学生中的工作，主要是通过文艺活动、组织研究会以及各种读书会的形式，传播马克思主义，宣传抗日思想，孤立国民党当局派遣的亲日派学生。许多留学生渴望听到郭沫若的讲演,但日本警视厅对他防范甚严。郭沫若便出了个主意:打着邀请名人讲演的招牌,组织一次日本著名作家藤森成吉的演讲会,由他出面致欢迎辞,然后再次集会,就由他讲演。任白戈等人按这个建议成功地举办了一次郭沫若演讲会。留学生们听了讲演之后,"爱国热情大为高涨,许多人逐渐接近和参加左翼文化活动",大大推动了"左联"在"留日学生中的工作向前发展"。(任白戈《沫若同志,我要永远向你学习》,《四川大学学报丛刊》第17辑;《深切地怀念郭沫若同志》,《四川文艺》1978年第9期;《中国留日左翼学生文化运动记要》,《文史资料选辑》第109辑)

◎ 在寓所接待初次来访的林林,并同往东京,应邀参加青年朋友的一个文艺聚会。

林林是受"左联"东京分盟指派与郭沫若联系,以便向他请教关于文艺活动的问题及请他撰写文章。(林林《这是党喇叭的精神》,《悼念郭老》,生活·读书·新知三联书店1979年5月版)

◎ 接待来访的邱东平、陈子谷。

邱东平刚写好一篇小说,特地拿去向郭沫若求教。陈子谷即陈子鹄,是初次见到郭沫若,"当时很年轻,少年时已读了他的许多著作,对他非常敬仰崇拜。这时能见到他,不用说,是非常高兴的"。"当时,去找郭沫若同志的中国留学生很多。"(陈子谷《中国左翼作家联盟在东京活动的一些情况》,《文史资料选辑》第109辑)

◎ 往伊东。晤见北伐时同在总司令部政治部工作的章伯钧,当天返回东京。(陈乃昌《沫若先生印象断片》,1941年11月16日《新蜀报》;《相见五十七年前》,《追随周恩来的岁月》,中共中央党校出版社1995年11月版)

章伯钧于11月返回香港,同月与李伯球等人在九龙召开的中国国民党临时行动委员会第2次全国干部会议上将该党更名为"中华民族解放行动委员会"(后为中国农工民主党),确立了反蒋联共抗日的方针。由邓演达、谭平山等国民党左派人士于1928年创立的中国国民党临时行动委员会,即"第三党",当时曾派章伯钧劝说郭沫若加入该党,并请他起草宣言,均被郭沫若谢绝。

◎ 在家中接待来访的愚公。

"我问起他的生活,他表示十分愤慨而又感伤地说:'唉,真不要说了,这几年来我的苦只有我一个人知道,旁人是不易了解的。譬如说我的版税，如能按期和我结算，我是很可以生活的，但是书局里面怎么也不睬你。像光华书局由他们自己开来的账已经欠我二三千元，现代书局也欠我数十元，但我至今一个钱也没有收到。'""我又问起他的创作来，他只是摇摇头头，他说简直写不出什么来。"（愚公《在日本的郭沫若会见记》，《新人周刊》1936年2月第2卷第24期）

7月

10日 以日文致田中庆太郎明信片。说："校样另件奉上。同氏英译之《图编序说》打印件，日前已交震次君，请作为Ⅱ，一并登载。""商务《万有文库》本《通典》请寄下一部。"信中并问候瑷子小姐的病情。（震次，即田中震二。——编者注）（《郭沫若致文求堂书简》第190号，文物出版社1997年12月版）

13日 作《隋代大音乐家——万宝常》讫。发表于上海《文学》月刊9月第5卷第3期。作者以"对于万宝常的物质生活之数奇怀着无上的同情，对于他的精神生产之湮灭尤其感着无上的义愤"，在一种"迫切的冲动"下撰写了这篇文章。考证论述了万宝常作为一位卓越的演奏家而兼乐理家，在中国音乐史上所做出的卓越成就。认为他的"音乐是合成派，是新来的胡乐和旧有的古乐或准古乐结合了所产生出来的成果，也可以说是在旧乐的砧木上接活了的新乐苗条"，而这种音乐在唐贞观年间得到了彻底胜利。作者感慨"大凡一位伟大的艺术家或思想家，照例是跑过了时代，不为流俗所容"。万宝常与"臭博士、臭名公、臭虾蟆同时，弄得一生的心血化为乌有"的不幸，即是实例。最后希望：中国民族音乐，"有生的力量便会迸出萌芽而苗壮起来"。

初收上海北新书局1937年8月初版《沫若近著》，后收《沫若文集》第12卷，现收《郭沫若全集·历史编》第4卷。

17日 以日文致田中庆太郎明信片。谓："《图录》勘误如尚未印就，拟与《考释》之勘误合并为一，乞寄下。"（《郭沫若致文求堂书简》第191号，文物出版社1997年12月版）

20日 致信田中庆太郎。说："《大系》插图及《补录》数纸收到。原有里封面题字，俗得不能忍耐，另书一纸奉上，务请更换为祷。又，

《考释》勘误一纸，请附在《图录》勘误后有半页空白处。"（《郭沫若致文求堂书简》第192号。此处引文据原件手迹——编者注，文物出版社1997年12月版）

本月 自题"两周金文辞大系考释"，拟作该书里封面题字。

◎ 得知傅抱石因母亲病故，不得不结束留学生涯归国，且为安葬母亲之事发愁，"特意卖给内山书店一部文稿，让内山书店把应得的全部稿酬，直接地汇给了抱石"。（罗时慧《怀念》，《群众论丛》1980年第2期）

7、8月间

◎ 致陶亢德信。载上海《宇宙风》（乙刊）1939年3月16日第2期，题作《作家书简（二）》。写道：

"承询《海外十年》之作本是前几年想写的东西，但还没有动笔，如在现在写起来，要成为'海外廿年'了。所想写的是前在日本所过的生活，假如尽性写时总当在廿万字以上，这样长的东西怕半月刊不适宜吧。

"《浪花十日》之类的文章可以做，但如不从事旅行便难得那样的文章。因此我希望你们按月能寄两三百元的中币来，我也可以拨去手中的它事来用心写些小品，按月可以有两三万字寄给你们发表，你们觉得怎样呢？假如这样嫌松泛了时，按字数计算，千字十元发表费亦可，但也要请先寄费来后清算。请你们酌量一下罢。"

该信发表时无受信人称谓，亦未注明写信日期。《浪花十日》发表于《文学》月刊7月第5卷第1期，郭沫若决计写《海外十年》见之于8月24日的一封信。（蔡震《一组书简中的历史——郭沫若与〈宇宙风〉》，《郭沫若学刊》2010年第4期）

◎ 致信陈子鹄。载日本东京《杂文》9月第3号，题《关于诗的问题通讯》，包括两封信，此信为其一。写道："蒙赠《宇宙之歌》一册，也连忙读了一遍。你有真挚的情绪，洗练的辞藻，明白的认识。你所说的'希望诗歌能够像音乐一样给大众朗诵'，这也是我所怀抱的一种希望。诗歌还是应该让它和音乐结合起来；更加上'大众朗诵'的限制，则诗歌应当是表现大众情绪的形象的结晶。要有韵才能诵。要简而短，才能接近大众。""诗本来不是供人看的东西，落到供人看的现状，它是赶不上绘画和小说的。"

后收《沫若文集》第 11 卷，隐去收信人称谓，题作《关于诗的问题》；现收《郭沫若全集·文学编》第 16 卷。

"1935 年，我们在东京办的东流出版社，准备出版张天虚同志的长篇小说《铁轮》，出版了我写的诗集《宇宙之歌》。我把《宇宙之歌》送给郭沫若同志一册并请他提批评意见。之后，他给我写了两封回信。"（陈子谷：《中国左翼作家联盟在东京活动的一些情况》，《文史资料选辑》第 109 辑）

8 月

6 日 作历史小说《孟夫子出妻》。发表于日本东京《杂文》月刊 9 月第 3 号。篇首有"作者白"，说明小说创作的缘起，写道："这篇东西是从《荀子·解蔽篇》的'孟子恶败而出妻'的一句话敷衍出来的。败是败坏身体的败，不是妻有败德之意，读《荀子》原文自可明瞭。孟子是一位禁欲主义者是值得注意的一件事情：因为这件事情一向为后世的儒者所淹没了。而被孟子所出了的'妻'觉得是尤可同情的。这样无名无姓的做了牺牲的一个女性，我觉得不亚于孟子的母亲，且不亚于孟子自己。"小说描写中的孟子，自命为"孔门的嫡传"，立志要成为"圣贤"，也想学着孔子出妻。但不管他怎样涵养自己的"浩然之气"，怎样故做矜持，妻子在身边的时候，他"便一身都充满着燥气"，心"不能够不动"。孟子陷入了想兼得女色与圣贤的矛盾之中。倒是他的妻子"动了一番母性爱，觉得那个圣贤非由她产生出来不可"，决定成全孟子。这时，孟子才发觉，妻子"比孔夫子还要伟大"，感慨："我与其去远师孔子，我应该近法我的夫人。"

初收上海不二书店 1936 年 10 月初版《豕蹄》，后收《沫若文集》第 5 卷，删去"作者白"；现收《郭沫若全集·文学编》第 10 卷。

10 日 致信陈子鹄。载日本东京《杂文》9 月第 3 号，题《关于诗的问题通讯》，包括两封信，此信为其二。写道："你的回信早接到，因忙着写别的事情，所以直到现在才来回答你。""好诗大抵有韵脚，但也不必一定有韵脚。""长诗自然也应该有，但要有真切的情感和魄力，不然大抵出于堆砌，会没落于文字的游戏。长诗也有限制，过长的叙事诗，我可以决绝地说一句，那完全是'时代错误'。那就是所谓看的诗，早就让位给小说去了。"信中接着谈及"辩证法的写实方法"，认为那并未被否认，只是被补充了。"意识是第一着，有了意识无论用什么方法，无论用什么形式，无论取什么材料都好。"最后还说到"经验之谈"："写诗似乎和年龄有关，在过了三十、四十以后，人是必然地要散文化的。"

后收《沫若文集》第 11 卷，隐去收信人称谓，题作《关于诗的问题》；现收《郭沫若全集·文学编》第 16 卷。

20 日　《两周金文辞大系考释》由日本东京文求堂书店据著者手迹影印出版发行，包括"解题""序文""本文""补录"，文末附福格森（John C. Fergsen）翻译的英文"介绍"，线装 3 册。此书既出，"于是初版遂作废"。1957 年，《两周金文辞大系考释》与《两周金文辞大系图录》合而为一，名《两周金文辞大系图录考释》，作为中国科学院考古研究所考古学专刊甲种第三号，由科学出版社出版。现收《郭沫若全集·考古编》第 8 卷。

21 日　致信田中庆太郎。写道："昨日博儿踵府，蒙将版税残额交付，已妥收，幸释念。书五部、手札及信片均奉到。福开森住址北平喜鹊胡同三号。又唐立厂处，亦望寄赠一部（北平外交部街甲二号）。中邮、古城二翁处已由此间直接发寄，请勿另。"（《郭沫若致文求堂书简》第 193 号，文物出版社 1997 年 12 月版）

24 日　致信《宇宙风》编者，署名郭鼎堂。说："陶元惪（即陶亢德——编者注）先生的信和款子均已奉到，我决计写《海外十年》，分段地写，写完留学时代的生活为止。第一段是'初出夔门'，今日动手写，大约三五日可以写出。怕你们悬念，特写一封信片来报告。"（《四川大学学报丛刊·郭沫若研究专刊》第 2 集；蔡震《一组书简中的历史——郭沫若与〈宇宙风〉》，《郭沫若学刊》2010 年第 4 期）

30 日　《中国新文学大系·小说三集》（郑伯奇编选），由上海良友图书印刷公司出版，收入《牧羊哀话》《函谷关》等四篇小说。

本月　月底，接到丘东平从房州寄来发表在《大公报》上的小说《沉郁的梅冷城》并来信，请求给以"详细的批评"。细读一遍，"暗暗地感着一股惊异"，没想到丘东平"长成的这么快"，"技巧几乎到了纯熟的地步"，"大有日本的新感觉派的倾向"。但因为忙，没能写出"详细的批

评"，只回复了丘东平一个明信片，称赞其作品"别致"。(《东平的眉目》)

9月

1日 致信容庚。感谢其所赠《秦始皇刻石考》《鸟书考补正》的单行本，称赞其作中所论"秦韵已有四声之分是一大发明"。(《郭沫若书简——致容庚》，广东人民出版社1981年5月版)

4日 以日文致信田中庆太郎。写道：

"石井氏函拜读。已分别订正如另纸，请用铅字付印。

又，石井氏希望：

一、《图录》后所附器名表中补入《录编》页数。——追补为宜。

二、为仅购《考释》的读者编纂详细索引。——或缩小《图录》目录表，或另行编印均可。

尊意以为如何？如以为应立即追补右两项，仆立即动手。

读者提出恳切意见与质疑，作为作者感到无上喜悦。复函石井氏时，乞代致此意。"

此前8月30日，有读者石井硕就《两周金文辞大系图录》《两周金文辞大系考释》致函文求堂，提出一些疑问和建议，并谓："便中乞代向郭氏请教并盼赐复。意在精益求精。"田中庆太郎将此函转郭沫若。(《郭沫若致文求堂书简》第194号，文物出版社1997年12月版)

6日 致信LM。以《雁来红》为题，发表于东京《剧场艺术》10月创刊号。写道：

"信接到，你的真挚的热情很打动了我，尤其是'即遇如何的艰难困苦，颠沛流离，是要苦干到底的'那几句话，使我读了肃然生敬。我希望你把这几句话时常提醒着，为我们的历史的使命。

"你们能和秋田雨雀氏时常亲近是很好的行动。秋田氏我虽然还不曾见过面，但我是很敬仰着他的，他一向的行径就有你所说的那几句话的精神。他能够苦干，而且能认清目标苦干。……秋田氏的态度是大可以做青年人的模范的。"

"我说过的剧本，我是要努力企图一下的，但我好久没有写这一类的东西了，舞台的经验也很少，连看演剧的机会在我都是绝无仅有的，要创作起来恐怕要费一段相当的长久的酝酿时期。年内能否写成，恐怕都难于决定罢？但我总得要写，因为写是我目前最适应的工作。

"短文我来不及写，这封信如果可以充短文，就让他在你们的杂志上占一面宝贵的篇幅罢。我愿他能给你们一片的点缀如雁来红那样的新鲜。"

LM，梁梦廻，留日中国学生。《剧场艺术》是由中华（留日学生）戏剧座谈会的邢振铎、梁梦廻、杜宣等人在东京创办的刊物，梁梦廻系编辑之一。

8 日　以日文致田中庆太郎明信片。说："蒙赠《书契渊源》第三帙，谢甚。《大系》索引等容暇当为之。"（《郭沫若致文求堂书简》第 195 号，文物出版社 1997 年 12 月版）

16 日　散文《初出夔门》作为《海外十年》（一），发表于上海《宇宙风》半月刊第 1 期（创刊号），署名鼎堂。回忆了 1913 年夏投考天津陆军军医学校，告别家乡，初出夔门的旅程经历。感叹三峡的风光，"真是自然界一幅伟大的杰作"。心中"第一次感觉着自己"，"真真是蹍进了另外的一个世界"。

初收上海不二书店 1936 年 10 月初版《豕蹄》；后收《沫若文集》第 6 卷，为《初出夔门》的第 1 节；现收《郭沫若全集·文学编》第 11 卷。

本日，《宇宙风》半月刊在上海创刊，由林语堂主编，陶亢德、林憾庐等先后参与编辑工作。该刊"以畅人生为宗旨"，主要发表散文作品，兼有小说、诗歌、剧本、书评。风格类似《论语》《人间世》的"幽默""闲适"，但在民族生存的危机日趋严峻的形势下，也出现了一些正视现实、呐喊抗争的作品。

18 日　作诗《悼聂耳》。发表于日本东京《诗歌》半月刊 10 月第 1 卷第 4 期 "聂耳纪念特辑"。称颂聂耳与雪莱一样 "同一是民众的天才"。写道："大众都爱你的新声，/大众正赖你去唤醒"；"聂耳啊我们的乐手，/你永在大众中高奏；/我们在战取着明天，/作为你音乐的报酬！"

初收广州战时出版社 1938 年 1 月初版《战声》，后收《沫若文集》第 2 卷，现收《郭沫若全集·文学编》第 2 卷。

聂耳 7 月 15 日在东京湾的神奈川县海滨不幸溺水身亡。

20 日　致信叶灵凤。载孔另境编《现代作家书简》，上海生活书店

1936年5月初版。写道：

"九月七日信接到。

光华现代事已告一'段落'否？

现代清单本有保存，但一时难得查出，请你把现代的纸版替我取回，以书籍抵算现款也好，请你费心早告一个'段落'。

集子可以重编，重排由作家自费却未免便宜了书店。此事留待有相当的书店时再考虑罢。

张静庐愿意替我出全集，只要他改变从前的态度，我是可以同意的。请他提出一个办法让我们商议罢。

×××的笑骂且由他，我只求自己努力。一个人不是笑骂可以骂倒的。

我现在译就了一部《隋唐燕乐调研究》（日本林谦三著）有八万字的光景，因为是学术研究的东西，我可以把稿费放低出售（依原稿纸计算，每张六百字，价四元，此乃最低价），但印刷纸张要讲究。静庐如肯承印，请他先寄三四百元来，我可将稿交出。余款每月一百，交清为止。请你向他提说一下，如不愿意请复一字，我好找别家。"

24日 作历史小说《秦始皇将死》。发表于日本东京《质文》月刊12月第4号。截取公元前210年秦始皇东巡后西返咸阳，途中客死沙丘的一段史料，细致地描写了秦始皇在行将就木之际复杂的心理状态。秦始皇带着一种临终忏悔的心情回顾了自己凶残暴戾的一生，特别是"焚书坑儒"那两件"蠢事"，结果是"赢得一个千秋万岁的骂名"。他终于明白了："我想来统一思想，想使天下的人都对我心悦诚服，其实我真是一个大傻瓜。思想哪里是用暴力可以统一得起来的呢？"作者借写秦始皇，对于国民党蒋介石专制独裁统治的"现世"给予了强烈的讽喻。

初收上海不二书店1936年10月初版《豕蹄》，后收《沫若文集》第5卷，现收《郭沫若全集·文学编》第10卷。

28日 以日文致信田中庆太郎。谓："杨君十八日前后曾来谈。彼神色颓然，盖闻兄台言事颇难办。估计日内仍将奉访。彼当初来访时，余之答复附有条件——兄台如积极支持，余亦支持。故或使杨君相当失望。总之，日内当有消息。"感喟："难得心旷如晴秋，陶醉于桂香之中也。"信末附文问候了田中震二的病情，并问到容庚的《金文续编》是否到货，

表示"余需一部"。（杨君，指杨凡）(《郭沫若致文求堂书简》第 196 号，文物出版社 1997 年 12 月版)

下旬　接待杨凡来访，谈其欲办日语补习学校事。(《郭沫若致文求堂书简》第 158 号、第 196 号，文物出版社 1997 年 12 月版)

秋

◎ 接待来访的陈乃昌、林林。为其准备创办的刊物建议取名《文物》，解答关于马克思在《政治经济学批判·序言》中所提到的"亚细亚的"生产方式的问题，并应允就此为《文物》撰稿。

"当时我们在东京的几位志同道合的青年朋友任白戈、林林、张载霍和我，在上海还有热心的同好，打算创办一个不定期的综合性的哲学、政治、经济理论刊物，阐扬马克思学说，特意登门聆听沫若先生的意见，并敬请定名。他听了很高兴，说：'在东京还没有这样的理论性刊物，这很需要。建议刊名就叫《文物》！'"（陈乃昌《相见五十七年前》，《追随周恩来的岁月》，中共中央党校出版社 1995 年 11 月版）

◎ 被聘为日本《日文研究》（松本龟郎主编）编辑总顾问。（平野日出雄《松本龟郎传》，静冈教育出版社 1982 年版）

◎ 在家中接待初次来拜访的臧云远，同来的有魏猛克。

臧云远以笔名"秀沅"发表在《杂文》上的一首诗引起郭沫若的注意，他向魏猛克问起"秀沅"是谁，于是有了这次拜访。郭沫若指着书桌上"那一叠考古巨著"说："要不是你们办刊物（指《杂文》）来约我写写文艺文章，也许我还是呆在两三千年前呢。"他还谈起了他所写的《克拉凡左的骑士》的故事，"是歌颂在北伐战场上一位女战士的"。（臧云远《东京初访郭老》，《悼念郭老》，生活·读书·新知三联书店 1979 年 5 月版）

◎ 往东京"三闲庄"参加杂文社召开的会议，建议改《杂文》月刊为《质文》。

《杂文》月刊因宣传革命，9 月 20 日出版第 3 号后即被国民党当局查禁。杂文社同人在会上讨论《杂文》换个刊名继续出版的问题。郭沫若提议："就改名'质文'吧，歌德有本书叫《质与文》。"大家一致赞成，并由郭沫若为刊物题字，第 4 号起以《质文》为刊名继续出版。（臧云远《东京初访郭老》，《悼念郭老》，生活·读书·新知三联书店 1979 年 5 月版）

◎ 译就《隋唐燕乐调研究》，日本林谦三著。上海商务印书馆 1936 年 11 月初版。（《致叶灵凤函》，孔另境编《现代作家书简》，上海生活书店 1936 年 5 月版）

10 月

5 日 应东京中华基督教青年会总干事马伯援之邀，在位于神田保町的青年会礼堂作了题为《中日文化之交涉》的演讲。（"交涉"系日文，意为"关系"——编者注）演讲词由陈斐琴、马皓记录，分别发表于《国闻周报》28 日第 12 卷第 42 期、日本东京《东流》月刊 11 月 1 日第 2 卷第 1 期。演讲首先就"中国文化和日本文化彼此互相发生的关系"做了历史的回顾和反思："资本主义以前的文化，是从中国流到日本，资本主义以来的文化，是从日本流到中国。""从中国流到日本的资本主义以前的文化，在日本收到了很大的成功。""从日本流到中国的资本主义以来的文化，结果没有十分的表现，似乎是失败了。"然后，在考察分析了两国文化在交流中各自成功失败的原因之后，特别强调指出："这几百年间中国人的脑筋是睡着的。到近来一醒来看时，资本主义的文化已经发展到最后的阶段，我们就竭力的追也追不上了。"但是，中国人用不着悲观，"中国民族确是优秀的民族"，"我希望我们中国人利用我们优秀的头脑，批判地接受既成文化的精华，努力创造出更高一级的新的文化"。

另有日文本题作《中日文化の交流》，刊载于 12 月《东洋》第 38 卷第 12 期。经过整理分为三部分：（一）中國文化の史的發展，（二）日本文化の史的發展，（三）资本主義文化を受へげれでから後、中國は何故に失敗したか。

初收上海北新书局 1937 年 8 月初版《沫若近著》，改题为《中日文化的交流》；后收《沫若文集》第 11 卷；现收《郭沫若全集·文学编》第 18 卷。

收入《沫若近著》中者为陈斐琴记录稿。作者谓："《国闻周报》所载的记录是从《留东新闻》转载的，那篇记录和我的原辞大有距离。《东流》上另一篇比较正确一点。"（《水与结晶的溶冶》）

演讲会的会场内"坐得满满的，不少人没有座位，就只好站在后边听"。虽然"头一两排都坐满了日本的便衣警察",演讲中还有几个"流氓歹徒"狂喊"打倒共产党郭沫若",往台上抛掷苹果和梨,但是郭沫若"神态自如"。在早稻田大学留学的杨凡、朱洁夫立即挺身而出,接着许多人掩护在郭沫若周围,几个小丑见没人附和他们,"灰溜溜地逃走了",演讲博得"长时间的热烈掌声"。几天之后,青年会主办的小报上登出了郭沫若的两句打油诗:"权宜梨儿作炸弹,妄将沫若叫潘安。"(《侠情和友谊的纪念》;林林《这是党喇叭的精神》,王锦第《忆郭老在东京的一次讲演》,《悼念郭老》,生活·读书·新知三联书店1979年5月版)

15日　《中国新文学大系·建设理论集》(胡适编选)、《中国新文学大系·文学论争集》(郑振铎编选)、《中国新文学大系·诗集》(朱自清编选),由上海良友图书印刷公司出版,分别收录《论诗通信》《我们的文学新运动》等三篇文章,以及25首诗作。

16日　散文《幻灭的北征》作为《海外十年》(二),发表于上海《宇宙风》半月刊第3期,署名鼎堂。回忆了走出夔门后北上天津所看到的"令人幻灭的景象"。记述了自己当时对于下一步的人生旅程应该怎样走的困惑:"在夔门以内时只因为对现状不满,天天在想着离开四川。""但一出了四川,外面的情形却不见得比四川进步得怎样。"对于学校的失望、复试内容的反感,加以原本就没有学医的"踏实的想头",终于决定放弃军医学校,投奔在北京的长兄另谋出路。

初收上海不二书店1936年10月初版《豕蹄》;后收《沫若文集》第6卷,为《初出夔门》的第2节;现收《郭沫若全集·文学编》第11卷。

25日　致田中庆太郎明信片。说:"《晶报》接到。另卜辞二纸系何人所寄?抑求考释耶?希见告。"(《郭沫若致文求堂书简》第197号,文物出版社1997年12月版)

下旬　丘东平与魏猛克来访。将刚写好的《七请》一文请他们看。看罢,丘东平建议将文中"几处略略过火的地方"删削。(《东平的眉目》)

本月　作《"举案齐眉"》。根据古籍记载和出土文物的实例,肯定"案"即是"食案","解案为椀是不通故实者的妄作聪明"。同时,指《辞源》一书"实在有大部分并不是辞之源"。

初收上海北新书局1937年8月初版《沫若近著》,后收《沫若文集》第11卷,现收《郭沫若全集·文学编》第18卷。

在本月 5 日题为《中日文化的交涉》讲演中，郭沫若讲到"举案齐眉"的典故，有人讥其解法弄错了，郭沫若便写了这篇文章。

◎ 看到魏猛克转来的鲁迅致杂文社的信，"立即表示了很大的热情"。

鲁迅在信中希望左翼文艺加强团结，亦希望与郭沫若加强团结，共同对敌。信中说：看见郭先生在《杂文》上发表文章很高兴，但也要设法避开反动当局的注意。郭先生如能比较长时间的公开出来写文章，进行各种活动是非常重要的。(魏猛克《关于左联的一些回忆》，《湘江文艺》1978 年第 10 期)

10、11 月间

◎ 接到丘东平寄来的小说集《沉郁的梅冷城》，阅后想进一步了解丘东平其人其作。

"我便生出了一个贪心，想看他所已经发表过的一切作品，并同时想知道一些他的学习创作的路径。"在这之后，丘东平将自己发表过的作品大都请郭沫若看了，并且在一封长信中，向郭沫若叙述了自己学习创作的过程。(《东平的眉目》)

11 月

1 日 致信容庚。告以得到上海友人寄送的"楚王酓璋戈照片二张，铭存十九字，系鸟书，不识"。问其是否见过。"如尚未，当奉假，以补大著《鸟书考》之遗。"(据容庚《鸟书考》记，应为十八字。——编者注)。(《郭沫若书简——致容庚》，广东人民出版社 1981 年 5 月版)

◎ 散文《北京城头的月》作为《海外十年》(三)，发表于上海《宇宙风》半月刊第 4 期，署名鼎堂。回忆了在北京暂寓，等待出国游历的长兄归来期间的生活。初收上海不二书店 1936 年 10 月初版《豕蹄》；后收《沫若文集》第 6 卷，为《初出夔门》的第 3 节；现收《郭沫若全集·文学编》第 11 卷。

3 日 作《七请》迄，发表于日本东京《质文》月刊 12 月第 4 号。作者致陈子鹄的两封信在《杂文》上发表之后，淑明即在 10 月 6 日的《时事新报·青光》上以《与郭沫若先生论诗》为题，发表了不同的见解，特别批评"意识是第一着"的提法"一无是处"。作者针对淑明的批评首先指出，他所说的"意识是第一着"的观点是被断章取义了。"我写那几句话时更是兼顾着文艺之政治的与艺术的价值两方面说的。新时代的文艺非有前进的意识，根本不成功，所以'意识是第一着'，这是没有问题的。"然后，作者补充论述了自己的主张，同时展开了致陈子鹄信中关于诗歌创作理论的观点。"我说'意识是第一着'，我并没有否认技巧，也没有忽略技巧，反之我自己倒素来是尊重技巧的人，而技巧是包含在我那几句话里面的。"接着进一步论证说："意识的含义不仅仅是'正确的世界观'而已。意识是把思想、方法、立场通同包括着的。我所说的'意识是第一着'，便是说人是第一着。要是真正的人才有真正的诗。"对于有人以为作者自己要恢复标语口号诗，他辩白道："断案搭不上来。""尊重意识不必就是要你去叫口号，去做标语，但标语做得好，口号喊得好，也未始不好。""口号标语诗也不失为诗的一种，做到好处也正好。"作者在文中还论述了诗歌创作与小说创作的不同，主张："诗非抒情之作者，根本不是诗。抒情用进步的话来说便是表现意识，他当寄重于主观的情调，这和小说之寄重于客观的认识者不同。小说在目前当分析现实，暴露现实，诗歌在目前则当愤恨现实，毁灭现实。小说用分析与暴露去唤起愤恨与毁灭的感情，诗歌则通过了分析与暴露而直抒愤恨与毁灭的感情使之传染。"因此，"小说侧重进步的现实主义，诗歌侧重进步的浪漫主义，是无妨事的"。

后收《沫若文集》第11卷，现收《郭沫若全集·文学编》第16卷。

此文仿汉赋中的"七"体，故名《七请》。原稿日前曾请丘东平、魏猛克看过并提出删削意见。这是作者在1925年前后否定了浪漫主义之后，重又主张诗歌创作需要主观抒情的浪漫主义理论。

5日 致田中庆太郎明信片。告其："大札奉悉，刘体智氏所赠书蒙转致，亦收到。"又谓："傅抱石君恐不能来，彼欲得文化事业部补助学费，不识有法可设否？"（《郭沫若致文求堂书简》第198号，文物出版社1997年12月版）

◎ 致谢六逸信发表于《立报·言林》。答复谢六逸的稿约说："目前因为翻译一部大东西，弄得颇有点筋疲力尽"，"以后有得一定奉上"。又说，短文章比长文章难做，因为短而好，"实是文章的结晶体"。

13 日　致其敏、淑明信。发表于 22 日上海《时事新报》。将此前撰写的《七请》一文的内容简单地概述了一遍，并告知，"大约不久在别的刊物上可以和你们见面"。同时，感谢他们的文章使"彼此得到了些深加思索的机会"，希望能永远保持着这种"研究真理的情热"。

15 日　致信容庚："来书奉悉。彝铭颇可异。禽璋戈照片二张别包寄上，用后请寄还。二片互有显晦，故并寄。兹有启者，余有日本友人林谦三君，乃日本帝展之雕刻家，专心研究中国古代音乐十余年，通英、法、印度诸国文字，著有《隋唐燕乐调研究》一文，于中国外国历来之成绩均——加以检点，而别创一新说明，极有价值。渠欲在《燕京学报》上发表，已由弟为之译成中文，约五、六万字。《学报》能登载否？发表费如旧例不成问题也。林君之意在专以汉文发表。发表时，可不用弟译名义，直用林君著作之名可矣。国外学者寄稿，亦可开一创新，足下乐为之耶？"（《郭沫若书简——致容庚》，广东人民出版社 1981 年 5 月版）

16 日　散文《世间最难得者》作为《海外十年》（四），发表于上海《宇宙风》半月刊第 5 期，署名鼎堂。回忆了在北京几乎走投无路已经准备回四川的窘境下，长兄决定资助"到日本去留学"的情形。那时，"自己就好像突然由一十八层的地狱升上了土星天，雄心又顿时勃勃了起来"。

初收上海不二书店 1936 年 10 月初版《豕蹄》；后收《沫若文集》第 6 卷，为《初出夔门》的第 4 节；现收《郭沫若全集·文学编》第 11 卷。

17 日　作《东平的眉目》。发表于日本东京《东流》月刊 12 月第 2 卷第 2 期。记述了在日本与丘东平认识、交往的经过。评价丘东平的作品"有一贯的基调，向着他自己所悬的'预期'在进行"。当然，距离"是还相当的远"，"非有多方面的努力是难以成功的"。真诚地希望他"成为一把无残缺的长剑，而且饰着无瑕疵的玉"。

初收上海北新书局 1946 年 5 月初版《归去来》，后收《沫若文集》第 8 卷，现收《郭沫若全集·文学编》第 13 卷。

20 日　作《应该学习的地方——给 YT 君的一封信》。初发表于上海知识出版社《知识》半月刊 12 月 1 日第 1 卷第 1 号；又以《给〈威廉迈斯达〉译者》为题，载上海《作品》1937 年 6 月 15 日创刊号；后以《序〈威廉迈斯达〉》为题，载上海《说文月刊》1940 年 10 月 15 日第 2

卷第 6—7 期合刊。

文章写道："朋友，你把歌德底《威廉迈斯达》那部巨制翻译了吗？那是很可庆贺的，歌德的时代虽然和我们已经远隔，而在他的著作还可以替我们留下了好些可宝贵的遗产。我们即使要扬弃他，但任何那一位作者，也须得从他的著作中通过一道。所以就到现在来介绍歌德，翻译他的著作，仍然是不迟的。我们对于歌德也有好些应该学习的地方。他的思想虽然有很浓厚的玄学意味，他虽然从德意志的观念体系中没有能够逸脱得出，但他是怀抱着辩证的进化思想的人。特别是他的生活，他的一贯的努力生活，那始终是我们的不磨的模范。一个人处在逆境中知道奋发，是很容易的事；但处在顺境的人而能够不流于放逸，却很难能可贵。我们试看国内的一些假名士底那般养尊处优的程度，便可以想见了。一人最怕是自我满足，而我们中国人却个个都是自我满足的天才：自己干的一切总比别人干的好，自己毫没有一点学问总要装着满腹经纶的样子，因之对于别人的好处是一概抹煞的，也唯恐别人有了一点好处。中国人的努力就是用在陷害别人底方面，中国人怕照镜子，关闭在一间暗室里面瞎打鬼，歌德的生活样式，在这儿正是我们的一服对症药。他对于自己没有一刻满足的时候，这是他的努力的发动力。以他那样的生活环境，而能够有那样的造就，尤其是可以佩服。他的《威廉迈斯达》就和他的《浮士德》一样，是他自己的一部生活发展史，在我们要学习他的对于生活的认真一点上，比读别人为他做的评传是更切实的。"

"我这封信，就请你拿去作你的大译的代序罢，只要你以为是可以。我平时很少替人作序的，这不是由于我的骄傲，是因为我觉得那种事情以及像替签之类，对于诚实的著译者是一种侮辱。对于诚实的读者也是一种侮辱。诚实的著译者自有他的本领去要求读者的赏鉴。诚实的读者自有他的鉴别力来选择鉴赏的资料。作者和读者之间应该彻底地保持着这种自由的接触，——这层我觉得可以称为是作者与读者之间的自由恋爱。"

21 日 为自己的手稿箧题写"沫若自识"，记录了《殷周青铜器铭文研究》《两周金文辞大系》等 10 种自己的著作或手稿，在箧内外存放的情况。手迹收《郭沫若全集·考古编》第 1 卷。

24 日 作《屈原时代》讫。发表于上海《文学》月刊 1936 年 2 月第 6 卷第 2 期。本文是继续《屈原》而作的论述，是"由社会史的一个角度"对屈原所进行的"考察"。作者依据自己关于中国古代社会的研究,认为屈原生活的时代正是从奴隶制社会向封建制社会转换时代的后半期,"他有敏锐的感受性,接受了时代潮流的影响"。屈原的思想"是受了儒家的影响","完全接受了"儒家"哲人政治的理想"。他在"北方的奴隶解放运动和其意识上的新锐的革命思潮"的影响下,"把那种革命扩展进了诗域里去","他在诗域中起了一次天翻地覆的革命",但他在诗域以外的现实世界里却没有力量来领导时代。"屈原仅是一个诗人,他在诗域内的成功是时代玉成了他,但他的成功已经是足以不朽的。"(写作时间据郭沫若纪念馆馆藏文物35—5)

初收上海北新书局1937年8月初版《沫若近著》,后收《沫若文集》第11卷,现收《郭沫若全集·文学编》第18卷。

27日 以日文作《丙子の字に就て》。发表于东京泰东书道院《书道》月刊1936年1月第5卷1月号。后由殷尘译为中文,题作《释丙子》,刊载于上海《说文月刊》1940年第1卷第10—11期合刊。1936年是夏历丙子年。文中解"丙"字的原义是"鱼之尾","子"字的原义是"人间的赤子"。

28日 致信容庚。嘱将畲璋戈照片"复制后即寄还"。对于《燕京学报》不能发表林谦三的论文,表示"并不勉强,只是问问而已"。(《郭沫若书简——致容庚》,广东人民出版社1981年5月版)

本月 受傅抱石之托,为其继续赴日本留学寻求日本"文化事业部补助学费",然终无着落。(《郭沫若致文求堂书简》第198号)

◎ 译著《生命之科学》([英]威尔士原作),第2册(该书第4编至第6编)由上海商务印书馆初版发行,署名石沱译。

12 月

1日 散文《乐园外的苹果》作为《海外十年》(五),发表于上海《宇宙风》半月刊第6期,署名鼎堂。回忆了1913年末,与长兄的同学张次瑜同行赴日本,从北京到朝鲜釜山一路的见闻。

初收上海不二书店1936年10月初版《豕蹄》;后收《沫若文集》第6卷,为《初出夔门》的第5节;现收《郭沫若全集·文学编》第11卷。

3 日 为日本评论社将《隋代大音乐家——万宝常》译为日文,题作《万宝常——彼れの生涯及び艺术》。发表于《日本评论》1936 年 1 月第 11 卷第 1 期。(郭沫若纪念馆馆藏文物 35—7,日本评论社《日本评论》)

10 日 作《请大家学习新文字》。发表于日本东京《留东新闻》周刊 20 日第 13 期。主张:现在已经不是新文字应该要或不应该要的时候,"而是我们应该赶快学习、赶快采用的时候了"。"汉字拉丁化已经超过了拟议的时期,而是达到了推行的时期了。"

后收《沫若文集》第 11 卷,现收《郭沫若全集·文学编》第 16 卷。

30 年代初,文化界展开了文字改革究竟是采用罗马字拼音还是实行汉字拉丁化的争论,吴玉章等人提出的"拉丁化新文字"方案逐渐为人们所接受,但主张采用罗马字拼音者极力攻击汉字拉丁化的拼法简单、粗疏。鲁迅曾著文予以批驳,支持汉字拉丁化。郭沫若虽然"因为处境的闭塞",对于争论的"详细的情形不明",但看到北平新文字学会编印的《Sin Wenz》(《新文字》)月刊,"发生了莫大的惊叹",遂作此文。

◎ 作《〈红痣〉序》。发表于青岛《诗歌生活》1936 年 3 月 5 日创刊号。写道:

"我是喜欢饮诗的人,但胃口颇有选择,有好多诗送到口里,吟味不到两下便要停杯。意识糊涂,情感陈套的自不用说;其不糊涂不陈套的也多不能使人留意。大体的毛病是并无真挚的迫切的写诗的要求,偏要勉强做诗,而写诗的手腕又太欠缺。结果是,着想平庸,取材呆板,表现生硬。丝毫也不能感动人。那是当然的,本来不是酒,或酒而是酸败了的,怎样能使人醉呢?

"旧诗的着想大抵平庸,取材也多是千篇一律,但旧诗人们有一种手法以济其穷,便是专门在表现上用功夫。老杜说的'语不惊人死不休',老韩说的'唯陈言之务去',都道的是此间消息。古人为推敲一两句诗要捻断几根须的神气,苦是有点苦,但不苦便没有办法。你相信那些老诗人,把衣裳脱掉了不是和家中枯骨一样吗?既使有些是肥头胖耳的,也不过是臃肿的过年猪。文字有他的音乐性,他们不是在做诗,是在用文字的符号写乐谱。写得好的也正好,因为他也有他的音乐上的艺术价值。

"异性质的东西相加是相消,同性质的东西相加是相倍。全无内容仅有文字的铿锵的诗可以成诗,内容非诗而穿上诗的衣裳的,结果是会令人作呕。韵文告示和韵文符咒之类便是这后一例。内容是诗而不借文字的音乐性之帮助者也可以成诗，所谓散文诗便是。但内容是诗而又有音乐性的形式，其效果不仅是一加一为二，而是一加一为十。"

"……甦夫这部《红痣》是一瓶'夹黄酒'。它有真挚的诗意而又有铿锵的音调。因此它的醉人的作用也颇不小。以我这样胃口有选择的人，把他这部集子一捧起来却不断气地便干了杯。

大抵甦夫的诗颇有点像集中所咏的杨家河，是'亲爱的平原地带的河流'，情绪和韵调都来得从容，而又深深地表现着沉抑。因而他的诗的基调是悲哀的，这自然是时代的影响，但甦夫的性情大约也是属于沉潜的一种典型的罢。甦夫我还没见过面，下次见了面时当来考验一下我这个推测正确不正确。

总之，甦夫是一位真挚的诗人，写诗的技巧也相当圆熟。他的诗虽然悲哀，而是有期望的悲哀。他是期望着'暴风雨'。我现在就借用他那《杨家河》最后的两句来作结罢：

'亲爱的平原的河流呵，

暴风雨终会去卷起你澎湃的洪波！'"

《红痣》为青年诗人马甦夫所著诗集。

23日 以日文致田中庆太郎明信片。云："惠函拜悉，尊意将转致开明书店。北平寄赠之《老百姓报》若继续寄来，可不必转下，请随意拆阅，余无需也。"（《郭沫若致文求堂书简》第199号，文物出版社1997年12月版）

◎ 致信张政烺。说："蒙赠平陵堕导立事岁匋考证印样，快我先睹，洵属至惠。大作已过细拜读，子禾子釜、堕驿壶年代之推考，确较余说为胜。堕驿之为惠子得尤属创获，可贺之至。子禾子之称，与壶铭子堕驿相同，疑釜乃禾子父庄子未卒时器，若然，则壶之王五年盖是周定王五年，于时惠子自尚在，尊说确不可易，快慰之至。"（据原信手迹，黄淳浩编《郭沫若书信集》，中国社会科学出版社1992年12月版）

◎ 作《先秦天道观之进展》"追记"。写道："洪范'五皇极，皇建其有极。'下数语……荀子修身篇及天论篇亦有所引……与洪范文全同。洪范认为子思所作，其反对者的荀子乃引用其文似觉悖理。但此数语据墨子所引称为《周诗》而言，实是古语，为子思撰述洪范时所利用。"所以荀子引用，"亦引古书而已，与子思作洪范说不相悖"。

初收上海商务印书馆1936年5月初版《先秦天道观之进展》，后收《沫若文集》第16卷，现收《郭沫若全集·历史编》第1卷。

本月 作《社会发展阶段的新认识——主于论究所谓"亚细亚的生产方式"》讫。发表于日本东京《文物》杂志1936年7月第2期。针对社会史论战中对于"亚细亚生产方式"的不同理解，得出自己的"研究结果"："作为社会发展之一阶段的所谓'亚细亚的生产方式'是奴隶制以前的一个阶段的命名，这是不能和泛论亚细亚的生产方式相混同的"，"我们中国，其前资本主义的各个阶段是在罕受外来影响的状态之下自然发生出来的，几千年来有一贯的历史。这正是研究社会进展史的绝好标本"，"我们中国正典型地经历了这些阶段。主要的是要有新材料的占有与旧材料的批判。近来有好些信奉马克思理论的人对于这层毫不过问，只是无批判地根据着旧材料的旧有解释，以作中国社会史的研究而高调着中国的特异性，这一种根本的谬误是应该彻底清算的"。

初收上海北新书局1937年8月初版《沫若近著》，改题作《社会发展阶段之再认识》；后收《沫若文集》第11卷，题作《社会发展阶段之再认识——主于论究所谓"亚细亚的生产方式"》；现收《郭沫若全集·历史编》第3卷。

◎接待来访的陈北鸥，支持他与冯和法、陈文彬、张郁光等人筹办"不二书店"，并应允为其撰稿。（陈北鸥《杂忆郭老在东京》，《新文学史料》1980年第2期）

◎月底，接待来为《文物》取稿的陈乃昌，面交《社会发展阶段的新认识——主于论究所谓"亚细亚的生产方式"》文稿。读了陈乃昌带来的《文物》第1期，对于其中多篇论述辩证唯物论和历史唯物论的文章尤其关注，说道："理论上的疏懒，要招致政治上的不良后果。"同时，还听陈乃昌介绍了从中文油印本读到的季米特洛夫在共产国际第七次代表大会上所作题为《法西斯的进攻与共产国际的任务》报告的内容。（陈乃昌《相见五十七年前》，《追随周恩来的岁月》，中共中央党校出版社1995年11月版）

共产国际第七次代表大会于7月25日至8月25日在莫斯科举行，季米特洛夫在《法西斯的进攻与共产国际的任务》的报告中号召全世界的工人阶级建立国际反法西斯统一战线。郭沫若在听陈乃昌介绍该报告时

"情绪是兴奋而又庄重的"。(陈乃昌《相见五十七年前》,《追随周恩来的岁月》,中共中央党校出版社 1995 年 11 月版)

本　年

◎ 初,积极支持留日学生成立左翼文化社团"社会科学研究会"。

"社会科学研究会"是在解树椿、程明生、雷任民等组织的"读书会"基础上成立的,先后加入的会员有三十余人。该会组织会员学习革命理论,召开时事政治座谈会,还号召会员组织各种群众文化团体,开展左翼文化运动。在其影响和支持下,此后又成立了"留东妇女会""东京世界编译社"。它们都得到郭沫若的积极支持。由郭沫若取名的《文物》,即为该会所办刊物,郭沫若在东京的几次演讲会,该会都组织会员参加。(《中国留日左翼学生文化运动纪要》,《文史资料选辑》第 109 辑;任白戈《深切地怀念郭沫若同志》,《四川文艺》1978 年第 9 期)

◎ 参加由加杉原教授主持的日本须和田文化遗址的发掘工作。(夏鼐《郭沫若同志与田野考古学》)

◎ 为傅抱石画题诗赠吴履逊。云:"银河倒泻自天来,入木秋声叶未摧。独对苍山看不厌,渊深默默走惊雷。"后曾将"入木秋声气未摧"句改作"入木秋声叶半摧",将"独对苍山看不厌"句改作"独对寒山转苍翠"。

1936 年 11 月下旬,日本中国文学研究会为欢迎访日的郁达夫曾举行了一次聚餐会。在宴席上,郭沫若为增田涉题写过这首诗,文字作此改动。

傅抱石此画作于"乙亥正月"。吴履逊后来在画作上题句:"老友称同志于余,不苟同。尔今为共党,我仍本初衷。"(郭平英主编《郭沫若题画诗存》,山西教育出版社 1997 年 11 月版;增田涉《郭沫若——亡命前后》,日本《中国》月刊 1969 年 4 月第 65 号;蔡震《郭沫若流亡日本期间若干史料、史事的考辨》,《文化越境的行旅》,文化艺术出版社 2005 年 3 月版)

◎ 为傅抱石画《渊明沽酒图》题诗。初见于 1942 年 8 月 6 日作《题画记》一文,该文初收重庆东方书社 1943 年 10 月初版《今昔集》。诗写道:"村居闲适惯,沽酒为驱寒。呼童携素琴,提壶相往还。有酒且饮酒,有山还看山。林腰栖宿雾,流水响潺湲。此意竟何似,悠悠天地宽。"

此诗初收作家出版社 1959 年 11 月初版《潮汐集》，现收《郭沫若全集·文学编》第 2 卷。

郭沫若自署此诗"作于抗战前不久，在日本"。《郭沫若年谱》（龚继民、方仁念）将其写作时间定于 1936 年。郭沫若在《题画记》中说，题写此诗的《渊明沽酒图》是"还留在日本的金原省吾处"的那一幅。傅抱石本年 7 月因母亲病逝回国时，将其画作和资料留在老师金原省吾处（因准备返日继续学业，但后未成行），当包括这幅《渊明沽酒图》。故，此诗应作于本年 7 月之前。

◎ 为彭泽民赋七律一首并作跋。诗无题，写道：

"三年之前余失恃，三年之后君丧母。中岁大哀一时来，世上已无干净土。有母身未可许人，无母身成自由主。何时握手话巴山，与君重振旧旗鼓。

与泽民兄自香港一别瞬已八年，顷忽接彭母何太夫人行述，始知泽民与余同赋失恃之痛，爱书此志哀。"（《郭沫若书法集》，四川辞书出版社 1999 年 11 月版）

◎ 致信金祖同。写道："承赠古黄照片一事，多谢之至。该照片与余书所录者确系一物，坎拿大人怀履光教士近有《洛易故都古墓考》一书（上海别发洋行出版）亦著录之，与余书所录者同，据云出土时已离析为数事，尚有单独之舞姬形二片，形与图中之双舞姬形同，盖挈于左右二侧者。今得弟所赠此片，知怀氏说不诬。因出土时断析，贾人曾加以一次之复原，入美洲后又经修正也，余以修正形为是。""太炎先生函已拜读，诚如弟言，不免有所偏蔽，特甲骨之多赝品亦是事实。我辈从事此学，须先辨伪。因有赝品遂一概屏弃之固不可，如赝伪不辨而妄加考释，亦落人笑话也。刘氏收藏之富，鉴别之精，久所知悉，吾弟担任释述，诚是幸事，幸好为之。蒙摹示一片，因未见拓墨，不能有所贡献。吾弟能商之刘氏将拓墨见示否？考释之业仅有拓墨亦可济事。刘氏所藏甲骨如能将全份拓墨见示，期必有以助，弟秘密亦自当严守也。"（据原信手迹，《郭沫若研究》第 10 辑，文化艺术出版社 1992 年 9 月版）

此信无标点，未分段，后半残阙，据原迹照片抄录。信中所言"近有怀履光《洛阳故都古墓考》一书"（应为《洛阳古城古墓考》），出版于 1934 年。"太炎先生函已拜读"，应指 1935 年章太炎有四通信函致金祖同，谈论甲骨文研究之事。后来金祖同作《甲骨文辨证》，郭沫若写了评论文章并作为该篇序文。因之，此残简应写于本年内。（蔡震《郭沫若生平文献史料考辨·与金祖同书简及与其人相识》，社会科学文献出版社2014年7月版）

◎ 在《质文》杂志社的一次座谈会上初识日本剧作家秋田雨雀。

《质文》月刊约秋田雨雀撰写文章，又约请他来座谈。"座谈时，郭先生也从千叶赶来了。他们还是第一次会见，谈得很投机。"（臧云远《东京初访郭老》）

1928年11月，秋田雨雀任所长的日本"国际文化研究所"创办《国际文化》，郭沫若以麦克昂的笔名曾列名为该刊撰稿人。

1936年（丙子　民国二十五年）44岁

1月　"国防文学"口号提出，"国防文学"兴起。

2月　"左联"宣布解散。

5月　沈钧儒、邹韬奋等在上海发起成立了由宋庆龄等领导的"全国各界救国联合会"，并通过"抗日救国初步纲领"。

同月　"民族革命战争的大众文学"口号提出，左翼文艺界就两个口号展开激烈的论争。

6月18日　高尔基逝世。

9月下旬　《文艺界同人为团结御侮与言论自由宣言》发表，"两个口号"论争结束，文艺界在抗日救亡的旗帜下联合起来。

10月19日　鲁迅逝世。

同月　红二方面军、红四方面军在甘肃与中央红军会师，至此，红军三大主力部队长征全部结束。

11月　国民党当局在上海逮捕了主张"停止内战，一致抗日"的"全国各界救国联合会"沈钧儒、邹韬奋、李公朴等七人，全国各地纷纷展开营救运动，是为"七君子事件"。

12月12日　"西安事变"爆发，后经中国共产党努力得以和平解决。

1月

15日 作《答马伯乐先生》。发表于北平燕京大学《文学年报》5月第2期。应答法国东方学研究者马伯乐关于《甲骨文字研究》《中国古代社会研究》两部著作的批评。首先对于两部著作"在大体上得到了他的称许",表示感谢,同时承认,这两部著作"在七八年后的现在看来,已经有不少的缺陷,尤其是后者"。但是对于马伯乐指摘"以'臣'为奴隶的解释""'岁'以木星为其本意之说""祖妣原义为牡牝器的说法""殷代已有月大月小之说""'彭那鲁亚'制——即兄弟共妻、姊妹共夫——的说法"等,则称:"在目前尚碍难表示同意"。并针对指摘与以反驳。

初收上海北新书局1937年8月初版《沫若近著》;后收《沫若文集》第11卷,改题为《答马伯乐教授》;现收《郭沫若全集·历史编》第3卷。

18日 作《论幽默——序天虚〈铁轮〉》。发表于2月4日上海《时事新报·言林》。写道:

"天虚这部《铁轮》,对于目前在上海市场上泛滥着和野鸡的卖笑相仿佛的所谓'幽默小品',是一个烧荑弹式的抗议。

近代的好些青年人,真真是有点岂有此理!几乎什么人都要来'幽默'一下,什么人都要来'小品'一下,把青年人的气概,青年人的雄心,青年人的正义,青年人的努力,通同萎缩了,大家都斜眉吊眼地来倚'少'卖俏!我真是有点怀疑,你们的精神是真正健全的吗?

本来'幽默'是一种性格的表现,不是随随便便可以勉强得来,也不是什么人都可以假装得来的。最高阶级的'幽默'是一种超脱了生死毁誉的潜在精神之自然流露。子路赴卫难,冠缨被人斩断,当然颈子也一定断了半边,他说'君子死而冠不免',便结缨而死。淝水之战,谢安石对敌百万之众,寂然不动,弹棋看书。要这些才是真正的'幽默'。现在的'幽默'专贩,那一位有这样的本领?稍稍被人警告得几句,便要脸红筋胀,'狗娘养的'破口大骂起来,不要让'幽默'笑断了气罢。

低级的'幽默',人人都可以假装出来的,被人误解为滑稽,为俏皮的这种'幽默',在我们学过医学的人看来,每每是一种精神病的表现。

它是逃避现实，畏难怕死的一种低级精神之假面。弄得不好，是有送进疯人院的可能的。大抵这种人的社会欲望本来很强，一切虚荣心，利欲心，好胜心，都是不弱于人的，然而遇着了社会的障碍得不到正常的发泄，便自行由外界的现实遮断起来，封闭于自己的内部。在封闭不甚严密的时候，其被禁压了的欲望，便流而为有意识的'幽默，那个滑稽的假装行列，有时也会是对于现实的无力的反拨，然而在其本质上不外是对于自己的逃避行为之解嘲，心理学家称之为'合理化'（Rationalization）。但到这种'幽默'成为了无意识的时候，自我和现实之分裂已经完成，社会也生出了有和他隔离的必要来，便是送进疯人院！

现在的'幽默'家们，尤其年轻的'幽默'家们哟！你们要当心，该不是患了早发性痴呆症（Dementia praecox）罢？"

"不要再假装'幽默'了，不要再苟安于偷懒怕难的'小摆设'了，你们把你们的被禁压了的欲望向积极方面发展吧。譬如天虚的这部《铁轮》，虽然是对于你们的一个无言的抗议，然而也是对于你们的一个对症的药方。你们请把你们的被禁压了的社会欲望向更宏大的分野里去展开，升华而为宏大的硕果。你们的抑郁被扫荡，社会的抑郁也可因而被扫荡，这正是救己救人的大事业。

天虚以一个不满二十三岁的青年费了三年的心血，经了几次的打折，写成了这一部五十万字的《铁轮》，这正是我们年轻人的应有的气概，不管他的内容是怎样，已经是我们的一个很好的榜样了。

并不是因为作品的大，我便感服，'大'是不容易藏拙的东西，这部《铁轮》正难免有拙稚之嫌。然而在我看来，拙稚却胜于巧者，年轻人是应该拙稚的。譬如有一位三岁的童子而谈出三十岁般的老成人的话，我们与其佩服他是'天才'，宁可毫无疑虑地断定他是病态，那是早老症，是松果腺的发育受了障碍的。

年轻的朋友们哟，我们来赞美拙稚罢，我们来参加这种精神的膨出运动（Inflation）罢。中国的文艺界应该再来一次'狂飙突进'（Sturm und Drang）把一切朽老的精神病态扫荡得一干二净！！！"

这是为张天虚的长篇小说《铁轮》所作序文，收上海新钟书店1936年5月版《铁轮》，又收东京文艺刊行社1936年12月版《铁轮》。

从1932年起，林语堂等人相继创办《论语》《人间世》《宇宙风》等刊物，提倡散文创作表现"幽默"和"性灵"，主张小品文"以自我为中心，以闲适为格调"，在文坛引起关于小品文的争论。以杂文创作作为"匕首""投枪"的鲁迅，批评这样的小品文是"麻醉品"，而这样的"幽默"，不过是"将屠户的凶残，使大家化为一笑，收场大吉"。茅盾等人也批评"幽默"小品文的有害倾向，提倡"创造新的小品文"。1934年9月，左翼作家创办了小品文刊物《太白》。《论幽默——序天虚〈铁轮〉》就是在这样的背景下写出的。此前，郭沫若的《海外十年》在《宇宙风》连载，故《时事新报》在发表《论幽默——序天虚〈铁轮〉》一文时作"附记"说：郭公为《宇宙风》撰写文章，是不知国内文坛状况，受人之愚，今已明白，《海外十年》则如神龙见首不见尾。

23日 为《雷雨》日文译本作序，收东京サイレン（汽笛）社1936年2月初版《雷雨》。中文本题作《关于〈雷雨〉》，发表于东京《东流》月刊4月第2卷第4期。写道："《雷雨》的确是一篇难得的优秀的力作。作者于全剧的构造、剧情的进行、宾白的运用、电影手法之向舞台艺术的输入，的确是费了莫大的苦心，而都很自然紧凑，没有现出十分苦心的痕迹。作者于精神病理学、精神分析术等，似乎也有相当的造诣。以我们学过医学的人看来，就使用心地要去吹毛求疵，也找不出什么破绽。在这些地方，作者在中国作家中应该是杰出的一个。他的这篇作品相当地受到同时人的欢迎，是可以令人首肯的。"文章认为，《雷雨》所表现的悲剧，是希腊式的命运悲剧，"它的悲剧情调不免有点古风"，这与它在表现形式和表现手法上"之新味"是有矛盾的。这正是"目前的悲剧的社会，尤其中国的社会之矛盾一般之一局部的反映"。同时，也批评了《雷雨》的作者对于"人生已可成为黑暗的运命之主人"这一点缺乏认识，"因此他的全剧几乎都蒙罩着一片浓厚的旧式道德的雰围气，而缺乏积极性"。

收《沫若文集》第11卷，改题为《关于曹禺的〈雷雨〉》，文字略有删削；现收《郭沫若全集·文学编》第16卷。

《雷雨》日文译本由影山三郎、邢振铎翻译，秋田雨雀与郭沫若分别作序。郭沫若的序言由邢振铎译为日文。

1934年7月，《文学季刊》第1卷第3期发表了曹禺的处女作《雷雨》，随后即有人想把这部剧作搬上舞台，但未能实现。1935年4月27日，"中华同学新剧公演会"的"一群流浪在东京的爱好戏剧的青年"，在东京神田区的一桥讲堂将《雷雨》首次搬上舞台，由吴天、刘汝礼、杜宣导演，连演三天。同年秋，《雷雨》在国内上演。(《〈雷雨〉在东京公演》，东京《杂文》月刊1935年5月15日第1期；《中国留日左翼学生文化运动纪要》，《文史资料选辑》第109辑)

本月 受任白戈、林林、陈乃昌、魏猛克等之邀，往东京早稻田聚餐，商议翻译《资本论》事。

大家一致认为郭沫若曾经翻译了马克思《政治经济学批判》的部分内容，由他来作《资本论》的翻译一定可以胜任，郭沫若当即表示同意。但是终因资金筹措不足及"国内没有一家书店敢冒这个风险而未能实现"。(陈乃昌《沫若先生印象断片》，1941年11月16日《新蜀报》；《相见五十七年前》，《追随周恩来的岁月》，中共中央党校出版社1995年11月版；林林《这是党喇叭的精神》、夏衍《知公此去无遗恨》，《悼念郭老》，生活·读书·新知三联书店1979年5月版)

◎ 为孤帆诗作题写书名的《孤帆的诗》一书，由诗歌出版社初版发行。

2月

2日 夜，作《"刺身"》。考证了日本人吃生鱼片"刺身"（sashimi 洒西米），是从中国传过去的习惯：日本人吃生鱼片与广东潮州人吃"鱼生"的配料和吃的方式完全相同。特别是潮州人吃"鱼生"所用的酱油调料名"三渗"，在中国古音读收唇音，恰如sashimi，应该是它的字源。收唇音在中国境内只有广东、福建一带还保存着，但在日语"训读"中却保存了不少，sashimi的读法即是一例。

初收上海北新书局1937年8月初版《沫若近著》，后收《沫若文集》第11卷，现收《郭沫若全集·文学编》第18卷。

4日 作《水与结晶的溶洽》。发表于东京《质文》月刊11月第2卷第2期。阐述了关于文化异同的问题：

"等质的文化容易溶洽，如清水之与浊水。异质的文化不容易溶洽，如水之与油。""然油与水并不是完全的不能溶洽，用高度的压力可以使它们生出Emulsion（乳融）。这高度的压力便是Revolution（革命）。而我十年来所关心的所主张的还不仅只是这水与油的溶洽，而是水与结晶之溶洽。"

"'利用我们优秀的头脑：

批判地接受一切既成文化之精华，努力创造更高一级的新的文化'。

这儿所呼唤着的便不外是要溶洽水与结晶。

'接受资本主义文化'这个问题，在中国并没有'过去'。在中国目前是应该如何接受。有人主张'中国本位'的，这是半封建的意识。有人主张'全盘接受'的，这是布尔乔意识之翻译。我们目前应该'批判地'来接受，接受遗产中之精华分子。要说没有接受的必要，或那样的问题是过去了，那却不免犯了点子 Kinderkrankheit（幼儿病）。"

初收上海北新书局 1937 年 8 月初版《沫若近著》，后收《沫若文集》第 11 卷，现收《郭沫若全集·文学编》第 18 卷。

该文是写给孙席珍的一封未完稿的信，后经朋友建议发表出来。

复孙席珍此信的起因，是《盍旦》月刊第 1 卷第 4 期上发表周金的一篇文章《评郭沫若讲〈中日文化之交流〉》，对他在 1935 年 10 月 5 日题为《中日文化之交涉》的讲演提出了批评，孙席珍将周金的文章寄给郭沫若并征询他的看法。郭沫若说："周金先生的意见大抵是正确的，有好些地方可以补助我的不足，尤其对于我的关契，我是十分感激的。"（本篇收入《沫若文集》时删去了此段。——编者注）同时，他也解释道："我那次的讲演为时间与环境所限，有许多的话，没有说出。《国闻周报》所载的记录是从《留东新闻》转载的，那篇记录和我原辞更大有距离。《东流》上另有一篇更比较真确一点。周金先生假如是看见了《东流》上的那一篇，或者也可以减少他些忧虑吧。"

15 日　《艺术作品之真实性》译讫，并作《前言》。写道：

"朋友们从日本（Nauka）社的《理论季刊》第 1 辑中抽出了这篇摘录来要我翻译。这所根据的是 P. Schiller 与 M. A. Riefsitz 的《马昂艺术论体系》之拔萃，是由马昂共著的《神圣家庭》（Die Heilige Familie）中选拔出来的。（现通译为《神圣家族》。——编者注）我现在却根据《神圣家庭》之德文原本，逐节地迻译了出来。所根据的原本是阿多拉次克（V. Adoratskij）所编纂的《马昂全集》第三册（一九三二年）中所载，我在各节之末把原书的页数附记着了，以便有该项德文原书的人作对照。日译有好些地方分明弄错了，懂日文的人请拿来校对一下便可以明白。

《神圣家庭》本是马昂二人合著，原书共分九章，前三章及第四章之半出于昂，以下均出于马。本摘录均录自第五章以下，全部都是马的手笔，是他二十七岁时的作品。

原书本有点庞杂而难解，这摘录虽然把庞杂的一点免掉了，但于难解是会更增加了的，因为失掉了全文的连络。为稍稍免除这种难解的障碍，我采仿了日本译者的办法，在文后附了一些零星的注脚，然而终不好说是容易了解的文字。我看这全体是应该仿照我们中国旧式的典籍，逐句逐节加以疏注才行的，但目前实在忙不过来，而本小丛书的体裁也不容许那样的格式，便只好仍请读者多多绞些脑汁了。

译法是逐字逐句的直译，生硬在所难免。为方块字所限，词儿的连续尤欠明晰。很想把各个词儿隔开来，但恐不经自己校对反容易发生错误，也就暂且仍旧了。只是我在文中故意地采用了'之'字来以表示名词领格，而避用'的'字，在读者或许会嫌其过文，读不顺口。但我要请读者就把'之'字读为'的'音，这样一来，在方块字未废之前，这个'之'字实可以减少许多词儿上的混线。"

为加强文艺理论的建设，"左联"东京分盟领导下的质文社，在1935年即决定刊行文艺理论丛书，翻译介绍科学的文艺理论著作。12月15日出版的《质文》月刊第4期上刊登了这套丛书的刊行"启事"和书目。丛书共10种，郭沫若翻译的《艺术作品之真实性》列为第1种，其他还有张香山译《现实与典型》、林林译《文学论》、孟克译《世界观与创作方法》等。"启事"说："理论是我们实践的规范，也是任何一种文化的重要的基石。""在新文学短短的发展史中，对于国际上基本理论——特别是现阶段的理论的介绍和摄取，还显得极其薄弱。这当然也是环境的各种障碍所致成的，但因此也正要求我们用百倍的努力，来变革旧的环境。"关于理论丛书内容的编选，质文社在刊行缘起中写道："人类历史上的一切伟大的成果，都是从理论和实践之科学的统一中长成的。在艺术文学上，理论和创作、批评家和作家的关系之密切重要，已是万人皆知的事实了。""作家应该把握住科学的理论，以认识和表现社会的现实，理论也应该以现实和作品去丰富它的内容。""和现实的发展一样，理论的发展是飞快的。现阶段的理论，扬弃了普列哈诺夫、布哈林、德波林的不正确的影响，清算了卢那卡尔斯基、弗里契、玛察、阿卫巴黑诸人的错误，展开了更广泛更丰富的领域，把握了更吻合着现实的发展和反映现实的发展的方法。但在我国，这还正是在开始的事业。我们刊出这部丛书，就是这个开始的开始。"

◎《创造者》《我们的花园》《创造工程之第七日》《创造日停刊布告》等 4 篇作品收入《中国新文学大系·史料索引》，由上海良友图书印刷公司初版发行。

19 日　致信张政烺："惠书奉悉。《史学论丛》二册亦已拜领，谢甚谢甚。田和父一节补我不逮，尤感佩。蒙文通君似否旧名蒙尔达，若然，则余在成都附属中学时之同班生也。如相熟，祈叩问之。"（黄淳浩编《郭沫若书信集》上，中国社会科学出版社 1992 年 12 月版）

21 日　上午，往访秋田雨雀，藤森成吉亦在座。午餐邀二人一起去吃中国料理的四川家常菜。

◎ 下午，与秋田雨雀同往藤森成吉位于池袋的寓所，观赏渡边华山的绘画和诗歌。评论渡边华山的诗在平仄上有些问题。（《秋田雨雀日记》第 3 卷，日本未来社 1966 年 2 月版；藤森岳夫《たぎつ瀬》，日本中央公论事业 1968 年 8 月版）

26 日　"二·二六事件发生，受日本宪兵讯询"。（《五十年简谱》）

"问过'什么朋友往来'？又问过'对于事变的观感'？"答曰："朋友往来的一切责任都在我，有事问我，不能麻烦我的朋友。""事变是表现日本民族的勇敢精神，我佩服你们的勇敢，但又是政治失其常轨的暴乱，上轨的政治，不容有此暴乱。除果必须去因，遵循规道，自应先去其故障，有如流水，平明无波，然遇阻则激起飞浪，势不可免者。"（陈乃昌《沫若先生印象断片》，1941 年 11 月 16 日《新蜀报》）

"二·二六"事件是日本国内军国主义势力发动的一次武装政变。本月 26 日，由日本军部"少壮派"军官率领一千四百余名士兵以武力占领了政府重要机关，同时袭击了政府要员的府邸，杀死内大臣、大藏大臣、陆军教育总监等多名高级官吏。政变组织者向陆军大臣提出"兵谏"：要求成立"军人内阁"，建立军事独裁。由于日本军部内各派别意见不一，政变未能成功。29 日兵变被平息。但是执政的冈田启介内阁倒台，新上台的广田弘毅内阁使日本更加军国主义化。旨在加紧侵华活动的"广田三原则"，即是由广田弘毅任日本内阁外务相时提出的。

28日 作历史小说《楚霸王自杀》。发表于东京《质文》月刊6月第5—6期合刊。描写了秦汉之际,与刘邦争夺天下的项羽战败于垓下,终至自刎于乌江边的一段故事,揭示了项羽走向失败之路的历史必然性。

自号"西楚霸王"的项羽,以为推翻秦王朝的暴政,是因为自己"拔山盖世"的英雄力量;但被刘邦的军队击溃败至乌江边时则又慨叹:"这是不可抵抗的,不可抵抗的。天老爷一定要亡我,是不可抵抗的。"小说借一个虚构的乌江亭长之口,总结了项羽兴亡的根本原因:"他起初是很好的,很得民心的。……所以能够顺从民意的项王便得了天下人的同情。大家都不惜身家性命来帮助他,拥戴他,所以不两年便把秦人的暴政推翻了。"但想做天下霸王的项羽,"不学无术",继以烧杀的暴力统制行径,搞得天下战乱,比秦始皇的焚书坑儒更有过之。他"害了中国,害了天下的百姓"。"所以这两年来我们老百姓对他,就和从前对于秦始皇是一样!……天下的人都在反对他。""只顾自己的权势,不管老百姓死活的人,是走着自杀的路。项王是一个很好的教训啦。"项羽至死都未觉悟,"他把死利用来只是把自己装饰成一个英雄。他始终都是为的他那个'自己'"。

小说立足于人民本位的立场,揭示出历史兴衰的必然规律,也寓寄着对社会现实的强烈讽喻。最后,以滔滔荡荡的长江的声浪警示那些以天下谋私利者:"你们的胜利只是片时的,你们不久便要被阳光征服,通同溶化到我这里来。你们尽管挟着污秽一道来罢,我是能容纳你们的。你们趁早取消了你们那骄矜的意气,只图巩固着自己位置的意气,快来同我一道唱着生命的颂歌。"

初收上海不二书店1936年10月初版《豕蹄》,后收《沫若文集》第5卷,现收《郭沫若全集·文学编》第10卷。

本月 下旬,致信林语堂。载上海《宇宙风》(乙刊)1939年3月16日第2期。说:"二月十二日信接到。《日本之春》不能写,但《海外十年》是可以续写的,大约在贵志十四期上便可重与读者见面。但我有一点小小的意见,希望你和××先生能够采纳。目前处在国难严重的时代,我们执文笔的人都应该捐弃前嫌,和衷共济,不要划分畛域。彼此有错误,可据理作严正的批判,不要凭感情作笼统的谩骂(以前的左翼犯有此病,近因内部纠正,已改换旧辙矣)。这是我的一点小小的意见,你们如肯同意，我决心和你们合作到底，无论受怎样的非难，我都不再中辍。请你们回我一信，我好把前所受的五十元稿费立即奉还。如以为是可以采纳，那是最好也没有的。《海外十年》的第六节是'在朝鲜的尖端'，可登预告也。"

原信无抬头及落款时间。信中所说"我们执文笔的人都应该捐弃前嫌，和衷共济，不要划分畛域。彼此有错误，可据理作严正的批判，不要凭感情作笼统的谩骂"云云，指文坛上关于小品文论争之事；而"以前的左翼犯有此病，近因内部纠正，已改换旧辙矣"，应指"国防文学"口号提出、"左联"解散等文坛之事。（蔡震《一组书简中的历史——郭沫若与〈宇宙风〉》，《郭沫若学刊》2010年第4期）

◎ 应日本白扬社主人中村德二郎约稿。约请以日文写一部中国《古代社会史》。（郭沫若纪念馆馆藏文物36—15）

◎ 中国左翼作家联盟宣布解散。

"左联"的解散和"国防文学"口号的提出，是基于1935年以来国际、国内政治形势的发展变化。

从1935年初开始，日本侵略者通过发动华北事变，加紧了侵略中国的步伐，国民党中央的势力被逐出华北，日军控制了冀东和察绥地区，并策动华北五省自治。11月，冀东伪政权出笼。国家和民族面临生死存亡的严峻形势，民族矛盾上升为中国社会的主要矛盾。

在欧洲，德国于1935年3月公开撕毁《凡尔赛和约》，宣布重整军备。共产国际第七次代表大会于当年七八月间在莫斯科举行，通过了《法西斯的进攻和共产国际在争取工人阶级统一、反对法西斯的斗争中的任务》的决议，确立了建立反法西斯统一战线和反帝国主义的民族统一战线的方针。

面对严峻的国内外形势，国共两党开始调整自己的政策。

正在长征途中的中共中央于1月在遵义召开了政治局扩大会议，结束了"左"倾路线在党内的统治地位。共产国际第七次代表大会举行期间，中共代表团根据大会确立的方针，讨论通过了《为抗日救国告全国同胞书》（即《八一宣言》），并以中华苏维埃中央政府和中共中央委员会名义发表。提出"抗日救国"的口号，放弃持续多年的左倾关门主义，初步确定了抗日民族统一战线的策略。11月，"左联"驻国际革命作家联盟代表按王明的指令给国内写信,认为"普罗文学"的口号造成关门主义,提出解散"左联"的要求。

国民党以第五次全国代表大会为标志,也在逐步改变对日本的妥协退让政策。日本占领东北后又加紧侵吞华北地区的步伐,对国民党政府构成了直接的威胁,也加剧了它与英美之间的矛盾。国民党内亲英美派与亲日派的矛盾日益尖锐。在日本策动的华北"自治"运动达到高潮之际,国民党内亲英美派占了上风。蒋介石出于自身利益的考虑,在国民党第五次全国代表大会上宣布的外交方针调整了对日政策,即"以不侵犯主权为限度","否则即当听命党国,下最后之决心"。

在这样的形势下,全民族抗日救亡的呼声日趋高涨。1935年12月,为抗议在日本扶植下的冀东伪政权成立,北平爆发了声势浩大的"一二·九"学生运动,很快在全国各地激起巨大反响。上海文化界300余人集会,宣告成立上海文化界救国会,发表救国运动宣言,提出了八项救亡主张。

年底,中共中央政治局在陕北瓦窑堡举行会议,通过了《中央关于目前政治形势与党的决议》,毛泽东发表了《论反对日本帝国主义的策略》的报告,确定了中国共产党关于建立最广泛的抗日民族统一战线的政治路线。停止内战,团结一致,救亡图存,逐渐成为中华民族一致的心声,文化界的抗日民族统一战线也在酝酿形成之中。

3月

3日 作《隋唐燕乐调研究·序》。收上海商务印书馆1936年11月初版《隋唐燕乐调研究》。写道:

"林谦三氏(Kaysia Kenzo)是一位雕刻家,但他复擅场音乐,对于中国音乐之史的发展,更透辟地研究了将近二十年。他以艺术家之资格既能接近日本所保存的渊源于我国的乐典及乐曲,时时手制古乐器以作实地试验,又旁通梵文及英法等国文字,于西邦新近学者关于东方文化的业绩也多所涉历,像他这样的通才,实在是罕见的。

余识林氏在一九二八年,尔来已历八载,他的为人与求学的态度是我所感佩的。他为人很谦和,而为学极专挚,积稿如山,但从不见其发表,因而在日本人中也很少有人知道他是这一方面的笃学。他这次撰述了这部《隋唐燕乐调研究》愿意先用汉文来发表,我便从原稿的形式中替他迻译了过来。我自己所得的益处是很不少的。我自己对于音乐本是外行,关于本国的音乐的故实以前也少有过问,自结交林氏后算稍稍闻了一些绪余。以我这样的人来迻译这部书,当然是有点不相称的,文辞的表达有点过于艰涩。又加以初稿译成后,原作者与译者更经过了八九个月的长期的推敲,增改,因而在行文上也颇有气势不匀称的地方。这些由译者的无力所招致的瑕疵,于原著的精粹玷损了不少,但是精心的读者一定是不会为这些障碍所阻的。

林氏于此书之外尚有《西域音乐东渐史》之大作,属稿已就,尚待整理。将来亦希望其能继本书之后以汉文问世,使我国文化史中关于这一方面的分野及早得到阐明。"

4日 致田中庆太郎明信片。云:"蒙赠奇书一册,多谢。日前白扬社主人来,言愿出《古代社会史》初版二千部,版税千零五十元。虽略有成议,尚未定约。贵台日前亦言有愿承印之意,特此奉闻,如便请复。"(《郭沫若致文求堂书简》第200号,文物出版社1997年12月版)

《郭沫若致文求堂书简》一书将该信中所言《古代社会史》注为《中国古代社会研究》。然据郭沫若纪念馆馆藏资料36—15号内容,《古代社会史》应为白扬社拟约请郭沫若以日文撰写的一本著作之书名。

◎ 作历史小说《中国的勇士——一段从古书上翻译出来的故事》。发表于4月15日上海《文学丛报》诞生号。

小说富于寓言色彩,讲述古代齐国有两位好勇斗狠的勇士:东郭勇士和西郭勇士,他们各自独霸一方。但是,当燕昭王打破齐国时,两位"平时在决斗上尽管勇敢"的勇士,"临到国家危殆的时候却不肯去打仗,他们都逃起了难"。逃到海边的两个勇士,都没有忘记带着他们喜欢的狗和嗜好的酒。终于有一天,他们在海岸相遇了。于是,比起谁的酒量大。在两位勇士对饮的时候,他们的部下四散逃走,"只剩下互相敌视的狗们"。两人各自抽出匕首,"你在我的身上切一片肉来沾点盐水做下酒菜吃,我在你的身上切一片肉来沾点盐水做下酒菜吃"。酒没喝完,两人倒在海边死去。

"忠实的狗们替他们行了葬礼。

东郭的狗把西郭的残骸埋在了肚子里面。

西郭的狗把东郭的残骸埋在了肚子里面。

狗们的下落呢？后来通被燕国的兵士所屠食了。"

故事强烈地讽喻到国难当头的严峻现实：在生死存亡的危机时刻，"不抵抗主义""安内急于攘外"的兄弟自相残杀，其最终结局，必然是死无葬身之地的悲剧。

初收上海长江书店 1936 年 7 月初版《历史小品集》；又收上海海燕书店 1947 年 10 月版《地下的笑声》，改名《齐勇士比武》，将副题改作题注；后收《沫若文集》第 5 卷；现收《郭沫若全集·文学编》第 10 卷。

《文学丛报》月刊 1936 年 4 月创刊于上海，由王元亨、马子华、萧今度、聂绀弩主编，文学丛报社出版发行。该刊以发表文学创作、文学理论文章为主，翻译作品注重苏联文学的介绍。主要撰稿人有鲁迅、郭沫若、沈起予、聂绀弩、周而复等人。在两个口号论争期间，该刊发表了鲁迅、郭沫若、胡风等人的文章。1936 年 9 月 20 日改名《人民文学》，出版第 6 期后终刊。

9 日　作诗《给澎澎》。发表于东京《质文》月刊 6 月第 5—6 期合刊。诗中称澎澎为："你这一九三六年的诗草"，"你是我们东方的惠特曼"。赞美澎澎和他的诗："你的人便是诗，诗便是人。/要有你这样坚忍不拔的精神，/才能有这样真切动人的诗韵。"最后鼓励澎澎道："你努力吧，努力吧，努力吧，/东方的惠特曼，澎澎，/普罗列塔的诗的殿堂将由你的手中建起/你努力吧，努力吧，努力吧，澎澎。"

初收广州战时出版社 1938 年 1 月初版《战声》，改名《给澎澎》；后收《沫若文集》第 2 卷；现收《郭沫若全集·文学编》第 2 卷。

澎澎是留日学生，做过工，务过农，当兵打过仗，为求知赴日本留学，并与郭沫若相识。

15 日　致信赵景深：

"惠书奉悉。关于《沫若前集》事，早经杏邨传达，惟因事忙，迄未着手编制。今得来书，赶着把《诗歌戏曲篇》编了出来（所有错字错句均加改正，每诗后详记年月），已寄交内山（即内山完造——编者注），请备三百金往取。第二辑《小说散文篇》，需要光华版的《沫若小说戏曲集》一部；第三辑《论说书简编》，需要初版《文艺论集》、《文艺论集续集》；第四辑《自叙传》需要《我的幼年》、《黑猫》、《创造十年》。以上诸书请设法寄下，如须购置，用费请于印税中扣除。如需总序或分序，随后再做。

关于《前集》，凡尊书中所说各项请订一合同。每书出版时须盖章；用纸，北新有专备否？如无当在此间制定，卷好送上。关于版权的委托书，俟上项合同签字后，即同时写好送上。

年来所作的论说杂文等已可成二三小集，日前曾寄二种到内山，其中有一种是《屈原时代》，大约有八万字的光景，请照尊约千字三元预支版税例，备数往取。同时亦请订一合同。"

信后另页附拟就《沫若前集》第一辑"诗歌戏曲篇"的内容：

"一、女神（泰东版）

二、星空（除去《月光》及三篇散文，泰东版，大有删改，详原稿本）

三、瓶

四、前茅

五、恢复（具见《全集》）

六、三个叛逆的女性（光华版，有长文书后并加入）

（内中有问题之作，当删去，请酌量删除）"

赵景深时任上海北新书局编辑。此信系郭沫若与赵景深商议在北新书局出版著作之事。信中所说"年来所作的论说杂文"，后由北新书局以《沫若近著》为名出版，收入《文艺新刊》。《沫若前集》是北新书局计划出版的一套郭沫若讫于1928年的著作选集。郭沫若将第一辑选编好后交北新书局，后因上海时局变化（日军侵入）和书局方面担心当局对出版郭沫若著作的"干扰"（郭沫若在信中所写"内中有问题之作，当删去，请酌量删除"，亦出于此种考虑），终未能出版。(赵景深《〈沫若前集〉和〈郁达夫全集〉——郭沫若给我的信》，《新文学史料》1980年第2期)

◎ 作《我与考古学》。发表于上海《生活学校》半月刊1937年第1卷第2期。指出："中国旧时的金石学，只是一些材料的杂糅，而且只是偏重文字，于文字中又偏重书法的。材料的来历既马虎，内容的整理又随便，结果是逃不出一个骨董趣味的圈子。"又说："我自已对于考古学依然还在门外，我只半途出家地读过些关于考古学的书……我自己既没有发掘的经验，也没有和发掘物多多接近的机会……不过我是明白，就和其它的学问是必要的一样，考古学也是有必要的，尤其在我们中国。我们中国古代的详情……民族来源是怎样，文化的分布步骤是怎样，和外来文化的交涉是怎样，以及古代社会的构成，各个构成阶段的递禅，都是急待解决的问题。"

又载《考古》1982年第5期，现收《郭沫若全集·考古编》第10卷。

21日 为周而复《夜行集》作《序》。发表于上海《文学丛报》月刊5月第2期，收上海文学丛报社1936年6月初版《夜行集》。写道：

"这册《夜行集》，我反复读了两遍。这是在重重的压迫之下压得快要断气的悲抑的呼息。这儿也活画了一张忧郁而悲愤的时代相，时代在哭着，在偷偷地哭着。连哭都是不准放声的了。这是多么可以讴歌的哟！

古人说：'兄弟阋于墙，外御其侮'，这样话究竟是已经过去了的话。我们今日的格言却似乎是：'外侮翻过墙，内屠其弟兄'，尽你说得舌弊唇焦，尽你怒骂，尽你嘲笑，大刀依然不是坦克车的对手。你敢哭丧着一个面孔吗？邻国不是多么'亲善'？民族不是正在'复兴'？滚蛋，你们应该充分地来个'反省'！

旧时的人尊重礼让，尼采打了个价值的倒逆，说礼让是奴隶的道德。现在的中国人又来了一个倒逆的倒逆。在这儿秦桧是岳飞，岳飞是秦桧，文天祥是张洪范，张洪范是史可法。

我不愿再多说什么话，这部《夜行集》已经代我说了不少。潸潸的流泪，偷偷的哭，大家都在黑夜里鼓着欲爆的眼睛。

但诗人揩着他的眼泪在告诉我们：'车头接一连二地在开发着了，大家都请揩干眼泪，搭上火车，冲破这黑暗的重围！'"

本月 与日本白扬社签订出版契约，应允以日文撰写一部中国《古代社会史》，6月底交稿，并预支了600元版税。（郭沫若纪念馆馆藏资料36—15，《郭沫若致文求堂书简》第200号，文物出版社1997年12月版）

◎ 致信陶亢德。载上海《宇宙风》（乙刊）1939年3月16日第2期。说："今天接到你的信使我打破了一个闷葫芦，我还以为你们有意和我决绝，故不回我的信，原来你是写了回信而在望我的回信的吗？你的回信我却至今没有收到,大约是在前月尾上这儿发生事变的时候有了浮沉吧。你的意见是怎样的,我自无从知道了。目前你们的经济如难周转,前次汇来的稿费,自当如命奉还。别纸请持往内山书店索取吧。将来你们如需要我的助力时我是随时可以帮忙的。再者,我的原稿(使用了的)如蒙保存,请便寄还,因我手中未留副稿。"

原信无抬头及落款时间。信中所说"前月尾上这儿发生事变",当指 2 月 26 日发生的日本军人武装政变,即"二·二六"事件。(蔡震《一组书简中的历史——郭沫若与〈宇宙风〉》,《郭沫若学刊》2010 年第 4 期)

春

◎ 结识《新民报》社长陈铭德及副经理邓季惺,应允为该报撰稿。后应邀为该报副刊《新园地》特约撰稿人。

《新民报》于 1929 年 9 月由陈铭德主持,在南京创刊。该报作为"民间报纸"问世,得到四川军阀刘湘的资助。1936 年春,该报发行量有了较大发展,由邓季惺、陈铭德先后赴日本购置转轮印刷机,陈铭德、邓季惺在此期间,专程赴市川拜访了郭沫若,并请他为《新民报》撰稿。(陈铭德、邓季惺《新民报二十年》,全国政协文史资料委员会编《文史资料选辑》第 63 辑)

◎ 在东京御茶水参加一留日学生文学社团成立座谈会,并为之提议取名"文海",取"海,波澜壮阔,容纳百川"之意。

文海社是由留学日本的文学青年李春潮、李华飞、覃子豪、罗永麟等人组织的文学社团。他们在酝酿决定成立这个社团后,推举李春潮专程去市川市邀请郭沫若参加成立会并讲话。《文海》杂志于 8 月 15 日出版第 1 期。(李华飞《关于郭老在东京的回忆》,《抗战文艺研究》1984 年第 1 期;《在东京亲聆郭老三次讲话》,《郭沫若学刊》1993 年第 1 期)

◎ 作《天亮黑一黑》。发表于东京《质文》月刊 6 月第 5—6 期合刊,署名"安娜"。文章由关于朱元璋的民间传说,联系到日出之前天色会"黑一黑"这种现象,写道:"天亮黑一黑,正是漫漫长夜过了,黎明到来时分的一种物理的也是自然的正常现象,这黑了一黑,便是给我们一个信号:光明就在眼前!天已到了大亮时候了!再没有黑两黑的。我们该趁着朝气证着新的生命力,创造我们新的生活!"如果以"天亮黑一黑当作会永远黑下去的","那真是自作孽,自己活埋自己,再也不堪救药了!""从'五卅'起,我们的民族已经浴着了黎明的曙光,可是自一九二七年以来,恰如天要亮了那么着的黑一黑。现在的气氛,是更冷更黑,也就正是天已到了大亮时候了!凡不甘自己灭亡和民族灭亡的人,请都紧携着手站在生存线上向着光明前进吧!"

作者自署文章写于"樱花初放时节"。

◎ 对"中华留日戏剧协会"的工作给予支持。

本年春,留日学生的三个戏剧团体:"中华同学新剧公演会""中华戏剧座谈会""中华国际戏剧协进会",经过协商,联合组成"中华留日戏剧协会"。第1届干事会成员有林林、杜宣、吴天、任白戈、陈北鸥等人。这是一个统一战线性质的文艺团体。(《中国留日左翼学生文化运动纪要》,《文史资料选辑》第109辑)

◎ 接待林林来访,读到他带来的《八一宣言》。

"我从国内寄到神田堡町青年会(这里人杂,邮件多)的书报里,得到印在淡红色纸张上的《八一宣言》,是党在号召建立抗日民族统一战线,要求组织抗日联军,成立国防政府,等等。暗中兴奋地看了,我就把它带到须和田郭老的住宅,请他也看了。很久没有得到党的消息了,他当然是很兴奋的。"(林林《这是党喇叭的精神》,臧云远《东京初访郭老》,《悼念郭老》,生活·读书·新知三联书店1979年5月版)

◎ 参加《质文》月刊的一次编委会,对"国防文学"的创作口号以为"不妥"。

在这次编委会上,"左联"东京分盟的负责人任白戈传达了上海方面提出的"国防文学"的创作口号,征求大家的意见。郭沫若认为:"用'国防'二字来概括文艺创作,恐怕不妥吧。"与会的人也都不赞成用"国防"二字。任白戈回到上海,把意见带给党的文委负责人。返回东京后,传达说:"这是党的决定,不能改了。"大家都表示服从。(臧云远《东京初访郭老》,《悼念郭老》,生活·读书·新知三联书店1979年5月版)

4月

3日 致信赵景深。说:

"三月廿日手书早已奉悉，因事稽复，恕罪。上次大札中所言要点，谓'《沫若前集》每册编成时各备洋三百元取稿，共洋一千二百元。书出后当按月致酬一百元，年终结帐。如销路好当再增加版税'。版税一层，据前若英（张若英，即钱杏邨。——编者注）来信乃百分之二十。契约期限请定为十年，期满时再由双方合议取决。

契约照兄前函所称，请内山完造氏为保证人，以后一切款项交涉，均由内山氏作中介。

各书最终一校请寄来由我自行勘对一遍。到那时有加序之必要时，再加上序文。或三校时印两份校样，一份寄来，校好即寄，可节省时日。

契约寄来时，印花及办理翻版委托书当即奉上。

《屈原时代》一种亦请订一契约，内容准《前集》。最近曾草一篇《日本文化之特征》约一万字，在行将出版的《日本大观》中发表。发表时请就近收入《屈原时代》中为祷。最终校样亦请寄来。"（赵景深《〈沫若前集〉和〈郁达夫全集〉——郭沫若给我的信》，《新文学史料》1980年第2期）

《屈原时代》后收入《沫若近著》出版。

4日 与来访的蒲风谈作诗。以《郭沫若诗作谈》为题，发表于上海《现世界》半月刊8月16日创刊号。谈话分为"关于写作""关于《女神》、《星空》""关于《前茅》、《瓶》、《恢复》""关于讽刺诗、剧诗及其他""关于长诗""关于诗人们"六部分。内容主要涉及对于自己诗歌作品的解读和作诗经历的回顾以及由此而阐发的关于诗歌创作的见解，对于中国现代诗歌创作现状以及诗坛动向的评价与期待两个方面。

谈话中强调："一切艺术都离不开生活，诗歌当然不能有所例外"，但是，诗歌创作特别需要主观情感的激发，"诗兴来时立即挥成"，这样的诗作是"比较动人的"。对于诗人来说，"年轻的时候是诗的时代，头脑还没有客观化；而到了三十左右，外来的刺激日多，却逼得逐渐客观化，散文化了"。自己近年来的少有诗作，便是"头脑已向理智方面发展，没有余暇来致力于诗歌了"。

谈及自己偏爱的诗人，说："谭嗣同的没有看见过，梁启超的在中学时代曾经读过，但他的散文却比他的诗对我有更大的影响。苏曼殊的诗很清新，看过的不太多。黄公度可以说是近代的大诗人，他的诗我大概都已念过。至于旧诗，我喜欢陶渊明、王维，他俩的诗有深度的透明，其感触如玉。李白等的诗,可以说只有平面的透明,而陶、王却有立体的透明。在近代诗人中,黄公度有些这样的风味。其实,词上倒还有好的货色,像近人王国维的词很可以读。"对于外国诗歌,"顺序说来,我那时最先看太戈尔,其次是海涅(Heine),第三是惠特曼(Whitman),第四是雪莱(Shelley),第五是歌德(Goethe)……的东西。但是,歌德对我的影响实在不见得多,说我最受他的影响,恐怕是由于我翻译过了他的《浮士德》,因而误会。——最先对太戈尔接近的,在中国恐怕我是第一个,当民国四年左右即已看过他的东西,而且什么作品都看:如像:Geskent moon(《新月》),Gardener(《园丁集·恋歌》),Gitanjali(《颂歌》),The Gifts of lover(《爱人的赠品》),One Hundred poems of kabir(《伽彼诗一百首》),The king of Black Chamber(《暗室王》——剧本)都已读过,但以后即隔绝了。海涅的,恋歌为多。惠特曼的,即《草叶集》(Leaves of Gress)。至于雪莱的东西,大概都已看过,而且我也翻译了一些(即《雪莱诗选》)。歌德的是《浮士德》及其他。"

关于自己的诗作,说道:创作《女神》《星空》的时候,"很渴望中华民族复兴,在《女神之再生》、《凤凰涅槃》里都是有意识地去表现着。又我那时候有泛神主义(Pantheism)的倾向,这点很容易被人误解为英雄主义。我在未转换前(一九二四年前),在思想上是接受泛神论,喜欢庄子,喜欢印度的佛教以前的优婆尼塞图(Uhanisad)的思想,喜欢西洋哲学家斯皮诺若(Spinoza)的。我之所以会接近了歌德,重要的原因也是在这种思想的倾向上"。《女神》"产生时是在日本九州的博多湾,那个地方的色彩很浓厚,但,不是在四川。在中国说来,新文学的出现就是资本主义的反映。在我个人来讲,那时倒没有什么明确的意识,虽然民族意识却很强"。"《前茅》的产生虽在思想转换以前,但大致的意识业已左倾。《恢复》的产生虽在思想转换以后,意识比较确定,但旧有的手法等等尚未能十分清算"。"《前茅》是零星的集余,在意识未彻底觉醒之前,她可以值得提起的就只在有左倾的意识那一点。《恢复》也没有多大价值,是革命顿挫,且在我个人大病后,在卧榻上不能睡觉因而流露出来的东西。全部不免有浓厚的感伤情趣。""《瓶》可以用'苦闷的象征'来解释","在写出的当时自己颇适意。全是写实,并无多少想象成分。踌躇发表者,怕的是对于青年生出不好的影响"。

关于中国诗坛的动向，认为：诗坛上因侧重写实主义倾向而创作一些素描式的东西，"是对于写实主义的误解，写实是站在现实主义的立场上的表现"，"现实主义与现实生活不是同义语，文艺是离不开想象和夸张的，主要的是在现实主义的立场"。关于浪漫主义与现实主义的关系，应该说，"新浪漫主义是现实主义之侧重主观一方面的表现，新写实主义是侧重客观认识一方面的表现"。"'大众合唱'这个名目和抒情诗并不对立。只是大众能接近的抒情诗，有音乐伴奏，使大众能够歌唱，便是最好的'大众合唱诗'。抒情不限于抒个人的情，它要抒时代的情，抒大众的情，要诗人和时代合拍，与大众同流。"希望诗人们"努力化除个人的意气，坚定思想上的立场，作时代的前茅，作大众的师友"。

谈话由蒲风记录下来，并经郭沫若校阅后发表。

11 日　致信赵景深。说：

"沫若前集第二辑小说随笔篇已编就，寄交内山处。请备三百金往取。

印纸在抢印中，缓日即寄。

《我的幼年》及创造社版《水平线下》请各寄一册来。"

《沫若前集》第一辑北新书局已排好，未印行，第二辑文稿北新书局后未收取。（赵景深《〈沫若前集〉和〈郁达夫全集〉——郭沫若给我的信》，《新文学史料》1980 年第 2 期）

13 日　作《鼎》。发表于东京《质文》月刊 6 月第 5—6 期合刊。

文章分为上下篇。上篇，解释了自己使用过的几个笔名的来历和含义："我的父母替我取的大名原是叫着'开贞'。……前些年辰在日本做学生的时候，家里由上海的银行汇款来，曾经被人把我当成'女士'。我对于这个大名素来是不大喜欢的，随后便另外取了一个'沫若'的笔名。"亡命日本后，"国内有大部分的人替我避讳"，"沫若"两字一时成了讳名，有些朋友便把旧名复活了。"自己所不大高兴的本名被人复活了，而且还要加些歪曲，觉得是有点不大如意。大约就从一九二九年起，我对于一部分的友人写信，便用起'鼎堂'这个号来。有时又写写'石沱'。"古文以贞为鼎，"殷代的卜辞常常用鼎为贞，周代的金文往往用贞为鼎。鼎而附之以堂者去其音'丁当'，取其义'鼎当'"。"'鼎堂'两个字的被人公开使用，是在一九三一年在《东方杂志》发表了一篇《毛公鼎之年代》的时候。那是杂志的编辑先生所要求的，而且还要大辟一下，不好使用'郭'字。""'石沱'呢？也是和'鼎'相关的。周代末其的鼎铭中每每称鼎为'石沱'或名'石它'，或在'石它'旁边各加鼎旁。""从此以后我要把我自己的'鼎'字号作为废牌。以后我自己发表文章时决不再用'鼎'字及'鼎堂'这两个字。"

下篇，写到作家联合的问题，认为："作家们在目前应该联合，这是时代所发出的来的指令。这个指令，凡是和时代精神合拍的作家，谁也不好违背。"文章主张：

"文学家在自己的作品的创意和风格上应该充分地表现出自己的个性，而在自己的意识和文坛地位上则应该充分地化除个人本位的观点。

"一切都是进展着的，而且辩证式地。旧的怨嫌可以变为新的惠爱。旧的惠爱可以变为新的怨嫌。

"怀着个人间的旧怨而始终不忘的人，这种人的本身进展，的确是可以怀疑的。"

"又以自己一篇文章被编辑无端删削为例，批评文坛上的个人本位和行帮本位意识，强调说："作家们自然应该联合起来，但阻碍这种联合的个人主义和行帮意识是须得首先清算，而联合指令之逆用与歪曲也须得提防。作家的联合是要在共同的目标之下分头并进地努力实践工作，联合是丰富的多样之朝宗，不是单调的一色之涂抹。联合不必是宽大的同义语，也不必是分化的对立语。"

收《沫若文集》第11卷，现收《郭沫若全集·文学编》第16卷。

上海《文学》月刊3月1日第6卷第3期上刊登了一篇署名"鼎"的文章《作家们联合起来》，有人以为系郭沫若所作，郭沫若遂写下此文。

15日 以日文致田中乾郎明信片。写道：

"前晚托《Fossil man in China》如邮到，请寄下，幸甚。

又《地质专报》乙种七号（1934年8月刊行），其中载有裴文中撰《周口店洞穴层发掘记》，亦请代购一册。"（《郭沫若致文求堂书简》第201号，文物出版社1997年12月版）

《周口店洞穴层发掘记》系《周口店洞穴层採掘记》之误。

21日 以日文致田中庆太郎明信片。说："《地质专报》七号已收到，如尚未订购，请勿再订。《Fossil man of China》（北平地质所出版）务请代为邮购。"（《郭沫若致文求堂书简》第 202 号，文物出版社 1997 年 12 月版）

《Fossil man of China》系《Fossil man in China》之误。

26 日 作历史小说《司马迁发愤》。发表于上海《文学界》6 月 5 日创刊号。以司马迁《报任安书》为题材，通过司马迁自述的形式敷演成篇。表现了司马迁蔑视权威，"幽于缧绁"之灾而忍辱负重、发愤著书的顽强意志，以及他"述往事，思来者"，"欲遂其志之思"，成就一番文化事业的炤炤襟怀。在小说中，司马迁当着来访的任安的面，对于不学无术的权威者，对于趋炎附势的"软骨症"，对于"反掌炎凉"的卑鄙人性，极尽嬉笑怒骂。他说："我这两年来早就把生死置之度外了。我随时都可以死，只是我有一件挂心的事，便是我所写的这一部《史记》。"司马迁自信即将完成一项不朽的事业："我这部书寓《春秋》的褒贬之意，而比《春秋》详明。我这是永远不朽的书。有权势的人能够在我的肉体上施以腐刑，他不能够腐化我的精神上的产品。我要和有权势的人对抗，看我们的生命那个更长，我们的权威那个更大，我们对于天下后世的人那个更有功德。有些趋炎附热的糊涂蛋在蔑视我们做文学的人，我要把我们做文学者的权威提示出来给他们看。我的全部的生命，全部的心血，都凝集在了这儿。这儿是自有中国以来的政教礼乐，学术道义的结晶。我的肉体随时可以死，随时可以被人寸断，但我敢相信我的生命是永远不死的。地上的权威，我笑杀它。"

初收上海不二书店 1936 年 10 月初版《豕蹄》，后收《沫若文集》第 5 卷，现收《郭沫若全集·文学编》第 10 卷。

《司马迁发愤》是抒发自我情感色彩十分浓烈的一篇历史题材的小说。作者在 1932 年，于《金文丛考》的扉页上曾题写了一段自励的话："大夫去楚，香草美人。/公子囚禁，说难孤愤。/我遘其厄，愧无其文。/爰将金玉，自励坚贞。"可以视为这篇小说的注脚。

《文学界》月刊 1936 年 6 月创刊于上海，由戴平万负责编辑工作，文学界月刊社出版发行，1936 年 9 月出版第 4 期后终刊。该刊是"左联"解散后，一部分左翼作家创办的刊物，创作与理论并重。《文学界》虽然只出版了 4 期，但因为大力宣传、倡导"国防文学"而引人注目。在

"两个口号"的论争中,周扬、郭沫若、艾思奇等人撰写的几十篇文章发表于该刊。

本月 致信陶亢德。载上海《宇宙风》(乙刊)1939年3月16日第2期。写道:"信接到。目前国难迫紧,文学家间的个人的及党派的沟渠,应该及早化除。我在贵志投稿,你们当在洞悉中,我是冒着不韪而干的。我的目的也就在想化除双方的成见,免得外人和后人笑话。近时的空气似乎好了很多,个中还有相当的酝酿,但请你们在这时也务要从大局着想。能够坦白地化除畛域,是于时局最有裨补的。比如发表我给××信,××加些按语来表白自己的抱负和苦衷等等(有忠告也是好的),是极好的办法。我对于你们是开诚布公的,请你也不要把我当成外人看待,我们大家如兄如弟地携起手来,同为文字报国的事,我看是最为趁心之举。只要你们能够谅解我这番意思,我始终是要帮着你们的,以后还想大大地尽力。这层意思请你同××过细商量一下吧。关于日本的文字前几天用给你的信札的形式写了两张,但总因忙也没写下去,我现在寄给你,你看可以补空白时,便割去补补吧。关于日本,现在很难说话,我预备坐它几年牢。"

原信无抬头及落款时间。信中所言"比如发表我给××信",当指2月下旬致林语堂的信。(蔡震《一组书简中的历史——郭沫若与〈宇宙风〉》,《郭沫若学刊》2010年第4期)

◎ 上海万象书屋《现代创作文库》之第2种的《郭沫若选集》初版发行。

5月

1日 应日本改造社《文艺》编辑部之约,以日文作《日本文學の課題としての吾が母國》。发表于《文艺》杂志6月第4卷第6号。写道:

"日本同我国从任何方面说起来都是有非常深切关系的两个国家……我国对于日本文学的赠与——不,日本作家描写过她的作品,在日本文学上已经不是少数。没有远溯来暴露我贫乏的日本文学的智识的必要,在近代,稍远一点的留下有鸥外先生和漱石先生的相当多量的历史小说和纪行文。稍近一点的,芥川龙之介、谷崎润一郎、佐藤春夫诸氏,都曾连续地渡过黄海把优美的写生的文章,来脍炙过人口。在文阵的另一翼,对于我国的'第三现实'用亲热的眼光凝视着而声援着的作家,如藤森成吉、前田河广一郎、村山知义诸氏,都还健在。"

文章认为:"到了近年,日本的'生命线'用尽全速力在进展着的时候,而文艺的和亲力的表现却非常减少了……如果容许我揣测的话,怕还是因为外的阻碍和内的踌躇组成了偶力而招致了这文艺的和亲力的减退吧?"

"日本作家喜欢写我国的历史题材,或者取材于现代,而用想象装上血肉。……但是,像仅只有在古代希腊的环境里才能创造出来的希腊雕刻一样,想在现代日本再现随着古代中国从舞台上退场了的中国历史,无论是怎样一种想象力丰富的作家,都是一件困难的事业吧。"

"对于历史题材寄与以更多的趣味的这种趣向是从来被东方的历史观所累了的观念的残余。把想象的黄金时代设置在遥远的古代,而以为这个世界在一天天地趋向末日的这种反进化的旧史观支配着东方人的头脑,有二千年。"

"被帝国主义的大海啸所席卷着的我的母国,差不多在一切的分野上都呈现出总破产的状态,这是事实。可是在那儿正有伟大的,任何地方都得不到俨然的现实活着,在那儿有着片手翳着人道正义的旗帜,而片手做吗啡强制贩卖的吸血鬼的跳梁,有贴上礼义廉耻和新生活的商标而把民众的血液做商品的 Sinauthropus(北京猿人)的横行阔步,有许多袭击都市和农村的大洪水大饥馑大屠杀的悲怆的战慓,有从被战车、坦克车,轧杀着的大地的心底迸发出来的铁流的浩荡,有多次新生机的胎动、阵痛、流产、早产……一切人间的悲剧在那儿生灭,一切的人物的典型在那儿出没。实在是一副光怪陆离,惊人的未来派的画面。"

"现实的中国对于有才能的作家,诚是一个伟大的课题。"

文章赞扬中国作家在极其恶劣的环境下"用着了决死的努力",在创作中国的现代文学,呼吁:"来吧!日本的作家","带着丰饶的才能同优良的技术向更广大的世界飞跃"。"这不但是丰富日本文学的一条路,而且也是丰富世界文学的一条路。"

该文后由菲戈译为中文,经作者添校,将发表时删去之处补上,题作《我的母国·作为日本文学课题》刊载于上海《文学丛报》月刊7月第

4期。

2日　《卖书》《百合与番茄》《月蚀》《今津纪游》《神话的世界》《艺术家与革命家》《致成仿吾书》等7篇散文收入《中国新文学大系·散文一集》，由上海良友图书印刷公司初版发行。

3日　接待东流社朋友来访，允为《东流》月刊撰写一篇"历史小品"。

东流社"两个朋友"特意来访，邀为刊物撰稿，且点题要一篇写"申包胥哭秦"的"历史小品"。郭沫若略作考虑后，觉得自己想要表达的主题与朋友们提出的意见相反，遂商定下一个"贾长沙痛哭"的题目，并当即把材料、时代、安排，弄出一个眉目。（郭沫若纪念馆馆藏文物36—5）

◎　晚，作历史小说《贾长沙痛哭》讫。发表于东京《东流》月刊7月第3卷第1期。描写了汉文帝时代的爱国之士贾谊具有悲剧色彩的经历。"当时的中国和现在的虽然隔了两千多年，但情形却相差不远。"贾谊忧国忧民，可是怀才不遇，在别人都歌舞升平的时候，他偏要于外忧内患而"痛哭"，而"长太息"。"他那篇有名的万言的《陈政事疏》，在两千年后的今日虽然都还虎虎有生气，但在当时的权贵者却字字都是眼中钉"。在得到汉文帝的赏识出任梁王太傅后，朝中权贵们放出谣言，"说他是精神病者。大家都在摩拳擦掌地等待一个机会来，给他一个总攻击"。贾谊终因梁王坠马身亡一事遭罢免还乡，忧愤而死。在临死前的幻境中，贾谊见到了屈原，他握着屈原的手说："你的死决不是败北。我也不承认自己的败北了。先生，你虽然死了，但你永远是我们中国人的力量，是我们中国人的安慰。我们中国人的正义感是由先生的一死替我们维系着的。……我们在先生的精诚之下团结了起来，先生，你把死来战胜了一切了。我要跟着你来，先生，我要跟你来。"

初收上海不二书店1936年10月初版《豕蹄》，后收《沫若文集》第5卷，现收《郭沫若全集·文学编》第10卷。

8日　以日文致田中乾郎明信片。说："《Fossil man in China》，及另外一册妥收。"（《郭沫若致文求堂书简》第203号，文物出版社1997年12月版）

该信落款日期为9日，邮戳日期为8日，此处据邮寄时间。

9日　《离沪之前》由上海今代书店出版发行。

22日　作《章太炎先生の金祖同に與へ甲骨文を論ぜし書を評す》，

评章太炎致金祖同论甲骨文书。以中文手迹并日文本同发表于东京三省堂《書菀》杂志1937年7月第1卷第5号。写道：章太炎原本对"甲骨彝器之学素所鄙夷"，而该书收录的手书四通，"已较往年大有改进。……于鼎彝已由怀疑而变为肯定，于甲骨则由否认变而为怀疑"。又指出："先生之蔽，在乎尽信古书。一若于经史字书有征者则无不可信，反之则无一可信。……《说文》诚为小学之良书……然而许书乃文字学之源，并非文字之源，二者乌可混？……故爱护许氏者当遵循其精神，不当暧妹其陈迹。"

文章后为金祖同编《甲骨文辨证》之《序》，以中文本载重庆《说文月刊》1940年第2卷第6—7期合刊，收上海中国书店1941年影印本《甲骨文辨证》，现收《郭沫若全集·考古编》第10卷，题作《序甲骨文辨证》。

23日 作《献诗——给C. F.——》。写道："这半打豕蹄/献给一匹蚂蚁。//在好些勇士/正热心地/呐喊而又摇旗，/把他们自己/塑成为雪罗汉的/春季。//那匹蚂蚁，/和着一大群蚂蚁，/在绵邈的沙漠/无声无息/砌叠/Aipotu。"

初收上海不二书店10月初版《豕蹄》；又收广州战时出版社1938年1月初版《战声》，改题为《给C. F.——"豕蹄"献诗》；后收《沫若文集》第2卷；现收《郭沫若全集·文学编》第2卷。

"C. F."即成仿吾。"Aipotu"为英文乌托邦Utopia的倒写。

24日 作（豕蹄）《解题》。记述了六篇历史小说的创作经过，以及欲辑录成集取名"豕蹄"的原因。写道："这儿所收的六篇东西是从去年六月到今年五月，零碎地写出的。本来还想多写一些，至少写它一打，或者二十篇，写到现代为止。不料在仅仅发表了三篇的时候，国内竟有人替我定名为《历史小品》，编成集子，定出价钱，并发行着预约的。这却把我的兴趣通同扫进'历史'那个盐肉柜里去了。""仅仅写了六篇，我不高兴再写下去了。这些东西缘何命名为'历史小品'，我还不曾向命名者领教过。若从写得快的一点来说，怕可以当于现今所流行着的什么'速写'。"

关于"豕蹄"的命名，后写入《从典型说起》。（郭沫若纪念馆馆藏资料36—4）

25日 译作《艺术作品之真实性》，由东京质文社初版发行，作为"文艺理论丛书"第1种，署名"卡尔著"。该书同年8月即被国民党当局以"普罗文学"为由查禁。1947年3月，上海群益出版社再版发行时改署"马克思著"，改名为《艺术的真实》。1949年版又改署"马克思、恩格斯合著"。全书分8节："抽象与具体性""思辨的方法之虚伪的自由""思辨的文艺批评之畸形的一例""苏泽里加大师之舞蹈观""布尔乔治的典型之理想化""文学中的典型及社会关系歪曲之实例""布尔乔治浪漫主义文学之肯定的典型之暴露""被揭发了的'立场'之秘密"。文末有"附注"。

本月 月底，致信陶亢德。载上海《宇宙风》（乙刊）1939年3月16日第2期。说：

"发表费百元早接到。

《海外十年》几次提笔想续写，但打断了的兴会一时总不容易续起来。我现在率性把一部旧稿寄给你们，请你们发表。我费了几天工夫清理了一下，删除了好些蛇足，在目前发表似乎是没有妨碍的。你们请看一遍再斟酌吧，如以为有些可删，请于不损害文体的范围内酌量删除，或用××偃伏。如以为不好发表，阅后请寄还我。

如可发表，发表费能一次寄给我最好，因为我在右胸侧生了一个碗大的痈，已决心进医院去割治。如一次寄不足，能先寄两百元来也好。"

该信无受信人姓名，落款未署时间，据信中所写内容、《痈》一文的内容及为《北伐途次》发表所写的《序白》，该信当写于本月。"一部旧稿"指《武昌城下》。（蔡震《一组书简中的历史——郭沫若与〈宇宙风〉》，《郭沫若学刊》2010年第4期）

◎《先秦天道观之进展》由上海商务印书馆初版发行。

◎ 删改《武昌城下》，改名《北伐途次》，交《宇宙风》编辑部。（见为《北伐途次》在《宇宙风》发表作《序白》。刊载于上海《宇宙风》半月刊7月1日第20期）

◎ 历史小说《孟夫子出妻》（《孟子妻を出す》）由广野武敏翻译，刊载于日本白扬社《白扬》第1卷第4号。

6月

1日 作《从典型说起》，系为《豕蹄》一书所写的序文。发表于东京《质文》月刊10月第2卷第1期。论述了在小说这一文体形式的创作中，应遵循现实主义的典型性原则：

"典型创造在小说的范围内倒并不是怎样神秘的事情，任何小说家在描写刻画他的人物上都在创造他的典型，问题只在他所创造出来的东西是否成功，而成功的典型创造是应该采取怎样的方法和具备怎样的条件。

大抵典型创造的过程是应该以客观的典型人物为核心，而加以作家的艺术的淘汰，于平常的部分加以控制，于特征的部分加以夸张，结果便可以造出比客观所有的典型人物更为典型的人物。……在这儿便需要有作家的积极的活动，作家要凭其艺术的淘汰，以创造出最典型的人物来。要执行这种任务所课于作家的努力是很大的，他须得要有相当的关于人的生理的与心理的各种学识，他须得有丰富的社会经验或各种学识。"

关于自己创作的历史小说，文章写道："这儿所收的几篇说不上典型的创作，只是被火迫出来的'速写'，目的注重在史料的解释和对于现世的讽喻，努力是很不够的。我自己本来是有点历史癖和考证癖的人，在这个集子之前我也做过一些以史事为题材的东西，但我相信聪明的读者，他会知道我始终是站在现实的立场的。我是利用我的一点科学智识对于历史的故事作了新的解释或翻案。我应该说是写实主义者。我所描画的一些古人的面貌，在事前也尽了相当的检查和推理的能事以力求其真容。""以讽喻为职志的作品总要有充分的严肃性才能收到讽喻的效果。所谓严肃性也就是要有现实的立场，客观的根据，科学的性质……今事的历程自然可以作为重现古事的线索，事实上讽喻的性质本是先欲制今而后借鉴于古的，但不能太露骨，弄到时代错误的程度。"

初收上海不二书店10月初版《豕蹄》，后收《沫若文集》第11卷，现收《郭沫若全集·文学编》第16卷。

◎ 为《北伐途次》在《宇宙风》发表作《序白》。刊载于上海《宇宙风》半月刊7月1日第20期。写道：

"1933年7月12日写成了一部六七万字的回忆录，原名为《武昌城下》，本是应沪上某书店写出的，因该书店欠我的版税不付，这部东西也就没有交去刊行。

去年日本的改造社请我把那精粹处提出来，用日本文缩写成一万五六千字的短篇，我也照办了，在该社出版的《改造》杂志五月号上所发表的《武昌城下》便是那缩写出来的东西。近来，并宣称是经过我的同意和删定的。译者究竟是谁，译文究竟怎样，我都不知道，究竟经过了怎样的'删定'，那可是出于我的想象之外了。

我现在索性把这母体的《武昌城下》取了出来，改题为《北伐途次》在本刊上分期发表。这和缩写的日文《武昌城下》略有不同，因为后者是稍稍经过了一道创作过程的。"

2日 作散文《痈》。发表于上海《光明》半月刊6月25日第1卷第2号。记述了自己患痈期间的一些杂感。以白血球吞噬病菌的医理喻示："我们的白血球是我们的'身体'这座共和国的国防战士。凡有外敌侵入，他们便去吞食它。"我们中国人的白血球，不该"变得来只晓得吃自己的赤血球"，要保持"抵抗外敌的本领"。又从"历史小品"一词，感慨到"'历史'实在是'小'！大凡守旧派都把历史看得大"。"愈有'历史'者，人愈'小'。愈有将来者，人愈大"。希望年轻人不要把"年老的人当成偶像崇拜"，"要做'可畏'的'后生'"。文章还从编辑技术上特别称赞了："《译文》、《作家》两种的编辑法为最好。在日本出的《杂文》、《质文》也还可观。"

初收上海北新书局1946年5月初版《归去来》，后收《沫若文集》第8卷，现收《郭沫若全集·文学编》第10卷。

《光明》半月刊，1936年6月10日在上海创刊，洪深、沈起予主编。《光明》以发表创作为主，兼有文艺理论批评和译文。用文艺的形式"去做那救亡救穷反帝反封建的工作"，是该刊的办刊宗旨。《光明》因抗战爆发而停刊，后改出《光明·战时号外》周刊。1937年10月19日出版第6期后终刊。郭沫若、茅盾、夏衍等人是该刊撰稿人。

4日 夜，作自传体小说《双簧》。发表于上海《东方文艺》月刊6月第1卷第3期。叙述了1926年北伐军攻克武昌后的双十节，在汉口基督教青年会举行的一次演讲会。"我"巧妙地利用宗教集会的形式，进行了一次抨击帝国主义经济侵略、文化侵略，宣传革命道理的演讲。

初收联合出版社 10 月版《双簧》，又收上海北雁出版社 1937 年 6 月初版《北伐》，后收《沫若文集》第 5 卷，现收《郭沫若全集·文学编》第 10 卷。

《东方文艺》月刊本年 3 月 25 日在上海创刊，侯枫任编辑兼发行人，东方文艺社发行，10 月 25 日出版第 2 卷第 1 期后终刊。该刊把"介绍世界著名作家及其作品，报告世界新文艺思潮，提高创作水准"作为办刊宗旨。郭沫若、郑伯奇、穆木天、邱东平、蒲风等人是其主要撰稿人。

7 日 与郁达夫、王统照、朱自清、茅盾等 111 人，列名为在上海成立的中国文艺家协会首批会员。（《中国文艺家协会会员名录》，上海《东方文艺》6 月第 1 卷第 3 期）

中国文艺家协会以"联络友谊，商讨学术，争取生活保障，推进新文艺运动，致力中国民族解放为宗旨"。该会发表的成立宣言指出："光明与黑暗正在争斗"，"中华民族已到了生死存亡的关头"！文艺家、作家"有他特殊的武器"，"在全民族一致的救国阵线中有他自己的岗位"。他们应该用这"特殊的武器"承担起"伟大的历史使命"。宣言提议："在全民族一致救国的大目标下，文艺上主张不同的作家们可以是一条战线上的战友。""把我们的笔集中于民族解放的斗争"。（《中国文艺家协会宣言》，上海《东方文艺》6 月第 1 卷第 3 期）

14 日 作《国防、污地、炼狱》。发表于上海《文学界》月刊 7 月第 1 卷第 2 期。写道：

"在初'国防文学'这个新的旗号标举出来的时候，大家都觉得有点异样。然而过细考虑起来，在目前的救亡关头上要找一个共同的目标以促进战线的统一，除掉用这个名义而外，觉得也像没有再适当的语汇了。""'国防'……广义地说来，内涵也有充分的伸缩性，既简单而又概括，并且还多少有些新鲜。"这个口号应有的含义是：

"第一层，我觉得'国防文学'不妨扩张为'国防文艺'，把一切造型艺术、音乐、演剧、电影等都包括在里面。凡是不甘心向帝国主义投降的文艺家，都在这个标帜之下一致的团结起来，即使暂时不能团结，也不要为着一个小团体或一个小己的利害而作文艺家的'内战'。""第二层，我觉得国防文艺应该是多样的统一而不是一色的涂抹。这儿应该包含着各种各样的文艺作品，由纯粹社会主义的以至于狭义的爱国主义的，但只要不是卖国的,不是为帝国主义作伥的东西,因而,'国防文艺'最好定义为非卖国的文艺,或反帝的文艺。""第三层,我觉得'国防文艺'应该是作家关系间的标帜,而不是作品原则上的标帜。……我们站在社会主义立场的人每每有极端的洁癖,凡是非同一立场的人爱施以毫不容情的打,在目前我们确应该改换这种态度了。要认定凡是非卖国的,非为帝国主义作伥的人或作品,都和我们的目标相近,我们都可以和他们携手。为扩大反帝战线的必要起见,我们尽可以做些通权达变的工作。"

"我听说有好些朋友,担心着'国防文艺'的提倡会堕入'爱国主义的污池',因而在怀疑,反对,对于统一战线不肯积极地参加。我看这也正是洁癖的一种表现。——'带着白色的手套是不能革命的'。""其实一切的事物随着时代的变化与环境形势的不同都有相反的不同的意义。"对"事物应该从其关系上去求辨证的了解,不好守着一个定规去死看。""大家觉醒了起来要认真地爱国,要来积极地作反帝的斗争。这样的爱国主义或者可以目为'炼狱',然而怎好视之为'污池'?""要拥护着——我特意用着'拥护'这个字——一切爱国的人和我们同路到底。""'国防文艺'可以称为广义的爱国文艺。"

"前进的主义不是跨在云端里唱出的高调,不是叫人洁身自好地在亭子间里做左派的神仙。

请大家把'白色的手套'脱下吧。

这儿是一座炼狱。

要想游乐园的人非经过此间锻炼不可。"

初收上海新潮出版社10月初版《国防文学论战》,后收《沫若文集》第11卷,现收《郭沫若全集·文学编》第16卷。

这是郭沫若关于国防文学问题撰写发表的第一篇文章。在关于"国防文学"的论争中,任白戈等人商议,要林林去请郭沫若撰写关于"国防文学"的文章。"开始他对'国'字有所犹豫,国是蒋介石在统治着的,他曾发表过揭露蒋介石反革命的面目的文章《请看今日之蒋介石》,在国内外有很大的影响。他对蒋介石是够憎恶的了。但经过几天的思考,体会到宣言(指《八一宣言》——编者注)的中心思想,民族矛盾超过了阶级矛盾,'国'是被帝国主义欺侮、侵略的'国'。我再去看他,他对我表示愿意来做党的喇叭。"于是,首先写出了《国防·污池·炼狱》

一文。(林林《这是党喇叭的精神》,《悼念郭老》,生活·读书·新知三联书店 1979 年 5 月版)

在"国防文学"与"民族革命战争的大众文学"两个口号的论争中,郭沫若是赞成"国防文学"这一口号的,但他关于"国防文学"基本含义的阐释得到鲁迅的赞同。鲁迅在发表于《作家》8 月 15 日第 1 卷第 5 期的《答徐懋庸并关于抗日统一战线的问题》一文中说:"我很同意郭沫若先生的'国防文艺是广义的爱国主义的文学'和'国防文艺是作家关系间的标帜,不是作品原则上的标帜'的意见。"

15 日 发表译文《黑格尔式的思辨之秘密》(K. Marx 原作)。载东京《质文》月刊第 5—6 号合刊。

16 日 作《在国防的旗帜下·追记》。刊载于上海《文学丛报》月刊 7 月第 4 期。说明:"这篇未完成的文字,本是《国防、污地、炼狱》的初稿,是在一个星期前写的。因我中途改变了笔调故尔没有完成。现在《文学丛报》向我征稿,朋友们劝我不妨就把这篇寄去。我说怕重复,他们说这样的意见就是重复上千万遍都是可以的。好,我便把这个流产了的东西仍然送出去盛在酒精瓶子里。"

◎《在国防的旗帜下》发表于上海《文学丛报》月刊 7 月第 4 期。写道:在真正爱国这样的"认识之下,目前的文艺界树起了'国防文学'这个旗帜,得到了多数派的赞成,而结成了广大的统一战线,我认为是时代的要求之一表现。'问题,只是解决它的物质条件已经具备或至少在其生成过程中已可了解,然后才发生出来的'。这个运动不是某一派或某一个人的主张或发明,而是客体上已经具备了那样的要求。大众都已经陆续在动员了,你自认为大众喉舌的文学家怎能例外?""目前我们的'国防'是由救亡运动,即积极的反帝运动之大联合以期获得明日的社会之保障。向着这个积极的反帝运动动员了大家才是我们的'主体',值得我们拥护到底的主体。'国防文学'便是这种意识的军号。"

17 日 作诗《为亚比西利亚》《为一个讲礼义廉耻的国家》。以《细沙一粒》为题,发表于东京《留东新闻》周刊 6 月 19 日第 38 期。

19 日 晨,得知高尔基逝世的消息,作诗《为高尔基逝世》。以《细沙一粒》为题,发表于东京《留东新闻》周刊 6 月 26 日第 39 期。称高尔基为"我们的革命文学之父",说:"太阳之所以罩上黑纱","是要代表着全宇宙为我们的巨人吊孝"。

初收广州战时出版社 1938 年 1 月初版《战声》，删去题目，作为《纪念高尔基》之一；后收《沫若文集》第 2 卷；现收《郭沫若全集·文学编》第 2 卷。

18 日，苏联著名文学家高尔基病逝于莫斯科。高尔基的作品在 20 世纪最初的十年间，就翻译介绍到中国。五四运动后，他的作品和文学理论著作被大量翻译过来，对中国新文学，特别是左翼文学产生了很大影响。

22 日 夜，作诗《纪念高尔基》。写道："我们是以文字为铁槌，以言语为镰刀，／我们应该学习着高尔基，继承着高尔基，／用我们的血、力、生命，来继续铸造。／'把你所做就的靴子、椅子、书本子，／不要造成偶像——这是很好的教条——'／朋友，我们要遵守着这个教条，／把高尔基六十八年的工程承继起来，／这才是纪念我们巨人的唯一的正道。"

初收广州战时出版社 1938 年 1 月初版《战声》，作为《纪念高尔基》之二；后收《沫若文集》第 2 卷；现收《郭沫若全集·文学编》第 2 卷。

25 日 长兄郭开文（橙坞）在四川乐山的家乡病逝。（《豕蹄·后记》，上海不二书店 10 月初版《豕蹄》；《五十年简谱》在"民国二十五年"项下记"五月七日"，以夏历纪年算亦为公历 6 月 25 日）

郭沫若在自传中曾写道："除父母和沈先生外，大哥是影响我最深的一个人。""我到后来多少有点成就，完全是我长兄赐予我的。"9 月初编就《豕蹄》后，又特别追记说："自北京一别后转瞬二十余年，未能再见一面便从此永别了。我之有今日全是出于我的长兄的栽培，不意毫未报答便从此未能再见了。含着眼泪补写这几行，聊把这后半部的《自叙传》作为纪念亡兄的花果。"

7 月 9 日《成都快报》以《郭沫若兄郭橙坞逝世》为题报道，则称郭橙坞于"昨日"（8 日）去世。

本月 下旬，参加东京留日学生各左翼文化团体共同举行的高尔基追悼会。（《中国留日左翼学生文化运动纪要》，《文史资料选辑》第 109 辑；任白戈《深切地怀念郭沫若同志》，《四川文艺》1978 年第 9 期）

夏

◎ 接待刚到日本求学，第一次来寓所拜访的金祖同，请他在大街上的料理店吃了鳗鱼饭。金祖同返回东京时，恐其尚不熟悉东京的交通地理，特买了一张"月台票"，送他到市内"御茶水"站。（殷尘《郭沫若归国秘记》，言行社1945年9月版）

郭沫若与金祖同自1934年以来即有书信往还，相互交流金文甲骨的拓片、照片等资料，讨论学术问题。金祖同这次赴日本求学，是两人初次见面。此后一段时间，金祖同经常到市川随郭沫若学习考古学。

◎ 接到刘体智托人送来东京的他所藏甲骨文拓片20册。（《石鼓文研究·重印弁言》）

收藏家刘体智是清末四川总督刘秉璋第四子，曾在清廷户部银行任职，民国后出任中国实业银行总经理。刘体智一生嗜古，搜求古物，收藏有甲骨28000余片，青铜器400余件。曾将其藏品印行10种目录，其中《善斋吉金录》28册、《小校经阁金石文字》18册最为著名。郭沫若此前曾在致金祖同的信中表示："刘氏所藏甲骨，如能全份拓墨见示，期必有以助。"金祖同当时正在刘体智处担当整理其收藏的释述工作。刘体智此次托人（应就是金祖同）将这20册拓片带往日本，交与郭沫若，希望能加以利用，进行研究。

◎ 偕金祖同同往东京拜访收藏家河井荃庐，观看了他的甲骨藏品，并得以借阅明代锡山安国十鼓斋《先锋本》《中权本》《后劲本》三种石鼓文拓本的照片。（《石鼓文研究·重印弁言》；殷尘《郭沫若归国秘记》，言行社1945年9月版）

1932年至1933年初，郭沫若曾根据他在文求堂所见《石鼓文》拓本（《后劲本》，无题跋），撰写了《石鼓文研究》，当时意欲出版。因文求堂无意出版，郭沫若也觉得《先锋本》《中权本》拓本尚未全见，"研究亦不能说完成"，便搁置下来。后将《石鼓文研究》一文收入1933年12月出版的《古代铭刻汇考》中。在得到三种安氏拓本照片后，郭沫若充实了《石鼓文研究》，后交由沈尹默在上海主持的孔德研究所出版。

河井荃庐是日本三井财团的顾问，专为三井财团搜求文物、善本书、古董藏品。明安国十鼓斋三种石鼓文拓本，即是经由他从中国一收藏家手中收购。他自己藏有三种拓本的照片，但从不示人。郭沫若曾在致沈尹默的信中说："此邦人士中得窥其全豹者仅一二人，在中国除旧藏者及弟而外，恐当以足下为第三人矣。"这次郭沫若登门造访，河井荃庐以其所藏甲骨出示并将三种安氏拓本照片出借，郭沫若说，是因为"河井仙郎听说我处有刘氏甲骨拓本，他便向我建议：愿意把他所珍藏的安国三种石鼓文的照片和我交换借阅"。

金祖同对于郭沫若此次登门拜访河井荃庐，并得以借阅三种石鼓文拓本有另外的说法。他说：在由他联系了与郭沫若同去拜访河井荃庐之前，"他在日本东京十余年，虽是站在同路人的地位，二人竟没有谋过一次面"。而原因在于，田中庆太郎与河井荃庐"是各有意见的"。田中庆太郎虽然于中国书画金石，特别是版本书的鉴别上非常内行，但在身份、地位上却难与河井荃庐相比，"便不免有了小小的间隔"。田中庆太郎关于河井荃庐的说辞，影响到郭沫若未曾与之交往。金祖同以其父与河井荃庐有私交之故，赴日后即与河井荃庐有来往。而河井荃庐在中国收购安氏三种石鼓文拓本又与金祖同之父有关。所以有了这次郭沫若对河井荃庐的造访并借得安氏三种石鼓文拓本。（然而，1932 年 8 月，郭沫若与田中庆太郎商议决定作《卜辞选释》——后改名为《卜辞通纂》——一书后，即请田中庆太郎与河井荃庐洽商录用了其藏品。次年，《卜辞通纂》出版后，郭沫若开列给文求堂欲赠书者的名单中，第一位即是河井荃庐。1935 年，傅抱石在东京办画展，郭沫若特托田中庆太郎转请河井荃庐为傅抱石的篆刻题写评语。5 月 10 日画展揭幕，郭沫若、河井荃庐都出席了开幕式。——编者注）（《石鼓文·重印弁言》；殷尘《郭沫若归国秘记》，言行社 1945 年 9 月版）

◎ 偕金祖同两次拜访日本朋友林谦三，托他将从河井荃庐处借阅的石鼓文拓本照片翻拍成胶片并放大印出。（殷尘《郭沫若归国秘记》，言行社 1945 年 9 月版；《石鼓文研究·重印弁言》）

夏秋之交

◎ 质文社几个朋友索看长篇小说《克拉凡左的骑士》文稿，后将该文稿加以整理。

郭沫若曾与质文社的魏猛克、臧云远等人谈起过这部小说。"朋友们传观了一下",劝他"拿来发表"。郭沫若同意了。(《克拉凡左的骑士·小引》;臧云远《东京初访郭老》,《悼念郭老》,生活·读书·新知三联书店1979年5月版)

7月

1日 与蔡元培、孙科、柳亚子、陶行知、李公朴、鲁迅等140人联名发表《我们对于推行新文字的意见》。刊载于上海《文学丛报》月刊7月1日第4期。

◎《北伐途次》在上海《宇宙风》半月刊7月1日第20期开始连载,封面刊有该文手迹。文章记述了北伐途中从1926年8月离开长沙,到1926年10月国民革命军攻克武昌,总政治部移驻武昌期间的经历。连载至1937年2月1日第34期。初收上海北雁出版社1937年6月初版《北伐》,后收《沫若文集》第8卷,现收《郭沫若全集·文学编》第13卷。

2日 夜,作《人文界的日蚀——纪念高尔基》。发表于东京《质文》月刊10月第2卷第1期。

作者得知高尔基逝世消息的那天,恰是自然界发生日全蚀的一天,故文章用了这样一个题目,取了这样的立意:"太阳之所以要罩上黑纱,是要代表着全宇宙,为我们的文化巨人吊唁。"

文章说:"高尔基于我,是太伟大了。""我所读过的高尔基的著作虽然那样少得可怜,但我所受的他的恩惠,却和所受的太阳的恩惠一样,大得无边。高尔基的一生,不就是一部崇高的伟大的富于悲壮美的、富于营养价值的杰作吗?是的,这样说,实在太辞费。高尔基的一生,对于我们,实在就是一个太阳。我们在他的光辉之下使自己于不识不知之间健全了起来;我们在他的光辉之下看明白了自己所应该走的路;我们在他的光辉之下不好明目张胆地去作坏事;我们在他的光辉之下自然而然地便会努力奋勉。"

文章指出,高尔基的伟大,特别在于他的谦虚。"世间上最伟大的存在似乎是最谦抑无私的存在。伟大的太阳吐着自己的光,发挥着自己的能

（energy），普及其恩惠于群生，然而他自己不曾吹着喇叭，说他伟大。伟大的高尔基，他于六十八年的困苦艰难的生活中，也不断地吐着自己的光，发挥着自己的能，使自己成为了太阳一样的伟大。"高尔基的谦抑，不是用来炫示自己的尊严。"他之所以谦抑，是因为他的经验太丰富，所悬的理想太高远，他不能够对于自己满足。""对于自己的不满，而要努力使自己完成"，是高尔基成其为伟大的原因。如同日全食一样，太阳虽然蚀了，太阳其实并未丝毫受损，"高尔基虽然死了，高尔基其实是常在我们的左右"。

收《沫若文集》第11卷，现收《郭沫若全集·文学编》第16卷。

6日 在须和田家中接受了上海《东方文艺》记者唐虞的采访。采访围绕"高尔基的逝世"和"国防文学"两个问题。

对于高尔基的逝世，说道："高尔基虽然死了，但高尔基时常都在我们左右。""因为这样的关系，我对于高尔基的死，没有感觉着深甚的悲哀。高尔基在他那千辛万苦的，而且有肺病的六十八年的生涯中，成就了很伟大的文学上的事业，把他自己，造成了像太阳那样的伟大，他是应该休息一下的了。他自己已经替我们提供出了一个模范，替我们指示出了很正确的道路我们现在来纪念他的意义，应该是学习他，承继他，把他所息下的担子，放在我们肩头上来。""高尔基应该学习的地方，当然很多，但在我看来，在我们是最难学，而且是最应该学的，是他的谦和。……像他这样的谦和，在向来的作家中，实在是罕见的。我很高兴他的一句话，他说：'一个人，对于自己的不满，与同更向前进的努力，这便是神圣。'像高尔基这样的人，简直可以说是一个圣人。""高尔基是很称赞歌德的。他说，歌德的《浮士德》，是最优秀的艺术创作。《浮士德》的主题，我们知道，就是要表示一个人对自己的不满，更求前进的努力。高尔基之所以称赞歌德，高尔基之所以称赞《浮士德》，除了他的艺术的价值之外，恐怕是注重在这种伦理的价值上边的。""一个人，知道对于自己不满足，才能够谦和，才能够努力，才能够接受批评。在这些地方，是高尔基之所以成其为高尔基的契机。在这些地方，也正是我们瞻仰高尔基的人所应该努力学习的。"

关于"国防文学"的问题，表示："我是站在国防文学旗帜下边的。近年来，中国受着××（原文如此——编者注）帝国主义的侵略，弄到了岌岌不可终日的形势。一般的国民,都觉醒了起来,知道非一致联合起来努力做反帝的工作,是会要遭到灭国灭种的危险的。因此,在政治方面,早就有国防政府的提倡。最近,文学界的人,又以国防为联合战线的标帜,得到了多数派的同意,这是当然的事体。""所谓国防文学,就是在目前的情势之下,强调着救亡反帝的文学。""假如是帝国主义国家的国民,或者他的顺民,他们要主张国防,要提倡爱国,那自然是我们应当反对的。但我们处在被帝国主义侵略下的国家,而且这国家又处在危急存亡的时候,我们要来提倡国防,提倡爱国,就是加紧我们的反帝工作。……像这样的爱国主义,同时就是国际主义,这是丝毫也没有忌避的必要的。""中国要救亡的路,只有一条,而这一条路,也就是得到全人类解放的路。目前的救亡运动,就是反帝运动。我们只有一致团结努力和帝国主义斗争,然后才能解救得自己的灭亡。这个斗争,是很长远的。中国人的得到解救,意思就是帝国主义的被打倒。历史是把我们中国人,放在了反帝战线的最前线。我们和帝国主义这条毒龙徒搏,我们把这条毒龙打倒的一天,便是我们得到解救的一天,也就是全人类得到了解救的一天。国防文学应该把这种意识强调起来。""目前,凡是正正真真的爱国者,他走的路就是这样。……在国防文学的旗帜之下,我们自然要保守住我们的救济中国并救济全人类的立场;而同时,也欢迎一切真正的爱国者。只要是真正爱国的人,他走的路,是和我们走的一样的路。但我们也要随时提醒他们的意识,放大他们的目标。"

唐虞将访谈内容记录整理成文,分别以《高尔基的死》《对于国防文学的意见》为题,署名郭沫若,发表于《东方文艺》7月25日第1卷第4期。并在"按语"中申明:因《东方文艺》急于付印,整理出来的文稿未及请郭沫若校正。

10日 与质文社陈北鸥、任白戈、林林等人到横滨送友人回国。之后,在餐馆就餐时,大家谈起了国内文坛的创作和国防文学等问题,"发挥了好些精粹的议论"。建议将各自所谈整理成文。

这个非正式的讨论会,谈到对于国防文学涵义的理解、对"民族革命战争的大众文学"这一口号的批评、"岳飞式的国防文学"与"非岳飞式的国防文学"(狭义的国家主义与爱国主义)、救亡与救穷的关系、采用拉丁化的新文字创作国防文学作品等问题。郭沫若认为,"口号如果是由高级提出而我们不满,那应做对内的斗争,对外却是要用各种方法去解释"。"民族革命战争的大众文学"这一口号"如果在国防文学问题的内部提出是对的。如果同国防问题对立起来自然是错的。爱国我看是应该提倡的。真正爱国者目前只能走真实进步的革命者的路,便是彻底的反帝。而真实进步的革命者也就是真正的爱国者。马克思说'工人无祖国',那是一句反语,是说布尔(即布尔乔亚,资产阶级一词的音译——编者注)的祖国没有把工人当人,其实最爱祖国的是工人,最卖祖国的是布尔,无数的事实是摆在那儿的"。他举出了《走私》(洪深创作)、《赛金花》(夏衍创作),分析国防文学作品在创作上的成功与不足。他还表示,自己最近要出版的作品集《豕蹄》将用"新(指拉丁化拼写的汉字——编者注)旧文字对照着出版"。最后郭沫若建议:将各人所谈的,回去后各自"记录出来","尽其直率,尽其快",在《质文》月刊上发表。(《国防文学集谈》)

6月1日,胡风的《人民大众向文学要求什么》发表于上海《文学丛报》月刊第3期,以个人名义提出并阐述了由鲁迅、冯雪峰等商定的"民族革命战争的大众文学"的口号,此后,两个口号的论争全面展开。本月10日出版的《文学界》月刊第1卷第2期同时刊载了鲁迅的《论现在我们的文学运动》、郭沫若的《国防·污池·炼狱》、茅盾的《关于论现在我们的文学运动》等文章,意在使文艺界就两个口号展开讨论。《文学界》编者(周扬——编者注)在茅盾的文章后"附记"说:"收到了茅盾先生寄来的鲁迅先生的两篇文章,和茅盾先生自己的一封信,我们觉得这几篇都是对于现在和将来的中国文学运动会有重大影响的文字,所以郑重地发表在这里。"最近,胡风先生他们"替现阶段的文学运动提出了另一口号,看他们的立场跟'国防文学'原没有什么不同。但是他们对于'国防文学'这口号,却取了无视的态度,且提出一个新口号,而给予这口号的理论基础又显然犯了错误,因此,在读者中间起了不良的影响,以为同一运动而竟有对立的两派,大背'统一战线'的原则。现在鲁迅先生的文章,方才首先从同一原则上,来解释'国防文学'和民族革命战争文学的关系,我们觉得这种态度,至少是能使问题明朗化的"。"我们希望,这个问题能在鲁迅先生和茅盾先生的提示之下,展开广大的讨论。"

13日 作《国防文学集谈·我的自述》。发表于东京《质文》月刊10月第2卷第1期。表示：对于"国防文学"的提出，"大体的意见是赞成'国防'这个用语，觉得字面既简单而包括又广大，最适宜于作为一个统一战线的共同目标"。认为，"目前国难紧迫的时候之所以强调'国防'，正是有意识要容纳那种真实的爱国者的。因为一个人如是真正的爱国，他必然要猛烈地反帝。只要能反帝的人在目前通是我们的朋友"。"自然我们也并没放弃我们更高级的意识和更远大的目标。我们在强调救亡，强调爱国的军号中，同时是要吹奏我们的意识和目标的。我们要使人知道：凡是在反帝的人才是真正爱国的人，凡是真正爱国的人只有走上反帝的道路。这反帝的路是救中国的路，而同时也就是救世界的路。中国的'国'如'防'好了，帝国主义只好崩溃。这是历史课与于我们中国民族的使命。"文章还对于文学创作中的一些问题，如创造典型的问题、历史题材的运用、现实主义的理解、关于汉奸的写法等，发表了看法。提倡在当前的时势下多运用报告文学这种形式，而且注重其为"报告"，无须责成其必为"文学"。文章特别强调："正确的历史观和世界观，在我们是有努力去把握而加以普及的必要"。"正确的世界观是唯一客观的真理，这是使我们认识客观世界的明灯，与其在暗中摩索偶然得之，何如大家都掌起这明灯来俯拾即是呢？"

初收文艺科学研究会1936年10月出版的《现阶段的文学论战》，题作《国防文学谈》；后收《沫若文集》第11卷，改题为《我对于国防文学的意见》；现收《郭沫若全集·文学编》第16卷。

◎ 编辑《国防文学集谈》，并作《小引》。发表于东京《质文》月刊10月第2卷第1期。《小引》中说明：这篇辑文即是10日那次质文社同人讨论国防文学所发表见解的辑录。当时，"大家的谈话，不期然地便集中到了'国防文学'上来。他们谈了相当的长，报告了好些新近的事实，发挥了好些精粹的议论。可惜没有记录，而我自己的耳朵又不大方便，对于他们的话不仅接搭不上来，连听也听不上三成。因此在大家行将分手的时候，我便对他们提出了一个意见，要他们回去之后把各自在今天所谈的关于'国防文学'的报告和意见，自行记录出来，提供给我。记录尽其直率，尽其快，不要苦心地去做文章，就是片语之辞也好，总要切实。他们都答应了我，而且又要求我也把自己的意见写出来，作为一个结束，这些文字汇集起来，就在《质文》上发表"。"国内已经有'集体创作'的尝试了，我们这篇文章，倒似乎是名实相符的'集体论文'。"

《国防文学集谈》汇辑了陈北鸥、任白戈、林林、邢桐华、代石、张香山、臧云远、非厂、孟克（魏猛克）、郭沫若等10人关于国防文学等问题的看法，以每个人"自述"的形式辑录而成。

19日 作《宾阳门外》之《小引》。发表于上海《光明》半月刊8月10日第1卷第5期。谓："这篇东西本来是《北伐途次》的缩写，在为日本《改造》杂志用日文缩写的《武昌城下》之前。原是应上海某杂志的征文写的。因该志停刊，原稿留在上海友人处已历年余。内容是怎样我自己已不大记忆，但那写法和《北伐途次》与日文的《武昌城下》都小有不同。这在自己的作品的制作过程上，是一项颇有趣的资料。读者或许会嫌与《北伐途次》重复，但内容虽是一事，而结构并不全同，我是认为有独立的性质的。"

初收上海北雁出版社1937年7月初版《北伐》。《宾阳门外》收入《沫若文集》第5卷时删去《小引》，现收《郭沫若全集·文学编》第10卷，作为《宾阳门外》的注文。

24日 作《消灭呀！口号战》。寄国内，后未刊发。

金祖同在9月2日写给《今代文艺》的"识"文中说："沫若先生的《消灭口号战争》和《蒐苗的检阅》两文，都已寄到国内，如无意外的阻碍，大家不久总可看到。"《消灭口号战争》即《消灭呀！口号战》。在国内文坛关于"两个口号"的论争中，郭沫若主张"国防文学"的口号，对"民族革命战争的大众文学"这一口号的提出，表示了批评意见。但是，他同时主张应该尽快消弭无谓的口号之争，尽快地把"爱国的情热""转化而为行动"，推动文艺界的"统一战线运动"。这篇文章便大声疾呼："请顾全大局，迅速地把口号战的对垒消灭了吧！"郭沫若在寄出此文时向刊物编者申明："此文请你们斟酌，如可发表，发表之，不可亦不勉强。"文章原稿已经编辑处理而终未刊发。（《今代文艺》1936年9月20日第3期；郭沫若纪念馆藏资料36—6）

25日 作《青年们，把文学领导起来！》。发表于上海《文学大众》9月第1卷第1期，收上海金城书局1937年2月版《名家近作集》。提出："文化，至少其以直觉、感性、审美等为基调的部门，是应该由人类的青年来领导。"因为无论科学、文学、历史,还是政治、军事领域的"杰出者",大都是"在三十以前",而少有"老头子"。文章认为,人的年龄有精神年和生理年之分,但只要精神还年轻,就还是青年。"大抵一个人的精神就像一张镜子,愈新便愈明澈,愈旧便愈模糊。""我们中国人的敬老尚齿的哲学太经久了,凡是古的东西便是好的东西,凡是老的人就是好的人。弄到一国上下都发生霉臭,'死的拖着活的走',快要把中国拉到巴比伦埃及印度去了。""这种私产制度下的遗毒,我们把它扬弃了吧!把青年人的公平,勇敢,犀利,敏捷,明朗,热诚,好群等种种积极的美德发挥出来领导着一切,至少来领导着我们目前的文艺,把一些老头子,半老头子,少老头子,一同拉着(但不是拒绝),让他们也'青年化'起来。"同时,也告诫说:"青年的使命,青年的责任是很重大的。青年人不要小视了自己,然而也不要因为使命之大而大视了自己,使命愈大,如所完成的愈小,则那种人是愈不足道。有着伟大的使命便应该用莫大的努力来完成这项使命。我们要有火车头那样的猛勇,飞机头那样的神速,不顾死活地、脚踏实地地,用尽全力作彻底的工作;我们的这一个全身,应该要造成为一个超级的战斗艇,我想由这样的青年所领导出来的文学才会是真正的人的文学。"

◎ 致田中庆太郎明信片。说:"蒙赠新刊一帙,共三册,谢甚谢甚。"(《郭沫若致文求堂书简》第204号,文物出版社1997年12月版)

本月 收到茅盾转寄来潘汉年的信。

信中说:"音讯阻隔好几个年头了!近日能在各种杂志上看到你的写作,比较释念。我曾在三年前转给你两封信,意思都是盼望你去西欧旅行兼修养,恐都未能到你手吧?此刻旧日朋辈依然对你作此希望,或者找另一个机会从长计议。"潘汉年的信主要是商告郭沫若,国内文化界"宗派与左稚倾向依然严重,我们有许多意见,要你、茅盾、鲁迅三人共同签名发表一个意见书公开于文化界——内容侧重文学运动,与你所写反对卖国文学的联合战线诸论点差不多,已由茅盾兄起草"。潘汉年说,恐来不及经郭沫若过目,所以"擅越",替他签了名,但相信发表后不会使他不满意,"或少有未尽善尽美之处",并请郭沫若"另文补充,发挥"。信中还建议:对于那些青年朋友"闹意气、包办、自负的纠纷,能够适当的给他们一个纠正",在目前很有意义。(蔡震《在"两个口号"论争中被茅盾遗忘

了的一些史事》,《新文学史料》2007年第2期)

◎ 收到茅盾写于20日来信。

茅盾在信中说:"公信(拟取公开信的形式)正属草中,待脱稿后再由此间各位朋友补充校正。"(蔡震《在"两个口号"论争中被茅盾遗忘了的一些史事》,《新文学史料》2007年第2期)

"公信"即潘汉年信中所云"意见书",也就是后来由鲁迅、郭沫若、茅盾等文艺界各方面代表人物联名发表的《文艺界同人为团结御侮与言论自由宣言》。

◎ 接待来访的李虹霓、李华飞,应允为李虹霓译肖洛霍夫长篇小说《被开垦的处女地》作序。

李虹霓是留日学生,译出《被开垦的处女地》后偕李华飞专程去市川拜访郭沫若,意欲请他为译稿作校订,并写序言。郭沫若表示:"虹霓君花了不少功夫把这部著作译给中国读者,当然应该支持。可是,我实在没有时间校阅。"遂应允撰写一篇序。(李华飞《请写〈序言〉前后》,《抗战文艺研究》1984年第2期)

◎ 收到陈乃昌从上海寄来的《文物》杂志第2期,并稿酬。复信陈乃昌,表示:论市价,稿酬过于优惠了。(《社会发展阶段的新认识——主于论究所谓"亚细亚的生产方式"》发表于该期——编者注)(陈乃昌《相见五十七年前》,《追随周恩来的岁月》,中共中央党校出版社1995年11月版)

8月

1日 作《克拉凡左的骑士·小引》。发表于东京《质文》月刊10月10日第2卷第1期。写道:

"这篇小说已经是六七年前写的了。初写出时很有发表的意思,但停顿既久觉得也就淡漠了。近经朋友传观了一下,劝我拿来发表,我便听从了朋友们的意思。作家写东西,不可兢兢于求发表,然而也不可久不发表。久不发表——自然这里是包含有客观情势的不许可和没有发表的地盘——是会使一个作家'石女化'的。国内有好些朋友见我近年来少发表关于文学方面的著作,以为我是成为了'隐者',这个揣测的产出大约是由于对于我的关心太深吧。我所以答应了朋友们发表这篇东西的微意,也就想藉此使朋友们安安心,以后只要情势许可并常有发表地盘,我敢说一时倒还'隐'不下去的。关于这篇东西发表上，在前曾遭过一番挫折，但在此尚不愿提及。"

收上海海燕书店1947年10月版《地下的笑声》。《克拉凡左骑士》收入《沫若文集》时删去此文。

《克拉凡左的骑士》连载于东京《质文》月刊10月10日第2卷第1期、11月10日第2卷第2期。因《质文》停办，连载中辍。所发表的部分初收上海海燕书店1947年10月版《地下的笑声》，改题为《骑士》；后收《沫若文集》第5卷；现收《郭沫若全集·文学编》第10卷。关于此篇的创作发表及未刊之余稿，郭沫若在1947年8月23日所写《后记》中说："这篇小说是1930年所写，全稿在十万字以上。1937年，曾加以整理，分期发表于《质文》杂志。（此处所记时间有误——编者注）……此处所收即《质文》所登载者。未几抗战发生，余由日本潜逃回国，余稿亦随身带回。上海成为孤岛后，余往大后方，稿托沪上友人某君保管。忽忽八年，去岁来沪时问及此稿，友人否认其事。大率年岁久远，已失记忆，而稿亦已丧失。我已无心补写，特记其颠末如此。"

◎ 作《〈开拓了的处女地〉序》。收上海目黑社版《开拓了的处女地》。写道：

"李虹霓君把梭罗霍夫（现通译肖洛霍夫——编者注）的《开拓了的处女地》（现通译《被开垦的处女地》——编者注）的前部翻译了。有一天他同李华飞君抱着一大包原稿来，要请我校阅，并求替他做一篇序。我看那原稿纸怕将近有五六百张之多，假使要通读一遍，至少要费我两三个礼拜。我委实是被他骇倒了。原稿是用蓝墨水写的，其上又用红水和墨笔来改正过，据说翻译费了一年多的工夫，改正是经过两三遍，这诚实，我们是不能不敬重的。"

"我自己很惭愧，直切地告白：我实在没有替这本译书写序的资格。梭罗霍夫的这部书的原文不用说，就是它的英文或日文的译本，我都还没有读过。他的其它的作品，就连那有名的《静静的顿河》也是一样。虹霓君的这部译书是从日译本重译出来的，论理我应该把他译稿细看一遍，然后来作介绍，但我在前面已经说过，要那样却要费我三个礼拜的工夫，我在目前实在忙不过来。好在作品是已有定评，译者我也相信得过，因此我便取了巧，叫虹霓君自己写了一篇《关于〈开拓了的处女地〉》来揭在卷首，以省我的介绍的笔墨，而我在这前面写出这几行来以作译者的人的介绍。我相信译者是诚实的人，而他的译品，虽是重译，也是诚实的努力；更兼是以小说家来译小说家的作品，其中的甘苦一定是深能表达的。

梭罗霍夫的作品，在国内久已被人渴待着。这部译书的出版，可以暂时疗慰着一般的渴望。将来即使有人更由原文译述出来，我相信虹霓君的诚实的努力的结晶，一定是已经有功于人间的了。

我自己也是急于想读梭罗霍夫的作品的一人，如果因为有得我这几行介绍而使得本译书及早出版，那我便敢于藉这几行的介绍来表示一个诚恳的期待：我将要得到于最短时期内于中文的姿态中，接读着伟大作品的快乐。"

该序文原无标题，因拟发表于《文海》杂志第2期（《文海》后停刊），由编辑《文海》的李华飞添加了此题目。（李华飞《请写〈序言〉前后》，《抗战文艺研究》1984年第2期）

9日 《武昌城下》由上海晓明书店出版。

13日 译席勒著诗剧《华伦斯太》讫。由上海生活书店9月初版发行，列入"世界文库"。1947年4月出版"胜利后第一版"。1955年4月，人民文学出版社版改译书名为《华伦斯坦》，译文亦作了修改。

15日 作《译完了华伦斯太之后》。收上海生活书店9月初版《华伦斯太》。写道：

"最初和席勒的华伦斯太接近，已经是二十年前的事了。那时候译者还是日本一处乡下的高等学校的学生。与译者同学的成仿吾，他是尤其喜欢席勒的人，每每拿着席勒的著作，和译者一同登高临水去吟咏，在译者心中是留下有隽永的记忆的。仿吾后来曾存心翻译这剧的第三部《华伦斯太之死》，在创造社的刊物上曾经登过预告，这也是十年前的事了。但仿吾不曾把这项工作做出，我相信他以后也怕没有兴趣来做；因此我便分了些时间来替他把他的旧愿实现了出来。

"本剧是以三十年战争为背境的历史剧，华伦斯太是实有其人。但作者对于史料的处理是很自由的，剧情的一半如麦克司·皮柯乐米尼与华伦斯太的女儿特克拉的恋爱插话，便完全是出于诗人的幻想。有些批评家以为这项插话是蛇足，不如直截地用粗线把华伦斯太描画出来还会更有效果。但在我看来，觉得这个意见有点碍难同意。我觉得这个插话的插入正是诗人的苦心之所在，诗人是想用烘托法，陪衬法，把主人公的性格更立体地渲染出来，而使剧情不至陷于单调，陷于枯索。诗人的这项用意和手法，实在是相当地收到了效果的。

"我对于诗人和本剧的不满意，或者可以说是求全的奢望，是在诗人的存心过于敦厚了一点。诗人对于艺术的主见，在本剧的《序曲》中是说的很明白的。他说：

……
艺术是裁成一切的，
任何绝端她都返之自然，
她是在世运之强迫中看人，
她把他的罪恶之一大半
归之于不幸的星躔。

"真真是'返之自然'那自然是艺术的真谛。但是，'任何绝端'也还是自然，要把'任何绝端'再'返之自然'，那要算是不自然了。诗人的这种中庸的伦理见解，似乎反成为了他的艺术之累。本剧中登场的人物，几乎个个都是善人，没有一个是彻底顽恶的，诗人对于自己的见解是忠实了的，然而对于自然却不见得是忠实。因为有这一个矛盾，诗人的见解与自然的现实之间的一个矛盾，对于本剧的构成和性格描写上便不免有点破绽。"

"本剧原是诗剧，但几乎全部都是无脚韵的'白行诗'，这种形式在中国是没有的。我的译文是全部把它译成了韵文，然而我除《序曲》及剧中少数歌辞之外，都没有分行写。这意思自然是想节省纸面，并免掉许多排字上的麻烦，然而我也想讽喻一下近代的一些叙事诗人，诗不必一定要分行，分行的不必一定是诗也。

"译完全剧费了将近两个月的工夫；译完后通读一遍，费了两天；今天费了半天工夫来写了这篇译后感。一九三六年的猛热的夏天，就在这译述中度过了。汗水虽然流了不少，但替我们中国文艺界介绍了一位西方式的'汉奸'，这是应该感谢我们的席勒先生的。"

◎《关于天赋》发表于东京《文海》杂志第 1 卷第 1 期。文章说：

"我使用'天赋'或'天分'这种字面时，是把定义同时写出了的，便是：'这是生理上的先天的赋性，是脑髓的某部分的组织特殊'。这纯是根据着科学的知识而诱导出的。譬如音乐家的大脑皮质中的'听域'总特别发达，尤其声乐家，他的声带发育总异乎寻常。这种生理的先天的基质，便是向来所说的'天赋'或'天分'。这是实际的自然现象，其所以然的原因大抵是根据于遗传因子的某种特殊的组合而生出的突变。这在目前是人力以外的。有了这种'天赋'，加以教养，努力，实践——即后天的发展，便能成全为一种异材。假如由于主观上的怠惰，客观上的限制，得不到充分的后天的发展，那不怕就有顶好的'天赋'也是枉然的。"

"我所使用的'天赋'那个字似乎被春潮误解了，同时还有好些朋友也抱着了同样的误解，故尔我来补充这几句。

"至于我自己呢？虽然有朋友在称我是'天才'，其实我是很惭愧的。

"让我自己很公平的估计一下吧——我自己用不着谦虚也用不着夸负。

"我自己的天赋怕只有六七十分的光景，而后天的发展呢，怕还不上四十分。我假使能够得到充分的教养，更加以主观上的充分的努力和实践，我的成就自己觉得还可以增加得几分。我自己深深地知道，我的教养、努力、实践都不够。这儿在客观和主观上都有种种的限制，而这限制有好些是在个人的力量以上的。

"不过我在自己的主观上，觉得还很够吃苦耐劳，还有是始终觉得自己的渺小而感觉着一些先进者的伟大。先进者们的言行，我瞻仰起来，时时惭愧得要流泪。因为先进者们言了，行了，我们要去了解，有时都感觉得十二分的吃力。这是往往使我焦燥，甚至落胆的事。

"和一些伟大的先进者比较起来，我自己只好像是一条爬虫。

"然而就以我这样的人，也受到好些年青朋友的爱戴，有些朋友竟过分地称我为'天才'，我相信这儿正是有一个教训的。

"教训是什么呢？

"那是说：睡觉的兔子太多，努力的田龟太少。

"真的，在某种场合之下，田龟的速度并不输于兔子，但我们是始终希望着：天下的兔子都要有田龟的精神。"

《质文》月刊1935年12月第4期发表了郭沫若的《七请》，李春潮读后著文《郭沫若先生"七请"理论再认识》，对于"七请"逐一进行理论阐述。文章对第"五请"中"关于天赋"一则，提出不同看法，主张实践是第一着的,而天赋是后一着的,并将郭沫若所列公式颠转过来为:实践＋努力＋天赋＝一个文人。文章写出后,李春潮请郭沫若阅看。郭沫若对该文阐述的六点均未提出意见,但对于"天赋问题",表示要"再补充几句",遂作《关于天赋》。《郭沫若先生"七请"理论再认识》一文,同时发表于《文海》第1卷第1期。(李华飞《关于郭老在东京的回忆》,《抗战文艺研究》1984年第1期)

◎《卓文君》收入《中国新文学大系·戏剧集》,由上海良友图书印刷公司初版发行。

22日 作诗《戏答陈子展》。发表于9月2日上海《立报·言林》。写道:"管彤彤管不相通,彤只取其颜色红;作诗何妨我作故,铜板之板本是铜。"

发表于上海《光明》半月刊8月10日第1卷第5期的《宾阳门外》中有郭沫若悼念纪德甫的几首诗,诗中有"身后萧条两板铜""留待千秋史管彤"句。作者为押韵,将"铜板"写为"板铜","彤管"写为"管彤"。陈子展读后,在《立报·言林》上作诗《戏问郭沫若》:"先生考古是专业,铜板何时号板铜?更有一言须问取:管彤彤管可相通?"郭沫若因以作此戏答。

26日 辑明锡山安氏十鼓斋《先锋本夺字补》,并制夺字所在石名及行位表。

◎ 补充后的《石鼓文研究》作讫,自署"石鼓文研究 坿明锡山安氏十鼓斋先锋本及中权后劲二本诸题跋"。

◎ 作《明锡山安氏十鼓斋〈先锋本〉〈石鼓文〉书后》。收入《石鼓文研究》。

《石鼓文研究》由长沙商务印书馆于1939年7月据手稿影印初版发行,列为"孔德研究所丛刊之一"。现收《郭沫若全集·考古编》第9卷。

该文是依据对于《后劲本》《中权本》《先锋本》三种石鼓文拓本的考察,对作于1933年8月的《石鼓文研究》的"修改和补充"。

30日 作《蒐苗的检阅》。发表于上海《文学界》月刊9月6日第1卷第4期。文章针对鲁迅发表《答徐懋庸并关于抗日统一战线问题》一文而作。写道:在这次两个口号的纷争中,情势愈见困难,"家丑外扬"

"使仇方称快"，"大家都觉得这一次的纷争是真正严烈的'内战'了"。待读了鲁迅先生的万言书之后，"才明白了先生实在是一位宽怀大量的人，是'决不日夜记着个人的恩怨'的。因此我便感觉着问题解决的曙光，我才觉悟到我们这次的争论不外是检阅军实的蒐苗式的模拟战。究竟文坛的'赫格摩尼'（英语'领导权'的音译——编者注）是在我们的手里，我们一作起理论斗争来，便集中了天下的视听，使'诸侯皆作壁上观'。我看'家丑外扬'、'仇方称快'的忧虑也是不必要的。如有可扬的'家丑'则当风扬之、吹涤净干，倒是快意的事。"文章不同意鲁迅、茅盾对于"民族革命战争的大众文学"这个口号的内涵以及对两个口号关系的解释，认为"创作自由"的口号"还是不提出的好"。但是，对于鲁迅提出的"不在争口号，而在实做"，"大战斗却都为着同一的目标，决不日夜记着个人的恩怨"，表示赞同。

初收上海新潮出版社10月初版《国防文学论战》，后收《沫若文集》第11卷，现收《郭沫若全集·文学编》第16卷。

本月　小说《十字架》收入埃德加·斯诺编译的英文版现代中国短篇小说选《Living China》（《活的中国》），由英国伦敦乔治·C. 哈拉普公司出版。

◎ 收到茅盾来信，谈关于两个口号论争的问题。

信中说："……有许多浮言，谓先生意见如何如何，颇有企图以先生为中心搅起新的纠纷之用心。我们是不信这些浮言的，但浮言流传，会在青年界发生疑惑，却是可能的。同时又能使仇者称快。""至纠正关门主义的倾向，我们甚盼先生亦竭力主持。我和鲁迅先生在此方面亦发表过一点……甚盼先生作文补充申引，俾使阵营一新。"（《漫话"明星"》，另境《秋窗集》，上海泰山出版社1937年6月版）

9 月

2 日　下午，往访金祖同，姚潜修亦来。谈起国内文坛关于"两个口号"的论争，提笔戏拟一联："鲁迅将徐懋庸格杀勿论，弄得怨声载道；茅盾向周起应请求自由，未免呼吁失门。"刊载于上海《今代文艺》20日第3期。

"一时兴发",戏题该联,"自然是没有发表的意思的"。但金祖同看了这副对联后,当天即修书给在上海的阿英说:郭沫若将《蒐苗的检阅》一文寄出后,来寓中戏拟对联,"现将原迹并弟说明寄来,请代送出发表。在印出之前勿给沫若知道。"阿英收到信后,恰有《今代文艺》索稿,便将此联加上《戏论鲁迅茅盾联》的标题,交《今代文艺》发表。并附有金祖同所写"识"文,解释说:"二日午后,沫若先生到我寓里来,天气很热,喝着冰,谈起最近国内文坛的纠纷,他说:'我虽身处海外,倒也看得清楚。'我问他:'清楚得如何?'他就提起笔来,戏拟了一联……写完了,就向我说道:'这就是我的观点。'等不及我再问,他就掷笔打着哈哈去了。我觉得这虽是沫若先生的戏作,倒也很有意思,所以赶紧偷偷的寄给今代文艺发表,因为我们在国外的人,也是常常惴惴的防有文坛的吴三桂出现呢?不知沫若先生见到,亦将恼我多事,发表他随便写的游戏之作否?好在沫若先生的《消灭口号战争》和《蒐苗的检阅两文》,都已寄到国内,如无意外的阻碍,大家不久总可以看到,就拿此联做个调剂严肃空气的插曲罢。又茅盾先生最近写了一封长信给沫若先生,我在他寓里看到,大致是劝他对于此番论争不要发表意见,以免为'仇者所快'似乎是动以大义。不知茅盾先生连续发表的反周起应先生的论著,就不是为'仇者所快'么?国亡无日,再没有比团结起来救国更重要的事,我看这些不必要的手段,还是赶快的停止了吧罢!"茅盾见此"识"文后,在致郭沫若的信中特别申明,对金祖同加他以"手段"的罪名,"不得不有声明"。后来,他在作于9月26日的《谈最近的文坛现象》(载10月10日《大公报》国庆特刊)一文中写道:"一个月前,我确有一信给郭沫若先生(今天有一位新从日本来的朋友说他也见过),但这封信,除谈及上海文坛之'纠纷'及离奇的'谣言'外,我是请沫若先生积极发表意见,引导青年们到更正确。金祖同说我劝沫若'不要发表意见',那不是活见鬼吗?我曾经写过一二篇文章,很不客气地批评了周扬(即周起应)的关门主义的错误,及其对于'创作自由'一问题的盲目的高调,然而这样的论著,恐怕只有金祖同先生之类才觉得会被'仇者所快'罢?""难道我倘若是请沫若先生发表文章痛骂鲁迅或胡风的,那才在金祖同先生看来是'必要的手段'么?"(《戏论鲁迅茅盾联》,《今代文艺》1936年9月第3期;《漫话"明星"》,另境《秋窗集》,上海泰山出版

社1937年6月版）

4日 作《我的作诗的经过》。发表于东京《质文》月刊11月第2卷第2期。自述了从"诗的觉醒期"，到从事新诗创作成为诗人的完整经历。文章写道：

"诗，假如要把旧诗都包含在里面，那我作诗的经过是相当长远的。"但是，"我的诗的觉醒期，我自己明确地记忆着，是在民国二年"。在成都高等学校的英文读本里，"发现了美国的朗费洛（Longfellow）的《箭与歌》（Arrow and Song）那两节的短诗，一个字也没有翻字典的必要便念懂了。那诗使我感觉着异常的清新，我就好象第一次才和'诗'见了面的一样"。"就这样一个简单的对仗的反复，使我悟到了诗歌的真实的精神。并使我在那读得烂熟、但丝毫也没感觉受着它的美感的一部《诗经》中尤其《国风》中，才感受着了同样的清新，同样的美妙。"然而，在崇尚实业救国、科学救国的那个时代，"虽然诗的真面目偶尔向自己的悟性把面罩揭开了来，但也拒绝了它，没有更进一步和它认识的意欲。"

在日本留学初期，"正是太戈尔热流行着的时候，因此我便和太戈尔的诗结了不解缘"。"既嗜好了太戈尔，便不免要受他们的影响。在那个时期我在思想上是倾向着泛神论（Pantheism）的，在少年时所爱读的《庄子》里面发现出了洞辟一切的光辉，更进而开始了对于王阳明的礼赞"。当"民国五年的夏秋之交"，有和安娜的恋爱发生，"我的作诗的欲望才认真地发生了出来。《女神》中所收的《新月与白云》、《死的诱惑》、《别离》、《维奴司》，都是先先后后为她而作的。"

"'五四'运动发生的一年"，第一次在《时事新报》的《学灯》栏看见白话诗，"唤起了我的胆量。我便把我的旧作抄了两首寄去"，"不久便发表了出来"。因为"对于泛神论的思想感受着莫大的牵引。因此我便和欧洲的大哲学家斯宾那沙（Spinnoza）的著作，德国大诗人歌德的诗，接近了"。"不知从几时起又和美国的惠特曼的《草叶集》，德国的华格讷（现通译瓦格纳——编者注）的歌剧接近内了，两人也都是有点泛神论的色彩的，而尤其是惠特曼的那种把一切的旧套摆脱干净了的诗风和五四时代的暴飙突进的精神十分合拍，我是彻底地为他那雄浑的豪放的宏朗的调子所动荡了。"在惠特曼影响下，作出了《凤凰涅槃》《天狗》等"那些男性的粗暴的诗来"。"我自己本来是喜欢冲淡的人，譬如陶诗颇合我的口味，而在唐诗中我喜欢王维的绝诗，这些都应该是属于冲淡的一类。然而在'五四'之后我却一时性地爆发了起来，真是像火山一样爆发了起来。这在别人看来虽嫌其暴，但在我是深有意义的，我在希望着那样的爆发再来"。

文章最后说："我对于诗仍然是没有断念的，但我并不像一般的诗人一样，一定要存心去'做'。有人说我不努力，有人说我向散文投降了，这些非难似乎都没有接触着我的本心。我自己的本心在期待着：总有一天诗的发作又会来袭击我，我又要如冷静了的火山从新爆发起来。在那时候我要以英雄的格调来写英雄的行为，我要充分地写出些为高雅文士所不喜欢的粗暴的口号和标语。我高兴做个'标语人'，'口号人'，而不必一定要做'诗人'。我尤其不相信，只有杨柳才是树子，而木棉却是动物。"

收《沫若文集》第 11 卷，现收《郭沫若全集·文学编》第 16 卷。

5 日 作《豕蹄·后记》，收上海不二书店 10 月初版《豕蹄》。写道："《豕蹄》，最初本是预定着用新旧文字对照着出版的。新文字已由李柯君苦心孤诣地翻译了出来。但据出版处的意见，说是新文字出版颇有困难，只得暂行抽了出来另印单行本，而把我去年下半年写的《自叙传》的一部分来补上。《自叙传》中所叙及的长兄橙坞，不幸在今年六月二十五日已经病故，自北京一别后转瞬二十余年，未能再见一面便从此永别了。我之有今日全是出于我的长兄的栽培，不意毫未报答便从此不能再见了。含着眼泪补写这几行，聊把这后半部的《自叙传》作为纪念亡兄的花果。"

◎ 作诗《们》。发表于上海《光明》半月刊 10 月 25 日第 1 卷第 10 期。借对"们"字在语源、语义上发生、流变的认识，表达了明确的集体主义信念和以民众为本位的意识。写道："们哟，我亲爱的们！/你是何等坚实的集体力量的象征，/你的宏朗的声音之收鼻而又闭唇。/你鼓荡着无限的潜沉的力量，/像灼热的熔岩在我的胸中将要爆喷。""当我感觉着孤独的时候，/我只要把你，和我或我的亲近者，结在一道，/在我的脑中回环着这样的几声：/我们，咱们弟兄们，同志们，年青的朋友们……/我便勇气百倍，笔阵可以横扫千人。""哦，们哟，我亲爱的们！/中国话中有着你的存在，/我真真是和瞥见了真理一样的高兴。/我要永远和你结合着，融化着，/不让我这个我可有单独的一天。我也希望着那些可憎恨的存在，/不久便要失掉那强迫你的机缘。"

初收广州战时出版社 1938 年 1 月初版《战声》，后收《沫若文集》第 2 卷，现收《郭沫若全集·文学编》第 2 卷。

写作时间在发表后改作 9 月 18 日。（郭沫若纪念馆馆藏资料 36—9）

7 日 作《西班牙的精神》。发表于上海《女子月刊》10 月第 4 卷第 10 期。赞扬西班牙义勇军——由民众组织起来的军队——保卫祖国的赤诚和英勇无畏的气概。写道："西班牙是有名的斗牛国，历年的斗牛的壮士骑在马上持着枪矛和狂于血的牯牛决斗。成功是把狂牛屠倒，失败是被牛角穿破心肝，然而屠牛的壮士仍屡年不绝。西班牙的人民大众目前正在大规模地斗牛。人民战线是决心地在和狂牛决斗，虽然像伊伦那样有时也肝脑涂地，被牛角穿死，然而狂牛终是要被屠杀的。""有抱炸弹、抱洋油桶与敌同归于尽的这种精神，我相信西班牙的人民终永远不会失败。"文章联系到华北事变吃紧时，国内"有一名大博士提出了把北平作为无军备的文化都城的建议"，抨击道："这建议的精神是早已采用了的，但那瓦全了的都城究竟是归入了什么人的文化？"

初收上海金城书局 1937 年 2 月版《名家近作集》；又收上海北新书局 1937 年 8 月初版《沫若近著》；后收《沫若文集》第 11 卷，改题作《斗牛国的牛》，文字略有删削；现收《郭沫若全集·文学编》第 18 卷。

1936 年 2 月，由西班牙共产党、社会党等组成的人民战线在西班牙大选中获胜，左翼政党掌握了国家政权。7 月，佛朗哥的长枪党在德、意法西斯支持下发动叛乱，西班牙由此陷入内战。这成为国际政治舞台上一个引人注目的事件。郭沫若从日本的报纸上看到西班牙内战的一则消息，遂写下这篇"自己的感触"。这则消息报道西班牙北部战线伊伦要塞陷落，披露了叛军残无人道的烧杀和人民大众顽强抵抗的壮烈情景。列宁曾经预言过西班牙革命，所以郭沫若在文章开始写道："伊理奇早就说过，在欧洲诸国中的无产革命，继苏俄而成功的当得是西班牙。"然而，1939 年 3 月，叛军攻陷马德里，西班牙落入佛朗哥法西斯独裁统治之下。故该文在收入《沫若文集》时删去这段文字。同时，将文末提及的那名"大博士"，以"沫若注"点明指胡适，并进一步抨击其"好象是在爱护文化、爱护北平，而其实是投降主义、秦桧主义"！

◎ 为杨凡译高尔基《文学论》作序。以《侠情与友谊的纪念——高尔基文学论序》为题,发表于上海《光明》半月刊第 1 卷第 9 期。写道:"这部《文学论》不仅是我们 20 世纪的做文学者的精神上的粮食,同时也是我们做人者的精神上的粮食。做文和做人并不是两件事,把人与文分开了的文学是邪道文学。高尔基把他六十八年间做文同时又是做人的经验活鲜鲜地纪录了出来,他的叙述的诚恳、切实、明白、公允,他的内容的宏博、渊深、透辟、精到,他的对于人类爱、正义爱的深厚、普遍、真挚、热烈,不仅为向来的文艺专家们所机械式地组织出的文学论美学论之类的著述所未具有,便是历代的圣者替我们人类所遗留下的指南在效力下能和他比肩的都是少见。他是以身作则,不折不扣地用血来写出了他的文章。用脑写出来的文章可以教训人,用血写出来的文章可以感化人,但是感化的力量是胜于教训的这部《文学论》之被人尊重,决不是偶然的事体。《文学论》在中国早就是有零碎的介绍的……整个的选译,或者怕要以杨凡君的这部为嚆矢吧。凡是有益的著作,关于他的介绍或翻译是不嫌其重复的,尤其像这本文学论,这是应该'传抄十本诵万遍,口角流沫右手胝'的宝典,不怕前乎杨凡君者已有人,即使后乎杨君者更有人,都是我们所应当极端欢迎的事体。"

收《沫若文集》第 11 卷,现收《郭沫若全集·文学编》第 16 卷。

12 日 致信茅盾。

茅盾收到信后于 23 日复信,说:"宣言已发,附奉一份。"又道:"'纠纷'已有清洁之势","在最近将来,弟拟写一文,表示'争端'了结。"信中向郭沫若说明了关于"创作自由"这个口号提出的缘由,因为郭沫若对于"创作自由"的提法表示批评意见。茅盾说,提出"创作自由",是他与冯雪峰等人从策略上的考虑,"意在引致现在颇有'自由'的多数作家为我们争求我们的'自由'之外围"。因系"策略的口号,是不便明说的","然而因为周扬之过左的高调",吕克玉在文章中不得不"拆穿了西洋镜"。虽然如此,这个口号"仍拟巧妙地运用起来。甚盼台端运巧妙的笔法,来做后援"。(蔡震《在"两个口号"论争中被茅盾遗忘了的一些史事》,《新文学史料》2007 年第 2 期)

吕克玉即冯雪峰,吕克玉的文章指刊载于《作家》1936 年 9 月 15 日第 1 卷第 6 期的《对于文学运动几个问题的意见》。

16 日 《关于日本人对中国人的态度》发表于上海《宇宙风》半月

刊第 25 期。收宇宙风社 12 月初版《日本管窥》。写道：

"日本人称中国为'支那'。本来支那并非恶意，有人说本是'秦'字的音变，但出自日本人口中则比欧洲人称犹太还要下作。这态度最显明地是表现在他们的表示国际关系的文字惯例上。譬如中国与日本并刊时，照例是称'日支'……'支那'和其它一个或一个以上的国家并列时便永远是在下位。……近年来同满洲并列称'满支'，加上日本称'日满支'，就和'春秋'列蛮夷于国际盟约最下位的一样，中国始终是处在最劣等的地位的。这些表现，稍稍留意看他们的新闻纸便可以明白。而且最可佩服的是他们的整齐画一。像这样的表现法本来并没有国法或文法上的规定，然而千家报上，万人笔下，都一致地取着这种表示，在这些地方可以看见他们的国是。

日本人爱说我们中国人侮日抗日，而这些'不逞'的举动大抵发祥于日本留学生，他们很以为不可解。他们时常惊异着，以为留欧美的学生都是亲欧美的，何以留日本的学生总是抗日？这样的质问我自己便接受过好些次，别人是怎样回答我不知道，我往常实在是苦于置答，但我最近却想到了一个极正确的答案，便是日本的教育收到了良好的结果。因为日本的国民教育的大本是忠君爱国，中国留学生在这种教育的熏陶之下，回到国去虽然无君可忠，然而还有国可爱。在这样的关系上中国留学生要'不逞'，日本的教育家，为政家乃至一般怀着惊异的人，都应该引以为庆事。日本人在这一点上觉得比欧美人要真切些，因为一方是刀里藏笑，一方是笑里藏刀。"

17 日　以日文致田中庆太郎明信片。说："如日前所奉闻，本星期日（廿日）震二君忌辰将趋谒叶山尊府。今朝接金祖同君函，谓二十日来市川。若于贵店得见金君，乞转告上情。可改为廿一日下午。"（《郭沫若致文求堂书简》第 205 号，文物出版社 1997 年 12 月版）

◎ 作《君子国》。发表于上海《希望》半月刊 1937 年 3 月 10 日第 1 卷第 1 期。讲述了传说中太平洋上曾有过一个君子国的故事。君子国里没有王侯官吏，没有刑罚武器，人人不分彼此，和睦相处。这个岛国的最大特征是"夜不闭户"，因为自从古代岛民们消灭了毒蛇猛兽以后，曾用以防备毒蛇猛兽的门便再也用不着关了。然而，一群新闯入岛民生活的毒蛇猛兽——海贼，改变了君子国的一切。他们带来了武器、抢掠、奸淫、杀戮。几年之后，岛上的男人被屠杀尽净，而女子所生育出的都是海贼的种子。家家户户又都把门关起来。"岛民在这儿起了一次新陈代谢，岛上的社会机构也就不得不跟着起了一次'奥伏赫变'了"。从此，太平洋里消失了这个君子国。作者以这个故事抨击日本侵略者在中国的残暴行径，隐喻中华民族面临着亡国灭种的危机。

收《沫若文集》第11卷，现收《郭沫若全集·文学编》第16卷。

19日 参加《文海》杂志社的座谈会，作题为《与大众握手——谈目前的文学论争》的发言。刊载于上海《思想月刊》1937年2月第1卷第1期。讲道：

"说到关于'国防文学'与'民族革命战争的大众文学'这两个口号的论争，在国内的刊物上，已经发表过不少的文章，现在像已经成了过去了。在我个人方面说起来，还是保持着在《文学界》（1卷3期）上面那篇文章的意见（指《国防·污池·炼狱》一文，发表于《文学界》第1卷第2期，此处所记有误——编者注），想来各位早已看过。'国防文学'这口号之提出，自然它有一定根据的。"

"其次说到'民族革命战争的大众文学'，单单我把它记得一字不差，又不颠倒，已经下了一番工夫来的了。我刚才听着诸君的谈话中，还有弄不清楚的。这口号单在字面上它已有好几项缺点：第一、文句酸溜溜的很拖沓。第二、意识模糊很不大众化，即是说，术语味太浓重，使一般读者很不易了解。第三、是太狭隘，把文学局限于'战争'文学去了，这比他们所反对的'国防'二字更是束缚人。日本有几位'左翼崩'（从左翼崩溃了下来的人）把它改译成为'民族解放运动的大众文学'，我看倒高明得一点。我是这样感觉，但在鲁迅先生与胡风他们，自然各有他们的道理，因为，一个口号之提出来，在他们也绝不会是偶然的。

关于这两个口号的论争，我觉得是很好的事。因为，由两面的参合，更阐明了理论上的中心要点，更决定了两者的孰优孰劣，论争有时对该问题发生推进上的阻碍，可是，在推进问题上却须得要有益的论争。

有些人很担心在论争中，常会给敌人乘机而进的机会，我认为这是错误的。因为，站于同一的线上所引起的论争的氛围里，敌人与汉奸绝不容易混入进来。敌人与汉奸的理论我们一眼就能看出。如争辩者的理论呈出了那种色彩，那是他自己退出了阵营，论争也算收到了一分肃清的效果。

所以，对论争抱悲观的人们，我觉得未免是'杞人忧天'。

最近，我认为带有不好倾向倒是茅盾先生又提出了'创作自由'这口号。所谓一波未平，一波又兴，这样弄得来一个问题失掉了中心，闹不出一个具体的结果又扯到别的事上去了。可以说，这才是对论争有害的。同时，茅盾先生提出这问题，我实在不敢赞同。因为在目前与要求创作积极性的命题颇相抵触。无论是'国防文学'也好，'民族革命战争的大众文学'也好，总是要以积极性为限制。不好高挂起急进的口号而畅谈自由。而且，在今日的中国社会当中，我们须要提出'创作自由'这口号的对象，是站在压迫阶级的××政府，而不是立于一条战线上的周扬，若向周扬要求一点创作上更多的自由，那岂不是笑话吗？我想，这定是茅盾先生一时的错误，不久就会改正过来的。

还有一点须得向大家讲的，刚才不是听着讲某些人要打倒某些人的话，真正说来，一个人除非自己要倒，并不是谁可以把他打倒的。我们中国人少受理论的训练，一作起理论斗争来，当事者每容易动感情，旁观者也惩羹吹齑；看见论争便以为在打架，不是说谁要打倒谁，便是说谁要同谁争领袖。其实事情倒没有那么朴素的。新时代的领袖是由群众中产生出来，不是像从前的封建时代那样，明杀或暗杀得一个领袖便可以篡夺的。中国是半封建的社会，用明争暗杀的手段去争领袖的，不能说是全无，但那样争夺的领袖地位，未见得能保持长久，现在，时代的推动者是群众，一个作家或领导者，得不到群众的信仰与爱戴，那他的威势等于风前的烛光。个人主义的气质，在集体的时代面前，是已经该进博物馆了。要作为一个时代尖端的作家，就须得时时与大众握手，养成集体的精神。"

此发言由李华飞记录下来，原准备发表在《文海》第1卷第2期，但因《文海》停办而搁置。时至1937年1月，李华飞认为，该文"当作文献来看待时，也是不失其价值的"，遂将其发表于《思想月刊》（见文末李华飞"附志"——编者注），后又以《文化与大众握手》为题，刊载于重庆《春云》月刊1937年5月第1卷第5期。

◎ 致信若英（张若英，即阿英——编者注）。以手迹发表于12月21日《大晚报》，署名"石沱"。写道："戏联不便发表，请遏止，免惹意外的纠纷。"

阿英在将金祖同寄来的郭沫若2日所拟戏联交《今代文艺》后，即将金祖同偷寄此联事信告郭沫若。郭沫若得知,"有些着急",即致此信加以劝阻,但戏联已在 20 日出版的《今代文艺》第 3 期发表。(阿英《关于沫若的戏联》,另境《秋窗集》,上海泰山出版社 1937 年 6 月版)

20 日　往叶山田中庆太郎府邸,祭奠田中震二的忌辰。(《郭沫若致文求堂书简》第 205 号)

田中震二是田中庆太郎的次子,一年前因病早逝。他曾定期到市川去随郭沫若学习卜辞,并协助郭沫若做查考金文甲骨方面的资料工作,曾翻译了郭沫若的《殷周青铜器铭文研究》,1935 年 4 月由文求堂出版。

24 日　《人类展望》译讫。全书共 9 节,分别以《人类的起源》《人类的传统》《人类的教养》为题,连载于上海开明书店《中学生》月刊 1937 年 1 月至 3 月第 71 期、第 72 期、第 73 期。由上海开明书店 1937 年 3 月初版发行,署名"(英)韦尔斯 Wells 原作"。

该书系译自《生命之科学》的第 9 编,原书该编的标题为《Biology of the human race》。

26 日　作《生命之科学·译后》。收上海商务印书馆 1949 年 11 月初版《生命之科学》第 3 册。回顾了翻译《生命之科学》曲折艰辛的过程,说明了此书的社会价值所在,阐释了翻译此书的现实意义。写道:

"译完全书之后,重把全书的有系统的智识来咀嚼一下,觉得这在外观上虽是一部通俗的科学介绍书,但其实是一部极有益于人生和社会的经典。著者的智识的渊博和笔力的雄厚,实在是足以惊人。新近的关于生命的科学智识,大抵是网罗尽致了,而浩瀚的零碎的智识,经著者的系统化与体制化,完全成了一座有生命的大众殿堂。而这殿堂中所奉仕的精神是生命之合理的解释,宇宙进化观之推阐,人类向大一统之综合。这些都是救济人类的福音,而在我们中国,大多数人的生命观是还没有脱掉巫觋式的迷信畛域的,关于这些福音的传播尤其是根本切要的事情。一切人的对于宇宙人生国家社会的根本观念,是当经受一番彻底的科学洗礼,而加以根本的改造的。这部书在说到人类社会的范围处时,为资料及现行的社会制度所限,著者似乎尚未能畅所欲言。但他的大体的针路是不错的。人类当废弃向来的狭隘的传统主义,废止国家本位的战争,改良教育,改良人种,集全人类的精神意志于同一集体之下而施以统制——这的的确确是人类社会之发展史所昭示于我们的使命,也是宇宙生命之发展史所昭示于我们的使命。我们人类是应该及早完成这项使命,而这项使命在世界上的一局部,由实践的先觉者们,已经在以最合理的方法而被完成着了。我们中国人也应该赶快觉醒起来,急起直追地成为完成这项使命的选士。"

该书第9编日前译竣后,历时五年半的《生命之科学》翻译工作至此全部完成。该书第1册(第1编至第3编)、第2册(第4编至第6编)已分别于1934年10月、1935年11月由上海商务印书馆出版,但第3册(第7编至第9编)则至1949年11月才得以出版发行。

科学精神是"五四"现代思想启蒙的一个重要方面。郭沫若从他五四时期的文学创作开始,便呼唤科学的精神。他在20年代末开始进行的关于中国古代社会的研究,是在历史学领域所进行的科学的探索,而这部《生命之科学》的翻译,则是他力图通过自然科学、人文科学知识的普及,来向全社会贯注科学精神的一种努力。

本月 《历史小品》由创造书社初版发行。集内收有《老聃入关》《庄周去宋》《孔夫子吃饭》《孟夫子出妻》《秦始皇将死》《楚霸王自杀》《司马迁发愤》《贾长沙痛哭》等8篇历史小说。

据郭沫若1940年自书其所著编译书目,这一作品集并非他自己编辑而成。但这个辑录了其主要历史题材作品的小品集,早于《豕蹄》的出版,所收历史小说篇目多于《豕蹄》,而且为单一的历史小说集(《豕蹄》收入历史小说6篇,另收自传散文5篇)。由日本岩波书店1950年出版,平冈武夫翻译的日文本《历史小品》,即是据这一版本翻译的。

◎ 译作《华伦斯太》([德]席勒原作),由上海生活书店初版发行。1955年4月人民文学出版社版改译书名为《华伦斯坦》。

◎ 历史小说《楚霸王自杀》(《项羽自杀》)译载于日本白扬社《历史科学》第5卷第9号。

秋

◎ 接待来访的邢桐华、臧云远,谈论高尔基和俄罗斯文学。

《质文》月刊准备为高尔基出版专号,臧云远写了一个诗剧,专程来请郭沫若"看看改改"。郭沫若看后指点了几处修改的地方,然后他们谈起了高尔基、俄罗斯文学和歌德。郭沫若认为,"高尔基继往开来,真是一代巨人"。他的文学论文,"多系他自己几十年创作经验的结晶,又站的高,看的远。不象我们的文艺理论家的文章,架势很大,连篇空话,同创作实践对不起号来"。关于俄罗斯文学,郭沫若称赞普希金的诗歌了不起,"普希金把俄语诗化了"。"但是就结构雄伟,思路博大,描绘精细来看还是托尔斯泰。他真是俄罗斯的一面镜子。""写小说是应该研究托尔斯泰和中国的《红楼梦》的。当然巴尔扎克也要研究。"郭沫若还谈到晚年的歌德,想把诗和音乐结合起来,但他没有看到这个愿望的实现。《浮士德》越写越抽象,没法上演,一般只能演上半部。在比较歌德与席勒时,郭沫若说他"喜欢歌德,不喜欢席勒。席勒也很有热情,有气魄,但是有点说教"。"歌德的诗是生活体验感受的结晶,而席勒却用诗来发议论,所以抵消了诗的味道。"郭沫若又谈及中国新诗歌的创作,认为,"写诗是要有独自的特色和风格的。不敢想敢闯,一代新诗风怎么形成呀!思前虑后,怕这怕那,是写不了好诗的"。(臧云远《东京初访郭老》,《悼念郭老》,生活·读书·新知三联书店1979年5月版)

◎ 接待来访的《文海》杂志社李华飞、魏晋、宋寒衣、覃子豪,并一起留影。

李华飞等人拜访郭沫若,欲请他校正9月19日在《文海》杂志社座谈会上的讲话记录稿《与大众握手》,并为《文海》第2期约稿。郭沫若应允在讲话稿《与大众握手》之外将小说《君子国》亦交《文海》发表。然而,《文海》终因故停办,其刊登于北平《诗歌杂志》的第2期要目上列有《君子国》《与大众握手》两篇。(李华飞《关于郭老在东京的回忆》,《抗战文艺研究》1984年第1期)

◎ 为林谦三所雕铜制胸像镌刻诗句:"巧薄天工,化我为铜。影未尝动,瞑绝时空。"

林谦三为感谢郭沫若翻译了他的学术"处女作"《隋唐燕乐调研究》,特为郭沫若雕刻了一尊铜制胸像。他"在创作过程中,曾多次请郭沫若先生到西原的雕刻工作室来作模特"。塑像完成后,由郭沫若亲手用竹压刀在雕像的背面镌刻下诗句。胸像现藏日本东京亚非图书馆"沫若文库"。(菊地三郎《万马齐喑的亚洲学——四十年亲历漫谈》,日本新人物往来社1981年11月版;日本沫若文库建设委员会编《沫若文库》,朝日新闻社1956年6月版)

10 月

1 日 与鲁迅、茅盾、巴金、包笑天、林语堂、周瘦鹃等文艺界各方面代表人士21人，联名签署发表《文艺界同人为团结御侮与言论自由宣言》，呼吁："全国文学界同人应不分新旧派别，为抗日救国而联合。"提出："在文学上，我们不强求其相同，但在抗日救国上，我们应团结一致以求行动之更有力。我们不必强求抗日立场之划一，但主张抗日的力量即刻统一起来。""我们主张言论的自由，应急争得。"《宣言》向政府当局强烈要求："即刻开放人民言论自由，凡足以阻碍人民言论自由之法规，如报纸检查刊物禁扣等，应立即概予废止。"（上海《文学》月刊1936年10月第7卷第4期）

在两个口号论争中，主张"国防文学"口号的作家，成立了中国文艺家协会，发表有《中国文艺家协会宣言》；赞成"民族革命战争的大众文学"口号的作家，发表了《中国文艺工作者宣言》。《文艺界同人为团结御侮与言论自由宣言》的发表，表明两个口号的论争基本结束，文艺界抗日统一战线初步形成。

5 日 以日文致信田中庆太郎。说："另纸奉上听冰阁所藏兽骨拓本一纸。金祖同君如需用，摄影后以照片与之为宜。今稍得闲，拟自刘氏拓本中遴选二千片左右，按照尊意编成四百页上下一书，未知其后有何考虑？盼示。前回稿纸过厚，适作剪贴拓本之衬纸，用于摹写考释文字则过吃力。请印若干薄纸为祷。"信后另附言："涂鸦一纸，乞笑纳。"（《郭沫若致文求堂书简》第206号，文物出版社1997年12月版）

信中所说"刘氏拓本"，即收藏家刘体智所藏甲骨文拓本。刘体智在本年夏，托人将二十册拓本带往东京，希望加以利用，进行研究。郭沫若"遴选二千片左右"所拟成之书，即指《殷契粹编》。（《石鼓文研究·重印弁言》）

8 日 作《人类展望·书后》。收上海开明书店1937年3月初版《人类展望》。说明了单独"抄译"该书的原由，写道：

"本书乃由韦尔斯父子（H. G. Wells 与 G. P. Wells）及鸠良·赫胥黎（Julian Huxley）三氏所合著的《生命之科学》（The Science of Life）的第

九编之抄译，原题为《Biology of the Human Race》（人种之生物学），因题目过硬及其行文笔调不甚相符，故改为今名。

《生命之科学》共分九编，前八编均专门学识之汇集，虽经大众化，但读之亦颇不易。且全书乃一百五十万言之巨制，其在普通读者，连于购买与阅读的时间上均感觉着相当的困难。故余将这第九编抄译了出来让它独立，以图读者的方便。这编可以说是'生命之科学'的结穴，同时也可以说是韦尔斯的另一巨制《世界文化史大系》（Outline of History）的绪论。韦尔斯的人生观世界观是由他自己撮要地提示了在这儿的。

韦尔斯的学殖的渊博，行文的规模之宏大，实在是足以惊人。他对于人类社会的展望，主张传统主义的废止，全人类向整一的集体而综合，人类要统制自己的运命并统制一切生命之运命——这见解也是很正确的。他对于我国儒家的理论，尤其像'赞天地之化育'的一类观念，似乎别有会心；书中也提到了'东方的圣贤'，大约把孔门中人是包含着的吧。

然而一个人的思想和行为，似乎每每有不能一致的地方。韦尔斯尽管有那么开明的见解，而对于实际在废止着传统主义，促进人类向整一的集体之综合的那样的国家却没有什么深厚的同情。他在英国文艺界和萧伯讷（Bernard Shaw）处在对立的地位，两人都曾访问过苏俄，而访问过后的感应则相悬异。萧伯讷说，'斯大林之劝说韦尔斯，好像在鸭子身上淋了一瓢水'（大意）。识水性的鸭子而不能与水和亲，是使我们出乎意外的。本年六月，'国际文化保卫作家协会'在伦敦开第二次大会，主要的议题是'新的科学文艺百科全书'之编制，听说韦尔斯的态度也是很冷淡。这些地方，或者也怕就是韦尔斯所屡次道及的'克己'（selfsuppression）之困难吧？

再，本编中所论古代社会，据亚特金孙的见解，于母系社会说，系采取着否认的态度。其主要根据乃在类人猿社会之实况。然而古代人类之遗迹有多数母系社会制之痕蒂，本书中多置之不论。所言'它怖'禁制，于母系社会亦无抵触。故译者于此说期期未能同意，唯于此处如欲论驳则牵涉过远，只得暂时保留。"

10 日 以日文致信田中庆太郎。谓：

"前后二函均拜领。听冰阁拓本妥收。刻正撰集刘氏所藏甲骨。《甲骨文字研究》增订版，由贵堂再版，亦可。俟晤面时详谈。

《殷契佚存》58（十页）及414（四六页）二片，当插入此次书中，请摄影为祷。

孙海波《殷契文编》（？）如有存书，请寄下一部。"（《郭沫若致文求堂书简》第207号，文物出版社1997年12月版）

《殷契文编》当系《甲骨文编》之误。

◎《豕蹄》由上海不二书店初版发行，列为"不二文学丛书"之一种。集中收"献诗"一首，历史小说六篇：《孔夫子吃饭》《孟夫子出妻》《秦始皇将死》《楚霸王自杀》《司马迁发愤》《贾长沙痛哭》，"自叙传"五篇：《初出夔门》《幻灭的北征》《北京城头的月》《世间最难得者》《乐园外的苹果》，另有"序""后记"。"序"即《从典型说起》一文。之所以取名"豕蹄"，是因为"本书所收的东西都是取材于史事而形式有点像法国的'空托'（Conte），我起初便想命名之为'史题空托'。但觉得四字题太累赘，便想缩短为'史题'，又想音变为'史蒂'。最后因为想到要把这个集子献给我的一位朋友，一匹可尊敬的蚂蚁，于是由这蚂蚁的联想，便决心采用了目前的这个名目——'豕蹄'。这个名目我觉得再合口胃也没有，而且是象征着这样作品的性质的，这些只是皮包骨头的东西们，只要火候十足，倒也不失为很平民的家常菜。"

"我的一位朋友"指成仿吾，即"献诗"所与的"C. F."。

13 日 为与林谦三合影的照片题字并致上海《宇宙风》编辑。云："照片手中无单身者，此张乃日友林谦三兄（Hayasi Kengo）为余制胸像时在其制作室中所摄。右侧即林君，余则'对影成三人'已了。林君于雕刻外复擅场音乐，有《隋唐燕乐调研究》之作，已由余从原稿中迻译为中文，不日将出版之。"

这张照片是郭沫若应《宇宙风》编者索要而寄送的。照片及手迹刊载于《宇宙风》1937年4月第3集合订本，题为《郭沫若同志近影》，系编者所加。

14 日 作《水与结晶的溶洽》的小引。与该文同载于东京《质文》月刊11月第2卷第2期。说明："这本是二月四日写给孙席珍的一封信，写到中途不记得是为什么事情打断了，没有写完。后来把席珍的地址也丢掉了，便连消息也没有通。朋友们见了我这封残信，说可以拿来公开出来，我顺从了大家的意思，特补写出这几行以明原委。"

16日 以日文致田中庆太郎明信片。告以："孙海波《甲骨文编》一部妥实拜领。"(《郭沫若致文求堂书简》第208号，文物出版社1997年12月版)

18日 致信田中庆太郎。说：

"原稿纸一包今朝奉到。

日前黑田君来访，讫无恙。小山君所言，当是另一人也。

《甲骨文字研究》初印本，手中无之，请将尊藏寄下，加以改削。"
(《郭沫若致文求堂书简》第209号，文物出版社1997年12月版)

该信落款日期为19日，邮戳日期为18日，此处据邮寄时间。

19日 作《资本论中的王茂荫》。发表于上海《光明》半月刊12月25日第2卷第2期。考订了马克思《资本论》中、日译本中对于"王茂荫"姓名的误译，纠正了陈启修中文译本对于"官票宝钞"的错译，并"想借此以刺激一下研究近世经济史的学者们，希望他们有资料之便的，多多做点整理工作"。

初收上海北新书局1937年8月初版《沫若近著》，后收《沫若文集》第11卷，现收《郭沫若全集·历史编》第3卷。

该文刊出后，张明仁著文《我所知道的〈资本论〉中的王茂荫》(载上海《光明》半月刊1937年1月25日第2卷第4期)，肯定"这篇文章，不但解决了许多经济学家所不能解决的事项，而且对研究近代经济史的，指出了一条新的整理的途径"。同时，从《清史稿》查找到王茂荫生平事略。王璜著文《王茂荫的生平及其官票宝钞章程四条》(载上海《光明》半月刊1937年4月10日第2卷第9期)，继续查考了王茂荫的生平和他所拟奏官票宝钞章程的内容。此文(节录)一并收入《沫若近著》。两文后作为《资本论中的王茂荫》"附录"(后者系节录)，收入《沫若文集》第11卷、《郭沫若全集·历史编》第3卷。

◎ 晚，从晚报上闻知"鲁迅先生于今晨五时二十五分在上海长逝"的消息。连夜，作《民族的杰作——纪念鲁迅先生》。发表于东京《质文》月刊11月第2卷第2期。写道："中国文学由先生而开辟出了一个新纪元，中国的近代文艺是以先生为真实意义的开山。这应该是亿万人的共同认识。……而先生的健斗精神与年俱进，且至死不衰，这尤其是留给我们的一个很好的榜样和教训。"称："鲁迅先生是我们中国民族近代的一个杰作。"

初收上海北新书局1937年8月初版《沫若近著》；又收上海文化生活出版社1937年10月初版《鲁迅先生纪念集》（鲁迅先生纪念委员会编）；后收《沫若文集》第11卷，副题改作"悼唁鲁迅先生"；现收《郭沫若全集·文学编》第16卷。

鲁迅于当日5时25分病逝在上海的寓所，享年56岁。当天，上海的几家晚报刊发了这一消息。次日，上海、北平各日报发表鲁迅逝世的消息、报道。

20日 凌晨，接待来访的魏惕生。

魏惕生闻知鲁迅逝世的噩耗，原拟来郭沫若寓所就鲁郭之间的矛盾与郭沫若"理论一番"，及至他读罢郭沫若刚刚在灯下写完的《民族的杰作》一文，即为文字中诚挚的感情大受感动，"哽咽的读完，已泣不成声了"。（李华飞《在东京亲聆郭老三次讲话》，《郭沫若学刊》1993年第1期）

◎ 晨，非厂来访，报告鲁迅逝世的消息，将《民族的杰作》一文拿去，准备在《质文》发表。（《答田军先生》，1937年1月25日上海《大晚报》）

◎《我在日本生活》发表于汉口《西北风》半月刊第10期"日本特辑"。文末附言写道：

"本文是受日本文艺杂志编辑之托，我几乎已把留学十年间对于自然的感慕完全写出来了。不消说自然也是有阶级性和时代性的，而且不仅贵族的自然和平民的自然有所区别，就是封建时代的自然，和资本主义的自然乃至现在所谓非常期的自然，皆各具备有它的特征的。

人间是自然的一部分，所以把它看做人事的自然也不是无理的。同时人事以外的自然，在某一范围内，也要受到人事自然的影响。古代的占星家已经唱出人天交涉的学说了。这也不能把它一概都贬为迷信论。近代优秀的占星家也说：人类……这种爱好是和太阳的黑点有关系的。再之，人为的……也已把自然现象——丰年变为灾害了。如果把这些理由详论起来，不消说限定的纸幅是不够的，也恐不是编辑先生之所望吧！总之，一谈起自然，不觉就受了古风的影响，因此我也就写了这篇畸形的古风的文章了。但我是说追怀，切不要把它解释做追慕，希望读者诸君明白这一点。"

本文即为发表于日本改造社《文艺》1934年2月号的《自然への追

怀》一文的另一中文本。

22日 应东京帝国大学"帝国大学新闻社"之请，以日文作《鲁迅を吊ふ》（《吊鲁迅》），发表于10月26日《帝国大学新闻》第644期。写道：

"流星似的，忽然地，鲁迅逝去了。中国文艺惨然地像失了光的一样。

鲁迅病了的消息在六月中旬曾一度同高尔基病的消息同时传来。那时高尔基死了，可是鲁迅却征服了病魔痊愈了。从那以后，鲁迅在他羽翼下的两三个新出的杂志上，布起阵营，几乎是不断期的挥起他的健笔，使我们非常惊叹；然而仅仅隔四个月，文艺的巨星又坠落了一个，这真是难忍的痛惜。

在现在看来，鲁迅最近的文笔活动的泼辣精神，完全是像太阳要下山时满天的红霞。致命的疾患不断地内蚀着他的生命，而他对于病菌健斗着的情况是可以令人流泪地活跃着的。真有拿着剑倒在战场上的勇士的风貌。

但是，鲁迅是不灭的。他的声名在中国文艺史上无疑地是和施耐庵，罗贯中，吴敬梓，李卓吾等一样地，作为永远光辉的存在而存在。

中国的近代文艺，由鲁迅而喊出呱声，仅仅在半个世纪里，突破了欧美诸国和日本所经过的二个世代，而到达了世界文坛的最高水准。这完全是由于鲁迅一个人的力量。在现在——文化领域全世界的地被侵凌着的目前，由鲁迅的逝去所招至的损失怕不会是纯中国的。由这种损失的重大的对照，鲁迅的存在价值的重大性才开始明显地反映了出来。而他生前的坎坷，作为人生悲剧，更加使我们悲痛。中国社会对他的待遇，实在是过于残酷；譬如就像我这样的人吧，如果能够预知到他的死之将要那样很快的来临，我是应该更多多呈送些精神的安慰的。

想起鲁迅和我的关系，实在是不可思议的淡泊。尽管是生在同一国土，同一时代，并且长时间地从事于同性质，同倾向的工作，却一次也没有得到晤面的机会，甚至连一次通讯也没有。若是用旧式的话来形容，鲁迅和我始终是'天南地北'的分处着。

在一九二六年以前，我在上海做文艺活动的时候，鲁迅在北京。一九二六年他受段祺瑞的压迫，被逐出北京的时候，我在做着广东大学的文学院长，那时曾商同校长，聘请鲁迅做教授，然而待鲁迅下广东时我已经参加北伐军出发了。此后鲁迅又从广东回到上海，始终一直做着文笔活动，我以亡命者之身，寄居于日本。今年常常传出鲁迅要来日本的消息，心里正期待着这次总可以遇到了吧，然而也终竟成为了画饼了。

……

就这样，由于人事上的龃龉，和地域上的隔离，鲁迅和我虽然到底没能会面，然而我对鲁迅总是尊敬着的，是把他当成着精神上的长兄。作为年青的弟弟的我，对于长兄的叱斥，偶尔发过些孩子脾气，更曾辩过些嘴，倒也是事实。尤其是在一九二七年和二八年之间，同我关系很深的创造社同人们，在意识沃罗基上和鲁迅激烈地论争过来。然而那次的论争似乎是成为了鲁迅转换方向的契机，论理应该是可以纪念的吧。而一般的人往往以为我和创造社同人对鲁迅素有敌意，不仅在作这样的想，而且在作这样的宣传。事实却完全相反。"

"俗语说，无风不起浪。使得有这样的谣言飞腾的，怕也终归是由于我们的不德所致吧。我们对于鲁迅的礼让，怕一定还没有充分。尤其是像我这样的人，在创造社同人里是最年长的，我的偶尔的闹孩子脾气和辩嘴，大约也是稍微过度了一点吧。这种事，假如我早一些觉悟，或是鲁迅能再长生一些时间，我是会负荆请罪的，如今呢，只有深深地自责而已。

鲁迅的逝去，真真是像流星似的忽然而来。由他的这样迅速的逝去，感到残留着的寂寞，更深刻地感到给我们遗留下的责任的重大。关于鲁迅的生涯，性格，思想，艺术的全面检讨；和他的生前功绩的正确评价，不久一定有适当的人慎重地完成出来。但由于鲁迅的有光辉的业绩所带来的中国文艺的效果和品位，应该怎样去继续，保持，发展，这对于我们后死者实在是一项过重的负担。中国文艺，是不好让它和鲁迅一同逝去的。鲁迅已经给我们留下了一个榜样。拿着剑倒在战场上吧！以这样的态度努力工作下去，怕才是纪念鲁迅的最好的道路。"

文章还写到，1926年，由于创造社作家敬隐渔在法国翻译了鲁迅的《阿Q正传》，刊载在罗曼·罗兰主编的《欧罗巴》杂志上，使鲁迅开始"博得了世界的高名"。

文章后由陈北鸥译为中文，经作者修改，以《坠落了一个巨星》为题，刊载于《现世界》半月刊11月16日第1卷第7期，收上海全球书店

1936年11月初版《鲁迅的盖棺论定》。

24日 录《挽鲁迅先生》联,寄上海《立报》。发表于11月1日上海《立报·言林》。写道:"方悬四月,叠坠双星,东亚西欧同殒泪;钦诵二心,憾无一面,南天北地遍招魂。"

该挽联于闻知鲁迅逝世消息后所撰,并寄往上海鲁迅治丧委员会。收上海文化生活出版社1937年10月版《鲁迅先生纪念集》。

◎ 致信谢六逸,以"编者附志"发表于11月1日上海《立报·言林》。写道:"鲁迅先生逝世,闻耗不胜惊叹。曾撰一联哀挽,写寄上海,今录出之如次。如《言林》可发表亦请发表之。"

本月 往东京代代木上原町于立忱寓所,参加质文社同人聚餐。于立忱做东道主,且亲自烹饪。(郭沫若纪念馆馆藏资料36—15)

◎ 上海永生出版社出版《郭沫若杂文集》,收文26篇。

11月

1日 作《不灭的光辉》。发表于上海《光明》半月刊25日第1卷第12期。写道:

"鲁迅先生死了,他的死有重大的历史的意义。在我们虽然是损失,在死者却是光荣。这不灭的光辉将要永远的照耀而且领导着我们。"

"鲁迅是不朽的。……不朽的途径很多,然而精神总是一致,那定然是对于恶势力的不妥协。这种精神便是鲁迅的精神,而他自己是采取了小说家的路。

"只要精神一致,道路就歧出也不要紧。但这歧出总要是convergent而非divergent——总要是向着一个目标的集中,而不是无目标的或多目标的乱窜。只要是向着同一的目标——说远大些,就是人类解放吧——在路上的携手自然是必要,但也没有绝对的必要。"

"'鲁迅精神'是早在被人传宣着的,但这精神的真谛,不就是'不妥协'的三个字吗?对于一切的恶势力,鲁迅的笔不曾妥协过一次。乃至对于病菌,他的精神也不曾妥协过……他不曾示弱于谁,他不曾对谁吐出过弱音。这种精神,这秉着剑倒在战场上的精神,这死不妥协宁玉碎毋瓦全的精神,这是永远值得我们纪念,值得我们继承的。"

收上海文化生活出版社 1937 年 10 月初版《鲁迅先生纪念集》，后收《沫若文集》第 11 卷，现收《郭沫若全集·文学编》第 16 卷。

4 日 往东京日华学会，参加留日学生团体东流文艺社、质文社、文海社、中华留日戏剧协会、中华留日世界语者协会等联合举行的鲁迅逝世追悼大会。敬题挽联，并发表讲话，说："中国之伟大人物，过去人都说是孔子，但孔子不及鲁迅先生，因为鲁迅先生在国际间的功勋，是孔子没有的，鲁迅先生之死能得着国际间伟大的追悼，这在中国是空前的一个人。"认为："鲁迅的死是最伟大最光荣，三代以来，只此一人。而鲁迅的精神是永远不死。"鲁迅有一种一贯的精神，便是不屈不挠地与旧社会势力奋斗到底，这种精神是大家要学习的，尤其是中国人。（11 月 12 日《新民报》，11 月 18 日上海《文化报》，"东京鲁迅先生追悼会纪念页"）

7 日 应邀在东京明治大学，以《青年与文化》为题向学生发表演讲。发表于上海《光明》半月刊 1937 年 2 月第 2 卷第 5 期。内容包括三个问题，即，青年是什么？文化是什么？文化与青年的关系和青年对于文化的使命。说道：所谓青年，有年龄上的区分，也有精神上的判定，它应该是指人的一生中精神向上发展的阶段，是"在波状进展中向顶点发展的那一个阶段"。文化则是"人类的劳动对于自然的不断征服"，文化始终在进展着，它是"人类征服自然的最高阶段而又有发展向更高阶段的劳动成果"。"青年是人生向上的一段时间，文化是人类始终向上的一个过程"，所以青年是文化发展的契机，文化是青年人创造的。人类的文化进程发展到资本主义阶段，确实达到了一个高峰，但是，它"翻过了顶点，在拉住人类精神的前进趋势"后退了。所以，"今日青年对于文化的责任，这不用说是异常重大的"。演讲告诫青年们"应该克服各种形式的个人主义，来发挥集体精神；在集体的力量中，把自己的存在，光大发皇起来"。"个人向集体没入不是消灭自己，而是扩大了自己。"演讲特别针对德国纳粹主义反文化的"兽性奋斗"的现实，希望青年们"埋头苦干"，"负起责任来，把文化由危机中救起"，"要使文化永远青年化"。

初收上海北新书局 1937 年 8 月初版《沫若近著》，后收《沫若文集》第 11 卷，现收《郭沫若全集·文学编》第 18 卷。

演讲词由拓生记录，经郭沫若审阅后发表于《光明》。

10 日 作《青年与文化》"补记"。附于该文末，载上海《光明》半月刊 1937 年 2 月第 2 卷第 5 期。记道："这篇演讲，当时说得很局促，有好些话还没有说尽。譬如波曲线的那种自然趋势，文化便是要克服它的。个人的文化化便是要克服那种趋势，文化的青年化也便是要克服那种趋势，便是要使那曲线成为向上的无穷曲线。"

初收上海北新书局 1937 年 8 月初版《沫若近著》；后收《沫若文集》第 11 卷，于"当时说得很局促"句后作者又补写了"有不少的日本宪兵刑士在场"一句；现收《郭沫若全集·文学编》第 18 卷。

◎ 以质文社同人名义所作挽鲁迅联手迹，发表于《质文》月刊第 2 卷第 2 期。挽词曰："平生功业尤拉化　旷代文章数阿 Q。"

11 日　作诗《疯狗礼赞》。发表于上海诗歌丛刊社 1937 年 8 月版《开拓者》。以"有人说我的诗是疯狗"兴起，礼赞疯狗之"疯"，是对于"奴才性"的解放："独于是疯了的狗东西，/它是解放了一切的狗性，/它的眼中不再有何贵贱，/不再有何奴才与主人。""它只是埋着头，夹着尾，/拖着血样的鲜红的舌头，/它不左顾不右盼而只是/一直线地向前窜走。//虽然死是逼在了面前，/它向自己的狗性复了仇。/任何人要挡着它的行程，/它都要把他死咬一口。""你终会跟着它发起疯来，/把自己的奴才性解放。"

初收广州战时出版社 1938 年 1 月初版《战声》，后收《沫若文集》第 2 卷，现收《郭沫若全集·文学编》第 2 卷。

◎ 作诗《诗歌国防》，为"国防诗歌丛书"之序诗，载上海乐华图书公司 1937 年 7 月出版的《流亡者之歌》。大声疾呼：借诗歌创作，"我们要鼓动起民族解放的怒潮，/我们要吹奏起诛锄汉奸的军号，/我们要把全民唤到国防前线把侵略者打倒。//我们的国防同时是对于文化的保卫，/我们要在万劫不返的破灭之前救起人类，/我们民族的复兴是文化向更高一个阶段的突飞。//是民族复兴的时候，也是诗歌复兴的时候，/使艺术的灵魂复兴，使小说和戏剧中都有酒，/唤醒全民趋向最后的决斗！趋向最后的决斗！"

初收广州战时出版社 1938 年 1 月初版《战声》，后收《沫若文集》第 2 卷，现收《郭沫若全集·文学编》第 2 卷。

《流亡者之歌》为穆木天著，系"国防诗歌丛书"之一种。

15 日　傍晚，郁达夫"突然"来访。

同来的日本改造社社长秘书，代该社社长山本实彦邀请郭沫若出席为郁达夫接风的宴请。

郁达夫本年2月，应福建省政府主席陈仪之邀赴闽游历，并担任了省政府参议，6月又被任命为省政府公报室主任。他以为福建省政府采购印刷机和应日本一些学术团体邀请讲学为名，于本月13日到达日本。本日，山本实彦欲为郁达夫接风洗尘，郁达夫提出要见郭沫若，山本实彦即安排秘书陪同郁达夫乘汽车专程赴市川郭沫若寓所。这是郭沫若与郁达夫十年前因创造社之事发生龃龉之后再度见面，所以，见到"突然在'玄关'门口现出了"的郁达夫，他"喜不自禁地叫了出来"。

◎ 与郁达夫同往东京，参加日本改造社为编译《鲁迅全集》召开的会议。发表意见说："机会是很难得的，趁着出全集的机会，最好是把鲁迅未发表的遗著全部都搜罗起来。"

郭沫若在《改造》杂志上发表过文章，却是初次与该社社长山本实彦见面。山本实彦请郭沫若也"参加一点意见"，他遂介绍了鲁迅生前收集有许多隋唐墓志铭，意欲发表而未能之事，并表示了自己的希望。

◎ 往赤坂一日本料理店，参加改造社欢迎郁达夫的聚餐会。

参加聚餐会的有改造社部分成员，作家佐藤春夫、木村毅、林芙美子等。

◎ 作七绝《赠达夫》："十年前事今犹昨，携手相期赴首阳。此夕重逢如梦寐，那堪国破又家亡。"录入1937年1月8日所作《达夫的来访》一文，初收作家出版社1959年11月初版《潮汐集》（署写作时间为1936年12月16日，当系误记——编者注），现收《郭沫若全集·文学编》第2卷。

此诗系于当晚聚餐会上所作。"在要罢席时已经是九点过钟了。""主人吩咐店里的侍女拿了些斗方来要大家题字，我自己也写了好几张。""达夫坐在首席上，我是坐在他的旁边的，他也叫我写一张给他。""我拿着笔踌躇了一下，结局是写出了下面的四句。"（《达夫的来访》；吕元明《郭沫若在日本》，《郭沫若研究专刊》第4集；《郁达夫生平活动大事记》，《郁达夫研究资料》（下），天津人民出版社1982年12月版）

19日 致信田中庆太郎。云：

"来书奉悉。

达夫先生寓麴町萬平ホテル（饭店——编者注），有一月上下之句留，与佐藤春夫君过从颇密。如寓居有迁移，请问佐藤。"

又谓："昨尊价来，携来汇款已妥收，厚意至感。"（《郭沫若致文求堂书简》第210号，文物出版社1997年12月版）

20日 译歌德的诗剧《赫曼与窦绿苔》讫。发表于上海《文学》月刊1937年1月、2月第8卷第1期、第2期，由重庆文林出版社1942年4月初版发行。

◎ 夜，作《赫曼与窦绿苔·书后》。发表于上海《文学》月刊1937年2月第8卷第2期，收重庆文林出版社1942年4月初版《赫曼与窦绿苔》。说明了翻译该诗的目的及译法，写道：

"国内近来颇有叙事诗和长诗的要求，为技术的修养起见，我想到了这首有名的长诗，便把它翻译了。

这诗是以希腊式的形式来容纳着希伯来式的内容。内容于我们目前的现实没有多大的教训，只是多少有点'国防'的意味，和窦绿苔的为革命而死的未婚夫之可贵的见解，是值得提起的。

原诗乃 Hexametor（六步诗）的牧歌体，无韵脚；但如照样译成中文会完全失掉诗的形式。不得已我便通同加上了韵脚，而步数则自由。要用中文来做叙事诗，无韵脚恐怕是不行的。

译法是全部直译，甚且可以说是'棒译'：因为几乎全体是一行对一行。然因译文有韵，又须牵就步数之故，于原文不免时有增损，间参以意译。但自信于原文风韵及辞旨没有什么大的损坏。"

《书后》指歌德创作此诗的取材是有史记所本的，且所写"本事大同小异"，认为："在此似乎可以发现出一种创作上的秘密，便是'改梁换柱'。作家把故事的经过由过去的移到现实来，这在时与地的刻画上便更有把握。再换个观点来说，便是利用故事的结构可以节省构想的劳力。这层或者是值得我们学习的。"

24日 晚，赴东京神田，出席日本中国文学研究会为欢迎郁达夫举行的聚餐会。参加聚餐会的有武田泰淳、石田干之助、竹内好、增田涉、松枝茂夫、吉村永吉、实藤惠秀、土居治、饭塚朗、一户务、千田九一、郭明昆、曹钦源等人。席间，为增田涉题诗："银河倒泻自天来，／入木秋声叶半摧。／独对寒山转苍翠，／渊深默默走惊雷。"（《郁达夫的来访》；增

田涉《郭沫若——亡命前后》，日本《中国》杂志 1969 年 4 月第 65 号）

　　日本中国文学研究会年谱这样记载了这次聚餐会的情景："不难想象，两人（郭与郁）是会谈到迫切的日中形势和结成抗日统一战线的问题的。郭沫若本人对故国的形势的忧虑，可以从这次宴会（指 15 日晚改造社的宴请——编者注）给郁达夫写的七绝的第四句：'那堪国破又家亡'里知道。也许郭沫若在会见郁达夫的时候，就已经下决心要回国了。二十四日晚上研究会召开的欢迎会，他代郁达夫，接连痛饮。后来同人们推测，这大概是怕喝醉酒随便说的郁达夫把他们的事泄露出来。他在深夜宴会结束时，握着武田泰淳的手反复说：'我永远在日本住下去'，出门高喊'大日本帝国万岁'。"

　　1937 年 7 月，郭沫若秘密归国后，中国文学研究会的会刊《中国文学月报》发表了古谷纲武的《郭沫若和郁达夫的印象》。文中写道："这之后发生了日中事变，不久杂志登了郭沫若的日本出逃记。读时几次在我眼前浮现出在神田的中国饭店二楼，以悲怆之声尽情歌唱的郭沫若的样子。这时我产生了晃若似懂非懂的复杂心情，我是什么也不懂的，以一视同仁的感情，和他们过了一天，回想起来，郁达夫到底是以什么目的到日本的呢？郭沫若想些什么我也不知道。也许他向我们表示的还有内心深处隐藏的别样面孔。"

　　为增田涉所题之诗即是为傅抱石画题赠吴履逊的七绝。郭沫若是在"喝得相当醉时"，"用草体书写的，且每个字都似在跳舞。中间还有写错的字，划掉后，旁边又添写了小字。"（增田涉《郭沫若——亡命前后》，日本《中国》杂志 1969 年 4 月第 65 号）

29 日　　傍晚，郁达夫来访。邀往东京神田大雅楼，"一家北京馆子里吃夜饭"，并特意购买一条骆驼绒围巾相赠。两个孩子同往。同席者有谷川彻三夫妇、金子光晴及孩子、古谷纲武、森三千代等人。（《郁达夫的来访》；古谷纲武《郭沫若和郁达夫的印象》，日本《中国文学月报》第 44 号）

本月　　往东京筑地小剧场，观看纪念高尔基的演出。

　　这次纪念演出是由"中华留日戏剧协会"和日本两个左翼剧团"新协""新筑地"联合举办的。"新协"演出了高尔基的《夜店》。"中华留日戏剧协会"与"新筑地"同台，分别演出了高尔基的独幕剧《孩子们》、三幕剧《布雷曹夫》。（《中国留日左翼学生文化运动记要》，《文史资料选

辑》第109辑；任白戈《深切地怀念郭沫若同志》，《四川文艺》1978年第9期）

◎ 参加日本《書苑》社的活动，并留影。一同参加活动的有石田干之助、河井荃庐、中村不折等。（《書苑》1937年第1卷第1号，日本三省堂）

◎ 译著《隋唐燕乐调研究》（日·林谦三著）由上海商务印书馆初版发行。

12月

2日 致信赵家璧。应允："《世界短篇小说大系》承邀担任德国部分，似可勉强为之。"

良友图书出版公司编辑赵家璧于夏季开始策划编辑出版《世界短篇小说大系》。郑伯奇受赵家璧之托曾致信郭沫若邀请他担任"德国集"的编选工作，赵家璧亦于11月下旬专程致信邀约。郭沫若同意承担编选工作之后，赵家璧为他寄送了两三批材料。1937年7月号的《良友画报》刊登了《世界短篇小说大系》将于8月25日开始出书，同时发售预约的广告，《德国短篇小说集》署为"郭沫若编译"。但8月13日，淞沪战事爆发，这套丛书的出版流产于战火之中。（赵家璧《编辑忆旧》，生活·读书·新知三联书店1984年8月版）

6日 郁达夫来访。同往真间山和江户川畔散步，在市川市内共进午餐，畅谈竟日。

郁达夫说，打算寻找机会到欧美去游历，郭沫若表示"极端赞成"。他认为："达夫的使命依然是做个文艺作家，与其为俗吏式的事务所纠缠，倒应该随时随地去丰富自己的作家的生命。"（《达夫的来访》）

7日 作《旋乾转坤论——由贤妻良母说到贤夫良父》。发表于上海《妇女生活》半月刊1937年1月第4卷第1期。针对社会上"复古与独裁势力"仍在极力宣扬的贤妻良母主义，给予抨击。首先从生命科学的角度说明，男女生来在智能上是平等的，男尊女卑的不平等，是社会历史所造成的。"而那贤妻良母主义便是自男性中心社会成立了以来——约略也就是自有历史以来——束缚着女性的铁链。"在生命进化的意义上，对女性的歧视，导致女性的退化。"由女性的退化必然地招致男性的退化。如此传衍下去，一代不如一代，自然会招致人种或民族的整个的退化。我们中国民族在精神生产上的落后，在这儿不是可以找着它的一个原因吗？贤妻良母主义之害，充其极可以至于灭种，这实在是比什么洪水猛兽还要厉害的。有富于奴性的母亲，自然会产出富于奴性的儿子，儿皇帝汉奸已经层出不穷，我们难道还要加工制造吗？"

继而提出："现在如果真有意思为我们民族的前途设想，我看与其再翻贤妻良母主义的灭种老调，是应该来提倡一下贤夫良父主义的时候了。……自然，我这种提倡，也并不是要向男子提出'男三从'……我是要叫他们放开眼界为民族或人类的前途着想，要他们尊重妇女的人格，而同时也就是尊重自己的人格。男女应该以同等的人格相对待，互相尊重，互相玉成，以发展各自所禀赋的性能，不应该有片面本位的片面义务，以招致无形中的负号淘汰。"对于女性而言，"真正觉醒的女子是该在实质上求平等，而不在皮相上求平等。不虚骄，不浮躁，坚实地向着正确的目标，一步一步地修养自己，锻炼自己，而同时牺牲着自己；并使接近自己的人，也让他们坚实地向着正确的目标，一步一步地修养自己，锻炼自己，而同时牺牲着自己。就这样在人生舞台上共演着'人类解放'的悲壮剧，互相调剂，互相玉成，在不久的将来总有达到理想局面的一天。"

初收上海北新书局1937年8月初版《沫若近著》，后收《沫若文集》第11卷，现收《郭沫若全集·文学编》第18卷。

该文是应沈兹九所约特为《妇女生活》杂志所作。

◎ 作散文《太山朴》。发表于12月15日上海《立报·言林》。对于太山朴这种在日本常见的植物，写道："我很喜欢它。我喜欢它那叶像枇杷而更滑泽，花像白莲而更芬芳。""六年前买了一株树秧来种在庭前的空地里，树枝已经渐次长成了。在今年的五月下旬开过一朵直径八寸的处女花，曾给了我莫大的喜悦。"花期过后，这株太山朴突然又开出第二朵花来，"我自己的童心也和那失了花时的花一样，又复活了。我赶快跑下园子去，想把那开着花的枝头挽下来细看，吟味那花的清香。"然而，不小心，花枝被折断了。于是自责说："可怜的这受了压迫而失了时的花，刚得到自行解放，便遭了我这个自私自利者的毒手！"

初收上海北新书局1946年5月初版《归去来》；后收《沫若文集》第8卷，改题作《大山朴》；现收《郭沫若全集·文学编》第10卷。

8日夜，作诗《怀C.F.》。写道："C.F！／我们相别已经八年了。／你是变成了一个蚂蚁／随着有纪律的军旗／无声，无臭，无息，无休。／／爬过了千里的平原，万重的高山，浩荡的大川，／要在沙漠的边际，建立起理想的社团。／我赞美那有纪律的军旗，我赞美着成了蚂蚁的你。／你现在可仍是辛勤地，但可欣幸地，／采集着大众的粮食，／扫除着内外的污秽，／含运着沉重的沙泥？／去年听说你到过Xi-an，／今年你是不渡涉过Xuan-Xo东岸？／或者你在那渡涉的时候，／怕已经成为了蚁桥中的一片砖？／C.F！／八年以来我是一刻也不曾忘记过你。／我虽然和你隔离，／我虽然受着重重的束缚，累赘，／让我这菲薄的蚁翅，／一时总飞不起。／／但我的想念不曾一刻离开过你，／不曾一刻离开过那千山万水地，千辛万苦地，／为着理想的Aipotu（英文乌托邦Utopia的倒写——编者注）之建立，／向沙漠中突进着的军旗。／我自己未能成为蚁桥中的一片砖，／我是怎样地焦愤，自惭，／我相信你是能够同感。／／C.F哟！／我现在是在悬念，但我也在祈愿，／我怕你在渡过Xuan-Xo的时候，／是已经成了造桥的蚁砖一片。／你的脚是有鹤胫风的，／近来已经不发了么？／你的鼻是有鼻菌的，／近来已经不塞了么？／现在天气已经逐渐生寒，／我这儿已有霜，你那儿怕已经冰雪布满？／你是尚在冰雪上坚持，／还是已成为了冰雪下的泥淬？／／我现在，在电灯光下写着这首诗，／生则作为我对于你的献辞，／死则作为我对于你的哀祭。／但只愿你生是作为一匹蚂蚁而生，／你死也是作为一匹蚂蚁而死，／理想的蚁塔总有一天要在砂漠中建起！"（郭沫若纪念馆馆藏资料36—12）

郁达夫11月15日来访时，与郭沫若谈起报纸上流传着的"仿吾的死耗"，他们都以为是不确的消息，但这还是勾引起郭沫若对成仿吾的思念之情。他在那晚聚餐会上为郁达夫题诗时，曾想写下"《广陵散》绝倍苍凉"的诗句，以嵇康喻成仿吾。但想到消息的不确切，还是写作"那堪国破又家亡"句。（《达夫的来访》）

9日 作《漫话"明星"》。发表于18日上海《大晚报·火炬》。写道："文坛的'明星'主义是不能真正促进文坛的发展的，它只好助长文坛浮华之风，而且于被捧为'明星'的作家却大大有害处，纠正此种风气的责任最好还是由文坛'明星'自己觉悟，一切敷衍之作绝对不写，要写，一定是十足道地的货色。要能如此，则虽被捧为文坛大'明星'，文坛盟主，也可无愧于心，对得起敬爱他们的读者了。"

该文被收入另境编《秋窗集》（上海泰山出版社 1937 年 6 月版）。孔另境化名"东方曦"发表《秋窗漫感》，抨击文坛上的某些现象，其所指一种"恶劣倾向是文坛'明星'主义"。文中所举一例，即"不久以前的××文艺（指《今代文艺》——编者注）为要号召读者，把某名作家的一副数十字的戏联登了进去，而且还大事铺张，在广告和目录上用大号字私撰了一个冠冕堂皇的题目，这种迹近无耻的欺骗终于断伤了自己的杂志的信誉。然而从此也可见文坛的'明星'主义确已发展得很极端的了。"该文还写道："文坛上有重心，本是一桩极自然的现象，如苏联之有高尔基，中国之有鲁迅茅盾等，但我们不可不留心的，这个重心的存在，一定要伴着一种领导作用的，仅仅借一个名字是无用的，在自觉为重心的人也不断要自我批评，切实地负起领导的责任才成。"郭沫若因此写下《漫话"明星"》，说："记得在鲁迅生前似乎曾暗暗地骂我为'人样东西'，而在鲁迅死后，又有人明明地骂我是信口'诬蔑'。犯上之罪浮于天，而今竟果真被超异为'明星'了。""既被捧为'明星'，便率性暂时假冒，把一切幌子都揭开，向大众来显示而特显示一下吧。"文章解释了题写所谓《戏论鲁迅茅盾联》之"实情"，及该联发表的经过。

东方曦的《秋窗漫感》发表后，引起一段关于鲁迅之后文坛"盟主"的争论。李华飞在一篇题为《领袖问题》的文章（载 30 日上海《立报·言林》）中，又将郭沫若 9 月 19 日在《文海》杂志社座谈会上的讲话记录稿《与大众握手——谈目前的文学论争》中一段文字引述出来，并谓："这几天'文坛'上为了'领袖'正在争吵，而那篇文章也正谈到这个问题，故将其发表于此"。

12 日 赴山水楼参加中央公论社社长岛中雄作为郁达夫访日举行的欢迎宴会。

出席欢迎宴会的有松村梢风、林芙美子、横光利一、大宅壮一、村田孜郎、竹内克巳等。（《达夫的来访》；肖玫《郭沫若》，文物出版社 1992 年 11 月版）

16 日 下午，于立忱来访。后与其乘车同往东京，在上野分手。（郭沫若纪念馆馆藏资料 36—15）

◎ 晚，赴日本笔会为招待郁达夫和美国"黑人之父"都波雅（De

Bois）教授举行的宴会。

参加宴会的有武者小路实笃、佐藤春夫、柳澤健等人。（《达夫的来访》，郭沫若纪念馆馆藏资料36—15）

◎ 晚宴后，又与郁达夫同往涩谷访于立忱于其寓所，并作七绝《断线风筝》。诗云："横空欲纵又遭擒，挂角高瓴月影沉。安得姮娥宫里去，碧海晴天话素心。"录入1937年6月3日所作散文《断线风筝》。

初收作家出版社1959年11月初版《潮汐集》，现收《郭沫若全集·文学编》第2卷。

于立忱当晚拿出所作七绝一首《咏风筝》给二人看。"我当时有点感触，也就胡乱地和了她一首。立忱立即拿出一张斗方来要我写，我也就写了给她。""但我把题目改为了《断线风筝》。"（《断线风筝》）

17日 晨，往东京送郁达夫。

赶到车站时，"已经是发车的哨子在响的时候了。由三等列车赶过二等列车，在每个车门和窗口上都没有看见达夫。我还以为他是临时改了期。开动着的车子和我擦身驶过，在最后的一等车的车尾的凉台上才看见了达夫。他一个人立在那儿，在向着人挥帽。""我折回头跟着车子赶了几步，大声地喊了几声'达夫'，也向他挥着帽。"（《郁达夫的来访》）

◎ 往文求堂拜访田中庆太郎，请其帮助退还预支白扬社的稿酬。

郭沫若于3月与白扬社订下撰写中国《古代社会史》一书的契约后，因忙于其他著述，且"感觉着了用日本文写东西的不高兴"，所以未能如约写出该书。延期后仍未能进行，郭沫若决定解除契约，但需退还预支的版税，遂请田中庆太郎予以帮助。文求堂助他退还了部分（300元）预支白扬社的版税，因而"得解燃眉"之急。（《郭沫若致文求堂书简》第211号、217号，文物出版社1997年12月版；郭沫若纪念馆馆藏资料36—15）

18日 致信田中庆太郎。写道："本日海军参与官永田善三郎氏来函，要求面谈，拟于明正六日拜借贵府二楼一叙，不识有妨碍否？如蒙玉诺，别纸致永田氏函，请加封付邮为祷。（如不便，尚乞示知，该函即请毁弃。）"（《郭沫若致文求堂书简》第211号，文物出版社1997年12月版）

该书释文有遗漏，另据影印手迹补释。

中旬 东京《日日新闻》记者来市川寓所就"西安事变"做采访。

12月12日，张学良、杨虎城在西安发动"兵谏"，扣留了到西安督促陕北"剿共"的蒋介石，要求他"停止内战，一致抗日"，是为"西安事变"。《日日新闻》记者以郭沫若是蒋介石的反对者而采访他。（殷尘《郭沫若归国秘记》，言行社1945年9月版）

27日 作《沃尔眸》。发表于1937年1月5日上海《立报·言林》。文章介绍了一种名沃尔眸（Olm）的两栖类动物，因为特殊的生存环境，眼睛的功能退化，几乎失去了视力。但是科学实验"演起戏法来了"：

"他把孵化不久的'沃尔眸'从那黑暗中取来，把一批来放在白色的光里，另把一批来放在赤色的光里。

被白光照着的'沃尔眸'，全身黑化了起来，连眼上的皮肤都遭了黑光。

被赤光照着的'沃尔眸'，眼上的皮肤都保持着透明，眼球良好地发育了起来，自远祖以来盲目了不知几千世代的'沃尔眸'，又公然能明察秋毫了。

以上是一项生物学上的实话，但似乎有点像伊索先生所留下的'寓言'。然乎？否乎？恐怕也要看眼睛说话。"

30日 致田中庆太郎贺年片，"恭贺新年"。（《郭沫若致文求堂书简》第212号，文物出版社1997年12月版）

该贺卡未署日期，此据邮寄日期。

本　年

◎ 为去世的田中震二题写墓碑。（增井经夫《郭沫若致文求堂书简·序》）

◎ 将自己手中有关托尔斯泰和《战争与和平》一书的资料送给邢桐华，支持他完成自己未完成的《战争与和平》的翻译工作。

邢桐华在一次拜访郭沫若时谈起，他想续译郭沫若未翻译完的《战争与和平》。郭沫若知道邢桐华通俄文，《质文》上有关苏联文学的稿子大都由他翻译，自己也曾向他请教过俄文的发音，于是，便"尽力的怂恿他"做成这件事。10月10日出版的《质文》第2卷第1期上刊出《郭沫若先生推荐邢桐华君新译〈战争与和平〉》的消息，说：郭沫若前曾由英文翻译该书，"惜功成半途而罢"，现"愿将自己权利让与邢桐华君，俾从原文直接翻译，完成翻译界壮举"。然而，邢桐华还不曾着手，即因编辑《质文》杂志的事，"被日本警察抓去关了几天，结果是驱逐回国了"。（《螃蟹的憔悴》，1940年7月6日《新蜀报·蜀道》第165期）

◎ 应李春潮之请，为其书《庄子·逍遥游》句："北溟有鱼，其名为鲲。鲲之大，不知其几千里也，化而为鸟，其名为鹏。鹏之背，不知几千里也，怒而飞，其翼若垂天之云。是鸟也，海运则将徙于南溟。"（《郭沫若书法集》，四川辞书出版社1999年11月版）

◎ 作《凤于贝》，未完稿。拟以三个古文字的考释，"窥察上古时代的南方对于中国北部的文化上的贡献"。（郭沫若纪念馆馆藏资料36—17）

◎ 作小说《无声电影》，未完稿。（郭沫若纪念馆馆藏资料36—18）

◎ 作《读燕化钱考书后》，未完稿。
《燕化钱考》为日本奥平昌洪著。（郭沫若纪念馆馆藏资料36—22）

◎ 作《怎样纪念鲁迅》，未完稿。反驳日本改造社社长山本实彦关于鲁迅是"亲日作家"等说法。（郭沫若纪念馆馆藏资料36—23）

◎ 作小说《O老先生》，未完稿。（郭沫若纪念馆馆藏资料36—20）

1937年（丁丑 民国二十六年）45岁

7月7日 日本侵略军在北平武力进犯宛平城，制造了"卢沟桥事变"。

7月8日 中国共产党通电全国，号召全民抗战。

7月17日 蒋介石在庐山发表谈话，宣布对日作战。

7月28日 上海文化界救亡协会成立。

8月13日 日本侵略军在上海发动大规模军事进攻，驻上海的中国军队第九集团军奋起抗击，坚持达三个月之久，全国进入了抗日战争。

8月22日至25日 中国共产党在洛川召开中央政治局扩大会议，通过了《抗日救国十大纲领》。

9月23日 蒋介石发表谈话，承认中国共产党合法地位。

11月20日 国民政府宣布迁都重庆。

12月 南京沦陷，占领南京的日本侵略军制造了南京大屠杀。

同月　日本侵略军在华北组建了傀儡政权"华北临时政府"。

1月

8日　作散文《达夫的来访》。发表于上海《宇宙风》半月刊2月第35期。记述了上一年末，郁达夫来日本期间几次会面欢聚的情形，感慨"《广陵散》绝倍苍凉"。

初收上海北新书局1946年5月初版《归去来》；又收上海新文艺出版社1951年8月初版《海涛》，改名《广陵散》；后收《沫若文集》第8卷，仍名《达夫的来访》；现收《郭沫若全集·文学编》第13卷。

该文的日文译本，于6月刊载于日本中国文学研究会会刊《中国文学月报》第27号。

9日　致田中庆太郎明信片。谓："《殷契粹编》考释拟急于着手，如印刷尚需时日，请先将贵处所存样本一份寄下为望。"（《郭沫若致文求堂书简》第213号，文物出版社1997年12月版）

◎　致田中庆太郎明信片。说："《殷契粹编》样本奉到。唯因反印摹释殊难，正式印本如印就，尚望早寄一册。"（《郭沫若致文求堂书简》第214号，文物出版社1997年12月版）

11日　以日文致田中庆太郎明信片。请其翻检并摹示拓片。（《郭沫若致文求堂书简》第215号，文物出版社1997年12月版）

13日　作散文《杜鹃》。发表于20日上海《立报·言林》。由杜鹃在文学上成为哀婉、至诚的爱的象征，写到在生物界鹃占莺巢的现象，以为，杜鹃其实是一种习性专横、残忍的鸟类。感叹人们全凭主观意象而不顾实际，"因此，过去和现在都有无数的人面杜鹃被人哺育着。将来会怎样呢？莺虽然不能解答这个问题，人是应该解答而且能够解答的"。

收《沫若文集》第7卷，写作时间署1936年春，有误；现收《郭沫若全集·文学编》第10卷。

15日　致信《中流》杂志社。以"来函照登"名义载2月5日《中流》半月刊第1卷第10期。对该刊第8期所刊君度的文章中指旧译《道德之讲坛》一处错译，辩其未查译文原刊出处《创造周报》。并说："本来是无关紧要的事，不过也是责任所关，故尔写出了这一点来奉告。"

19日 作《答田军先生》。发表于25日上海《大晚报·火炬》。针对报载一些人中伤与鲁迅关系的问题写道：

"至于田军先生的'题外的话'，说得虽然隐隐讽讽，曲曲折折，但其大意似乎不外是说'郭沫若就是鲁迅的敌人'。这倒也是相当普遍的话。就让田军先生那样说吧，我是不想分辨的。不过有一件事情要想分辨一下，是这作为'鲁迅的敌人'的我，不该又写了些'巧妙流利'的鲁迅先生哀悼文章，竟'以友人的面孔出现'。

记得是十月十日的晚上，刚好把《资本论中的王茂荫》的那篇文章草完，看报，得到了鲁迅逝世的噩耗，不禁悲从中来，就用毛笔在宣纸上写了一篇《民族的杰作》。第二天早晨，非厂来报告我，他便把文章拿去了，说要登《质文》。同时东京帝国大学的'帝大新闻社'也打了电来，要我写一篇纪念文字，我也就在廿日上用日文写了一篇《吊鲁迅》寄去。这篇文章被北鸥翻译了，登在《现世界》，改题为《坠落了一个巨星》。听说北平方面也有一种报译载了。接着隔了不久又写了那篇《不灭的光辉》寄给了《光明》。但把那《不灭的光辉》寄出后，有朋友拿《中流》第三期给我看，特别要我看鲁迅先生的那篇《女吊》。他说，那篇文章的落尾几句分明是在骂人。我也看了，看到最后，的确是有这样的几句：

'……只有明明暗暗，吸血吃肉的凶手或其帮闲们，这才赠人以"犯而勿校"或"勿念旧恶"的格言——我到今年，也愈加看透了这些人面东西的秘密。'

鲁迅先生这话，自然也并没指定是谁，不过在当时我发表了一篇《蒐苗的检阅》，在文学的见解上和鲁迅先生稍稍有点分歧，而文中正隐含有对于同一阵营的人'犯而不校'及'不念旧恶'的意思。就在同一期的《中流》中接着便有唐弢先生的《也投一票》，正是针对着那篇文章作的。因此我便想到了那拿《中流》给我看，而且要我特别看《女吊》的那位朋友的用意。鲁迅先生的真意是怎样，我不得而知。不过既有人对于鲁迅先生的文章在作那样的解释，可见作同样的解释的人一定不少。我不好在鲁迅先生死后，再来表示自己的特别宽大。因此我便连忙写信给《光明》，叫把《不灭的光辉》寄还我，同时还把《资本论的王茂荫》那篇文字拿去兑换。但不幸这回也没赶及。又同时通知过非厂，叫在《质文》中把《民族的杰作》那篇抽出来。非厂曾亲自跑来对我商量这事。

我说：'我纪念鲁迅先生，在心里好了，不必一定要做出文章来表示。文章发表了之后，别人会说我是矫情，故意装作一个人面孔。拿死者来做垫脚凳。'

非厂说：'你不发表，别人尤其会骂你，说你是永远怀恨鲁迅，人死，仇都不散。连你没有吊电，国内都早有人说话的。'

我感觉着，做人实在有点艰难，于是乎也就率性让他们拿去发表了。"

"不记得是谁说的话了，但是欧洲的一句警言，是说'伪善是善的胜利'。这意思是'善'还有点好处，所以'伪善者'才去'伪'它。我自己浅薄得很，未能了解鲁迅先生的高深，不过据我的浅薄的想法，鲁迅一死，使一些伪善者都来哀悼他，这也是鲁迅的胜利，或鲁迅所代表的善的胜利。……

究竟鲁迅要比田军高明得多。"

田军即萧军。

◎ 致信田中庆太郎。告以"毛锥七支"收到，并告《殷契粹编》需订正处。(《郭沫若致文求堂书简》第216号，文物出版社1997年12月版)

22日 以日文致信田中庆太郎。谓："白扬社事，去年末还款三百元，预定本月末还清余额三百元。今对方来函催索，故欲再预支三百元，未识便否？"(《郭沫若致文求堂书简》第217号，文物出版社1997年12月版)

25日 为留东妇女协会作《妇协歌》。发表于2月2日上海《立报·言林》，又以《女性歌》为题，刊载于2月25日汉口《大光报》。写道："女性是文化的渊源/文化史中有过母系时代/在那时世界是大公无私/在那时人们是相亲相爱/起来起来/我们追念着/过去的慈怀//私有犹如一朵乌云/遮蔽了恺悌的月轮光影/世界上只见到百鬼夜行/起来起来/我们毁灭着/现在的母胎//光明在和黑暗猛斗/人间世快会要重见天开/争取着人类解放的使命/我们至少有一半的担载/起来起来/我们孕育着/未来的婴孩。"

◎ 以日文致信田中庆太郎。谓："请付白扬社主人中村先生三百元为祷。"(《郭沫若致文求堂书简》第218号，文物出版社1997年12月版)

本月 下旬，接到佐野袈裟美赠其所著《支那历史课本》。(菊地三郎《万马齐喑的亚洲学》，新人物往来社1981年11月版)

佐野袈裟美是日本左翼作家，曾与藏原惟人、山田清三郎等创办普罗文学"文艺战线派"机关刊物《文艺战线》。

2月

2日 以日文致田中庆太郎明信片。因《殷契粹编》一三零二片无法辨识，其他亦颇多难于辨识者，谓："原版当稍清晰，如印就，望寄下以作参考。"（《郭沫若致文求堂书简》第219号，文物出版社1997年12月版）

3日 致信田中庆太郎。说："《粹编》刷册入手。《羽陵馀蟫》以先睹为快。一三零二片想必绝望，今寄上拓片一纸，请以代之，将一二五页另印一次较为妥当。"（《郭沫若致文求堂书简》第220号，文物出版社1997年12月版）

《羽陵馀蟫》，田中庆太郎著。

4日 致陶亢德信。谓："惠书及款六十元，均奉到，谢谢！《北伐途次》销多销少，并不在意，唯望印刷略带风致，能用二分加空否，纸张好得一点尤好。目前颇窘，初版印税，能即赐百五十元否，又上所印出的略有误字，且欲稍加添削。手中杂志随到随即被友人携去，望将杂志重寄一份来，或剪出，或直将原稿寄下，均好。杂志费请在账中扣除可也。发表费事，六元者如减为四元，则十元者似宜减为八元，不识尊意如何？"（平衡编《作家书简》，万象图书馆1949年2月版；陈梦熊：《郭沫若遗简五通考述》，《郭沫若研究》第10辑，文化艺术出版社1992年9月版）

6日 以日文致田中庆太郎明信片。告以"所拍《佚存》照片奉到"。（《郭沫若致文求堂书简》第221号，文物出版社1997年12月版）

《佚存》，指商承祚《殷契佚存》。

15日 作《北伐途次·后记》。写道："这篇回忆录在《宇宙风》上分期登载了十五次，算登完了。我现在把全部重读了一遍，稍微添改了一些字句。在杂志上发表的本是三十一节，因原先的二十七、二十八两节太短，为保持全体的均衡，我把它们合并成了一节，故今成三十节。就尽它们以这样的形式作为我的定稿吧。""一九二五—二七年的大革命，中途虽然被人出卖了，但不论怎样，它在中国民族解放革命的历史上的烙印，是永远不能磨灭的。"

初收上海北雁出版社 1937 年 6 月初版《北伐》，后收《沫若文集》第 8 卷，现收《郭沫若全集·文学编》第 13 卷。

16 日 致信张明仁。说："大作《我所知道的王茂荫》已拜读，受益不少，甚为感佩。将来出论文集时，拟将大作一并收入，尚乞俯允为祷。"（《郭沫若研究》第 7 辑，文化艺术出版社 1989 年 6 月版）

上海《光明》半月刊 1936 年 12 月 25 日第 2 卷第 2 期发表了郭沫若的《资本论中的王茂荫》后，张明仁在《清史稿》中查找到王茂荫生平事略，作《我所知道的〈资本论〉中的王茂荫》，发表于《光明》1937 年 1 月 25 日第 2 卷第 4 期，郭沫若因以写此信，寄《光明》主编沈起予，托其转交张明仁。张文后一并收入《沫若近著》，亦作为"附录"收入《沫若文集》《郭沫若全集》。

17 日 致信陈铭德、邓季惺。载 3 月 1 日成都《新民报·百花潭》。回复约稿事，说："拙稿已拟定两种题目，一为《留学时代》，乃自传式的小说，写自己在日本留学时事。在目前日本研究热相当旺盛的时期，或许在了解日本上可有些帮助。又其一是《浮士德》第二卷的迻译，此事读者，颇有些要求。国内虽已有余译本，听说未能餍人望。以上两种，请你俩斟酌一下，看决定采用哪一种。我现在手中有点工作，等你们回信来时，约可竣事，大约在三月中旬可以开始揭载也。"

19 日 以日文致田中庆太郎明信片。谓："《考释》正进行最后收尾。"（《郭沫若致文求堂书简》第 222 号，文物出版社 1997 年 12 月版）

《考释》，指《殷契粹编》的考释部分。

3 月

14 日 以日文致田中乾郎明信片。说："宣纸一束顷已拜领。昨奉上池田氏诗稿，当已达览。近期内书写。""拙著《创造十年》如有存书，请寄下一部。"（《郭沫若致文求堂书简》第 223 号，文物出版社 1997 年 12 月版）

21 日 致田中乾郎明信片。谓："御歌拜诵，春趣盎然。《创造十年》一册已收到。昨收到池田氏馈赠，有点过意不去。"信末另附七绝一首，云："老去无诗苦有思，窗前空负碧桃枝。编将隐恨成桑户，坐见春风入棘篱。"（《郭沫若致文求堂书简》第 224 号，文物出版社 1997 年 12 月版）

本月 接待凤子来访，中午留饭。收到阿英托凤子转交的密信，信中告以"西安事变"后国共再次合作的前景。为凤子题诗，有句："海上争传火凤声，樱花树下啭春莺。"

1—2月，凤子参演了复旦大学毕业生组织的"戏剧工作社"排演的曹禺剧作《日出》，旋即受到留日学生组织的"国际戏剧协进会"邀请，参加该会准备之中的《日出》的排演。凤子离沪赴日的当天，阿英托带一信，要她"面交郭沫若先生亲启"，并嘱"这封信一定要收藏好，不能落在国民党特务和日本宪兵的手里"。凤子抵日后，即往市川拜访郭沫若。郭沫若看过阿英的信后，"脸上露出兴奋的神色"。这是凤子初次见到郭沫若。（凤子《雨中千叶》1981年8月16日《光明日报》；凤子《敬礼与怀念》，《郭沫若研究》第6辑，文化艺术出版社1988年5月；殷尘《郭沫若归国秘记》，言行社1945年9月版）

◎ 译作《人类展望》（［英］韦尔斯原作），由上海开明书店出版。

春

接待来访的田中忠夫，讨论关于日语语源的问题。

田中忠夫为搜集语言资料，此前专程到中国华南旅行，期间，新发现了一些词的语源，为此造访郭沫若，与其进行交流。田中忠夫在研究中国农村经济的同时，亦进行中日语言史的研究，还在南昌起义部队南下失败后郭沫若避居上海的时候，便多次造访郭沫若，探讨中日语言史研究的方法等问题。（田中忠夫《回忆郭沫若》，1956年1月15日本《平和新闻》）

4月

1日 《创造十年续篇》开始在上海《大晚报》连载发表。记述了1924年至1926年春抵达广州期间，"以创造社为中心"的文学活动、社会活动等。其间经历了"五卅"运动，宜兴调查，翻译《社会组织与社会革命》前后的思想转换，直至应邀前往广东大学任教。连载从4月1日至8月12日，因"八一三"战事爆发而中断。上海北新书局1938年1月初版发行，题名作《创造十年续编》，后收《沫若文集》第7卷，题名用《创造十年续篇》；现收《郭沫若全集·文学编》第12卷，将未刊载完的

第十章作为附录。

该文是边写作边发表。

2 日 晚，往银座参加为凤子演出话剧《日出》举行的聚餐会并一起合影留念。在座的有秋田雨雀、新居格、近藤、平林、堀口大学、望月百合子、小林千代子等人。（《秋田雨雀日记》第 3 卷，日本未来社 1966 年 2 月版）

3 月 20 日晚，凤子在一桥讲堂主演了曹禺的话剧《日出》。

7 日 致信七妹郭葆贞、胡灼三夫妇。写道："好久不通音问了，时常想写信给你们，祇因提起笔来没有什么好事情可以报告你们的。母亲和大哥连着去世，真使我伤感。七妹由杭来的一张明信片，早收到。在杭地址，下次来信，请书明细。我在这边，虽不甚自由，但也没有别的不如意。大儿和、次子博，均已入东京第一高等小学，三女淑子今年入女学。有空请常写信。"

东京第一高等小学系东京第一高等学校之误。

15 日 《殷契粹编》辑成，分类与《卜辞通纂》大体相同。作序，述其原委：承蒙收藏栽甲骨既多且精的刘体智氏，远道赉示其拓本集《集契丛编》，从中选辑菁华 1595 片而成此书。又举例说明书中尤为特出数事：王国维揭示的"卜辞有先公名夒者"、卜辞"先公之次为上甲亡乙亡丙亡丁示壬示癸"，得到进一步的确证；甲骨中有善书善刻者之范本，及学书学刻考之摹仿；由甲骨上的刻划，可以推测殷代尺度，等等。

20 日 作《克拉凡左的骑士·小引》。发表于《绸缪》月刊 6 月第 3 卷第 9 期。写道：

"这篇小说已经是七八年前便写好了的。初写成时曾应沪上某书店之请求，几乎成了铅字。但店老板方面要大加改削，因此我便把它收回来，锁在了冷纸柜里。

去年夏秋之交，质文社的人有几位要看这原稿，我把给他们看了。他们便要求拿到质文杂志上去发表。只要不夭斧斤，我是无可无不可的，因此也就交给了他们。但只发表了前五节，还不及全篇四分之一，杂志因事停刊，于是发表又生了顿挫。

这次是第三次了。我又应着朱羲农兄的函索，把这，在绸缪月刊上又从新发表起来。

羲农和我的关系，说起来真是很长。我们是民国三年在东京学习日本语时的同学。这一段历史已经有二十四年了。多年不见的老友，最近突然写了几封信来，要我把这篇东西在他所主编的月刊上发表下去，并且说已经发表过的五节也要从新发表。羲农的厚意和态度，我是感佩的。

没有什么话可说的了，我只希望这一次不要发生什么障碍，能够发表到底。

大家请站到高远处看吧。太看卑近了虽然有尔我之分，如站到太阳的立场，我看，是自会一视同仁的。"

本文专为《绸缪》刊载《克拉凡左的骑士》而作，与1936年8月1日所作之《小引》（发表于《质文》月刊）内容有所不同。

26日 以日文致田中庆太郎明信片。写道："昨拜托拍摄官票宝钞照片，但四张四张地排起来摄影，不如将拾两一张与宝钞额面最大者一张拍成宝物原大，效果更佳。费用请从版税中扣除。"（《郭沫若致文求堂书简》第225号，文物出版社1997年12月版）

29日 以日文致田中庆太郎明信片。谓："索引及其它均收到。索引整理后，明日午后携奉。其它容面晤时再谈。"（《郭沫若致文求堂书简》第226号，文物出版社1997年12月版）

◎ 致信上海北雁出版社。以手迹形式刊载于北雁出版社6月初版《北伐》。谓："我的《北伐》前委托北雁出版部出版。坊间有一种《北伐途次》第一辑，乃妄人任意偷版。这种侵犯版权的行为，现亦托北雁代表清查，遇必要时自可提出诉讼。此证。"

对于《北伐途次》被盗版，作者在《北伐途次·后记》中即已写到。"这儿有一件事应该附带着提一下。本篇在发表'中途'，上海有一家幽灵出版社，把前二十五节盗取了去，作为《北伐途次——第一集》而'出卖'了。那儿公然还标揭有'版权所有翻印必究'的字样。所谓'侯门仁义存'，真正是有趣的一件事。有好些朋友说，中国人不懂幽默，但据这件事情看来，我却感觉着我们中国人是第一等幽默的民族。"文中所述，指上海潮锋出版社本年1月盗印出版《北伐途次——第一集》一事。

◎ 为一幅照片作识辞《曲江河畔》，随图片录入上海北雁出版社6月初版《北伐》。写道："北伐时代的照片，我手里所存着的只有零星的几张，都是我的内子替我保存下来的。那时她被留在后方的广州，我偶尔寄了些照片和信回去，她都替我保存了下来。"现收《郭沫若全集·文学编》第 13 卷。

本月 作《闷葫芦中的药》，通过讥讽来过一趟中国的日本改造社社长山本实彦的所作所为，抨击日本派文化使节来华，实际上是在进行文化侵略。（郭沫若纪念馆馆藏资料 37—6）

4、5 月间

出席"日本一部分的基督教徒"为慰劳政治家尾崎行雄，在日比谷举行的宴会。为尾崎行雄所说的："日本政治家中不怕死的人如多得几个，那日本便可以得救"的一句话所感动。（《忠告日本政治家》）

尾崎行雄是反对军国主义的日本帝国议会议员，他在议会作了反战发言，故有这一慰劳宴会的举行。出席的中国人还有东京青年基督教会的马伯援。

5 月

1 日 作《再谈官票宝钞》讫。发表于上海《光明》半月刊 6 月第 3 卷第 1 期。读到张明仁、王璜二人继《〈资本论〉中的王茂荫》一文后分别发表的文章，认为"集体的方法用到研究上来"是"一个很好的证明"，"在短时期内便把他的生平籍贯和那推行钞票的四条办法都弄清爽了"。《〈资本论〉中的王茂荫》一文"疑铸大钱的办法也出于王茂荫，那便是猜错了的一项"，指出"大钱铸造的建议应该是出于王懿德"。钞票的建议出于王茂荫"那是被我猜着了"，但"猜想只算得到一半"，"他所拟的四条章程，一句话归总，其实就是在求其兑现而已"。"究竟马克思的见解是犀利，他把四条章程""概括成了一句"，正确地译出来是"上一条陈于天子，请将官票宝钞暗渡为可兑换的钱庄钞票"。

初收上海北新书局 8 月初版《沫若近作》，后收《沫若文集》第 11 卷，现收《郭沫若全集·历史编》第 3 卷。

◎ "复初梨、李柯、吕骥诸君信。"（郭沫若纪念馆馆藏资料）

2 日 接待来访的李中及王女士。（郭沫若纪念馆馆藏资料）

3 日 接文求堂寄来官票宝钞照片。将《再谈官票宝钞》一文寄沈起予。

4 日　偕安娜往日比谷参加李中、王女士婚礼。

◎ 往文求堂,取版税二百。

◎ 遇水上,往访其家。(郭沫若纪念馆馆藏资料)

6 日　复信胡荣畦。(郭沫若纪念馆馆藏资料)

8 日　接待钱亦石来访。(郭沫若纪念馆馆藏资料)

9 日　下午,接待刘弱水来访。得其携来的李劼人小说若干册。

刘弱水携来的李劼人小说有《死水微澜》《暴风雨前》《大波》。

◎ 接待来访的水上。谈论旧小说。

◎ 夜,"读李著《大波》,表现法虽旧式,但颇亲切有味。中用四川土语,亦倍觉亲切"。(郭沫若纪念馆馆藏资料)

10 日　接待凤子等人来访。

◎ "终日读《大波》。兼看管鸿儿,时坐紫薇花树下读之。笔调甚坚实,唯稍嫌旧式。"

◎ 续读李劼人著《暴风雨前》。(郭沫若纪念馆馆藏资料)

上旬　往东京参加原左联东京分盟成员聚餐会。与会者约五十人。初次与刚从乡下养病返回东京的林焕平相识,嘱其注意避免肺病复发。(林焕平《深切的怀念　沉痛的哀悼》,《悼念郭老》,生活·读书·新知三联书店 1979 年 5 月版)

11 日　草《创造十年续编》关于"五卅"时的一节。(郭沫若纪念馆馆藏资料)

12 日　"竟日读《暴风雨前》毕。李君颇有大家风度,文笔自由自在,时代及环境的刻画均逼真。中国文坛竟无人提起,殊属异事。拟作文以论之。"(郭沫若纪念馆馆藏资料)

13 日　读李劼人著《死水微澜》。(郭沫若纪念馆馆藏资料)

14 日　上午,草《创造十年续编》。

◎ 下午,往水上寓所赴其约。

◎ 傍晚,往富士庄访凤子。(郭沫若纪念馆馆藏资料)

凤子在东京演出了三场《日出》。剧团曾计划在每场演出前,分别请中华民国驻日大使许世英、郭沫若、日本剧作家秋田雨雀三人演讲。许世英表示因与郭沫若立场不同,不便出席,只请秘书代表。郭沫若得知后则称病未出席。(殷尘《郭沫若归国秘记》,言行社 1945 年 9 月版)

15 日 "整日读《死水微澜》毕,至可佩服"。(郭沫若纪念馆馆藏资料)

17 日 上午,"刑士二人来"。

◎ 作《殷契粹编·述例》。

◎ 下午,续作《创造十年续编》,"草到光华书局的出世"。(郭沫若纪念馆馆藏资料)

19 日 "接到胡适的关于文化动态的讨论,开始做文驳斥。""读《说儒》。发觉三年丧不行于殷的反证,于卜辞得四例。"(郭沫若纪念馆馆藏资料)

胡适《说儒》一文发表在《历史语言研究所集刊》上。

20 日 草《借问胡适》,"颇顺畅"。(郭沫若纪念馆馆藏资料)

22 日 《借问胡适》草毕。(郭沫若纪念馆馆藏资料)

23 日 誊写《借问胡适》,至第十节时,"发觉正考父铭乃刘歆伪作"。

24 日 午前,将《借问胡适》改写好,午后寄出。发表于上海《中华公论》7月第1卷第1期,题目作《借问胡适——由当前的文化动态说到儒家》。文章分三节,第一节,替鲁迅说几句话。第二节,论胡适的态度。第三节,借问胡适。《借问胡适》共八题,(一)《说儒》的基础建立在一个对比上。介绍胡适在《历史语言研究所集刊》第4本第3分册发表《说儒》一文的基本观点,"儒本殷民族的奴性的宗教,到了孔子才'改变到刚毅的儒'。孔子的地位,完全和耶稣基督一样",并表示"我们现在就请来追究他的根据"。(二)三年之丧并非殷制。指出胡适的主要根据"是三年丧制",但殷虚卜辞没有"三年之丧的痕迹",周代"也毫无三年丧制的痕迹"。(三)高宗谅阴的新解释。指出"三年不言",在近代医学上谓之"不言症","谅阴"是说"高宗的哑,并不是假装的",认为"把'谅阴三年'解为三年之丧","是同样的不可靠"。(四)论《周易》的制作时代。重申《周易之制作时代》一文的基本观点,"作者是马干臂子弓,作的时期是战国前半"。(五)论《正考父鼎铭》之不足。指出"正考父尽管是宋襄公时人",但"刘歆不仅伪造了鼎铭,而且还伪造了史实","弄得我们标榜考证的胡适博士也为所蒙蔽了"。(六)《玄鸟》并非预言诗。对胡适所引诗句"武丁孙子——武王靡不胜"重加标点,不用改字,胡适的"预言说"自然也就不成立了。(七)殷末的东南经略。肯定"殷纣王这个人对于我们民族发展上的功劳倒是不可淹没的"。"殷代的末年有一个很宏大的历史事件,便是经营东南,这几乎完全为周以来的史家所抹杀了。这件事,在我看来,比较起周人的翦灭殷室,于我们民族的贡献更要伟大。"列举了七条"最重要的"卜辞证明帝辛经营东南的"规模似乎是很宏大的"。(八)论儒的发生与孔子的地位。儒在初是"一种高等游民","只晓得摆个臭架子而为社会上的寄生虫"。在社会陵替之际,"暴发户需要儒者以装门面,儒者需要暴发户以图口腹","相习既久,儒的本身生活也就不成其为问题了",这就是"儒的职业化","孔子是在这个阶段上产生出来的一位大师"。"儒的职业化和行帮化,同时也就是知识的普及化",孔子的功绩"仅在把从前由贵族所占有的知识普及到民间来了的这一点"。

文中第一节《替鲁迅说几句话》、第二节《论胡适的态度》后抽出单独成文,收前导书局9月版《新文选》。全文初收重庆文学书店1942年4月版《蒲剑集》,改题为《驳〈说儒〉》;后收《沫若文集》第16卷;现收《郭沫若全集·历史编》第1卷。

◎ 午后,往东京站送小原荣次郎。

◎ 晚,致信胡荣畦。(郭沫若纪念馆馆藏资料)

25 日 继续写《创造十年续编》。"写漆树芬遗事……","今日成绩甚好,写来殊不吃力"。(郭沫若纪念馆馆藏资料)

27 日 上午,接郁达夫18日来信,"言南京欲借重,消息殊突然。困苦十年,母死兄逝,拖儿带女,殊觉茫茫"。(郭沫若纪念馆馆藏资料)

郁达夫的来信写道:

"今晨因接南京来电,属我致书,谓委员长有所借重,乞速归。

我以奔走见效,喜不自胜,随即发出航空信一,平信一。一面并电南京,请先取消通缉,然后多汇旅费去日,俾得早日动身。

强邻压迫不已,国命危在旦夕,大团结以御外患,当系目下之天经地义,想兄不至嫌我之多事也。此信到日,想南京必已直接对兄有所表示,万望即日整装,先行回国一走。临行之前,并乞电示,我当去沪候你,一同往南京去走一趟。这事的经过,一言难尽,俟面谈。

前月底,我曾去杭州,即与当局诸公会谈此事。令妹婿胡灼三亦丞丞以此事为嘱，殊不知不待伊言，我在去年年底返国时，已在进行也。此事之与有力者，为敝东陈公洽主席，及宣传部长邵力子先生，何廉处长，钱大钧主任，他们均系为进言者。

我在前两月函中，已略告一二，因事未成熟，所以不敢实告。大约此函到后，南京之电汇，总也可到，即将马上动身，先来上海。

中国情形，与前十年大不相同，我之甘为俗吏者，原因亦在此。将来若得再与同事，为国家谋一线生计，并设法招仿吾亦来聚首，则三十年前旧梦，或可重温。"（收《郁达夫文集》第9卷，花城出版社1984年1月版）

所谓的"委员长有所借重"，应该有这样一个经过和背景：

1936年12月"西安事变"和平解决之后，蒋介石以休假、休养为名去了奉化。这时国内开始形成抗日民族统一战线这样一个大的政治气候。本年2月，蒋介石从奉化回南京参加国民党中央执行委员会会议。鉴于时局的原因，他准备邀请各界人士在5月召开一个谈话会讨论国事，地点定在庐山。在离开奉化前，蒋介石对行政院秘书长翁文灏、行政院政务处长何廉指示说："准备一张名单，你们认为政府应邀请哪些人来参加在庐山举行的讨论国事问题的会议。"3月前后的一天，翁文灏、何廉去上海见正在那里的蒋介石，向他递交了一份二人起草的拟邀请与会人员名单。

据何廉晚年口述自传记载："我记得，名单上有郭沫若的名字，但我们并不清楚他是个共产党人。委员长看到郭沫若的名字说：'啊，好得很，我对此人总是十分清楚的。'他问我们此人现在哪里，我说1933年在东京时我曾看到过他，但不了解他现在何处。"5月后，已经复任行政院长的蒋介石和行政院转到避暑胜地庐山牯岭办公。6月初，开了一系列会议，最后敲定庐山谈话会应邀与会者名单及会议的日程等事项，陈立夫、陈布雷、潘公展也参加了。谈话会称"牯岭国事会议"，定在7月6日开始。但因"七·七"事变发生，会议后来推迟至7月中旬开始，19日结束。会议的主题也由原定各方人士交换意见改为讨论统一战线问题。许多各界著名人士参加了会议，像胡适、张伯苓、杜月笙等。会后，蒋介石在南京发表了一个声明，表示中国决心抗战。（《何廉回忆录》，中国文史出版社1988年版；蔡震《文化越境的行旅——郭沫若在日本二十年》，文化艺术出版社2005年3月版）

《在轰炸中来去》亦记载有张群对郭沫若说起过此事："今年五月，

在庐山，和慕尹、公洽、淬廉诸位谈起了你，大家都想把你请回来。但关于取消通缉的事情，不免踌躇了一下：因为如果取消了，恐怕你不能离开日本吧。"

郁达夫后来对于此事的经过亦有追述："在抗战前一年，我到日本去劝他回国，以及我回国以后，替他在中央作解除通缉令之运动，更托人向委员长进言，密电去请他回国的种种事实，只有我和他及当时在东京的许俊人大使三人知道。"（郁达夫《为郭沫若氏祝五十诞辰》，1941年10月24日新加坡《星洲日报·晨星》）

28日 复信郁达夫。（郭沫若纪念馆馆藏资料）

29日 接魏晋信，知于立忱死讯，"半日不快"。

◎草《创造十年续编》，"写学艺大学内部"。（郭沫若纪念馆馆藏资料）

◎《殷契粹编附考释索引》由日本东京文求堂影印出版，线装5册。现收《郭沫若全集·考古编》第3卷。

30日 收到一、二月的《文学》月刊及《读书生活》第2期，将《文学》上刊载的《赫曼与窦绿苔》"展读一遍"。

◎"午后草续编数页"。（郭沫若纪念馆馆藏资料）

31日 "午前草续编"。

◎读日本中国文学研究会会刊《中国文学月报》上译载的《达夫的来访》，觉得"译笔颇佳，中亦稀有错误"。（郭沫若纪念馆馆藏资料）

本月 散文《达夫的来访》（《达夫の来访》）由土居治翻译，刊载于日本中国文学研究会会刊《中国文学月报》第27号。

6月

1日 接内山完造从上海来信，"言鲁迅纪念委员会求余加入事，函复应之"。

◎"午后改写续编。"（郭沫若纪念馆馆藏资料）

2日 以日文致信田中庆太郎。说："大扎奉悉。《粹编》二部妥收。刘氏住所为上海新开路一三二一号也。此次对刘氏赠书过多，深感歉疚，对他人赠阅拟暂缓。如有余书，中村不折、河井仙郎、张丹翁、董作宾诸氏可否各赠一部？"（《郭沫若致文求堂书简》第227号，文物出版社1997年

12月版）

刘氏，即刘体智。

3日 作《断线风筝》，悼念于立忱。即与《创造十年续编》稿一道寄出。《断线风筝》发表于上海《妇女生活》半月刊16日第4卷第11期。回忆了前一年底，与郁达夫同访于立忱，并与其和诗，为其提诗的情景，以纪念去世不久的于立忱。文末写道："立忱死后已十日，很想写点文字来纪念她，什么也写不出来。只她的《咏风筝》和我的《断线风筝》总执拗地在脑子里萦回。"

后收《沫若文集》第8卷，现收《郭沫若全集·文学编》第13卷。

发表时文末自署作于1日，"园子里的大山朴，又开了第一朵白花的清晨"。

4日 草《读李劼人小说》。

◎ 接吉永信，言翻译自传事，即复之。（郭沫若纪念馆馆藏资料）

5日 "午前草《读李劼人小说》"。

◎ 午后，校《幼年时代》。（郭沫若纪念馆馆藏资料）

◎ 为宋寒衣诗集《渔家》书名题字，载中国诗歌社本日初版《渔家》。

6日 七绝《赠封禾子女士》，发表于《国民公报·星期增刊》。云："生赋文姬道蕴才，霓裳一曲入蓬莱。非关逸兴随儿戏，欲起燎原一死灰。"

7日 草《读李劼人小说》成。发表于15日上海《中国文艺》月刊第1卷第2期，改题作《中国左拉之待望》。写道：

"我真是愉快，最近得以读到《大波》、《暴风雨前》、《死水微澜》这一联的宏大的著作。……三部书合计起来怕有四十五万字，整整使我陶醉了四五天。像这样连续着破天的工夫来读小说的事情，在我，是二三十年来所没有的事了。"

"据刘弱水说，李的创作计划是有意仿效左拉的《鲁弓·马卡尔丛书》，每部都可以独立，但各部都互相联系。他要一贯地写下去，将来不知还要写多少。

是的，据我所读了的这三部著作看来，便分明是有联系的作品。整个的背景是成都附近，时代是四五十年前以来。《大波》仅出上卷（以下出否未明），写的是辛亥年的四川争路的经过。《暴风雨前》写的是其前五六年间的启蒙时代。《死水微澜》是更其前数年间的痼闭时代。如那题目所示，作者是有意用诗样的字面来，把各个时代象征着的。

　　作者的规模之宏大已经相当地足以惊人，而各个时代的主流及其递禅，地方上的风土气韵，各个阶层的人物之生活样式，心理状态，言语口吻，无论是男的女的老的少的，都亏他研究得那样透辟，描写得那样自然。他那一枝令人羡慕的笔，自由自在地，写去写来，写来写去，时而浑厚，时而细腻，时而浩浩荡荡，时而曲曲折折，写人恰如其人，写景恰如其景，不矜持，不炫异，不惜力，不偷巧，以正确的事实为骨干，凭借着各种的典型人物，把过去了的时代，活鲜鲜地形象化了出来。真真是可以令人羡慕的笔！

　　作者似乎是可以称为一位健全的写实主义者。他把社会的现实紧握着，丝毫也不肯放松，尽管也在描写黑暗面，尽管也在刻画性行为，但他有他一贯的正义感和进化观，他的作品的论理的比重似乎是在其艺术的比重之上。他对于社会的愚昧，因袭，诈伪，马虎，用他那犀利的解剖刀，极尽了分析的能事，然其解剖刀的支点是在作者的淑世的热诚。在社会的正义被丑恶的积习所颠倒了的时候，作者的平直的笔往往会流而为愤慨，流而为讥嘲，然而并不便燥性地流而为幻灭。社会是进化着的，人间的积恶随着世代的开明终可以有改善的一天。这似乎是作者所深信着的信条，有了这样的信条，作品的健全性也就可以保障了。我们人类所需要的究竟是富于滋养的稻粱，而不必是富于色彩的花草。

　　唯一的缺点是笔调的'稍嫌旧式'。但这'稍嫌旧式'之处，或者怕也正是作者的不矜持，不炫异，而且自信过人之处，也说不定。……古人称颂杜甫的诗为'诗史'，我是想称颂劫人的小说为'小说的近代史'，至少是'小说的近代《华阳国志》'。前些年辰，上海有些朋友在悼叹'中国为什么没有伟大的作品'，我觉得这问题似乎可以解消了，似乎可以说，伟大的作品，中国已经是有了的。

　　然而，事情却有点奇怪。中国的文坛上，喊着写实主义，喊着大众文学，喊着大众语运动，喊着伟大的作品已经有好几年，像李劼人这样写实的大众文学家，用着大众语写着相当伟大的作品的作家，却好像很受着一般的冷落。"

文章还回忆了与李劼人在成都分设中学的同学之交。最后写道:"精公实在值得人佩服。他有那样的成绩,而他'到处遇见的只是冷酷,残忍,麻木,阴险,仇视'。然而,他却并不因而流于死心踏地的'失望'。否,他是敢然地屹立了起来,在'死水'中搅起了'微澜',在'大波'前唤起了'暴风雨'。这毅力,这实在是足以令人佩服的。

我现在要恢复二十几年前的童心,在这儿向芙蓉城内的作者叫出:

——精公,一点也不要失望!请赶快把你的新《鲁弓·马卡尔丛书》,逐一逐二地写出!"

◎ 接江绍原寄来资料。

◎ "午后刑士来,送来电影券一张"。(郭沫若纪念馆馆藏资料)

8日 草《读〈实庵字说〉》。发表于7月1日至13日成都《新民报·百花潭》。针对陈独秀发表在《东方杂志》的《实庵字说》"根据古音古训,出入甲文金文",认为"古之中国氏族社会后继之以奴隶社会若古希腊、罗马然者,则大误矣","中国、印度、日本,则皆由亚细亚生产制而入封建制"的观点"费点笔墨来辩论一下"。在述说了对于"臣、民、氓、宰是奴隶的引证"之后,指出《字说》本身已含有一个极大的矛盾,即"他自己却是承认'民人'就是奴隶的","他自己明白承认'俘民以之助牧畜耕种而已',而他偏偏说'与古希腊、罗马委以全部生产事业异趣',这文字是合乎逻辑的吗?"强调"关于奴隶制这个问题,我敢于十二分坚决地主张:中国也和希腊、罗马是一样,对于马克思的那个铁则并不是例外"。

初收重庆文学书店1942年4月初版《蒲剑集》;后收《沫若文集》第11卷,改题为《驳〈实庵字说〉》;现收《郭沫若全集·历史编》第3卷。

本篇作者自署写作时间为3月,有误。

9日 "寄读字说于南京新民报。"

◎ 致信陈铭德、邓季惺。载7月1日成都《新民报》,署名郭鼎堂。谓:"前说写《留学时代》,因为它事牵缠,久未执笔,心甚不安。这篇读实庵字说,是我昨晚写的,我寄你们,想来在贵报上发表是不会有妨碍的罢?只是文字专门得一点,有些非新铸铅字不可,恐怕会使你们麻烦的。假如这样的文字,你们喜欢要,我以后便陆续寄写来。假如连这篇都有什么不便,请将原稿寄还我,因为我自己是没有留稿的。寄稿太迟,请你原谅,但也要你们放心,我早迟总是要写足寄给你们的,决不失信。"

该信与《读〈实庵字说〉》同日发表于《新民报》,落款所署时间为 6 月 10 日。

10 日　以日文致信田中庆太郎。谓:"对董作宾氏赠阅书亦暂缓。拟赠金君一部。版权券由和夫盖印,我亦未加注意。目前有事略需费用,如方便,请将版税若干以邮政汇票寄下。"(《郭沫若致文求堂书简》第 228 号,文物出版社 1997 年 12 月版)

金君,即金祖同。

◎ 接内山完造寄来《海上述林》上卷。

◎ 接小原荣次郎来信,言其欲作兰花谱,索要题词。作七绝一首,应之。诗曰:"世间服艾户盈腰,谁为金漳谱寂寥。九畹既滋百亩树,羡君风格独嶕峣"(《郭沫若致文求堂书简》第 229 号,文物出版社 1997 年 12 月版)

11 日　以日文致信田中庆太郎。说:"《粹编》三部、金四百元及其它妥实拜领。"并告"《甲骨文字研究》拟于近日誊清。"另录为小原荣次郎所作七绝。(《郭沫若致文求堂书简》第 229 号,文物出版社 1997 年 12 月版)

12 日　收到文求堂转来内山完造信,"中有民治一函"。感慨:"五年不通音闻。故人尚无恙,但已相形得自己之落后矣"。

民治,即李民治。

◎ 读马伯援的《为宰十日记》,以为:"此君总在为自己宣传,但在比较上也还是个好人。"

◎ 拟写《儒家之起源》。(郭沫若纪念馆馆藏资料)

14 日　为小原荣次郎及岩村忍各书一草轴。将为小原荣次郎作题兰花谱七绝首句,改为"菉葹盈室艾盈腰"。

◎ 接待邢振铎等来访。(郭沫若纪念馆馆藏资料)

15 日　午,接待来访的凤子及林一屏。凤子告以将在 18 日回国。

◎ 接江绍原寄来《古占卜术研究》一文,读之得一诗,云:"淋离卦象何淋漓,读后令人捧腹嗤。……"并书寄之。

◎ 小原荣次郎来访,取题诗。(郭沫若纪念馆馆藏资料)

◎ 译作《古代社会的经济》([苏]诺瓦略夫原著),发表于《认识月刊》创刊号"思想文化问题特辑"。

16 日 闻河上肇出狱。作七绝一首："斗争场里一残兵，不堪荆棘莽纵横。……"

河上肇于 15 日出狱后在报上发表"手札"，说：自己是斗争场里的一名残废兵士，年老力衰，已不能胜荆棘之路。今后将隐居，希望自己不要成为他人的障碍。郭沫若闻此而作该诗。(郭沫若纪念馆馆藏资料)

17 日 午后，往东京赴凤子约。(郭沫若纪念馆馆藏资料)

18 日 接良友来信，仍求译小说集，"决心应之"。即往东京访水上，求其帮助收集资料。(郭沫若纪念馆馆藏资料)

良友，当系良友图书出版公司。

◎ 送凤子回国。托她带一信给白崇禧，希望桂系与蒋介石南京政府之间消除芥蒂，携手共赴国难。(凤子《敬礼与怀念》，《郭沫若研究》第 6 辑，文化艺术出版社 1988 年 5 月版；郭沫若纪念馆馆藏资料)

在与凤子的往来中，郭沫若得知凤子之父封鹤君是广西省省志馆总编纂，在广西军政界颇受重视，因请她带转此信。郭沫若写此信，当与阿英的来信有关。凤子回国后，即由封鹤君将信面交白崇禧。

20 日 "午前，一警士来，此物甚可憎。不三分钟即自去"。(郭沫若纪念馆馆藏资料)

21 日 致信胡灼三，署名鼎堂。写道："前月二十三日手札及七妹来信均收到。郁君自福州亦曾有信来（五月十八日），唯所言事，以后迄无消息，故久未作复。""翊昌亦有信来，所言全属子虚，见此信后请作一快信告之。在此阖寓均安好。和博二子所入系东京第一高等学校，均住寄宿舍，礼拜偶尔回来。和于明年毕业，当入大学农科。博于后年毕业，当入大学医科也。三子佛中学四年，此子最钝，将来恐无成就。四女淑子已入松户高等女学，目前兼令习钢琴。最小鸿儿仅六岁。""出处进退我自有权衡，请不必为我过虑。将来如回国时，自当函告，以图良晤也。"(《四川大学学报丛刊·郭沫若研究专辑》1980 年 11 月第 2 集)

◎ 中午，有宪兵来寓所，示以一玛瑙鼻烟壶。(郭沫若纪念馆馆藏资料)

22 日 收到李德谟从陕西三原来信。复信说："二月尾上的一封信，直到本月初才由内山转到，想见在国内是受了很大的周折。但五月廿九日的第二信，却在今天便到了我的手里。读你前后两信，我是很愉快的。你的行动，我间接地早知道得一些，但直接得到你的来信，而且机会来得这样快,却是没有想到。""二万八千里(原文如此——编者注)的行程,我的肉体未能直接参加,我是十二分抱歉的。但我始终是和从前一样,记得前些年辰早就写过信给你,说我就骨化成灰,肉化成泥,都不会屈挠我的志气。""前月中旬郁达夫由福州来信,言蒋有所借重,要我回去。郁教他们先取消通缉令并汇旅费来。但距今已一月,又渺无消息。大约是并无诚意,只在使用心计吧。""握手的机会总相隔不远,希望珍重。因心兄,望问候。我常常思念着他。"

李德谟,即李民治。郭沫若于本月接连收到李民治两封信(其中经内山完造辗转带来的信写于2月底),遂复此信。台头称"D兄",即指"德谟",署名"M. J. Kuo"。"因心兄,即周恩来"。信写好后,"继又踌躇,未寄"。(郭沫若纪念馆馆藏资料)

◎ 收到鲁迅纪念委员会来信。即复信,建议成立鲁迅学院。(郭沫若纪念馆馆藏资料)

23日 夜,作《自由并不是中立》讫。发表于上海《作品》半月刊7月15日第1卷第2期。认为:所谓"德谟克拉西",所谓"自由","它之生是因我们人而生,它之死也是因为我们人而死。人类中有一部分人不高兴它,要不许有这样精神上的分泌物存立,而另一部分人又要争取它,要使这种分泌物旺盛起来——这,是明而且白地掷在眼前的事实。""'右有法西,左有普罗',诚是事实,然而其不左不右之处却并无所谓'自由',也并无所谓'德谟克拉西'。'德谟克拉西'者此一反一正所斗争出来的成果也。没有斗争绝不会有自由,没有正反绝不会有综合。""自由并不是中立"。

本文针对《宇宙风》所载林语堂的《自由并没死》一文而作。林语堂在文中说:"所谓'自由没有死也'一语,盖吾国青年,眼光太狭且好趋新逐奇,右有法西,左有普罗,震于其名,遂谓德谟克拉西已成过去赘瘤,自由已化僵尸,再无一谈之价值。想来也是留美留英学生太不努力之过,也是吾国青年好学而不深思之过。"

发表时文末署写作时间为6月22日。

24日 接待吴汶来访,并得照片一张。吴汶告以不日将归国。(郭沫若纪念馆馆藏资料)

25日 草《创造十年续编》,写至瞿秋白来访。(郭沫若纪念馆馆藏

资料)

26日 以日文致田中庆太郎明信片。说:"《清华学报》载有冯友兰氏撰《原儒墨》者,贵店有存书否?望寄下一册。"(《郭沫若致文求堂书简》第230号,文物出版社1997年12月版)

◎ 为《赫曼与窦绿苔》事复信王统照。

◎《创造十年续编》第七节草毕并寄出。(郭沫若纪念馆馆藏资料)

28日 接待刘弱水来访。

◎ 接待来访的夏国瑗。谈及其母董竹君,赞曰:"闻君谈君母,诚哉女丈夫。"(郭沫若纪念馆馆藏资料)

29日 收到四川达县县立城区第二小学来信,邀为作校歌。"破半日工夫作成"。

30日 读《大波》中卷,觉"此卷稍嫌拖沓"。(郭沫若纪念馆馆藏资料)

7月

1日 致信达县县立城区第二小学师生。并寄所作校歌二首。载上海《中国文艺》7月第1卷第3期,题为《双鲤鱼》。又以《复达县县小学同学书——郭氏回国前的一封信》为题,载10月11日《国闻周报》第14卷"战时特刊"。信中写道:

"你们给我很亲切的信,已经由改造社转交了来,我读了很受感动。你们以法国的雨果期许我,我是敢当不起的。我自己离开中国又快满十年,离开我们四川,更已二十四年了。自己实在是没有什么成就,真是对不起自己的国族,想起来,实在是很惭愧。不过我思念我国族的情趣,实在是有难于用语言文字来表达者。自己一息尚存,总想努力,以期不负一切已知未知的朋友的希望。我们国族目前处在危难的时候,我们做国族的儿女的人,尤其是生死与共,我久已立志要使自己的最后一珠血都要于国族有所效益。朋友们,你们以后请时常鞭挞我罢。

近年我们四川遭遇着空前的旱灾,我在报上偶所有见,自恨离乡太远,而且手无斧柯,只能够翘首西望,涔涔眼泪而已。天灾一大半是由于人为,为百年长久计,仍当以励行科学教育为急务。贵县属于重灾区,而贵校仍弦歌不绝,在苦难中撑持,已足见贵校诸先生的卓识和努力,于乡梓，于国族，将来是会有莫大的贡献的。同学们有这样好的师长，实在是可以庆贺的一件事。古人说'有福读书'，又说'人师难逢'。同学们，请你们努力罢，国族的希望是寄系在诸位身上的。"

校歌中写道："我们风乎是／他们浴乎是／我们是自然之宠儿。""我们勉乎旃／我们勉乎旃／我们是国族之希望。"

◎ 校毕《北伐》。

《北伐》即由上海北雁出版社初版发行，但版权页署6月出版。其中收《北伐途次》《宾阳门外》《双簧》，另有"作者笔迹"一页，照片"曲江河畔"一幅。《北伐途次》为连载于《宇宙风》杂志的回忆录《北伐途次》的全部30节，文前有"小引"，删去连载时所写《序白》，增加了《后记》。"作者笔迹"即4月29日致北雁出版社关于《北伐途次》遭盗版的信。

4日 草《创造十年续编》第八节毕。（郭沫若纪念馆馆藏资料）

5日 寄出《创造十年续编》第八节。（郭沫若纪念馆馆藏资料）

6日 作《太太奶奶们的出路》，并寄胡兰畦。（郭沫若纪念馆馆藏资料）

7日 接待来访的金祖同、熊子骏。（郭沫若纪念馆馆藏资料）

8日 从报上得知"卢沟桥事变"发生。（郭沫若纪念馆馆藏资料）

9日 上午，有刑士来寓所。（郭沫若纪念馆馆藏资料）

14日 作五律一首。发表于8月4日上海《大晚报》，题作《郭沫若题诗》，并录入8月1日所作《由日本回来了》，载上海《宇宙风》半月刊8月第47期。吟道："托身期泰岱，翘首望尧天。此意轻鹰鹗，群雏剧可怜。"

初收广州战时出版社1938年1月初版《战声》，为《归国杂吟》之一；又收上海群益出版社1948年9月初版《蜩螗集》（附《战声集》）；后收《沫若文集》第2卷；现收《郭沫若全集·文学编》第2卷。

"想起了十四日那一天，写给横滨友人的那首诗。那是写在明信片上寄给他的，用的不免是隐语。"（《由日本回来了》）

15日 金祖同来访，与其谈论"卢沟桥事变"后的国内局势，及个人出路的问题。

"关于中国军队应采取如何步骤，鼎堂的回答是绝对主战的。他说：'这样下去，帝国主义的侵略野心是永无止境的，除非我们以铁血来对付他们的进蚀绝无办法。虽然我们的物质上损失很大，不过精神上的胜利是绝对有把握的。我们如果还这样因循下去，将来要翻身就很不容易了。'"

"在他那里，常有刑士、宪兵、和警察，三位一体不断来麻烦他，使他非常的气闷。'他们简直是胡闹，有时闹了半天，连写作的时间都被耽误了。他们常没来由地问我对于这次事变的意见，我为了避免麻烦起见，谈锋只有转到别方面去，可以打发他们走掉。'"

"我怂恿他快把走的主意打定了，他叫我把这件事到东京后和几个朋友去商量，使他怎样可以脱身。我当时就推荐叔崖先生，因为在几天前他曾同我谈起鼎堂先生回国的问题。他告诉我在五月里回国的时候，在南京遇见了王某某，知道这时国内的国共合作的声浪已渐渐地高了。王某某在最高当局面前提起过鼎堂先生。"（殷尘《郭沫若归国秘记》，言行社 1945 年 9 月版）

"王某某"即王芃生，国际问题研究所所长。国际问题研究所是国民政府的一个对日情报机关，专门研究日本问题，组织上隶属于国民政府军事委员会，情报关系上直属蒋介石的侍从室。"叔崖"指钱瘦铁，国际问题研究所在日本的情报人员。（蔡震《文化越境的行旅——郭沫若在日本二十年》，文化艺术出版社 2005 年 3 月版）

17 日　被推选为鲁迅纪念委员会委员。

鲁迅纪念委员会成立大会于本日在上海召开，推选宋庆龄（后为蔡元培）为纪念委员会主席，许寿裳、许广平、茅盾、史沫特莱、内山完造等七十余人为委员。（鲁迅先生纪念委员会编《鲁迅先生纪念集》1937 年；1937 年 7 月 17 日《申报》）

18 日　接待孙毓堂来访、金祖同来访。（殷尘《郭沫若归国秘记》，言行社 1945 年 9 月版）

19 日　致信景宋（许广平）。说："蒙赠《鲁迅书简》一部，今日奉到。隆光精气，皎然不淬，当常置座右，以生廉立。"（《鲁迅许广平所藏书信集》，湖南人民出版社 1987 年版）

20 日　接待钱瘦铁、金祖同来访，谈回国事。

"'如果要走，我想还是廿四日吧。因为时间比较从容一些。'鼎堂想了想又叹口气说：'我已经写了一首诗，本来是寄给殷尘的，我所以犹豫着没寄，就是有许多难问题萦回在我脑海。'"（殷尘《郭沫若归国秘记》，言

行社 1945 年 9 月版）

22 日　下午，接待金祖同来访，示以郁达夫 5 月 18 日的两封信。

"'后来，南京当局并没有汇钱来，达夫的来信也只是说叫我再等机会，因此这事就一直延搁下了。'鼎堂这样不悦意地告诉我。"（殷尘《郭沫若归国秘记》，言行社 1945 年 9 月版）

◎ 起草致邻居的留言，以便走后安娜不致为他们所窘，并请金祖同带去东京排印。（殷尘《郭沫若归国秘记》，言行社 1945 年 9 月版）

23 日　金祖同来访，告知与钱瘦铁往大使馆与许大使谈回国事。嘱金祖同买船票。（殷尘《郭沫若归国秘记》，言行社 1945 年 9 月版）

24 日　接金祖同送来次日船票及往神户的火车票，并得知王芃生已有电报来，且汇来旅费 500 元。（殷尘《郭沫若归国秘记》，言行社 1945 年 9 月版）

◎ 作七律一首。发表于 8 月 3 日上海《立报·言林》；又载 8 月 7 日成都《新民报·百花潭》，题为《归国志感》；并录入 8 月 1 日所作《由日本回来了》，载上海《宇宙风》半月刊 8 月第 47 期；手迹载上海《光明》半月刊 8 月第 3 卷第 5 期，题作《归国书怀》（用鲁迅韵）。写道："又当投笔请缨时，别妇抛雏断藕丝。去国十年余泪血，登舟三宿见旌旗。四万万人齐蹈厉，同心同德一戎衣。"

初收上海大时代出版社 10 月初版《抗战与觉悟》，作代序；又收广州战时出版社 1938 年 1 月初版《战声》，为《归国杂吟》之二；后收《沫若文集》第 2 卷；现收《郭沫若全集·文学编》第 2 卷。

"想起了二十四日那一天，预想到回到了上海的那首七律。""这是用的鲁迅的韵。""原诗大有唐人风韵，哀切动人，可称绝唱。我的和作是不成气候的，名实相符的效颦而已。但写的时候，自己确有一片真诚。""细细考虑起来，真的登了岸后，这诗恐怕是做不出来的。"（《由日本回来了》）

该诗的写作时间，《光明》半月刊发表的手迹署 7 月 27 日；《鲁迅和我们同在》中回忆作于归途"快到上海的时候"，亦即 7 月 27 日；殷尘《郭沫若归国秘记》中记为写于 7 月 26 日。

25 日　凌晨，离家，汇合钱瘦铁、金祖同至横滨友人家换了合适的装束，复往东京站乘火车赴神户。（殷尘《郭沫若归国秘记》，言行社 1945 年 9

月版;《由日本回来了》)

"昨夜睡甚不安,今晨四时半起床,将寝衣换上了一件和服,踱进了自己的书斋。为妻及四儿一女写好留白,决心趁他们尚在熟睡中离去。""昨晚,安娜知道了我有走意,曾在席上告戒过我。她说:走是可以的,只是我的性格不定,最足耽心。只要我是认真地在做人,就有点麻烦,也只好忍了。"(《由日本回来了》)

◎ 下午,抵达神户。傍晚,用杨伯勉化名登上加拿大公司的"日本皇后号",金祖同同行。夜,21时船起航,驶离神户港。(《由日本回来了》;殷尘《郭沫若归国秘记》,言行社1945年9月版)

"这样平安地,没有经过一些麻烦地给我们到了船上,那真有些出了三人的意外的。"(殷尘《郭沫若归国秘记》,言行社1945年9月版)根据日本警方档案记载,钱瘦铁被做为间谍网的成员,其在日本的活动,一直被警方所监视。但郭沫若秘密回国一事,警方却是在郭沫若回国后才得知消息。钱瘦铁在1937年8月被拘捕,后判刑入狱,1940年获释。(武继平《"日支人民战线"谍报网的破获与日本警方对郭沫若监视的史实》,《新文学史料》2006年第1期)

◎ 译作《古代社会之没落》([苏]诺瓦略夫原著),发表于《认识月刊》第1卷第2期"中国经济性质特辑"。

26日 "坐在舱中写了好几封致日本友人的信。对于日本市川市的宪兵分队长和警察署长也各写了一封,道谢他们十年来的'保护'的殷勤;并恳求对于我所留下的室家加以照顾。"

◎ 为船上广东籍水手发起的"慈善会"捐资五元,以做慰劳抗敌战士之用。(《由日本回来了》)

27日 晨,作七绝一首。以手迹发表于上海《光明》半月刊8月第3卷第5期,题作《黄海舟中》。并录入8月1日所作《由日本回来了》,载上海《宇宙风》半月刊8月第47期。咏道:"此来拼得一家哭,今往还当遍地哀。四十六年余一死,鸿毛泰岱早安排。"

初收上海大时代出版社10月初版《抗战与觉悟》,作代序;又收广州战时出版社1938年1月初版《战声》,"一家"改作"全家",为《归国杂吟》之三;后收《沫若文集》第2卷;现收《郭沫若全集·文学编》第2卷。

◎ 与同在船上的蒲风、张禾卿及一些留日学生相会聚谈。(殷尘《郭沫若归国秘记》,言行社 1945 年 9 月版)

◎ 下午,抵沪。在码头上见到来接船的国民政府行政院政务处长何廉,颇吃惊。(《何廉回忆录》,文史出版社;殷尘《郭沫若归国秘记》,言行社 1945 年 9 月版)

◎ 与金祖同同往中法文化交流委员会孔德图书馆沈尹默处。

专程从福建赶来的郁达夫,以及得知消息的李初梨、张凤举、施蛰存、陶亢德、姚潜修先后来到孔德图书馆。随后,同往喜来饭店。"大家热烈的谈论鼎堂回国后的种种问题"。沈尹默建议继续研究学术,郁达夫劝往福建。(《再谈郁达夫》;殷尘《郭沫若归国秘记》,言行社 1945 年 9 月版)

28 日 搬入沧州饭店居住。沈起予、叶灵凤、阿英、周宪文、郑伯奇等陆续来访。(殷尘《郭沫若归国秘记》,言行社 1945 年 9 月版)

30 日 上午,与友人前往中国公墓吊祭于立忱。(《归去来·回到上海》,上海北新书局 1946 年 5 月版)

◎ 在寓所接待记者,说:"中国的前途,实在也不宜过分悲观,只要每个人不把个人生命看得太重要就好了。"(31 日上海《立报》)

◎《抗敌与民主的不可分性》发表于上海《人间十日》旬刊第 14 期,署名杜衎。针对蒋介石本月 17 日在庐山会议上的演讲辞,强调单要人民尽义务、牺牲是不行的,必须给人民以民主。同时批驳了"把民主与自由当作和统一与团结的绝对相反"的论调,指责当权者"把民众还始终当作只可使由之,不可使知之的庶民,而自己以'知识权贵'自居"的恶劣态度,认为"政治是国民生活的权利",应当争取建立"民有,民治,民享的不可侮的中国"。

◎ 得国民党中央执委会撤销通缉令。

国民党中央执委会决议撤销对郭沫若的通缉令,"由该会函请国府令政法两院及军委会,分别转饬所属知照"。(31 日上海《立报》)

下旬 经友人介绍,与于立群相识。(《洪波曲》)

8 月

1 日 因为觉得来客愈弄愈多,不得已又搬到高乃依路(今皋兰路)

的一家捷克斯洛伐克人的公寓里。曾与来访的张发奎将军交谈"最近会不会开战",认为"日本军阀是决定要干了,这次中国会示弱的"。听张说"预备去周旋",可是"过了好几天"也"没有看见真的干起来",未免"有些失望"。(《回到上海》;殷尘《郭沫若归国秘记》,言行社1945年9月版)

◎ 作散文《由日本回来了》讫,补记7月25日至27日三天日记,记叙从日本回到上海的经过。发表于16日上海《宇宙风》半月刊第47期,后收《沫若文集》第8卷,现收《郭沫若全集·文学编》第13卷。

◎ 夜深独坐,瞻仰廖仲恺先生遗容,不觉泪下,即题词志感,"我们要追踪你的血迹前仆而后起"。手迹载20日上海《立报·言林》,题为《郭沫若题词》。收《沫若文集》第2卷时,改题为《题廖仲恺先生遗容》,现收《郭沫若全集·文学编》第2卷。

2日 中午,应邀往蜀腴川菜社,出席中国文艺协会上海分会和上海文艺界救亡协会为其举行的欢迎会。致答词说:"此次别妇抛儿专程返国,系下绝大决心。盖国势危殆至此,舍全民族一致精诚团结、对外抗战外,实无他道,沫若为赴国难而来,当为祖国而牺牲,谨以近作七律一首聊示寸衷。"

到者有胡愈之、潘公展、傅东华、沈兹九、叶灵凤等三十余人,由潘公展致欢迎词。(3日《大公报》)

◎ 下午,与阿英谈话。潘汉年、夏衍来访。(夏衍《懒寻旧梦录》(增补本),生活·读书·新知三联书店2005年版)

◎ 锦江饭店老板董竹君来访。

"来探望他的还有两位女士,一位是锦江饭店的店主董竹君。"(夏衍《懒寻旧梦录》,生活·读书·新知三联书店1985年版)

3日 作散文《一二八的炮手》。发表于上海《光明》半月刊9月战时号外第1号,收战时出版社1938年版《战时小说选》。

4日 为中国剧作者协会会员在短时间内集体创作并演出的话剧《保卫芦沟桥》题诗。发表于7日上海《大晚报》,题为《郭沫若题词》。又载同日《社会日报》"保卫芦沟桥公演特辑"。手迹见同日上海《大公报》。诗云:"芦沟桥已经失掉了,/我们依然要保卫芦沟桥。/芦沟桥它是不应失掉,/在我们精神中的芦沟桥,/即永远是我们的墓表。/芦沟桥虽然失掉了,/我们依然要保卫芦沟桥。"

6日 得国民政府取消通缉令。

据国民政府《内政公报》1937卷10（7—12）："警政：（五）取消通缉事项"之第二款："奉令取销郭沫若通缉令仰知照——训令直辖各机关（中华民国二十六年八月六日）"。

7日 中午，出席上海留日同学救亡会会员举行的欢迎会并讲话，称"中国到了最后关头，每个人到必要时都要有拿枪杆的力量，每时每刻每秒都不要忘了抗敌救亡的主张"。（8日上海《立报》）

◎ 在蓬莱大戏院观看《保卫芦沟桥》专场演出。

该剧于本日首次公演。为欢迎郭沫若回国和沈钧儒、邹韬奋等"七君子"获释，特别安于日场、夜场之间加演一场。（于伶《回忆"中国剧作者协会"和集体创作、联合公演〈保卫芦沟桥〉》，见《中国话剧运动五十年史料集》第2辑，中国戏剧出版社1959年版）

◎ 作七律《有感》，抒发自己在平津虽陷而全面抗战尚未展开形势下的"寂寞"感受。发表于25日上海《救亡日报》。诗云："十年退伍一残兵，今日归来入阵营。北地已闻新鬼哭，南街犹闻旧京声。金台寂寞思廉颇，故国苍茫走屈平。挈眷挈家何处往，茕茕叹尔众编氓。"

初收战时出版社1938年1月初版《战声》，为《归国杂吟》之四；后收《沫若文集》第2卷；现收《郭沫若全集·文学编》第2卷。

诗成之后，置于案头，本无发表之意，后被朋友抄出，刊于25日《救亡日报》，其中"茕茕叹尔众编氓"一句误抄为"叹尔茕茕众编氓"，后经作者订正，在30日《救亡日报》《由"有感"说到气节》上声明。

◎ 发表为上海《时事新报》题词："任重道远，死而后已。"（手迹见本日《时事新报》）

8日 下午，应邀前往尚文小学大礼堂，出席上海文化界救亡协会与其他文化团体为其与"七君子"举行的欢迎会。并发表演说，疾呼"抗敌不在多言，顾力行何如耳！……人人不怕死，人人不爱钱，则敌人打倒矣。"在会上，与沈钧儒等被推为文化界救亡协会理事会理事。（讲话摘要载9日上海《大公报》，又载10日《社会日报》）

9日 上午，往冠生园，出席上海诗人协会举行的欢迎会，并发表演说，指出："美与艺术是应该跟着社会和时代前进"，"中国目前急需的是政治性、煽动性的东西，目的在发动民众"。（演说摘要载10日上海《立报》）

10日 与巴金、王统照、茅盾、胡愈之、王任叔等联名致电北平文化界，对日寇逮捕学人、炸毁学校的罪行深表愤慨，号召民众"再接再厉，抗敌到底"。（电文载11日上海《立报》）

上旬 在南市民众教馆对近百名文学青年发表演讲。叙述在外流亡十年期间对祖国的眷恋之情，而今终于冒死回到祖国的怀抱，"我和你们一起，上前线去，走向民族解放的战场，把自己的生命献给神圣的抗战，献给亲爱的祖国！"（慧之、可人等《忆郭沫若和青年在一起》，1982年11月26日上海《青年报》）

◎ 从潘汉年处接到周恩来的口信，要求由上海文化界救亡协会办一份日报。随即与夏衍、胡愈之等着手筹备。

"沫若回到上海大约十天后，潘汉年向沫若和我传达了周恩来同志的口信，由于当时已经考虑到《新华日报》不可能很快出版，所以明确地决定，由上海'文救'出一张日报（这之前，救国会有一份不定期的会刊《救亡情报》）。于是，我们和胡愈之、郑振铎、张志让等商量后，决定出一张四开的、有国民党人参加的、统一战线性质的'文救'机关报，由郭沫若任社长。"（夏衍《懒寻旧梦录》（增补本），生活·读书·新知三联书店2005年版）

12日 晨，应张发奎之邀赶赴嘉兴，并与之乘摩托小艇同游南湖。

晚，乘车赴杭州，看望妹妹。次日晨即赶回上海。（《归去来，到浦东去来》；《张发奎将军》，见战时出版社版《抗战将领访问记》）

据姚潜修回忆，郭沫若至嘉兴访张发奎及返回上海日期，分别为11日、12日。"是八月十一那天，跟沫若先生到嘉兴访张向华将军。尽日倾谈，才恍然阴沉郁冈之气，正值中日血战的前夜。当时足见先生是如何盼望抗战之快些展开，是如何的爱重主张抗战的张将军啊！""先生十二日回到上海，火车已不能驶进北站。十三日抗敌的炮声一响，先生极为兴奋，好像信不过自己的耳朵似的说：'这是大炮的声音吗？——喜炮！喜炮！'喜炮的响声愈多，先生心里的不愉快分子愈少。"（《苦斗的一年间——郭沫若先生归国一年纪念的晚会》，见1938年8月5日《救亡日报》）

◎ 口占七绝一首，"即题《北伐》卷首"赠张发奎。（冯锡刚《郭沫若集外佚诗三首》，《郭沫若学刊》2016年第3期）

13日 下午，在大陆商场会所出席上海市文化界救亡协会国际宣传委员会首次会议，与胡愈之、金仲华、戴望舒、钱俊瑞等十余人共同讨论了设主席团、招待本埠外籍记者、出版对外宣传手册等事项。（14日《大公报》）

16日 下午，在华安大厦出席上海市文化界救亡协会举行的外国记者招待会，与宋庆龄等为主席团成员。在讲话中揭露日本帝国主义近年来的侵略政策及其破坏世界和平的阴谋。（17日上海《立报》）

17日 作《我们为什么抗战》。发表于23日上海《抗战三日刊》第2期。写道：

"和平的日本，理智的日本，建设的日本，是早已窒息了。

日本就在这一大群的狂暴军人的统制之下，在吐放着他们的毒气。他们的野心是没有止境的，他们不仅是想吞灭我们全体的中国，而且是想混一我们整个的世界。这，我们是明确地知道的，就是全世界的具眼的人士也是早已知道。

我们晓得，人类的福祉是在人类生活得到理智的统制时的和平状态之下所建设起来的。人类自脱离了兽域以来，他的目标是正确向着人类的协和，泯除着各个民族各个社会的偏狭的传统，尤其个人所禀赋着的先天的兽性而前进着的。以往的人类文化是这样建设了起来，今后的人类文化也常这样建设起来。"

"日本的狂暴军部是世界文化，人类福祉的最大的威胁，这，是明而且白的事体。

不仅我们中国民族是达到了生死存亡的关头，就是整个人类都是达到了生死存亡的关头了。

过往无数的志士仁人为谋人类福祉，费尽无数心血所创建的文化利器，都为日本军阀所逆用，用来毁灭我们全人类了。

我们中国民族本着他爱好和平的素质，我们被逼迫到忍无可忍的地步，我们现在提着正义的剑，起来了，我们不仅是为要争取我们的生存权，为要保卫我们的祖国而抗战，我们并且是为要保卫全世界的文化，全人类的福祉而抗战。

我们知道，我们的力量很薄弱，但我们的意志却很坚强，我们也明确地知道，日本军部的强悍是因有日本经济为粮台，而日本的经济基础是奠设在我们中国身上的。我们中国能制日本经济的死命，同时也就是能制日本军部的死命。古语云：'时日曷丧，余及汝偕亡'，我们要拼却我们的一切，至少是要达到与日本军部同归于尽的一步。

我们就牺牲了自己的生存权，牺牲了自己的祖国，而使全世界的文化，全人类的福祉得到保障，我们能遂行着这种使命，我们是感觉着无上的光荣的。"

初收上海大时代出版社1937年10月版《抗战与觉悟》，又收重庆群益出版社1945年版《羽书集》，《羽书集》收入《沫若文集》时该篇删去，现收《郭沫若全集·文学编》第18卷。

19日 诗《抗战颂》发表于本日上海《抗战》三日刊第1期。写道："听见上海空中的炮声，/我自己只有欢喜。/我觉得这是我们民族复兴的喜炮，/我们民族有了决心要抗敌到底。//……"

初收广州战时出版社1938年1月初版《战声》，署写作时间为8月21日，有误；后收《沫若文集》第2卷；现收《郭沫若全集·文学编》第2卷。

20日 晨，作诗《战声》。称："战声的一弛一张关系民族的命运，我们到底是要做奴隶，还是主人？//站起来呵，没再存万分之一的侥幸，/委曲求全的苟活决不是真正的生。"

初收广州战时出版社1938年1月初版《战声》，后收《沫若文集》第2卷，现收《郭沫若全集·文学编》第2卷。

◎ 作诗《民族复兴的喜炮》，歌颂我们的"民意"和"士气"，说"这为敌人的飞机大炮所炸毁不尽"。

初收广州战时出版社1938年1月初版《战声》；后收《沫若文集》第2卷，改题为《民族再生的喜炮》；现收《郭沫若全集·文学编》第2卷。

中旬 与潘汉年同往浦东大楼拜访潘公展，就创办《救亡日报》人事、经费等问题进行谈判。（夏衍《纪念潘汉年同志》，1982年11月24日《文汇报》；陈坚《抗战烽烟中夏衍（上）》，《抗战文艺研究》1983年第3期）

谈判时间一说为八月下旬："8月下旬，沫若、汉年和我三人直接去找潘公展……潘公展同意了发刊《救亡日报》，决定这份报纸以郭沫若为社长，国共双方各派总编辑一人（夏衍、樊仲云），并各出五百元作为开办经费。于是，《救亡日报》就于'八一三'之后不久的8月24日出

版。"（夏衍《懒录旧梦录》，生活·读书·新知三联书店 1986 年 1 月版）

◎ 白杨来访，请她去"洁而精"川菜馆吃饭，席间允诺写几个抗战救国的剧本，表示首先要着手修改《棠棣之花》。（陈明远《白杨忆郭沫若》，《新文学史料》1985 年第 2 期）

21 日 为上海市文化界救亡协会国际宣传委员会起草《中国文化界告国际友人的沉痛宣言》。谴责日本帝国主义的侵略野心，吁请全世界人民"协同防止"战祸之蔓延。发表于 24 日、25 日上海《救亡日报》，征求全国文化界签名。后改题为《告国际友人书》。

初收上海抗战出版部 1937 年 11 月版《在轰炸中来去》附录，又收香港孟夏书店 1941 年 10 月版《羽书集》，后收《沫若文集》第 11 卷，现收《郭沫若全集·文学编》第 18 卷。

◎ 收到安娜来信，说日本刑士每天要去家里二三次，对她和孩子们朝夕严密监视。又说，日本当局还在广播中谎称郭沫若"带了五万兵和中央军联合在上海前线作战"。（《归去来·前线归来》；《郭沫若谈军中故事》，上海抗战出版社版《上海抗战记》）

◎ 向来访的王剑三打听周作人的消息，听闻谣言说周作人花了九千元包了一架飞机准备南下，即表示："其实这'谣言'，我倒希望它要不是谣言才好。"（《国难声中怀知堂》）

22 日 夜，作诗《血肉的长城》。发表于 24 日上海《救亡日报》。宣称："我们并不怯懦，也并不想骄矜，／然而我们相信，我们终要战胜敌人，／我们要以血以肉筑一座万里长城！"

初收广州战时出版社 1938 年 1 月初版《战声》，后收《沫若文集》第 2 卷，现收《郭沫若全集·文学编》第 2 卷。

23 日 晨，作《国难声中怀知堂》。发表于 30 日上海《〈逸经〉、〈宇宙风〉、〈西风〉非常时期联合旬刊》第 1 期。称周作人为"近年来能够在文化界树风格，撑得起来，对于国际友人可以分庭抗礼，替我们民族争得几分人格的人"，期望他能"飞回南边来"。

初收广州北新书局驻粤办事处 1938 年 1 月版《全面抗战的认识》；又收香港孟夏书店 1941 年 10 月版《羽书集》；《羽书集》收入《沫若文集》第 11 卷时，该篇被删去；现收《郭沫若全集·文学编》第 18 卷。

不久之后周作人读到此文，表示"且感且愧，但又不敢不勉耳"。（10

月 25 日周作人致陶亢德信，见陶亢德《知堂与鼎堂》，《古今》半月刊 1943 年第 4 期）

24 日 《救亡日报》创刊，任社长，并题写报头。

《救亡日报》是上海市文化界救亡协会的机关报，社址在上海南京路大陆商场 631 号。郭沫若任社长，具体负责人是夏衍、阿英、樊仲云、汪馥泉。除以上五人外，主要撰稿人还有茅盾、巴金、巴人（王任叔）、田汉、郑振铎、萨空了、欧阳予倩、沈西苓、谢冰莹、柯灵、林林、王亚平、胡愈之、邹韬奋、范长江、金仲华、包天笑、草明、欧阳山、杨潮（羊枣）、顾执中、傅东华、郑伯奇、恽逸群、施复亮等，记者有周钢鸣、彭启一、孙师毅（施谊）、司马文森（林娜）、叶文津、姚潜修、郁风等。上海《救亡日报》从创刊至 11 月 22 日被迫停刊，在 91 天中共出 86 号。

◎ 出任上海各界组织的战时设计委员会副主任委员。主任委员为沈钧儒。（本日《救亡日报》）

◎ 中午，应张发奎电邀，与上海各界抗敌后援会夏衍、田汉等同往浦东抗敌前线视察，听张发奎介绍抗击日寇的情况，答应帮他组织了一个战地服务团，由钱亦石任团长。（24 日、10 月 6 日《救亡日报》；《到浦东去来》《洪波曲》）

25 日 晨，作散文《到浦东去来》，记叙 24 日往访张发奎将军的经过。发表于 26 日、27 日上海《救亡日报》。初收上海大时代出版社 10 月初版《抗战与觉悟》，后收《沫若文集》第 8 卷，现收《郭沫若全集·文学编》第 13 卷。

后曾将文中第二节、第三节摘出，题作《张发奎将军》，收入广州战时出版社 1938 年版《抗战将领访问记》。

◎ 作《理性与兽性之战》。发表于 9 月 1 日上海《文化战线》旬刊创刊号。认为目前的世界划分成了一边是"发挥着理智"，一边是"发挥着兽性"的"两个阵营"，"抗战可以说是理性与兽性之战，是进化与退化之战，是文化与非文化之战"，鼓动大家"要运用全力来扩展"这场战斗。

初收上海大时代出版社 1937 年 10 月初版《抗战与觉悟》，又收香港孟夏书店 1941 年 10 月版《羽书集》，后收《沫若文集》第 11 卷，现收《郭沫若全集·文学编》第 18 卷。

28日 诗《中国妇女抗敌歌》发表于本日上海《立报·言林》。歌颂中国妇女既能拿针缀线，又能提枪仗剑，"中华民族的死生，担负在我们双肩"。由丁珰谱曲。

初收上海新中国书店9月初版《抗战歌声》，后收《沫若文集》第2卷，现收《郭沫若全集·文学编》第2卷。

29日 上午，往法租界马斯南路视察国际救济会第一收容所，见收容所里条件简陋，颇为难民们的生活忧虑。临走前，为一名童子军题字："天行健，君子以自强不息"。(9月7日上海《救亡日报》)

30日 作《不要怕死》。发表于9月10日上海《救亡日报》"消灭汉奸特辑"。论若要提防大小汉奸，"应该及早开放民众运动"；由于"大奸出于智"，因此更要以"多提倡名节"应之。

初收上海大时代出版社1937年10月版《抗战与觉悟》；又收香港孟夏书店1941年10月版《羽书集》时，写作时间署为"廿六年十月"，有误；后收《沫若文集》第11卷；现收《郭沫若全集·文学编》第18卷。

◎《由"有感"说到气节》发表于上海《救亡日报》。将本月25日《救亡日报》所刊旧体诗《有感》最后一句"叹尔蚩蚩众编氓"，订正为"蚩蚩叹尔众编氓"。对于朋友劝自己不要作旧体诗，解释道："做旧诗也有做旧诗的好处，问题该在所做出的诗能不能感动人而已。……目前正宜于利用种种旧有的文学形式以推动一般的大众。我们的著述对象是不应该限于少数文学青年的。"顺记有感于江朝宗在北平就任伪职而做的旧体诗，感叹某些中国人气节的堕落，认为"能够不怕饿死，能够不怕杀头，这样的人多得一点，中国便可以有救"。

初收香港孟夏书店1941年版《羽书集》，后收《沫若文集》第11卷，现收《郭沫若全集·文学编》第18卷。

◎ 闻江朝宗辈就伪职所作诗录于《由"有感"说到气节》发表："悲歌燕赵已消沉，沦落何须计浅深。到底可怜陈叔宝，南冠赢得没肝心。"

初收广州战时出版社1938年1月初版《战声》，为《归国杂吟》之五；后收《沫若文集》第2卷；现收《郭沫若全集·文学编》第2卷。

31日 作诗《"铁的处女"》。发表于9月5日《高射炮》第2期，揭露日寇在满洲使用残酷刑具"钉箱"。

初收广州战时出版社 1938 年 1 月初版《战声》，后收《沫若文集》第 2 卷，现收《郭沫若全集·文学编》第 2 卷。

本月 领衔在孙陵、杨朔、孟十还等四十余人发起的"投笔从军"宣言上签名。（孙陵《我熟悉的三十年代作家》，台北成文出版社 1980 年 5 月版）

◎ 观刘海粟临摹的"倪黄墨松"长卷及其题跋，赞赏不已，即题诗："丈夫二十九，盘屈若龙虬；劈面风生寒，当头石怒吼；狡哉存天子，珠楼难脱手；既得办学资，骊颔仍依旧；更有大赚头，胜事长不朽。"发表于 1941 年 10 月 17 日新加坡《星洲日报·晨星副刊》。

◎ 作诗《前奏曲》。写道："全民抗战的炮声响了，／我们要放声高歌，／我们的歌声要高过／敌人射出的高射炮。"

初收广州战时出版社 1938 年 1 月初版《战声》，后收《沫若文集》第 2 卷，现收《郭沫若全集·文学编》第 2 卷。

◎ 为董竹君作七绝一首，并书赠之："患难一饭值千金，而今四海正陆沉。今有英雄起巾帼，'娜拉'行踪素所钦。"

"郭沫若……从日本回国。他住在上海高乃依路捷克人开的公寓。我怕有人暗害他，担心他的饮食安全，每天三餐特派锦江忠厚的职员邓明山负责专送了一个半月。郭老因此写过一首诗赠我，以志纪念。"（董竹君《我的一个世纪》，生活·读书·新知三联书店 1997 年 9 月版）

"锦江饭店的店主董竹君（她和沫若是同乡，现任全国政协委员），大概是看到这家公寓的饭菜不好吧，所以常常给他送来名厨烹调的四川菜，这使沫若非常高兴。他对我们说，他在上海这个十里洋场居然遇到了'漂母'。"（夏衍《懒寻旧梦录》，生活·读书·新知三联书店 1985 年版）

◎《沫若近著》由上海北新书局出版发行。

"八九月间曾经把几年来写的文字编为《断断集》，由施复亮先生的介绍，交某新开的书店出版。结果书店没开张，连稿本也被丢掉了。当时剔出了一部分带学术性文字，编为《沫若近著》，在一九三七年由北新书店出版。"（《断断集·小引》）

◎ 为上海美专战时服务团赠诗作团歌。（1937 年 8 月 30 日《申报》）

9 月

2 日 作散文《希望不要下雨》。发表于 7 日上海《救亡日报》。追述上月 29 日视察法租界马斯路国际救济会第一收容所的情形,惦记着敝席遮盖的难民们,祈祷"希望不要下雨"。

初收上海大时代出版社 1937 年 10 月版《抗战与觉悟》,后收《沫若文集》第 8 卷;现收《郭沫若全集·文学编》第 13 卷。

3 日　与胡兰畦等以四川旅沪同乡会救护队名义,赴宝山罗店前线劳军。冒着被敌机轰炸的危险,在前线穿行救助,搭载了 37 名伤兵返回,归途中几乎遭遇车祸。晚 11 点之后返回寓所。(《前线归来》,12 日上海《救亡日报》;胡兰畦《犒军去》,7 日至 9 日《救亡日报》)

4 日　作诗《只有靠着实验》。发表于 8 日上海《光明》半月刊"战时号外"第 2 期。写到抗战的时间,"或许半年不够,或许不到半年,要想得到结论,只有靠着实验"。

初收广州战时出版社 1938 年 1 月版《战声》,后收《沫若文集》第 2 卷,现收《郭沫若全集·文学编》第 2 卷。

6 日　因肠胃不适,在附近友人家吃了两餐稀饭,"身体相当委顿了下来"。(《前线归来》,12 日上海《救亡日报》)

7 日　晨,得知江防总司令陈诚有意邀请到昆山前线商量事情,遂前往。

晚 5 点左右,与杜君乘汽车从寓所出发。"辗转地换了好几次汽车,到了九点半钟,才同杜君两人认真地由小南门向前途出发。"沿途看到穿梭调防的士兵和军车,颇受鼓舞,"自己所愁着的身体,为兴奋、惭恧、感激种种精神上的活动所怂励、鞭挞、鼓舞,却反转振作了起来,病不知躲向了何处去"。凌晨到达目的地,陈诚已上前线,未及晤。夜宿车中。(《前线归来》,12 日上海《救亡日报》)

◎ 作《忠告日本政治家》。发表于 9 日上海《救亡日报》。从日本前首相犬养毅在 1935 年"五·一五"事变中被少壮派军人枪杀说起,论述日本政治家与军部的矛盾,说现在"日本国内事实上是形成了恐怖时代,所有一切的政治家,都是被恐骇得来,不是不敢说话,便是成为日本军部的喇叭"。"一个国家临到军人专政的时候,便是那个国家走到末路的时候了。"最后指出,日本的前途在于自救,即"日本的政治家中不怕死的人多几个,日本便可以得救",因此希望近卫文麿等日本政治家"勇敢一点,救救你们的祖国"。

初收上海大时代出版社 1937 年 10 月版《抗战与觉悟》，又收香港孟夏书店 1941 年 10 月版《羽书集》，后收《沫若文集》第 11 卷，现收《郭沫若全集·文学编》第 18 卷。

8 日　晨，遇冯玉祥将军，共进早餐，说及目前军队作战得不到民众援助，与北伐全然不同的现象，颇有同感。向冯询索最近诗作三首，允为发表。

◎ 见到陈诚。听陈诚介绍战势，为其"屡败屡战"的主张"感动"，觉得这是"每个军人所应该抱的决心，也是每个人民所应该抱的决心。要有'屡败屡战'的精神，我们才能够抗战到底"。被征询意见，遂"略略把自己见到的告诉了几点"：一是"我们的后方工作应该化整为零，应该多设医药站，伙食站等，并随时移动，以免敌人轰炸"；二是"军中的政治工作应该赶快复兴起来，民众运动应该从速开放而加以组织，如此才可以巩固我们的后方，铲除汉奸的要蒂"；三是"全军应该速施防御霍乱的注射，因为霍乱在上海已经有流行的倾向"；四是"军中应该多备日文宣传品，由我们前线的兵士及飞机师投散于敌人的阵地，以劝告敌人的士兵，觉醒他们的迷梦"；五是"军中应有一种统筹全局的'战报'，以联络各军彼此的消息，以传达正确的战讯于人民，并以保存这次神圣抗战的纪录"。此外还谈到难民移殖、产业迁徙、发动国民外交等问题。与陈诚同进午餐，后乘车返回上海。（《前线归来（三）》，14 日上海《救亡日报》）

◎ 午后，即兴作五律一首，录入《前线归来》。写道："雷霆轰炸后，睡起意谦冲。庭草摇风绿，墀花映日红。江山无限好，戎马万夫雄。国运升恒际，清明在此躬。"并作小跋："在××遇敌机轰炸，于明远帐中午睡片时，醒来见庭前花草淡泊宜人，即兴赋此。"明远索诗，即添数字："用赠明远同志。"

初收广州战时出版社 1938 年 1 月初版《战声》，为《归国杂吟》之六，后收《沫若文集》第 2 卷，现收《郭沫若全集·文学编》第 2 卷。

明远，北伐时在总政治部做过事情。（《前线归来（二）》，13 日上海《救亡日报》）

11 日　在国际电台作题为《抗战与觉悟》的广播演讲。指出：抗战两个月以来，"平心地论断起来，我们可以说已经是得到了相当的胜利的"。这种胜利既体现在军事上，也体现在经济上、道德上。我们不能因此而自满，相反地，更应该"把我们抗战的意识和抗战的觉悟检阅一下。我们应该检阅一下自己，究竟对于长期的全面抗战有怎样明确的认识？在最后的胜利未到来之前我们有怎样彻底的觉悟？这种认识和觉悟的随时检阅，在抗战期中，是绝对必要的。"接着对两类"不觉悟者"提出批评。对于那些"存着一种侥幸的念头，希望战事早得到一个段落，使他们的和平的享乐生活得以早早地恢复起来"者，批评说："这种心理在目前的抗战上是很危险的！我们虽然不好说这是汉奸心理，然而也可以说这是亡国心理！我们不是说要长期抗战吗？这长期岂是一月两月便可以了事的？在敌人方面或许有那样的企图，想在南方得一个相当的胜利，以敷衍他们的面子，之后，便暂且收敛他们的锋芒，而专门向华北进攻。这种战略，如是有的，正是敌人的最恶毒的战略。因为敌人的进攻我们是利于把战线缩短，把战地局部化，好让他们紧扎紧打，各个击破，因此我们的长期抗战，全面抗战，正是敌人所最忌避的。我们现在假如希图战事早早告一段落，岂不是正中了敌人的奸计？这种侥幸的心理，可以说，对于抗战的认识和觉悟是太模棱了。我们这次的抗战是要求我们全国的人抱着最大的决心，忍受最大的痛苦，牺牲一切和敌人拚命。敌人不是一月两月可以打得倒的敌人，因而我们的抗战也不是一月两月便可以告一段落的抗战。我们这篇伟大的用血写出的文章才仅仅是在开头，我们要坚定着自己的决心，要抗战他一年两年乃至十年百年，在敌人没有打倒之前我们是永远不会停止的。"对于那些因战争损害、牺牲太大而"浩叹"、动摇者，批评说："战事自然是不免有损害和牺牲的，敌人的存心是要整个吞灭我们，故而屡次发动战事。我们起来抗战，也就是甘心忍受莫大的牺牲，甘心忍受莫大的损害，而来争取我们民族的解放，保卫我们祖国的独立的。试问我们目前所受的损害可以和亡国相比吗？我们目前所受的牺牲可以和灭种相比吗？假如我们的国亡了，种灭了，我们的身家性命还有甚么存在？我们目前是要以一人的死争回一族的生，是要以一家的亡争回一国的存。我们的前敌将士在战壕流的血是有光辉的，就是我们的许多无辜老弱同胞，受了敌人的轰炸所流的血，对于敌人也并不是全无代价。我们的无辜老弱所流的血，写出了敌人的狂暴，我们的无辜老弱是用血证明了敌人的兽性，证明了敌人是人道的刽子手，是连禽兽都不如的。我们无辜老弱的血，和我们前敌将士的血一样，并不是白流了的。但是我们后死者的责任，却就在不要使我们的老弱同胞和武装同志的血白流了！"接着又辩证分析了"损害"，一方面，"敌人在这次抗战中，它所受的损害已经比我们更大"；另一方面，"敌人的损害固然是我们的胜利，而我们的损害却同时也就是敌人的损害"。最后总结说："我们这次的抗战关系于我们国族的生死存亡，我们全体国民是不能够苟且偷安，或畏难不前的。我们应该时时刻刻提醒我们自己的意识，坚定我们自己的决心，要真真正正做到'国存与存，国亡与亡'的地步，不仅是口头说说，文字上写写而已。"长期抗战的意义，包含着"屡败屡战"的精神。"我们要'屡败屡战'，战到敌人总崩溃到来的一天，要有这样的觉悟才能够保障得到最后的胜利。"

演讲稿初载13日上海《大公报》，又载10月16日上海《抗战》半月刊一、二期合刊。初收上海大时代出版社10月版《抗战与觉悟》，又收香港孟夏书店1941年10月版《羽书集》，后收《沫若文集》第11卷，现收《郭沫若全集·文学编》第18卷。

此篇收入《羽书集》时，写作时间署为8月20日，《沫若文集》《郭沫若全集》署时同此。据文章开篇提到的"自芦沟桥事变发生以来，我们在华北对于日本的抗战，已经两个月了"，最后成稿时间不当为8月20日。

13日　作散文《前线归来》讫，记叙本月7日、8日在昆山前线见闻及与陈诚会面的经过。分三期发表在12日至14日《救亡日报》上。其中第8节至第10节摘录成篇，题作《戎机零什》，载《战时妇女旬刊》1938年9月第4期、第5期；第10节单独成篇，题作《归途》，载《光明》半月刊18日战时号外第3期。

初收上海大时代出版社10月版《抗战与觉悟》，又收《沫若文集》第8卷，现收《郭沫若全集·文学编》第13卷。

15日　作诗《今年的"九一八"相见不远》。发表于18日上海《战线》五日刊第2期。鼓动"浴血抗战收复幽燕"，相信与辽沈同胞"相见的时期已经不远"。

初收广州战时出版社1938年1月版《战声》，改篇名为《相见不远》，署作于9月4日。后收《沫若文集》第2卷，现收《郭沫若全集·文学编》第2卷，篇名均为《相见不远》，时间均署为9月4日。

◎　作《全面抗战的再认识》。发表于17日上海《申报》。纠正人们对"全面抗战"的片面理解,指出,"全面抗战"的含义不仅仅是指战争地域,也并非仅与军事相关,而"应该是国家社会内一切施设的战时机构化"。目前的相关规划不够周密,实施不够迅速,与战争进程不相匹配,且落后于敌人,是"一种危险的征候"。从产业、外交两个角度举例说明我们在战时规划实施方面"又落人后,我们要望抗战持久,并望抗战必胜,那是有点南辕北辙的"。最后指出:"所谓全面抗战的意义是值得我们再加认识,而我们所希望的,尤其是民间的有力者应该把这个问题的解答,严肃地执行起来。有好些事件应该不必要等待政府去措办的,更有好些事体一经措办,不仅于国家有益,而且同时更于个人有益。希望大家于保卫国族的神圣誓约之前,担当起执行全面抗战的实际。"

初收上海大时代出版社 10 月版《抗战与觉悟》,又收香港孟夏书店 1941 年 10 月版《羽书集》,后收《沫若文集》第 11 卷,现收《郭沫若全集·文学编》第 18 卷。

◎ 与蔡元培、宋庆龄、胡适等联名发表《告世界文化学术人员书》,揭发日寇暴行,号召同伸正义,予以精神之制裁。(本日上海《大公报》)

17 日 作诗《所应当关心的》。称当前"所应当关心的是抗战到底的决心究竟有没有十成"。"我们要苦行苦干,能够忍受一切的牺牲,/能那样,最后的胜利一定属于我们"。

初收广州战时出版社 1938 年 1 月版《战声》,后收《沫若文集》第 2 卷,现收《郭沫若全集·文学编》第 2 卷。

18 日 《九一八的国庆纪念化》发表于上海《救亡日报》。写道:

"'九一八'这个血腥的纪念日,这个民族耻辱的纪念日,不觉也就满了六周年了。

前五年的今日,我们忍辱含垢地纪念着它,每纪念一回只觉得增加自己的耻辱。对于陷于敌手,在水深火热中呼吸着的辽沈同胞及死难志士,我们一怀念起来只有惭愧。

然而今年的感触却有点两样。今年为'九一八'全面雪耻的全面抗战已经开始了,我们整个民族要与敌人拼个生死。生呢,我们是痛饮黄龙,把水深火热中的辽沈同胞救起来。死呢,我们也可以与死难志士同化为原素,浮游于大气中,游离了我们的耻辱。

'无敌国外患者恒亡',说句干脆的话,我们中国目前的精诚团集,也可以说是我们的敌人之赐,我们的'九一八'这个国耻纪念之赐。

因此,我们的目标,应该是把'九一八'这个国耻纪念日,使它国庆纪念化。"

◎ 晨,作《关于敏子的信》。发表于19日上海《救亡日报》。批评《申报》译载的"敌机长斧田一封凄凉的家信"有失实之处,"译得太走了样",而且未经周密检校便在大报上刊登出来。这样一个"漏洞",反映了日本宣传机构的"无政府状态"。

初收广州北新书局驻粤办事处1938年1月版《全面抗战的认识》,又收香港孟夏书店1941年10月版《羽书集》,后收《沫若文集》第11卷,现收《郭沫若全集·文学编》第18卷。

19日 接到陈诚转来的"最高当局"(蒋介石)电报,命往南京觐见。(24日上海《救亡日报》)

24日 上海《救亡日报》报道题目作"应最高当局电如,郭沫若氏已抵京"。报道说:"郭沫若氏在'八一三'事变前夜,由我驻日大使馆送其回国,当由军事委员会派遣代表,来沪欢迓,并请其赴京。郭氏因十年去国,诸老友强留,加以战事爆发,遂在沪小住。本月十九日,又接得××司令部转来最高当局电,于二十日下午四时离沪。当夜到达××司令部。次日晚起程赴第二目的地。稍事勾留,专车赴京。据郭氏今日致本馆电,已安抵首都。郭氏此行,闻有重大任务,暂时恐不能返沪。本馆为郭氏旅途安全起见,故迟至今日发表。某报谓郭氏系应陈立夫氏电召,实非事实。"

20日 作《"侵略日本"的两种姿态》。发表于28日上海《文摘战时旬刊》第1期。以"艺伎""武士"来比喻日本侵华的两种姿态,前者是"利用着虚伪的和平,以吮吸我们的膏血";后者则是"用飞机大炮来裔制我们"。两种姿态的本质却是相同的,但"艺伎"的危害更甚于"武士"。因此,在目前敌人的"武士"姿态受挫而再现"艺伎"姿态的情况下,国人应有所戒备。

初收上海大时代出版社10月版《抗战与觉悟》,又收香港孟夏书店1941年10月版《羽书集》,后收《沫若文集》第11卷,现收《郭沫若全集·文学编》第18卷。

◎ 下午,离开上海。当夜赶到江防司令部,与陈诚见面。(24日上海

《救亡日报》;《归去来·在轰炸中来去》)

中旬 作《回到上海》讫。记述了初回上海的见闻与感受。

初收上海北新书局 1946 年 5 月版《归去来》,后收《沫若文集》第 8 卷,现收《郭沫若全集·文学编》第 13 卷。

21 日 晚,起程赴苏州。(24 日《救亡日报》;《在轰炸中来去》)

◎ 作《我们的抗日已经获得胜利》。(曾健戎《抗日战争期间郭沫若活动记略》,《抗战文艺研究》1982 年第 1 辑)

22 日 在苏州观光,拜访了李根源、张一麐两位老人,为《救亡日报》向张索取了关于组织"老子军"给蒋介石的一通复电,并求得一纸墨宝。(《在轰炸中来去》)

23 日 晨,抵南京,住首都饭店,即致电《救亡日报》报馆。先后访问周至柔、钱大钧、叶剑英、邵力子、李任公、陈铭枢等人。(电文载 24 日《救亡日报》)

24 日 上午,访同乡陈铭德、邓季惺夫妇,随即应邀搬进他们的公馆里住。(《在轰炸中来去》)

◎ 下午,访张群,从他口中获悉当局要他回国的底细。(《在轰炸中来去》,《再谈郁达夫》)

◎ 傍晚,受到蒋介石接见,觉得其态度"是格外的和蔼","蒋先生的眼神充分地保证着钢铁样的抗战决心,蒋先生的健康也充分地保证着钢铁样的抗战持久性"。在谈到古文字研究时,希望将来可以把散在欧美各国的古器物学的材料收集起来。在谈到今后工作安排时,对于蒋介石希望"留在南京","多多做些文章",并要给一个"相当职务"的建议,表示:"文章我一定做,但名义我不敢接受"。(《在轰炸中来去》)

25 日 先后访问汪精卫、孙科、陈公博等人。(《在轰炸中来去》)

◎ 得《申报》邀写专论。

《申报》登载启事:"本报自十月一日起约郭沫若、邹韬奋、章乃器、胡愈之、周宪文、金仲华、武堉平、张志让、郑振铎、陈望道、沈志远、孙怀仁撰写专论,每日在第四版发表。"(《韬奋年谱(中)》)

26 日 晨,作《看谁化为灰烬》,主要内容与《在轰炸中来去》第 12 节基本相同。载 10 月 10 日成都《华西日报·蜀锦》。

◎ 离宁返沪。路经昆山,向陈诚报告了去南京的情况。(10 月 10 日成

都《华西日报·蜀锦》)

27日 晨，返抵上海。(《在轰炸中来去》)

秋

◎ 为董竹君女儿夏国瑛作七绝一首，并书挂轴相赠。咏叹："今日悲秋甚寥落，哪堪儿女化商参。"诗后作跋语，写道："国瑛今夏曾东渡，访余于须和田之寓庐，就四女淑子钢琴抚奏一曲，及今思之，殊有难言之隐痛。"(据手迹)

◎ 书于立忱《咏风筝》诗赠明健，"时在淞沪抗战炮声轰隆中"。(据手迹)

10月

1日 为之题写书名的《中日战争预测》(汪馥泉编)，由上海文化出版社出版。

2日 为《救亡日报》"战时的美术界"专版所作题词"请以国家民族为前提"，发表在本日《救亡日报》上。

3日 与周信芳、高百岁、金素琴、田寿昌、欧阳予倩、曾焕堂、尤兢（于伶）等座谈，就旧剧如何适应抗战形势的需要及其本身改革的问题展开讨论。主张"旧瓶装新酒"，大胆采用最近抗战中涌现的热烈悲壮的故事来编剧。会上一致决定成立上海戏剧界救亡协会。(《扩大了的戏剧救亡阵线》，4日《救亡日报》)

4日 作《关于华北战局所应有的认识》。发表于11月16日上海《前卫》半月刊第1卷第1期，题下附有11月4日所写的《作者记》。将积重难返的北方比作陈陈相因、不易治愈的"腐肉"，将侵入华北的日寇比作贪食腐肉的"蛆"，从近代医学领域利用蛆虫消除腐肉促生新肌的角度，对目前令人忧虑的华北战局提出了新的认识，即"日本的军人正是一大批贪食腐肉的蛆虫，他们满得意地替我们吃着腐肉，这正对于我们的下层的生肌，给予了顺畅地发育的机会。旧中国非经过一次大扫荡，新中国是不容易建设的。这大扫荡的工作，却由日本军部这大批蛆虫在替我们执行着了。"而"蛆虫"的最终归宿，是在"新兴中国的土地上惨死"。

因此奉劝那些忧虑华北战局的人,"只求抗战到底,莫作无谓的悲观"。

初收上海明明书局 1938 年 1 月版《沫若抗战文存》;又收香港孟夏书店 1941 年 10 月版《羽书集》,删去《作者记》;后收《沫若文集》第 11 卷;现收《郭沫若全集·文学编》第 18 卷。

5 日 作诗《唯最怯懦者为最残忍》。发表于 7 日上海《救亡日报》。称日军的侦察轰炸,让我们"得到了一个金言":"世间上最怯懦者为最残忍。"

初收广州战时出版社 1938 年 1 月版《战声》,后收《沫若文集》第 2 卷,现收《郭沫若全集·文学编》第 2 卷。

◎ 作诗《人类进化的驿程》。发表于 7 日上海《救亡日报》。写道:"画一个十字,再画一个十字,/今天是我们中华民族积极前进的象征。/我们已经画到了二十六个双十,/我们的积极前进只有永远地加增。"

初收广州战时出版社 1938 年 1 月版《战声》,后收《沫若文集》第 2 卷,现收《郭沫若全集·文学编》第 2 卷。

◎ 作《日本的儿童》。发表于 8 日上海《文摘战时旬刊》第 2 号。抨击日本的儿童教育:"好战的日本人把侵略根性,从幼儿时代起,便培植得根深蒂固。"使得"日本的儿童大多数是失掉了他们可爱的性质的"。

初收广州北新书局驻粤办事处 1938 年 1 月版《全面抗战的认识》;又收香港孟夏书店 1941 年 10 月版《羽书集》时,写作时间署为民国"二六年九月";后收《沫若文集》第 11 卷;现收《郭沫若全集·文学编》第 18 卷。

7 日 作《逢场作戏》。发表于 11 月 4 日上海《救亡日报》。从"逢场作戏"这一大众习语中"发现了新的启迪",即古语的"逢场作戏"是随便的胡闹,而近代人视"戏"为最严肃的东西,演剧者也"完全为剧中人而灭却了他自己",因此今语的"逢场作戏",可以解为严肃的献身。因此提出,"我们无论做何种事体都希望秉承着近代的演剧精神,都希望灭却自己的私心以完成客观的美的世界"。

初收广州北新书局驻粤办事处 1938 年 1 月版《全面抗战的认识》;又收香港孟夏书店 1941 年 10 月版《羽书集》,后收《沫若文集》第 11 卷;现收《郭沫若全集·文学编》第 18 卷。

◎ 有感黄定慧将以《山涧独钓图》"售款捐助军费",为之题七绝一

首:"山静如僧水不波,扁舟独钓意逶迤。非关逸兴矜高洁,出世渔竿入世戈。"后附短跋。(见22日《救亡日报》)

此画及题诗于10月22日起在"慰劳书画展览会"展出,展览会系女子书画社与中国诗画社联合主办。

9日 为《申报》作专论《惰力与革命——为纪念二十六年国庆而作》。发表于10月10日上海《申报》。文章称"辛亥革命是我国民主政治的要求战胜了专制政治的序幕",而目前的抗日战争,是日本"想以专制政治的惰力来阻障我们的民主政治的革命运动而已",因而"也可说是民主政治与专制政治的抗战"。接着深入剖析说:"二十六年来我们的建立民主政治的努力,无论内部和外部,都受着莫大的阻挠,而阻挠力以日本为最大,因为我们的内部阻力也大多是由日本人所扶殖培蓄起来的……由专制而民主,是人类进化的基本动向,观乎一雄专制的猩猩社会进化为比较开明的人类社会,便可以得到这个动向的前踪。到了二十世纪的今日,而欲以专制政治的惰力阻碍人类社会的进化,不过是猩猩社会之一时的回光返照而已。"最后号召:"我们要——提醒我们的建立民主政治的革命精神!促进我们的对于专制惰力的扫荡!"

初收广州北新书局驻粤办事处1938年1月版《全面抗战的认识》;又收香港孟夏书店1941年10月版《羽书集》;后收《沫若文集》第11卷,副题改为"为纪念辛亥革命二十六周年";现收《郭沫若全集·文学编》第18卷。

10日 散文《在轰炸中来去》开始在上海《申报》连载发表,本日刊第一节。文章记述了从上海应召往南京见蒋介石又返回上海的经过。

《在轰炸中来去》在写作、发表、出版单行本,以及收入《归去来》集时,均未署写作时间,后作者编订《沫若文集》时方署作于"1937年9月下旬"。《申报》为发表《在轰炸中来去》,于本月8日、9日接连两天刊发了预告,并特别表示获得了该文的"发表权"。(9日上海《申报》)

◎ 发表为《立报·言林》题词,题为《郭沫若先生近作》:"炸裂横空走迅霆,春申江上血风腥。清晨我自向天祝,成得炮灰恨始轻。"

初收广州战时出版社1938年1月初版《战声》,为《归国杂吟》之七;后收《沫若文集》第2卷;现收《郭沫若全集·文学编》第2卷。

◎ 题词"救亡日报国庆慰劳将士特刊"。(见本日《救亡日报》)

11日　《在轰炸中来去》第二节发表于上海《申报》。

12日　《在轰炸中来去》第三节发表于上海《申报》。

13日　《在轰炸中来去》第四节发表于上海《申报》。

14日　《在轰炸中来去》第五节发表于上海《申报》。

15日　《在轰炸中来去》第六节发表于上海《申报》。

16日　《在轰炸中来去》第七节发表于上海《申报》。

17日　作《鲁迅并没有死》。发表于19日上海《救亡日报·鲁迅先生逝世周年纪念特辑》，并题刊名。指出，"对于恶势力死不妥协、反抗到底的鲁迅精神，可以说，是已经成为了我们的民族精神，我们目前的浴血抗战，可以说，就是这种精神的表现"。

收抗战出版部10月25日版《鲁迅逝世周年纪念册》。

◎《在轰炸中来去》第八节发表于上海《申报》。

18日　下午，往女青年会，参加上海战时文艺协会主办的鲁迅先生逝世周年纪念会，敬赠花圈并讲话。主张用集体方法学习鲁迅，将鲁迅精神普遍化。

出席纪念会并讲话的还有郑振铎、冯雪峰、田寿昌、许广平。（19日《大公报》《救亡日报》；唐弢《永恒的怀念》，《悼念郭老》，生活·读书·新知三联书店1979年5月版）

◎《在轰炸中来去》第九节发表于上海《申报》。

19日　往浦东大厦，出席上海文化界救亡协会主办的鲁迅先生逝世周年纪念座谈会，并发表讲话。号召学习鲁迅，使人人成为鲁迅。会上决定成立上海文艺界救亡协会，即与巴金、田寿昌等11人被推为临时执行委员。（20日《救亡日报》；唐弢《永恒的怀念》，《悼念郭老》，生活·读书·新知三联书店1979年5月版）

◎《在轰炸中来去》第十节发表于上海《申报》，记述面见蒋介石的情形及两人间的谈话。又以《蒋委员长会见记》为题，收入广州战时出版社初版《抗战将领访问记》。

◎对赵景深所写的大鼓《平型关》给予好评，亦给作者"不少的鼓励"。（赵景深《文人印象》，北新书局1946年4月版）

20日　《在轰炸中来去》第十一节发表于上海《申报》。

21日　《在轰炸中来去》第十二节发表于上海《申报》。

22日 《在轰炸中来去》第十三节发表于上海《申报》。

23日 嘱由夏衍出席上海文艺界救亡协会第一次临时执委会。会上宣布上海文艺界救亡协会正式成立。(24日《救亡日报》)

◎ 晚，往上海郊区前线访叶伯芹将军。"叶军长很沉着而诚恳，他看见了我去，真是就象见到自己的兄弟骨肉一样，一脸都被笑云遮满了。"自此"几乎每天都在前线上驱驰……会见了不少的指挥作战的高级军事人员"，直到29日。(《一位广东兵的诗》《持久抗战的必要条件》)

24日 晨，从前线访问归来，书写《归国杂吟》组诗赠阿英，后附跋文："归国前后随兴感奋，曾作旧诗若干首。杏邨有嗜痴之癖，爱书付之。一九三七年十月二十四日晨，由前线访问归来，兴致尚佳。"(据手迹；《两个"臭老九"——郭沫若和阿英的革命友谊》，《新文学史料》1998年第1期)

◎ 与田寿昌、夏衍同往嘉定访罗卓英(尤青)将军，称赞罗不仅是一位优秀的军事家，而且是一位诗人。(田汉《新战线巡历》，30日《救亡日报》)

◎《在轰炸中来去》第十四节发表于上海《申报》，连载完毕。单行本由上海抗战出版部11月初版发行，又收上海北新书局1946年5月初版《归去来》，后收《沫若文集》第8卷，现收《郭沫若全集·文学编》第13卷。

25日 作七绝一首，赠罗卓英："报国精忠古岳飞，满江红浪泛新诗。一心运用君诚妙，狂寇已如累卵危。"诗后作小跋："廿六年十月廿五日访尤青将军于嘉定军次，寿昌即席吟赠，余亦效颦，工拙在所不计也。"同时向罗卓英索诗，罗即录赠五律《渡海吟》二首。(田汉《新战线巡历》，30日《救亡日报》；《罗卓英将军诗稿》，11月16日《救亡日报》)

◎ 与柳亚子、田汉、夏衍在黄定慧寓所聚会，商议创办宣传国共合作的刊物《熔炉》。后因上海沦陷，未能如愿。(萧斌如、孙继林《郭沫若与柳亚子交谊琐记》，《郭沫若学刊》1987年创刊号)

◎ 晚，往前线访视。(《由四行想到四川》)

26日 作七绝一首，悼念在抗战中阵亡的郝梦龄(锡九)军长。"一死真如泰山重，哀扬明令出元戎。并闻面谕传优渥，既得成仁又建功。"跋曰："锡九军长阵亡，全国振奋。报载蒋委员长已明令厚恤，今复见辞修兄所录面谕，感而赠此。"手迹载 30 日《救亡日报》"郝梦龄军长追悼特刊"，并题刊名。

28 日 与田汉、夏衍再访张发奎总部，并参加军民抗敌联欢会。（王亚平《火线上的军民抗敌联欢大会》，1937 年 11 月 5 日、6 日《救亡日报》）

29 日 作《持久抗战的必要条件》。发表于 30 日上海《救亡日报》"社论"。一方面强调目前战局形势——"大场失守，闸北、江湾各阵地因战略上的撤退"，不值得国人惊惶，重申"前线上的旅进旅退，对于整个战局并没有多么紧要的关系"。另一方面提出，"要使抗战持久，务须及早确定外交路线以求军火的接济，务须及早武装民众以求兵员的补充，这两层是目前最迫切的必要条件"。

初收上海明明书局 1938 年 1 月版《沫若抗战文存》；又收香港孟夏书店 1941 年 10 月版《羽书集》。后收《沫若文集》第 11 卷，文字略有改动：第 2 段"至死不变"句后删去"就是我们的最高领袖蒋委员长，他屡次上前线来督励将士，他的决心是更比铁还要坚固的"。第 7 段"指示了我们以正确的外交路线"句后，删去"到了现在我们到底还有什么顾虑的必要呢？我们为图自己的国家民族的生存，已经到了最后关头，我真不了解，我们的外交路线为什么还是不能明确的决定！"现收《郭沫若全集·文学编》第 18 卷。

30 日 晨，作《由四行想到四川》。发表于 31 日上海《救亡日报》。写道：

"二十七日因战略上的关系，闸北一线稍往后方撤退，把守四行仓库的八百勇士却誓死不动，在敌人的重围中，在烟焰涨天的火海中，高撑着青天白日的国旗，与敌人抗战到底，租界的英国兵，劝他们卸下武装，退入租界，而他们不动。四围的（日？）敌集中火线来威胁他们，而他们仍不动。这忠勇壮烈的行为激起了国际的同情，振作了我军的士气，为我们国家民族增加了无限的光荣、无上的人格。

每逢东战线略略推移一次，租界上的寓公们总要大大地动摇一次。什么文化人内移，什么赴京商呈要略，巧立名目，大登广告，既可以奔出虎口，又可以出其风头，这些惯会欺世盗名聪明才智之士，看见这八百勇士的壮烈的意气，大约总可以稍稍内省一下了。"

"四行仓库的八百勇士们，我现在仅以十二万分的诚意祷祝你们死守到底。因为你们的死守胜过你们的生还,但假如我军反攻得利把你们活活地救了回来,那是又当别论。人生是总有一死的,死有稳如泰山,有轻于鸿毛。八百勇士们如战死在四行仓库,那你们的死便是你们的永生,你们将要与黄花岗烈士,宝山城烈士,长垂不朽。国家民族将要永远赖着你们的死而增加光荣。

由四行仓库八百勇士的壮烈却又想到了我们四川的军人。

在这次的抗战上,所有全国的兵力,据我所知,几乎都是总动员了的。而且在这动员期中还有无数的佳话。例如在山西阵亡了的郝梦龄军长,他本是驻扎在贵州的,当华北战局业已展开,他曾向中央请命,愿率所部赴前线效命。中央一时未加许可,他便把师长的位置辞了,让给了别人,一人独往北方去调查军事。中央对于他的倚重是没有变更的,时机到了。仍责成他指挥某部的作战,结果是促成了他的成仁的大志。——这是前几天陈诚将军亲自对我说的话。请看这郝梦龄将军不是把张巡许远并而为一人了吗?"

"总之,在这次的抗战上,连僻远的贵州都早已动员了。贵州兵的动员,是经绕过四川的东部的。绕过四川境的贵州兵都已经赶上东战线,本是那儿的高级长官已经在西战线上阵亡,而我们四川的军队和他的指挥者呢?

据我所知,杨森将军和他的所部在一个月以前早已是上了战线的,战绩亦相当可观。但是在四川军人中资望最重而部属最多的刘湘将军,却至今还没有一兵一卒开出夔门。这却不免有点使我们失望。记得八月初刘将军到南京的时候,对于公众说过些壮烈的话,主张和日本抗战,以为我们的军实准备只如坐着鸡公车,敌人的军实准备是坐着飞机(大意如此,原譬恐稍有出入),要准备充实然后作战,那是永没有作战之时。这话在全面抗战未开始时曾经博得多数人的喝彩,我自己也是感铭颇深的一个人。然而抗战以来已经三四个月了,却不见我们刘湘将军亲率所部在前线上周旋。甚至一兵一卒都还没有出夔门一步。该不是真真正正地在'坐着鸡公车准备'吧?大家都在望眼将穿了,我自己是四川人,尤其希望我们四川军在这次神圣抗战中多于替我们争一口气。"

初收广州北新书局驻粤办事处 1938 年 1 月版《全面抗战的认识》;又收香港孟夏书店 1941 年 10 月版《羽书集》,增附《后记》;《羽书集》

编入《沫若文集》时,该文被删去;现收《郭沫若全集·文学编》第18卷。

《后记》写道:

"这篇文章本来是想删掉,因为刘湘将军不久就亲率所部,东出夔门远征,在第二年的春天竟在汉口因劳成疾而以身死国了,这证明我对他的非难,有点失诸急燥,但这篇文章仍然把它保存着,以表示自己的错误。刘将军死时我曾有一付对联挽他,附录于次:

治蜀是韦皋以后一人,功高德懋,细谨不蠲,倍觉良工心独苦。

征倭出夔门而东千里,志决身殱,大星忽坠,长使英雄泪满襟。

三十年八月十五日记"

◎《近作两首 题黄定慧所作〈山居图〉》发表于《战时大学》周刊第1卷第1号,系为黄定慧画《山居图》所题二诗。其一:"小隐堪宜此,山居即是诗,禅心来远岫,逸兴发疏篱。有酒还当醉,无鱼不足悲,天伦常乐叙,回首羡康时。"短跋云:"民二十六年夏,日本寇我平津,余别妇抛雏,只身返国,从事救亡运动。对此图画,与余往日生活,有相仿佛之处,不禁有感,故末句云尔。"

其二:"临波处,有人家,古木森森山径斜。对此无端归思动,只因磅礴似三巴。"短跋云:"民二十六年十月客寓沪上,日日在敌机大炮中讨生活。骤对此种图画,不觉意远。所谓坐游,盖谓此耳。郭沫若。"

前诗收入《潮汐集·汐集》,改题为《题山水画小帧》;现收《郭沫若全集·文学编》第2卷。

据金德娟(金祖同妹)回忆,郭沫若亦曾以此诗题其画作:那年金祖同陪送郭沫若回上海后的一个星期天(约8月上旬),祖同带她和侄女去到上海法租界高乃依路(今皋兰路)去拜见郭沫若。……金家是书画之家,幼承家学,都喜画画。这次拜访郭沫若,金祖同让她们都带了各自的习作上门。郭沫若看到了金德娟的一幅以嘉兴近郊为背景的山水图,特别兴奋,也许此画与郭沫若在日本的居处有某些类同的地方,他触景生情地当即在画上写了小序,并题了一首五言律诗:

"民二六年夏,日寇侵我平津,余一人别妇抛雏,只身返国,从事救亡运动。对此图画,不禁有感,故末名云尔。

小隐堪宜此,山居即是诗。

禅心来远岫，逸兴发疏篱。

有酒还当醉，无鱼不足悲。

天伦常乐叙，回首羡康时。"

令人遗憾的是，金德娟的画、郭沫若题写的诗在十年动乱中已不见踪影。(《金祖同与郭沫若》，《文化交流》2005 年第 2 期)

本月 为金淑娟（金祖同的二妹）所画红绿梅题七绝二首。收《潮汐集·汐集》，题为《题画红绿梅二首》；现收《郭沫若全集·文学编》第 2 卷。

◎ 作《沫若自赞》，题在郁风为自己所作速画像上。词云："这便是我，出一刹那，艺术之力，千古不磨。"画像、题词刊印于上海抗战出版部 11 月 1 日版《在轰炸中来去》扉页。

◎ 两次致信张元济。约为《救亡日报》撰稿。(据张人凤整理《张元济日记》，河北教育出版社 2001 年 1 月版)

据张元济 10 月 16 日日记载："得郭沫若二次信。先来者要余为《救亡日报》撰文。"15 日日记还提到："昨夜空战甚烈，不能成寐。和郭沫若《归国书怀》七律一首，并步原韵。"

◎《抗战与觉悟》由上海大时代出版社初版发行。收入自 7 月 27 日归国至 9 月 20 日之间所作文章 12 篇。

11 月

月初 题签书名的《抗战独幕剧选》（阿英编）由抗战读物出版社出版。(《两个"臭老九"——郭沫若和阿英的革命友谊》，《新文学史料》1998 年第 1 期)

3 日 晨，作《一位广东兵的诗》。发表于 6 日上海《救亡日报》。叙述自己读叶伯芹军长自前线随信附寄来的一首署名"广东兵"的诗，认为"跋语至佳，诗并不好，但因为是士兵同志做的，而且写的是实感，所以难能可贵"，遂应作者要求，欣然为之修改。

初收广州北新书局驻粤办事处 1938 年 1 月版《全面抗战的认识》，又收香港孟夏书店 1941 年 10 月版《羽书集》，后收《沫若文集》第 11 卷，现收《郭沫若全集·文学编》第 18 卷。

5日　约张凤举夫妇、振南夫妇、沈尹默、保权等人"会食"于锦江饭店。书录旧作《咏鸡》诗（即为傅抱石画《鸡笼图》所题诗）"奉保权女士"。（据手迹）

6日　与田汉、王统照、巴金、陈望道、郑振铎、欧阳予倩、戴平万、谢六逸、傅东华、汪馥泉联名发表声明，说："我们对于本月三日在新雅成立之文艺界救亡协会并未预闻。"载本日上海《大公报》。

声明针对本月3日，国民党分子乘上海文艺界人士在新雅饭店举行座谈会之际夺取会场，召开所谓"文艺界救亡协会成立大会"，并冒用郭沫若等人名义发表成立宣言一事。

◎ 作社论《后来者居上——为苏联革命二十周年纪念作》。发表于7日上海《救亡日报》。比较了日本资产阶级革命与苏联十月革命以来两国所取得的成就，赞颂苏联革命创造了"人类的奇迹"。进而从进化论的观点出发，说明"只要后来者肯努力，择善而从，见贤思齐，必然地要收到事半功倍之效，并必然地要收到'居上'之效"。并且提示，"枉路走得太多"的中华民族是"似乎已经觉醒了"的后来者，"捷近的路是摆在那儿的"，只要肯努力，一定可以"后来居上"。

初收广州北新书局驻粤办事处1938年1月版《全面抗战的认识》；又收香港孟夏书店1941年10月版《羽书集》；后收《沫若文集》第11卷，删去倒数第2段："拿苏联来做标准，日本也明白地是走了枉路了。这枉路束缚着她，更使她不能不开倒车，向着毁灭文化的野蛮的路上走。"现收《郭沫若全集·文学编》第18卷。

8日　应沈尹默请，与张凤举、保权、沈迈士等人同聚锦江饭店。和沈尹默11月5日在锦江"会食"所作冲字韵诗一首，云："面条要板板，冷水再冲冲。玉箸拈之碧，椒油拌以红。命长增口福，运大己心雄。省得聪明误，聋盲备一躬。"见沈迈士即席画鱼，复吟五言诗二首。其一作："鱼是鲂与鲤，捉之竟成双。呼童且烹粥，沽酒醉重阳。"（据手迹）

9日　作《日本的过去，现在，未来》。以"本报特稿"名义发表于11日上海《救亡日报》。对日本作一个简单的概观，说："日本是一个后起的民族，七十年前对于我国不仅是文化上的附庸，而且有一个时期是政治上的附庸"。近七十年来日本成功接受了西方文明，"这成功固然是由于日本民族的肯努力和它物质上的与局势上的便利，但我们中国实在也帮助了它不少"。批评日本在成功之后"却生出了民族的自负心","不唯不知道感谢，反进而对我们加以有残酷、极暴戾的摧毁","这种忘恩负义的行为，是绝对要受惩罚的"。中华民族的觉醒，已经预示了日本的未来。只要中国坚持持久抗战，那么"日本的将来也是明明白白的，结果是终归于死灭"。

初收上海明明书局1938年1月版《沫若抗战文存》。又收重庆群益出版社1945年1月版《羽书集》，写作时间改署"1937年11月10日敌机狂炸上海南市的时候"，并在第六段后删去以下两段内容："日本人究竟有多少固有的东西，实在是难以下断案的事体。例如日本人的吃生鱼片吧，这在他们自己至全世界的人都以为是日本人的固有的习俗，其实这也是从我们中国传过去的。日本人吃生鱼片，名之曰'洒西米'（Sashimi）'刺身'，是把鱼去骨去皮，切成薄片，配之以海苔萝菔丝，染之以酱油辣味。这习惯和现今潮州人吃鱼生别无二致。潮州人吃鱼生，亦配以海苔萝菔丝，染以酱醋姜汁。这酱醋姜汁潮州人名之曰'三渗'，发音是'杀西牟'（Sa'ciem），这'杀西牟'不就是日本的'洒西米'的字源吗？""举一可以返三，其它是不难概见。过去的日本可以说完全是中国文化的分枝。"后收《沫若文集》第11卷。现收《郭沫若全集·文学编》第18卷。

12日 作四幕剧《甘愿做炮灰》讫。以淞沪抗战为时代背景，描写作家高志修为抗战事日夜奔忙，在未婚妻因误解而分手后，又与女钢琴家季邦珍冒着生命危险，一同上前线劳军。剧本内容突出了知识分子积极投身抗战的主旋律，"目前是共赴国难的时代，只要于救亡有好处，大家都应该牺牲一切，贡献出自己的力量"；"国家正是需要我们用血来灌溉的时候"，成为炮灰，便是尽了"做子民的责任"，"我自己也是随时随刻都准备着做炮灰的"。

初收上海北新书局1938年1月版《甘愿做炮灰》，后收《沫若文集》8卷，现收《郭沫若全集·文学编》第6卷。

15日 题写书名的《军中随笔》（谢冰莹著）一书由抗战出版部出版。

18日 五绝《看〈梁红玉〉》发表于上海《救亡日报》："昔有梁红玉，今看金素琴。千秋同敌忾，一样感人心。"

收作家出版社 1959 年 11 月版《潮汐集·汐集》，现收《郭沫若全集·文学编》第 2 卷。

《梁红玉》系欧阳予倩所作京剧剧本，由金素琴主演。

19 日 晨，因妻儿凄苦遭逢而忧心忡忡。阿英来访，为之译读新近收到的关于安娜的东京来信。

阿英《关于郭沫若夫人》（广州战时出版社 1938 年 1 月版《抗战中的郭沫若》）："……去年十一月十九日晨，余至兄高恩路寓所，入室即见其面窗默坐，若有重忧。即见余，乃告以东京有友人寄书来，谓夫人因彼之逃脱，曾被逮月余，饱尝鞭笞之苦。诸儿在乡，时遭无赖袭击。出信为余译读，声苦颤，泪亦盈眶。余讷于言，相对黯然者甚久。"

"接到她十一月间写的信，说她在十月里被敌人官厅捉去打了一顿，关了一个月，现在已经放出来了。家也被他们抄了，所写的东西都给他们拿了去。"（《郭沫若先生访问记》，1938 年 1 月 16 日汉口《新华日报》）

20 日 晨，作七律一首，发表于 1938 年 5 月 10 日《杂志》月刊创刊号，题为《遥寄安娜》。诗云："相隔仅差三日路，居然浑似万重天。怜卿无故遭笞挞，愧我违情绝救援。虽得一身离虎穴，奈何六口委骊渊。两全家国殊难事，此恨将教万世绵。"

◎ 将该诗书一立轴。又将旧作五律一首书成立轴。诗云："信美非吾土，奋飞病未能。关山随梦渺，儿女逐年增。五内皆冰炭，四方有谷陵。何当契鸡犬，共得一升腾。"后附跋："此四年前流寓日本时所作。尔时虽不自由，家室尚相聚。并且有我在，狂暴者尚未敢侵陵。今岁独归，妻孥陷敌，备受鞭笞之苦。忆及此作，不禁倍加凄切。"适阿英来访，索走此两立轴。（阿英《关于郭沫若夫人》，《抗战中的郭沫若》，广州战时出版社 1938 年 1 月版）

21 日 夜，为《救亡日报》作"沪版终刊致辞"，题为《失掉的只是奴隶的镣铐——暂向上海同胞告别》。发表于 22 日上海《救亡日报》"沪版终刊号"。说日寇的军事入侵，既"自己破坏了它的积年经营"，又因暴露了其奴化中国人民以致让我们"灭种灭族"的计划，促进了中国的觉醒，等于是"自己破坏了它的积年的诡计"。目前的军事撤退，并不是放弃上海，而只是"持久抗战"大战略下的军事部署。"我们从事文笔的人"，"现在随着军事部署的后退"，"也要暂时和上海同胞们告别"，但

"决不是放弃了上海。也决不停止了战斗",而是"希图我们的战斗更加有效"。再次强调,"我们的抗战是长期的,全面的,所争的是整个民族,整个国家的生存,并不是一个城市,一寸土地的得失",因此"我们目前所失掉的并没有什么,只是做奴隶的镣铐而已"。

初收广州北新书局驻粤办事处1938年1月版《全面抗战的认识》;又收广州离骚出版社1938年4月版《郭沫若先生最近言论集》,改名《我们所失掉的只是奴隶的镣铐》;后收《沫若文集》第11卷;现收《郭沫若全集·文学编》第18卷。

22日 《棠棣之花》(五幕史剧)再改作毕。收上海北新书局1938年1月版《甘愿做炮灰》。

24日 与欧阳予倩同往卡尔登大戏院,观看欧阳予倩根据《打渔杀家》改编的《渔夫恨》。金素琴主演。

25日 题诗以赠金素琴:"渔夫重恨不胜瞋,辜怨由来是贱贫;莫道逢场徒作骊,表情亏损女儿身。"(盛仰红《郭沫若与改良平剧》,载1984年4月21日《文汇报》)

前一日晚,金素琴主演《渔夫恨》,"表情过真,竟致中场晕倒",即"诗以道之",题于长幅上。(盛仰红《郭沫若与改良平剧》,载1984年4月21日《文汇报》)

27日 晨,乘法国邮船离沪,赴香港。(《抗战回忆录》)

在法国邮船上与何香凝、邹韬奋、金仲华等邂逅相遇。据自述,这次与邹韬奋在二层的甲板上并排着走来走去,说了将近一小时的话。由于当时自己很想到南洋去,便向曾到过南洋的邹韬奋询问了那里的情形,还谈到苏联和其他国家的情况。这是两人"最亲密地谈话的第一次,而且也是唯一的一次"。(《韬奋先生印象》,1974年7月12日《世界知识》16卷2期)

29日 傍晚,抵达香港。住六国饭店三楼临海的一间房子,"情绪相当寂寞"。(《抗战回忆录》;《离沪以后》,郭沫若纪念馆馆藏文物38—4)

30日 作《〈沫若抗战文存〉小序》。收上海明明书局1938年1月版《沫若抗战文存》。写道:"这里所收的短文十五篇……都是在抗战中热情奔放之下,匆匆写就的,文字之工拙当然说不到,但是有一点却可供读者的借鉴,那便是抗战的决心,所以我也乐得把他们搜集起来,供给广大热心的读者。"

下旬 作五绝二首。其一："圣凡同一死,死有重于山。舍生而取义,仁者所不难。"其二："忧患增人慧,艰难玉汝成。死灰犹可活,百折莫吞声。"

为《南下书怀四首》之两首,收作家出版社 1959 年 11 月初版《潮汐集·汐集》;现收《郭沫若全集·文学编》第 2 卷。

月末 作五绝两首。其一："十载一来复,两番此地游。兴亡增感慨,有责在肩头。"其二："遥望宋皇台,烟云都不开。临风思北地,何事却南来?"

初录入《抗战回忆录》;后收《潮汐集·汐集》之《南下书怀四首》篇内;现收《郭沫若全集·文学编》第 2 卷。

"想到南洋去募捐,但也没有把握。""前途的渺茫,不免增加了自己的惆怅。假如是到了北方去,那情绪又会是完全两样的。我很失悔,为什么没有和周扬同志一道去延安。""这些情绪为那阴郁的天气成了内应,夹攻着我。"(《抗战回忆录》)

本月 离沪前,书赠钱杏邨五年前旧作《五律·相对一尊酒》。(见手迹,《郭沫若遗墨》,河北人民出版社 1980 年 5 月版)

◎ 再度凭吊于立忱墓,并作七律一首:"愤悱难任甘一死,黄泉碧落竟何之?离怀自使鸾皇渺,远视终教莺燕欺。尊酒敢逾金石誓?文章今有去来辞。盱衡自古哀兵胜,漫道苍茫鼓角悲。"

收作家出版社 1959 年 11 月《潮汐集·汐集》,题为《上海沦陷后吊于立忱墓》;现收《郭沫若全集·文学编》第 2 卷。

12 月

初旬 往九龙访友。又在街头遇见林林、姚潜修、叶文津、郁风、于立群等人,与他们商量,当天下午亦搬来六国饭店住宿。(《抗战回忆录》)

◎ 收到日本反战人士鹿地亘的求援信。

"在香港的时候,有一次在九龙的某旅馆的电梯里,由陈烟桥递了一张字条给我。那是鹿地亘写的,说他在上海受敌人迫害,已经和他的夫人池田幸子逃到了香港,但生活无着,要我给他们想些办法。""我那时抱歉得很,实在没有什么办法可想,而且连信也没有回。"(《抗战回忆录》)

◎ 出席港沪文化界联欢会，发表题为《克服三种悲观》的演讲。收广州战时出版社1938年1月版《抗战中的郭沫若》。认为：

目前因为抗战军事局部失利，有了一般的悲观现象，最严重的有以下三种：

一、对军事的悲观，有人看到失掉了许多地方，就发生悲观情调，这种悲观情调，就是我们的敌人，我们从事文化运动者，应该把这种敌人打倒，须知中国本来是弱国，是不得已而抗战，我们所握到的利器是"决心"我们为求最后胜利，我们必需下决心，持久抗战。虽然，我们失掉了北平，失掉了天津，失掉了上海，这并没有失掉了全国抗战的"决心"。即使我们失掉了南京，我们还一点不悲观，将来万一打到新疆，打到兰州，我们也必抗战到底，抗战愈长久，我们就愈有利，所以我们首先必须克服军事悲观情调。

二、外交的悲观，有一般人对目前国际形势，感到悲观，他们看到现在意大利承认"满洲伪国"，德意志要我们和日本讲和，向日本投降，九国会议结果失败。他们都觉得人家不帮忙我们，就感觉悲观。我们要知道，意德轴心早已成立了，不过当时没有明白对我们表示，以敌人待我，现在他们已经明白表示，我们就用不着客气了。我们对意德目前这种态度，应该看做对我有利的，因为免除了"笑里藏刀"的危害，比京会议失败，更不应该悲观，日本不参加比京会议，一再拒绝比京会议的邀请，这也对我们没有害处，假如当时日本聪明一点，参加会议，运用外交手段，开出一个"分赃"和平办法来，那就是我们的大害，所以比京会议这种结果，反是对中国有利，这何用悲观？国际上如肯帮助我们的，我们当然欢迎，纵使不帮助我们，我们也要坚决抗战，用不着半点悲观，文化人对这一点要特别了解清楚。

三、历史的悲观，有许多老前辈，从历史上观察，以为中国政治文化，是由北而南，引证了许多北方统治南方的史实来说明，以为今日日本把北方抢去，我们是危殆了，故发生悲观论调，虽然，中国文化发展的路线是从北方渐渐地移到南方，但是我们放眼看看欧洲的文化，都是由南而北，所以从北而南这个理论，根本不能成立，我们可以看到文化开展得最早的地方，就是目前最落伍的地方。所以黄河扬子江已经成为过去了，现在已是珠江文化来统治中国的时候了，这样我们华南文化人不但不应该悲观而且应该感觉责任繁重,加紧努力。总结说:我们用不着悲观,我们大家要负起任务,努力干去,干到底,"最后胜利属于我们"这一句话,半点没有可以怀疑的地方。

发表演讲的具体时间不确。《抗战回忆录·南迁》第四节记述:"香港的救亡工作在当时也相当紧张,公开的欢迎会、讲演会,差不多每天都有。"参考演讲辞中"自抗战以来,已将近五个月了"的说法,将演讲时间系于12月份。

◎ 本已办好出国手续,"连护照都已经弄好了,用的是'白圭'的假名",但在朋友们的劝告下,决定暂不去南洋,而留下恢复《救亡日报》,将根据地设在广州。

"白圭",原是战国时周人,精通予取致富之道,被尊为商贾的祖师,这里是借用。(《抗战回忆录》)

◎ 日本反战人士绿川英子及其丈夫刘红,登门求助。后帮助他们去汉口参加了对日广播工作。(龚佩康《"照书还喜一灯妍"》,1979年6月17日《四川日报》)

6日 晨,与林林、姚潜修、叶文津、郁风、于立群等人乘船赴广州。这次"在香港呆了一星期光景",开始"与立群相爱"。在船上遇刘雪庵。(《五十年简谱》,《抗战回忆录》;林林《这是党史喇叭的精神》;林焕平《深切的怀念 沉痛的哀悼》)

◎ 到达广州后,借宿在梅村一位李姓旧友的家中。后来又应吴履逊之邀,搬到城内的"新亚酒楼"居住。

是夜,辗转反侧,作七律一首:"竟随太岁一周天,重入番禺十二年。大业难成嗟北伐,长缨未系愧南迁。鸡鸣剑起中宵舞,狗吠关开上瀚弦。昨夜宋皇台下过,帝秦誓不有臣连。"后录入《洪波曲》。

收作家出版社1959年11月初版《潮汐集·汐集》,题为《广州郊外》;现收《郭沫若全集·文学编》第2卷。

7日 下午,往国民党广东省党部礼堂,出席救亡呼声社与青年群社举行的欢迎大会,并发表演讲。

因与会人数超出预计人数六倍以上,只好临时改在大操场进行。青年诗人雷石榆随即朗诵了当场写就的诗《欢迎郭沫若先生》。(欢迎会事及雷石榆诗均载《救亡日报》,据刘玉凯《郭沫若与雷石榆的交往》,《郭沫若研究学刊》

1992 年第 2 期）

8 日 晨，蒲风来访，谈诗歌方面更大发展的事，卒因自己意欲离开广州而不能给广州诗坛"以满意"。（《蒲风日记》，山西教育出版社 1997 年 11 月版）

◎ 为《中国诗坛》题刊名，并为"诗歌大众化专号"题词："诗歌是情绪发动时的言语；在感情高潮期中的大众的言语是最好的诗歌。这样的诗歌，她的感动力最强，且最普遍。故尔诗歌工作者应该做大众的喉舌。要以大众的感情为感情，大众的言语为言语，这样便能切实地做到诗歌的大众化，而不是俗化。"（手迹及题词见 15 日《中国诗坛》第 1 卷第 5 期；《蒲风日记》，山西教育出版社 1997 年 11 月版）

《中国诗坛》前身是创刊于 1937 年 7 月 1 日的《广州诗坛》，8 月改名为《中国诗坛》。主要成员为蒲风、温流、黄宁婴等。

◎ 在长堤青年会大礼堂出席欢迎会。与会人数上千。蒲风朗诵了《欢迎词——献给郭沫若先生》。（《蒲风日记》，山西教育出版社 1997 年 11 月版；陈松滨、黄安榕《郭沫若与蒲风》，《郭沫若学刊》1999 年第 3 期）

9 日 往中山大学礼堂，出席广州学生举行的"一二·九"二周年纪念大会，并讲话。说道：

"在十二年前这同一的地方，我曾经跟许多青年讲过许多话，自兄弟参加北伐，离开广州，一迳别了各位十二年，现在久别重逢，自然有一番新的感觉，尤其是今日参加这个'一二·九'二周年纪念给我的印象满好。这种现象告诉我们，中国的伟大的时代已经到来！在我个人来说，这正在实现着我的伟大的希望。这一方面又是昭示着广州青年具有浩大的力量的。你们没有忘记新中国艰巨的工程正等待着你们的合作去建造。在过去的革命行程中，广东青年曾留下过很不少的功绩。黄花岗事件，五四运动，上海大罢工，十二年前的北伐，明明白白都是许多广东青年头颅热血的奋斗的结果。在二十几年的革命过程中，广东青年无时无刻不是站在最前哨线，最先锋的岗位上！

第一次北伐，得到了相当的成功，把军阀的势力逐渐削弱，典型的'目标军阀'也被拆台了！但是后来中国革命又受到很大的阻碍，这阻碍物就是日本帝国主义！今日大家的紧张的情绪，显示出第二次北伐时期又来了。第一次北伐毁灭了统治着内部的军阀，第二次北伐我们要去击退疯狂的侵略者日本帝国主义！！

抗战展开以来已经五个月，在抗战开始的第一个月，军事上得到很大的胜利；但最近一个月来情势却似乎有点坏了，这是什么原因，就是为的此次抗战只是军事抗战，民众的力量全被忽略了。说起来也痛心，上海被日军占据了，可是大上海的几十万民众却驯驯服服地在七八十个日本人的统治之下。这是一个大耻辱！如果我们民众有组织，有训练，尽可以发挥几十万民众的力量，纵使不能保卫大上海，也不会让少数日本人在上海有立足之余地，更可以扰乱敌人的后方，牵制敌人的深入，但现在却不然，反而我们的民众被敌利用去了。这是多么痛心呢！为什么我们的民众力量还不能表现出来？我们的答案：就是民众还没有得到充分的解放！

广州在目前来说，地理上好像处于后方的地位，但敌人的飞机时刻都有令广州变为前方的可能。广州是革命策源地的核心，广州同胞富于革命情绪，唯其如此，所以敌机频频企图施炸！广州的军事当局虽已有了充分的准备，但这还是不够的。当局不仅要解放民众，同时要组织民众，武装民众，一来使群众的力量可以保卫大广东！更可以将力量推到前线，把敌人赶出我们的领疆！再不得越雷池半步。广大的民众需要广大的青年学生去领导，所以组织民众，武装民众，这两个重担子需要我们青年两肩担起来的。但你们未曾开展民众的工作之前，更要首先组织自己，武装自己，至于你们对当局要求的绝对解放民众运动，动员全民的力量，保卫大广东，保卫大中华！继续'一二·九'的精神向前奋斗，这是很应有的。"

演讲词收广州战时出版社版1938年版《抗战中的郭沫若》，题为《纪念"一二·九"斗争的二周年》。会后参加了群众示威游行，"被大家拥着在最前列"。（于立群《一个素描——记述广州市"一二·九"纪念学生大游行》，1938年1月15日《新华日报》）

15日　蒲风与熊琦来访。（《蒲风日记》，山西教育出版社1997年11月版）

19日　上午，在一个关于报告文学诸问题的讨论会上发表演讲。（据《蒲风日记》，山西教育出版社1997年11月版）

20日　应广州文化界救亡协会之邀，在广州无线电台作题为《武装民众之必要》的播音演讲。对五个月以来的抗战，特别是上海方面的抗战失利原因进行了剖析。指出："我们这次的抗战，却还没有做到真实的全面抗战的地步。一切的政治机构与社会运动，和前方的军事行动配合不起来，因此我们前方的初期的军事顺利，也就未能确保，这是我们应当引以为最大的遗憾的。"将之与北伐的成功进行对比，提出，"现在我们应该恢复北伐时代的政治纲领，尤其是把民众运动彻底解放出来的时候了"。在此基础上提出了实施步骤，首先是"化除一切党派的成见"，做到"在国家之前没有党派，在民族之前没有个人"；其次是"彻底开放出版集会结社的自由"；尤其必要的是"武装民众"。武装民众，对于既有革命基础，又为日寇所觊觎的广东来说，尤为迫切。

初收广州离骚出版社 1938 年 4 月版《郭沫若先生最近言论集》；又收香港孟夏书店 1941 年 10 月版《羽书集》，文字略有删削；后收《沫若文集》第 11 卷，又将删削文字补入；现收《郭沫若全集·文学编》第 18 卷。

《抗战回忆录·南迁》第五节《碰壁之余》中记广播演讲题名为《动员民众之必要》。

24 日 为帮助募制前线将士急需的寒衣，在义卖品《广州市第一次展览会》画册专刊上题五绝一首于梅花邨："购读此书者，应知战士寒。无衣三复后，务使积如山。"（手迹见上海良友图书印刷公司 1933 年 11 月出版的《广州市第一次展览会》。转引自天逸《郭老佚诗二首》，《郭沫若研究》第 1 辑，文化艺术出版社 1985 年版）

25 日 蒲风带"马来亚战地服务团"的一位领队来访。（《蒲风日记》，山西教育出版社 1997 年 11 月版）

◎ 应蒲风之请，写追悼温流的悼词："你的早逝，不仅是中国诗坛的损失，同时是中国抗敌战线上的损失。抗敌的军号，缺少了你这位优秀的吹手，使我们几觉着寂寞。"（《蒲风日记》，山西教育出版社 1997 年 11 月版；手迹载 1938 年 1 月 15 日《中国诗坛》第 1 卷第 6 期）

◎ 为蒲风的诗集《可怜虫》及正拟编辑出版的《街头诗歌》题签书名。

据 1937 年 12 月 25 日《蒲风日记》载："为了'马来亚战地服务团'的前来……还好的是今天趁带他们的一位领队的前往郭先生处之便，请郭先生写得了一纸追悼温流的吊词，同时又复写得了我的诗集的名字。连正拟编辑出版的《街头诗歌》也由他挥了一笔哩！"（《蒲风日记》，山西教育出版社 1997 年 11 月版）

《街头诗歌》（诗集），诗歌出版社 1938 年 1 月初版。

26 日　应广州救亡呼声社邀，作题为《我们有战胜日本的把握》的演讲。收广州战时出版社版 1938 年版《抗战中的郭沫若》。演讲词（江坚笔记）说道：

"自从我们开始抵抗敌人的侵略，发生战争到现在，拿各种战争中的事实来看，战争的前途有绝对胜利的把握，决不是如有些人所想像的那样悲观，据我看来，一点不用悲观，不应该有悲观的现象，悲观会使我们消沉抗战的意志，是我们最大的敌人！我们要把悲观的想像打倒！

在上海抗战中，敌人消耗了很大的力量，我们已经得到相当的成功，敌人死亡的人数单在上海方面统计起来，总在十万人以上，这是据日本自己的报告，不是我在这里随便说的，日本和中国打仗，他已经有了几十年来的准备，现在日本的力量消耗去百分之八十了；在报纸上可以看到，在枪弹上可以证明，日本所用的枪炮已经用到由昭和五年到昭和十一年七月制造的，即是说：已经用到去年秋天所制造出来的。这种消耗敌人的力量的战争，敌人决不能持久下去，一定很快的崩溃，不是我夸大宣传，这是有真实的事实来做证明。"

"假如我们能够做到有钱的人，就出钱，把自己的财产拿出百分之五十，一面可以用来购买外国最新式的最犀利的军火，一面可以维持继续抗战的军费，我们必定能够打倒日本帝国主义，从被压迫中解放出来了！

"日本这个国家本来是很小的，比中国的大一点的省份都还要小，在这七十年间所以赶得上世界上强大国家的文明，中国人对他们是帮了很大的忙的，日本所以有今日的强盛，中国人对他帮了很大的忙的！

"日本国内的农村都是日趋破产的，在东京关东那地方，因为壮年耕农的被征入伍，弄到农业未能生产，这种情形结果，就是国内农村的完全破产。日本的工业虽然很发达，但不能造成和英国一样的工业国家，因为日本没有原料生产地，譬如煤炭，就把地下埋藏着的完全开采出来，还不够维持日本廿年用的，说到其他的工业资源，更是缺乏！日本的资产都是向中国拿来的，满洲便是日本的资料供给地。日本用不平等条约的束缚来向中国征集资料，在过去七十年的日本，都是中国给他帮忙的！

"但是，日本不断地侵略中国，使中国人觉醒起来，造成了中国复兴的开始！日本自己丧失了原料生产地，这样的工业国家的日本一定是没有前途的。

"中国的前途完全和日本的前途两样,所以,继续抗战下去,一点不悲观,最后的胜利,必然属于我们中国的!"

27日 往佛山西樵山参观游览途中参加救亡呼声社官山分社举行的座谈会,鼓励青年学生献身民族解放事业。(《民众抗敌后援会特种宣传工作团在官山》,《南海文史资料》1982年10月)

28日 为《救亡日报》作复刊辞,题为《再建我们的文化堡垒》。发表于1938年1月1日广州《救亡日报》。简述《救亡日报》的发展历程,解释在广州复刊的缘由,并重申办报态度:"救亡就是我们的旗帜,抗战到底就是我们的决心,民族复兴就是我们的信念",愿与所有抗敌救亡之士"诚心诚意地为国家为民族而携手,而努力,而牺牲"。声明"要在文化立场上摧毁敌人的鬼蜮伎俩,肃清一切为虎作伥的汉奸理论,鼓荡起我们的民族贞忠之气,发动起大规模的民众力量,以保卫华南门户,保卫祖国,保卫文化。"

初收广州战时出版社版1938年版《抗战中的郭沫若》,后收《沫若文集》第11卷;现收《郭沫若全集·文学编》第18卷。

29日 晨,作《饥饿就是力量》。发表于1938年1月2日广州《救亡日报》。阐述随着"战期增长,战线扩大",战争的巨大消耗将使敌人内部产生恐慌、饥饿,最终发生质变,"走到自行溃灭的一步",因此饥饿"这力量在敌人是促进他的溃灭"。相反,由于"我们受敌人的压迫太甚,所失陷的土地愈多,为饥饿所迫的难民愈众,我们对于敌人的敌忾愈见加强,而抗战的力量便愈见增大",饥饿的力量对我们来说,便是"促进我们的复兴"。

初收广州离骚出版社1938年4月版《郭沫若先生最近言论》,又收香港孟夏书店1941年10月版《羽书集》,后收《沫若文集》第11卷,现收《郭沫若全集·文学编》第18卷。

本月 在广州"参加了好些次欢迎会、讲演会,也被官方的训练班请去讲演过"。(《抗战回忆录》)

◎ 为筹集《救亡日报》经费,拜访广州市长兼财政厅长曾养甫。亦应邀到省主席吴铁城官邸赴宴,补贴之事复遭婉拒。后由前十九路军的团长吴履逊介绍,去拜访了余汉谋,余当即表示愿意支持《救亡日报》,

"每月愿捐助一千元,按月支付;从十二月便开始,可以作为开办费,容易周转一些"。经费落实后,即电请夏衍速来广州。又通过关系,在长寿路找到一个地方,作为报社新址。(《抗战回忆录》)

关于余汉谋允诺的经费数额,夏衍的回忆有所不同:"……郭老抵广州后就由一位前十九路军的团长吴履逊介绍,去拜访了余汉谋。余对《救亡日报》在广州复刊表示欢迎,并捐助了毫洋(广东的地方货币,当时一毫洋折合国币七角)二千元作为开办费用(郭老在《洪波曲》中说:余汉谋答应每月捐助毫洋一千元,似为误记。因为假如每月捐助毫洋一千元,我们不至于在开办二三个月后就感到经费拮据了)。"(夏衍《懒寻旧梦录》(增补本),生活·读书·新知三联书店 2006 年 8 月版)

本 年

◎ 为吴履逊画"无根兰"题画:"此画有道理,颇似大涤子。可惜没有根,花叶会枯死。履逊画此叫我题,因而口占此数语。"(收郭平英主编《郭沫若题画诗存》,山西教育出版社 1997 年 11 月版)

◎ 岁末,题自画秋兰,书付于立群:"叶似茅草花似竿,立群命之曰秋兰。""画兰似茅花似稻,画成相对发一笑。三闾大夫不须愁,虫臂鼠肝等人脑。鸨类鹜,虎类狗,看来倒正好。万化原一如,如此方夺造化妙。"(收郭平英主编《郭沫若题画诗存》,山西教育出版社 1997 年 11 月版)

1938 年(戊寅 民国二十七年)46 岁

1 月 1 日 《救亡日报》在广州复刊。

1 月 11 日 《新华日报》在汉口创刊。

2 月 国民政府军事委员会政治部完成机构建制,下设三个厅。

4 月 国民党军队在山东南部台儿庄一带击败日本侵略军,取得"台儿庄大捷"。

5 月 4 日 毛泽东发表《论持久战》。

9 月 英、法、德、意四国在慕尼黑举行会议,签署了《慕尼黑协定》。

10月25日　日军攻占武汉。

12月28日　汪精卫出逃越南，公然叛国投敌。

1月

1日　接陈诚电报，谓"有要事奉商，望即命驾"。考虑再三，"决定去武汉一趟。这一去是有必要的。到那边去看了一趟，再转赴南洋也不迟。八路军已经在汉口设立办事处，周恩来、董必武、叶剑英、邓颖超都出来了，多年阔别，很想去看看他们"。(《抗战回忆录》)

这应是陈诚邀请郭沫若，欲商量请其参加政治部第三厅组建之事。陈诚在1937年12月下旬受命组建政治部，人事组成安排是他最感棘手之事。他在1月27日上呈蒋介石的信函中说："职自奉命筹组政治部责任重大，深恐不能仰副钧座之期许，时经一月，而人事纷纭，迄未敢草率从事。因此一切编制预算，皆难着手，日复一日，贻误堪虞。"(《陈诚先生书信集——与蒋中正先生往来函电》(上)，台湾"国史馆"2007年12月版)

◎《救亡日报》在广州正式复刊。觉得"我留在广州的任务算告了一个段落，我是可以走了"。(《抗战回忆录》)

◎ 从报纸上读得张一麐先生去世的消息。夜，作《纪念张一麐先生》。作为"本刊特稿"发表于1月3日广州《救亡日报》。追述张一麐生平及与自己的往来，称赞"张先生的死不是寻常的死"，而是"重于泰山的死"，"应该是不折不扣的殉国难而死"。

初收广州战时出版社1938年版《抗战中的郭沫若》；又收大孚出版公司1947年12月版《沸羹集》，在文后附1939年5月10日所作跋语，声明"仲仁（即张一麐）先生之死本系误传，我这篇文章要算是等于'生祭'了"，写作时间误署为1939年1月1日；现收《郭沫若全集·文学编》第19卷。

2日　下午，在太平支馆参加新年文艺座谈会。与会的还有祝秀侠、林林、林焕平、蒲风、黄鲁、杨邨人等五十余人。主要议题，一是"文化界统一问题"，一是"一年来的文艺运动检讨"。最后决定筹备组织广东艺术工作者协会。(见《新年文艺座谈会》，4日广州《救亡日报》)

◎ 下午，应广东文化界救亡协会之约请，作题为《日本的过去、现在和未来》的广播演讲，作为对广州人民的"临别赠言"。由欧阳山、吴履逊、草明等陪同到达播音台，先为在场的青年签名，其中有"歌出民众的心声，使前方战士发扬蹈厉"的语句。（见《郭沫若先生临别赠言》《播音之前的郭沫若先生》，分别载 2 日、4 日广州《救亡日报》）

4 日 晚，在新亚酒店参加沪港粤文化人联欢会。

到会的有茅盾夫妇、叶文津、林林、汪馥泉、杨邨人、姜君辰、林焕平、黄慎之、熊琦、张谔、尚冠武、蔡楚生、费穆、夏衍、萨空了、郁风、草明、欧阳山、黎明健、吴履逊等三十余人。先由叶文津说明此次联欢会的意义，接着茅盾、费穆、蔡楚生等先后发言，最后汪馥泉报告了《救亡日报》从上海搬到广州的诸种艰难困苦，并向在座者发放了复刊的《救亡日报》。（见《沪港粤文化人联欢会拾零》，载 1938 年 1 月 6 日广州《救亡日报》，收广州战时出版社 1938 年版《抗战中的郭沫若》）

月初 与夏衍谈《救亡日报》今后的办报方针时说："一切听恩来同志的指示，具体事情由你负责，只有一条，我是社长，打官司的时候可以找我。"并将自己的图章留下，由大家随工作需要而用他的名义，盖他的图章。（夏衍《知公此去无遗恨》、林林《这是党喇叭的精神》）

夏衍到达广州的时间，文献记载不一。《抗战回忆录·南迁》记："夏衍是在五号这天赶到的，我们也欢迎他住到新亚酒楼。一切关系很容易地交待清楚了。"《懒寻旧梦录》（增补本）记："我大概是 12 月 20 日和潘汉年同船到香港的……我于 25 日到广州。"又据《沪港粤文化人联欢会拾零》，夏衍参加了 4 日晚的联欢会，则其抵广州日期必非 5 日。

◎ 闻"立群有志赴陕北"，即赋诗一首赠之。有句："陕北陕北我心爱，君请先去我后来，要活总要在一块。"

收作家出版社 1959 年 11 月初版《潮汐集·汐集》，题作《陕北谣》；现收《郭沫若全集·文学编》第 2 卷。

◎ 确定与于立群同赴武汉后，于亦搬入新亚酒楼。对其悬肘书写颜体字的功夫感到惊异，"陪着她写了几天大颜字"。（《抗战回忆录》、《五十年简谱》）

6 日 中午，应岭南大学学生自治会之邀，在该校礼堂为全体师生演讲。指出：抗战愈持久，愈展开，对我国愈有利，现在我们已达到消耗敌人之目的，如再能"文官不要钱，武官不怕死"，民众运动彻底开放，则一定能打倒日本帝国主义。讲者听者都饿着肚子，"然严肃振奋之气，充满会场"。(见《盛会空前——郭沫若茅盾演讲》，载1938年1月7日广州《救亡日报》，收广州战时出版社1938年版《抗战中的郭沫若》)

◎ 下午，乘火车离穗赴汉口。(《五十年简谱》)

五点左右到达火车站。"今天特别不爱说话，沉默着，和蔼地，不住伸出他的壮大的，热情的手，作着无言的离语。"六点左右，与于立群及一位苏姓青年乘火车离开广州。夏衍、李煦寰、吴履逊、叶文津等送行。(《郭沫若先生，别要忘记回来！》，8日广州《救亡日报》)

9日 傍晚，抵达汉口，在徐家棚车站下车，暂在一家小客栈落脚。(《抗战回忆录》)

◎ 为《新华日报》创刊题词："发动全民的力量，从铁血之中建立新的中国。"(手迹载14日汉口《新华日报》)

10日 上午，与警备司令部通了电话，打听到八路军驻武汉办事处的地址，并得知"新四军办事处"也成立，叶挺即在武汉，随即与两个办事处分别通了电话，在客栈内等候叶挺。

◎ 叶挺来访。随即同往璇宫饭店访黄琪翔，获悉国民政府军事委员会打算恢复政治部，欲委以三厅厅长一职，负责宣传工作。即应叶挺之邀，住入太和街26号的新四军筹备处。(《抗战回忆录》)

◎ 晚，在八路军办事处，与周恩来、邓颖超、王明、博古、林伯渠、董必武等见面。叙旧之后，谈到恢复政治部的事情，表达了自己不愿意干的意思，原因是：首先，"我自己耳朵聋，不适宜于做这样的工作"；其次，"在国民党支配下做宣传工作，只能是替反动派卖膏药，帮助欺骗"；第三，"让我处在自由的地位说话，比加入了不能自主的政府机构，应该有效一点。我相信，我一做了官，青年们是不会谅解我的"。

周恩来认为，"不妨多听听朋友们的意见。在必要上我们也还须得争取些有利的条件。但我们可不要把宣传工作太看菲薄了"，并且坦言，"有你做第三厅厅长，我才可以考虑接受他们的副部长，不然那是毫无意义的"。(《抗战回忆录》)

12日 作《致华南的朋友们》。发表于15日广州《救亡日报》"本报特稿"。叙述了由广州至武汉的旅途观感，特别是重履北伐旧战场的心情，以及对武汉的印象。表达了对华南友人的眷恋，称"我是永远不能忘记华南的"。收广州战时出版社 1938 年版《抗战中的郭沫若》。

13 日　在一筵席上接受《新华日报》记者慧琳采访，并为其题字："恢复十六年的精神保卫大武汉"。（采访文章及手迹俱见《郭沫若先生访问记》，载 16 日汉口《新华日报》。采访记收广州战时出版社 1938 年版《抗战中的郭沫若》时，改篇名为《访问记》）

在谈到来武汉后观感及"保卫大武汉"的口号时说，"昨天在行营电影股，看见那儿很多人在忙碌地摄演抗战影片。那里最高薪额只有五十元。抗战后各地很多名人能人都集中到武汉来，一部份能人都这样吃苦干工作，是很值得钦佩的。这是我到武汉后所得到的第一个好印象。其余的我只来两三天，很少接触，还说不上什么"。"上海的失败已经给我们一个教训，单只军事防守还不够，必定要动员广大的民众来配合，单只提口号，还不行，必定要切实的兑现，目前的问题，必是在于怎样组织民众，怎样武装民众。保卫大武汉运动必需有切实的工作做基础。"

17 日　全国歌咏协会与武汉文化行动委员会在光明戏院举行音乐会，与方治、邵力子、刘荣葵、冯乃超等被聘为演出委员会委员。

主持人为冼星海、王云阶等。活动的收入将捐助冀北人民抗日自卫游击队。（《本月十七日将举行盛大音乐会，收入悉数捐助游击队》，14 日《新华日报》）

18 日　夜，作《抗战与文化》。发表于 6 月 20 日汉口《自由中国》月刊第 3 期。提出：（一）在抗战期中，一切文化活动都应该集中于抗战有益的这一个焦点。（二）抗战必须动员大众，因而一切文化活动必须充分地大众化。（三）在使大众与文化活动迅速并普遍的接近上，当要求言论、出版、集会、结社的彻底自由，并要求战时教育的实施。（四）抗敌理论不厌其单纯，并不嫌其重述，应该要多样地表现它，并多量地发挥它。（五）对于抗敌理论嫌其单纯，嫌其重复的那种"反差不多"的论调，或故作高深的理论以度越流俗的那些文化人，事实上是犯着了资敌的嫌疑。

初收广东生活书店 8 月版《文艺与宣传》，改题为《抗战与文化问题》；又收香港孟夏书店 1941 年 10 月版《羽书集》；后收《沫若文集》第 11 卷；现收《郭沫若全集·文学编》第 18 卷。

中旬 在江汉路广州酒家，为即将去西北的黄松龄饯行，冯乃超、蒋锡金等人作陪。（锡金《回忆同郭老在抗战中相处的日子》，1982年11月16日《人民日报》）

◎ 中下旬间，接受记者采访，就抗日战争以来国内国际形势及自己接受政训之职意向发表谈话。表示说："抗战数月以来，在我们固然丧失了不少的土地，毁坏了不少的财产，而敌人方面，财力人力的消耗，在量上质上，也实在甚为可观。'抗战到底胜利终归于我'的一句口号，今已像铁一般的坚定。政府领袖的决心，全国民众的激烈，无论从任何方面看来，前途皆颇为乐观，只要是全国一致，决心抗战到底，则民族的光荣前途，自然他就不成问题了。""至于国际的形势，虽然是变化很多，但是基本条件，还是看我们抗战的坚毅与成绩，倘若按现在的情形，逐渐进展，则不但同情我们的民族不至于发生变化，即在侵略国家之间，亦难保不生变化，如同欧战时，德意本有攻守同盟，结果也会破裂的一般。"

记者还写道："最后郭氏又谈到关于政府畀以政训事，据郭氏的表示是这样，政府本有此意，而个人方面，则以两耳欠聪的原故，曾一再辞谢，结果尚不知，但关于政训的工作，政府方面，已在积极的去作，颇有成绩，而个人也不过是本着固有的路线，向前迈进，并没有新的计划云云。"（《郭沫若谈抗战形势》，25日《新华日报》，收入广州战时出版社1938年版《抗战中的郭沫若》，改篇名为《谈话记》）

◎ 中下旬间，在武昌"广西学生军营"作题为《日寇之史的清算》的演讲，声明这是自己到武汉后第一次公开的谈话。从日本民族的历史说起，分析日本从一个落后的民族、"中国文化的附庸"，一跃而成为一个现代化的国家的过程，较之以同一时期中国的由盛转衰，直言不讳地指出，"日本人在接受西方文化的态度上，和在隋唐时接受中国文化同样的谦虚，同样的努力，换旧取新的教训，值得我们去学习。恰相反，中国是拒新恋旧，在接受上无诚意，一到现在，中国在接受文化的态度上，内部还存在着很大的磨擦"。号召大家在"明白了日本之成功和自己之失败的因素"之后，"从此觉悟起来"，不要因"目前军事上的失利"而悲观。并指出，"只要我们能够始终精诚团结，坚持到底，前途必然会展开无限的希望"。建议学习苏联，"应用前进的思想，进步的方法，永远精诚团结地做下去"，在十五年之内"不难建设一个崭新的中国"。（《日寇之史的清算——郭沫若在武昌"广西学生军营"讲演》（骆剑冰记录），2月4日广州《救亡日报》"本报特稿"。收广州离骚出版社1938年4月版《郭沫若先生最近言论集》，又收广州战时出版社1938年版《抗战中的郭沫若》）

23日　上午，与周恩来、陈立夫及各院部会长官四十余人，参加刘湘遗体大殓，蒋介石主祭。(24日《新华日报》)

◎ 下午，国际反侵略运动大会中国分会在汉口市商会大礼堂举行成立大会，与周恩来、邓颖超、董必武、陶行知、陈立夫等139人被选为理事。

会议主席为陈铭枢，各团体五百余人参加会议。会上通过了《告爱护和平者及中国之友书》，呼吁打击人类公敌，对日本实行制裁。(《反侵略运动中国分会成立纪事》《国际反侵略大会中国分会告全世界人士书》，24日、25日《新华日报》)

◎ 夜，发高烧，不成眠。（于立群《病中的郭沫若先生》，《抗战中的郭沫若》，广州战时出版社1938年版）

24日　上午仍然发烧，至下午烧略退。"整天睡在床上，什么东西都没吃。"（于立群《病中的郭沫若先生》，《抗战中的郭沫若》，广州战时出版社1938年版）

25日　上午，烧暂退。住在邻室的陈铭枢来看望，请以其字"真如"拟一嵌字对联，即作："真理唯马克思主义，如来是桂百炼先生"。（陈是佛学家桂百炼的弟子——编者）陈又以半联"如是我闻，佛说如来"请对，即对云："真有人对，谁即真宰"。周恩来、王明夫妇等亦来探视。（于立群《病中的郭沫若先生》，《抗战中的郭沫若》，广州战时出版社1938年版；张肩重《在郭老周围的日子里》，《四川大学学报丛刊》1980年第8辑）

◎ 下午复发烧，晚又发起大汗。午夜时分，拖着病体将病中拟就的挽刘湘联写毕："治蜀是韦皋以后一人，志决身歼，更觉良工心独苦。／征倭出夔门而东千里，山颓梁坏，长使英雄泪满襟。"托于邦齐送去，赶着次日随刘湘灵柩离汉入川。（于立群《病中的郭沫若先生》，《抗战中的郭沫若》，广州战时出版社1938年版）

26日　病还没好，不过热度已退了。依旧卧床休息。上午接受王明派人找来的医生诊疗。修改昨日挽刘湘联作："治蜀是韦皋以后一人，功高德懋，细谨不捐，更觉良工心独苦。／征倭出夔门而东千里，志决身歼，大星忽坠，长使英雄泪满襟。"（于立群《病中的郭沫若先生》，《抗战中的郭沫若》，广州战时出版社1938年版；手迹载2月3日广州《救亡日报》，题名为《郭沫若陈铭枢挽刘湘将军》）

29日 为孩子剧团题词："宗教家说'儿童是天国中之最伟大者'，我敢于说'儿童是中国之最伟大者'，因为他们的爱国是全出于热诚，行动是毫无打算。"（《孩子剧团从上海到武汉》，汉口大路书店1938年4月版）

◎ 下午，接周恩来函，请偕于立群于次日下午一时半至八路军办事处，与刚刚从上海抵武汉的孩子剧团聚谈，并邀次日晚上一同过年。（《周恩来书信选集》，中央文献出版社1988年版）

30日 应周恩来之邀，在八路军办事处参加欢迎孩子剧团的茶话会，并讲话。说道："真正亲爱的小兄弟小妹妹们！我回国半年，今天可说是最快乐的一天。……九岁的小弟弟，就晓得出来救亡了，是作孽么？不，是幸福。好像一株植物放在温室里虽然茂盛，但一拿出来就谢了，惟有山谷里，寒风暴雨中磨练出来的树木，才是坚强的，才能发展起来，顶天立地。中国有了你们这群不怕艰苦的儿女，中国也要在苦难中渐渐长大起来的。你们就象征着中国，在艰难困苦中一天天长大起来吧。要建立一个国家，决不是容易的事体，一定是流许多许多勇士的血，牺牲许多许多战士的头胪，用这些血液来作水门汀，头胪作砖块，这样才能建设得起来，中国要跟着你们一道长成起来！我不能再讲了，我的眼泪要流出来了，那样太难为情了。"

周恩来、王明、叶剑英、博古、潘汉年、邓颖超、叶挺、孟庆树及"八办"的工作人员与会。王明、博古、叶挺等都讲了话。王明在讲话中称："沫若先生丢掉他亲爱的妻子儿女来华参加救亡工作，是中国人中的做爸爸妈妈的模范。"（慧琳《孩子剧团欢迎会上》，《新华日报》2月10日）

孩子剧团此次访问"八办"的时间，《孩子剧团欢迎会上》未作明确记载，《洪波曲》及孩子剧团成员陈模《郭老和孩子剧团》（1978年6月29日《人民日报》）文中记载，彼此不同。系于此日，据赵凯《郭沫若与"孩子剧团"初次见面时间考》（《郭沫若学刊》2007年第1期）

31日 应周恩来嘱题"单刀赴会"，"以为纪念"，并谓："此事不妨有一，不好有二。"

是日为农历春节，周恩来"应人招饮，从酒阵中突围而归"，嘱郭沫若题字作纪念，并续题："十年海外作楚囚／一朝慧剑斩情魔／脱樊归来喜杀我老周／我们的肩膀上又添了一只手。"（蔡震《从文献史料看郭沫若主政三厅始末》，《新文学史料》2012年第3期）

◎ 周恩来来条，说："沫若同志：你不是滑头，你太感情了一点。"（据龚济民所藏手迹照片）

本月 陈诚三次来访，每次都要谈到就三厅厅长之职问题。曾两次答应帮陈设计，第一次还代其草拟了《政工人员信条》，后经蒋介石批准，作为一般政工人员的守则。第三次以副厅长刘健群有做厅长的"干才"而推脱。曾向陈诚提出由李一氓任三厅副厅长，陈坚持委任复兴社骨干刘健群，双方争执不下，以致三厅只得悬虚着。关于职事，"尽量地领教了各方面的朋友们的意见"，感到"受着这种意见的促迫，实在不应该再有二句话好说"。认为"地位是不必计较的，工作是应该争取的"，但是不愿意做傀儡。（《抗战回忆录》；阳翰笙《第三厅——国统区抗日民族统一战线的一个战斗堡垒（一）》，《新文学史料》1980年第4期）

陈诚为筹组政治部人事运用之事，在1月27日函呈蒋介石八条意见，写道："我国人事，久苦复杂，兹应以简单明快处之，所谓快刀斩乱麻，当断必断也。""任人贵专，专则得行其志而无掣肘之弊；选人应有标准，标准既定，则不至为人所用。""与其用四面圆通投机取巧者，不如用有良心有血性者；凡有良心有血性有坚定志趣之人，即仇者亦当破格用之。""科学治事，责在分工，指臂相使，形成节制。除大经大法外，余应依次授权各级行之，然后职权与责任，始能相称。""今政治部之组织，事前既无准备，现在又不能确定标准，将来掣肘摩擦，定在意中，拟请钧座予以短期（三个月）之试验。""周恩来郭沫若等，绝非甘于虚挂名义，坐领干薪者可比。既约之来，即不能不付与相当之权。……郭沫若则确为富于情感血性之人。果能示之以诚，待之以礼，必能在钧座领导之下，为抗日救国而努力。"（《陈诚先生书信集——与蒋中正先生往来函电》（上），台湾"国史馆"2007年12月）

◎ 应叶挺要求，以其最喜欢的《论语》中"三军可夺帅，匹夫不可夺志"，书中堂一幅。（《为多灾多难的人民而痛哭》）

◎ 与北伐故旧陈铭枢、张发奎、黄琪翔、叶挺五人合摄一影，题为《五光图》，系以诗曰："将军主任何辉煌，仿佛当年克武昌。十载风流云

散后,惟余棍子五条光。"(见田汉《迎沫若》,《抗战中的郭沫若》,广州战时出版社 1938 年版)

◎ 赠某女士诗:"邂逅在武汉,聚首一天半。两情慨以慷,相期赴国难。倏忽赋骊驹,君行我失伴。剩有腊梅花,余香犹未散。"(易明善、刘思久《郭沫若抗战时期简谱》,《郭沫若研究专刊》第 3 集)

◎ 刘雪庵携其友人改编的剧本《流亡三部曲》来征求意见。认为,"关于青年的描写要有朝气。"(刘雪庵《〈流亡三部曲〉与〈屈原〉的音乐写作》,《四川大学学报丛刊》1982 年第 13 辑)

◎ 诗集《战声》由广州战时出版社出版。收诗 20 首,附《归国杂咏》手迹。

◎《全面抗战的认识》由广州北新书局出版。收论文、杂文 21 篇。

◎《沫若抗战文存》由上海明明书局出版,收 1937 年返国后所写的文章 15 篇。末附《从日本回来了》一篇。

2 月

3 日 给田汉去电报,告以将于 7 日飞赴长沙,请其等候。后又发一电报,说赴湘计划取消,邀请田汉来武汉。(田汉《迎沫若》,《抗战中的郭沫若》,广州战时出版社 1938 年版)

5 日 晚,接陈诚通知,约次日共进午餐。(《抗战回忆录》)

蒋介石在 2 月 1 日给陈诚的手谕中要求:"政治部第一厅长应速决定人选。政治部应限期成立。"(《陈诚先生书信集——与蒋中正先生往来函电》(上),台湾"国史馆"2007 年 12 月)

6 日 上午,拉阳翰笙应邀赴宴,"果不出所料,并不是寻常的请吃饭,而是召开第一次的部务会议"。(即国民政府军事委员会政治部)声明"还没有充当第三厅厅长的资格"。

参加者还有拟议中的政治部副部长黄琪翔、秘书长张厉生、总务厅长赵志尧、第一厅厅长贺衷寒、第二厅厅长康泽、第三厅副厅长刘健群,遂有进退维谷之感,声明"自己还没有充当第三厅厅长的资格",在此"是以一个朋友的资格来说话",认为宣传工作需得有不少专家参加,"假设我们要拿着'一个主义'的尺度来衡量人才……实在连一打也找不到",因此"希望大家认清楚这工作的困难,而改变一下门禁的森严"。(《抗战

回忆录》）

据《政治部各次部务会报告决议事项摘要》（档案11431—2，74），第一次部务会议是2月19日举行的。

◎ 下午，请阳翰笙把赴宴的情形告诉周恩来，决意南下长沙躲避职事。晚，于立群、苏一立送行，阳翰笙、李一氓带来周恩来亲笔信，说"到长沙去休息一下也好。但不要跑远了"。（《抗战回忆录》，《五十年简谱》）

郭沫若出任政治部第三厅厅长一职事，亦见其他记载：

2月7日，邹韬奋接受重庆《国民公报》记者访问时说：武汉成了事实上的文化政治中心。民众运动，武汉亦在青黄不接的时期。最近军委会第六部结束，成立总政治部，郭沫若先生任第三厅即宣传厅长，将来这方面想有进步。（2月8日《国民公报》，转引自《韬奋年谱》下卷，上海文艺出版社2005年版）

2月8日，邹韬奋接受重庆各报记者访问，关于武汉近况，答：最近军委会第六部结束，成立总政治部，郭沫若先生任第三厅厅长，有人主张政治部只负前方宣传责任，而后方宣传仍由党部负责，但郭先生想必不致去挂虚招牌。（见刘蜀仪《邹韬奋首次莅渝及其活动》，《重庆出版史志》1991年第2期。转引自《韬奋年谱》下卷）

7日 晨，抵达长沙，即往《抗战日报》报社与田汉相见。上午，在田汉陪同下登天心阁，观览当年太平军过长沙的路线。中午，在银宫旁边的三和楼聚餐，胡萍等作陪。乘酒兴索笔狂草，成一绝，有"作书如扫地，把酒欲问天"句。向田汉表明"不想进政治部，打算到南洋募款，来干我们的文化工作"，受到委婉批评。（田汉《迎沫若》《沫若在长沙》，均见《抗战中的郭沫若》，广州战时出版社1938年版；《抗战回忆录》）

◎ 席间，田汉以七绝一首表示欢迎，遂步原韵奉和一首："洞庭落木余霜叶，楚有湘累汉逐臣。苟有吕伊同际遇，何因憔悴做诗人。"

又作七绝一首："伤心最怕读怀沙，国土今成待剖瓜。不欲投书吊湘水，且将南下拜红花。"

均收人民出版社1959年11月《潮汐集·汐集》，题为《长沙有感二首》，现收《郭沫若全集·文学编》第2卷。

关于聚餐的地点，田汉《迎沫若》记载："今晨在天心阁上指点云山之后聚饮银宫侧之三和楼，沫若盛称湖南'凉薯'之美。"《沫若在长沙》

云:"他刚到的那天我邀他上南门城上天心阁指点太平军过长沙的战迹。胡萍小姐来了,同赴银宫傍一酒楼……自来此间'人吃人'殆无虚日,沫若盛赞李合盛的百叶,于长沙酒家及远东中菜部亦有好感。"考虑到《迎沫若》作于聚餐当日(7日),《沫若在长沙》发表时间为13日,作者田汉又为地主,所记信息自当更为可靠。——编者注

◎ 拟游衡山,阻于风雪。约定次日与诸友登岳麓山。经田汉安排,夜宿留芳岭曹如璧、梁淑德夫妇家中。常任侠夜访。(《迎沫若》,《抗战中的郭沫若》,广州战时出版社1938年版;《抗战回忆录》;《战云纪事》,海天出版社1999年9月版)

◎ 发表为《新华日报·反侵略国际宣传周妇女特刊》的题词:"和平为侵略者所蹂躏,欲求恢复和平只有从反侵略做起。妇女,在平时是和平的象征,在战时便尤当为反侵略运动的传宣使。中国的诸姑姊妹们啊,中国已临到了最后的关头了,请你们学习沃尔伦的少女,西班牙的少女。"(本日汉口《新华日报》)

8日 上午,常任侠送来旧作《中国原始音乐与舞蹈》,"因其中有引郭说也。"(常任侠《战云纪事》,海天出版社1999年9月版)

◎ 会见了第十八集团军驻长沙办事处主任徐特立。(《抗战回忆录》)

◎ 与田汉等游览岳麓山,听着同游者壮烈的救亡歌声,感叹"在武汉一个月以来的闷气才稍稍地一吐了"。近朱张渡时划子争渡而搁浅,引发感慨,说道:"世间许多事也真像这样欲速反而不达。同时许多事看去似乎顺利而暗礁却异常的多。"(田汉《沫若在长沙》,《抗战中的郭沫若》,广州战时出版社1938年版)

10日 在田汉等陪同下游玉泉山,"寻所欲古书,仓卒中无所得"。漫步至民众俱乐部参观南明爱国将领何腾蛟(云樵)所筑箭场,怀古而谈北伐战争时过长沙事,谓"十年日月若不浪费何至让日寇猖狂至此!"(田汉《沫若在长沙》,《抗战中的郭沫若》,广州战时出版社1938年版)

◎ 晚,题诗赠友人,有"何来后羿箭,射日愁破天"之句。其后数日,又凭吊黄兴墓、蔡锷墓、屈子庙、贾太傅祠等。(田汉《沫若在长沙》,《抗战中的郭沫若》,广州战时出版社1938年版)

11日 致信周恩来、王明。写道:"别后瞬已五日,一礼拜之期看看将满,你们的最后决定怎样,我在等待着你们的指示。今日陈诚来电相

催，要我和田汉兄速去服务，我已决心拒绝，但回电尚未发，请即回示为盼。徐特立老人已见过数次，他亦赞成我的意思，谓决不可干。"（郭沫若纪念馆馆藏资料）

初旬 作《应该向孩子们学习——由"孩子剧团"想到儿童救济问题》，未完稿。（郭沫若纪念馆馆藏资料38—8）

13日 上午，前往四方塘青年会大礼堂，参加田汉、孙伏园、徐特立、薛暮桥、翦伯赞、易君左、蒋寿世、胡萍等八人联合发起的长沙文化界"欢迎郭沫若先生大会"，在答谢词中称自己并不如某些朋友所说有点悲观、忧郁，而是"最乐观的"。论及大家要推他为领导的问题，声称自己只能充当"大将出马以前"先出场"打旗子的替大家引路"的那种角色。（《抗战回忆录》；《欢迎会上》，见《抗战中的郭沫若》）

14日 在长沙文艺界抗敌协会发表题为《对于文化人的希望》的演讲。（见《对于文化人的希望——在长沙文抗演词追记》，19日广州《救亡日报》）

15日 晨，将昨日的演讲词追记，题作《对于文化人的希望——在长沙文抗会演词追记》，发表于2月19日广州《救亡日报》。论证了文化力量在战争期间的作用，指出"文化人的地位和责任，在这时和前敌将士是没有两样的"，"前方的军事行动有军事上的指挥者负责，而后方的民众运动便要靠文化人来多多努力"，因此，希望"目前集中于后方大都市的文化人，更能够向乡村散播"；希望文化人丢掉"文字上的洁癖"，适应民众的口味与标准，"不要怕'差不多'"；希望文化人摆正心态，"从彷徨歧路"中走出来，"应该站在自己的岗位上抢工作做，不应该存一个等待的心理，一定要做甚么不平凡的工作"。号召大家学习"孩子剧团"，"九岁的小孩子晓得抢工作做，而我们文化人中似乎有九十岁的大孩子还在等工作做。我们不是应该惭愧吗？"

初收广州离骚出版社4月版《郭沫若先生最近言论集》；又收香港孟夏书店1941年10月版《羽书集》，题作《对于文化人的希望》；后收《沫若文集》第11卷，文字略有删节；现收《郭沫若全集·文学编》第18卷。本文后半部分曾单独成篇，题为《学学孩子吧》，收汉口大路书店4月版《孩子剧团从上海到武汉》。

◎ 致信陈诚。谓："六日一别，瞬已及旬。中间曾奉惠电，因故未能即复，恕罪恕罪。关于第三厅任务，弟自上月九日以来，苦虑焦思者四十有余日,终觉才具短绌,难于应付目前纷拏之环境;而听觉不敏,尤无法胜任繁剧之职责。苟使滥竽于今日,必将贻祸于将来。自误事小,误国事大。弟虽愚戆,实不敢为。用特肃此最后之披沥,恳求转陈委座,另简贤杰。效死有日,报国多方。耿耿寸衷,有如白水。"(郭沫若纪念馆馆藏资料)

◎《前线归来》一书由汉口星星出版社出版,收散文三篇。

17 日 晚,与常任侠看望商承祚,杂谈铜器甲骨,以及长沙出土的明器。(常任侠《战云纪事》,海天出版社 1999 年 9 月版)

18 日 作《国际形势与抗战前途》。发表于 27 日、28 日广州《救亡日报》。指出:"我们这两年来对日抗战,在我国的立场上说来,自然是为保卫祖国的自由独立,为争取民族的生存幸福的神圣战争。然从国际的立场上说来,这次的中日之战,可以说就是新世界战争的前哨战。抗战必须有多量的军火,而军火的生产量在我国是微乎其微的,在这儿却有多数爱好和平的国家以多量的军火供给我们,并且是很多义勇的飞机师来投效,和我们共同歼灭人类的公敌。抗战的结果必有多量的伤兵,因而必须有多量的医药,而新式的医药在中国也同样是不发达的,在这儿也蒙多数爱好和平的国家以多量药品供给我们,并有多数外国的医师医院,义务地为我们服务。难民的救济,战时生产的设施,国际宣传的推动,在在都有友好的国家及友好的异邦人士尽力帮助。我们假如没有这些同情的援助,我们的抗战过程恐怕是更要艰剧的。自然我们在抗战期中并不可存依赖的心理,希望那一国出兵来帮助我们,然而从客观的事实,用自然科学家的冷静的态度来加以分析,围剿日本帝国主义的第二次世界大战,迟早总是要在太平洋上展开来的。""总之,国际形势只是在增加敌人的困难,我们是丝毫也用不着悲观的。我们固不可存依赖的心思,然而也不可昧于国际关系的微妙的推移,把应当的同情和援助丧失了。我们要深切地认识,敌人在目前所放出的媾和空气是敌人所施放的毒气!敌人早感觉自己的危险,所以想软化我们以和缓国际的形势,我们千万不要上敌人和汉奸的当。我们的抗战前途是浩浩荡荡的,加强和巩固我们的抗日联合战线,整备我们的战时施设,以更始一新的勇气进行我们的第二期的大会战,真正的和平是一定会从这次的神圣的炮火中产生得出来的!"

初收汉口自强出版社 1938 年 4 月版《国际形势与抗战前途》,又收广州战时出版社 1938 年版《抗战中的郭沫若》。

◎ 为长沙《战时妇女》题词："平时妇女是和平的天使，战时妇女是战神的火焰。"载本日《湖南通俗日报》。

◎ 晚，常任侠、商承祚来访，外出不遇。（常任侠《战云纪事》，海天出版社 1999 年 9 月版）

19 日　政治部召开第一次部务会报，部长陈诚报告："在第三厅尚未组织成立以前，所有宣传事宜，暂由秘书处代为办理。"（中国第二历史档案馆藏《军委会政治部部务会报》，全宗号 772，案卷号 318）

出席第一次部务会议的有：陈诚、黄琪翔、张厉生、贺衷寒、赵志尧、柳克述、罗楚材、彭国栋、黄春和、庄明远，康泽由他人代出席。

政治部已于本月 11 日正式成立。"陈诚于 2 月 11 日在武昌就任军事委员会政治部长。"（"军事委员会改组"档案，档号 0420/3750.01—01，台湾"国史馆"藏）

20 日　与周恩来、茅盾等 193 人及全国抗敌救亡总会筹备会、中华民族解放先锋队等 31 个团体联合发表《钱亦石先生追悼会筹备会启事》。（载 2 月 20—26 日汉口《新华日报》）

◎ 依周恩来嘱咐，致信陈诚，谓正在长沙起草宣传纲领，敦劝田汉、胡愈之等好友赴武汉，提议以田汉代替刘健群出任第三厅副厅长。（《周恩来书信选集》，中央文献出版社 1988 年 1 月版）

周恩来在 2 月 24 日早写给郭沫若的信中说："前日去会辞修（即陈诚——编者注），适你的来信正到"。

中旬　收到周恩来来信（写于 2 月 17 日），希望在进入政治部的问题上采取统一立场。

周恩来信中说："寿昌、一立两兄先后到，函电均悉。一切已与寿昌兄详谈，烦他面达。兹特简告数事如下：

一、我已在原则上决定干，惟须将政治工作纲领起草好呈蒋批定后，始能就职，否则统一思想、言论、行动诸多解释，殊为不便；

二、我们希望你也能采此立场，先复辞修一电，告以正在起草宣传纲领，敦劝田、胡诸友来汉，并提议以田代刘；

三、我在这两天将各事运用好后，再请你来就职，免使你来此重蹈难境。

明日各事如有进展，当再烦一立兄来告。"（《周恩来书信选集》，中央文献出版社 1988 年 1 月版）

◎ 中、下旬之交某日晚，应张治中之邀至主席官邸赴宴，与晏阳初同席。（《抗战回忆录》）

24 日　作诗《在天空写的壮快的诗篇》。发表于 3 月 2 日广州《救亡日报》。歌颂我国空军在 18 日、23 日连续两次取得胜利。收广州战时出版社 1938 年版《抗战中的郭沫若》。

25 日　致信周恩来。写道：

"如璧兄回得悉一切，云将有长信给我，甚为渴待。

今日黄琪翔来一电，文曰'来函拜悉，辞公意，切望兄来商洽一切，请即命驾，勿延至祷'。陈自己不复而命黄代复，殊属出人意外。

兄谈结果如何？"（郭沫若纪念馆馆藏资料）

26 日　于立群来长沙，带来周恩来信。与田汉、于立群商量，决定返回武汉。（《抗战回忆录》）

周恩来信中写道："前日去会辞修，适你的来信正到，他看完后给我看，并说'限制思想言论行动'问题已解释过，并要我将上次所谈的写一个文件交辞修转呈蒋先生批准，便可便利我们工作。关于副厅长，他说可即要范扬先生担任，厅长仍唯一希望于你。假使你要在长沙耽搁，可先要范扬来组织。他并要我及黄琪翔兄写信给你，劝你早来，他也即复你信。陈还说，为地位计，请你以指导委员兼厅长。""我根据他谈话的情况，认为你可以干。"并要求（一）速催范扬先生赴武汉任副厅长之职；（二）速将宣传纲领起草好，以便依此作为第三厅工作方针；（三）请田汉同来；（四）发电报给潘汉年，让他催胡愈之速来武汉；建议接到陈诚复信五天后来武汉。（《周恩来书信选集》，中央文献出版社 1988 年 1 月版）

政治部组建之初，陈诚即邀请周恩来参加。1938 年 1 月 1 日，中共代表团和长江中央局召开联系会议，会议认为，对于国民党提出的改组政府和军事委员会各部等意见，一般宜采取赞助的立场，应该同国民党开诚合作。1 月 11 日，王明、周恩来、博古、董必武、叶剑英致电中共中央书记处，告以：国民政府军事委员会组建政治部，蒋介石以陈诚任部长，要周恩来任副部长，周曾再三推辞，请中央考虑意见。1 月 21 日，鉴于蒋、陈坚持要周恩来出任军事委员会政治部副部长，王明、周恩来、博古等再次致电中央书记处，提出：政治部属军事系统，为推动政治工作，改造部队，坚持抗战，扩大共产党的影响，可以担任此职。如屡推不干，会使蒋、陈认为共产党无意相助，使反对合作者的意见得到加强。2月24日，周恩来与王明乘飞机前往延安，27日至3月1日出席中央政治局会议。会议决定由周恩来起草对国民党的军事建议书，同意周恩来出任国民政府军事委员会政治部副部长。会议结束后，周恩来即返回武汉。（中央文献研究室编《周恩来年谱》，中央文献出版社2007年9月版；蔡震《从文献史料看郭沫若主政三厅始末》，《新文学史料》2012年第3期）

◎ 晚，与于立群、田汉、常任侠等人到"李合盛"吃晚茶。（常任侠《战云纪事》，海天出版社1999年9月版；《抗战回忆录》）

27日 陪于立群过江，"尽兴地游了一次岳麓山"。（《抗战回忆录》）

28日 在空袭警报声中草成《长沙哟，再见！》。发表于3月16日广州《救亡日报》。抒发了避居长沙二十余日的愉快感受，"在渐渐知道了长沙的好处、不想离开的时候，偏在今天要和长沙离别了"，"春天渐渐苏醒了，我同南来的燕子一样，又要飞到北边"。

初收广州战时出版社1938年版《抗战中的郭沫若》，后收《沫若文集》第11卷，现收《郭沫若全集·文学编》第18卷。

◎ 与于立群、田汉、张曙等乘早车赴武汉。（《抗战回忆录》，《五十年简谱》）

下旬 书于立群所作嵌字联一副："立德立言乃是立功之本，群有群享须从群治得来"。（《郭沫若的皮箱子》，8月4日成都《新民报》。手迹见《郭沫若遗墨》，河北人民出版社1980年5月版）

本月 填《满江红》词一首："怒气冲天，推窗望，战时变色，伏牖下，一腔孤愤，奋飞无翼，大好山河拼焦土，几餐膏血凭饕餮，莫黄昏，犹在睡乡中，嗟何及？庚子耻，犹未雪，芦沟辱，何时灭？恨老天沉醉，平津陷敌；壮士饥餐鹰虎肉，笑谈渴饮倭奴血！待明朝重整金瓯完无缺。"收本月汉口战时文化出版社版《抗战诗选》。

3月

1日 返抵武汉。回到太和街26号，与朋友们见面。晚，与来访的陈诚商谈，提出工作条件，随即着手三厅筹备工作。

"陈诚当天晚上在汉口开会,他也赶来了。

我向他提出了三项条件:一、工作计划由我们提出,在抗战第一的原则下,应该不受限制;二、人事问题应有相对的自由;三、事业费要确定,预算由我们提出。

陈诚回答得很干脆,件件依从。

我问他:事业费究竟可以有多少?请指示一个范围,让编制预算时有个标准。

他踌躇了,不肯说出个一定的数目,但他经过了考虑之后,回答了这样一句:国防军少编两军人,你总会够用了吧?

他这话似乎还慷慨,这表示着他认识到宣传的力量至少可以抵得上两个国防军。当时国民党的一军人,月费是在四十万元左右。

就这样,我便答应了开始筹备。请给我一个月的余裕,在四月一号正式开锣。"(《抗战回忆录》)

4日 为汪馥泉编《战时初中国文》书名题字。(曾健戎《抗日战争期间郭沫若活动记略》,1982年《抗战文艺研究》第2辑)

9日 为叶圣陶、宋云彬主编的《少年先锋》题词。发表于《少年先锋》1938年第1卷第4期。写道:"大家都有过少年时代,我们自己的少年时代是在无意中过去了。我们应该珍惜我们的少年,少年应该珍惜自己的时代。这是民族的命脉,文化的源泉。要能够担当一切的少年,然后民族才有复兴的希望,文化才有推进的可能。目前和今后的我国是须要大材的时候。大材总要在自由的空气里才能蓬蓬勃勃地生长,若要无理地加以拳曲,使之就范,最大的成功只能收获些粉饰庭园的盆栽,于建国是毫无用处的。"

◎ 应臧云远之请,为即将创刊的《自由中国》题词:"要建设自由的中国,须得每一个中国人牺牲却自己的自由,每一个中国人把自己的一切奉献给祖国的解放,中国得到自由,则每一个中国人也就得到自由了。"(手迹载4月1日汉口《自由中国》月刊创刊号)

12日 为孙中山先生逝世13周年纪念题词:"仰之弥高"。(手迹载本日汉口中《新华日报》)

16日 为《抗战戏剧》题刊名,载本日《抗战戏剧》第1卷第8期。

◎ 赠郭翼之军长的七绝发表于本日成都《新新新闻》,题为《郭沫若题诗送别郭翼之》):"山河破碎不须忧,收复一京赖我俦。此去江南风景好,相逢应得在扬州。"

◎ 为蒋弼主编的《战地半月》题词。发表于4月10日汉口《战地半月》创刊号,题为《政治工作之先决条件》:"在军队中做政治工作者,应刻苦耐劳,以身作则,与士兵同甘苦;尤须抱定大无畏之精神,遇必要时,随时随地,均可为国家民族而牺牲。此乃政治工作之先决条件,必须具有此种精神,然后一切工作方能有效。"

19日 政治部第十一次部务会报决议:"本部部务会报改为每周二次,时间定在每星期一本部纪念周后,及每星期四下午四时,并应通知第三厅按时出席纪念周及部务会报。""本部主办各种业务之指导刊物,交第三厅拟具编审计画呈候核定。"(中国第二历史档案馆藏《军委会政治部部务会报》,全宗号772,案卷号318)

21日 陪同应邀至武汉的日本反战作家鹿地亘夫妇往见陈诚,经商议,聘其为政治部设计委员会委员,实为第三厅第七处的顾问。(鹿地亘《郭沫若之片断》,《郭沫若研究》第3辑)

据《抗战回忆录》记载,郭沫若认为,"对敌宣传要搞好,单靠几个从日本回来的留学生是不行的,一定得请些日本朋友来帮忙",因而向陈诚推荐鹿地亘。陈诚同意,并与郭联名给广州方面发了两通电报。一周后,鹿地亘夫妇被护送来到武汉。

23日 在中华全国文艺界抗敌协会于中国文艺社召开的第五次筹备会议上,与叶楚伧、冯玉祥、邵力子、张道藩、老舍、茅盾等14人被推为主席团。(据《老舍年谱》,黄山书社1988年9月版)

25日 上午,往武汉市商会大礼堂,出席中国学生救国联合会代表大会开幕典礼。(见《全国学联代表会昨日举行开幕典礼》,26日《新华日报》)

◎ 晚,应邀至汉口女青年会会议室,围绕"妇女在抗战中的工作"主题进行演讲。首先声明自己此次到武汉来,已有三个月,但今天还是第一次讲演,所以非常高兴。关于主持人提到的指导的问题,谦逊地表示,"自己学识有限,惟常有一个信念,就是只要在自己的岗位上努力工作,自然可得良好的指导,工作就是先生,工作中的经验,就是良好的指导者"。接着谈到妇女在社会上的地位,说希腊神话中有这样一个故事,原始的时候,男女本为一体,后来上帝将好的一半做成女人,坏的一半做成男人,这虽是神话,但在生物学上,也可得到证明:人类细胞中的染色体,女人二十四对都是整齐的,男人有二十三对是正常的,最后一对,是一大一小。所以男人与女人相比,是缺少一点东西的。古代的人类,曾有过女性中心的时候,后来经济状况变更,男子成为社会的支配者了。就是救国的事情,也只说"天下兴亡,匹夫有责",难道匹妇匹女不是也有同样的责任么?欧洲魔王希特勒叫妇女回厨房去。其实这是很没有任何理由的。西餐馆,轮船上的大菜间,不都是男子在厨房里工作么?女子也可到厨房去的。她们应当到工人、农民、兵士的厨房里去,觉悟妇女同胞们,要深入民众中去,到他们的厨房里去,像家人父子兄弟一样,对他们进行工作。最后鼓励女同胞们,从抗战的工作中,培养自己的人格,完成人类较良善的一半所担负的使命。(《郭沫若讲妇女问题》,26 日《新华日报》;又载《弹花文艺》1938 年 4 月第 2 期)

◎ 为黄花岗烈士殉国 27 周年纪念题词:"建国大业须以头颅为砖块,热血为水门汀,像垒金字塔一样,垒砌起去。七十二烈士替我们做就了面基底的事业,现在,在建设途径上国家正需要多量的砖块和水门汀,我们时时刻刻作供用的准备。"(载 29 日广州《救亡日报》)

27 日 《文艺与宣传——为庆祝"中华全国文艺界抗敌协会"的成立》发表于本日重庆《大公报》。对"八一三"以来的中国文艺发展态势进行检讨,证明"文艺的体质就是宣传"。中华全国文艺界抗敌协会的成立,有利于鼓舞、推进抗战文艺的发展,有利于统一不同流派和不同意见,意义非凡,值得庆贺。但是"统一"不能只是精神和形式上的,"在物质上使协会本身能够具有着雄厚的经济基础,倒应该是更必要的条件",呼吁政府及有关方面提供经济方面的支持,使"作家的生活须得保障,作品的出版须得保障,出版品的流通也须得保障"。

初收汉口独立出版社 1938 年 7 月版《抗战与宣传》;又收香港孟夏书店 1941 年 10 月版《羽书集》,时间署为"1938 年 4 月";后收《沫若文集》第 11 卷;现收《郭沫若全集·文学编》第 18 卷。

◎ 为《新华日报》"中华全国文艺界抗敌协会成立大会特刊"题词发表本日《新华日报》:"统一文艺战线,巩固精神国防"。

◎ 上午,往汉口总商会大礼堂,出席全国文艺界抗敌协会成立大会。为大会主席团成员,并讲话:"我们要牺牲一己自由求民族之自由,牺牲一己生命求民族之生命，不单鞠躬尽瘁，死而后已，还要鞠躬尽瘁至死不已！"在下午的大会上被推举为协会理事。

大会主席为邵力子，蔡元培、周恩来、罗曼·罗兰、史沫特莱等13人被推为大会名誉主席团。协会推举了老舍、茅盾、丁玲、邵力子、冯玉祥、田汉等45人为理事。周恩来、于右任、叶楚伧等为名誉理事。(《全国文艺界空前大团结》，28日《新华日报》；《冯玉祥日记》，江苏古籍出版社1992年版)

28日　上午，在政治部会议室参加本部第14次部务会报。以三厅厅长身份报告三厅工作：1.第三厅正在加紧筹备，决定四月一日开始办公，以后公文送递，请饬送昙华林第三厅。2.关于第三厅主管业务，现正草拟整个方案及计划。3.前《日日新闻》日文印刷机件，拟请仍行划归第三厅管理，以利对敌宣传。据云前日租界三宝堂尚存有日文印刷机件数部，可否由部派员前往接收，一并交第三厅应用。决议：关于日文印刷机件管辖问题，交总务厅、第三厅会同商办，签呈部长核夺。(中国第二历史档案馆藏《军委会政治部部务会报》，全宗号772，案卷号318)

这是郭沫若和周恩来首次参加军事委员会政治部部务会报(会议)。

29日　在汉口青年会二楼礼堂，出席中国青年记者学会成立大会。

范长江主持会议，参加会议的还有周恩来、于右任、邵力子、张季鸾、邹韬奋等。(陆诒《"青记"的创立和它在武汉会战前后》，《文史杂忆》(上海文史资料选辑第七十五辑)；冯英子《"青记"诞辰》，2002年10月2日《新民晚报》；《韬奋年谱》下卷，上海文艺出版社2005年版)

31日　下午，由阳翰笙代为出席政治部第15次部务会报。报告：奉令筹办武汉各界第二期抗战扩大宣传周，业已筹备就绪，计自四月七日起，至十三日止。(中国第二历史档案馆藏《军委会政治部部务会报》，全宗号772，案卷号318)

◎ 作《日寇的残酷心理之解剖》。发表于4月2日汉口《新华日报》，再刊于4月5日广州《救亡日报》。分析战争进入第二期以来日寇的"惨无人道""更加露骨"的原因，是其"速战速决"战略企图的失败。在"速战速决"变为"难战难决"的苦境下，产生了厌战、反战的情绪。无论是变本加厉的奸淫掳掠，还是施放细菌弹，都是"自暴自弃的心理表现"，是其"残暴心理是快要走到末路的表现"。在这种情况下，

"我们就应该加紧我们的团结,来促进敌人的没落"。提醒对敌人的分化阴谋保持高度警惕,"不要作无谓的阋墙斗争,堕入敌人的诡计"。

初收广州战时出版社 1938 年版《抗战中的郭沫若》,篇名改为《日寇残酷心理之解剖》;又收香港孟夏书店 1941 年 10 月版《羽书集》;后收《沫若文集》第 11 卷,篇名定为《日寇残酷心理的解剖》;现收《郭沫若全集·文学编》第 18 卷。

下旬 接周恩来来函。函请考虑是否派人随国际主义电影大师约里斯·伊万士赴前线摄制电影。(现通译伊文思;《周恩来书信选集》,中央文献出版社 1988 年 1 月版)

本月 在陈诚办公室与从重庆赶来的徐悲鸿见面,请他担任第六处第三科科长,未获允。(《抗战回忆录》)

◎ 与陈诚在汉口首次招待三厅全体设计委员共进午餐。餐后搭乘陈诚汽车过江,并亲手将三厅预算书两册提交给陈诚。月底,又将修改后的预算案直接提交给陈诚。(《抗战回忆录》)

◎ 经与陈诚交涉,将"孩子剧团"作为一个宣传单位,收编入政治部三厅。(《抗战回忆录》)

春

◎ 为《新民报》迁往重庆书赠七绝一首:"一别夔门廿五年,鸟惊花泣恨频添;寄语巴渝诸友好,复兴责任在双肩。"(陈铭德、邓季惺《〈新民报〉二十年》,载中华书局版《文史资料选辑》1979 年 6 月总 63 辑;手迹载《郭沫若书法集》,四川辞书出版社 1999 年 11 月版)

◎ 书司空图《诗品》中"轻骑"一品,赠刘雪庵,并作短跋道:"此中大有禅位,知者自能明知。"(刘雪庵《〈流亡三部曲〉与〈屈原〉的音乐写作》,《四川大学学报丛刊》1982 年 2 月第 13 辑)

◎ 与臧云远、邢桐华等原东京质文社同人摄影,以纪念《质文》月刊被封遇难后重又相逢。还一起约请郁达夫、老舍、潘梓年等人在一家四川菜馆聚会,本拟座谈对抗战以来文艺的展望,临时建议改为笔谈,各人当场在餐桌上写就初稿,后经整理,载 5 月 10 日汉口《自由中国》月刊第 2 期,总题为《抗战以来文艺的展望》。(臧云远《云集大武汉》,《南艺学报》1979 年第 2 期)

4 月

1 日 国民政府军事委员会政治部第三厅正式成立，出任厅长。陈诚、周恩来出席成立仪式，并由陈诚"训话"。(《抗战回忆录》)

◎ 在普海春大厅，参加国际反侵略大会中国分会、中国国民外交协会等十一个团体为欢迎日本反战作家鹿地亘、池田幸子夫妇而举行的茶会，并演讲。说：我们欢迎鹿地先生和池田女士，不仅因为他们是日本反战作家，而且因为他们是人类的斗士。日本有许多作家都作了军阀的喇叭，像林房雄一类。和林房雄这些人比起来，鹿地先生是多么值得我们钦佩！

到会的有吴国桢、陈铭枢、田汉、沈钧儒、邓颖超、胡风、史沫特莱及二百余人，会议主席为孙师毅。(《鹿地亘欢迎会上》，2 日《新华日报》)

3 日 与陈诚出席政治部在天星饭店举行的招待会。招待各报纸、杂志社及出版界，商讨第二期抗战扩大宣传事宜。在讲话中说"官吏为人民公仆，希望对政治部多多批评"。

◎ 下午，"武汉各界第二期抗战扩大宣传周筹备会"在三厅举行第一次常委会，决定组织工作评阅委员会，在宣传周期内举行检查工作，加以评阅，作为将来工作改进之参考，并决定自 4 日起，借汉口保成路 203 号武汉文化界抗敌协会为筹备会各组联合办事处。(《政治部招待文化界　商讨扩大宣传事宜》，4 日《新华日报》)

5 日 夜，作《鲁南胜利之外因》。发表于 7 日汉口《新华日报》"武汉各界第二期抗战扩大宣传周特刊"，又刊 11 日广州《救亡日报》。对中国军队最近在鲁南临沂、临城等地连战连捷的外因进行分析，将敌方"于我作战有利"的弱点归结为三点：一是"师出无名，敌兵厌战"；二是"战线延长，兵力分散"；三是"牵制甚多，不易集中"。进而总结说："这些外因并不是一朝一夕所成，而是我九阅月间的艰苦抗战所必得的结果。这结果随着战期的愈见延长，战地的愈见加广，是只有愈见增大的。"同时强调，"在保障将来的胜利上，我们是应当加强我们的内因，以前仆后继之精神，踏着将士们的神圣的血迹，而勇往直前的"。

初收民族出版社 1938 年 4 月版《血战台儿庄》，又收香港孟夏书店

1941年10月版《羽书集》，后收《沫若文集》第11卷，现收《郭沫若全集·文学编》第18卷。

7日 上午，往市总商会参加武汉各界"第二期抗战扩大宣传周"开幕典礼暨"文字宣传日"，并讲话。就怎样使用宣传方法提出看法：我们要有最大的诚意，与必死的决心，我们要和前线将士抱一样必死的决心！把我们的精神武装起来！我们要一声的呼号摧毁敌人的心胆！现在我们除要做到有钱出钱，有力出力之外，我们大家还有一种共同的财产："死"！我们今日人人要拿出死来！我们一定可保永远的胜利！

参加开幕式的有陈诚、周恩来、张厉生、邵力子、田汉等及各团体代表、来宾六百余人。"第二期抗战扩大宣传周"定于本月7—13日举行，第一日为文字宣传，第二日为宣讲，第三日为歌咏，第四日为美术，第五日为戏剧，第六日为电影，第七日为游行。(《明日举行第二期抗战宣传周》，6日《新华日报》；《武汉各界第二期抗战扩大宣传周今日开幕》，7日《新华日报》；《武汉各界昨举行抗战宣传周开幕礼》，8日《新华日报》)

◎ 作《纪念台儿庄》。发表于5月10日《自由中国》第2期。肯定了台儿庄胜利的意义，认为"这次胜利，在整个抗战上可以说是一个划时间的转机。它告诉了我们已由被动转而为主动，它告诉了我们已由被击转而为进攻，它告诉了我们只要有艰苦抗战的决心，只要我们能不屈不挠再接再厉，无论敌人以怎样精锐的部队来，我们是可以摧毁它的"，这次胜利，也使"日本的狂暴军部""受了充分的教训"。同时又清醒地指出，不能因为此一胜利而轻视日本，要对日寇随之而来的更大规模的军事反攻保持足够的警惕，即"台儿庄胜利的确是空前的，但我们决不要使它绝后。我们决不要存丝毫的怠心，我们决不要存丝毫的骄意。"希望大家能够反省，"能够消灭掉自己的私心，切实地做到有钱者出钱，有力者出力"，以保障最后的胜利。

初收汉口生活书店1938年7月版《文艺与宣传》，又收香港孟夏书店1941年10月版《羽书集》，后收《沫若文集》第11卷，现收《郭沫若全集·文学编》第18卷。

◎ 参与起草的对日宣传稿（由鹿地亘以日语播音）正式播出。

"日本著名反帝作家鹿地亘夫妇，自来汉就军委员政治部设计委员职后，即积极从事其反日本军阀工作，七日开始在汉向日本国内以日语作广播演讲。……演讲稿系由本报社长郭沫若氏参加起草者,以后两氏尚拟共同努力此项工作。"(见《为正义而战——鹿地亘氏的最近工作》,载 1938 年 4 月 9 日广州《救亡日报》)

8 日 为"第二期抗战扩大宣传周"做播音讲演。(《军事委员会政治部档案》,中国第二历史档案馆编《中华民国史档案资料汇编》第五辑第二编,江苏古籍出版社 1998 年 4 月版)

9 日 上午,往中山公园的市体育场,参加"第二期抗战扩大宣传周"之"歌咏日"活动。主持广场歌咏,并做演讲,说:"我们要用歌咏的力量,扩大我们的宣传!……我们现在要给日本帝国主义者一个'四面倭歌'。"(《抗战宣传周——今日歌咏歌剧》,9 日《新华日报》;《抗战宣传周歌咏日 救亡歌声响彻汉口》,10 日《新华日报》)

演讲词初收汉口生活书店 1938 年 7 月版《文艺与宣传》,篇名为《来他个"四面倭歌"——扩大宣传周广场歌咏会上致辞》;又收《沫若文集》第 11 卷,写作时间署为 4 月 7 日;现收《郭沫若全集·文学编》第 18 卷。

上旬 为即将出版的国防四幕剧《同仇敌忾》(苏凡著)题签书名。
《同仇敌忾》宣传广告首见 7 日《新华日报》。

12 日 "第二期抗战扩大宣传周"之"电影日"。每场加映中国电影制片厂特别摄制短片,其中第一部分是陈诚与郭沫若演讲《第二期抗战胜利之基础》及《日本之崩溃》。(《今日电影日 武汉电影界总动员》,12 日《新华日报》)

◎ 上午,参加政治部部务会报。意识到政治部秘书长张厉生等提出的组织审查委员会以审核一切对外印发的本部文件的议案,"用意也就不外是绞杀三厅",当即发言,予以驳斥。(《抗战回忆录》)

◎ 晚,接到陈诚紧急亲笔信,内称:"据情报:明日扩大宣传周大游行,将有奸人准备利用,乘机捣乱,望兄注意,弟已同时关照兆民兄(康泽),请渠协助,妥为戒备。"(《抗战回忆录》)

13 日 为"第二期抗战扩大宣传周"之"游行日",下午至汉口中山公园会场,冒雨参加群众游行。因敌机来袭警报,游行改期进行。

《战云纪事》记:上午阳翰笙密谓余云:"有人拟在会场捣乱,对郭沫若先生有所不利,愿为注意戒备云。下午与郭同往汉口中山公园会场,大雨滂沱，到群众六七万人，继续来者，迤络不绝。适有敌机来袭警报，遂宣布改期举行。郭与周恩来等先去，余俟雨较小始离去。群众复有来者，小学生多在雨中整队游行，高唱救亡歌曲，精神甚佳。"（常任侠《战云纪事》，海天出版社1999年9月版）

15日 上午，应邀至市商会，参加汉口国货运动委员会召开的春季国货宣传大会开幕式。代表政治部致辞，首先希望除前方将士在用血肉建造血肉的长城外，后方民众用血汗来造成一道经济的防线。"国民经济的衰弱，固然是因了民众和商人的不觉悟，买卖洋货，但是最重要的原因，是历来不平等条约的束缚！今天抗战时期中，海口封锁了外货不易到内地，敌人全部八百五十万架纺锤，在国内就因战争停了三百五十万架，在青岛的七十五万架，上海的卅万架也在炮火中毁灭了，这正是千载难逢的机会，让我们勇迈地建设国货工业，发展纺织业！"最后对工商界同胞提出了两点意见："第一，公平交易，不要借抗战垄断居奇，只有在廉价物美，提高国货信誉当中，国货运动才能得到成功；第二，提倡献金运动，把利润的部份贡献给国家民族，买救国公债，国家有了资金，可以进行建设，可以巩固国防，长期抗敌，这样，不但使商业运输便利，而且使各位的子子孙孙永作自由独立中国的幸福国民，所以献金运动，是使自己商业发展的运动，是为子孙谋利益的运动！"（《建立经济国防线——记国货宣传大会》，16日《新华日报》）

◎ 以证婚人身份参加梁书、陈纬华婚礼，并欣然命笔，作喜联一副："梁书才子，彩笔生花，引来凤凰翩跹舞，幸福家庭／纬华淑女，诗文并茂，唤醒鸳鸯比翼飞，恩爱夫妻。"（见《郭沫若与梁书陈纬华》，《郭沫若学刊》2000年第4期）

18日 与陈诚等招待驻武汉外报记者，并就当前国内政治发表讲话，说："四月十二日所颁布的国民参政会组织条例，在我国抗战形势与政治发展的现阶段上，具有重大意义，因此它得了全国舆论界的拥护。国民参政会只有一百五十名参政员，比之现代各国的国会议员，似乎较少，但参政员人数的多少，是无关紧要的，只要他普遍的代表着全国民众，普遍地反映着民众的意识，他就是百分之百的民意机关。从国民参政会组织条例看来，全国各省市各文化团体各经济团体，以及蒙古西藏，都有声望卓著的代表参加，可知国民参政会确是普遍地代表着民意的。国民参政会的职权，是一方面备政府咨询，另一方面向政府提出建议，他执行着战时民意机关所应有的权能，全国的民意就可经过这个途径反映出来，这就可把政府和民众溶化为一体，民意越是反映得普遍和迅速，政府与民众的团结便越加坚固，全国民众越加拥护政府，政府越加容易调动民众的力量，这就是说，越加容易增强抗战的力量。""我国以汉满蒙回藏五族立国，我们五个兄弟民族素来是一德一心的，只是我们的敌人总想多方离间，挑拨是非，近来更有一种梦想，想把我们中国划分为五个民族国家之企图，但是这企图，不用说始终是不会实现的。……我全国各民族尽都表现着精诚团结、协同一致，我们的抗战力量只有越见加强，日本人离间我民族的计划，只会愈见表示着心劳日拙的。"(《一周来政治　陈部长郭厅长昨招待外报记者，讲述最近军政各方面一般趋势》，19日《新华日报》)

中旬　张季鸾、王芸生来访。(《抗战回忆录》)

23日　上午，在本部会议室参加政治部第20次部务会报。报告：1.自五月三日起九日止各纪念日，拟请合并举行宣传周。2.全国戏剧协会请求本部补助建筑抗敌剧场经费二千元。决议：五月上旬各纪念日，可合并举行宣传周。标举兵役、抗敌、建国三点扩大宣传。(中国第二历史档案馆藏《军委会政治部部务会报》，全宗号772，案卷号318)

24日　为广州文艺界即将于5月24日首次开展"诗歌节"纪念活动题词，纪念、歌颂"五月是诗的月"，"又是人性积极活动的月"，号召："诗人们，请积极发挥你们的创作欲，不仅要纪念'诗歌日'，而且要莫辜负这个诗歌月。"(手迹载《中国诗坛》，1938年5月第2卷第4期；报道《郭沫若先生题词》，载5月24日广州《救亡日报》)

26日　出席政治部为筹备"雪耻与兵役宣传周"而召集各有关机关举行的谈话会。

到会的有张厉生、康泽、贺衷寒等十余人，由黄琪翔主持。经决议，"雪耻与兵役宣传周"日期定为5月3日至9日；政治部三厅等十三个机关为筹备员，由郭沫若负责召集。(见《政治部即将举行雪耻与兵役宣传》，27日《新华日报》)

◎　晚，应田汉之邀，与常任侠、胡绣枫、李建华、张曙等十余人共进晚餐(《战云纪事》，海天出版社1999年9月版)

27日　下午，出席政治部召集各有关机关团体代表举行的会议，商讨"雪耻与兵役宣传周"事宜。

会议由张厉生主持。会议决定将此次活动定名为"武汉各界雪耻与兵役扩大宣传周",并推定了筹备委员、常备委员,责成三厅与国民党中宣部、武汉市党部等机关、团体共同组成宣传处。(《雪耻与兵役宣传周》,28日《新华日报》)

◎ 经国民政府军事委员会铨叙厅案准"铨叙中将阶级"。(《国民政府军事委员会铨叙厅公函》铨二字第5492号,中国第二历史档案馆藏,全宗号772,案卷号2092)

29日 收到冯玉祥电报,赞同其以西洋镜宣传抗日的建议,收纳冯送来的西洋镜作品,并当即命嘱访办。

《冯玉祥日记》载:"与政治部第三厅郭沫若厅长说电报话:在南京时,我曾向委员长提议用西洋景[镜]的办法去办民众宣传,当时委员[长]就命邵力子去办,后因南京事变未办。我现办成一部,为赵望云画片,老舍编词,已完全办好,我以为要深入民间,这个办法最好。我派人送去,请你看看。

当派赵亦云、葛效先将全部西洋镜送至政治部。郭厅长甚表赞同,当即命属[嘱]访办。"(《冯玉祥日记》第四册,江苏古籍出版社1992年版)

30日 上午,政治部召开第21次部务会报,未出席。议决:武汉"五一"纪念节,武昌方面请黄副部长、贺厅长出席;汉口方面请张秘书长、郭厅长出席;汉阳方面请周副部长、康厅长出席。(中国第二历史档案馆藏《军委会政治部部务会报》,全宗号772,案卷号318)

下旬 夏衍、叶文津从广州来武汉,请示《救亡日报》今后的办报方针。陪夏衍一起见了周恩来,得到一些具体的工作指示。(夏衍《懒寻旧梦录》(增补本),生活·读书·新知三联书店2005年版)

◎ **月底** 与于立群搬到珞珈山武汉大学教授宿舍居住。

不久,周恩来夫妇也搬到附近来了。"两家往来密切,和睦亲热,有朋友来了,他们往往一起招待,还一起合影。"(《抗战回忆录》;罗高林《珞珈山的怀念》,1979年10月14日《湖北日报》)

本月 派三厅六处郑用之绕道去上海,对坚守"孤岛"的文化工作者表示慰问,同时传达周恩来的指示。(于伶《怀念卓越的无产阶级文化战士郭沫若同志》,1978年6月20日《文汇报》)

◎ 熊琦编《郭沫若先生最近言论集》由广州离骚出版社出版，收郭沫若演讲记录和杂文共 12 篇。

5 月

2 日 中午，参加"雪耻与兵役宣传周"筹备会议。（3 日《新华日报》）

◎ 下午，与国民党中宣部代部长周佛海、副部长董显光等列席政治部部长陈诚招待驻武汉各外报记者会。（《陈部长招待外报记者谈我国军事政治动向》，3 日《新华日报》）

3 日 上午，在市商会礼堂出席"雪耻与兵役扩大宣传周"开幕式，为主席团成员并讲话。报告了会议筹备经过，并申明，此次宣传的意义，"重要的不仅是要动员人民当兵，有力出力；而且应该劝告有钱的购买国府金公债，做到有钱出钱！"

开幕式由政治部副部长黄琪翔代陈诚担任总主席。周恩来亦出席并讲话。各机关团体代表、宣传队成员二千余人与会。（《雪耻兵役宣传周昨开幕》，4 日《新华日报》）

◎ 作《把精神武装起来》。发表于 5 月 12 日广州《救亡日报》。从"五九""五七""五三""五四"这些国耻纪念日或由国耻派生出的纪念日谈起，检讨国民的精神，说"我们的精神实在太萎靡了。烂熟的封建文明持续了过分长久的年代，没有得到蜕变，更加以清朝三百年的无理的统制，养成了一种苟且因循的习惯，毫无积极进取的精神"。在目前的雪耻战争中，"我们要想得到最后的胜利，要想促进敌人的崩溃，非把我们的雪耻的决心加强，非把全中国民众在精神上武装起来，我看，是不能有十分保障的"。使国民精神武装化的手段，首先是日常生活方式的调整，如以短装取代长衫旗袍，取缔消耗光阴和精神的茶楼，革除酒馆中饱食浪费的恶习等，在这些消极的调整之外辅之以积极的替代设施，这样，国民生活的改进上，"一定会有良好的效果"。此外，还对文职俸优、武职俸廉的不合理现象提出批评，认为应予改革。

初收汉口生活书店 1938 年 7 月版《文艺与宣传》，又收香港孟夏书店 1941 年 11 月版《羽书集》，后收《沫若文集》第 11 卷，今收《郭沫若全集·文学编》第 18 卷。

4 日 上午，至国民党湖北省党部礼堂，参加"五四"运动 19 周年纪念大会。（《昨日五四举行盛大纪念会》，5 日《新华日报》）

◎ 晚，为"雪耻与兵役扩大宣传周"做广播演讲，谈"五四"运动与兵役。（《昨日五四举行盛大纪念会》，5 日《新华日报》；《第三厅工作报告（五月十二日止）》，《军事委员会政治部档案》，中国第二历史档案馆编《中华民国史档案资料汇编》第五辑第二编，江苏古籍出版社 1998 年 4 月版）

5 日 为郑传益所编《政治工作的实施》作序。写道："在工作中教育对象，在工作中尤须教育自己。古人云'修辞立其诚'，必自己先有诚信，然后工作方能推动。本书作者于此曾三致意焉。希望本书之读者勿得鱼忘筌也。"（收武汉拔提书店 6 月版《政治工作的实施》）

8 日 应王铭章追悼会筹备处之请，于晚六时四十五分作广播演讲，题为《把有限的个体生命融化进无限的民族生命里去》。从王铭章师长守土殉职的壮举，谈到死的方法与死价值，称赞王师长的"死法是有利于国家，有利于民族的，死了也膺受着无上的光荣"，因此是"很光荣的死"。从这个角度而言，王师长"并没有死"，"他是把他的生命切实地融化进了我们的民族的生命里面。在我们的民族存续的一天，王铭章师长是永远生存着的"。最后号召全国同胞效法王师长，"死一个顶有价值的死"。

演讲词刊载于 9 日汉口《新华日报》题为《郭沫若厅长吊王故师长广播辞》之报道中。后收《沫若文集》第 11 卷，现收《郭沫若全集·文学编》第 18 卷。

王铭章 3 月 17 日在滕县阵亡。

9 日 在本日广州《救亡日报》上发表诗书赠姚潜修的《弹八百壮士大鼓词》："枯肠搜索费沉吟，响遏行云弹雨音。词与健儿同壮烈，自拟身亦在枪林。"

◎ 下午，与常任侠谈话，说及某古董肆的古铜器售价"尚不昂"。（常任侠《战云纪事》，海天出版社 1999 年 9 月版）

10 日 笔谈《抗战以来文艺的展望》发表于汉口《自由中国》月刊第 2 号，署名者还有：老舍、张申府、潘梓年、夏衍、臧云远、郁达夫、吴奚如、北鸥。

"缘起：本来拟了题目和纲要，想在着某川菜馆的一个聚会上，开一个座谈会的，然而那天四周是那么吵嚷，没法安静的谈，当纲要交给郭沫若先生看的时候，郭先生用笑话开始地说，东西还不曾吃进去，先要吐出来，真是难事，接着大声地把纲要朗读了一遍，并且提议：把四项大纲作为问题，在座的人，只在纸上答不必谈了。大家全都同意，于是低头写起。因为既不座谈，可以更广泛的征求作家的意见，在中国这还是开始的尝试，希望在郭沫若先生的倡导之下，这新的尝试将收到完美的成果。"

一、抗战以来文艺的特征

郭沫若认为，"以品类言，诗歌、短剧、速写、报告文学之类最受鼓舞。以品质言，则简短，敏捷，而有煽动性，通俗化，大众化"。

二、抗战以来文艺工作者的成果

"作品颇不少，似以诗歌为最有成绩。但划时代的作品尚未见，大约还需要相当的酝酿的时期吧。""在广州《救亡日报》连续发表的集体创作《华北的烽火》，内容尚未过细的读，但是值得纪念的作品。"

三、抗战以来文艺工作者的任务

1. 应利用文艺的多样性以调济抗战言论之定型式。
2. 应紧抓着抗战的经过，把伟大的时代纪录下来。
3. 应采用集体创作的方式。
4. 应积极参加实际工作。
5. 应洗尽文士的洁癖，尽量地大众化。

四、中国文化的前途

"只要文艺工作者肯努力，并肯能力合作，必然有伟大光明的前途。"

11日 上午，往武汉上海大戏院参加中华海员抗敌宣传大会，并讲话。从经济的角度分析了日寇的和中国的优势，以此证明中国必可在最短期内战胜日寇，并且在十年以内建设新的中国，要求工友们负担起这抗战建国的责任来。(《中华海员抗敌宣传大会》，12日《新华日报》)

◎ 下午，与孔祥熙、汪精卫、张群、陈公博、陈立夫、康泽等参加王铭章师长公祭仪式。(12日《新华日报》)

12日 接受《良友画报》总编辑马国亮采访，并应邀为画报题词："文化史抗战之一的犀利武器，观敌人四处毁坏我文化机关，歼灭我文化人，便可证实。站在文化岗位上的一切成员，应认清自己的使命。"（载

《良友画报》6月号，总第138期）

13日 与周恩来、于右任、老舍、邵力子、周佛海、田汉等出席中华全国文艺界抗敌协会第二次理事会，由邵力子做东"且吃且议"，在会上只报告一件事：政治部与其他机关要办一个战时文化服务团，征集图书及创撰，分送到前方。关于这两项，都希望文协帮忙，多给捐书，多给写书。（《抗战文艺》1938年5月第6期；《会务报告》，《老舍文集》第16卷）

◎ 作《答儿童救国募金队的小朋友们》，表扬广州一所小学的孩子们抗战爱国的精神，说"你们的纯洁、热诚、无私，是应该作为我们大人们的'导师'的"。（载22日广州《救亡日报》）

14日 中华民国留日同学会举行会员大会，与陈诚、陈立夫、贺衷寒、康泽等被聘为该会指导员。（《留日同学会昨改选理监事》，15日《新华日报》）

19日 签署呈报"第三厅成立以来工作报告"。（《军事委员会政治部档案》，中国第二历史档案馆编《中华民国史档案资料汇编》第五辑第二编，江苏古籍出版社1998年4月版）

中旬 有感于高跃山、程莉辉的遭遇，在他们请人所作的一幅家乡沦亡结婚纪念的图上题婚联：龙战玄黄弥野血，鸡鸣风雨闻天际。（《遗墨长留天地间——郭沫若抗战时期在武汉的题词》，《郭沫若学刊》1996年第2期）

21日 上午，往政治部参加第23次部务会报，报告：1.世界学联代表所请供给有关中日战争之材料及有关统计数字；2.湖北民政厅6月3日禁烟纪念日，拟请第三厅在主办，扩大宣传。决议：1.世界学联代表所请供给有关中日战争之材料及统计数字，由第三厅与卫戍部解决。2.6月3日禁烟纪念日可由本部主办宣传，其应准备事项由第三厅统筹办理。（中国第二历史档案馆藏《军委会政治部部务会报》，全宗号772，案卷号318）

24日 中午，在武昌宾阳门车站参加李必蕃师长的祭礼。（25日《新华日报》）

李必蕃5月14日在菏泽前线阵亡，灵柩于24日经过武汉。

25日 下午，在中山路一江春饭店，出席中共中央及八路军驻武汉代表周恩来、王明、博古、吴玉章为欢迎世界学联代表团而举行的茶会，并为世界学联代表题词："空气是养气、X气、轻气等所构成的统一，这可以说是多样的统一。但假如要把空气化为单一的养气，那是消灭空气，同时也就消灭生命。我们应该强调多样的统一。"

来宾还有邵力子、马超俊、沈钧儒、李公朴、郁达夫、田汉、鹿地亘及国际反侵略大会中国分会、青年救国团等团体代表共四百余人。(26日《新华日报》)

26日 下午,在政治部第三厅主持中华全国艺术界招待世界学联代表的欢迎会。致辞说:"今天我们欢迎最亲爱的国际学联代表,他们虽只有四个人,但实际等于带给我们四百万大兵,在前方给我们增加了无数的武器,给我们以无限的鼓励,提高了我们必胜的信念。我们艺术界没有什么艺术作品可贡献给我们亲爱的朋友们,但我们可以告慰的我全国人民,全国艺术界已经团结起来,在为反对法西侵略、为民族生存国家独立而奋斗了!"(《全国艺术界招待会盛况》,29日《新华日报》)

28日《新华日报》报道:"(中央社讯)世界学生代表团已于昨(廿七)日晚八时由汉搭轮赴九江,计廿八日晨可到,九时即转车赴南昌";29日又报道《世界学联代表团昨已安抵南昌》:"(中央社南昌廿八日电)世界学生代表团,廿八日下午二时抵南昌,全市男女学生民众团体均赴车站欢迎。"

28日 上午,出席政治部第24次部务会报,报告:请各厅处供给每种宣传材料50份,提供给世界学联代表。决议:嗣后所有宣传照片及刊物的收集汇总,由第三厅主持办理。(中国第二历史档案馆藏《军委会政治部部务会报》,全宗号772,案卷号318)

本月 应于立群嘱书文天祥《正气歌》题扇。自画兰草并作七绝一首题扇。诗云:"合凭骚客证前因,玉骨珊珊迥出尘。自有素心堪鉴赏,常将清梦寄湘滨。"跋写道:"立群购此扇叶,既已要我画兰,又要叫我题诗,两者都不佳妙。"(据手迹,见《郭沫若书法集》,四川辞书出版社1999年11月版)

◎ 应邓颖超嘱,同做于立群入党介绍人。(据邓颖超本月18日致于立群信,复印件)

◎ 傅抱石携编译书稿《明末民族艺人传》来,请为作序。(见《明末民族艺人传·序》,长沙商务印书馆1939年初版)

6月

2日 下午,与沈钧儒、胡愈之邀请文化界名流在法租界天星饭店商谈征求《鲁迅全集》纪念本订户事宜。

黄琪翔、邵力子、吴玉章、李石曾、鹿地亘夫妇等四十余人到场。三位主持人先后报告这次集会的意义、刊印《鲁迅全集》的经过、鲁迅在中国革命史上的功绩、过去的上海文化运动对目前上海人民抗日斗争的影响等。当场订出四十余套。(3日《新华日报》)

3日 所拟《为"六三"禁烟纪念日告全体同胞书》，载本日《新华日报》，题《中宣、政治两部发告国人书 日寇用毒化政策灭我民族，拒毒禁烟是抗战胜利保障》。

此文草拟后，与胡愈之、陈布雷所拟文稿合并，经蒋介石修改后发表。(《洪波曲》)

◎ 为高尔基逝世二周年作《纪念高尔基》。发表于20日《自由中国》月刊第3期"高尔基逝世二周年特刊"。歌颂高尔基"慈和、公正、伟大的人格"，以及"为人类社会的幸福"而不懈斗争的精神。

6日 在全国美术界抗敌协会成立大会上，与蔡元培、冯玉祥、张道藩、田汉等十人被推为名誉理事。(7日《新华日报》)

◎ 以"戏剧宣传，效力极为宏大，既可提高部队战斗精神，更能组织民众，增强抗战力量"，向政治部呈请在各师旅政训处成立随军抗敌剧团。(《军事委员会政治部档案》，中国第二历史档案馆编《中华民国史档案资料汇编》第五辑第二编，江苏古籍出版社1998年4月版)

8日 上午，往政治部参加第25次部务会报。(中国第二历史档案馆藏《军委会政治部部务会报》，全宗号772，案卷号318)

10日 主持蒙藏回各民族代表欢迎世界学联代表的茶会，致辞说："世界学联代表团这次到中国来，我们没有什么礼物可以奉赠。我们唯一的礼物是国内真正的整个的团结！同时我们要接受他们所带来的礼物——全世界维护和平正义的人都和我们团结起来了。我们要使全世界为正义和平人道而奋斗的人们加强团结起来，用和平阵线的力量打击侵略者，摧毁日本帝国主义者！"

新疆、蒙古、西藏等少数民族代表或致辞，或表演节目。柯乐满代表学联代表团致答谢词。与会者还有邵力子、徐季龙、孙绳武、罗炳辉、田汉、钟可托、王兆祥、胡秋原、英法使馆的外宾以及各机关团体的代表。(《蒙藏回欢迎世界学联代表席上，粉碎了敌人的无耻造谣》，11日《新华日报》)

15 日 主编《战时宣传工作》作讫。7 月 25 日由政治部印发。全书分《总论：理论与方法》《分论：应用与实习》两部分，总论论述抗战建国纲领之阐扬、宣传工作者之修养、言论的宣扬、艺术的宣扬以及其他特种宣传方式，分论则分别阐述对民众、士兵、敌人以及对国际的宣传。

16 日 在中街新生活宿舍参加中国回民救国协会为国际学联代表团举行的欢迎会，并发表了演说。(17 日《新华日报》)

17 日 作诗《高尔基万岁》。发表于 18 日《新华日报》"高尔基逝世两周年特刊"。咏道："他使我知道了唯最博识的人为最谦和，／他使我知道了唯最刻苦的人为最宽大。／他刻苦一生，要把他所有的一切贡献于人类，／使人类于更深入的智慧中得到更透辟的解放。／他，高尔基，已经不仅是一位伟大的作家，／而是一位教育全人类，孕育未来世界的圣者。""关于中国的青年，关于中国的革命，／是高尔基生前所最关心的事情。／他曾经说过他想把一九二六年前后，／中国的革命写成一部伟大的作品，／并曾经想要一位中国的同志去做他的帮亲，／可惜这项计划始终没有做成。""转瞬已就两周年了，这令人永铭肝肺的一天，／我们在这一天要虔诚地立定一个誓愿。／我们要继承文学的遗产，要努力学习，要把先哲未完成的使命放在我们的双肩。"

18 日 与萧化之同访陈布雷。(《陈布雷大传》王泰栋编著，团结出版社 2006 年版)

陈布雷 1938 年 6 月 18 日日记载："……今日病实未愈，头痛欲裂，郁闷异常……萧化之偕郭沫若君来访，强起而酬对，郭君丰采仍如卅余，询之知四十七岁，十载沧桑，不胜慨息……"

中旬 负责草拟"七七"周年纪念计划，为此受到蒋介石召见，特拨款一万五千元，要求纪念活动"不妨盛大一点"，并受委托代拟《告人民书》《告前敌将士书》《告国际书》。(《抗战回忆录》)

◎ 与李德全、史良、范长江应邀为湖北省民众抗敌后援会妇女工作团在武昌中正路省立第五小学校礼堂演讲，演讲范围：（一）目前抗战形势；（二）国防政治；（三）中国及中国农村经济；（四）怎样动员民众及农村妇女等。(《妇女工作团举行演讲会》，17 日《新华日报》)

22 日 晚八时至八时二十分，作广播演讲，题为《抗战以来日寇损失概观》。演讲词载 23 日、24 日《新华日报》。说道："我们对于敌人所抱的战略，是持久战，消耗战、所要消耗的，就是敌人的三个 M，要消耗敌人的人力、火力、财力。抗战快要满一周年了，我们的消耗战的成绩，是怎样呢？明显地是收到了预期以上的成功。"接着历数了一系列统计数字，印证"我们的成功"。并在物质条件之外，特别强调"在现代的战争，乃至一切时代的战争上，还有一个不可缺少的要素第四个 M……便是 Mind（精神）。这是真真正正的决定最后胜负的要素。""铁是愈打愈坚硬的，我们受着敌人的猛打、狂打、毒打，已经快满一年，但我们的精神是愈见团结，我们整个国民的意志和钢铁一样的坚固了；我们的军队，敌人已经承认了是打不完的……敌人的虚声恫吓和实力的威胁，我们是已经领教了将近一年的，它并不足以动摇我们，反是愈见坚定了我们的信念，敌人是快要走到了末路了。抗战必胜，建国必成的决心，闻胜不骄，闻败不馁的精神，已经保证了我们已经的胜利，更将保证我们今后的胜利。"

收广东生活书店 1938 年 8 月版《文艺与宣传》，题作《抗战来日寇的损失》。

23 日　为杨明所译英国《孟却斯德导报》驻华记者田伯烈编著的《外人目睹中之日军暴行》作序。并题签书名。序写道："人类的正义在未能树立其绝对的权威之前，民族与民族或国家与国家之间，为利害冲突而诉诸战争，原是难免的事。然而，这战事，至少要要求其为堂皇的决赛，要要求其破坏的惨祸仅限于战斗的成员与战斗的设备，于此等人员与设备之外不能任意波及。这是文明民族间所公有的义务。然而，把一切世界公约蹂躏尽了的日本军部，根本上便说不到这一步。自从'九一八'以还，他们始终是以海盗的姿态而出现，擅自造成酿祸的口实，因而继之以不宣而战的大规模的侵略。毒气毒品，横施滥用，对于不设防城市与无抵抗的老弱平民，任意施行轰炸，这已经是惨无人道，为世界各国所一致谴责的行为，而残酷的暴行还要继续到每一次作战过程告了一个段落之后。大规模的屠杀、奸淫、掳掠、焚烧、破坏等等的惨剧，在每一个被占领了的城市中都要表演出来，而且要继续到一月二月三月之久，不使成为灭绝人烟的废墟不止。说到屠杀与奸淫的手段之酷烈，尤其有令人发指者。已经解除了武装的士兵，被诳骗了去集团地加以扫射或焚烧。十一二岁的女孩，五六十岁以上的老妪，均难免于淫欲者的魔手。有的在奸淫之后还要继之以残杀，继之以死后的不可名状的侮辱。这罪孽，在人类史上,实在是留下了不能洗刷的污迹的。"" 《孟却斯德导报》的驻华记者田伯烈氏所编纂的这部《外人目睹中之日军暴行》,正是我们所筑着的血肉长城的一部分的写照了。……现在本书的译文又呈现在我们自己的眼前来了。我们对着这片血肉长城的写照,我们相信,凡是中华民族的儿女,必然会感受着无限的悲愤而愈加勉力。我们要为死难及受害的同胞们致哀,要向同情于我们的国际友人们致敬,而同时要倍加觉悟着自己的责任,要把保卫祖国、保卫人类、保卫文化的使命,彻底地完成。我们相信,我们正是在执行着'决定是非曲直的权利'的。抗战快满一周年,敌人已经在作最后的挣扎了。我们始终相信着,人类的正义终必有树立其绝对的权威之一日。"

收汉口国民出版社 7 月版《外人目睹中之日军暴行》。

28 日 作《告四川青年书》。发表于 7 月 2 日成都《新新新闻》。呼吁:"要铸造这一个'青年中国'的重大使命,正是当前这一时代的青年应有的最光荣的责任。""所以,诸君当前的两条路线,就是(一)作战场上的民族英雄,(二)作文化战斗上的战士,两者之间,择一而从,就算是尽了一个青年的最低责任。""时代的伟大而艰巨的使命,正降落在诸君的肩上,请记着,敌人决不能灭亡我们,今后存亡的关键,是决定在我们自己的掌中。"

29 日 上午,往政治部参加第 28 次部务会报。(据会议记录,南京第二历史档案馆卷宗 772)

下旬 应《自由中国》月刊编辑臧云远等人之邀,偕于立群赴宴聚谈。到会的还有何凯丰、邓颖超、潘梓年、田寿昌等人。(臧云远《云集大武汉》)

夏

◎ 为唐棣华"将赴蜀",书司空图《诗品》"气清"一则,"以为纪念"。(见《郭沫若书法集》,四川辞书出版社 1999 年 11 月版)

◎ 自画兰草并题诗"兰蕙化为茅",赠唐棣华。(见《郭沫若书法集》,四川辞书出版社 1999 年 11 月版)

◎ 作诗《送王一平女士》:"同是四川人,/四川人有四川人的精神，/四川人的精神是什么？/威武不能屈，/贫贱不能移，/富贵不能淫。"

诗为作者在一餐馆用餐时，即席书写于菜单上送王一平。载成都市图书馆编《郭沫若著译及研究资料》（1979年12月）。

◎ 汪静之来访欲加入三厅工作，因编制已满，介绍其往黄埔军校第四分校。（《汪静之自述生平》，《汪静之先生纪念集》，上海书画出版社2002年9月版）

7月

1日 《诗两章》发表于广州《烽火》旬刊第17期。其一《偶成》："刀征勇士魂，铁见丈夫节，蘸血叱龙蛇，草檄何须笔。"其二《题〈石墨留真〉册》："十年曾耽此，今观若隔生。还将吉乐意，共与砺坚贞。"并"附志"道："遁迹海外十年，曾为吉金乐石之研讨，一旦归来，浑如隔世。"

《偶成》后改题作《铭刀》，收作家出版社1959年11月初版《潮汐集·汐集》，署写作时间"1939年5月"，有误；现收《郭沫若全集·文学编》第2卷。

《烽火》旬刊第17期应于6月11日出版，脱期至7月1日。

2日 所作《双七挽歌》刊载于《新华日报》（《抗战建国纪念日，重要区域设置献金台》）。歌咏道："阵亡的将士，死难的同胞，/你们壮烈的牺牲，/增加了国家民族的光耀，/你们要享受着千秋俎豆，/你们是高标出万古云霄。""踩着你们的血迹，/跟从统帅的领导，/争取最后胜利的目标。/复兴中华民族，/把日本帝国主义打倒！"

又刊7月25日《半月文摘》第3卷第1期。载8月16日重庆《文艺月刊·战时特刊》第2卷1期，题为《挽歌》。歌词由张曙谱曲。后收浙江丽水会文图书社1939年10月版《抗战歌声》第三集。

3日 审阅关于组织成立政治部出版委员会的文件，批示："派胡处长愈之同志参加。"（据军委会政治部治三字第1217号文，政治部编制，附各委员会组织，中国第二历史档案馆藏档案，全宗号772，案卷号2）

5日 晚，与陈诚、周佛海、黄琪翔、周恩来、武汉市长吴国桢等联名柬请武汉各银行界、商界领袖出席晚宴,商请各领袖担任献金组事宜。"结果极为良好"。(《纪念"七·七" 明日抗战周年纪念,武汉各界盛大举行》,6日《新华日报》)

6日 领导筹备"七七"周年大会开幕,连续三天在武汉三镇分别举行盛大的集会。群众为抗战而献金的热情不可遏止,不得不又延长两天才结束。(《抗战回忆录》)

7日 中午,在中山公园参加阵亡将士纪念碑奠基典礼,与陈诚、周佛海、吴国桢、周恩来等为主席团。海陆空军及各界代表四千余人参加仪式。(《纪念"七·七" 明日抗战周年纪念,武汉各界盛大举行》,6日《新华日报》;《武汉各界昨举行抗战阵亡将士纪念碑奠基礼》,8日《新华日报》)

◎ 下午,在汉口市商会参加抗战阵亡将士暨死难同胞追悼大会,并致祭辞。

周恩来、国民党副总裁汪精卫、中宣部长周佛海、行政院长孔祥熙等先后致祭辞。主祭为居正。(《纪念"七·七" 明日抗战周年纪念,武汉各界盛大举行》,6日《新华日报》;《阵亡将士追悼会沉痛悲壮》,8日《新华日报》)

8日 在汉口市商会陪同蒋介石向抗战阵亡将士暨死难同胞致祭。(9日《新华日报》)

◎《抗战一年来的文化动态》发表于《武汉日报》。认为:"抗战团结了全国的文化工作者,抗战建设了全国新文化底基础。""新中国的文化在抗战中生长着,在抗战中繁荣着。"收重庆七七书局1938年8月版《抗战建国第一年》。

9日 为傅抱石所编译《明末民族艺人传》作序:"丁丑十一月,余在上海,抱石自宣城来书,谓有《明末民族艺人传》之编译,将杀青矣,欲请序于余。未几,以战事迁变,彼此消息阻绝。今岁五月,携稿来汉相视,余列之案头者,垂二阅月。睡时辄加翻检,见其所传,虽不尽以艺名,而大都精于艺事。且征引甚详,译词亦雅洁可诵。抱石考艺事最专,近年以考定石涛上人世系踪迹颇邀艺界珍许,其出为是举,堪称允当。夫崇祯甲申前后为异族蹂躏中土一大枢机,明祚之亡,其病源何在?见仁见智,虽各不同而北京破后,直至清顺治初期,若干书画家在异族宰割下之所表现窃以为实有不容忽视者。如文湛持兄弟、黄石斋夫妇、史道邻、傅青主,乃至八大、石涛诸名贤,或起义抗敌,或不屈殉国;其人忠贞壮烈，固足垂千古而无愧，其事可歌可泣，一言一行，尤堪后世法也。吾国艺人喜以'敦品'为第一要义，聪明次之，学问又次之，古人云：'人品不高，用墨无法'，所谓'气韵''境界'诸品，莫不自作者高尚之人格中溢出，在作品如是，行事亦自皆然。兹民族危难，不减当年；抗战建国，责在我辈，余嘉抱石之用心，而尤愿读者深察之也。"收长沙商务印书馆 1939 年初版《明末民族艺人传》。

《明末民族艺人传》系傅抱石从日本山本悌二郎、纪成虎一合撰《宋元明清书画名贤详传》编译而成。

10 日 自书《胡笳十八拍》于珞珈山寓所。（见《郭沫若书法集》，四川辞书出版社 1999 年 11 月版）

上旬 月初，为蒋介石草拟"告敌国民众书"。

"七月初为蒋公撰拟抗战周年纪念告全国军民书（另有告友邦书为张子缨君初稿，告敌国民众书为郭沫若君所起草）。"（陈布雷《陈布雷回忆录》，台湾王家出版社有限公司 1989 年 10 月版）

◎ 作《纪念"双七节"——抗战建国的发端日》。（郭沫若纪念馆馆藏资料 38—2）

18 日 晚，在光明大戏院参加抗战周年纪念筹备会举行的献金音乐大会，观看励志社管弦乐队、武汉合唱团、全国著名歌咏团体及外国音乐家的演出，并讲话。指出，"要保持精诚团结的精神，更加团结起来，团结成钢铁一般"，"把所有一切的力量作供献给抗战建国，才能保证抗战的胜利，赶出日寇出中国，建设灿烂的自由幸福的新中国"。田汉、王芸生等亦出席。（18 日、19 日《新华日报》）

23 日 上午，往光明大戏院出席国际反侵略大会中国分会联合武汉各界各团体举行的响应国际反轰炸大会，为主席团成员，并发表讲话。说："要发展我们创造欲的精神，反对充满发展占领欲最残暴的侵略者！""要予打击者以严重的打击，予轰炸者以猛烈的轰炸"，"坚持抗战到底，创造自由幸福的新中国，创造和平的美满的新世界！"

大会通过"致电巴黎国际反侵略大会"等四个提案。（《武汉各界各团体举行响应国际反轰炸大会》，24 日《新华日报》）

25 日 作《反儒家理论之法西化》序。写道："这篇《反儒家理论之法西化》是去年五月尾上作的。那时候我还在日本，费了六天工夫把它写了出来。原题为《借问胡适》，曾经在去年七月廿号出版的《中华公论》的创刊号发表过。""这篇论文，是我十年来研究古代史的一个收获，这儿解决了好些悬案，而同时也标示了好些在研究古代史上所应取的方法和态度。"（郭沫若纪念馆馆藏资料38—6）

《借问胡适》收入重庆文学书店1942年4月版《蒲剑集》后改题为《驳〈说儒〉》。

26日 批示洪深、田汉为汉口市戏剧编修委员会核请指导员人选及补助经费呈文：以"阳翰笙为指导员，参加该会"；补助费"月二百元"。（《军事委员会政治部档案》，中国第二历史档案馆编《中华民国史档案资料汇编》第五辑第二编，江苏古籍出版社1998年4月版）

◎ 托常任侠为长沙张志强所获玉尺代为考证。（《战云纪事》，海天出版社1999年9月版）

27日 为归国抗日一周年，周恩来、邓颖超与政治部三厅同人田汉、洪深、杜国庠、胡愈之、范寿康等及孩子剧团代表至寓所，"举行一个晚会，算作庆祝"，并签名留念。（姚潜修《苦斗的一年间——郭沫若先生归国一年纪念的晚会》，1938年8月5日《救亡日报》）

下旬 陈布雷为《告日本国民书》事来函。

据《陈布雷大传》记载：7月20日为了"告日本国民书"又致郭沫若君一函。（王泰栋编著《陈布雷大传》，团结出版社2006年版）

本月 全国慰劳总会成立，即与马超俊任该会副会长，陈诚为会长。不久，特派阳翰笙和程步高往香港，用一部分献金采办医疗器材和药品等前方急需的物品，并购买十辆卡车。（《洪波曲》；阳翰笙《第三厅——国统区抗日民族统一战线的一个战斗堡垒（二）》，《新文学史料》1981年第1期）

《武汉各界成立慰劳将士会》（载29日《新华日报》）记载：抗战建国周年纪念筹备会，昨日上午九时假汉口市党部开全体大会，由政治部阳翰笙主席，决定重要事项如下：……（二）推定政治部、中宣部、卫戍总部政治部、省市商会、妇女慰劳总会、新运会妇女指导委员会等十五机关团体，组织"武汉各界慰劳前线抗战将士委员会"，由政治部中宣部拟具具体计划，负责召集，并决定在献金项下，拨出一部分经费、慰劳袋30万个，运赴前方慰劳抗战将士。

8月

1日 在武汉各界战时节约运动委员会召集民众团体布置任务的会议上，所作《节约歌》（填词）作为宣传品的一部分被分发给各宣传队。（2日《新华日报》）

7月11日国民参政会通过《节约运动计划大纲》，提出"为增加抗战力量而节约，为充实建国力量而节约，为养成国民俭朴作风而节约"的宗旨。其后，蒋介石通电发表专门讲话。

◎ 与宋美龄、于右任、邵力子、田汉、郑君里等党政名流、电影明星所作的书画，被汉口市救济黄灾音乐游园大会定为抽彩奖品，以刺激门票销售，增加捐输收入。

音乐游园大会定于3日、4日举行。地点在海关花园。（2日《新华日报》）

3日 上午，至汉口世界电影院，参加武汉各界战时节约运动宣传周开幕式，为主席团成员，并做演讲。指出，人类生活根本即应节约，乃能使物力体力不为无益消耗。平时应注重节约，战时更应注重节约。武汉为全国中心，国际观瞻所系，应提倡节约，树立楷模，节省人力物力，以保卫大武汉。（4日《新华日报》）

◎ 晚八时，向武汉三镇民众作广播演讲，题为《节约与抗战》。强调说："目前的武汉的形势，是一天紧迫一天的，我们保卫大武汉的工作已是刻不容缓的了。我们要集中一切人力财力物力保卫大武汉，因而我们目前的节约运动，也就是最切实际的工作。我们要把我们的节约运动严密的和保卫大武汉的工作配合起来。我们要使我们的一切生活赶紧合理化，甚且可以说，赶紧军事化。我们应该把士兵生活作为我们一切生活的标准。我们要节省一切物质上的消耗，同时也要节省一切精神上的消耗。委员长在前月廿六号的通电告诉我们，一切衣食住行之生活，务循简单朴素之原则，这是最明了最扼要的一个指示。关于衣食住上的节省，主要是物质方面的节省，关于行为行动的节省，主要精神力量上节省。不合法不正当的行动，在目前固当取缔，就是并非不合法的行动行为，假如于抗战毫无益处，甚且有碍，那也是应该加以节省的。""我们每一个人的精神都要做到光明磊落大公无私的地步,节约运动方才达到了它的真正的目的。同胞们,节约吧!不仅有用的物质我们要加以节省,就是无用的产物,我们也要加以利用。日本人是最善于利用废物的,它收买各国的破铜烂铁,又造成武器来轰炸我们,这是值得我们警悟的。我们把节省下来的物力财力多用在生产事业方面,把节省下来的思考力多用在利用废物方面,人人都有合理的生活,人人都有积极的精神,人人都能把自己的所有,乃至生命,奉献给国家,奉献给民族。目前保卫大武汉的工作不用说可以得到保障,就是整个抗战建国的事业也一定可以得到保障的。同胞们!我们尽力扩大节约运动的实施,以争取抗战建国的胜利!"(演讲辞见《郭厅长沫若昨讲演〈节约与抗战〉》,5日《新华日报》;又见8月9日《救亡日报》社论)

4日 在成都《新民报·血花》发表题画诗二首。一画为于立群作,一画为自作兰草。

6日 《世界上以创造欲为领导精神的国家民族联合起来!》发表于广州《救亡日报》。说明富有"创造欲"的国家民族必定与"占有欲"强的国家民族势不两立,号召全世界以"创造欲"为领导精神的国家民族联合起来,抵制帝国主义发动的侵略战争。

上旬 为蒋介石拟文稿《八一三周年纪念告沦陷区域民众》。(郭沫若纪念馆馆藏资料38—3)

13日 上午,往汉口上海大戏院出席武汉各界"八一三"纪念大会,为主席团成员并做演讲。分析了日本侵略者的状况:在华作战困难,在大江南北因转入山地很难前进,同时,在敌人部队中发现了剧烈的霍乱病,传染的占百分之六十,所以在今天我们应趁此加以反攻。敌人在伪满与苏联交界处的挑衅,已受到苏联英勇红军的严重的打击,而表示屈服求和,这与我国抗战而消耗了敌人兵力有很大关系。指出,纪念"八一三",我们应该加紧民众的动员,保卫武汉,坚守武汉。"在今天纪念'八一三',我们要努力,把日本鬼子打得向我们投降!"

参加纪念大会主席团成员有吴国桢、史良等人,主席为周佛海,与会者一千五百余人。(《纪念"八一三",保卫大武汉》,14日《新华日报》)

◎ 为纪念"八一三"题词发表于广州《救亡日报》:"'八一三'东战场上的烽火是民族解放的浩荡的凯歌扫荡狂寇,收复一切失地,保卫文化争取世界和平。不屈不挠,再接再厉,有我无敌,有敌无我。"

15日 晚八时，作题为《纪念"八一三"，保卫大武汉》的广播演讲。说道："最可纪念的发动了全民抗战的'八一三'，在两日前已就满了一周年了。我们全武汉，全中国各地都在纪念'八一三'。""'八一三'以来的全面抗战的结果，我们是已经有了很多的收获。……我们英勇地坚苦地抗战了十三个月，消耗了敌人无数的人力、财力、火力，把敌人的虚实完全暴露了。倭寇在国际上所处的地位，和'八一三'以前的，已经是完全两样了。苏联红军的保卫国土的英勇精神，固同样值得我们钦佩，但假如没有我们中国的抗战一年在前，我们相信，日寇对于苏联的屈膝，决不会有那样容易的。所以我们可以毫不迟疑地说，的确是我们的抗战的一年，把倭寇打得来向苏联屈膝了。我们已经有了这样的收获，我们自然是应该再接再厉，争取最后的胜利，要把倭寇打得来向我们屈膝，向我们四万万五千万的中华民族屈膝！""近几日来，倭寇对于我武汉三镇的连日的狂炸，也同一是敌人已经发生了焦燥的证明。敌人在前线上无法进展，便想用空袭来扰乱我们的后方。结果是炸害了我无数的平民，炸毁了无数平民的住宅，以及庙宇、医院、学校，连美国教会所办的文华大学，也难免于危。敌人的这种盲目的狂炸，诚然是足以使我们痛恨，使全世界爱好和平的人痛恨。但敌人的黔驴技穷，也正明显地暴露着了。……武汉的同胞们，现在是我们报国的绝好机会了。发挥大无畏的精神，准备牺牲一切，保卫我们的大武汉，争取最后的胜利！"（讲稿见《郭沫若厅长演讲　纪念"八一三"保卫大武汉》，17日汉口《新华日报》）

19日 作《致华南的友人们》。向华南的朋友们介绍了保卫武汉的准备工作，乐观地表示，"保卫武汉的大会战必然地是要得到胜利的"。阐述了自己对战局的看法，认为"我们的确是已经获得了八成的胜利"。在《救亡日报》创刊即将满一周年之际，对于自己因公务繁忙不能接受邀请南下广州，向朋友们表示遗憾，希望"努力编辑本报的朋友们更加努力，爱护本报的朋友们也更加爱护"，使《救亡日报》"这座几乎是唯一的华南的文化堡垒，得以长久维持，发挥他的抗战建国的、唤起民众的力量"。

初收香港孟夏书店1941年10月版《羽书集》；后收《沫若文集》第11卷，篇名改为《致华南友人们》；现收《郭沫若全集·文学编》第18卷。

《救亡日报》创刊于1937年8月24日。据本文开头"尤其在这两天,在广州复活了的《救亡日报》,看着便要满了周年了,朋友们写来信,要我抽身南下一次,我也诚实的在这样作想,但也恐怕是办不到的",广州来信应该是邀请郭沫若参加创刊纪念,此文正是对朋友们的回应。

24日 中午,受武汉各界慰劳前方抗敌将士委员会推派,与阳翰笙等率慰劳工作团,代表武汉各界慰劳汉口城防将士。在城防部队驻地举行献旗典礼,代表慰劳团致辞,表示慰劳之忱。(25日《新华日报》)

27日 下午,受武汉各界慰劳前方抗敌将士委员会推派,率慰劳代表团往部队驻地,慰劳汉阳城防部队。在典礼上担任主席,献上题有"为民先锋"的旌旗,并讲话。说:"这一点点的慰劳品,虽然菲薄,可是它是从抗战周年纪念,武汉一百二十万同胞的献金中提拨出来的经费。这是武汉各界同胞的之资,可以表达武汉汉全体同胞对诸君敬爱与感谢之诚意。抗战十三月以来,敌人迭遭我严重打击,已伤亡五十余万人,耗费军费六十余万万,并被我击伤击沉军舰五十余艘,击落飞机七百余架。敌人已临到最危险的关头,所以它对于张鼓峰事件,不惜向苏联屈膝。相信在我军民合作长期抗战之下,不久的将来,也一定可以打得敌人向我们中国屈膝,向我们四万五千万同胞屈膝。"(28日《新华日报》)

根据25日《新华日报》(《武汉各界慰劳汉口城防部队 郭厅长代表各界献旗》)记载:"闻慰劳代表团,定日内分向武昌、汉阳担任城防工程部队分别致慰",又据31日《新华日报》(《军民合作保卫武汉 各界慰劳会慰劳武汉城防将士》)报道,30日的慰劳活动地点在武昌,可知27日慰劳地点为汉阳。

28日 下午,至五族街青年会礼堂,参加在8月11日轰炸中死难的青年学者林诚厚的追悼会,献挽联,并致辞,疾呼:"由此可见,一个政治工作人员应不怕死,应不向后逃,才是纪念林先生;一个政治工作人员应时时预备杀身成仁,为了保卫大武汉,坚守大武汉!"(《追悼林诚厚先生!》,29日《新华日报》)

29日 招待各国记者并讲话。说道:"最近敌人沿江进犯,遭遇我强烈抵抗,已感到严重困难。尤其因敌违反人道法律之种种暴行,层出不穷,使各民主国反对日本同情我国,益甚于前。敌黔驴技穷,故乃用其造谣诼蔑挑拨离间之惯伎，第一期欲中伤我国与各民主国家之友好关系，第二期欲破坏我国内部之团结，以遂其以华制华之毒计。关于前者，蒋委员长昨向路透社记者发表谈话，已明白予以纠正。""就后者言之，最近敌人迭次捏造种种谣言，在报纸刊载，以无线电播音，非称我国内部分裂，即谓国共两党已起冲突，此凡在我国之各国记者熟悉我国政情者，当无不知其为诋妄。盖目前在保卫大武汉争取三期抗战胜利之奋斗中，我国政府人民，不分派别，在最高统帅领导之下，精诚团结，较前尤为巩固。……敌人的继续侵略与挑拨离间，只有增强我内部的团结，而决不会影响到我抗日统一战线的。"（30日《新华日报》，31日《申报》）

讲话内容载9月1日成都《新新新闻》，题名《郭沫若在汉谈抗战》。

30日　下午，率领由阳翰笙、胡愈之、市商会代表黄南屏等组成的代表团，在武昌公共体育场慰劳武昌城防部队。代表慰劳会献上题为"为民先锋"的旌旗，后发表致辞。（31日《新华日报》）

本月　往中共代表团驻汉办事处看望刚从西安来的张国焘。后从报上得知他已经叛变，做了康泽的部下，称其"人不做要做狗"，"更要做狗的狗"，实在"是不足惜的"。（《洪波曲》）

◎ 题赠楚剧演员沈云陔："一夕三军唱楚歌，霸王垓下叹奈何。艺术从此浑无敌，铜琶铁板胜干戈。"（《遗墨长留天地间——郭沫若抗战时期在武汉的题词》，《郭沫若学刊》1996年第2期）

◎《文艺与宣传》由广东生活书店出版，为"自由中国丛刊"之一，收杂文、论文、讲演词9篇。

9月

1日　批示汉口市各界抗敌后援会宣传队呈请拨发疏散费报告："发疏散费三百元，并仰随时将工作情形报告。"（《军事委员会政治部档案》，中国第二历史档案馆编《中华民国史档案资料汇编》第五辑第二编，江苏古籍出版社1998年4月版）

◎ 下午，应邀至江汉路普海春，参加中国青年记者学会举行的记者节纪念会，作题为《笔的三个阶段》的讲话。说："以前用刀刻木为书，所以硬，后来用毛笔写了，所以显得软弱，现在，已用钢笔了，新闻记者应发挥他们的钢性","做政治工作的人,容易腐化,你们应该用钢笔来刺一刺这些人员的背,以便使其前进!"

讲话由记者记录,载上海《华美》周刊10月22日第1卷第27期。参加纪念会的还有蒋百里、胡越、沈钧儒、胡愈之、曾虚白、田汉、洪深、王芸生及外籍记者罗果夫等约一百一十余人,大会主席为范长江。(2日《新华日报》)

2日 下午,往银行公会出席国际反侵略运动大会中国分会为该会名誉主席及总会理事孙科举行的欢迎会。(3日《新华日报》)

3日 为纪念国际青年节题词:"自然界的各种现象都呈抛物线形而发展,文化的进展也是同样,各个时代的文化都有它的最高峰,待达到最高峰后便次第下降。如无新的推动力使它另起更高的峰峦,下降的趋势是可以回到无文化状态的。文化的不断进展实赖有各个时代的新的推进力。这新的推进力的发动机是什么呢?便是各个时代的青年和年龄虽老而精神不老的永远青年。""目前资本主义的文化是老早逾过了它的最高峰的,所谓法西斯蒂的潮流,便是极显著的下降趋势,要拖着人类返回无文化的状态。时代的青年又当到他创造更高的文化峰峦的时候了。""青年们应该认清楚这种使命,要努力使文化永远青年化,青年永远文化化!"(4日《新华日报》)

5日 下午,招待外国记者,介绍、回击了近来日本方面企图独占远东利益的言论。说道:"日本政府,自明治维新以来,所采取的,向来就是侵略的大陆政策。数十年来她先后夺取了琉球、台湾、朝鲜、满洲。去年芦沟桥事变以来,她乘西欧各国无暇东顾的良机,就想一口气吞下华北、华中以至于整个中国。同时,日本岛国向以诡计多端,著闻世界。她一面施行侵略,一面却说是维持和平。"她一面侵占中国的领土和主权以及各外国在远东的权益,一面却标榜着"维护中国领土主权的完整,并承认各外国在远东的权益的继续存在。但是,事实终究掩遮不了虚伪与欺骗。从去年中日开战以来,这一年中她侵占了中国广大的土地,蹂躏了中国这一个独立国家应有的主权。同时,她也侵犯了各外国在远东方面过去条约上应有的各种权益。"讲话还以最近出版的《日本评论》8月号中刊载的两篇文章,揭露了日本大陆政策的侵略野心。呼吁:"诸位,日本的野心是无止境的。她侵占了我们中国的领土与主权,同时,她对各外国在华的权益也必定要排除净尽，才告满意。对付侵略者只有共同制裁。要在日本强盗的口中保全各国各自在远东的利益，无论如何，这是梦想。在国际联盟行将开会的今天，希望诸位把这一点小小的意见传给诸位的政府与人民，以供他们的参考。"

讲话内容见6日《新华日报》，《郭厅长向外国记者报告 敌图排斥各国在华利益》。

7日 上午，参加政治部武汉办事处第二次会议。(《本部武汉办事处第二次会报记录》，中国第二历史档案馆藏档案卷宗，772·317)

9日 在上海大戏院参加"武汉各界拥护国际援华制日运动大会"。与吴国桢、胡越、余蓉樵等被推为主席团成员。(10日《新华日报》)

10日 《中国会成为法西斯蒂国家吗?》发表于武汉《反侵略》周刊第1卷第2期。

上旬 参加前线慰劳团，往北战场第五战区慰劳抗战将士。在宋埠与一日本战俘谈话，发觉其曾捡得三厅印发的对敌宣传品之一"通行证"。(《抗战回忆录》)

11日 与范长江、胡兰畦、于立群、姚潜修等文化界人士，参加自由中国社为从华南来武汉的作家巴金举行的欢迎招待会。(12日《新华日报》)

12日 招待外国记者，就日军新近封锁天津英法租界等事态，作了详细报告。报告说："日本侵略中国大陆，其最大的目的，谁都知道是在于掠取原料及扩大市场。可是在战争已经继续了一年以上的今天，最令日本头痛者，是华北的原料，日本反而无法吸收。华北的市场，反而无法利用，更谈不到独占。这其中的理由甚为微妙。日本自速战速决的预定办法被中国的坚强抗战所粉碎以后，它不得不陷入长期战争的泥沼里面，而因为长期战争的缘故，它的经济力逐渐呈现窘困，甚至于崩溃的征兆。""日本在华北最少在过去一年内，并不能达到它掠取原料与独霸市场的预定的目的。而天津英法租界为各外国商人以及中国商人经营华北商业的中心，所以日本就蓄意要扰乱它，破坏它甚至于侵占它。"

报告内容载13日《新华日报》，《郭厅长对外记者谈天津租界问题》。

13日 与军委会办公厅主任贺耀祖、军政部次长曹浩森等数百人，吊唁9月6日广济之役殉国的陈德馨旅长。(14日《新华日报》)

14日 上午，在市商会参加陈德馨旅长追悼会，与贺耀祖、吴国桢等协助总主祭官何键主持祭奠。(15日《新华日报》)

◎ 上午，参加政治部部务会报。(《本部武汉办事处第三次会报记录》，中国第二历史档案馆藏档案卷宗，772·317，政治部档案11431—1，27)

◎ 与贺衷寒、康泽、胡越、吴国桢等被"九一八"七周年纪念会筹备会确定为主席团主席。(《"九一八"七周年纪念 武汉各界积极筹备纪念》，15日《新华日报》)

15日 嘱托即将南下的常任侠将孩子剧团的成员吴其尼带赴衡山。(常任侠《战云纪事》，海天出版社1999年9月版)

◎ 中午，偕于立群及妇女工作队两位负责人在又一村用餐。

◎ 下午，与国际宣传处的曾虚白等乘前线派来的汽车，前往前线战场慰劳第九战区将士。路遇敌机盘旋，又汽车抛锚一小时，于半夜到达阳新，宿于北土塘的一座极简陋的小学校里。作诗一首："五人生命寄一螺，怪事今宵意外多。漫道沙场征战苦，老爷车子费张罗。"(《抗战回忆录》)

16日 晨，与曾虚白散步至纱帽盒，见到参谋长施北衡，蒙留用早粥。返回宿处不久，陈诚至，谈颇久。午饭后又与曾虚白出游，至南土塘。与陈诚在纱帽盒共进晚餐后，至政治工作大队第二队驻地徐家沱，开会并听队员作报告，并提出问题讨论。归新宿处崇德祠时已逾十二时。(《抗战回忆录》)

政治工作大队第二队的前身，是淞沪抗战时郭沫若应陈诚之请组织的战地服务团，当时活跃在昆山前线。第九战区成立后，被改编为政治工作大队第二队。"久别重逢，情逾骨肉，竟有因感激而流泪者。"

17日 凌晨二时，武汉各界慰劳前线抗战将士委员会慰劳代表团其他成员赶到。与陈诚同往迎接，三时方始就睡。

"立群为余送来毛线衣一件，手电筒、毛毯、蚊帐各一具，得此如获至宝。前方早寒，晨夕仅御夹衣已不济事，然闻前线战士仍多着单衣。"(《抗战回忆录》)

武汉各界慰劳前线抗战将士委员会此次组织南战场、北战场两支慰劳代表团。郭沫若为南团负责者。据17日《新华日报》第三版《武汉各界慰劳代表团昨日出发前线慰劳》，慰劳代表团及随行人员一行共三十余人，携数万份慰问品，乘自备卡车赴第九战区慰劳抗战将士。代表团成员还有曾虚白、李德全、江述之等。随行人员有慰劳会总干事简泰梁、中央社摄影记者蔡述文，以及中国电影制片厂史东山率领的放映队与摄影队。计划勾留一周后返武汉。

◎ 上午，陈诚至，介绍战况及前方将士对后方的期望，并与代表团聚谈颇久。会有敌机来袭，人众因各散开。(《抗战回忆录》)

◎ 午后，与鹿地亘、朱杰夫等至富水游泳。(《抗战回忆录》)

◎ 下午，举行献旗典礼，以主席身份主持献旗仪式，由李德全代表献旗并致辞。(20日《新华日报》)

◎ 晚饭后，与曾虚白等随同陈诚赴武宁。(《抗战回忆录》)

18日 凌晨，到达目的地。上午，前往翁家（土扁）访同县"世交"王芳舟（王陵基），不遇，得晤张志和。

◎ 下午，返回途中遇王芳舟，同返翁家（土扁）用晚饭。(《抗战回忆录》)

19日 晨，同陈诚往王芳舟部，为所部干部讲话。午饭后始归，至政工大队处慰劳。

◎ 晚，与陈诚共进晚饭后，同赴武宁城，对第八军第三师及第十五师讲话。夜接董显光自汉口打来的电话，言英、法不欲战，欲用和平手段，解决德、捷问题，势将牺牲捷克。(《抗战回忆录》)

20日 上午，与朱代杰、曾虚白同出散步。下午与谢然之谈及瞿秋白及其他诸友。(《抗战回忆录》)

21日 劳军事毕，取道修水、平江，当晚返至长沙。谈劳军所见，说前线伤兵病兵甚多，而秋深天冷，希望各界多组织救护队，发动征募药品寒衣运动。与张治中共进晚餐，夜宿青年会。(《抗战回忆录》；24日《新华日报》)

23日 乘专车由长沙返回武汉。(《郭沫若等昨离湘返汉》，24日《新华日报》)

◎ 与蔡元培代表全国文化界致电国联大会主席，呼吁对日实行制裁。(《蔡元培、郭沫若电国联制裁暴日》，30日《新华日报》)

24日 应武汉各界"九一八"七周年纪念筹备会之请，作题为《后方民众的责任》的广播演讲。演讲内容见于25日《新华日报》报道：

《郭厅长广播〈后方民众的责任〉》。演讲结合慰劳前线的所见所闻,介绍了前方的战势,着重讲述了前方将士在伤、病、寒等方面的艰苦情形,提醒"处在后方安全地带的人"应深切思索,即"我们目前所享受的案例,究竟是什么人给予我们的?是什么人在替我们作保障,在用自己的生命和血肉,来替我们作保障?"呼吁一般民众尽自己所能来帮助解决前方之需,并且深刻地指出:"这些工作,最近也在进行。但总嫌有缓不及济之势。前方的战斗所争的是一分一秒,而后方的计划却悬以一月两月。后方的工作一般的说来是太迟缓了,非尽力的赶上绝对应付不了前方的需要。这严重的责任,是全在我们后方民众身上的。……要使将士们长久的负伤、负病、负寒,而从事坚苦的抗战,那在我们是太忘记了自己的做国民的天职。万一由伤寒的影响,使前方士气有所亏损,严重的责任实实在在是全在我们的后方民众的身上。"

初收香港孟夏书店1941年11月初版《羽书集》,后收《沫若文集》第11卷,今收《郭沫若全集·文学编》第18卷。

27日 晨,为抗宣二队训话,要求除做宣传工作外,还应多为军队服务,如做救护工作等。(谢庆编《抗宣二队日记摘录》)

29日 下午,受武汉各界慰劳前线抗战将士委员会推派,与曾虚白、江述之、唐国桢、简泰梁等带二十余万件慰问品赴某战区某某地带劳军。夜至战区司令长官驻地,将绣有"仁者无敌"四字的旌旗献给李司令长官,并听取关于战局的介绍。(30日、10月1日《新华日报》)

30日 自前线返回武汉。(10月1日《新华日报》)

下旬 收到山东文化界领袖杨秀峰等来电,邀请武汉川粤文化界同仁赴北方游击区参与抗日斗争。(《杨秀峰等邀请文化人北上》,28日《新华日报》)

10 月

1日 与老舍联名致信王礼锡、陆晶清。谓:"你俩在欧洲为抗日援华做了大量工作,贡献良多,有口皆碑。现抗战已进入最艰巨阶段,兹代表全国文协热烈欢迎你俩返国,共纾国难。蒋先生亦表欢迎,谨此布达,盼早命驾。"(《致王礼锡陆晶清》,《郭沫若学刊》2010年第1期)

2日 上午,参加部务会报。(《本部武汉办事处第四次会报记录》,中国第二历史档案馆藏档案772,317,11431—1,31)

5日 晚,应国际反侵略运动大会中国分会及妇女界之邀,出席为伦敦援华委员会及妇女反战委员会代表何登夫人举行的招待宴会。(6日《新华日报》)

7日 中午,至国际宣传处参加宣传会议,决定下周宣传要点。

周佛海、胡愈之、董显光、萧同兹与会。(蔡德金编注《周佛海日记》,中国社会科学出版社1986年版)

11日 批示汉口向艺楚剧团流动宣传队呈请转发护照报告:"可。"(《军事委员会政治部档案》,中国第二历史档案馆编《中华民国史档案资料汇编》第五辑第二编,江苏古籍出版社1998年4月版)

13日 陈布雷来访。

◎ 晚,与陈布雷、张季鸾、王芸生、朱家骅、胡愈之等在蒋介石官邸,商讨宣传要点,并共进晚餐。

陈布雷1938年10月13日日记载:"往政治部第三厅访郭沫若、胡愈之两君……六时卅分到官邸座谈,到骝、鸾、沫若、芸生、愈之诸人……"(王泰栋编著《陈布雷大传》,团结出版社2006年版)

《周佛海日记》记载:该日周佛海因身体不适未至官邸,但在次日(14日)日记中提到会商主题及晚餐。

◎ 为中苏文化协会编印的苏联国庆纪念特刊题词:"巩固民主阵线,共歼人类寇雠。"手迹载《中苏文化》"苏联十月革命廿一周年纪念特刊"。

14日 中午,与周恩来、周佛海、董显光等按照蒋介石指示,草拟宣传要点,当即电报发出。(《周佛海日记》,蔡德金编注,中国社会科学出版社1986年版)

◎ 下午,在汉口商会大礼堂主持汉市各业节约献金竞赛周第五日活动。致辞说:"我们在这里举行献金,不仅全中国都在讴歌,就是敌人也正在发抖。我们多献一分钱,鬼子多寒一分胆。"致辞毕,向与会人士敬礼,对大家献金助国的精神表示感谢。在献金过程中,看到一位名叫赵海观的失业店员将仅有的四元伙食费献出,深受感动,将他唤上台,请他留下这四元吃饭钱,自己拿出五元钱,以赵海观的名义献给国家。献金完毕,提议发三个电报:一向最高领袖致敬;一向前方正在为我们流血的将士深致慰劳；一向各方流离失所的同胞表示慰问。最后指出："今日参加献金的人，可算出了钱，在场工作的人以及歌咏队的小朋友、军乐队的同志们，都是出了力。还要全国各地的同胞普遍出力出钱，我们的子子孙孙继续不断的出力出钱。"（15日《新华日报》）

◎《节约献金竞赛歌》刊载于成都《新新新闻》。

16日 上午，在新市场，与贺衷寒、康泽、吴国桢等出席第×战区总动员委员会战时工作队总队部为各民众团体干部举行的宣誓典礼。（17日《新华日报》第三版《民众团体战工队干部昨日举行宣誓礼》）

17日 与安娥等在邦可花园出席留汉歌咏演员讲习班末次纪念周暨补行戏剧节开幕礼，讲话说："外间常非难文化人唱高调，今日我们尚能举行戏剧界的会，至少表示未离岗位。同时，我们不能以此次捐募为满足。各位保卫武汉的阵地战上已经尽力，现在是要在运动战和游击战上努力。今后文化人应分散开来做宣传工作。敌人虽占领惠州，乃是极欲作军事的孤注一掷，企图以扩大战争来结束战争。但是，它忽视了华南的国际关系，则它更进一步进攻，必受严重打击。最后，演戏而成名角，成名人，必有他个人独特的精神，和努力的秘诀，当此之际，我们要舍得拚命，舍得干，继续努力，继续拚命，拚命研究政治问题、国际问题，将来所演戏，必有更大效果！"纪念会由田汉主持，会后大家在礼堂前合影留念。（18日《新华日报》）

18日 作《持久抗战中纪念鲁迅》。发表于19日《新华日报》。写道：

"在整个民族对于暴日持久抗战的时期中，现在又遇着鲁迅逝世的二周年了。鲁迅精神在这时特别鲜明地呈现在我们的面前。鲁迅精神是什么？便是不屈不挠，和恶势力斗争到底。这种精神是特别值得发扬的，尤其在目前整个民族，坚苦地对于暴日作持久抗战的期间。

我们要纪念鲁迅，要学习鲁迅。但纪念鲁迅，是应该纪念鲁迅的这种精神，学习鲁迅，也是应该学习鲁迅的这种精神。

把鲁迅精神发扬起来，从文艺的范围扩展出去。假使人人都能够不屈不挠地和恶势力抗战到底，汉奸决不会产生，气馁的现象决不会出现，暴日终竟要在我们的最高战略前溃灭的。

希望明年鲁迅逝世三周年的时候，我们的力量已经用到了和自然界的暴力斗争上，我们的力量已经用到了克服建国途上的各种困难上。"

◎ 晚，应胡愈之邀，与于立群、冯乃超等人往歧亭访问李宗仁。
(《抗战回忆录》)

19日 下午，在青年会主持鲁迅先生逝世二周年纪念会。致辞说："我们在目前正同日寇作持久抗战的时候，武汉又在十分危急中，我们留汉同人，还能在这里举行纪念会，是有其特殊意义的！鲁迅先生的学问、思想和文学上的成就，大家一定认识得很清楚，但是鲁迅先生不仅在学问上开了坦坦大道，文学上有很大的成就，同时在做人上亦标出很好的榜样。而且鲁迅先生所以有学问上、思想上、文学上的成就，即是在做人上有特别值得敬仰和学习的地方。鲁迅精神，是无论如何不妥协、不屈服、对恶势力抗争到底，直到他生前最后的一天，还不曾磨灭和减低斗志，这是鲁迅伟大的要素，亦是他在学问上、文学上，有所建树的要素，否则，任何事体将不得成功。一般人把鲁迅先生看做文学家小说家，其实不仅如此，鲁迅先生任何地方都是值得纪念的，我们在今天正同日寇进行激烈的战争时，我们更应该有百折不挠的斗争精神，我们希望今天更能发扬鲁迅精神，使中国人都成为鲁迅，那末便不至有气馁、妥协之表现。我们今天每个人都抱有这个志向，才能坦白地表现自己的主张，每到一个困难关头，往往有一口气喘不过来，便应该学习鲁迅，今天大家对民族警惕，对自己警惕，到紧急困难的关头，表现出不屈不挠的精神来，以应付当前的困难，这是目前武汉危急中纪念鲁迅先生，应该特别强调的一点。"

纪念会由中华全国文艺界抗敌协会冯乃超和鲁迅先生纪念委员会胡愈之等召集。出席会议的还有周恩来、博古、田汉、邓颖超、潘梓年等数十人。会场内张贴着各界评论鲁迅的名言，其中即有郭沫若的，"中国文学由先生而开辟出一个新纪元，中国近代文艺是以先生为写实主义的开山"。周恩来、博古先后做了发言。(《鲁迅逝世二周年纪念会昨日下午在青年会举行》，20日《新华日报》)

20日 下午，在青年会西餐室出席青年记者学会举行的茶会，讨论"抗战中的文化工作问题"。在讲话中说，今天中国有"文化人"这一名词是很不合理的，而文化人中间又积下一些传统的恶习，这更是不能开展的原因。抗战以后文化工作者显然有了不同。因为抗战以前的文化人只是在亭子间、书斋、马路上收集材料，他们只是文化人，现在则不同，有的参加了实际工作,参加了抗战,这是一个不小的改变。我们在 X 战区去放映抗战影片如《保卫我们土地》《热血忠魂》《八百壮士》等,这些影片,虽然依我们看来,它的技术水准还不及西欧,但是,拿到乡间去,农民还是不懂,因此,以后文化的路子,不是单单将技巧提高,相反,为了创造大众的文化要更加通俗。非将文化水准通俗化不可。(21 日《新华日报》)

21 日 中午,至国际宣传处参加宣传会议。

周恩来、周佛海、胡愈之、董显光、萧同兹与会。(《周佛海日记》,蔡德金编注,中国社会科学出版社 1986 年版)

◎ 送别往长沙疏散的政治第三厅工作人员。(《抗战回忆录》)

22 日 晚,康泽设宴招待刚从华北前线飞抵武汉的朱德。与周恩来应邀作陪。留朱德夜宿家中。(《抗战回忆录》;《朱德年谱(中)》(新编本),中央文献出版社 2006 年 11 月版)

23 日 晨,与朱德畅谈,并互相赠诗话别,以为纪念。

朱德赠诗的题目为《重逢》,回赠给朱德的是一首白话诗。(《抗战回忆录》)

23 日 致信陈诚。写道:

"战地服务队已陆续出发,今天走最后一批,本拟同来,与吾兄把晤。奈临时琪翔来电话,言伯陵亦感觉有组织服务队之必要,今晚五时当派车来接,以致不能前来,尚乞宽宥。

南京所汇来千元,已悉数交与袁文彬君,详细出纳,当由袁君报销。

人数五十,在沪曾略经训练,故费时颇久。又因沪上文化界人多移往内地,且需通地方语者,故于人材搜罗上亦颇感窘促。诸多未能如意之处,尚乞恕罪。

缓日仍拟趋赴兄处,面商一切。

服务队员待遇及办公费,望兄于可能范围内,稍与以宽裕,庶几工作容易推进。向华处所设,成绩尚好,日前其队长来沪,将其所做工作表现,曾检赠一份,今寄上,呈兄一阅。拙作《抗战与觉悟》乞哂存。

《救亡日报》需稿,兄之讲演有可发表者否?乞检寄一二。"(郭沫若纪念馆馆藏资料)

24 日 为《扫荡报》撰写社论《武汉永远是我们的》。发表于 25 日汉口《扫荡报》。称在"以空间换取时间,以死拖换取硬打"的持久抗战大战略下,"武汉现在已临到垂危的时候了,但于整个战局也无多大影响"。断言"敌人之侵入武汉实等于窜进坟墓",因为"我们的武汉不是对于佛朗哥的玛德里,而是对于拿破仑的莫斯科"。

初收香港孟夏书店1941年11月初版《羽书集》,后收《沫若文集》第11卷,现收《郭沫若全集·文学编》第18卷。

《抗战回忆录》记述说:"文章写得很勉强","认真说,我也是昧着良心,在那儿替别人圆谎,昧着良心在那儿帮忙骗武汉的市民"。

◎ 下午,至国际宣传处出席例行的外国新闻记者招待会。(《抗战回忆录》)

◎ 晚,与周恩来告别后,与胡愈之同至码头,登上驶往沙市的轮船。(《抗战回忆录》)

25日 凌晨四时,船驶离武汉。(《抗战回忆录》)

28日 下午,到达沙市,与自长沙开卡车来接的冯乃超见面。(《抗战回忆录》)

◎ 晚,沙市商会招待晚餐。饭后上街闲逛,购得一面汉镜,一对小铜花钵。小铜花钵"大约是三五百年前的旧物",疑为李自成南下时遗下。(《抗战回忆录》)

◎ 致洪钟信。说:"关于前函所提质问,因事忙,竟迟迟至今,然亦不能逐条详复,我只把我的见解草率地述了一个大概,所有的答案是包含在里面的。《沫若近著》(北新)不知曾见否?此书成都如可买到,请代购一份。"(郭沫若纪念馆馆藏资料)

29日 晨,到宣传站和冯乃超会合,启程赴长沙。(《抗战回忆录》)

30日 晚,抵长沙,与先期到达的于立群、鹿地亘夫妇、尹伯休、尹鬐渔、朱洁夫等见面。(《抗战回忆录》)

31日 晚,与周恩来、胡愈之等出席先期到达的三厅同人及各剧团团员为他们举行的欢迎会。(《战云纪事》,海天出版社1999年9月版)

11月

1日 参加军事委员会举行的高级军事会议直至3日。

会议检讨作战经过，为南岳会议作准备。(《抗战回忆录》)

月初 发动一位唱京韵大鼓的女艺人，在青年会唱了一夜新编的有关抗战的大鼓书。(《抗战回忆录》)

5日 作《文化人当前的急务》。指出，"从事文化工作的人们，素来是以唤起民众，教育民众为自己的任务"，值此救亡图存时期，"更应该以身作则，躬体力行，加倍的奋勉"。文章号召文化工作者适应持久抗战和全面抗战的需要，自觉地纠正"偏重都市""忽略了更切于实际的学术上的探讨"的错误倾向；指明文化人当前的急务是"更应该以广大的农村和广大的沦陷区域为对象，努力于动员大众的宣传。而同时也要努力于切合实际的学术研究与技能学习"，只有这样，"我们才能够应付目前全面抗战的新局面，而达到最后胜利的目标"。

初收香港孟夏书店1941年11月初版《羽书集》；后收《沫若文集》第11卷，有较大删改；现收《郭沫若全集·文学编》第18卷。

7日 晚，偕于立群赴唐生智宴请。同席有周恩来、参谋总长何应钦、军事委员会办公室主任贺耀祖、军令部第一厅厅长刘斐等。宴罢，同周恩来往衡山，"要和陈诚商量，今后三厅的人事部署"。中途遇车祸，幸无人受伤。(《抗战回忆录》)

8日 面见陈诚，得知三厅将来要分为三部分，分别派驻军委会所在地重庆、西北行营所在地兰州以及西南行营所在地桂林。留在本部的要缩小组织，废处减科。(《抗战回忆录》)

陈诚在11月24日函呈蒋介石，请示"政治部整顿并充实计划"等事。关于政治部系统在组织上的整顿，"拟作如下之改进：政治部本部1、将军事委员会政治部组织减少处股两级，每厅以设四科为原则。原有各处长或升任副厅长，或调设计委员，或派赴行营及战区政治部服务。……"(《陈诚先生书信集——与蒋中正先生往来函电》(上)，台湾"国史馆"2007年12月版)

◎ 得常任侠赠新作剧本《亚细亚之黎明》。(常任侠《战云纪事》，海天出版社1999年9月版)

9日 批示洪深为汉口市剧业剧人劳军公演团申请嘉奖呈文："照准。"(《军事委员会政治部档案》，中国第二历史档案馆编《中华民国史档案资料汇编》第五辑第二编，江苏古籍出版社1998年4月版)

◎ 返回长沙。迫于战事紧急,安排三厅人员撤退事宜。当日调派一辆卡车,将"孩子剧团"送往衡阳。(《抗战回忆录》;陈模《郭老和孩子剧团》)

11日 上午,见到从桂林赶来的夏衍,"连坐下来谈话的时间也没有"。(《抗战回忆录》;夏衍《懒寻旧梦录(增补本)》,生活·读书·新知三联书店2000年9月版)

12日 晨,将三厅人员集合在长沙师范的操场上,举行了一个简单的孙中山先生诞辰纪念仪式,并请周恩来讲话壮行。仪式结束后,与周恩来指挥部属分两路撤离长沙:一路步行,由田汉率领;另一路乘火车,由范寿康带队。自己与洪深、张曙等数人留守,处理行李运送诸事。午夜时分,国民党警备人员放火烧城,情势危急,即于火中脱身出城。(《抗战回忆录》)

13日 晨,抵湘江对岸的下摄司,与周恩来、叶剑英等会合。周恩来对国民党无端焚城的行为怒不可遏,三人即乘卡车折回长沙,"想探看一下究竟"。见"长沙全城笼在一丛火烟里",判断敌人尚未入城,便原路返回,意外地发现沿途有不少走散的三厅人员,一并搭载收容。

◎ 晚九点左右,见到田汉,当众责备他"游山玩水丢了队伍","冲着他大发了一顿脾气"。(阳翰笙《长沙大火前后》,《风雨五十年》,人民文学出版社1986年版)

《抗战回忆录》中"长沙大火"一节记载了此事。阳翰笙在《长沙大火前后》中认为,当时"郭老听了误传"。田汉在《影视追怀录》(中国电影出版社1983年版)之《长沙会战与〈胜利进行曲〉》中回忆说:"情况是的确有些出入。……我的确对美丽雄奇的山水有些爱好,只要有可能我总不放弃欣赏机会,但也要看是什么时候。我还不失为爱乡爱国的人,我既受命领队撤出长沙,刚对大家悲愤地讲话,一到路上我忽然甩开队伍不管了,游山玩水去了,我能是那样没有心肝、没有责任感的人吗?再说由长沙到下摄司,平畴百里,兵火仓皇,公路上人车相接,又有什么可游玩的山水、可留连的风景呢?沫若兄是坐汽车先到下摄司的,他当然是听了别人的话。应该说,这位同志的话是不确实的,有恶意的。"

14日 在下摄司从事人员的收容和行李的整顿。(《抗战回忆录》)

15日 带领部属到达衡山,与先期到达的三厅人员会合。(《抗战回

忆录》）

16 日 率部属到达衡阳三塘。（《抗战回忆录》）

17 日 接到命令，要三厅派人火速赴长沙从事救灾善后工作。当即派洪深及田汉带领若干得力人员及两个抗剧队于当晚乘卡车赶赴长沙。（《抗战回忆录》）

18 日 由于工作繁忙，人手不够，又与冯乃超带了一批人去长沙支援善后工作。（《五十年简谱》；龚啸岚《从昙华林到紫光阁》）

24 日 应邀偕冯乃超、田汉赴平江拜访张发奎。（《抗战回忆录》）

◎ 晚，在张发奎引导下，与冯乃超、田汉同访杨森。（《抗战回忆录》）

26 日 返回衡阳三塘。（《抗战回忆录》；常任侠《战云纪事》，海天出版社1999年9月版）

27 日 下午，见到常任侠，观赏其在汉口、长沙买得的古明器，告之："汉口青年会间壁古董肆中，售有楚式纹镜，光泽可爱，有'位至三公'四字，楚镜有文字者，殊不多见。"（常任侠《战云纪事》，海天出版社1999年9月版）

28 日 前往南岳参加蒋介石召集的军事会议。

《抗战回忆录》中记载，"南岳会议是在十一月尾上召开的，我只是在闭幕的一天赶去参加了一次"。据相关史料记载，南岳会议于11月25日至28日召开，则郭沫若参加会议当在28日。

29 日 因等待"闭幕辞"整理而滞留南岳一天。上午与周恩来、贺衷寒等登衡山游览。至半山，铁佛寺老僧招待吃午饭。作七律一首："铁佛披金色相黄，纪元宝庆未能详。戏从杂卦征休咎，聊倚残飧润肺肠。鸡脍应输萝蔔味，契斯难敌豉乳香。邺侯藏轴称三万，此地空余一废堂。"

"与恩来、君山二君同登衡山，行至铁佛寺，在寺前曾小卧片时作此。"（诗文、题记据手迹，见《郭沫若书法集》，四川辞书出版社1999年11月版；事见《抗战回忆录》）

◎ 下山又作七律一首："中原龙战血玄黄，必胜必成待自强。暂把豪情寄山水，权将余力写肝肠。云横万里长缨展，日照千峰铁骑骧。犹有邺侯遗迹在，寇平重上读书堂。"

初录入《抗战回忆录》，载1948年11月30日香港《华商报·茶亭》；后收作家出版社1959年11月初版《潮汐集·汐集》，题为《登南岳》；今收《郭沫若全集·文学编》第 2 卷。

《抗战回忆录》记："这一次的登山，我却有了一首纪游诗，是在那下山途中勉强凑成的。"实应为两首。

月末 作《在南岳避空袭寄怀立群桂林十首》。

初收作家出版社 1959 年 11 月初版《潮汐集·汐集》，署写作时间"1937 年 11 月"，有误；今收《郭沫若全集·文学编》第 2 卷。

本月 译著《德意志意识形态》（马克思、恩格斯原著）由言行出版社初版发行。

12 月

1 日 常任侠请为其所作剧本《亚细亚之黎明》封面题字。（常任侠《战云纪事》，海天出版社 1999 年 9 月版）

2 日 上午，在三厅晤常任侠，出示于南岳所拓一枚拓片，文曰"□庆元年"，第一字不清晰。经辨，疑其为"宝庆"，并云系铁铸。闻常任侠准备出任中英庚款董事会人文科学研究员职，颇为赞成。以为"抗战期间，高深专门科学之研究，仍不可废。中英庚款所设研究名额，皆系专门学者，故于学术事业，前途无量"。（常任侠《战云纪事》，海天出版社 1999 年 9 月版）

3 日 晨，与冯乃超、常任侠等乘车赴桂林。（常任侠《战云纪事》，海天出版社 1999 年 9 月版）

《抗战回忆录》记述："十二月二日清早由衡阳坐火车动身，三日清早到了桂林。"

4 日 上午，至桂林，住在乐群社。（常任侠《战云纪事》，海天出版社 1999 年 9 月版）

12 日 致田汉、洪深信。写道：

"兹派邢逸梅、程泽民诸同志来长沙购运纸张，请饬在长人员协助为祷。

"三厅人员到桂者已有三分之二，尚留此办公。弟不日或将来长一行也。

"抗敌二队少数队员自由离队，今日已饬其于三日内来长归队，不则即加以扣留。如归队时，仍请按照周副部长所指示派往江西工作（闻罗尤青将军已移平江，自以派往平江为宜。十四日加），如其中少数分子实有困难情形，请斟酌就其离队，加以补充。"（据原件，藏郭沫若纪念馆，见《郭沫若研究年鉴》2010卷，人民出版社2011年版）

周副部长，即周恩来。

14日 于12日致田汉、洪深信补书："长沙儿童剧团尚滞衡时，过衡时请设法运来。"（据原件，藏郭沫若纪念馆，见《郭沫若研究年鉴》2010卷，人民出版社2011年版）

15日 出席生活教育社成立大会并讲话，认为陶行知的报告总结得很好，赞同大家共同推选陶行知为理事长。（《陶行知和郭沫若的一段交往》，《新文化史料》1999年3月）

《抗战回忆录》记载："那时候陶行知也在桂林，他召开过一次小朋友的大会，似乎就是生活教育社的年会吧。他曾经邀我去演讲，我说过'一代不如一代'的意思有了改变，并不是一代不如上一代，而是上一代不如下一代。"

16日 为拟收编长沙儿童剧团入孩子剧团之编制、经费等事项，起草给政治部报告。

当日即得批复，同意所拟事项。（据三厅档案，南京第二历史档案馆，卷宗772·798）

17日 上午，应广西大学校长白鹏飞之邀，往该校演讲，题为《战时教育》。又与于立群、杜守素、何公敢同白鹏飞夫妇坐船游阳朔。（《抗战回忆录》）

白鹏飞毕业于日本东京帝国大学，任广西大学校长后曾欲聘请郭沫若、马寅初、夏征农、马叙伦、许德珩等任教。广西地方当局因以通过教育部免去其校长职务。

◎ 下午，参加广西大学师生谈话会，解答学生们提出的关于抗战的问题。（李建平《郭老战斗生活的一个缩影》，《抗战文艺研究》1983年第1期）

《郭沫若在桂林（上）》（桂林文史2003年9月）记：郭沫若18日上午在广西大学讲《战时教育》，下午至次日上午与白鹏飞等游阳朔。

18日 下午，在中华职业教育社举办的时事讲座第八次演讲会上演讲，题为《第二期主战前展》。对中日战争新阶段的前景作了细致的分析，指出日本必然崩溃，我国抗战必获最后胜利，建国必可完成。（19日

《广西日报》）

22 日　午后，电抗宣二队："元月经费已由农民银行汇出。以后二队工作，一切行动均由第三战区政治部支配，并即往报到。总政治部不日迁渝，嘱函电一切可由三战区政治部转。"（谢庆编《抗宣二队日记摘录》）

23 日　作《复兴民族的真谛》。指出中华民族的精神，是富于创造力、富于同化力、富于反侵略性的，尤其是后者。"凡是和我们站在对立地位的民族，即占有欲望强而创造欲望弱的民族，我们却和它势不两立。自有历史以来，凡具有民族性的战争，可以说都是我们的反侵略战争。我们从不曾以武力去侵略过别人，但遇着别人以武力来侵略我们的时候，我们总是彻底的反抗，纵使绵亘至二三百年，非将侵略者消灭或同化，我们永不中止。我们是具有着举世无匹的最强韧的弹性。"这样的民族精神，在清朝统治时期遭受了损失，现在正是复兴我们民族精神的时候。

初收香港孟夏书店 1941 年 11 月初版《羽书集》，后收《沫若文集》第 11 卷，现收《郭沫若全集·文学编》第 18 卷。

24 日　音乐家张曙及其五岁小女被敌机炸死。手令："派常任侠、葛蕴山、潘夏雨、李野萍、林路、朱礼邦诸同志为治丧委员，以常任侠为主任，筹布一切治丧善后事宜。"夜，与常任侠等在乐群社商量丧葬善后，决定拨葬费五百元。丧葬前后作挽联多副，录入《抗战回忆录》。（常任侠《战云纪事》，海天出版社 1999 年 9 月版；《抗战回忆录》；《冰庐锦笺：常任侠珍藏友朋书信选》，国家图书馆出版社 2008 年 12 月版）

26 日　上午，在广西省政府举行总理纪念周上演讲，谈日本内部的危机。（27 日《广西日报》）

◎　下午，主持张曙葬仪，并致悼词。

仪式结束后，张曙遗体被运至南门外将军桥凉水井公墓安葬，由郭沫若亲题墓碑："音乐家张曙父女之墓"。（27 日《广西日报》）

《战云纪事》记："下午，约集三厅同志及孩子剧团、新安旅行团、抗敌剧团等排队赴福旺街后空场，举行葬仪。郭沫若致悼词，由予报告张曙生平，抗剧九队唱挽歌，新安旅行团、孩子剧团唱张曙遗作，送葬至南门，始散去。""予与副官三人及林路君送棺至南郊将军桥凉水井石穹隆左侧。"（常任侠《战云纪事》将此事系于 27 日）

29 日　下午，偕于立群乘机由贵阳飞抵重庆。

同行者有吕奎文、政治部第一厅副厅长杨麟等人，受到政治部同人及友人隆重欢迎。在旅邸接受记者采访，称，"余廿五年来未返四川，此次归来，一切情况已非昔比，即以重庆而言，繁华已极可观，有则象上海，有则象香港，有则象汉口。……在此逗留多久，目下尚未能定，将来或仍返前线，亦未可知。"（30日重庆《新民报》）

◎ 晚，偕立群赴郑用之在留春幄设洗尘宴。

同席者均为中国制片厂同人。入席即见壁间悬挂着一幅长兄郭开文生前写就的钟鼎文条幅，喃喃而诵，诵而生悲。席间畅谈蜀中渡过的少年时光，甚为详细。（30日重庆《新民报》）

30日 上午，谒见政治部首脑，到部正式办公。

◎ 为阳翰笙等五人增加津贴事签呈政治部长官。

"……兹查新编制之上校主任秘书阳翰笙、秘书简泰梁、第一科科长冯乃超、第二科科长杜国庠、第三科科长尹伯休等五员，自任事以来，对于厅务，多所擘划，服务年□（不清——编者），劳绩卓著，此次改组，因碍于编制，不能擢升，以示鼓励，拟请准予每员月给津贴伍拾元，用昭激励。"（《军委会政治部人员任务调遣》，中国第二历史档案馆藏，全宗号772，案卷号1006）

本月 作七律《舟游阳朔二首》记往广西大学演讲期间与白鹏飞夫妇、于立群、杜守素、何公敢等船游阳朔事。诗中有句："暂把烽烟遗物外，此游我足傲东坡。""对酒当歌慨以慷，一篝渔火夜方阑。"

收作家出版社1959年11月初版《潮汐集·汐集》，今收《郭沫若全集·文学编》第2卷。

1939年（己卯 民国二十八年）47岁

1月 国民党五届五中全会确立了"溶共、防共、限共、反共"的政策，成立了"防共委员会。"

4月 汪精卫与日本首相平沼订立《汪平协定》，纵容日军在中国进一步的军事占领。

6月　全国文协组织作家战地访问团,访问太行山、中条山等抗日战场。

本月　国民党军队包围并杀害新四军平江通讯处全体人员,制造了"平江惨案"。

7月7日　中共中央发表《为纪念抗战两周年对时局宣言》,提出"坚持抗战,反对投降;坚持团结,反对分裂;坚持进步,反对倒退"的三项政治口号。

9月1日,德国进攻波兰,英国、法国相继对德国宣战,第二次世界大战爆发。

9月　张治中接替陈诚,担任国民党军事委员会政治部部长。

12月　蒋介石命胡宗南进攻陕甘宁边区,掀起第一次反共高潮。

1月

1日　上午,在中央公园广场参加中国电影制片厂合唱团为庆祝元旦举行的群众音乐大会,并作演讲,说:"今天太阳光明可爱,是象征着中华民国的浩浩荡荡的蓬勃之气","新年应该节约,不要送礼物,但有两件礼物是大家非送不可的:第一是打倒日本帝国主义,第二是建设自由幸福的中华民国"。最后,预祝明年元旦在南京举行。(2日《新华日报》《国民公报》)

4日　下午,出席重庆文艺界在永年春为其举行的欢迎茶会。(5日《新华日报》)

6日　作《坚定信念与降低生活》。发表于桂林《十日文萃》2月5日第1卷第7期。从新近日本内阁更替之事分析,认为,"仅仅一年有半的抗战便使敌人陷于不能自拔的困难环境里","假使抗战再支持一年两年,敌人必归于崩溃"。当然,"只看见自己的困难而没看见敌人的困难,便容易发生动摇;只看见敌人的困难而忘记了自己的困难,便会流为浮躁,两者都是要不得的。目前,我们所需要的是要认清敌人的困难,以坚定必胜的信念,并要认清自己的困难,尽力想方法来克服"。"敌人的困难是偏于生产一方面的",不易克服;"我们的困难多是享受上的困难,且是一时性的。要解决这种困难也很容易,就靠每一个人降低自己的生活也就可以办到"。"降低生活,是信念坚定者的义务,是坚定信念的必要条件。生活要求一降低,便容易应变,能够刻苦,信念也就不会动摇。大凡信念容易动摇的人,多是因为生活要求过高的原故"。最后强调"我们是坚决地相信日本必败而中国必胜的"。

初收香港孟夏书店1941年11月版《羽书集》;后收《沫若文集》第11卷,文字做了删改;现收《郭沫若全集·文学编》第18卷。

◎ 签呈三厅收编新安旅行团的收编办法。

新安旅行团由江苏淮安新安小学于1935年10月组团,以旅行生活为教育中心,政治部拟由三厅将其收编。(《军事委员会政治部档案》,中国第二历史档案馆编《中华民国史档案资料汇编》第五辑第二编,江苏古籍出版社1998年4月版)

7日 下午,应邀出席青年记者学会重庆分会举行的欢迎会,以青年记者学会名誉理事身份发表演讲,并为《商务日报》题字:"坚定必胜信念,降低生活水准"。演讲中介绍了抗战一年来日本方面的种种不利情形,分析了日本内阁改组后"更凄惨"的前途,阐述了中国方面的困难和有利条件,希望新闻界人士努力宣传降低后方生活水准,供应前线文化食粮。(8日重庆《新华日报》)

演讲记录摘要(记者李朋记录,未经演讲人校正)载同日重庆《商务日报》,题为《日本在崩溃途中》。其中讲道:

"矛盾对立,空前难关。敌人陷在泥沼里,愈陷愈深,这是谁也知道的事实。近卫的下台,平沼的上台,这是说明日本的困难愈渐增加。……"

"我们把头等帝国主义,以一年半的功夫,把他逼到'最后关头'了,他们自己把商场毁灭,资料来源毁灭,同时全世界各国,多对他没有好感,而惹起全人类的公愤,所处的困难,比我们更深,他们的危机,比我们更大。因此我们对'抗战必胜,建国必成'的信念,丝毫没有动摇的必要。"

"此次许多工厂移川,内地交通也很迅速地建设起来。举例来说,湘桂路已通车了,这是许多客观的需要促成的进步。以往各新式建设,没有完成。国民经济还是买办经济,这次因了抗战的进步,可以说已脱离了买办经济。仅拿这一点来说,也是伟大的收获。我们的困难,是促进生产,敌人是日渐破灭、减少生产。所以我们的最后胜利一定是有把握的。……

前方的人以士兵生活为标准，后方的人以乡下老百姓的生活为标准。把节省的金钱物质，利用到建国方面去。个人的生活水准降低了，也是很好的。许多大汉奸，也是由于平时过惯了优裕的生活，不能到后方吃苦，便跑到上海，或旁的地方去享乐。所以降低生活，在目前是非常必要的。希望各位多多的宣传，向社会开导。

前方需要文化食粮。文化工作偏重于后方，集中于都市，这现象不大好。前方作战的将士，感到食粮的饥荒，甚至把包皮鞋的报纸，也当做珍品争着看，前方的英勇弟兄们，非常欢迎新闻记者，当做他们自己的亲人。他们对国际的局势，国内的情形，如饥似渴地很想知道。所以希望各位能多到前方去工作！并希望多想法供给前方的精神食粮！"

8日 上午，往沙坪坝应邀为中央大学作学术讲演，题为《二期抗战中国青年应有之努力》。该校及重庆大学学生共千余人听讲。(9日《新民报》)

◎ 下午，应重庆《新民报》职工读书会之邀，在市商会公开讲演，题为《从近卫内阁总辞职后谈到日本对内对外诸问题》。指出：日本近卫内阁总辞职是由于我国一年半的抗战促成敌人内部矛盾冲突，及日本财阀与军部斗争尖锐化的表现。内阁改组并不会使日寇内部团结一致。国际舆论亦认平沼内阁仅仅是一种回光返照。我国一年半以来的英勇抗战已取得许多胜利，敌人已经被逼至最后关头。新阁所谓增加国家生产力只是一句空话，因为战争扩大只有使生产力无限衰落。德意轴心加强愈促成国际民主和平国家的团结，一致制裁侵略。日本军阀虽力谋加强向我进攻，但日本人民厌战反战空气极浓厚。结论是："只要我们持久抗战，日本帝国主义定将崩溃无疑。"(9日《新华日报》)

演讲词载10日至13日重庆《新民报》。《新民报》总经理陈铭德参加演讲会。主持人罗承烈（读书会主任干事、该报总主笔）致欢迎词："我们欢迎郭先生，不是因为他是政治部的负责人，而因为他还是我们中国青年界思想的领导者！"由于听者甚众，讲演地点临时由大礼堂改为商会球场。

10日 上午，宗白华、常任侠、郑伯奇、沈志予等来访。与常任侠对弈，众人共进午餐。(常任侠《战云纪事》，海天出版社1999年9月版)

◎《救亡日报》在桂林复刊。

曾为《救亡日报》向国民党军事委员会政治部争取津贴,虽然每月只有二百元,"然而是中央机关所津贴的报纸",有了这一"合法"地位,"对地方党部的麻烦也就是一副挡箭牌了"。(《抗战回忆录》;林林《这是党喇叭的精神》,《悼念郭老》,生活·读书·新知三联书店1979年5月版)

《抗战回忆录》记《救亡日报》在桂林复刊的时间为1939年1月1日,有误。夏衍《懒寻旧梦录》:"对这件事,在郭老写的《洪波曲》中似有误记。《洪波曲》中说,《救亡日报》在桂林于一月一日复刊,个别的同志在回忆中则说是一月三日复刊,但去年经华嘉同志亲自到桂林八路军办事处纪念馆去查了旧报,才证实正确的复刊日期是一月十日。延期出版的原因,是十二月二十四日敌机滥炸桂林市区,《救亡日报》暂时借住的房屋被炸,加上接洽印刷所等等关系,只得延迟了十天。"林焕平、魏华龄《忆抗战时期的"桂林文化城"》(《文史资料存稿选编》):(《救亡日报》)1938年1月1日在广州复刊,广州沦陷后再迁桂林,于1939年1月10日复刊,1941年3月1日桂林版被国民党压迫停刊。

上旬 在寓所宴请沈西苓、潘孑农等文艺界朋友。饭后与潘孑农谈起郁达夫新近发表的《毁家诗纪》,即对他说:"论诗,有几首确实写得不错,但为着失去爱情而对叛离的妻子如此责骂,此时此地,似乎有些小题大做了吧。"(潘孑农《"创造当年曾共社"》,《群众论丛》1981年第3期)

11日 下午,在外交部招待各国记者会上讲演。谓:"日本内阁改组这个消息,在现在已经不算是新闻了,不过我们现在有一项小小的消息,足以表示日本内阁的改组,只是日本帝国的崩溃的前奏,值得向各位报告。改组后的日本内阁的政策,虽然还未见公布,但由陆相坂垣向他们的新首相平沼所提出的七项要求中,便表现得十分明白,主要的他们是要扩充军备,要增强日德意轴心,要充实全国总动员计划,实质的说,便是要加强他们的对内榨取,以扩大战争,把目前的中日战争扩大而为世界战争。所谓充实全国总动员计划,目的是在集中资源,要把国家的一切资财,都归军部统制,要使军部有绝对的权力,能够任意征收国家一切的财力,以供战争的消耗,这在日本的国家机构上,是少壮军部要把资本家统制权,完全夺取到自己的手里,这自然是要遭受日本财阀的反对的。作为财阀的最后防线而出现的近卫内阁,自然是不能不发生纠纷而终于崩溃了。代表法西派的平沼,既已代替了近卫而登台,这新成立的内阁,自然是要用强力来推进他们的集中资源的政策,向着法西化的路程猛进。但他们能够达到目的吗?现在所要向各位报告的一个小小的消息,便足以证明是不可能。是去年年底的事了,日本因为液体燃料的缺乏,想以酒精的混合使用来代替汽油,日本政府决定用番薯来作为制造酒精的原料,曾经发出命令,要农民多量地种植番薯,由政府以三公斤二角三分的法定价格来收买。但要生产三公斤的番薯,据农民的经验,连成本都需要三角,就由于这样不合理的强制,便激起了民变,关东地方,有好些处的农民,便结合了起来,捣毁了统制他们的御用农会。这些虽然还是零星的无组织的暴动,但有酝酿成为大规模的爆发的可能,在时间的进展中,政治上的东京大地震,必然是要出现的。日本的财阀和军部,业已乖离,两派间的斗争,必然日趋剧烈化,这且不用说,就连一般的农民对于无理的资源统制,已经在表现着他们的反抗的行动了。我们对于美总统罗斯福的拥护民主政治的演说,是极端表示敬意和赞意的,全世界尊重和平的民主国家,必随法西势力之强化而更加团结起来,在共同的目标之下,采取共同的行动。日本帝国就在这内部的反抗和外部的制裁之间,必然要走到他的末路。这次我们是坚决地相信着这一次日本内阁的改组,正是日本帝国崩溃的前奏。"演讲词以《日本帝国崩溃的前奏》为题,载12日重庆《新华日报》。

12日 七律《过桂杂咏》发表于桂林《十日文萃》第1卷第6期。

13日 上午,在泰邑小学参加儿童演剧队、儿童宣传队举行的欢迎孩子剧团莅渝大会并演讲。在演讲中说要以"一代不如一代"的俗话来作反比例,要以这些小朋友当作自己的先生去学习。以"随时随地都要学习"八个字鼓励孩子们不怕困难,抱养良好的精神,抱着随时随地都要学习的精神,来表现中华民族的前途光明伟大。(14日《新民报》)

17日 下午,应重庆市文化座谈会之邀,往第一模范市场35号中苏文化协会四川分会参加座谈,作题为《战时文化工作》的演讲,详细阐述了第二期抗战中文化人应努力的方向,号召文化人"到乡村去,到敌人后方去"。听众达数百人。(16日《新华日报》;常任侠《战云纪事》,海天出版社1999年9月版)

演讲内容摘要载18日《新华日报》。演讲记录稿(洛克记录,未经演讲人校正)载《中苏文化》半月刊2月1日第3卷第6期"抗战特刊"，题名《战时文化工作——在文化座谈会上讲话》。主要内容：

当前，我们同日寇所进行的战争，是保卫人类文化的战争。所以，我们的战争是跟了文化而进步的。同样，我们的文化界是跟着战争而进步的。敌人呢？它是野蛮的，退步的，它是破坏与毁灭文化的，不仅破坏了摧毁了我们所手创的文化，而且也毁灭了自己的文化。

我们抗战已有一年零六个月了，我们文化工作者在战时要做些什么？是一定要考虑且必需要切实知道的。抗战文化是什么，这种战时文化即是平时生产的促进，所以我们的战时文化工作的中心，是怎样增加抗战的力量，可以说是唯一的原则。我们战时文化工作是精神总动员的工作。我们战时文化工作应该是增加抗战力量。要怎样才可以达到这个力量的增强？一定要：提高民众和士兵的同仇敌忾的精神，要使我们真诚的精神团结，这是在内部第一方面的工作。文化工作的对外工作是：不低估敌人轻视敌人，而是要怎样来减少敌人的力量，来瓦解敌人的力量，来争取国际上对我援助的力量。

一期抗战中，我们文化界走的路线是正确的，成绩是相当的。现在抗战进入了新的阶段——第二期，我们回顾到前期结果后，我们要估计到二期抗战中的文化工作。前期的成功，我们决不满足，因为这是自然发生的，这是战争迫使的，主观上还缺少努力，因为抗战同文化配合起来，所以促进我们正确的动向。到了二期抗战的目前，却要用主观的努力把握住动向，不仅把握，而且还要扩展。我们前期要求文化人内移，文化人相当内移了。但有一点缺憾：文化人没有真正到乡村里去，所以内移这个行动是不彻底的。我们应该加以推进，要内移到后方的乡村。这是二期抗战里要文化人主观的努力来推移。

我们要建立游击核心，不仅要号召，策划，并要实际到敌人后方去，进行各种工作，开辟文化的大地。所以我们的口号是："文化人外移"，要使文化普及发生力量，一面要移到乡村里去，一面要移向敌人后方。这是二期抗战应该注意的。

还有，在一期抗战中的"大众化"工作，没有达到我们需要的程度。……我们的文化工作还要切实做"大众化"的工作。要少用花样，少经过变化，将故事简单化，老百姓就看得懂了。

二期抗战中要加紧通俗化大众化的工作。要动员大众，要以民众士兵为对象的时候，必须深益求深，精益求精的切实的做，而决不能不顾文化一切的必要，而口头高喊提高文化。降低文化水准，使民众得到文化的教育，相反的也就是在提高文化。老实说，你要做战时文化工作，你就要向民众学习生活、语言、习惯，这样产生的文化是有根蒂的文化，而不是象在亭子间里写叫什么什么的，是水面的浮萍，是寄生的文化。所以，要提高国民的文化，必须要：要真正建设大众化、通俗化的文化。这是二期抗战中"大众化"的正确的路。

24日 下午，应邀往复旦大学，作题为《我敌青年的对比》的讲演。在"知己知彼，百战百胜"的话题之下，对比分析了中日两国青年在教育、身体素质等方面的状况，指出，"如今我们受着时代的需要，客观的需要，便促进了主观的努力，就是说日本青年强于我们，但为侵华之结果，精神身体均颓废失败。中国青年则因抗战关系日益前进，这已是目前显明的事实"。鼓励大家，要不断努力，"抱定民族复兴之决心，用真实才学贡献国家，则抗战必胜，建国必成，我国的文化必会为世界放一异彩"。（25日重庆《国民公报》）

讲演词由本渊记录，载25日重庆《国民公报》。

27日 作《纪念"一·二八"剪辑》。发表于28日重庆《大公报》。声明这是"把昨天没有做完的东西'剪辑'起来"的，向约稿的朋友们表示歉意，但也以此"表明我在诚心诚意地纪念"。全文前为杂感，后为组诗，指出，"最切实地纪念'一·二八'的是前线上的武装同志和战区中的工作者，他们是以生命，血肉，来纪念着这个血的纪念的，他们是'一·二八'精神的维系者。我们要想切实的纪念'一·二八'，最好是效法他们，便是最好是当兵"。

初收香港孟夏书店1941年11月版《羽书集》；后收《沫若文集》第11卷，文字有删削；现收《郭沫若全集·文学编》第18卷。

28日 下午，在市商会礼堂参加重庆各界纪念"一·二八"七周年暨响应国际反侵略运动大会，并发表演讲。演讲记录稿（余惠霖记）载1939年7月1日《反侵略周刊》第10期，题为《和平须建立在正义的基础上》。演讲中回顾了抗战进程，强调中华民族具有反侵略的精神和力量，"'一·二八'仅是这种精神、这种潜在力的小小的发露。全世界人类反侵略的精神都受了我们的感召"，呼吁国际反侵略运动大会"能够把国际间民众团体的力量更加团结增强起来，督促各个和平国家的政府当局，使他们早早认识：姑息的手段绝不足以维系和平，而只是对于侵略的促进"。认为"真正的和平应该是建设在正义的基础上的各国民族间的相互友惠。……为要实现这样的和平，则占有欲望过于旺盛的国家或民族，我们全人类是应该以集体的力量来加以克服的"。进而提出，"事实目前的世界和人类是不可分的，局部失其平，则全部受其乱。保持少数人的利润，只是增加多数人的祸害"。并对反侵略运动提出了自己的看法，即"我们所理解的反侵略运动，应该是追求真正的和平，建设世界新秩序，并逐渐实现人类社会的文化经济的共同体"，要实现之，"当前的急务是要望全世界爱好和平的人士的加紧团结，并促进各个民主国家的团结，以集体的力量对于侵略者加以实际的制裁"。最后呼吁："我们的抗战是为的建设世界新秩序。全世界爱好和平的国家，全世界富于反侵略精神的民族，请一致团结起来对于这个目标——世界新秩序的建设共同猛进。"

初收香港孟夏书店1941年11月版《羽书集》；后收《沫若文集》第11卷，改题为《世界反侵略秩序的建设——纪念"一·二八"》，文字有删节；现收《郭沫若全集·文学编》第18卷。

本月 带头抵制、拒绝国民党军事委员会政治部借改组三厅强迫三厅人员加入国民党。（丁正献《昙华永念》，《东海》月刊1979年8月第8期）

◎《妇女文化歌》（歌词，吕骥谱曲）刊载于浙江丽水会文图书社修正3版《抗战歌声》。

1、2月间

为乐山中学学生创办的《乐乐乐壁报》题写刊头。（罗方《追记一九三九年郭老还乡》，《文学评论》1979年4月）

2月

1日 出席军委会政治部举办的政工会议。

15日《新华日报》报道：《军委会政治召开政工会议，积极推进政训工作》，会期本月1日至8日，共八天；参加人员除各部门高级政工人员二十余人外，"该部科长以上人员，亦均列席会议"。首日开幕式，蒋介石训话。"此后每日举行大会,戴院长、何总长、白副总长,以及其他各长官,均分别莅临训话。"

4日 作歌词《赞庐山孤军》。写道:"庐山,屹立在长江之南,/崖骨巍峨,秀色可餐;/浩淼的鄱阳湖,明镜一片,/风光明媚,浪静波平,/倒映着五老峰的真面。""我英勇将士,敌忾同仇,/抗战的旌旗,插遍神州。/孤军奋斗,万邦刮目,/与大好湖山同永不朽。"

这是为中国电影制片厂《抗战特辑第六集》拟写的主题歌"因为不甚惬意,没有交去"。(郭沫若纪念馆馆藏资料39—2)

7日 晚,赴蒋碧薇举办的沙龙。

聚会者有宗白华、胡小石、顾树森、彭汉怀、杨仲子、方令孺、蒋多麟、郭有守、常任侠、国立编译局陈可忠等人。"夜深始散"。(常任侠《战云纪事》,海天出版社1999年9月版)

8日 为陈禅心所集唐人句《抗倭集》诗稿作序,云:"作诗难,集句尤难,集句而至于运用自然,吻合事物者,难之又难。"赞其集句"其工整熨帖,一如己出,绝无矫揉牵率之痕",故集者"可谓爱国诗人而兼集句圣手"。并为之题签书名。(手迹见陈禅心《抗倭集》,海峡文艺出版社1986年9月版)

陈禅心在空军服役。

10日 晚,与张季鸾、陈博生、王芃生、陈立夫等受蒋介石召见,征询怎样看待日本海军登陆海南岛,并共进晚餐。(《洪波曲》)

初旬 应来访的陈禅心索求,书赠《归国杂吟》之二。

陈禅心即集唐人句一首答谢,赞扬郭沫若"报国谁知己,清词雅调新"。(陈禅心《抗倭集》,海峡文艺出版社1986年9月版)

12日 晚,作题为《巩固反侵略的战线》的广播演讲。讲稿发表于14日重庆《新华日报》。就2月10日日本海军在海南岛登陆一事进行评述,赞成国民政府当局的观点,即日寇此举"对于我国的抗战,并无多大影响",但是对英法美等国的"实利"却构成了巨大威胁,"愈见把战局扩大了,而且冒犯着诱发世界大战的危险"。推测日寇此举,"是敌人内部矛盾的又一暴露",其结果,便是促成日、意缔订同盟,共同对付英、法、美、苏,那么,"剩给英、美、法的路,是很明白的,便是与我国和苏联切实地联合起来,形成巩固的和平阵营,以惩膺扰乱世界和平的侵略者和它的同盟……要趁着侵略者的阵线尚未稳定，准备尚未十分周到之前，及时地予以实力的教训"。

初收香港孟夏书店1941年11月版《羽书集》；后收《沫若文集》第11卷，写作时间署为1939年2月13日，文字略有删改；现收《郭沫若全集·文学编》第18卷。

14日　下午，往演武厅社交会堂，出席国际反侵略运动大会中国分会为招待各界人士举行的茶会。

到会的还有周恩来、黄炎培、沈钧儒、陈诚、张继以及塔斯社、路透社、合众社的代表等四百余人。茶会由分会副会长邵力子主持。（14日、15日《新华日报》）

18日　题词："四川号称复兴民族根据地，四川人要担负起这种重大的使命，应该人人都要有当兵的侠心和勇气。"（手迹载3月6日成都《新新新闻》）

中旬　堂侄郭宗瑨自乐山来访，得知父亲患病的近况，并家人敦促近期内回乡省亲的口信。（郭宗瑨《关于郭老一九三九年返乡活动的点滴回忆》，《抗战时期的郭沫若论文集》，四川省社会科学院出版社1985年9月版）

24日　在中国国民外交协会第四次座谈会上发表题为《日本政治经济之危机》的演说。认为，"经济既为一切社会现象之基础，欲分析日本之危机，当从经济方面着眼"。各种统计数字表明，日本已经面临着经济危机。"日本欲补偿上述之困难，其补救之道有三端，即发行公债，加税，与滥发纸币三者。"但这三种方式都已"属行不通之路"。"因有上述经济上之危机，日本之政治，自随之而陷入绝境，且专横之军阀，正因为上述之各种方式均已宣告绝望，故最后一着，即在尽力促进'总动员法第十一条'之实现。此一条之内容，在对资本家之利润及一切利益加以统制，军阀于过分剥夺大众之余，进一步而欲向财阀资本家开刀。若此条款见诸实行，无异将日本一贯的政治制度与经济机构完全加以推翻"，"将使日本整个机构解体。日本帝国之最后崩溃，从此即可见之矣"。（演讲内容载25日重庆《国民公报》）

25日　下午，主持政治部三厅招待文艺界茶会。（常任侠《战云纪事》，海天出版社1999年9月版）

◎　晚，与常任侠等参加留东同学会聚会。（常任侠《战云纪事》，海天出

版社1999年9月版)

26日 被选为重庆市慰问抗战将士队一队队长。(25日《国民公报》)

月末 告假两周返乡省亲。由侄儿郭培谦陪同乘飞机从重庆到沙湾。(《先考膏如府君行述》;年先春、杨松泉《郭沫若返乡记》,《四川统一战线》2000年第8期)

《五十年简谱》记:"三月中旬告假回家省父。"

3月

2日 作七绝一首,题郭开运作《菊花图》:"傲霜劲骨不知秋,参破人间万古愁。寄语故园花正好,锦城有客尚勾留。"跋语谓:"离乡廿六年归,经历万险,复得生还,骨肉多由远道来集,独翠玶二侄奉职锦城,未得一面,叙弟画此寄之,因题数语。"(毛西旁《"傲霜劲骨不知秋"——关于郭老的一首题画诗》,1982年11月11日《中国财贸报》;《菊花图》现藏乐山文管所)

翠玶,即郭瑜。叙弟,即郭开运,号野叙。

初旬 往峨眉县为母亲扫墓。(《先考膏如府君行述》,《五十年简谱》)

据《先考膏如府君行述》所述:"中间赴峨眉县哭母墓又去其四。"

◎ 应七妹郭葆贞之请,在郭开运为其所作《梅花图》上题诗:"十年海外幸归还,小妹索诗思私艰。端是子由身手好,一枝春色在人间。"(胡星南《郭沫若赠七妹郭畹秋诗一首》,《郭沫若研究学会会刊》第1集,1982年;毛西旁《郭沫若八图题诗及其背景材料》,《沙湾文史》1987年12月第4期)

◎ 题郭开运为魏蓉芳作《桂花图》:"天香闻十里,皓月最相宜。剪伐休辞苦,风高人自知。"款识:"翊昌季弟为蓉芳三侄媳画此轴,特题数语以补之。"(廉正祥《美女峰下的明珠——访郭老故居》,《旅行家》1981年第1期;《桂花图》现藏乐山文管所)

9日 父亲八十六岁寿辰。本拟与家人一同为之做寿,老人"以国难期间,不令铺张,遂乃罢议"。(《先考膏如府君行述》)

◎ 题郭开运为郭麟贞作《蕉叶梅枝图》:"蕉叶配梅枝,此画颇珍奇。梅枝风格似阿父,蕉叶令我思先慈。先慈昔病晕,蕉子传可医。曾与五哥同计议,蕉花一朵窃自天后祠。归来献母母心悲,倍受阿父答。只今阿母已逝父已衰,不觉眼泪滋。幸有兄弟姊妹妯娌均能尽孝道,仅我乃是

不孝儿。但愿早日能解甲,长此不相离。"(毛西旁《芭蕉花诗话》,1984年6月9日南京《周末》周报)

冯乐堂、谭崇明《郭老故乡访问记》载:"在郭沫若手迹中,我们发现有这样一则文稿:'今日乃阿父八旬有六之寿辰。其前夕,翊昌弟为麟贞四姐画此立轴,梅花两枝配以芭蕉两叶。不知昌弟画此是何意。然余见此则思及父母。盖梅花寓有祝寿意也。母当年病重,须服芭蕉子,曾与翊新五哥从天后宫中盗取芭蕉花一朵,归以与母,乃备受笞楚。此犹历历如昨日事,而今父衰母逝,橙坞大哥亦早归道山。'"(《常德师专教学与研究》1981年第4期)

10日 辞别父亲,返重庆,先至乐山。

"于寿辰之翌日,贞即不得不叩别首途。"(《先考膏如府君行述》)

上旬 作七律《登尔雅台怀人》,寄怀朱德:"依旧危台压紫云,青衣江上水殷殷。归来我独怀三楚,叱咤谁当冠三军?龙战玄黄弥野血,鸡鸣风雨际天闻。会师鸭绿期何日,翘首嵩高苦忆君。"

后录入《龙战与鸡鸣》,载香港《笔谈》半月刊1941年9月16日第2期;又刊重庆《民主与科学》1945年第1卷第11、12期合刊;收作家出版社1959年11月初版《潮汐集·汐集》,写作时间误署为1941年7月10日;现收《郭沫若全集·文学编》第2卷。

1944年朱德读了该诗后,即作《和郭沫若同志〈登尔雅台怀人〉》。

◎ 为郭开运书明代莲池大师《竹窗随笔·好名》四条屏。谓"名关之难破":"人知好利之害,而不知好名之害为尤甚",以至"思立名则故为诡异之行,思保名则曲为遮掩之计,终身役役于名之不暇,而暇治身心乎?"(见《郭沫若书法集》,四川辞书出版社1999年11月版)

◎ 为郭开运书录"大哥集陶"五言联:"清谣结心曲　真想在襟里",以"补壁"。(见《郭沫若书法集》,四川辞书出版社1999年11月版)

◎ 以旧作诗两首书付张琼华。其一为《归国杂吟》之六"雷霆轰炸后",其二为《登衡山》"铁佛披金色相黄"。(据手迹,《郭沫若书法集》,四川辞书出版社1999年11月版)

◎ 游乐山草堂寺,作七绝一首:"依然落落一庸才,廿六年后始归来,何处海棠香讯在,草堂寺内几徘徊。"(据手迹;张肩重《在郭老周围的日子里》,《四川大学学报丛刊》1980年11月第8辑)

中旬 在乐山逗留二三日。期间：

拜访了龚旭东、黄咏裳、帅平均诸先生，以及一些亲友和乐山地方人士。

应乐山地方父老和各界人士的邀请，在嘉州公园中山堂前广场上向数千群众作题为《抗战必胜》的演讲。

出席乐山各界人士在育贤街商会举行的欢迎宴席。

在乐山女子初级中学为师生们作了一次宣传抗日的演讲。

（李绍文《抗战时期郭沫若还乡尊师见闻记》，郭宗瑨《关于郭老一九三九年返乡活动的点滴回忆》，李又林《一次激动人心的演说》，杨铭庆《郭老二三事》，均见《抗战时期的郭沫若论文集》，四川省社会科学院出版社1985年9月版）

12日 自乐山乘飞机抵重庆。（13日《新蜀报》）

"政治部第三厅厅长郭沫若，上月返籍省亲，已于昨日乘飞机返渝。"（13日《新蜀报》）

16日 夜，作《文化与战争》。发表于19日重庆《大公报》，又载上海《艺术文献》4月第1册，署名白圭。从人都有"占有欲望"与"创造欲望"谈起，论述侵略性的战争"是占有欲望过剩的结果，这和文化是对立的存在"，而反侵略性的义战则"是对于占有欲望的克制，对于创造欲望的激扬"。最后，具体考察了此次中日战争对于敌我两国文化的影响。

初收桂林南方出版社1940年8月版《民族形式商兑》，写作时间误署为1940年3月16日；又收重庆文学书店1942年版《蒲剑集》；后收《沫若文集》第12卷；现收《郭沫若全集·文学编》第19卷。

19日 为孩子剧团主办的儿童星期讲习班讲课，题为《二期抗战中小朋友怎样做工作》。（20日《新华日报》）

20日 为筹组"后方伤病官兵招待所"事，会同殷承泽签呈报告，并附《计划概要》及《概算书》。（《全国慰劳前线抗战将士委员会工作报告》，中国第二历史档案馆藏，全宗号772，案卷号969）

中旬 得常任侠赠《沙坪坝所出石棺画像研究》一文。（常任侠《战云纪事》，海天出版社1999年9月版）

22日 出席中华全国戏剧界抗敌协会在重庆新环球电影院举行的年会，并致辞。对剧协在抗战中所获成功表示祝贺，又阐明三点：中国戏剧事业在抗战之初，曾有人疑虑将因战争关系而陷于破产，更或因水准降低，流于庸俗化。但抗战十九个月来，此项疑虑，事实告诉吾人，已完全击破，我们的艺术，不但未曾破产，反之却有了惊人的进步。今后希望大家，更加努力，促进以往的成功，创造更新的文化。今年，至迟明年的双十节，必打回南京去开年会。(23日《新蜀报》)

29日 致电抗敌演剧队第八队刘裴章转一队、二队、八队、九队队长。谓："各队编并目的在求指挥统一，增进效率，管理考绩属各战区政治部。至最后考核及任免仍归本部，望向队员委婉说明，顾全大局，安心工作，听候改编，是为至要。"(《军事委员会政治部档案》，中国第二历史档案馆编《中华民国史档案资料汇编》第五辑第二编，江苏古籍出版社1998年4月版)

4月

月初 得沈尹默为《石鼓文研究》所作"序"。

沈尹默托前往四川的马衡转致，并告《石鼓文研究》将出版。(《石鼓文研究·序》)

4日 奉蒋介石命，撰写抗日新闻稿交《大公报》发表。(中国第二历史档案馆藏《第三厅交办事月报表》，全宗号772，案卷号636)

6日 "第五子汉英生"。(《五十年简谱》)

9日 过江至中央摄影场宿舍，看《一年间》剧组排演。

话剧《一年间》系夏衍创作、夏淳导演。为募集《救亡日报》基金，留渝剧人准备十二日在重庆国泰大戏院联合公演，郭沫若为出演委员会委员。(《中国人的确是天才》；王美芝《为〈救亡日报〉的募捐演出》，《抗战文艺研究》1985年第2期)

◎ 下午，往陕西街留春帏出席中华全国文艺界抗敌协会第一次年会，与叶楚伧、于右任、邵力子、张道藩等被选为主席团，并先后讲话。在讲话中呼吁政府在物质上给予文协更多的支持："无论我们的精神如何充分，如无物质条件，也还难以实现。""中国的文艺家从来就在困苦艰难中生长的，就以现在这样一个空前的全国文艺家庞大的组织，仅有一千元的经费，实在是非常惭愧，它非常不够的。"同时也勉励"我们作家在主观方面应该勤快些"，"要加强作家的冒险精神，今后我们拿笔固是象拿枪一样勇敢的对着敌人，到前线，到敌人的后方，和在前线的战士一

样!"讲话稿载《抗战文艺》25 日第 4 卷第 2 期。(9 日、10 日重庆《新华日报》)

会后参加晚宴,"大喧闹,甚尽欢"。(常任侠《战云纪事》,海天出版社 1999 年 9 月版)

◎《纪念碑性的建国史诗之期待——庆祝文艺界抗敌协会周年纪念》发表于重庆《大公报》。文章肯定了文协成立一年来在团结文化界人士、创造抗战文化方面所做的贡献,表示相信在"文章下乡""文章入伍"的号召下,"会有纪念碑性的建国史诗般的伟大作品出现"。并就此展开分析、诠释,认为"文章要能'下乡',要能'入伍',决不是单纯的通俗化问题——决不是单靠形式和内容的通俗便可以办到,主要的条件是要作家们自身能有入伍和下乡的精神与其实践。作家们须得与士兵打成一片,与民众打成一片,要以士兵民众的生活为生活,要能彻底了解士兵民众的心理,并习得其用语。要这样,所作出的文章才真正能够入伍,真正能够下乡。方方面面的士兵群众或工农群众的生活、心理、言语,正好作为文艺作品的血肉和灵魂。在目前神圣的抗战期中能以这种资料为灵魂与血肉的作品,便是我们所要求的纪念碑性的建国史诗"。号召作家们"无声无臭地,脚踏实地,去求整个的发展",以实现这一"悬鹄"。

初收重庆文学书店 1942 年版《蒲剑集》,后收《沫若文集》第 12 卷,现收《郭沫若全集·文学编》第 19 卷。

10 日 上午,全国文艺界抗敌协会第二届理事选举结果揭晓,与叶楚伧、冯玉祥、邵力子、张道藩、老舍、田汉、宗白华、郑伯奇等 45 人被选为理事。宋庆龄、周恩来、何香凝等 12 人为名誉理事。

◎ 为话剧《一年间》的演出作《"中国人的确是天才"》。发表于 30 日桂林《救亡日报》。从观看《一年间》剧组的刻苦排演,联想到两年前留日中国学生在东京公演《日出》时日本作家秋田雨雀盛赞剧本之宏大、女主角封禾子演技之高超,并称"中国人的确是天才"一事,提出"我们中国人不仅在演剧方面是天才,便在任何方面都富有天才",但光有天才还不够,号召朋友们下决心刻苦奋励,"把各种成绩提供出来贡献于人类文化,要让全世界的人心悦诚服地这样说:'中国人的确是天才!'"

初收香港孟夏书店 1941 年 11 月版《羽书集》,后收《沫若文集》第 11 卷,现收《郭沫若全集·文学编》第 18 卷。

◎ 作《〈石鼓文研究〉序》。收长沙商务印书馆 1939 年 7 月初版《石鼓文研究》。

11 日　作《发挥大无畏的精神——论文艺作家在精神总动员中的任务》。提出"要在精神总动员纲领的实施上活用文艺的各种部门,尽量动员文艺作家从事广泛的活动",但是文艺工作者首先要提高自身的精神修养,"文艺作家们是应该切实地检点自己,使自己的精神严肃化,使自己的生活合理化,使自己的本身成为一个美好的文艺作品,使人见而生爱,见而起信,见而思齐"。同时,"还须要有确切的工作成绩",但"严格地说来,我们全体的国民精神在事实上大体已经总动员起来了,而不曾总动员的却反是我们作家自己"。鼓励作家们克服自身的弱点,"发挥我们大无畏的精神,努力向民间去,向医院去,向战区去,向前线去,向工厂去,向敌人后方去;我们要用自己的血来写,要用自己的生命来写,写出这个大时代中的划时代的民族精神"。

初收香港孟夏书店 1941 年 11 月版《羽书集》;后收入《沫若文集》第 11 卷,删去副标题,内容略有删改;现收《郭沫若全集·文学编》第 18 卷。

◎ "得尹默先生手书",托为金祖同所编《殷契遗珠》作序。序谓:"余深喜祖同之精进,大有嘉惠于学林,复自惭旧业荒芜,于其所论列不能有所增益,仅述其成书之颠末以告同好,明其成就之不易云耳。"手迹影印收上海中法文化出版社委员会 1939 年 5 月版《殷契遗珠》。现收《郭沫若全集·考古编》第 10 卷。

12 日　作《戏剧界精诚团结》。载 4 月 30 日桂林《救亡日报》"《一年间》演出特刊"。

15 日　在全国文艺界抗敌协会第二届理事会第一次会议上当选常务理事。

当选常务理事者有叶楚伧、邵力子、张道藩、老舍、郑伯奇、胡风、姚蓬子、华林、王平陵、阳翰笙、宋之的、安娥、老向、孔萝荪等 15 人。会议还确认了各部正副主任。(16 日《新华日报》《新蜀报》;《老舍年表简编》)

16 日　在粉江饭店宴请参加演出《一年间》的演艺人员,到者百余人。(17 日《新华日报》)

17 日　下午,为研究对敌宣传实施方案,应召见蒋介石,并"面陈

本部对敌宣传品样本"。(中国第二历史档案馆藏《第三厅交办事月报表》,全宗号 772,案卷号 636)

22 日 下午,应中华职业教育社与青年会之邀,在民众影院作题为《汪精卫投降论调的批判》的演讲。对近卫诱降宣言阴谋详加剖析,历举抗战以来所得之胜利,"痛斥汪叛党叛国行为"。(23 日《新蜀报》)

23 日 出席重庆市文化界精神总动员协进会成立大会,与叶楚伧、邵力子、老舍等被推定为主席团成员。(20 日《新华日报》)

◎ 中午,与邓颖超、李鉴华、应云卫等百余人,在生生花园出席三厅职员邢逸梅与阳翰笙姨侄女支似华的订婚典礼。即席作诗证婚,诗曰:"男是一剪梅,女是一支华。心香馥郁,姿态袅娜。插在一个瓶中,艳丽又兼幽雅。从此一德一心,无牵无挂,用不着害单相思,使喉咙发痧;用不着怕人笑,使脸上陡增红霞。今已如鼓琴瑟,瞬将宜尔室家。待到明年的春或夏,替国家添一个胖娃娃。"(24 日《新民报》)

◎《争取最后五分钟——对于失败主义的批判》发表于桂林《救亡日报》。文章就汪精卫最近关于其"主和"论调进行辩解的荒谬言论进行分析,明确地指出,被汪伪据以为"主和"论据基础的"近卫声明",从内容上看就是要灭亡中国,而汪伪"仍然在说近卫声明并不苛刻,可以作为谈判的基础","固执着近卫声明中的条件不是亡国的条件"。因此,这些公开发表的言论,"明明白白的由汪精卫自己把他已经向日本屈膝投降了的心事具体的表白了出来"。接着阐述道:"中国并不是好战的国家,要和我们也觉得任何时间都可以和,但有一个先决条件,就是要敌人停止它的侵略"。虽然现在"我们的抗战把敌国逼迫了危机,而生出了求和的愿望,但日本内部的求和的愿望还没有形成为具体的力量足以制服目前的海陆军部的主战派的势力"。在这种情况下,我们现在不能松懈,而应该"争取最后五分钟","加紧我们的反攻力量,以图达到我们的胜利的前途"。对于汪精卫来说,也是停止其倒行逆施而争取回头是岸的"最后五分钟"。

初收香港孟夏书店 1941 年 11 月版《羽书集》,后收《沫若文集》第 11 卷,现收《郭沫若全集·文学编》第 18 卷。

26 日 下午,至国际联欢社,以资料征集委员的身份,参加中苏文化协会为征集抗战文物赴莫斯科博物馆展出而举办的茶会。

会议由中苏文协代理会长邵力子主持，老舍、洪深、阳翰笙、宋之的、王礼锡、姚蓬子等百余人出席。(27 日《新华日报》)

29 日 作《绝妙的对照——请看希特勒替我们痛哭汪精卫》。将 24 日、25 日《南华日报》上《德国是怎样复兴的？》一文中鼓吹以"和平运动"为"救国南针"的卖国言论，与 29 日报纸所刊希特勒答复罗斯福劝告的演说中对凡尔赛和约的批评之语两相对照，说"简直是希特勒在替我们痛哭汪派"。复借希特勒演说词痛斥汪精卫之流所说的"和平"。

初收香港孟夏书店 1941 年 11 月版《羽书集》，后收《沫若文集》第 11 卷，现收《郭沫若全集·文学编》第 18 卷。

本月 作七言诗《初用寺字韵书怀》："秀弓寺射弓已寺，尝从猎碣考奇字。先锋后劲复中权，宋拓良与今石异。排除万难归峨岷，立言未减当年闾。东书不观事奔奏，深知野性实难驯。海外漂流十二载，沟壑随缘元尚在。耻食周粟入西山，誓不帝秦蹈东海。犹然俯首拜公卿，只为神州锋镝惊。豹死留皮供践踏，谁顾区区身后名。"（据手迹，载《郭沫若书法集》，四川辞书出版社 1999 年 11 月版；蔡震《郭沫若用寺字韵所作佚诗考》，《郭沫若学刊》2011 年第 3 期）

◎ 作七言诗《再用寺字韵》："绥山之麓福安寺，中有明碑安磐字。碑言古镇号南林，旧隶峨眉县亦异。叔平夫子来涪岷，相与辨之言誾誾。南疑楠省邑境革，合乎故训殊雅驯。抗战以来逾二载，剩有蜀山犹健在。四方豪俊会风云，一时文藻壮山海。刻章戏署南林卿，见者为之心目惊。实则卿乡原不二，思源只记故乡名。"（据手迹，载《郭沫若书法集》，四川辞书出版社 1999 年 11 月版；蔡震《郭沫若用寺字韵所作佚诗考》，《郭沫若学刊》2011 年第 3 期）

5 月

3 日 作《青年化，永远的青年化》，庆祝青年运动周和"五四"青年节。颂扬"五四"运动的伟大意义，指出，纪念"五四"运动，就是要使"全中国的青年永远保持着那种蓬蓬勃勃的朝气"，要使"全民族的精神永远发扬着那种青年化的光采"。唯因时时有"青年化的血清注射"，中华民族、中国文化"五千年中永远保持着了它的一贯的进化体系"，"我们的民族精神是确实保持着了它的永远青年化的动向"。"我们要保持我们中华民族的生生不息的精神，永远上行，永远前进，要使我们自身的一切，中国的一切，世界的一切，时时刻刻青年化，永远青年化！"

初收香港孟夏书店 1941 年 11 月版《羽书集》，后收《沫若文集》第 11 卷，现收《郭沫若全集·文学编》第 18 卷。

6 日 上午，在政治部会议室参加第 77 次部务会报，报告三厅宣传纲要已拟定。(《军委会政治部部务会报》，中国第二历史档案馆藏，全宗号 772，案卷号 318，11432—2，98，号次 6)

12 日 作诗《惨目吟》。谓："五三、五四大轰炸，死者累累。书所见如此，以志不忘。"诗写道："骨肉成焦炭，凝结难分开。呜呼慈母心，万古不能灰！"

收作家出版社 1959 年 11 月初版《潮汐集·汐集》，现收《郭沫若全集·文学编》第 2 卷。

15 日 《永远不老的中华民族》发表于上海《中美日报》。

21 日 为国际反侵略运动中国分会第二次年会起草宣言，题为《和平的武器与武器的和平》。肯定了国际反侵略运动大会"是一个保障和平、拱卫正义的坚强的堡垒"，肯定了国际反侵略运动大会中国分会在抗日战争中所取得的成绩。明确指出中国分会今后的努力动向，一是"普及"，即"将使全中国四万万五千万同胞皆成为反侵略的战士，使本分会的支会与区会，遍布于海内外凡有中国人住居的地方"；二是"深入"，即"要使反侵略的精神遍植于每一个中国同胞的心坎，要使每一个中国人的细胞都成为反侵略的细胞，每一个中国人的血球都成为反侵略的血球"。

初收香港孟夏书店 1941 年 11 月版《羽书集》。后收《沫若文集》第 11 卷，文字有删削，并为"国际反侵略运动大会"作注："当时国际间有这么一个组织，名为'国际和平运动委员会'，在中国避免'和平'二字，称为'反侵略'。但这个组织后来消灭了，和战后的'世界和平理事会'无关系。"现收《郭沫若全集·文学编》第 18 卷。

5、6 月间

往北碚缙云寺在汉藏教理院作题为《佛教实有发扬光大之必要》的

讲演。讲演词记录稿发表于《弘化月刊》1939年6月15日第5卷第97期。(李斌《郭沫若在汉藏教理院的一次演讲》,《郭沫若学刊》2013年第1期)

6月

4日 中午,在生生花园为汉英办"汤饼宴",清山和夫、鹿地亘等友人来贺,常任侠诵麟趾三章祝兴。席间约请常任侠讲教研与抗战建国一题。(常任侠《战云纪事》,海天出版社1999年9月版)

6日 为《抗战儿童》纪念"七七"三周年作《大人物与小朋友》。发表于《抗战儿童》7月号。对少年儿童提出谆谆教导,希望他们"要永远学习大人物的本领","要永远保持小朋友的心情"。

初收香港孟夏书店1941年11月版《羽书集》,后收《沫若文集》第11卷时,现收《郭沫若全集·文学编》第18卷。

14日 在生生花园参加中华文艺界抗敌协会作家战地访问团欢送仪式,并与周恩来、邵力子等致辞勉励,并设宴为访问团饯行。

作家战地访问团共13人,团长王礼锡,副团长宋之的,成员有李辉英、葛一虹、叶以群、杨骚、方殷等。(15日《新华日报》;方殷《入川出川》,《作家在重庆》,重庆出版社1983年8月版)

18日 为"高尔基逝世三周年纪念"的题词载本日《群众》周刊第3卷第5期:"朗诵海燕诗歌,就好象和高尔基见了面。纪念高尔基,最好是成为他所歌颂的海燕,不怕暴风雨,在黑暗当中确信着光明就在眼前!"

◎ 晚,出席中苏文化协会举办的高尔基逝世三周年纪念大会,朗诵瞿秋白翻译的《海燕》。朗诵之前说道:"《海燕》歌的中译文很多,但今天选的是瞿秋白先生翻译的,瞿秋白先生在中国革命过程中,奉献给我国民族了。今天纪念高尔基先生,朗诵瞿秋白先生的译文,也是纪念瞿秋白先生。我们今天纪念高尔基,要以行动来纪念,要学习《海燕》歌的精神来纪念。"

出席大会的还有邵力子、冯玉祥、鹿地亘、罗果夫、苏联大使等。(罗衣寒《纪念高尔基逝世三周年大会》,《中苏文化》第4卷第1期;《冯玉祥日记》第4册,江苏古籍出版社1992年版)

19日 作七律《有感》。咏道:"相煎萁豆何犹急,已化沙虫敢后艰?朔郡健儿身手好,驱车我欲出潼关。"

初收作家出版社1959年11月初版《潮汐集·汐集》,现收《郭沫若全集·文学编》第2卷。

20日 作五绝《题竹扇》:"质本岁寒友,羞为炎热姿。凉风生旦暮,投置分之宜。"

初收作家出版社1959年11月初版《潮汐集·汐集》,现收《郭沫若全集·文学编》第2卷。

24日 作七律《喜雨书怀》。咏道:"铄石流金不可当,崇朝沛雨顿清凉。""自分才疏甘瓠落,非缘鸟尽见弓藏。后雕有待期松柏,遥望桑乾举一觞。"

初收作家出版社1959年11月初版《潮汐集·汐集》,现收《郭沫若全集·文学编》第2卷。

29日 作《"无条件反射"解》。发表于重庆《文学月报》1940年9月第2卷第1、2期合刊。针对胡风在《要普及也要提高》一文中对自己在《抗战与文化》中民众动员理论方面的曲解,从正、反两方面作了答辩解释。首先指出,胡风在征引自己的文字时,"过于断章取义",即"把我那'在动员大众上'的一个主要的条件,'需要有多量的方法来表现'和'多量的机会来发挥'的一些重要的提示,完全抹杀了。因此便成为了我反对提高文化的罪状"。在此再次阐述了自己的观点,即"我是以动员大众为前提,故须得侧重在普及方面,而且是认定普及为提高的手段的",在普及过程中教育民众,并非"只是反反复复地向民众宣说几个概念或结论",而是"要把简单的理论用多量的方法来表现,用多量的机会来发挥。理论要简单,而表现要多样。表现理论的形式,无论用言语,用文字,用艺术,用生活,以及发挥这些形式的各种各样的方法,已经足够我们从事动员大众的工作者,乃至从事文化工作者,费尽苦心去从事的"。继而对"条件反射""无条件反射"这两个术语的来源和含义予以解释,说明胡风因对概念理解有误,以致运用失当,"相信就是胡风自己回头看见他的文字时也定然会发笑的"。因此对胡风提出委婉批评,希望"我们中国的批评家,在自我修养上,倒似乎应该再把知识水准提高一些才好"。

初收香港孟夏书店 1941 年 11 月版《羽书集》，文末附 1940 年 6 月 27 日所作《后记》；后收《沫若文集》第 11 卷，删去《后记》；现收《郭沫若全集·文学编》第 18 卷，又附录《后记》。

胡风的文章发表于重庆《国民公论》1938 年第 3 号。

本月 为被敌机炸死的三厅秘书吕文奎举行了追悼会，称赞其为事务长人才。(张肩重《在郭老周围的日子里》，《四川大学学报丛刊》1980 年 11 月第 8 辑)

◎ 被推选为中华全国文艺界抗敌协会第二届理事会理事。(见《国民党中央社会部档案》，中国第二历史档案馆编《中华民国史档案资料汇编》第五辑第二编，江苏古籍出版社 1998 年 4 月版)

夏

◎ 作诗并书为耀卿先生："雄鹄衔枝来，雌鹄啄泥归。巢成不生子，大义当乖离。江汉水之大，鹄身鸟之微。更无相逢日，且可绕树相随飞。"(见《郭沫若书法集》，四川辞书出版社 1999 年 11 月版)

7 月

1 日 为成都《西部文艺》题词："作家最容易犯的毛病是嬉怠，而最必要的是勤勉精进"；"写、观察、自我批判，这样的习惯如不养成，是很难成为一个优秀的作家"。手迹载《西部文艺》9 月 1 日创刊号。

4 日 审阅政治部编制表。(中国第二历史档案馆藏，全宗号 772—2—1162，150)

5 日 "父病殁，年八十六岁。"(《五十年简谱》)

7 日 发电报给抗敌宣传第二队队长何惧。告："已申请三战区政治部派员协助该队高潮寻觅舒仁岳失踪下落。嗣后请示事件应呈报三战区政治部核办转报本部，本案亦应同一办理，以重系统为要。"(谢庆编《抗宣二队日记摘录》)

11 日 "与立群回家奔丧。辞第三厅职未获准。"(《五十年简谱》)

下旬 在家为父亲守丧。作《先考膏如府君行述》，后编入《德音录》。其间，铜河洪水泛滥成灾。"沙湾全镇均被淹浸"，"家宅全部，亦浸水中。吾父灵榇所在之中堂，水逾秩声，有如瀑布"，以致与二哥"彻宵未寐，惶恐非常，曾将吾父之榇扛起，于榇与凳之间，垫砖二袭"。（《家祭文》）

8月

16日　《二年来敌国的社会状况与反战潮流》发表于福建《改进》半月刊第1卷第9、10期合刊。

本月　在沙湾家中为父亲守丧。

9月

月初　经乐山"返重庆。"（《五十年简谱》）

◎ 郭开运从沙湾相送至乐山并作《送别》诗一首赠，当即和诗一首，即《和步原韵》。诗谓："少时欣戚最相关，卅载睽违幸活还。二老俱归同抱恨，四郊多垒敢偷闲。飘摇日夕惊风雨，破碎乾坤剩蜀山。自分已将身许国，各倾余力步双班。"（唐明中《郭沫若在家乡轶事拾零》，《抗战时期的郭沫若论文集》，四川省社会科学院出版社1985年9月版）

诗收作家出版社1959年11月初版《潮汐集·汐集》，题为《别季弟》；现收《郭沫若全集·文学编》第2卷。

◎ 在乐山重登凌云山、乌尤山，游苏子楼、乌尤寺。感慨"风景尚无大殊，而余年则将届知命矣"。（《潮汐集·汐集》；张肩重《在郭老周围的日子里》，《四川大学学报丛刊》1980年11月第8辑）

5日　签署关于本部抗敌演剧队及抗敌宣传队拨归各行营战区政治部管理问题报告，呈报政治部部长、副部长。

4月22日，陈诚电令本部所属各抗敌演剧队分别拨归各战区政治部接受管理。其中：第一队拨归第四战区政治部，第二队、第八队拨归第九战区政治部，第三队拨归第二战区政治部，第四队拨归第五战区政治部，第六队、第十队拨归第一战区政治部，第九队拨归桂林行营政治部。（《军事委员会政治部档案》，中国第二历史档案馆编《中华民国史档案资料汇编》第五辑第二编，江苏古籍出版社1998年4月版）

23日　作五绝《题花卉画二首》：一为《题海棠与紫白丁香》，一为

《题野菊与茄花》。初收作家出版社 1959 年 11 月初版《潮汐集·汐集》，现收《郭沫若全集·文学编》第 2 卷。

画为王荻所画。

27 日 上午，常任侠来，与谈考古事，并请其将亡父讣告转致沈尹默、杨仲子、胡小石、宗白华诸人。（常任侠《战云纪事》，海天出版社 1999 年 9 月版）

本月 往北碚，蒙卢子英陪同游览北温泉、缙云山、缙云寺，并邀往嘉陵江三峡实验区署作当前战争形势的报告。

◎ 游北温泉公园，赋五律一首《晨浴北碚温泉》。收作家出版社 1959 年 11 月初版《潮汐集·汐集》，现收《郭沫若全集·文学编》第 2 卷。

◎ 作七言诗《三用寺字韵》。初见于《龙战与鸡鸣》，载香港《笔谈》半月刊 1941 年 9 月 16 日第 2 期。咏道："李冰功业逾海通，竟使濛水为之驯。""只今尔雅高台古，无人能道舍人名。"

初收作家出版社 1959 年 11 月初版《潮汐集·汐集》，题《登乌尤山》；现收《郭沫若全集·文学编》第 2 卷。

◎ 作七言诗《四用寺字韵》。发表于 1940 年 1 月 28 日《新蜀报·蜀道》第 28 期，题作《六用寺字韵题嘉定苏子楼》："苏子楼临大佛寺，壁间犹列东坡字；洗砚池中草离离，墨鱼仍自传珍异。秀挺峨眉锦濯岷，近乎仁智神殊閟；勇哉南来大渡河，蛟鼍出殁势难驯。一别重过三十载，石佛崔嵬依然在；感此人工并化工，蔚成苏子才如海。不遇蔡章与惠卿，亮节何由令世惊；薰莸自古难同器，赢得千秋万岁名。"（诗文据手迹，载《郭沫若书法集》，四川辞书出版社 1999 年 11 月版）

该诗后多次书赠他人，个别文字略有不同。

秋

◎ 往北碚缙云寺在汉藏教理院讲演，讲演词以《燃起佛教革命烽火》为题，发表于《海潮音》月刊 1939 年第 20 卷第 12 期；《觉音》1940 年 8 月第 12 期。

10 月

8 日 为王礼锡追悼大会送挽诗一首："海外归来一放翁，欣然执笔事从戎。平生肝胆留天地，旷代文章振聩聋。志在求仁仁自得，才堪率众众佥同。湘江此日新传捷，誓扫倭奴以报功。"

王礼锡于 1939 年 6 月 18 日率"作家战地访问团"离开重庆赴前线，8 月 18 日进至中条山一带，黄疸病突发，26 日在洛阳一家天主教堂医院不幸病逝。10 月 8 日，重庆各界举行了隆重的追悼大会。这首挽诗既未刊登在当日《新华日报》《大公报》等媒体的纪念专刊专版上，亦未曾被收入文集，仅见于 1939 年 10 月 30 日《南洋商报》第 11 版上该报特派记者高云览所写关于王礼锡追悼会的报道中。（天逸《郭老悼念王礼锡的挽诗》，《郭沫若研究》第 1 辑）

15 日 作诗《石池》。写道："怡园有石池，池渴无滴水。忽尔敌机来，投弹石为碎。""从知敌所毁，乃是生之障。嚣顽遭破碎，生机自能畅。"

初收作家出版社 1959 年 11 月初版《潮汐集·汐集》，现收《郭沫若全集·文学编》第 2 卷。

16 日 "回沙湾营葬父丧。再辞第三厅职，亦未获准。"（《五十年简谱》）

本月 作五律《游北碚》。感叹"廿六年前事，轻舟此地过"。初收作家出版社 1959 年 11 月初版《潮汐集·汐集》，现收《郭沫若全集·文学编》第 2 卷。

10、11 月间

◎ 服丧期间，为郭培谦书录王阳明关于"今人有病痛只是个傲，千罪百恶皆从傲字上来"一段语录。并作跋："橙坞大哥录有朱文公格言悬诸堂次，三侄培谦谓余曷不选录一轴以为配，因从峨眉县城购纸归。余感其意，特书阳明先生语录一则。"（据手迹，《郭沫若书法集》，四川辞书出版社 1999 年 11 月版）

◎ 为五哥给侄女珩瑛三姐妹所作荷花、菊花、兰草等画题诗。题荷花诗:"亭亭婷婷上千荷,污泥不染意婆娑。万千险境都经过,方信人间乐事多。"题兰草诗:"群蕊芳肤九畹径,兰香飞韵有余馨。情知结佩殊萧艾,不向人间诉不平。"(郭琦《八爸给我的题诗》,《四川大学学报丛刊》1982年5月第13辑)

◎ 为侄外孙朱怀章书旧作《飞来何处峰》,并题词:"少年时代最当努力,一切知识技能的学习,须有确实的本领才能有所作为,亦才能有所贡献于世。"(郭琦《八爸给我的题诗》,《四川大学学报丛刊》1982年5月第13辑)

◎ 作七言诗《五用寺字韵》。有句"岳坟沦陷近三载,会之铁像应仍在。素审敌仇似海深,近知奸恶深于海。南都北阙伪公卿,婢膝奴颜宠若惊。何时聚敛九州铁,铸像一一书其名。"(据手迹,载《郭沫若书法集》,四川辞书出版社1999年11月版;蔡震《郭沫若用寺字韵所作佚诗考》,《郭沫若学刊》2011年第3期)

11 月

1 日 为《中苏文化》纪念苏联十月革命22周年题词:"苏联与我国是奠定世界和平之二大础石,彼此间须保持有密切的关系,是历史的必然性。"手迹载《中苏文化》"苏联十月革命廿二周年纪念特刊"。

10 日 为父丧举行家祭,作《家祭文》。

"时维中华民国二十有八年岁次己卯,夏历季秋下浣九日家祭之辰奉奠。"(《德音录·家祭文》,《沙湾文史》1987年6月第3期)

国共两方的领导人毛泽东、蒋介石、周恩来、林森等都送了挽联。毛泽东等人送的挽联为:"先生为有道后身,衡门潜隐,克享遐龄,明德通玄超往古;哲嗣乃文坛宗匠,戎幕奋飞,共驱日寇,丰功勒石励来兹!"周恩来送的挽联为:"功在社稷,名满寰区,当代文人称哲嗣;我游外邦,公归上界,遥瞻祖国吊英灵!"后自编《德音录》收录其中。

12 日 父亲灵柩起运。

(家祭)"后日辰刻,即须发靷首途,吾父之遗体将离此沙湾镇之住宅而永不复返矣。"(《德音录·家祭文》,《沙湾文史》1987年6月第3期)

15 日 接孩子剧团"孩子们"请求去川西、川北工作的来信,批复:"大家都不怕冷,可在十二月初出发工作。"同意孩子剧团"十二月初出

发工作"。（据三厅档案，南京第二历史档案馆，卷宗 772·798）

16 日　签呈孩子剧团川东、川南工作队工作报告。（《军事委员会政治部档案》，中国第二历史档案馆编《中华民国史档案资料汇编》第五辑第二编，江苏古籍出版社 1998 年 4 月版）

月末　作七言诗《六用寺字韵》。咏道："厅务闲闲等萧寺，偶提笔墨画竹字。非关工作不需人，受限只因党派异。殊途同归愧沱岷，权将默默易闾阎。百炼钢成绕指柔，鸿鹄狎之如婴驯。中原板荡载复载，阋墙兄弟今仍在。……"（据手迹，载《郭沫若书法集》，四川辞书出版社 1999 年 11 月版；蔡震《郭沫若用寺字韵所作佚诗考》，《郭沫若学刊》2011 年第 3 期）

本月　往五通桥，在侄女郭珩瑛家小住。曾将 1933 年所作"濡水南来千里长"一诗，书赠一家盐灶管事刘荩臣。（叶簌《祖国情深　风云满纸》，《星星》1984 年第 5 期）

12 月

2 日　作《题橙坞先生诗文手稿》诗并跋。写道："长兄橙坞先生乙巳负笈日本时，有留别嫂氏诗五绝，嫂氏装制成册，嘱为题识，捧读再四，思今感昔，不知涕之何从，率成一律。"诗云："连床风雨忆幽燕，踵涉重瀛廿有年。粗得裁成蒙策后，愧无点滴报生前。雄才拓落劳宾戏，至性情文轶述阡。手把遗篇思近事，一回雒诵一潸然。"（王锦厚、伍加伦《郭沫若是怎样走上文学道路的》，《四川大学学报丛刊》1979 年第 2 辑）

3 日　政治部宣布调整为四个厅及办公厅，仍任三厅厅长，分管"宣传"事宜。（陈诚 1939 年 12 月 7 日致贺衷寒信，《陈诚回忆录——抗日战争》，东方出版社 2009 年 10 月版）

4 日　葬父于葫芦镇四峨山陈岗。

请许世英作"墓志铭"。墓碑由蒋中正题"膏如先生　德音孔昭"。"来月之四日，不孝等行以吾父之灵梓，奉安于葫芦镇之陈岗。"（据《德音录》及墓碑图片；《德音录·家祭文》，《沙湾文史》1987 年 6 月第 3 期）

上旬　经乐山返回重庆。（《德音录·家祭文》，《沙湾文史》1987 年 6 月第 3 期）

◎ 从家中觅得 1906 年至 1913 年间部分旧作，携回重庆，经由他人誊写，亲自校改后辑录为《敝帚集》，并作小序，云："出蜀以前所为诗文,曩奔父丧返里,于旧纸堆中搜得旧诗七首、文四篇、对联五十二副,虽均幼稚而又陈腐,然亦足以踪迹当年之情绪。爰录为一集,颜曰敝帚,非欲自珍,以明其扫除尘秽之意而已。"(郭平英《〈郭沫若早年作品三篇〉几句说明》,《新文学史料》1982年第4期)

23日 下午,在青年会大礼堂出席并主持中华全国文艺界抗敌协会举行的招待各界的茶会。

老舍、姚蓬子、宋之的分别代表北路慰劳团、南路慰劳团、作家访问团报告途中观感。(24日《新华日报》)

《战云纪事》记载本日:"赴青年会参[加]作家访问团及南路慰劳团招待会。到沫若、曹靖华等数十人。"(常任侠《战云纪事》,海天出版社1999年9月版)

26日 上午,在政治部会议室参加本部第96次部务会报。(《军委会政治部部务会报》,中国第二历史档案馆藏全宗号772,案卷号318,11432—3,37)

28日 复信《东线文艺》编者。刊载于江西上饶《东线文艺》1940年3月创刊号,题为《东线笳声·一》。就编者来信中提出的约稿请求作答。说:"在后方太住久了的原故","现在的思路实在枯窘得很,就是要写千字,都觉得是超过了自己的力量范围",因此"要请你们原谅,我实在不能有多大的贡献来帮助你们"。对于编者提出的"文稿缺乏"问题,提出看法:"我对于你们是十二万分羡慕的,你们处在前方,就象在流动着的活水,你们的生活是有趣的,感情是丰裕的,所接触的外景是多样的,故尔你们有蓬勃的创造欲。你们想写,你们有东西写,你们就请尽量的写罢。创造的世界是你们的世界,你们丝毫也不必踌躇,不必推诿。看到什么写什么,想到什么写什么,四处都是材料,你们何至愁文稿缺乏呢?"最后"诚切希望":"你们尽量的做,多做些记录,多写些报告吧。这种时代资料是很可宝贵的,是自己伟大创作的素材,也是伟大的国民文学的基础。少出主张,多看事实;少发感情,多加分析。多多活用自己的感官,对客观事像和其间的各种微妙的关系,丝毫不要放松。抓着便写!这便是使文艺活动展开的一个秘诀。"

31日 作诗二首,《叠用寺字韵赠别西北摄影队》。咏道:"惨淡经营几二载,辛勤换得巍峨在。""欲把风云写塞上,艺功当与佛齐名"。跋语谓:"中国电影制片厂为摄《塞上风云》,将遣西北摄影队往塞外工作,

队员诸友将出发矣，赋此志感，兼以赠别。"（郭沫若纪念馆馆藏资料 39—7）

本月 作七言诗《七用寺字韵》。咏道："麓有温泉山有寺，缙云氏犹遗姓字。""峻崇不敌峨与岷，石像古远香色阊。""山崩石坠像颠倒，刻者永远佚其名。"（据手迹，载《郭沫若书法集》，四川辞书出版社 1999 年 11 月版；蔡震《郭沫若用寺字韵所作佚诗考》，《郭沫若学刊》2011 年第 3 期）

本 年

◎ 为《救亡日报》响应义卖作五绝一首寄赠编辑部。诗云："纾难家宜毁，临危命可捐。苟能明大义，何用惜金钱。"后收广西人民出版社 1965 年 3 月版《邕漓行》，题作《为〈救亡日报〉响应义卖作》。

◎ 回乡期间，曾为陈鼎三医著题名："医学探源"。（据手迹，载《郭沫若书法集》，四川辞书出版社 1999 年 11 月版）

陈鼎三，乐山著名中医，与郭朝沛多有过从。（温吉言《郭沫若为医著题名》，《郭沫若学刊》2005 年第 2 期）

◎ 书赠张肩重《重访草堂寺》。（《郭沫若书法集》，四川辞书出版社 1999 年 11 月版）

1940 年（庚辰 民国二十九年）48 岁

1 月 毛泽东《新民主主义论》发表。
3 月 29 日 汪精卫在南京成立伪"国民政府"。
7 月 日本近卫文麿内阁提出"大东亚共荣圈"口号。
本月 日本人反战同盟在重庆成立，后改组为日本人民解放同盟。
10 月 国民党方面提出要八路军、新四军撤到黄河以北，并缩减编制，由此掀起第二次反共高潮。

1 月

1 日 常任侠来访，告以邢桐华病重事，希政治部加以救济。（常任侠《战云纪事》，海天出版社 1999 年 9 月版）

7日 闻故宫石鼓入蜀，作寺字韵诗一首，书奉马衡。道："扶持神物走天下，宇宙恢恢乘大名。"（蔡震《郭沫若用寺字韵所作佚诗考》，《郭沫若学刊》2011年第3期）

11日 发表为《新华日报》创刊二周年写的题词："'防民之口，甚于防川'，连话都不让老百姓说，那是很危险的事。反之，能代表老百姓说话的，那力量也就比长江大河还要浩大。"（手迹见本日重庆《新华日报》）

◎ 与常任侠、郑伯奇及第四集团军总司令驻渝办事处处长王惟之谈古器事。

《战云纪事》载："王藏周厉时函皇父铜器盘鼎等六七事，及六朝造像、唐宋佛画多件，述陕西常出土古器物，不觉谈数时也。"

12日 作函皇父器群题辞。现以《函皇父器杂识》为题，收《郭沫若全集·考古编》第6卷。

"对函皇父器群之题辞，为人所纂录。见《说文月刊》第2卷第3期《函皇父诸器考释》一文中所引。"

13日 参加中国电影制片厂为影片《塞上风云》（阳翰笙编剧、应云卫导演）剧组前往塞北拍摄外景举行的欢送会，并赠诗《叠用寺字韵赠别西北摄影队》。（沈基宁《郭老与电影》，《大众电影》1979年第6期）

14日 下午，在巴蜀小学礼堂为重庆中华职业补习学校青年星期讲座主讲《日本政治经济问题》。（13日《新华日报》）

◎ 晚，作题为《饥寒交迫的日本》的广播演讲。（14日《新华日报》）

16日 上午，由阳翰笙代为出席政治部第98次部务会议。（《第九十八次部务会报纪录》，政治部档案11432—3，63）

◎ 国民党中央社会部、军委会政治部约集各机关团体代表二十余人，在社会部开会，筹划成立"行都各界慰劳粤桂前线将士代表团"，慰劳在粤桂前线浴血奋战、击溃来犯之敌的抗日将士。与张继、张伯苓、马超俊、老舍等被推举为慰劳团代表。（《行都各界组代表团将赴粤桂慰劳将士》，17日《新华日报》）

◎ 傍晚，常任侠至，求写函皇父盘考证一条。（常任侠《战云纪事》，海天出版社1999年9月版）

20日 《日记应该怎样写》发表于《战时中学生》第2卷第1期。

21日 上午，与张继、马俊超等以总代表身份，率行都各界慰劳空军代表团一行百余人，代表五十余个机关团体，赴某处慰劳空军将士，献上锦旗、花及慰劳品，演讲说：空军为全国军队中最精锐部分，空军将士为全国民众中最精锐部分。今日目睹各位英勇姿态，甚为欣慰。各位历次空战勋绩，将于历史上当存不可磨灭之一页，而全国同胞更将永志不忘。今日来此慰劳，代表不过百人，然其使命为全市数万市民所寄托，且可谓四万万五千万同胞所寄托者，又带来少数慰问品中，亦附有四万万五千万同胞之赤忱，深盼诸君继续努力，以扫尽敌寇。(本日《国民公报》，22日《新华日报》)

23日 作《序〈战争与和平〉》，就自己当年翻译托尔斯泰的这部名著过程及辍译原因作出解释，对于高地植在参阅已译部分的基础上将全书译毕，并来信希望以合译名义出版，表示"感觉着有些不安"，特"诚恳地向读者奉告"："我在这次的全译上丝毫也没有尽过点力量，这完全是高君一人的努力的结晶"。发表于重庆《文学月报》2月第1卷第2期，初收重庆五十年代出版社版1941年版《战争与和平》。

24日 与阳翰笙、老舍、胡风等六十余人出席文学月报社在国泰饭店举办的在渝作家招待会，在签到簿上题五绝一首："毋悉寇已深，有旅众如林。横扫期无敌，雕龙万古心。"(手迹载重庆《文学月报》2月第1卷第2期)

27日 收到李小缘来函。

28日 下午，参加兵役实施协进会在又新大戏院举行的慰劳抗属大会，并致辞。(29日《新华日报》)

31日 收到李小缘所寄《南阳汉画像汇存》一册。复信："廿七日惠翰奉悉，南阳汉画像汇存一册，亦于今日奉到，谢甚谢甚！商君锡永在此常见，工作颇勤，大为钦佩。《金陵学报》素所爱读，有复刊消息，深为学术界庆幸，仆自服务政工以来，颇鲜暇晷，且手边书籍缺乏，复少资料，撰述之笔，久已搁置，深自愧悚，异日如有所得，定当奉政，专此鸣谢。"(南京师范学院中文系《文教资料简报》1982年第3、4期合刊)

下旬 "一·二八纪念之前夕"，为于立群书"寺字韵诗七首"，钤"戎马书生"印。(见《郭沫若书法集》，四川辞书出版社1999年11月版)

七首诗均作于1939年间。

本月 作七言诗《题永寿塚刻石》："嘉陵江间波长涌，永寿四年作此塚。文字奇古足惊悚，商子拓之自蛮洞。实非蛮洞乃丘垄，垄中惜已无遗俑。此拓当重如珪琪，蜀道僻远真懵懂。纪元已改犹承奉，刘平国碑同一踵。"现收《郭沫若全集·考古编》第10卷。

2 月

3 日 应重庆市春礼劳军筹备委员会之邀，在中央广播电台作题为《春礼劳军与军民合作》的演讲。讲道：

"春礼劳军的意义和实施办法，简单的说来，就是希望全国的同胞要体验抗战建国的精神，要时时刻刻不要忘记在这伟大事业当中，自己作为一个中华民国国民的应有的责任。目前的抗战是建国的必经阶段，故而我们可敬可爱的英勇的武装同志们，他们是站在抗战的最前线，同时也就是站在建国的最前线，建国工作就譬如是要经营一座钢骨水泥的坚牢的新式建筑，英勇的武装同志们，是正在把自己的生命作为这座建筑中的钢骨，把自己的血肉作为这座建筑中的水泥，他们是全体国民的绝好的模范，我们要时常的学习他们，以他们的精神为精神，准备着把自己的生命和血肉贡献给国家民族，然后才能够算得是尽了自己的做国民的责任。

受了光荣的负伤正在疗养或已成为了残废的将士们，以及还在受着训练，准备上前方补充的，他们的精神都是我们民族精神的最高的发扬。我们应该要尽我们的力量来从事慰劳这些抗战将士的家属，尤其是阵亡将士的家属，是同样须得我们慰劳的。我们要以他们的痛苦为自己的痛苦，解除他们的困难。

但我们千切不要忘记，以为赠送了一份春礼，便是把军民合作全部都做到了，这仅仅是一种表现：一种提醒我们的国民精神的表现，我们不仅要在这春节上举行劳军，并要随时随刻都准备着劳军，我们不仅要以礼物来劳军，并要在各种业务上都表示着劳军的精神。换句话说，便是一切的业务，随时随刻都以'抗战第一，胜利第一'为我们的目标。军与民本来是没有绝对的区别的，已经武装了的便是军，还没有武装的便是民，但我们民众在外表上虽然还没有武装化，我们的精神是应该一律武装化的，凡是有利于我，有损于敌的事情，我们都要争先恐后地做，而且不允许别人去做。一切都要以军事顺利为前提。"（事见3日《新华日报》，演讲内容载

5日《新华日报》、9日桂林《救亡日报》）

4日 常任侠来访。（常任侠《战云纪事》，海天出版社1999年9月版）

10日 上午，参加在川师体育场举行的春礼劳军开会仪式，并发表演讲，称"我们不仅要在物质上来慰劳前方将士，还要准备下决心，要准备一切来奉献给国家民族"。

大会主席为谷正纲，重庆市长吴铁城、日本反战同盟会代表亦讲话。（11日《新华日报》）

19日 致信王冶秋。说："在新华日报上读到大著《几个被遗忘的歌者》中有戚继光《凯料》并其'自注'，得知足下对于戚深有研究，甚为欣幸。我自己最近也在搜集戚的史料，尤其他的生活，在这山城苦无所获。我现在想要请教你的是，你那里有无戚的《止之堂集》！又他因'临阵回顾斩其长子'是在何时——是在平倭时代，还是四十以后坐镇蓟门时代，请你告诉我。你那里如有关于戚的生活资料，尤其希望你能使我有利用的便利。"（载《战地》1979年增刊第5期）

◎ 为中国青年新闻记者学会二周年题字"永远以青年的精神，促进文化应不断的青年化"。（载4月《中国青年新闻记者学会二周年纪念特刊》）

25日 参加抗战建国无名英雄墓暨汪逆夫妇长跪铁像建墓铸逆委员会筹备会议，被选为委员。

会议主席是张继。冯玉祥被推举为主任委员，张继为副主任委员，委员还有胡文澜、吴国桢、崔振华、孔庚等。总干事为吴华甫，王卓然、张万里为副总干事。建造建国无名英雄墓，及铸造汪逆夫妇长跪铁像，原由东北三儿童提议，由时事新报推动募捐，后得冯玉祥等赞同，并联合各界，成立筹备会。（26日《新华日报》；唐润明《陪都重庆的"建墓铸逆"运动》，《四川档案》2005年第3期）

27日 致信王冶秋。云："日前承示之杜谡墓门拓片二张，近日略加考索，知是晋武帝二十五年之物，唯当日兄所陈述之发掘时情形，弟未能明白听取。盼乞详细示之。其地点所在，发掘年月，拓片二张孰在左孰在右，（有鸟者在右耶？在铭者在左耶？）均望见告。"（载《战地》1979年增刊第5期）

28日 作《关于"戚继光斩子"的传说》。发表于3月2日重庆《大公报》。

初收桂林南方出版社1940年8月初版《"民族形式"商兑》，后收《沫若文集》第11卷，现收《郭沫若全集·历史编》第3卷。

29日 为于立群书司空图《诗品》二十四则。（见《郭沫若书法集》，四川辞书出版社1999年11月版）

下旬 在张家花园寓所接待来访的王冶秋。（王冶秋《我所认识的郭沫若先生》，《抗战文艺》第7卷第6期）

王冶秋文作于1941年9月末，据该文记载："……去年当我在某报发表《被遗忘的歌者》以后，一天，我接到一封陌生人的来信，问我是否有戚继光的书籍。——这来信的人，便是郭先生。当我在张家花园他的寓所里会见他的时候……"据谱主27日致王冶秋信中云"唯当日兄所陈述之发掘时情形，弟未能明白"之语，知此前二人曾有面谈。二人之交往始于19日谱主信函，则见面时间当在20—26日间。

3月

1日 赴冯玉祥午宴，商谈"为汉奸汪精卫铸长跪铁像的事"，共食者有崔震华、张溥泉夫妇、吴华甫、孔雯欣、胡文澜、王乃波、张万里、吴国桢等。食罢，单独与冯"谈磨擦事长久"。（《冯玉祥日记》第4册，江苏古籍出版社1992年1月版）

◎ 晚，应回教救国协会之邀赴宴，与老舍、宋之的、阳翰笙、马彦祥、郑用之、王瑞麟、姚蓬之等商议《国家至上》演出之事。（2日《新蜀报》）

3日 中苏文化协会第三届年会召开，被选为第四届理事会理事。（《用文化增进中苏邦交——记中苏文化协会第三届年会》，4日《新华日报》；《中苏文化协会第四届理事名单》7日《新华日报》）

会长为孙科，副会长为邵力子、陈立夫，于右任、冯玉祥、宋庆龄等为名誉会长。（《国民党中央社会部档案》，中国第二历史档案馆编《中华民国史档案资料汇编》第五辑第二编，江苏古籍出版社1998年4月版）

14日 晚，应冯玉祥之邀赴宴，"讨论为汉奸汪精卫铸铁像的事"。（《冯玉祥日记》第4册，江苏古籍出版社1992年1月版）

17日 晚，应重庆青年记者学会总会之邀，在张家花园六十五号该会演讲，题为《写作的经验》。（17日《新华日报》，演讲记录载6月7日《星

岛日报·星座》第 610 号）

20 日 作歌词《游击队儿女》。（曾健戎《抗日战争期间郭沫若活动记略》，《抗战文艺研究》1982 年第 1 辑）

◎ 出席"中苏文化协会"招待苏联作家和中国作家的宴会。席间与老舍、孙师毅、王昆仑即兴联句作诗，寄赠远在南洋的郁达夫："莫道流离苦（老舍），天涯一客孤（郭沫若）。举杯祝远道（王昆仑），万里四行书（施谊）。"并在诗下书一短简："达夫：诗上虽说你孤，其实你并不孤。今天在座的，都在思念你，全中国的青年朋友，都在思念你。你知道张资平的消息么？他竟糊涂到底了，可叹！"

郁达夫收到后甚为感动，曾作《文人》一文寄情。（张大明《阳翰笙年谱》，《抗战文艺研究》1984 年第 3 期；《老舍年谱》；郁风《三叔郁达夫》，《新文学史料》1980 年第 1 期）

21 日 作广播演讲。对汪精卫投敌卖国的可耻行径予以抨击。以"蓄脓症"为譬，认为"汪精卫的逃出重庆，就等于我们的前头部蓄脓症的向外溃烂，这倒是我们国家民族的幸事"。预言"日本人早迟是要崩溃的，这是我的确信，汪精卫和他的一群，是自己挖了墓坑，自己钻进去葬送了，这也是我的确信"。并支持重庆市民在无名英雄墓前铸汪精卫夫妇跪像的倡议，以唤起群众的爱国之心，即"凡是中华民族的儿女，都应该体念着无名英雄的耿耿精忠，都应该克服着自己血液中的'陈璧君'与'汪精卫'，由当代以至于永远"。

演讲词载 22 日重庆《新华日报》，题作《郭沫若广播演讲：汪逆傀儡戏是自进坟墓，汪派潜伏内部犹如人患脓症，若不及时铲除将遗大患在身》。初收香港孟夏书店 1941 年 11 月版《羽书集》，题作《汪精卫进了坟墓》；后收《沫若文集》第 11 卷；现收《郭沫若全集·文学编》第 18 卷。

23 日 与胡风、光未然、孙师毅、常任侠等参加诗歌晚会。（常任侠《战云纪事》，海天出版社 1999 年 9 月版）

25 日 应卫聚贤之邀，至外宾招待所用午餐。共食者还有李济、傅斯年、马衡、沈尹默、常任侠等五人，"皆谈宴尽欢"。（常任侠《战云纪事》，海天出版社 1999 年 9 月版）

29 日 上午，在督邮街广场参加无名英雄墓奠基典礼，哀悼抗战烈

士。到场三四百人。(30 日《新华日报》)

31 日 参加中国万岁剧团对新闻界的招待会,与郑用之向与会者详细介绍了中国万岁剧团的历史。(4 月 1 日《新华日报》)

本月 为即将创刊的《抗战儿童》杂志题写刊名。(《抗战儿童》4 月 1 日创刊号,陈模《郭老和孩子剧团》)

◎《周易的构成时代》由长沙商务印书馆出版。

春

◎ 作《陕西新出土铜器铭考释》。现收《郭沫若全集·考古编》第 6 卷。

4 月

月初 兼任中国万岁剧团团长。

中国万岁剧团的前身是成立于 1936 年的怒潮剧社,原属于武昌行营政训处电影股,主要成员有王瑞麟、王班、舒绣文等。1938 年,武昌行营政训处电影股改组为中国电影制造厂,剧社随其划归政治部三厅,并于同年 9 月随厂迁入重庆。后因演出话剧《中国万岁》受到各界好评,改名为"中国万岁"剧团,团长为郭沫若,副团长为郑用之。《国家至上》《夜上海》等均为该团演出的名剧。

5 日 晚,应邀与郑用之一起主持话剧《国家至上》(老舍、宋之的合编,马彦祥导演)在国泰大戏院的首演。(4 日、6 日《新华日报》)

7 日 卫聚贤来访,同往生生花园找汉砖,未果,遂赴嘉陵江北岸游览,无意间在一农家的墙根处发现了许多汉砖,上有"富贵""昌利"字样,又在一口已经开了的石椁外面发现了这样的砖,随即托运了三块到培善桥头去。(见《关于发见汉墓的经过》)

◎ 歌词《中国万岁剧团团歌》发表于《新蜀报》。

10 日 上午,与卫聚贤、马衡、常任侠等赴培善桥胡家堡考察两座古墓,并拟订了发掘计划。中午,诸人在生生花园"痛饮,为之尽醉"。(《关于发见汉墓的经过》;常任侠《战云纪事》,海天出版社 1999 年 9 月版)

12 日 作《成仁便是成功》,缅怀"抗战三年来,为了国家的独立,民族的生存"而牺牲的无数的政工同志。称"先烈们的牺牲是国家民族的成就，是政治工作的成就，是先烈们自身的成就"，他们使"'不成功便成仁'的得到了血肉与生命"，进而变为"成仁便是伟大的成功"。

初收香港孟夏书店1941年11月版《羽书集》，后收《沫若文集》第11卷，现收《郭沫若全集·文学编》第18卷。

14日 上午，与卫聚贤主持发掘培善桥胡家堡古墓，计发掘三墓，发现不同花纹之汉砖多方，陶制虎头一个，并有残缺之红质薄釉饕餮头含环器一部分。于右任、吴稚晖、张溥泉及部分学界人士亦往参观。（14日《新华日报》；《关于发见汉墓的经过》）

◎ 晚，赴中苏文化协会，出席中华全国文艺界抗敌协会之诗歌座谈会举行的苏联诗人马雅可夫斯基逝世十周年纪念晚会，并在讲话中强调诗歌的政治作用。

纪念会由胡风主持，共有三十多位诗人、作家与会。（15日《新华日报》）

15日 继续发掘汉墓，又在董家溪发现汉墓九座。（15日、16日《新华日报》）

16日 出席中华全国电影界抗敌协会第二届年会，与张道藩、郑用之、阳翰笙、罗明佑等九人为主席团成员，并以政治部代表身份致辞。与田汉、洪深、欧阳予倩等十五人被选为监事。

港、沪、蓉、渝各地电影界代表六百余人与会，张道藩为会议主席。（《电影界抗敌协会昨开第二届年会改选理监事》，17日《新华日报》）

18日 继续发掘汉墓，在第四墓中发现大量五铢钱及殉葬陶器七八件。参观者甚众，影响发掘作业，遂决定从19日起谢绝普通人参观，另于星期日公开展览。（19日《新华日报》）

◎ 晚，应苏联大使潘友新之邀，赴苏联大使馆出席为中苏文化协会正、副主席和全体理事举行的宴会。宴会之后又观看了《最高的荣誉》等三部苏联电影。

应邀与会的还有冯玉祥夫妇、监察院院长于右任、立法院院长孙科等。（19日《新华日报》）

20日 下午，赴培善桥古墓考察五铢钱、铁剑、土偶、陶猪、陶鸡、陶罐、陶盂等出土物，认定系汉时文物。协助卫聚贤绘制墓葬位置图，记

录文字，并拍摄出土文物照片。(21日《新华日报》；《关于发现汉墓的经过》)

◎《春礼劳军歌》（歌词）发表于《慰劳半月刊》第12期（由刘雪庵谱曲）。歌词单独收入上海群益出版社1948年9月版《蜩螗集》。

◎ 手拓汉砖（昌利砖）拓片。(见《题昌利砖》款识)

21日 江北汉墓发掘暂时告一段落。上午，与卫聚贤、常任侠等在古墓附近举办出土器物展览，并为参观者解说。包括美国、苏联国际友人在内，观者达两千余人。(21日《新华日报》；常任侠《永念考古学家郭沫若先生》，《考古》1982年第6期)

◎ 下午，见一农民从墓中私掘所出之古砖，上有"富贵""延光四年七月造作牢坚谨"字样，认定其为汉砖无疑。闻此类汉砖被偷掘出土无数，随即派人前往阻止。(常任侠《战云纪事》，海天出版社1999年9月版)

◎ 晚，与卫聚贤、常任侠等渡江至生生花园就餐，商议次日发掘出土"延光四年"砖之汉墓。(常任侠《战云纪事》，海天出版社1999年9月版)

◎ 本日，在中国社会改进研究会在国际联欢会举行成立大会上被推选为理事。(22日《新华日报》)

24日 赈济委员会、全国慰劳总会联合举办座谈会，招待南洋华侨回国慰劳团，与许世英、陈诚、谷正纲、马超俊等主持招待。"席间交换各项有关意见，甚为详尽。"(25日《新华日报》)

◎ 在国民党中央社会部与中央各有关机关组织的文艺奖助金管理委员会第一次会议上，与老舍、张道藩等十一人被聘为委员。(25日《新华日报》)

27日 作《关于发现汉墓的经过》，说明发掘江北汉墓一事的经过情形，以飨"关心这件事的中外的朋友"。发表于28日、29日重庆《大公报》。

初收桂林南方出版社1940年8月初版《"民族形式"商兑》，后收《沫若文集》第11卷，现收《郭沫若全集·考古编》第10卷。

当日报载"中央社讯"，云古物保管委员会负责人称"此次发掘与规定手续不合。……已由该会函请江北县政论查明保护；一面函郭沫若等暂停发掘，并查询经过详情"。"阅后不胜诧异"，认为此次"只是偶然的试掘程度，根本说不上'发掘'"，当然也就无所谓"与规定手续不合"。为予回应，遂作《关于发现汉墓的经过》一文。

29日 往沙坪坝访常任侠，至暮不遇。(常任侠《战云纪事》，海天出版社1999年9月版)

30日 与卫聚贤同访金毓黻，往观江边崖墓。复同至中大校内，观看考古发掘所得各种明器及拓片。邀金毓黻晚饭于沙坪坝，聚谈半日。(《金毓黻日记》，辽沈书社1993年10月版)

5月

1日 上午，常任侠来访，谈所谓古物保管委员会负责人声明事及陈好礼来函求救事。深爱其诗，畅谈甚欢。遂在家中共进午餐。(常任侠《战云纪事》，海天出版社1999年9月版)

《战云纪事》：锺南中学学生陈好礼，年十六七童子，以阅生活书店书籍，为军事教官所殴打，且将送入城监禁之。陈来函求救于郭，郭亦无如之何。余为写一人寄其校长，不知获释否。

3日 作《关于屈原》。发表于6月9日重庆《大公报》。初收重庆文学书店1942年4月版《蒲剑集》。后收《沫若文集》第12卷。现收《郭沫若全集·文学编》第19卷。

5日 上午，与卫聚贤受中大历史学会之约至校演讲汉墓发掘情形。谓，考古学与文字学本为两途，而有相互为用之处。考古学者往往成见太深，对文字学加以轻视，其实研究文字学者只是缺乏科学的方法。但考古学者过于拘于形式、花纹，以记载之文字居于次要地位，亦属偏见。若能取斯二者打成一片，则可相得益彰，成效为宏也。(《金毓黻日记》，辽沈书社1993年10月版)

◎ 午后，与常任侠等同赴竹庐，将汉墓遗物取回中大，备开巴蜀文物展览会。

◎ 晚，常任侠至，拓汉砖文，并在家中共进晚餐。(常任侠《战云纪事》，海天出版社1999年9月版)

6日 应邀往商船学校讲演，并游香国寺。

◎ 作五言诗，无题，记往香国寺途中见有古墓址的情形："肩舆所过处，错落见残砖。"于11月12日题写于"延光四年砖"拓本上。现收《郭沫若全集·考古编》第10卷。

7日 常任侠携湖南宁乡出土铜器四羊尊之影片来示，拓砖半小时。

（常任侠《战云纪事》，海天出版社 1999 年 9 月版）

10 日 与吕霞光、杨仲子及法国驻渝领事央克列维奇同往香国寺。于田垄间得有文字及鱼形纹的汉砖。（见《题大宝有余砖》，《芍药及其他·小皮篋》）

◎ 作诗《题富贵砖四首》，分别题写于富贵砖拓片上。其一咏道："富贵如何求，尼叟愿执鞭。今吾从所好，乃得汉时砖。上有富贵字，古意何娟娟。文采朴以殊，委婉似流泉。相见仅斯须，逖矣二千年。贞寿逾金石，清风拂徽絃。皓月来窥窗，拓书人未眠。嘉陵江上路，蔼蔼竖苍烟。"

现以《叠鞭字韵题汉墓墓砖·题富贵砖》为题，分别作"之一、之二、之三、之四"，收《郭沫若全集·考古编》第 10 卷。

上旬 受蒋介石约见。

蒋介石 1940 年 4 月 29 日手谕陈诚："自下星期一起每日下午五时至六时，约见政治部所属各机关少校以上人员（文武一律）及指导委员在内。限一星期内见完，希开列每日约见人员之总名单呈阅。"（《陈诚先生书信集——与蒋中正先生往来函电》（上），台湾"国史馆"2007 年 12 月版）

11 日 作五言诗，题于于立群自拓延光砖拓片上，并作"再识"，记发现汉砖及发掘古墓之经过。诗中咏道："延光二千载，瞬息视电鞭。人事两寂寞，空余圹与砖。"现以《叠鞭字韵题汉墓墓砖·题延光四年砖》为题，收《郭沫若全集·考古编》第 10 卷。

12 日 晨，作五言诗，并题于手拓昌利砖拓片上。现以《叠鞭字韵题汉墓墓砖·题昌利砖》为题，收《郭沫若全集·考古编》第 10 卷。

◎ 上午，常任侠与卫聚贤至，拓砖二条，在家共进午餐。（常任侠《战云纪事》，海天出版社 1999 年 9 月版）

◎ 下午，在新川大戏院主持重庆各界欢迎在华日本人民反战同盟西南支部巡回工作团大会，致辞说："今天我们欢迎日本在华人民反战同盟西南支部巡回工作团的朋友们，这些朋友们曾经超载了战线和死线来参加我们的阵营，他们的正义，他们的勇气，他们的革命精神是值得我们佩服和欢迎的。日本人民反战同盟西南支部的工作同志们都很努力，在昆仑关，宾阳之役他们都亲身到前线去作对敌宣传工作，造成了我国对敌宣传的最高纪录！在宾阳，有三个日本反战同志阵亡了，他们那样以生命献给工作的精神是应该受我们的欢迎的。巡回工作团这次经柳州贵阳而来重庆，他们参加我们的抗战阵营就好像给我们添了五十万大兵，他们给了敌人最大的打击，给了我们后方民众最大的鼓励，因此我们要欢迎他们。我们的敌人是日本强盗军部而不是日本人民，我们希望日本国民中多多产生反战同志，帮助中华民族解放，同时也就促进了日本民族的解放！我们希望在最短其间内打到鸭绿江边，打回南京去！也希望日本反战朋友们打回东京去！"（《中日人民携起手来——渝各界欢迎日本反战同盟》，13日《新华日报》）

13日 往吕霞光处拓得日前所得汉砖拓片二纸，并作五言诗，咏其"一眠二千载，悠悠江上烟"。现以《叠鞭字韵题汉墓墓砖·题大宝有余砖》为题，收《郭沫若全集·考古编》第10卷。

◎ 大侄女珩瑛来渝探视，即嘱宗临拓汉砖，并为之题字并诗《题延光四年砖》。（郭琦《八爸给我的题诗》，《四川大学学报丛刊》1982年5月第13辑）

◎ 常任侠带来汉砖拓纸四条，留其中一条请为其题数行。（常任侠《战云纪事》，海天出版社1999年9月版）

17日 晨，作《螃蟹的憔悴——纪念邢桐华君》。发表于7月6日《新蜀报·蜀道》第165期。回顾了自己与邢桐华的认识、交往过程，哀其英年早逝，称赞具有"螃蟹的形象"的邢桐华具有"顽强到底，全部是骨头"的精神。

邢桐华留学日本时为"杂文社"（后改名"质文社"）重要成员。回国后加入政治部三厅工作，后在桂林病逝。

◎ 作《题延光砖五首》。第五首云："安帝南巡已道亡，汉家年号仍延光。傥来富贵终何有？化作民田艺稻粱。"

初收作家出版社1959年11月初版《潮汐集·汐集》，署写作时间为1943年，有误；现收《郭沫若全集·考古编》第10卷。

20日 作《中苏文艺交流之促进》。发表于《中苏文化》半月刊6月18日第6卷第5期"文艺专号"。

初收桂林南方出版社1940年8月初版《"民族形式"商兑》；又收重庆文学书店1942年4月版《蒲剑集》，改题目为《中苏文化之交流》；后收《沫若文集》第12卷；现收《郭沫若全集·文学编》第19卷。

此文被译成俄文，刊登在1940年7月28日苏联《文学报》上，引起很大反响。7月31日，苏联作家协会主席团委员巴甫连科、苏联作家协会外国部副主席亚布莱丁联名致函作者，认为本文"所提出的主要意见，对于苏联的作家应是亲近而且易于理会的"，"中苏作家之间互相交换经验及消息，无疑地，将使得两国的文学达到更进一步的发展"。苏联《国际文学》编者罗可托夫亦曾来信，称"你（郭沫若）的名字总是和中国人民英勇抗战的过往三年间中国文艺的一切重要事件相联系着的"，其文章《中苏文化之交流》"在苏联文艺界中唤起了莫大的关心"，并且期待能够有"亲切的合作"。（均见同年12月20日《新华日报》第四版《苏联作家致郭沫若先生的信》）9月1日，苏联文学报还刊载了《洪流与溪涧》一文，表示支持郭沫若的意见，对苏联介绍中国作品不力提出了批评。

31日 作《"民族形式"商兑》。发表于6月9日、10日重庆《大公报》。

初收桂林南方出版社1940年8月初版《"民族形式"商兑》，又收重庆文学书店1942年4月版《蒲剑集》，后收《沫若文集》第12卷，现收《郭沫若全集·文学编》第19卷。

本月 作五言诗《再叠前韵简方湖》，并题于常任侠寄来其所拓延光四年砖拓本之上。诗中谓："天地一大墓，京垓人正眠。梦中相搏击，万里互云烟。"现以《叠韎字韵题汉墓墓砖·再叠前韵简方湖》为题，收《郭沫若全集·考古编》第10卷。

诗文原出自常任侠《永念考古学家郭沫若先生》一文，载《考古》1982年第6期。方湖，汪辟疆。

6月

4日 出席文艺奖助金管理委员会第三次会议。会上通过了《文艺作品奖励条例》《文艺界贷金补助金暂行办法》，并决定筹办"全国抗战文艺展览会"（5日《新华日报》《新蜀报》）

5日 作《粉碎敌寇的政治攻势》。发表于《时事类编》特刊第54期。文章首先对当前的抗战形势进行了总结，指出日寇的进攻策略已经进入"以政治进攻为主，以军事进攻为辅"的新阶段，继而指出，"敌寇的政治进攻是最凶恶的阴谋，而其诱降政策正是'杀人不见血'的灭亡中国的最毒辣的政策！"接着又对当前形势下敌寇的诱降政策进行了详细分析，指出其具有两个特点：第一，诱降比任何时候更加急迫；第二，从各方面来实行诱降。在此情况下，应对敌伪提出的"和平运动"保持清醒的认识，即"不管敌伪'全面的和平'也好，'局部的和平'也好，都是汉奸的和平，奴隶的和平，灭亡的和平"。文章提出，汪伪政权是诱降政策的主要工具。纠正了对汪伪政权在诱降活动中所起作用的两种极端认识，提出了正确的认识，即"一方面清楚认识汪逆汉奸及其伪组织的危险性，丝毫不忽视它一定的反动作用，因而一点也不放松反汪锄奸的斗争；另一方面清楚地认识汪逆汉奸及其伪组织的矛盾与腐朽脆弱和终必覆灭的前途，因而更加紧我们抗战建国的工作，促成敌伪的早日灭亡"。文章最后总结道：抗战已经到了三周年，我们已经把敌人拖入泥淖而不能自拔，很显然，敌人要和，我们就要战；敌人要迅速解决"中国事变"，我们就要持久抗战；敌人要加紧分裂，我们要巩固团结；敌人要扶植傀儡，我们要铲除伪奸；敌人要加紧诱降，我们要坚持抗战到底。

6日 为《抗战儿童》纪念"七·七"三周年作《大人物与小朋友》。发表于《抗战儿童》7月第7期。谆谆教导少年儿童"要养成独立互助的精神。要养成良好的生活习惯。要友爱，谦和，坦白以对人。要刻苦，严格，坚忍以处己。要机敏，周到，奋勇以治事。要有集团的锻炼。根据科学，通力合作。要有前进的思想，坚定志趣，终身不挠。要知道死不足惧，但不可轻易言死。生要生得有精神，死要死得有气概。要永远学习大人物的本领。要永远保持小朋友的心情"。

初收香港孟夏书店1941年11月版《羽书集》，后收《沫若文集》第11卷，现收《郭沫若全集·文学编》第18卷。

7日 作《革命诗人屈原》。发表于10日重庆《新华日报》。写道："中国的文学乃至一般用文字写出的东西，曾经经过两次伟大的变革。一次是二十年前的五四运动，由文言文改变为了白话文，由之乎也者改变为了啊呀吧吗。现在这改革是相当彻底了，就是委员长的文告，差不多全用白话文。死守着文言文的旧垒的，除等因奉此的官样文章之外，大约也尽是些等因奉此的官样文人了。听说有好些学校的国文教员近来还在排斥白话文，这样的人恐怕连委员长的言论集都还没有读过，真是落后得可观也矣。那些先生们，他们在固执着文言文，以为这是中国之粹，其实真正的国粹，他们何尝懂得！就连之乎也者的文体，本来是二千年的白话文运动的产物，他们根本就不知道。

文章是语言的纪录，是毫无问题的事实。人类最初只有言语，没有文字，到了有文字的发明，才开始用文字来纪录言语，便成为所谓文章。文字和言语比较起来，可以说是落后的东西。它倾向于定型化，没有言语那样自由、流动，像有生命的活物。所以自有文字以来，无论世界上哪一种系统的文字，都是跟到言语追，而每每总追不上。定型化的文字和流动性的言语，在人类社会进化到一定的阶段上，总要形成乖离的现象，文字甚至成为言语的桎梏。到了这样的时候，或早或迟必然的要来一次革命，便是文字打破既成的定型而向脱去了桎梏的言语急起直追。或者这样说要恰当一些，便是觉悟了的文人向言语的新形式去追求，去反映，而让言语的旧形式像桑树脚下的蝉蜕一样被顽固的大夫们拾去，连桑根桑叶一道熬来当药吃。

中国的头号古文，并不用之乎也者。殷代的甲骨文，殷周的青铜器铭文可不用说，就把尚书中比较靠的着的几篇如召诰、洛诰、酒诰、康诰、无逸、君奭等，那里虽然偶用之字，但之乎也者实在找不出来。之乎也者的略露头角，是在春秋末年，而其大出风头则在秦汉以后。那个时期在中国的文学史乃至文字史上，实在是一个革命的时期。能够通古音的人，他会知道之乎也者的古音和现行的口语，相差并不多远。例如也字古音读如呀，知道这个古音去读古文，有好些还是和白话文差不多，例如'天之高也，星辰之远也'，其实也就是'天的高呀，星辰的远呀'。这有之乎也者的二号古文在春秋战国当时是很摩登的东西，先秦诸子就是这种文体的创始者，他们是使没有之乎也者的头号古文，和当时的口语接近了。晓得这一段历史，也就可以了解屈原何以是革命诗人。

中国的诗，在屈原手里是起了一次大革命的。屈原以前的诗，成了一种四言的定型。这在中国的北方是这样，南方也是这样。旧时所知道的头号古诗，多是属于北方的，如雅颂所代表的形式，旧时的人以为是北方所独有。楚辞所代表的形式便以为南方的特产，这是根本错误了的。楚辞以前的南方韵文，近来在青铜器铭文中发现了一些，体裁和北方的并没有两样。例如吴器的'者灭钟'，那有关的铭文是：'丕白丕驿，丕乐丕调，协于我灵籲,俾和俾孚',徐王鼎的'用腒膰腊,用养宾客,子子孙孙,世世是若'。不仅和北器的铭体相同,而且和雅颂体亦无二致。明白了这一点的时候,便可以知道楚辞所表示的革命性是怎样强烈了。"

"屈原所创造出来的骚体和之乎也者的文言文,就是春秋战国时代的白话诗和白话文,在二千年前的那个时代,也是有过一次'五四运动'的。屈原是古'五四运动'的健将。

凡意识形态的改革总是跟着经济制度的变革而来。由奴隶制转移到封建制有之乎也者,由封建制转移向资本制便有啊呀吧吗。文学总在跟着时代走,而且在跟着言语追。不走不追,等因奉此而已。

但屈原之为革命家似乎只限于他在文艺工作上的表现,关于政治思想方面他的革命性却没有这样的彻底。假使他能把利用民间文艺的手腕扩充起来,像他后一辈的项梁那样能组织民间力量以推进政治,秦楚所争的霸权,尚不知鹿死谁手。但他不能这样,却以自杀的结局完成了一个诗人的性格。"

初收桂林南方出版社1940年8月初版《"民族形式"商兑》,又收香港孟夏书店1941年11月版《羽书集》,再收上海海燕书店1947年7月版《今昔蒲剑》,后收《沫若文集》第12卷,现收《郭沫若全集·文学编》第19卷。

8日 晨,作诗《罪恶的金字塔》。发表于《诗创作》月刊1941年9月第3、4期合刊;初收上海群益出版社1948年9月版《蜩螗集》,后收《沫若文集》第2卷,现收《郭沫若全集·文学编》第2卷。

写作时间据手稿。现署为6月17日。(郭沫若纪念馆馆藏资料40—8)

10日 常任侠来访,拓汉砖纹样十余种。(常任侠《战云纪事》,海天出版社1999年9月版)

◎"次女蜀英生。"(《五十年简谱》)

12日 作《先乱后治的精神》。发表于重庆《现代读物》月刊7月第5卷第7期"抗战三周年纪念、四川专号"。予"天下未乱蜀先乱,天下已治蜀后治"这一具有"责难性批评"性质的俗语以新解,认为"能够先乱是说革命性丰富,必须后治是说建设性彻底","四川人是有这样的精神的,也应该有这样的精神"。文章先分析了四川文明与中原文明的关系,认为"西蜀"是"汉民族的发祥地",即"汉民族乃至一切单音语系的东方民族……都应该是起源于四川西部和西康一带。这种同一语的各个民族,在原始时代必是聚居在同一地点的,在时代的进行中,先后沿着各条水道向四方发展"。继而总结四川之所以先乱后治的原因:一是"外来的和本省的伟大人物的感化";二是"地方的偏僻和物产的丰富"。最后提出,"现在,在国难空前的关头,又承受着复兴民族的使命。……是我们四川人发挥后治精神的时候了。我们要倾到我们无尽藏的人力物力来拯救国族的危房,更进而实现民治,民享,民有的新中国,大义所关,责无旁贷"。

初收重庆群益出版社1945年1月版《羽书集》,后收《沫若文集》第11卷,现收《郭沫若全集·文学编》第18卷。

17日 致信王冶秋,谈在《读史方舆纪要》《大清一统志》中查阅杞县史料事。又谈筹划画展请张树声帮忙之事。(载《战地》1979年增刊第5期)

◎ 致信张树声,请其为王晋笙、金树培在昆明筹办画展之事提供帮助。

信附入致王冶秋信,由王代转。

27日 作《〈"无条件反射"解〉后记》,附于《"无条件反射"解》一文末,发表于《文学月报》9月15日第2卷第1、2期合刊。谓:"这篇稿子写好了后已经搁置了一年了。在这之前我还写过了一篇,更远在前年的十月底,终因为怕引起不必要的论争,耗费彼此有用的精力,竟把它毁了。以同样的理由被搁置一年的这篇,因张家花园的寓所被炸,得到机会把一些残稿清理,结果是被清理了出来,觉得在目前发表是无妨事的了。因为胡风先生的主张和我并没有两样,只是在术语上有些误会,而解释这误会的责任是在我这一边的。"

初收重庆群益出版社1945年1月版《羽书集》;后收《沫若文集》第11卷时,《后记》被删去;现收《郭沫若全集·文学编》第18卷。

29日 作《抗战以来宪政运动的发展趋向》。认为,三民主义其民主主义最终目的"就是民主政治的实现",但民主政治至今尚未实现。抗战发生后情形不同了。"抗战的本身有着极大的民主性,抗战需要着民主政治,抗战也促进了民主政治"。"抗战需要着宪政,也促进了宪政,所以在抗战以前迟迟不得前进的宪政运动,到了抗战发生便有了巨大的发展"。但宪政的全面实现："第一要注意宪法的实施"，"第二，人民要有言论出版集会结社之完全自由"。（郭沫若纪念馆馆藏资料40—6）

30日 作词《蝶恋花》，赠杜国庠夫人。云："万里关河烽燧绕，胡骑虽深，胜利前途好。几见薰风摇碧草，南来宾雁知多少？石化珊瑚成绿岛，海底潜龙，海上神鹰跃。鹊架星桥多一道，三塘古木逢人笑。"

词后注曰："今三厅所在地为三塘院子，杜老代余坐镇其间，俨如古之山长焉。"词初见于《短简·致孙陵书》，发表于桂林《自由中国》11月新1卷第1期；单独收入上海群益出版社1948年9月版《蜩螗集》；后收《沫若文集》第2卷；现收《郭沫若全集·文学编》第2卷。

据7月1日致孙陵信，谓"杜老之夫人由潮汕步行至香港，更经越南、昆明、贵阳，于今日抵此，余昨曾草蝶恋花一词赠之"，则此词作于本日。单独收入《蜩螗集》时署写作时间为"7月1日"。收入《沫若文集》第2卷时，作为词之序文的原《致孙陵书》文字改作"杜老夫人由潮汕步行至香港……于今日（文末署7月1日——编者注）抵此。草《蝶恋花》一词赠之"。

本月 赴北碚，在《弹花文艺丛书》主编赵清阁陪同下，与田汉、应云卫、左明等同游北温泉。先访育才学校，后游缙云寺，给汉藏教理院师生作了几十分钟的讲演，把抗战救国的道理与佛法大悲的真谛结合起来，很受师生们的欢迎。得代院长法尊法师和教务主任法航法师热情接待，共进素斋，临走时蒙送缙云甜茶。返城后赋五绝一首，并题一帧条幅送赵清阁。诗云："豪气千盅酒，锦心一弹花。缙云存古寺，曾于共甘茶。"（赵清阁《行云散记》，《作家在重庆》重庆出版社1983年8月版；李萱华《郭沫若在北碚》，《抗战时期的郭沫若——论文集》，四川省社科院出版社1985年9月版）

夏

◎ 为黄中流题写条幅，谓："余于古人最钦佩王安石。"（据手迹）

7月

1日 致信孙陵。发表于桂林《自由中国》11月新1卷第1期，题为《短简·致孙陵书》。谓："昆明来信来及最近一函与克家诗集均收到，多谢你的厚情，你始终是那样关切着我。你以一人之力竟经营出版社两个，使我惊异。你的苦干精神，委实值得佩服。去岁上半年，你还在五战区时，曾寄一束原稿给我，后来我寄到××日报社去了，不知下落如何，望你顺便告我。我近日已移乡居住，因城里寓所被炸。计算起来，敌机对我光顾，要算是第二次了，前年在桂林的住所，全被炸毁，今次则炸得屋顶纷飞。住乡比住城闲适，三厅图书馆薄有储藏，拟多多拿些时间来读书，有余暇时从事写作。究竟还是读书要紧，三年来实在使脑里的田园太荒芜了。此间日前连日快晴，热不可耐，颇呈旱像，昨朝大雨一番，今日复连绵竟日，农人没不大喜，米价虽不必锐减，但米荒可不成问题了。杜老之夫人由潮汕步行至香港，更经越南、昆明、贵阳，于今日抵此，余昨曾草蝶恋花一词赠之，录之以供一笑。"

信中所录《蝶恋花》词，后另成篇，收入《蜩螗集》，部分信文则作为词之序文。

3 日　致信苏联《国际文学》编辑部罗科妥夫（今译罗果夫）。

5 日　作歌词《我们向前走》。（曾健戎《抗日战争期间郭沫若活动记略》，《抗战文艺研究》1982 年第 1 辑）

7 日　作《三年来的文化战》。发表于 16 日、17 日重庆《大公报》。文章意在"在这抗战建国的七月七日，来检讨一下过去，用以策励将来"。回顾了抗战爆发前后日寇对我国进行文化侵略的四个阶段，归纳出"它虽然时时在改变花样，但它一贯的目的是想摧毁我们的民族意识和抗战精神"。接着总结了我国各条战线上在文化领域的反侵略斗争的发展轨迹，肯定了业已取得的成绩，即"我们在文化上抗战，也和整个的抗战一样的是愈战愈强了"。同时又指出"不可以有丝毫的自满"；相反，当前的文化领域反侵略运动"依然是难以令人满足的一种状况"，"应该切实地设法改进"，同时呼吁"对于处理文化的方法和态度，也应得要求其为民族的，民权的，民生的"，而尤其是后二者。

初收桂林南方出版社 1940 年 8 月初版《"民族形式"商兑》；又收孟夏版《羽书集》，文字做了删改；后收《沫若文集》第 11 卷；现收《郭沫若全集·文学编》第 18 卷。

13 日　在张家花园的住所被敌机炸毁后，迁居赖家桥乡间。（本日

《新蜀报》,《芍药及其他·小皮箧》)

15日 作七绝七首和朱德诗。发表于24日重庆《新华日报》,题为《郭沫若和朱德诗》。初收作家出版社1959年11月初版《潮汐集·汐集》,修改为四首,改题作《和朱总司令韵四首》;现收《郭沫若全集·文学编》第2卷。

20日 《抗战三年来日本社会的危机》发表于20日桂林《十日文萃》新1卷第2期,续载于30日第3期。收入浙江省战时教育文化事业委员会书刊发行部1940年9月版《抗战三周年》,题名《三年来日本社会的危机》。

24日 文艺奖助金管理委员会成立,任委员。

该委员会由国民党中央社会部、各中央机关代表及文艺界人士组成,经国民党中央常务委员会第143次会议决议,函请国防最高委员会在教育文化费项下拨款十万元,设立奖助基金。(见《国民党中央社会部档案》,中国第二历史档案馆编《中华民国史档案资料汇编》第五辑第二编,江苏古籍出版社1998年4月版)

25日 因中暑而伤风发烧,至30日晨方退烧。(8月4日致王冶秋信)

27日 收到法国领事央克列维奇夫人尼娜邀请信,约于次日与领事夫妇见面。遂于当日晚进城。(《芍药及其他·小皮箧》)

28日 晨,从千厮门码头渡江,往清水溪法国领事馆拜访央克列维奇夫妇,并见到其他几位法国朋友。午餐后,与央克列维奇谈文学问题,对央氏在中国文学方面的造诣颇感惊异。下午两点告别,接受尼娜所赠英文诗一首。归途中钱包失窃。(《芍药及其他·小皮箧》)

31日 与郑用之、鹤龄夫妇陪同法国领事央克列维奇夫妇游览缙云山,受到出访东南亚刚刚归来的汉藏教理院院长太虚法师的盛情款待,并参观了陈列室中的佛门珍宝。偶然在留言簿上发现田汉于六月中旬留下的一首七绝:"太虚浮海自南洋,带得如来着武装。今世更无清净地,九天飞锡护真光。"适逢敌机轰炸北碚,遂步田汉原韵,挥笔在留言簿上和诗一首:"无边法海本汪洋,贝叶群经灿烂装。警报忽传成底事,顿教白日暗无光。"并在诗后记叙道:"廿九年七月卅一日,偕法国总领事杨克维夫妇,用之及鹤龄夫妇来游,见此册有寿昌题诗记,遇警报,正拟用原韵和之,锣声忽传,继而有飞机声,又有轰炸声甚近,盖炸北碚也,日光忽

为暗淡。"(李萱华《缙云题诗》,《沫水》1982 年第 4 期,文中附题诗手迹)

◎ 致信李小缘,谓:"卫聚贤君交来武氏祠刻画照片二张,并示以尊札,特专函致谢。缘该项照片系沫若所需,将来如有机会插入著述时,定当注明金大所摄字样。"

该信未署写作年份,原载南京师范学院中文系《文教资料简报》1982 年第 3—4 期合刊,置于另一函致李小缘信(写于本年 1 月 31 日)前。但自 1937 年至 1939 年几年间的 7 月,均无可能有卫聚贤面交郭沫若照片这样的事情发生,暂系于本年。

8 月

3 日 晚,与沈钧儒、田汉、张西曼、葛一虹、吴克坚等出席文协在中苏文化协会举办的鲁迅六十诞辰纪念会,并致辞,说:"我们今天来纪念鲁迅先生,这位伟大的思想家,革命家和文学家,他的肉体虽没了,但他的思想和精神是永恒的。今天我们纪念他,就正像他还活着在我们面前似的。因为他号召,如今我们团结起来,英勇地战斗了三年了。中华民族产生了一个鲁迅,是我们每个中华儿女的光荣,他给我们每一个中华民族的儿女增光了不少。今天我们有如此形式简单的而又庄严的纪念,而将来,在他的百年诞辰的时候,我们将有更大规模的庆祝。我们要学习他,我们每一个人都要成为鲁迅。初看起来,这话好像有点夸大,其实并不是这样。鲁迅先生的伟大诚然不是我们所能比拟的,他在思想,文学与革命的斗争的各方面都放射了不可比拟的光辉。但是只要我们在各个人的各个部门之内,尽我们的力量,不断地努力,比如在文学方面的,在学术方面的,在思想方面的,各个人尽力学习他,用集体创造的方法,集中各人在各方面的成绩,构成许许多多的伟大的鲁迅,是可能的。是一定会成功的,也只有这样,才是纪念他的最好的办法。"(4 日《新华日报》)

5 日 作七绝《司徒慧敏导演〈白云故乡〉题赠》。收作家出版社 1959 年 11 月初版《潮汐集·汐集》,现收《郭沫若全集·文学编》第 2 卷。

12 日 在重庆文化界座谈会上,与陶行知、沈钧儒、范长江等人被推选为中国文化界苏联访问团筹备设计委员会委员。(13 日《新华日报》)

中旬 常任侠来信，谈读《中国古代社会研究》一书事。(常任侠《战云纪事》，海天出版社1999年9月版)

据《战云纪事》，常任侠信写于15日。

下旬 致信常任侠。(常任侠《战云纪事》，海天出版社1999年9月版)

据《战云纪事》，常任侠23日收到此信。

26日 作词《水调歌头》(赠广东艺人)。赞曰："兴亡匹夫责，岭外一奇男。"

收作家出版社1959年11月初版《潮汐集·汐集》，现收《郭沫若全集·文学编》第2卷。

28日 作五言诗《夜会散后》，初收1959年11月作家出版社版《潮汐集·汐集》，现收《郭沫若全集·文学编》第2卷。

29日 作词《望海潮》(挽张曙)。咏叹："南下复流连，痛几番狂炸，夺我高贤。且听洪波一曲，抗战唱连年。"

后录入《洪波曲》。初收作家出版社1959年11月初版《潮汐集·汐集》，现收《郭沫若全集·文学编》第2卷。

本月 《"民族形式"商兑》由桂林南方出版社出版，列为"南方文艺丛刊之三"，收论文、杂文8篇。

9月

1日 作挽张曙诗二首。赞其"九歌传四海，一死足千秋"；"身随烟共灭，曲与日争辉"。

后录入《洪波曲》。初收作家出版社1959年11月初版《潮汐集·汐集》，现收《郭沫若全集·文学编》第2卷。

3日 晚，在中国电影制片厂主持文艺界为张曙举行的追悼会。为死者在一块黄绫上写了诔词。在致辞中着重指出，张曙的功绩彻头彻尾都是为了大家，为了民族。并谓："离开了民族的精神，没有文化；离开了民族的精神，没有一切！"

追悼会来者甚众，周恩来、田汉、常任侠、张西曼等均发言。(《渝文化界追悼张曙》，4日《新华日报》)

4日 作词《鹧鸪天四首——吊杨二妹》。感叹"海棠香国重相见，竟把荆枝当客看";"当年戏共弹蚕豆，犹忆八哥最善谈"。

收作家出版社1959年11月初版《潮汐集·汐集》，现收《郭沫若全集·文学编》第2卷。

杨二妹，九叔之次女。

5日　书赠张肩重用寺字韵咏苏子楼诗，并作跋，道："嘉州城外有凌云山，在岷江与大渡河二水合流处，唐海通和尚因崖凿一石佛，正对三峨，颇雄伟。其上有苏子楼，传东坡曾读书其上。有洗砚池，东坡先生洗砚处也。崖下水成深渊，有鱼纯黑名曰墨鱼，俗间谓有过饮东坡先生之墨水而致黑者。传说固无据而亦殊有雅意。余幼时读书嘉州，曾数次登临，离乡廿六年后，去秋始得返里，重至其地，风景尚无大殊，而余年则将届知命矣。感赋。"（张肩重《在郭老周围的日子里》，《四川大学学报丛刊》1980年11月第8辑）

所书即《四用寺字韵》一诗。

8日　接周恩来信。告以张治中约谈三厅事，并提出组建文化工作委员会。

周恩来信写道："顷间张文白部长约谈三厅事。我告以文化界朋友不甘受党化之约束，故当郭先生就三厅长任时，即向辞修声明，得其谅解，始邀大家出而帮助。今何浩若就任三厅，无疑志在党化，与郭先生同进退之人，当然要发生联带关系，请求解职。文白当解释全部更换，系委座意见，王系陈荐，梁为公推，袁、徐虽黄埔，但新识，何则最后决定，亦非自荐，只滕杰任办公厅主任，乃文白旧识。文白又询兄见委座经过，我当据实以对。彼言翰笙等辞职已准，但仍须借重，必不许以赋闲。最后征我意见，我以在文艺和对敌方面仍能有所贡献，只不便在党化三厅方针下继续供职，但决非不助新部长。文白乃言可组文化工作委员会仍请郭先生主其事，直属部长，专管文艺对敌工作。我答以此容可商量，最好请文白亲与郭先生一商。彼言明晨下乡作纪念周，将顺道访兄一谈此事。我意文白谈及此事，当为奉命而来，兄不妨与之作具体解决。盖既名文委，其范围必须确定，文艺（剧场剧团仍宜在内）与对敌工作倒是两件可做之事，然必须有一定之权（虽小无妨）一定之款（虽少无妨）方不致答应后又生枝节也。除此，在野编译所仍宜继续计划，因文委即使可行，定容纳不了全部人员，而文化界留渝一部分朋友亦宜延入编译部门。究如何请兄酌

之！"（《周恩来书信选集》，中央文献出版社 1988 年 1 月版）

9 日 张治中来赖家桥拜访，谈组织文化工作委员会的事情。

10 日 拟定《文化工作委员会组织大纲》草案。准备待核准后"再进行详细之组织方案"。草案包括四个方面："机构"，下分文献编纂、艺术改进、对敌工作三个组及主任办公室；"工作范围"，包括编纂、艺术、对敌几个方面；"经费"，含办公费、事业费；"人选"，除三厅被撤换同事之外，酌量延纳外界人士。

上旬 "政治部改组，卸去第三厅厅长职。"（《五十年简谱》）

政治部改组，郭沫若被免去厅长之职，改任政治部指导委员。何浩若接任三厅厅长。同时，周恩来也不再担任政治部副部长，改任指导委员。在此次政治部改组中，第四厅朱代杰等第三党人也去职。（蔡震《从文献史料看郭沫若主政三厅始末》，《新文学史料》2012 年第 3 期）

13 日 函呈政治部长张治中，谓："本部直属电影放映总队正总队长一职本由沫若兼任，兹以本部改组，沫若原兼职务理应联带解除，敬请命令公布。至总队业务，向由副总队长郑用之同志负责，所有移交手续应否责成该副总队长代为处理之处并乞钧裁。"（据原函手迹，蔡震《从文献史料看郭沫若主政三厅始末》，《新文学史料》2012 年第 3 期）

张治中函复郭沫若，道："大函敬悉，电影放映总队长职务应准解除，并派何厅长接充。函交接事宜，已分令何厅长及郑副总队长分别办理矣。"（据原件手迹）

15 日 与高地植联名发表译作《搬家与救护伤兵——〈战争与和平〉断片》（俄国托尔斯泰原著）于重庆《文学月报》第 2 卷第 1、2 期合刊。

17 日 被聘为军事委员会政治部文化工作委员会主任委员。（据张治中手令手迹）

以政治部指导委员职兼任。

19 日 作诗《读方志敏传》（次叶剑英韵）。云："纵使血痕终化碧，弋阳依旧万株枫。"

收作家出版社 1959 年 11 月初版《潮汐集·汐集》，现收《郭沫若全集·文学编》第 2 卷。

◎ 作四言诗《题饮马长城图》。

收作家出版社 1959 年 11 月初版《潮汐集·汐集》，现收《郭沫若全集·文学编》第 2 卷。

24 日 与阳翰笙、冯乃超、"孩子剧团"等为鹿地亘率领的在华日本人反战同盟重庆总部前线工作队送行。在欢送大会上致辞，说："由于各位勇敢的决意和出色的行动，完全证实你们和我们是全然站在同一战线上。我们大家受同一脉搏的鼓动，我们大家的血向相同的目标流动，拥护正义，争取真理，在以决死的意志完成为先驱者的使命的这方面，我们完全是一心同体。"（《郭沫若与日本友人鹿地亘》，《文史春秋》2002 年第 12 期；讲话内容见魏奕雄《郭沫若与鹿地亘》，四川大学《郭沫若研究专刊》第 3 集，《郭沫若学刊》2002 年第 4 期）

本月 "政治部改组，卸去第三厅厅长职，改组文化工作委员会。""择定重庆通远门天官府街七号为会址，同时租定天官府街四号三楼为寓所，全家即从张家花园亦园移居此地。"（《五十年简谱》；翁植耘致编者《关于〈郭沫若年谱〉》）

◎ 任军事委员会政治部指导委员。

◎ 去赖家桥三塘院子看望三厅工作人员，临别依依，应大家索求题词留念。为翁植耘题嵌字联一副："励志读书如种植，洁身藻德似耕耘"；为钱文桢（运铎）题嵌字联一副："望有文章能报国，勉为桢干可象贤"；为何岑龄题嵌字联一副："为逐胡虏入岑远，但祈汉氾引龄长"。（翁植耘《励志读书　洁身藻德》，《郭沫若研究》1985 年 8 月第 1 辑）

◎ 书赠长兄橙坞之外孙朱执桓七言诗一首，并系以短跋。

秋

◎ 国民党限令政治部三厅人员"要抗日必须加入国民党，否则即作离厅论"。郭沫若针锋相对地对三厅全体人员说："入党不入党抗日是一样抗的，在厅不在厅革命是一样革的。"讲话后立即挥毫疾书旧作二首并对联一副，赠送给即将离开三厅的同志，诗云："信美非吾土，奋飞病未能"；"天涯看落日，乡思寄横霞"。联句则为："大河前横流水今日，生气远出明月雪时"。（见丁正献《昙华永念》，《东海》月刊 1979 年 8 月第 8 期）

◎ 作《书为丁正献联语》。（丁正献《昙华永念》，《东海》月刊 1979 年 8 月第 8 期）

10 月

2 日 上午，在三圣宫参加全国慰劳总会举行的向前线各战区将士献药仪式，在致辞中讲述了购药缘起，并着重指出两点：一、在武汉时因各机关请购外汇者甚多，颇感困难，而采购药品之外汇，经委员长三次电令，于十五日内购得，足见领袖关爱士兵之深。二、购药之款系武汉三镇同胞捐献，虽一分一厘之微，皆含有武汉同胞之血汗，及武汉同胞报国之诚心，而今将此武汉同胞所购之药品转献前方将士，但大部分武汉同胞则已处在敌人铁蹄之下，在水深火热中生活，希望受药之前方将士，迅速负起救出武汉同胞，及所有沦陷区同胞之责任。（3 日《新华日报》）

7 日 下午，至北温泉。

◎ 晚，与常任侠谈，告之今后苏联所刊国际文学拟多刊载中国作品。常即出示《创世纪》一诗，请为介绍。（常任侠《战云纪事》，海天出版社 1999 年 9 月）

8 日 政治部将"本部拟设文化工作委员会并派郭沫若兼任主任委员检呈组织规程等件"以"治用巴字一九七六四号"公文呈报国民政府军事委员会。

蒋介石以委员长名义批示："呈件均悉。准予备案。"（据原件）

9 日 作词《解佩令》，贺友人结婚。

收作家出版社 1959 年 11 月初版《潮汐集·汐集》，现收《郭沫若全集·文学编》第 2 卷。

10 日 作《关于"无条件反射"的更正》。以书信形式发表于重庆《文学月报》12 月第 2 卷第 5 期。

上旬 圈阅由部长张治中签署政治部第一厅第一科起草之函请兼任文化工作委员会主任委员文，及所附"文化工作委员会组织规程及编制草案"。

该呈文于本月 8 日以"治用巴字第一九七六四号"签发，谓："本部为发扬战时文化，加强对敌宣传并提供关于国际问题之研究，特设置文化工作委员会，并请贵指导委员兼任主任委员。除呈会备案及加委外，相应核同组织规程及编制草案。函请查照办理并希克日组织成立为荷。"郭沫若在呈文上画圈,并签"郭"字。该呈文前一部分内容相同,为呈请军事委员会委员长蒋介石"鉴核示遵"。蒋介石阅后指令:"呈件均悉。准予备案。""除饬函知军政部铨叙厅外,修正规程编制随令颁发,仰知照。"(据原件复印件,曾健戎为《郭沫若学刊》提供)

12 日 夜,作《写在菜油灯下》,纪念鲁迅逝世四周年。发表于《抗战文艺》12月第6卷第4期"鲁迅先生逝世四周年纪念特辑"。评价鲁迅的文体像"文起八代之衰而道济天下之溺"的韩愈,"但鲁迅的革命精神,他对于民族的贡献和今后的影响,似乎是过之而无不及"。分析鲁迅作品的风格特色和成因,认为"这与其说是鲁迅的性格使然,宁是时代的性格使然",称"许多对于鲁迅的恶评""都是有意无意的污蔑"。

初收香港孟夏书店1941年11月初版《羽书集》,后收《沫若文集》第11卷,现收《郭沫若全集·文学编》第18卷。

文章发表时文末署写作时间作"十月十二日夜",收入《羽书集》及以后均署"1940年6月"。文中有句道,"现在鲁迅离开我们已经四年了"。鲁迅逝世于1936年10月19日。

19 日 在巴蜀小礼堂出席"文协"、中苏文化协会等十二团体筹备召开的鲁迅逝世四周年纪念大会,与周恩来、老舍、沈钧儒、冯玉祥等同为主席团成员。在讲话中说:"三年来神圣的抗战也就是鲁迅先生生平事业的说明,他要我们不屈服,他教我们向敌人奋斗。"会后在一心饭店聚餐,听周恩来、沈钧儒等关于鲁迅的演讲。讲话词载《抗战文艺》12月第6卷第4期"鲁迅先生逝世四周年纪念特辑"(20日《新华日报》;《记"鲁迅纪念会"和"鲁迅晚会"》,《抗战文艺》12月第6卷第4期"鲁迅先生逝世四周年纪念特辑")

◎ 作诗《题慰劳前线书》。

收作家出版社1959年11月初版《潮汐集·汐集》,现收《郭沫若全集·文学编》第2卷。

中旬 参观中苏文化协会举办的苏联农业照片展览会,并在批评簿上留言:"见贤思齐,见不贤而内自省;苏联值得惊佩,究竟应该怎样呢?我们?!"(23日、11月10日《新华日报》)

展览会于本月15日开幕。

20 日 作《告鞭尸者》。发表于1941年9月17日重庆《新蜀报·七天文艺》。谓，自己与鲁迅"曾以笔墨相讥"，但正如鲁迅所言，"在大敌当前的时候，我们的目标是一致的"。称"鲁迅生前骂了我一辈子，但可惜他已经死了。再也得不到他那样深切的关心了。鲁迅死后我却要恭维他一辈子，但可惜我已经有年纪了，不能够恭维得尽致"。同时对延续至今的轻视文士的"流俗"进行了批评，"尤其是抗战以来，只是民众向军长献旗，没见民众向寒士送衣"。

文末附《后记》，作于1941年8月10日。谓："这是一篇未写完的稿子。是去年鲁迅逝世四周年纪念的第二天写了的。"

初收香港孟夏书店1941年11月初版《羽书集》，后收《沫若文集》第11卷，现收《郭沫若全集·文学编》第18卷。

22日 晚，出席中国电影制片厂为从塞北拍摄外景归来的《塞上风云》摄制组举行的欢迎会。(24日《新蜀报》)

◎ 在欢迎会上赋诗一首。见于24日《新蜀报》。称赞摄制组"以艺术的力量克服民族的危机！以塞上的风云扫荡后方的乌烟瘴气！"

初收上海群益出版社1948年9月版《蜩螗集》，题为《迎西北摄影队凯旋》；后收《沫若文集》第2卷；现收《郭沫若全集·文学编》第2卷。

24日 补记年前所作歌词《赞庐山孤军》，称，"现在看起来觉得也还有些意思，故尔仍旧把它收录在这儿"。(郭沫若纪念馆馆藏资料39—2)

25日 作《中苏美应合作制日》。(曾健戎《抗日战争期间郭沫若活动记略》，《抗战文艺研究》1982年第1辑)

30日 被聘为国民政府军事委员会政治部文化工作委员会主任委员。

31日《大公报》报道："军委会政治部文化委员会现已正成立。大部人员均将移至城内办公。该会委员业经张治中部长聘定。计主任委员郭沫若，副主任委员谢仁钊、阳翰笙，委员有张志让、孙伏园、胡风、茅盾、洪深、沈志远、马宗融、王昆仑、伊伯休、吕振羽、吕霞光、老舍、蓬子、郑伯奇、熊佛西、杜国庠、孙师毅等。依负责之可能程度，分专任、兼任二种。又该部前副部长周恩来氏顷又被聘为指导委员云。"

本月 得冯玉祥题字相赠。

据《冯玉祥日记》10月17日条载："给郭沫若先生写几个字，拟定要写下列几条：赠郭沫若先生：雪山苍苍，江水泱泱，先生之风，山高水

长。"(《冯玉祥日记》第 4 册,江苏古籍出版社 1992 年版)

◎《反战战友出征之际的欢送辞》以日文刊载于日本反战同盟机关刊物《真理的斗争》10 月号。

中文译本见《四川大学学报丛刊》1982 年 2 月第 13 辑。

11 月

1 日 文化工作委员会正式成立。在天官府主持招待会,周恩来、董必武等各界 400 余人参加。(《五十年简谱》)

◎ 书简一封发表于桂林《自由中国》月刊新 1 卷第 1 期。说,译诗《赫曼与窦绿苔》"如收集得到,颇有印成单行本之价值","其它文字亦无多大价值"。

2 日 出席戏剧春秋社举行的"戏剧的民族形式问题座谈会",并发言。指出:"追求适合新内容的新的民族形式,无非是到达世界文学的一个过程。"认为"将来的世界形式当然应以社会主义为内容,今天苏联的文艺不过是过渡期而已,所以是'社会主义的内容,民族的形式'。这因各民族狭隘的特异的生活习惯、风俗、传统等一时不易扫掉","到了新的社会当然可以渐次消灭或减少。而各民族间的共同性必然加强。当然,大同中还容许小异"。发言由田汉记录。(《戏剧春秋》1941 年 7 月第 1 卷第 4 期)

◎ 作《谈古代音乐》。(曾健戎《抗日战争期间郭沫若活动记略》,《抗战文艺研究》1982 年第 1 辑)

3 日 与茅盾、艾芜、草明等九人联名写信致罗科妥夫。发表于 1941 年 1 月 1 日重庆《中苏文化》"文艺特刊"。为《中苏文化之交流》一文"获得苏联方面富于同情与理解的响应"感到欣慰,同时表示接受关于"加强我们中、苏两国文艺作家间的直接的接触"的提议,并答复所提的问题,说抗战以来我国文学中最流行的形式"要推报告文学",而且现在对外国文学的需要"渐渐地感着迫切",希望能有多接触苏联文学的机会。

初发表时题为《郭沫若致罗科妥夫信》;后收《沫若文集》第 13 卷,改题为《答〈国际文学〉编者》;现收《郭沫若全集·文学编》第 19 卷。

7日 上午，应国民外交协会之邀，在实验剧院作题为《日本外交》的讲演。发表于11月25日重庆《战时日本》第4卷第2期。讲道：

"以我这个门外汉的观察，我感觉着日本这个国度实在是并没有外交。外交应该建立在信义的基础上，应该彼此相见以诚，互信互助，以求共同的幸福。当然绝对讲道义的外交，在目前世界上很难寻到，但是在一定的范围内总要有相对的信义，然后才有外交可言。但是日本根本是一个没讲信谊的国家，没有道义的民族，所以我说它没有外交。

先拿中日关系来证明。日本人本是一个落后的开化很迟的民族……日本的文化，在以前的旧日本完全是中国文化的分枝，所有生产方法，社会基础，上层结构，甚至文字，都是从中国搬去的。日本的片假名是汉字楷书的半边，平假名是汉字草书的半边，在先完全用汉字做字母，后来用局部汉字做字母，这都是中国的赐与。但是日本给与中国的报酬是怎样呢？

不仅日本的旧文化是完全由中国输入，也是得到中国的帮助。日本得自欧美的新文化，开始是间接由中国介绍去的……无论在自然科学或文化思想方面，我们在初从欧洲译来，日本又从我们重译过去。这都是中国在新旧文化方面给与它的帮助。但是，所报答我们的是什么呢？由甲午中日之战以来，是一部忘恩负义史。以怨报德，没讲信义，一切都是欺骗，欺骗，第三个欺骗。欺骗不行，便用武力。这哪里有什么外交可言？

从中国以外的国际关系上来说，同样表示日本的寡廉鲜耻卑鄙到极端的程度。……

'九一八'以来，日寇的疯狂与时俱进，与年俱进，专门破坏条约，蹂躏公法，在国际上完全成为一个孤立国。芦沟桥事变后，使它陷在泥淖中逃不出来。这是它所得到的最大的报应，是没有信谊，没有道义的国家所应走的绝路！……

日寇发动侵略战争，所标榜的口号，第一是需要资源，但是它的资源已经在战争中被破坏了。第二是人口过剩，需要生命线，但是它的壮丁弄到不敷用，如今却把中国朝鲜人输送到它的国内做苦役去。弄得走投无路，被迫才和德意缔结了军事同盟，又自鸣得意，趾高气扬起来。近卫松冈以战争恫胁美国，美国撤退远东侨民，表示不惜出以应战的决意，于是又把尾巴摇了起来。一面又想对苏联送睐献媚，故意造出建川和斯大林晤谈的谣言，可是已经塔斯社的严重申明，建川到现在未见斯大林一面。最近南宁龙州撤退,宜昌广州放火,大作谣言攻势,想来欺骗我们,离析我们,但我们已经领教不少了,我想就是中国的三尺童子,也不会被他瞒过的。总之,中国在贤明领袖领导之下的抗战,不达到最后胜利的目的,不到日寇完全崩溃的地步,决没有中止之一日!任是日寇怎样威胁诱降,我们无量热血无量生命所获来的光荣的胜利,决不能轻轻抛掉!

国际上的友人们也领教不少了。英国已把滇缅路重开,以往的姑息外交的错误,应该不会再犯的了。美国罗斯福总统,在本月二日克利佛兰市的竞选演说,把态度表示得很鲜明,他说'美国在物质上要以一切的可能援助太平、大西洋彼岸抵抗侵略的国家'。这诺言在三次当选的今后,一定会实践的。苏联的立国原则,根本和日本及其它轴心国家不同,她决不会和它们携手,也决不会放弃她的援助被压迫民族解放运动的国策。我们今后应该加紧国内的团结,加紧和苏联与美国的携手,来打倒我们所恨的人类的公敌!"

(讲演会报道见11月7日《国民公报》。演讲词由朱海观记录)

9日 以军事委员会政治部文化工作委员会主任委员的身份,签发"治化三字第1号"文件。

因政治部对敌伪宣传工作已由文化工作委员会接办,要求第三厅将"所有过去关于此项工作之案卷"移交文工会保管。(中国第二历史档案馆藏《政治部第三厅移交文化工作委员会对敌伪宣传案卷册》,卷宗772·694)

16日 49岁生日,宾朋聚会,"置酒相欢"。(《郭沫若寿比南山》,1940年11月16日《新民报》)

19日 晚,与常任侠见面。

《战云纪事》记本日:"晚间在中国电场(影)场看《夜上海》一剧。晤尚钺、郭沫若、徐迟、盛家伦、万籁鸣等人。"(常任侠《战云纪事》,海天出版社1999年9月版)

23日 与王平陵、黄芝冈、田汉、叶以群、宋之的、艾青、老舍、阳翰笙等14人出席《抗战文艺》编委会座谈会,检讨本年度文艺上的新倾向,讨论《一九四一年文学趋向的展望》。发言说:"现在作家们只是单纯的从正面的,冠冕堂皇的写抗战文艺,有时也不免近于所谓公式化,以后应该拿出勇气来,即使是目前所暂时不能够发表的作品,也要写出来,记下来。这所写的才配称为真正的新现实,能够正确地把握这个新现实，才能产生历史性的大作品。"谈到抗战文艺风格与形式的变化，认为："在抗战初期，战争的暴风雨似的刺激使作家们狂热，兴奋，在文艺创作上失却了静观的态度。特别在诗和戏剧上，多少有公式化的倾向，廉价的强调光明，接近标语口号主义。等到战争时间延长，刺激就渐渐稀薄，于是作家们也慢慢的重返静观，在创作上有较为周详的观察，较有计划有组织的活动。因此，风格与形式，抗战初期和现在有着显著的差异。在抗战初期，报告文学，呐喊式的短诗，独幕剧，最为风行，小说就比较沉寂。因为创作小说最需要静观，客观性很浓厚，而初期战争的暴风雨似的动乱，不给予作家以余裕。等到作家有了创作的余裕，特别是到了一九四〇年，创作活动就有很大的变化和进展，诗从短诗发展到叙事诗，戏剧从独幕剧发展到多幕剧，长篇小说开始出现，这是三年抗战所加于文学的影响，在形式上，风格上所发生的变迁。"对来年文艺发展倾向预测道："抗战的条件如果一九四一年没有改变，这一倾向一定会往前发展的，更雄大的叙事诗，更音乐性的抒情诗，多幕剧，长篇小说，将更多的出现。所以争取这客观条件是必要的。这就是说，作家在创作实践之外，政治斗争是必要的。"最后强调，"无论任何工作，一定要先有准备工作"。具体到目前文艺创作上的准备工作，提出三点：第一是材料的准备，即"在抗战中间可以作为文艺创作的材料是非常丰富的，但材料虽多，也往往容易失去，恐怕三年已有很多宝贵的材料失去了。现在我们应该设法好好保存这些历史的材料，甚至交给下一代人"。第二是人的准备，"对于新一代的作家，编辑人应该做一个保姆。提供材料对于培养新作家也是一个最好的方法。尤其是前线和敌后的文艺工作青年，倘能加以培养，在文艺战线上，一定能产生很多坚实的新干部"。第三是方法的准备，即"目前应该加强外国文学的翻译，多多介绍欧美作家的古典的和新兴的伟大作品。……尤其对于新风格和新形式的养成上，多多移植外国的大作品是有很大的帮助的"。

会议发言记录发表于重庆《抗战文艺》1941年1月第7卷第1期。

24日 下午，与老舍、田汉、艾青等出席"诗歌朗诵队"成立大会。

"诗歌朗诵队"系由光未然、陈纪滢等人筹组的。（范国华《老舍在重庆二三事》，《龙门阵》1983年3月第2辑）

27日 晚，外交协会国际问题讲习班敦请讲演《民族精神之体验》。

(28 日《新华日报》)

12 月

4 日 作《中国美术的展望》。发表于《中苏文化》1941 年 1 月"文艺特刊"。阐述美术发展的规律，剖析中国的美术在清代末期"整个地形成了一个大后退"的原因，一是"异族专肆的政治压迫，尤其是不合理的文化统制，使美术脱离了人民大众，而成为专供上等社会奉侍品"；二是"外来的经济压迫，使全国的农村经济渐濒于破产，人民大众失去了生活的余裕，使那已和美术罕于接近的生活，更加与美术绝缘"。提出"复兴中国美术"的主、客观条件"在目前是相当充分地具备了"，尤其是"绘画已经形成着复兴气运的前驱"，如果这种倾向不受阻挠，"那是断然预约着中国绘画乃至中国美术的一个伟大的将来"。但是这"不能专靠美术制作家的努力，还须得一切文化部门的能力合作，而尤其是行政者的加意扶掖——至少是不生阻挠"。

初收重庆文学书店 1942 年 4 月版《蒲剑集》，写作时间误署为 1941 年 4 月；后收《沫若文集》第 12 卷；现收《郭沫若全集·文学编》第 19 卷。

7 日 下午，往中法比瑞文化协会，出席全国文协举行的茶会，以欢迎新近从各地来渝的茅盾、巴金、冰心、安娥、徐迟、袁水拍、马耳、柳倩等作家。周恩来亦出席。(8 日《新华日报》)

◎ 晚，为庆祝文化工作委员会成立，与张治中、梁寒操、王东原、何浩若等代表文化工作委员会和第三厅，在中国电影制造厂抗建堂招待在渝文化界、新闻界人士。向来宾介绍了文化工作委员会的分组情况，即内部分为三组：第一国际问题研究组；第二文艺研究组；第三对敌工作组。并致辞说："抗战本身即为文化运动之发展，我文化界同人抗战以来，精诚团结，笔杆一致对外，打倒日本帝国主义。文化工作委员会，更望能与大众合作，并请多多帮助。"

参加招待会的有周恩来、黄炎培、沈钧儒、章伯钧、茅盾、老舍、邓初民、翦伯赞以及冯玉祥、孙科、邵力子、于右任等四百余人，均在郭沫若题就的"招待陪都文化界新闻界题名"单上签名留念。田汉、老舍、

洪深、马彦祥等人表演了节目，还放了电影。（8日《新华日报》《新民报》）

8日 下午，往中苏文化协会"文化之家"，主持中苏文化人联欢会。致欢迎辞，并作了结束报告。

参加联欢会的来宾有沈钧儒、陈铭枢、王昆仑、邹韬奋、茅盾、老舍，苏联对外文化协会代表米克拉舍夫斯基、苏联大使馆顾问戴米央诺夫、塔斯社米海耶夫等一百余人。中苏朋友合影留念。（9日《新华日报》）

10日 下午，主持文化工作委员会举办的"对敌工作座谈会"。指出："日本帝国主义的泥脚，经我们抗战三年的拖累，已经愈陷愈深了。今后，倘我们能加深敌情研究，从而更切实的制定对侵略者的策略，则日帝国的崩溃必速。我们研究敌情的阵线实有使之严密化，有效化，有机化的必要。以前，在同一岗位上工作的我们，是分头努力的，期间绝少聚首检讨的机会，因为联系的松懈，以致我们工作的效率也受了影响。此后，希望能经常相互联络，交换经验与意见和共同计划工作。这样，使得抗战胜利的曙光更迅速地来临。"（《战时日本》第4卷第6期）

11日 参加范长江的婚礼，并赠贺诗。

新娘是沈钧儒的女儿沈谱。（12日《新华日报》）

14日 作《续谈"戚继光斩子"》。谓《关于戚继光斩子的故事》发表之后，"得到不少反响。重庆的《大公报》在三月初旬接连发表了高赫天和李鼎芳两位先生的文字。李先生据纯正史家的立场是否认斩子传说之为事实。高先生则于我所引的两种传说内容之外，又举了一种"。接着对高所补举的传说进行考证推敲，认为"这传说不免是有点问题的"。透露"自己在初是想把这斩子故事来戏剧化的"，现在"根本的故事成了问题"，"剧本的计划，看来，是只好流产了"。

初收香港孟夏书店1941年11月初版《羽书集》，后收《沫若文集》第11卷，现收《郭沫若全集·历史编》第3卷。

◎ 回复暮笛来信，说："你十月二十日的信，我今天才收到。全都是遭过水湿的，几乎揭不开来。信封背面有'被炸捞获'所用的木戳字样，我现在揭下来寄给你，以表示这封信的到手实不容易。你们要办《狮子吼》月刊，我是很钦佩的，征稿的话也拜读了。在目前凡是以积极进取的精神为民族谋幸福的活动，一律都值得人敬佩。但你要我投稿，我觉得有点困难，因为我对于佛教没有做过专门的研究，门外人的话杂在你们的杂志里，恐怕也有些不伦类，还是请你们自己多多发挥些吧。你们从佛教内来诛伐敌人，我们从佛教外来诛伐，反而是相得益彰的。"

暮笳，原名郭兴谊，法名慧旦，湖南南岳祝圣寺僧人。为创办《狮子吼》月刊，他去信向郭沫若征稿，信被敌机炸沉落水，邮局曾在信封上盖一"被炸捞获"木戳。郭沫若复信时，随信将信封附入，并在信封上附笔："此函不知在何处被炸，终能到达余手，亦一缘法，揭还暮笳，以为纪念。郭沫若12.14"。（丘钧之、吕芳文《书信探源——发现郭老的一封信之后》，1979年11月11日《湖南日报》；《郭沫若给南岳和尚的信》，《革命文物》1980年第3期）

18日 上午，应重庆市民教馆三元读书会之请，在该馆作题为《中国民族精神问题》的讲演。讲了三个问题：一、中国民族富于创造性；二、中国民族富于同化性；三、中国民族富于弹性。最后特别强调，"目前所进行之抗日战争，即是我民族弹性精神之高度发挥，但在此过程中必须同时发挥民族创造性，此即要求我们置此民族危机之时，不要'打盹'和'睡觉'，而要加倍求进步，以求民族之生存与民族精神之发扬广大"。（17日《新华日报》；《郭沫若先生讲演中国民族精神》，19日《新华日报》）

◎ 作《庄子与鲁迅》。发表于《中苏文化》半月刊1941年4月20日第3、4期合刊。从自己当年在日本初读鲁迅作品写起，"感觉着鲁迅颇受庄子的影响"，最近读《鲁迅全集》，把除掉翻译之外的前七册读了一遍，并作了笔记后，"这感觉又加深了一层"，即"鲁迅爱用庄子所独有的词汇，爱引庄子的诗，爱取《庄子》书中的故事为题材而从事创作，在文辞上赞美过庄子，在思想上也不免有多少庄子的反映，无论是顺是逆"，并一一引证对照说明。写作缘起是"鲁迅这位承先启后的代表一个新时代的作家，把他的博洽的学识和经验融化在他那千锤百炼的文体里"，"不仅年青一代人，就象我们这一代的人，要通晓鲁迅作品中的许多新旧故实和若干语汇，恐怕都要有精确的注解才行"，自己"现在姑且作为一种注释的初步工作写成了这篇小文"，希望"对于将来的注释家或一般读者，能够供给若干的参考"。

初收重庆文学书店1942年4月版《蒲剑集》；重庆新生图书公司1943年6月初版《鲁迅小说选（附评）》收录此文，题名改为《鲁迅与庄子》；后收《沫若文集》第12卷；现收《郭沫若全集·文学编》第

19 卷。

20 日　往中苏文化协会出席重庆文化界座谈会,在讲话中批评了最近报刊上登载的《第五期学术思想的展望》一文。(21 日《新华日报》)

21 日　观赏已裱成横轴的本月 7 日晚会签名单,"至今思之,犹有余兴",遂题七律一首,并附短跋。诗云:"四百余宾聚一堂,水银灯炬竞辉煌。慰劳血战三杯酒,鼓舞心头万烛光!笔剑无分同敌忾,肝胆相对共筹量。余豪兴传歌曲,声浪如涛日绕梁!"(手迹载 1983 年 7 月 18 日《文汇报》,又见上海《社会科学》1984 年第 1 期)

◎ 作《化花园为芋圃》,发表于《抗战》月刊 1941 年 1 月 15 日第 3 卷第 4 期。呼吁"暂时把花园废掉化为芋圃",种植洋芋,增加食粮,支持抗战。

24 日　收到杨树达托平默转交的信札及《读甲骨文编》。(见 12 月 25 日致杨树达信,《积微居友朋书札》,湖南教育出版社 1987 年 7 月版)

25 日　致信杨树达。写道:"自卢沟桥事变发生,弟由日只身逸出,所有研究资料概被抛弃。归国以来,复为杂务所缠,学问事早已久废不讲。今得读诸大作,真如空谷足音也。"继而讨论了若干古文字的释读。复告以:"陈独秀君闻住新津,生活颇窘;文字学上之研究,近未见有新作发表,因未通函询,未知其详。"(《积微居友朋书札》,湖南教育出版社 1987 年 7 月版)

26 日　晚,往中国电影制片厂参加文化工作委员为育才学校举办的儿童音乐演奏会。

出席音乐会的还有周恩来、邓颖超、叶剑英、陶行知、冯玉祥夫妇、何应钦夫妇、苏联友人米海耶夫、叶绥娜及银行界、文化界、中外记者等百余人。(27 日《新华日报》)

28 日　上午,在国泰大戏院主持文工会举办的第一次文艺讲演会。致辞略谓:召开文艺演讲会之主旨在检讨二十九年在文艺战线上的战士们对于抗战建国的贡献,亦即策励今后文艺工作者之努力方向。中国今日正与最粗暴、凶横、破坏文化之日本帝国主义者搏斗,因之今日中国在文艺上的反映亦为建设性的,创造性的,进步的,反侵略的。而当前廿九年行将告逝,新的三十年度瞬即到来之际,检讨文艺工作不特含继往开来之意,更进而期望民国三十年,中国将有大批青年作家诞生,用文艺之笔来帮助我们抗战早日胜利。

之后听取了茅盾、老舍、洪深、马彦祥、史东山、贺绿汀、阳翰笙、赵沨、龚啸岚等人演讲,观看了幻术家傅润华表演的《灿烂中华》,当场为之题词,赞其"化腐朽为神奇"。(26日、29日《新华日报》)

◎ 下午,赴留法比瑞同学会参观贺年信展览会,并赋诗一首,激励抗战将士。诗载29日《新华日报》:"气作银虹万丈长,竞将慰问寄前方,一心共矢期无敌,莫道人情纸半纸。"

以《题慰劳前线书》为题,收作家出版社1959年11月初版《潮汐集·汐集》,"一心共矢"改为"同心指日";现收《郭沫若全集·文学编》第2卷。

29日 出席东方文化协会成立大会。(30日《新华日报》)

该会由东方文化研究社扩大而成,由泰戈尔、宋庆龄、冯玉祥等人任名誉会长,于右任为会长,会员有中、朝、日、越、缅、印等国知名人士三百余人。

31日 参加文工会辞岁晚会,即席书题七绝一首,道:"旋转乾坤又一年,冲涛破浪似行船。"(见翁植耘《文化堡垒》,《在反动堡垒里的斗争》,重庆出版社1982年9月版)

◎《为节储进一解》发表于重庆《新华日报》。希望"拥着游资的先生们""少投机,多储蓄","化祸国殃民的钱为造国利民"。

本月 岁暮作《书怀》:"旋转乾坤又一年,冲涛破浪似行船。蒙庄犹自齐生死,善牧羊群重后鞭。"(见《郭沫若书法集》,四川辞书出版社1999年11月版)

本 年

◎ 作七言诗《题路工图》。咏道:"谁谓劳工神圣乎?胡为聚食在途中?……农则农耳足辛苦,换个锄头又是工。时时被征筑公路,路成公乎?何曾公!……欲得公路名符实,还须我辈脱牢笼。"

初收作家出版社1959年11月初版《潮汐集·汐集》,现收《郭沫若全集·文学编》第2卷。

◎ 作七绝《汉相》。赞"汉相风高百世师,广忠能聚众人思"。

初收作家出版社 1941 年 11 月初版《潮汐集·汐集》，现收《郭沫若全集·文学编》第 2 卷。

◎ 作七绝《喜雨》："传闻春旱苦川南，菽麦枯存十二三。簾外终宵声淅沥，方知霖昧果然甘。"

初收作家出版社 1959 年 11 月初版《潮汐集·汐集》，现收《郭沫若全集·文学编》第 2 卷。

◎ 派人慰问遭受敌机轰炸的楚剧二队，并为遇难的楚剧名丑徐小哈追悼会题写祭轴。（龚啸岚《永远为自由而歌唱》，《武汉文艺》1978 年 5 月号）

◎ 为《香港新文字学会会报》题词。（载香港《新文字学会会报》1941 年）

◎ 书赠陈序宾："近代医术中余最心醉于小儿科，颇觉有圣者风度。小儿患病，非由自得而又不能详诉其痛楚，必须细心体贴方能究其症结，儿科医生中知此意者殆鲜。"（据手迹，见《郭沫若学刊 2009 年第 1 期》）

陈序宾，儿科医师。

1941 年（辛巳 民国三十年）49 岁

1 月 发生"皖南事变"，蒋介石下令取消新四军番号。

2 月 7 日 国民党成立中央文化运动委员会。

3 月 1 日 在桂林主办的《救亡日报》被勒令停刊。

3 月 19 日 由张澜、黄炎培、章伯钧、梁漱溟、曾琦、张君劢等在重庆发起组织中国民主政团同盟。

11 月 15 日 为庆祝郭沫若创作 25 周年及 50 诞辰，重庆、延安、桂林、新加坡等地文化界举行庆祝活动。16 日，重庆《新华日报》设"纪念郭沫若先生创作生活二十五周年特刊"，周恩来发表《我要说的话》。

12 月 7 日 日本偷袭美国在太平洋的主要海军基地珍珠港。

12 月 8 日 英美对日宣战，太平洋战争爆发。

12 月 23 日 日军进攻长沙。

本月 香港沦陷，文艺工作者或回到内地，或奔赴南洋。

1 月

1 日　《展开全面的文化反攻》发表于《新蜀报》。在总结三年来抗战所取得的成果后指出："自抗战进入第二期后，我们的文化工作，无论是建设或者反攻，都表示得比第一期弱。"而"敌人的'速战速决'的迷梦与'速和速结'的幻象给我们打碎了后，它的策略就改变了方向，它对我们的进攻，即以政治为主，军事为辅，而文化麻痹政策，则作为它的主要的进攻手段之一"。"为了反抗敌寇的文化进攻，为了击破敌寇的阴谋诡计，积极展开文化反攻，在目前，是十分必要的"，"今天是新的一年的开始，我们必须从今天起，积极加强前线与敌后的文化工作"。"当然，要展开全面的文化反攻，一个条件是必要的：第一，坚持文化人的团结，第二，我们必须急亟扩大并加强战地文化宣传及服务的组织，在各战区普遍建立文化据点和文化站。第三，必须重新组织大量的文化工作队、宣传队、演出队、歌咏队、战地服务团，对敌工作队等。"

◎ 作歌词《出钱劳军》。发表于 18 日重庆《新民报》、31 日《新华日报》、31 日重庆《时事新报》。歌词为："有力要当兵，/有钱要劳军，/前方后方齐拚命，/出钱出力打敌人！/一条心，总反攻，/齐把敌人赶出境，/赶出境，赶出境，/有钱才得享安宁！//民国卅年，/抗战胜利年，/大家有钱快出钱，/出钱劳军要争先！/一口气，/不放松，/要把敌人都打完，/都打完，都打完，/大家同吃太平饭！"

发表于《新华日报》的歌词前有"本报讯"："慰劳总会为扩大出钱劳军竞赛运动宣传，特请郭沫若氏作出钱劳军歌一首，由音乐家贺绿汀谱曲，兹录歌词如下。"

◎ 作《这一千日——为反侵略分会三周年作》。发表于 23 日《新华日报·国际反侵略运动中国分会扩大组织第三周年纪念特刊》。分析三年来世界侵略战争形势，认为，三年来的抗战"是推进着大多数人类向上，面向光明冲破黑暗的起点"，"也是人类诱向最高领域的，大同世界的熹微色"，"再有一千日"，抗战必将取得胜利。

12 日　上午，在一园戏院，主持文化工作委员会第二次国际问题讲座，介绍冯玉祥，并朗诵了贺冯玉祥六十大寿七律一首，赞其"当年雄略震非欧""岿然砥柱立中流"。之后请冯玉祥作《欧战给予我们的教训》报告。最后应广大听众请求，与冯玉祥为大家题字签名。（诗见《郭沫若诗寿冯将军六十大庆》，13日重庆《新华日报》；《冯委员六十寿辰郭沫若作贺诗》，13日重庆《新蜀报》）

《新华日报》"本报讯"："去年冯玉祥将军，六十大庆，将军以时值抗战，不愿铺张；除少数平日最接近之亲友而外，知者甚少，郭沫若先生亦事后始得闻悉，乃赋诗为寿。"

◎ 下午，往嘉陵宾馆，参加苏联塔斯社中国分社举办的招待中国重庆文化界、新闻界人士茶会，并观看电影《苏联大观》《棉田奇迹》《苏联新女性——铁路局长》。

到会的有塔斯社负责人、苏联大使馆官员，以及王世杰、董显光、沈钧儒、茅盾、邹韬奋、侯外庐等三百余人。（13日重庆《新华日报》《新蜀报》）

◎ 与陈诚、谷正纲等人联名，代表全国慰劳总会致电全国各界暨海外侨胞，发起2月10日统一开展"出钱劳军"运动，以促进抗日早日胜利。（电文载当日重庆《新华日报》）

16日 晚，作为全国慰劳总会副会长，与会长陈诚，副会长谷正纲、马超俊在嘉陵宾馆公宴"出钱劳军运动"名誉主席团和主席团成员，报告出钱劳军运动办法，并商讨如何进行。（17日《新华日报》）

18日 晨，常任侠来访，将其诗稿退还。（常任侠《战云纪事》，海天出版社1999年9月版）

◎ 抄写《新华日报》所发表周恩来为"皖南事变"题诗及悼词："千古奇冤，江南一叶，同室操戈，相煎何急？！""为江南死难者志哀"，并嘱文工会工作人员到街上去广为张贴。（钱远铎《永恒的怀念——纪念郭沫若同志逝世一周年》，《政治文艺》1979年第4期；翁植耘《文化堡垒》，《在反动堡垒里的斗争》，重庆出版社1982年9月版）

19日 《文化圈中的苦力——对一九四一年的新希望》（孙东访问笔录）发表于《国民公报·星期增刊》。提出三点希望："第一点的希望，文化界的工作朋友们，务须本抗战三年之久的团结以争取胜利，以发挥文化的力量。""第二点希望，试忆抗战之初，文化界因抗战而波动过烈，致多呈彷徨不安的现象，继因日受抗战洗礼的清涤，文化界逐见转危为安,今则更趋活泼有力了。所以我们为求建国的成功,尚须不断努力于切实的研究工作而后可。""第三点希望,则由于前者而产生的,即固须用切实的研究功夫,至其方法,则须采取科学的方法,因今日文化界创导唯心的,形而上学的论者,尚不乏其人,这实在会使中国文化界回到中古的黑暗时代中去,我们不仅在物质上需用科学的,而且在精神上同需科学。物质上需用科学因尽人皆知,而精神上需用科学,最重要的条件,即是虚怀若谷,不要存我见,能如是,抗建大业之臻于至善,而文化配合抗战自然更不成问题了。"

◎ 下午,主持文化工作委员会题为"轴心国春季攻势的展望"的国际问题座谈会并致辞。到会并发言的还有邹韬奋、沈钧儒、张友渔等人。(20日《新华日报》)

◎ 晚,往广东酒家,与谷正纲、马超俊代表全国慰劳总会,招待文化界、新闻界人士,以促进出钱劳军运动的开展。(20日《新华日报》)

20日 见到丁正献悼"皖南事变"烈士木刻新作,作七绝《为江南死国难者志哀》:"江南一叶奇冤史,万众皆先天下忧,泪眼揩干还苦笑,暂忘家难赋同仇。"(翁植耘《文化堡垒》,《在反动堡垒里的斗争》,重庆出版社1982年9月版)

27日 出席张治中设的晚宴,同席有李德邻、张治中、田汉、熊佛西。

"三十年初春,旧历元旦,我由成都到了重庆,在文伯先生的宴会上我又遇着了故人。记得那晚除了寿昌和我,在座的还有郭沫若先生和李德邻将军……年近五旬的诗人郭先生一连饮了好几杯。难得有他那样的豪兴,年青。"(熊佛西《山水人物印象记》,桂林当代文艺社1944年5月版)

29日 下午,往川东师范广场,出席出钱劳军运动宣传大会并致辞。说道:"抗战进入第四年,胜利已有把握。前日国民外交协会欢宴各国外交官吏时,美国驻华大使詹森曾誉中国为四大强国——中英美苏——之一,为世界和平砥柱之重要一环。可见四年抗战已有莫大成就。但此种成就从何而得?则惟前线数百万英勇将士以生命血肉所换来。抗战开始时政府即以有力出力,有钱出钱勉国人,今前线战士不但已出尽一切力量,而且贡献其整个生命;我后方有钱同胞是应献出所钱力,慰劳为国争光,不避任何艰苦之前方将校。不但如此,吾人更应抚慰抗战将士之家属,教养其子弟，使前方将士无后顾之忧，欣然效命疆场，则胜利必不在远。至于此次出钱慰问办法，系采竞赛方式，希望大家为以出钱为荣，争先解囊，古人云：'人一之，我则百之，人十之，我则千之。'人人如此，则出钱劳军运动，定能获极圆满效果也。望各位本此意旨，多作宣传，共策后果"。（30日重庆《新华日报》）

30日 阅日本人民反战革命同盟会人名册抄送外交部事之文件，批："交第三组"办理。（见文工会文档影印件）

下旬 得悉孩子剧团团员李少清因为新四军死难者募捐而被政治部特务连抓走，立即打电话给政治部部长张治中，提出严正抗议，要求立即放人。后李少清得以被解救。（陈模《郭老和孩子剧团》，1978年6月29日《人民日报》）

本月 与田汉、王平陵、老舍、宋之的、葛一虹、冯乃超等出席"一九四一年文艺趋向的展望"座谈会。（2月3日重庆《新华日报》；中华全国文艺抗敌协会主编《抗战文艺》第7卷第1期）

◎ 与阳翰笙、冯乃超、郑伯奇、光未然等人主持文艺理论刊物《文艺工作》，由大东书局出版。（戈宝权《忆抗日战争期间的冯乃超同志》，《新文学史料》1984年第1期）

◎ 托人嘱咐在仰光的唐瑜，"一切要多加小心，不要引起外人的注目"。（唐瑜《忆郭老二三事》，《新文学史料》1979年第2期）

◎ 根据周恩来的指示，在"皖南事变"后，要"勤业、勤学、勤交友"，以保存干部为新的斗争准备，在文化工作委员会开展学术活动。（臧云远《从天官府到赖家桥》，《群众论丛》1980年第2期）

◎ 作《闻新四军事件书愤二首》，写道："风雨今宵添热泪，山川何日得清时？怅望江南余隐痛，为谁三复豆萁诗？"表达对蒋介石杀害新四军成员的愤慨。

初收作家出版社1959年11月初版《潮汐集·汐集》，现收《郭沫若全集·文学编》第2卷。

2月

5日 闻戏剧家洪深一家因经受不住时局的压迫而服毒自杀，即带领医生前往急救。洪深一家被抢救脱险后方离去。（《惨哉！经济逼人 洪深全

家昨服毒　幸郭沫若率医施救未死》，6日《新蜀报》；凌鹤《关于洪深先生的"不幸"》，7日重庆《新华日报》）

◎ 在东方文化协会第一次常务理事会上，被聘为研究宣传联络组织委员会主任委员。(6日重庆《新华日报》)

10日　《出钱劳军是军民合作的桥梁》发表于重庆《新蜀报》。文章说："全国慰劳总会这一次发起了出钱劳军竞赛运动，从明天起就要开始预赛了，今晚在'出钱劳军是军民合作的桥梁'这个题目下要兄弟来广播。""抗战以来就全靠前方将士们的英勇奋斗和慷慨赴义，我们的国家权力是增强了，大后方的人民获得了长时期的安宁以后，我们怎样也是应该感谢他们的，我们拿出钱慰劳他们是理所当然。""有钱的人把钱用到慰劳将士和抗战军人家属上，我相信比这更有利益的事还没有的。你们不要以为那钱是白白地施舍了，其实那会连本带利的还你们，而且还是一本万利。你们要想保障你们的钱财是不是要保险箱或者保险公司呢？这些东西于你们有利，可以不用说明，而国家的军备在目前侵略火焰四处燎原的时候，正是极安全的保险库和保险公司。有钱的，不妨从这样的观点去着想吧，你们似乎尽可以安心出钱，钱出了不是白费的。"

18日　响应中华全国文艺界抗敌协会关于"卖字捐款劳军"的号召，所作书法开始在《新蜀报》观音岩278号营业厅拍卖，与老舍成为"此次卖字售出最多者"。(21日《新蜀报》；3月9日《新蜀报》)

中下旬　收到李一氓自桂林寄来的词《绛都春》，虽未署名，但知作者为谁，并知其已逃过皖南之劫。后汇款救济，然李已离开桂林赴香港。（《李一氓回忆录》，人民文学出版社2001年第1版）

◎ 收到常任侠询问所借甲骨片的来信。（常任侠《战云纪事》，海天出版社1999年9月版）

25日　访常任侠，送还甲骨和考古拓片等资料。（常任侠《战云纪事》，海天出版社1999年9月版）

28日　兼任军事委员会政治部戏剧指导委员会副主任。

张治中为主任委员，常务委员包括洪深、田汉、熊佛西等。（28日重庆《新华日报》）

本月　书旧作《夜会散后》赠陈叔谅（陈布雷之弟）。文字有较大改动。改后为："银烛渐烧残，幽光明欲灭。开门见天星，含笑悄相悦。耳塞了无闻，得非万籁寂。凉风侵客肌，应自秋虫泣。"（手迹载《郭沫若书法集》，四川辞书出版社1999年11月版；事见《四川大学学报丛刊》1986年9月第31辑）

◎ 修改历史剧《棠棣之花》。

◎ 为马寅初六十寿辰作寿联："枳棘成而刺，担黎食之甘。"由周恩来、董必武、邓颖超联名赠送马寅初家中。寿联刊载于《人物杂志》1947年第5期。

次年八月马寅初从狱中被押回家中软禁时，方见此寿联。

2、3月间

◎ 邀从延安来重庆与国民党进行谈判的董必武、林祖涵、王若飞在家中晚餐，周恩来夫妇亦参加。大家在用餐时，对当前抗战的形势进行了讨论，席间还听林祖涵等关于延安文化、戏剧演出活动的介绍。（潘孑农《〈屈原〉的演出及其它》，《四川大学学报丛刊》第13辑）

3月

3日 与田汉相约，准备过江骑马登南山去春游。（《题六骏图》，桂林《戏剧春秋》1941年10月第1卷第5期）

6日 在寓所为田汉赴桂林饯行，并题七绝一首《送田寿昌赴桂林》。允为其所得《六骏图》拓本作题识。诗与之后所题七绝5首，发表于桂林《戏剧春秋》10月10日第1卷第5期，总题为《题六骏图——为田寿昌六骏图拓本题识》，此诗为第6首。诗云："南山昨日事春游，并辔江边君兴豪。伏枥何能终老此？长风万里送骅骝。"附记："寿昌于三月三日曾约余过江骑马登南山越三日即乘舟东下，将暂别矣。留六骏图嘱题，因各系一绝兼以纪别。"

初收作家出版社1959年11月初版《潮汐集·汐集》，现收《郭沫若全集·文学编》第2卷。《题六骏图》中另外五首诗作为《送田寿昌赴桂林》的附录也收入《郭沫若全集·文学编》第2卷。

◎《完成神圣的任务》发表于重庆《新蜀报》。写道："抗战以来，我全国在'有钱出钱，有力出力'这一口号底下，确已对民族国家贡献了很大的力量。""但是，不能讳言，在过去四十一个月中，'有钱出钱'尚落在'有力出力'之后，我们虽然有许多深明大义，爱国家，爱民族的中国实业家，金融界，把他们的生产工具拿来为抗战建国服务，已把他们的资金一部或全部由献金或购买公债移借政府。但是，在另一方面我们看到还有许多民族工厂留在敌后给敌人汉奸利用，巨额资金还留在敌后沦陷区。""我们一方面要求政府切实依照工业奖励法及非常时期华侨投资国内经济事业奖励办法，给海内外实业家以奖励和保障，保持政府过去美好的债信，严密债款的管理和监督，务使债款每一文钱都花在抗建事业上面来，另一方面希望拥有资金的同胞：不要忘记数十年来日寇所加于我们中华民族的耻辱，不要忘记日寇屠杀我们父母，兄弟，姊妹，妻子的深仇，怀念着百万英勇将士为民族国家洒了光荣的热血，数百万前线将士在枪林弹雨中浴血抗战，坚定抗战必胜建国必成的信念，继承前贤毁家纾难的光荣传统，侨胞们尤要发挥过去资助祖国革命的精神，把所有资金投资大后方生产事业，或购买建设公债，军需公债用于抗战事业。"

9日 下午，在夫子池新运会礼堂，参加外交协会召开的题为"风云激变中的太平洋问题"的第36次座谈会，与王芃生、王芸生等发表了意见。（9日《新华日报》）

15日 作七律《建设行》，咏道："今日人民望建设，抗敌同时固国址。建国建屋理无殊，人生建设亦如此。"

初收作家出版社1959年11月初版《潮汐集·汐集》，现收《郭沫若全集·文学编》第2卷。

◎ 当选为中华全国文艺界抗敌协会第三届理事会理事。（23日《新华日报》）

16日 诗《敬吊寒冰先生》发表于《国民公报·星期增刊》。写道："战时文摘传，大笔信如椽。磊落余肝胆，鼓吹地动天。成仁何所怨，遗惠正无边。黄桷春风至，桃花四灿然。"

寒冰，孙寒冰，1937年1月创办并主编中国第一本文摘类杂志《文摘》。抗战爆发后，改为《战时文摘旬刊》，编辑方针亦改为"宣传抗战必胜，日本必败"。1940年6月日机轰炸重庆时罹难。（蔡震《郭沫若生平文献史料考辨·"大笔信如椽"》，社会科学文献出版社2014年7月版）

22日 作五言诗《鞭石谣》。诗云："秦皇筑石桥，过海观日出。时乃有神人，驱石苦不疾。以鞭鞭石脊，血流至今赤。为此奇说者，深知民苦役。石犹有血流，黎民应化腊。神人遍天下，威武逾于昔。"

初收作家出版社1959年11月初版《潮汐集·汐集》，现收《郭沫若全集·文学编》第2卷。

23日 上午，往一园戏院参加第三次国际问题座谈会，主题为"美国与欧战及中日战争之关系"。

从此次会议起，"座谈会"更名为"演讲会"。（17日、23日《新华日报》）

◎ 夜，为27日孩子剧团在国泰大戏院公演石凌鹤编导的《乐园进行曲》作《向着乐园前进》。发表于27日重庆《新蜀报·蜀道》第393期。文章肯定了孩子剧团从"八一三"成立后所取得的成绩，希望这些"永远的孩子，把我们中国造成地上乐园"。

24日 晚，在中央电台发表题为《从日寇南进说到劝募公债》的广播演讲。演讲词载25日重庆《新华日报》，25日《时事新报》，25日至28日《国民公报》。演讲首先指出日寇"灭亡中国，霸占世界的野心"，已暴露无遗了。在分析了当前世界政治、军事形势之后，认为，"这时候，我们如果存着侥悻或躲避心理，让日寇去南进我们自己姑且休息一下，观望一下，那么一方面懈怠了自己的意志，消磨了自己的力量，一方面是增加了日寇南进的顺利"，我们应当"积极反攻，乘虚出击"，"收回失地"，"我们必须，第一，集中全国的实力，把可用的人员都动起来，把已经动员起来的人力，都用在反攻日寇的战争上面去。第二，是集中全国的物力，把一切游资存款，都用在购买军火，促进生产的事业上去"。最后动员说："现在全国各省正在进行劝募战时公债运动"，"我们就在这一件事上来尽力吧！有钱的尽自己的钱来购买公债，无钱的尽自己的力去奔走劝募，说服有钱的人购买公债。战时公债得以畅销，就是最现实的在日寇南进中打击日寇的一个积极的有效力法"。

30日 下午，邀胡风等于文协第三届第一次理事会后，来寓所喝茶。（胡风《重庆前期——抗战回忆录之十》，《新文学史料》1987年第3期）

春

◎ 皖南事变之后，在周恩来领导下，组织重庆文化界进步人士先后转移到中国香港、缅甸等地。

◎ 致信转移到香港工作的夏衍，庆幸他们平安脱险，要他妥善安排同人的生活和工作。还说："我们这里幸亏还有一块小小的'租界'，头上，还有一棵擎天大树。"署名"鼎堂"。（见夏衍《知公此去无遗恨——痛悼郭沫若同志》，《悼念郭老》，生活·读书·新知三联书店1978年5月版）

"租界"指文化工作委员会；"大树"，指周恩来。

◎ 给一直想去解放区，不愿去缅甸的赵沨做思想工作，使其安心离开重庆到仰光去工作了。（夏衍《知公此去无遗恨——痛悼郭沫若同志》，赵沨《回忆郭老的一些片断》，《悼念郭老》，生活·读书·新知三联书店1979年5月版）

4 月

2 日 作《抗战中国的文艺动态》。（郭沫若纪念馆馆藏资料）

4 日 作儿歌《满天星》，讲述牛郎织女传说的神话故事。

初收作家出版社1959年11月初版《潮汐集·汐集》。现收《郭沫若全集·文学编》第2卷。

5 日 作《题李可染画二首》。《题水牛图》赞水牛道："落拓悠闲感，泱泱大国风。农功参化育，气宇混鸿蒙。知足神无馁，力充度自雄。稻粱麦黍稷，尽在一身中。"《题峡里行舟图》咏叹："峡底船如陆上行，奇峰迫岸竞峥嵘。山川到此增颜色，蜀道由来不太平。"

初收作家出版社1959年11月初版《潮汐集·汐集》，现收《郭沫若全集·文学编》第2卷。

7 日 作七律《感时四首》。发表于《诗刊》1959年10月号。写道："大好河山几劫尘，干戈又渡一年春。嘉陵三月炎如暑，巫峡千寻障此民。工部草堂空有草，武侯神庙久无神。自从铁骑沉冤狱，满望东间斯足人。""万汇生存一竞争，战时踪迹等飘萍。愧无金版陈韬略，欲挽银河洗甲兵。狼火满山烧土赤，鸡声四野叫天明。谁将民意为炉炭？铁血终当铸太平！"

初收作家出版社1959年11月初版《潮汐集·汐集》，又收重庆出版社1963初版《蜀道奇》，现收《郭沫若全集·文学编》第2卷。

10 日 往百龄餐厅，参加回教文化协会招宴，夜十时始散。（常任侠

《战云纪事》，海天出版社 1999 年 9 月版）

17 日　中午，抱病接待青年画家张悲鹭，并作七言诗《题张悲鹭百八虎图卷》。发表于 21 日《新蜀报·七天文艺》。诗前有小序，述张悲鹭来访经过，赞其"实为后起之秀，因以诗记之，题其卷首"。诗中有句："于时我正卧病中，展图入室快观睹。""穷形极态兴颇酣，画虽稚弱志可取。观罢离榻感奋兴，吾病霍然忘所苦。"

初收作家出版社 1959 年 11 月初版《潮汐集·汐集》，题名《百虎图》，删去小序，文字有改动；现收《郭沫若全集·文学编》第 2 卷。

20 日　作诗《华禽吟》。写华禽与乳虎追逐嬉戏事："华禽思振翮，乳虎力攀追。丛中跃起拥禽尾，翎落如花葵。华禽俯首生怜爱，奈何虎重不能载？乳虎堕入草丛中，禽已高飞在天外。从此虎心悲，丛中长殒泪。残翎几片抱在怀，寸寸肝肠碎。"

初收作家出版社 1959 年 11 月初版《潮汐集·汐集》，现收《郭沫若全集·文学编》第 2 卷。

22 日　致杨树达信。谓："三月廿七日惠札及《京师解》诸大作均已由叔平先生转下，读后甚为愉悦。处重庆实如居炼狱，突与学术空气接触，倍觉穆如清风也。"信中就杨树达著《京师解》等研究成果中的一些考释，谈了自己的看法。对"年来无良书可读，同感痛苦"。对于《易经》，认为，"曩读《易》，见爻辞中两见'中行告公'句，又有'朋亡得，尚于中行'语，疑是用中行桓子故事，足证《易经》之作实甚晚。近复见旅卦有'得其资斧'、巽卦有'丧其资斧'语。《释文》言'资斧'别本作'齐斧'，古注于此似多不得其解。余疑即古泉中之齐邦法货也，亦为《易》作甚晚之一证。姑录出以供一笑"。（《积微居友朋书札》，湖南教育出版社 1986 年 7 月版）

26 日　常任侠携论文《汉唐时代明器之俑的溯源》来寓所。（常任侠《战云纪事》，海天出版社 1999 年 9 月版）

27 日　下午，在抗建堂参加政治部文化工作委员会文艺讲演会，讲《诗歌底创作》，整理后发表于 1944 年 10 月、11 月重庆《文学》月刊第 2 卷第 3 期、第 4 期。文前有小跋："卅年四月廿七日，曾在抗建堂讲此题，今根据当时的记录把它整理出来，以供初学写诗者参考。"文章说："诗实在并不是好神秘的东西，只要你有真实的感情，你心里有了什么感动,你把它一说出便成为诗。为了你自己,你可以不必多加说明,但要使别人明白你到底是为了什么而感动,你是须得加些说明上去的,那样,你的诗便自然要长长了(上声)。而且也可能生出一些变化来。"在讲述诗与歌的不同时说:"古时候每种诗都是唱出来的,因而诗与歌不可分。但到后来,这两者也就逐渐起了分化,已是两种形式了。大体上说来,直接表达感情,音韵的成分较外在的便是歌,间接刻划情绪,音韵成分比较深入的便是诗。""诗愈朝现代走,外在音韵的成分愈见稀薄,古人所遵守的严格的平仄规律与脚韵逐渐地遭了扬弃,竟达到了现代的散文诗的时代。诗是更加自由,更加裸体化了。因而现代的诗人便发生出诗究竟应该用韵,还是不应该用韵的问题。但这所说的韵是限于外在的韵,尤其是韵脚,如是广义的节奏情调的那种韵,那是诗的生命,诗是不能没有韵的。外在的韵是语言文字的音乐性,这是附加于诗上的一种东西,而不是诗的本身。""诗的能伟大不伟大,不是诗形式的问题,而是人的问题,人格的问题,思想的问题,生活的问题。"在谈到灵感问题和做什么样的诗人时指出:"在我看来是有的,而且也很需要。不过这种现象并不是什么灵鬼附了体或是所谓'神来',而是一种新鲜的观念突然使意识强度集中了,或者先有强度的意识集中,因而获得了一种新鲜观念而又累积地增强着意识的集中度的那种现象。忠于一种正确的思想即真理,以这为生活的指标,而养成自己的极端犀利的正义感,因而能够极端真挚地憎与爱,这便是诱发灵感的源泉。你的生活范围愈大,你的灵感的强度也就愈大,你如能以人民大众的生活为生活,人民大众的感情为感情,那你的灵感便是代表人民大众的。更进一步的努力,便是要用人民大众的语言,来巧妙地记录这种灵感。这样的诗人和这样的诗,正是时代所期待着的。"

本月 为叶南、彦实甫著,重庆欧亚文化月刊社本月出版的《战时的英国》一书题签。

5月

1日 作七律《奔涛》:"含怒奔涛卷地来,排山撼岳走惊雷。大鹏击海培风起,万马腾空逐浪推。载复民情同此慨,兴衰国运思雄才。为鱼在昔微神禹,既倒终当要挽回。"

初收作家出版社 1959 年 11 月初版《潮汐集·汐集》，现收《郭沫若全集·文学编》第 2 卷。

2 日 作七绝《题悲鹭百蝶图》四首。发表于 1943 年 9 月 28 日《时事新报》。咏道："百日绣成百蝶图，看来真个费工夫。美中极致浑忘我，欲问庄生醒也无？""刹那春梦卷云霞，直把衡门作帝家。一片玲珑新境地，万丝千缕系芳华。"

初收作家出版社 1959 年 11 月初版《潮汐集·汐集》，改题为《百蝶图四首》；现收《郭沫若全集·文学编》第 2 卷。

3 日 作《青年哟，人类的春天！》，纪念"五四"运动二十二周年。发表于 4 日《新华日报》。指出："青年是发展的动力，同时也就是进步的象征。""'五四'以来的二十二年间的进展，毫不夸张地，可以说抵得上'五四'以前的二千二百年间的进展。我们不要为泥古的习惯所囿，应该把眼光看着前头。""每一个人把青壮年时期一过，肉体的大部分官能便翻过抛物线的顶点而走向老衰的下坡路。但也非真正绝对地不能克服。""伟大的人便能以后谢的精神力量统御早衰的肉体官能，决不向老衰屈伏。""一个人老当益壮的精神强，那人必然伟大，一个人未老先衰的气象十足，那人必然腐败。"希望"青年自己也应该以民族的主人，文化的创造者，自尊自重"。

初收重庆文学书店 1942 年 4 月初版《蒲剑集》，又收上海海燕书店 1947 年 7 月初版《今昔蒲剑》，后收《沫若文集》第 12 卷，现收《郭沫若全集·文学编》第 19 卷。

4 日 晚，出席张治中部长为文化工作委员会举行的招待会。在张治中"希望文化界人士，没有走的就不要走了"的讲话后致辞，表示"鞠躬尽瘁，死而后已"。

在会上，有人散发了国民党鲁觉吾编辑的《文艺青年》，主要内容为污蔑和攻击郭沫若、胡风等。（胡风《重庆前期——抗战回忆录十》，《新文学史料》1987 年第 3 期）

上旬 与黄炎培、沈钧儒、章士钊、沈尹默、梁寒操等人，发起组织成立友声书画社，"目的在以所得润资，捐助优待出征军人家属费用"。（8 日重庆《新华日报》）

15 日 访问记《文坛老战士郭沫若纵谈时局》发表于《华商报》。

对于时局表示说:"目前阅读进步理论书籍既然犯'禁',青年人无妨学好几门外国文,许多科学上的成果,都是要从外国文的典籍中去探寻的。史地的常识也极重要,青年人必须丰富自己的知识领域,单凭一些粗浅的政治宣传口号,实不足以解决实际问题的。""美纵可亲,苏为什么要反?美国的援助固然必要,而苏联的援助则是至今并未断绝,且新近还有新的东西到来,就纯从利害打算吧,我们怎么能够采取反苏的态度呢?""每次我们举行讲演会、座谈会时,成千成百的青年,从江北,从南岸,从沙坪坝,甚至从几十里的地方,跑来听讲,你说这种现象能说明文化会被阻止向上发展吗?"

21日 作五律《和沈衡老》。题记:"衡老梦为营长,以诗见示,踵韵和之。"诗写道:"奇哉营长梦,磊落古人风。一意通潜识,众心望反攻。釜鬵谁与溉?仇泽我从同。不听鸡鸣久,鹑雏却满笼。"

初收作家出版社1959年11月初版《潮汐集·汐集》,现收《郭沫若全集·文学编》第2卷。

27日 作《蒲剑·龙船·鲤帜》。发表于30日重庆《新华日报》,又发表于6月25日《中苏文化》第8卷第6期。讲述端午节纪念屈原和伍员,因为"两人同是被一些邪辟小人迫害而死了的,由民族的正义感竟把这个日子当为了忌日。这一天认为百邪群鬼聚会的日期","故尔每一个人为自卫和卫人计,都须得齐心一意的来除邪鬼","要以兰汤为浴,以菖蒲泛酒","更进而除去一切宇宙中的邪辟吧,以蒲为剑,以艾为犬,岂不象征着要民族的每一个人都成为驱魔的猎人,伏虎的斗士?"文章说,中国端午节的风俗传到日本后增加了"鲤帜","'鲤帜',在日本人,是认为努力争取功名利禄的表现。争取功利之极则不惜牺牲他人以肥自己,这是日本人的活生生的国民教育"。所以,"使日本民众知道端午节的意义是整饬自己乃至牺牲自己以拯救正义,在东亚才能有和平出现的一天"。

初收重庆文学书店1942年4月初版《蒲剑集》,又收上海海燕书店1947年7月初版《今昔蒲剑》,后收《沫若文集》第12卷,现收《郭沫若全集·文学编》第19卷。

下旬 与于右任、冯玉祥、王统照、田汉等文化界人士53人联合发起将端午节定为诗人节。并修改、定稿臧云远起草的《诗人节缘起》,以

中华全国文艺界抗敌协会的名义发表。(30 日《新华日报》)

◎ 为李可染画屈子像题词，于第一届诗人节挂在会场孙中山遗像下。(31 日《新华日报》；老舍《第一届诗人节》，《宇宙风》第 120 期)

30 日 晚，出席在重庆中法比瑞同学会礼堂由全国文艺界抗敌协会主持召开的首届诗人节大会，作了演讲。考证了屈原的生卒年，并称："伟大的民族诗人——屈原——的忌日，在二千二百一十九年前的今天，那时正当楚怀王廿一年，享年六十二岁！他的死，既非由于牢骚抑郁，更不是消极的自杀，而是以崇高的殉国精神而从容就义！"

演讲毕，由光未然、高兰朗诵了郭沫若译《离骚》。于右任担任大会主席，到会者四十余人。(31 日《扫荡报》《新华日报》；老舍《第一届诗人节》，《宇宙风》第 120 期；高兰《回忆第一届诗人节》，《新文学史料》1983 年第 3 期)

6 月

4 日 作《舞》。发表于 6 日《国民公报·新舞踊特刊》。认为："轻视乐和舞，或径直不解乐和舞的民族，是民族衰老的征候。年青的人是喜欢乐和舞的，年青的民族也是喜欢乐和舞的。乐与舞不能分离，舞或者竟可说是音乐的形象化。中华民族正在酝酿着大规模的青年化运动，音乐的复兴的机运已很蓬勃，舞的复兴是应该加紧促进的。""希望有一天，舞的练习，再能成为国民教育的必修科目之一。"

上旬 致信常任侠。(常任侠《战云纪事》，海天出版社 1999 年 9 月版)

18 日 晚，与周恩来、冯玉祥、董必武、沈钧儒、梁寒操等出席由中苏文化协会、文化工作委员会、国际反侵略大会中国分会等 10 单位联合举办的纪念高尔基逝世五周年大会，并作讲演。讲演词以《活的模范》为题发表于 22 日《新华日报》；又以《写在高尔基逝世五周年的一天》为题发表于 25 日《中苏文化》第 8 卷第 6 期；复以《活的模范——重庆纪念高尔基大会中演讲原稿》为题发表于 7 月 18 日香港《华商报》。指出："全世界拥护自由、热爱光明的人都在纪念他，纪念这位'活的模范'，响应他的'向自由，向光明的高傲的号召'。""有了高尔基这样死了而永远活着的人，令我们对比他不得不联想到有很多活着已经永远死去了的人。特别是在高尔基逝世五周年的今天，我们的一位出卖民族利益的大汉奸汪精卫正亲身在倭寇的宫庭里朝觐。""汪精卫成为小丑，高尔基和歌德成为神圣，这儿正透露了文学和艺术的秘密，也就是透露了新现实主义的秘密。艺术的真实和现实的真实并不必是一致，然而艺术也真实，事实上比现实的真实有时还真实。"讲话指出："我们中国人对于是非善恶的判别素来是敏感的，尤其是在目前与横暴的日本帝国主义已经作了四年的殊死战的现在，谁个不知道合乎民族解放的利益的便是善，反乎民族解放的利益的便是恶，善的我们固然要尽力的表扬，恶的也要毫不容情的尽量的夸张。"（事见19日《新华日报》）

初收重庆文学书店1942年初版《蒲剑集》，题作《活的模范》；又收上海新文艺出版社1955年第1版《今昔蒲剑》；后收《沫若文集》第12卷；现收《郭沫若全集·文学编》第19卷。

20日 作《诔辞》，悼念张自忠。发表于张上将自忠纪念委员会1948年7月9日《张上将自忠纪念集》："呜呼！荩忱将军大义已悬，大仁已成。赫赫之烈概泂足宾乎，惇惇之嘉名不以修能。重其内美，自有取舍进退之权衡。曾举世非之而未尝加阻，纵举世誉之亦何所溢乎！其风声，日月失其耀，雷霆失其鸣，泰岱失其高，金石失其贞，更何有于雕虫小技之营营！余唯知寇犹未灭，毅魄必常附旗旌，直向目标迈进，偕国旗而永生！"

24日 作《对于文艺上的希望》。（郭沫若纪念馆馆藏资料）

30日 作《今日新文字运动所应取的路向》。发表于本年《香港新文字学会会报》。写道："假使每个人都存心加紧学习，恐怕就是最好的路向吧。已经懂得新文字的人，就连新文字运动的专家，据我看来都还是应该加紧学习。""要想把新文字运动做好，要想能切实地胜任愉快，自己非真正成为一个语言学的专家，恐怕是不行的。""反对新文字的人，我们应该尽量的劝谕"，对于"站在政治立场上反对的人"，"最好的办法，也就是加紧我们的学习"。强调指出："毫无问题，中国文化的精粹处今后还要得到两重的保障，有旧文字的原封，还有新文字的改装。"

初收上海大孚出版公司1947年12月初版《沸羹集》，后收《沫若文集》第13卷，现收《郭沫若全集·文学编》第19卷。

本月 为赵忍安书录近作："百万雄兵一卷诗，指挥若定两死之。鞭龙急起兴霖雨，天下苍生望有为。"（《郭沫若书法集》，四川辞书出版社1999年

11月版）

夏

◎ 在赖家桥文化工作委员会举行的文学座谈会上，作关于孔子的学术报告，说孔子很开明，而历代统治阶级按自己的意愿涂饰孔子，使得孔子形象跟孔子本人越来越不像。（臧云远《从天官府到赖家桥》）

◎ 看完翁植耘写的诗后，留他在家中吃饭，饭后给他讲诗人的问题。（翁植耘《励志读书　洁身藻德——忆郭老对我的关怀》，《郭沫若研究》第1辑，文化艺术出版社1985年8月版）

7月

1日　作《世界反法西斯大战中迎接抗战第五年》。发表于8日《新蜀报·"七七"四周年纪念特刊》，收第三战区司令长官司令部编印《胜利的四年》。写道："自苏德战争以来，整个旧大陆被战争的烽火燃遍了。""在这人类史上空前未有的世界大战中，阵线是异常的鲜明。一面是德意日等轴心国家所领导的侵略战线，另一面便是中苏英美等民主国家所领导的反侵略战线。""然而偏偏有人喜欢算旧账，在斥人为：'陋'而自诩聪明。""事实上无论从政略和战略上来说，苏联在这一次的新战争上，已经是胜利了。使反社会主义的战争转化而为了反法西斯谛的战争。""我们的神圣抗战已经整整四年了，事实上我们是领导了全世界反法西斯大战而来，我们今日的任务应该加紧我们内部的团结，以更始一新的力量来迎接我们抗战的第五年。"

2日　夜，作短篇小说《金刚坡下》。发表于7日重庆《新华日报》。通过两名妇女受荐头老板和联保主任的欺诈，后来终于觉醒并起来反抗的故事，控诉日本帝国主义的罪恶。

初收重庆群益出版社1945年9月初版《波》；后收《沫若文集》第5卷，误将写作时间定为1945年7月2日；现收《郭沫若全集·文学编》第10卷。

6日　下午，在抗建堂出席并主持文化工作委员会举行的第四次国际问题讲座，请梁寒操、谢仁钊、张志让、邓初民、王昆仑以及潘念之等人

作题为《四年来国际形势的演变与我抗战》的演讲。在致辞时，赞扬了四年来全国军民英勇奋战之精神。(7日《新华日报》)

7日 下午，出席文化工作委员会举办的文化界座谈会，作题为《中日四年文化战》的报告。报告摘要以《让我们结成一座新的长城——四年来文化战线上的总检讨》为题发表于8月13日《新华日报》；报告全文以《四年来之文化抗战与抗战文化》为题，发表于军事委员会政治部8月13日编印的《抗战四年》。报告说：四年来我国的文化，一句话，是反侵略的文化，是正义与强暴搏斗的文化。四年来我国动员一切力量抗战，一切服从于抗战，文化也服从于抗战。四年来我国的文化运动，是"五四"以来我国反帝反封建的文化运动的发扬与光大，是我们抗战建国的一种主要斗争武器。在抗战第一期，这武器主要是配合军事抗战，抗战进入第二期后，便以配合政治抗战为主了。报告讲述了四个问题：（一）"七七"以前我国的文化运动对抗战的准备；（二）抗战第一期的敌文化侵略与我文化抗战；（三）抗战第二期的敌文化侵略与我文化抗战；（四）今后我国文化运动发展的方向。前三个问题是对"七七"以前及全面抗战以来敌寇文化侵略与我文化抗战的总结；第四个问题是讲新文化运动目前正发展着以及今后发展的四大方向。指出：今后文化工作的中心将仍是现实化、团结化、战斗化。

8日 下午，在抗建堂主持文化工作委员会举办的文艺演讲会并讲话。与阳翰笙等人的讲话一起，以《抗战艺术的新任务》为题发表于22日《新蜀报》。指出，"艺术文艺的本质，就是鼓励斗争精神"，"人类是不断斗争的，和一切后退的作斗争"，"文化，文艺，艺术是与一切后退作斗争的。因此我们此时应该认清文艺和艺术的本质以及它的使命！今天要讲的题目是'抗战艺术的新任务'，目的是要根据客观的需要和主观的力量来检阅一下阵容，并且针对着新的国内外形势所起的各种现实问题，来决定新的战略和战术"。

演讲会请郑伯奇、阳翰笙、应云卫、王云阶、叶浅予等分别讲述抗战第五年文学、戏剧、电影、音乐、绘画各部门之新任务、工作。

11日 与沈钧儒、邓初民、陶行知、柳亚子、茅盾、郁达夫等264人联名签署的《中国文化界致苏联科学院会员书》发表于《新华日报》，又发表于《中苏文化》第9卷第2、3期合刊。表示坚决响应苏联科学院

6月28日致各国科学家的通电，呼吁全世界文化界一致起来反对文化与科学最恶毒的敌人——法西斯强盗。

◎ 作《庄子与鲁迅·补遗》，随《鲁迅与庄子》收入《蒲剑集》。补记鲁迅著作中两处征引文献的出处及与原文之异同："（一）'空穴来风，桐乳来巢（《华盖集——我的籍和系》）'。此乃庄子逸文，见《文选赋》注及《艺文类聚》卷八十八所引，作'空阅来风，桐乳致巢。'""（二）'庄子所谓，察渊鱼者不祥。'（《两地书》第八信）此实见《列子·说符篇》'周谚有言：察渊鱼者不祥，智料隐匿者有殃。'"

15日 与梁寒操、王昆仑等出席中苏文化协会举办的苏德战争座谈会，以《苏联抗德战争之形势》为题作战况报告。内容摘要以《苏联，为人类自由幸福而战着！》为题发表于16日《新华日报》。针对一些人对苏德战争的看法，指出："对苏德战争的认识和分析必须以事实论事实，不能拿不着边际的，只作妄想空谈。"（15日《新民报》）

16日 作七律《和老舍原韵并赠三首》。咏道："江边微石剧堪怜，受尽瑳磨不计年。凝静无心随浊浪，飘浮底事问行船。内充真体圆融甚，外发英华色泽鲜。出水便嫌遗润朗，方知笼竹实宜烟。""未有诗人不太痴，不痴何为苦为诗？千行难换粮千粒，一世终为宿一枝。意入天边云树远，名书水上月华迟。醍醐妙味谁能识？端在吟成放笔时。"

初收作家出版社1959年11月初版《潮汐集·汐集》，现收《郭沫若全集·文学编》第2卷。

◎ 作五律《赠谢冰心》："怪道新词少，病依江上楼。碧帘锁烟霭，红烛映清流。婉婉唱随乐，殷殷家国忧。微怜松石瘦，贞静立山头。"注云："几日前，曾偕老舍、冯乃超等人往重庆郊外歌乐山看望住在这里，正在养病的冰心，此诗是托老舍送给冰心的一张条幅。"

初收作家出版社1959年11月初版《潮汐集·汐集》，现收《郭沫若全集·文学编》第2卷。

18日 作五律《秋风》，和老舍《礼星》诗韵。诗云："秋风何太早，寒意透窗纱。子女中宵病，欃枪天外斜。心忧凝似蜡，世味瘠于砂。满地干戈日，未应梦虺蛇。"

初收作家出版社1959年11月初版《潮汐集·汐集》，现收《郭沫若全集·文学编》第2卷。

20日 作诗《纪念日本人反战同盟一周年》。表彰日本人反战同盟，称赞他们："英雄肝胆佛心肠，铁血余生几战场。革命精神昭日月，和平事业奠金刚。风声飒飒流松籁，鸟语嘤嘤庆草堂。同是东方好儿女，乾坤扭转共担当。"

初收作家出版社1959年11月初版《潮汐集·汐集》，现收《郭沫若全集·文学编》第2卷。

◎ 为日本人反战同盟秋山龙一题字："突破一切的困难，向着目标前进。"（据手迹）

21日 作七言诗《天鹅蛋》："青青巨卵号天鹅，一蕾晨兴奏凯歌。廿六瓣开银唢呐，万千针刺碧波罗。憾无彩笔留真影，徒对阳乌感逝波。待得花开花又谢，一年真个一刹那。"

初收作家出版社1959年11月初版《潮汐集·汐集》，现收《郭沫若全集·文学编》第2卷。

27日 上午，与友人张志让交谈工作上的事，"并就国内国外的情形交换了一些消息和意见"。（《龙战与鸡鸣》）

◎ 作《龙战与鸡鸣》。发表于《笔谈》半月刊9月16日第2期。记述与友人张志让（季龙）评论大汉奸汪精卫近来写的一首七律，认为"无论是怎样的卑劣无耻或穷凶极恶的人，似乎也总有天良发现的一个时候"。"他这诗必然是在赴日朝觐以前做的"，"这天良的发现，其实就是社会的正义对于奸恶小人的一种责罚"。文章还寄怀并称赞朱德于1938年12月23日所写的白话诗《重逢》，称其"有点气魄"。

初收香港孟夏书店1941年11月初版《羽书集》，后收《沫若文集》第11卷，现收《郭沫若全集·文学编》第18卷。

◎ 参加文化工作委员会为归国四周年在赖家桥全家院子举办的庆祝会。

周恩来、邓颖超出席并题词："郭先生回国四周年纪念。"（翁植耘《文化堡垒》，《在反动堡垒里的斗争》，重庆出版社1982年9月版；戈宝权《忆抗日战争期间的冯乃超同志》，《新文学史料》1984年第1期）

8月

10日 作《〈告鞭尸者〉附记》，发表于9月17日《新蜀报·七天文艺》第 23 期。后附于《告鞭尸者》篇末。谓，《告鞭尸者》（作于 1940 年 10 月 20 日）"是一篇未写完的稿子。是去年鲁迅逝世四周年纪念的第二天写的，以下还想写些什么，却是忘了。就这样也觉得有点意思，就让它去见见世面吧"。

15 日　作《〈由四行想到四川〉附记》，表示，以刘湘后来的表现，"证明我对他的非难，有点失诸急躁"，并附记刘湘去世时写的一副挽联。

随《由四行想到四川》收入香港孟夏书店 1941 年 11 月初版《羽书集》；《由四行想到四川》收入《沫若文集》时，本附记被删；现收《郭沫若全集·文学编》第 18 卷，附录于《由四行想到四川》文末。

17 日　作儿歌《燕老鼠》："燕老鼠，／夜夜来，／象只飞机飞得快。∥落下伞，／随身带，不怕高射炮，／轰也轰不坏。∥飞来飞去多自在。"

初收作家出版社 1959 年 11 月初版《潮汐集·汐集》，现收《郭沫若全集·文学编》第 2 卷。

19 日　致信孙望。认为《中国诗艺》复刊第 2 期发表的"《从农场里出来》，颇为新鲜、明朗而健康；《诗坛闲步》也写得轻灵巧妙。但白鹤的《轰炸后》却引起不能共鸣的感觉"，因为"据四年来所见"，"凡经轰炸后之第一印象，大家都是乐观"，"这原因，我想是由于自己的生命，越过了一道死线，普遍地生出了一种力量极大的喜悦吧"。（手迹见南京师范学院中文系编《文教资料简报》1978 年第 7 期《怀念郭老》一文中）

21 日　作诗《蝙蝠的抗议》。发表于桂林《文艺生活》月刊 10 月 15 日第 1 卷第 2 期。写道："燕老鼠是英勇的空军部队，／我们惯在黄昏时进行空袭！／扫荡那些吸血成性的妖怪！∥燕老鼠是赍送幸福的使徒，／我们喜欢反侵略的中国人，／他们知道我们是象征着'福'！"

初收作家出版社 1959 年 11 月初版《潮汐集·汐集》，改题为《燕老鼠的抗议》；现收《郭沫若全集·文学编》第 2 卷。

◎ 作诗《轰炸后》，发表于桂林《文艺生活》月刊 10 月第 1 卷第 2 期。写道："黄昏将近的时分，／从墓坑中复活了转来，／怀着新生的喜悦。∥成了半裸体的楼房，／四壁都剥去了粉衣，／还在喘息未定。∥人们忙碌着在收拾废墟，／大家都没有怨言，／大家又超过了一条死线。"讴歌"人民是不可战胜的！／生命是不可战胜的"。

初收作家出版社 1959 年 11 月初版《潮汐集·汐集》，文字略有改动；现收《郭沫若全集·文学编》第 2 卷。

23 日 常任侠来乡下寓所，与其谈论法国马伯乐等研究中国学术成绩。（常任侠《战云纪事》，海天出版社 1999 年 9 月版）

◎ 为"日本反战同盟会"逃员成仓进拐走公款事，派文工会朱规、康天顺至军事委员会政治部特务营清算具领。（见文工会致政治部特务营公文稿）

24 日 致信裴孟涵："廿日大札敬悉。下乡后曾为会友讲学数次，余之任务已毕。现轮杜守素先生讲清初四大家（颜黄王顾），每礼拜一上午一次，本礼拜已开讲一次矣。"（据手迹，郭沫若纪念馆馆藏资料）

26 日 作七律《寄赠南洋吉打筹赈会》。咏道："神州此日足风波，半壁河山委寇倭。输助频劳今卜式，运筹谁是汉萧何？天边云雁南飞远，城内哀鸿北向多。努力共期迴国步，他年握手纵高歌。"

初收作家出版社 1959 年 11 月初版《潮汐集·汐集》，现收《郭沫若全集·文学编》第 2 卷。

◎ 为日本人民反战同盟会会长鹿地亘申请补助金，设立"鹿地研究室"，报政治部部长张治中核批。（见文工会核呈稿及政治部 9 月 3 日张治中批示件）

28 日 作七律《回报马叔平用原韵》："江南邮得尺书来，捧读新诗笑欲堆。凤翥鸾翔交碧树，渊渟岳峙酌金罍。茫茫尘劫余知己，落落乾坤一散才。五十无闻殊可畏，但欣茅塞顿为开。"

初收作家出版社 1959 年 11 月初版《潮汐集·汐集》，现收《郭沫若全集·文学编》第 2 卷。

29 日 作《百岁寿母》（郭沫若纪念馆馆藏资料）。

9 月

1 日 作儿歌《鸡公是号兵》："鸡公是号兵，/清早就吹号。/大家快醒来，/太阳出土了。//鸡公是号兵，/中午又吹号。大家快鼓劲，太阳当顶了。//鸡公是号兵，/吹号吹得勤。/不管风和雨，/不怕热和冷。"

初收作家出版社 1959 年 11 月初版《潮汐集·汐集》，现收《郭沫若全集·文学编》第 2 卷。

6 日 作《今天创作底道路》。发表于桂林《创作月刊》1942 年 3 月第 1 卷第 1 期，成都《笔阵》1942 年 6 月新 3 期。指出，"为艺术的艺术"，"事实上只是不通的一个偏见"，"艺术是价值的创造，它根本是为人生的"。认为，"所谓文学才能，我相信也并不是天生成的，事实上仍然由教养得来"。关于应该写什么？说道："应该赶自己所最能接近、最能知道的东西写。""为了大众，为了社会的美化与革新，文艺的内容断然无疑地是以斗争精神的发扬和维护为其先务。目前的中国乃至目前的世界，整个是美与恶、道义与非道义斗争得最剧烈的时代，也就是最须得对于斗争精神加以维护而使其发扬的时代"，"现实、最迫切地，要求着文艺必须作为反纳粹、反法西、反对一切暴力侵略者的武器而发挥它的作用，在中国而言，则是抗战第一，胜利第一"。

初收重庆东方出版社 1943 年 10 月初版《今昔集》，后收《沫若文集》第 12 卷，现收《郭沫若全集·文学编》第 19 卷。

◎ 为与日本人民反战同盟会会长鹿地亘商谈工作计划、预算，以便报政治部候核事，批示："交冯组长办"。（见文化工作委员会文档总化秘字第 931 号）

9 日 为文化工作委员会编辑的《世界政治论坛》作发刊词，发表于重庆《扫荡报》。认为"我们当前最迫切的任务，便是如何用全世界的集体力量，来扑灭法西斯的侵略火焰"，号召"大家携起手来，共同发掘真理"，"配合抗战的要求"，争取抗战胜利。

12 日 作七律《抗日书怀四首》。歌颂中国人民奋起抗击日本侵略者，保家卫国的英勇气概："四亿人群气度雄，族于尽孝国于忠。赴汤蹈火寻常事，拨乱扶危旷代功。泪水洒湔天日白，肺肝涂染大江红。"

初收作家出版社 1959 年 11 月初版《潮汐集·汐集》，现收《郭沫若全集·文学编》第 2 卷。

14 日 下午，出席文化工作委员会举办的第四次文学座谈会并作学术报告。内容摘要以《新诗的语言问题》为题发表于 10 月 7 日《新蜀报·七天文艺》第 27 期。论述《诗经》与楚辞的语言。认为，"国风多少有民歌的风格保存着。大雅小雅以及三颂则是庙堂文学或士大夫文学。时代大约是自周初至春秋中叶。全本确是经过删改过的"。"凡是庙堂文学大体上是已经和言语脱离了。删诗的,不必一定是孔子,总之是孔门的人无疑的"。关于楚辞,"楚词是民间诗体的扩大,在楚词时代即战国时代,中国文学又和言语产生了一次结合"。中国文学"经过春秋战国时代的社会大变革,文学和一切知识由贵族的独占形势之下脱离,因而在文学上有了普通的变革。为哉乎也之类的虚字出现了。这在以前的古文差不多是没有的。为哉乎也在当时是口语的写音,和现在的吧呀啊吗是同性质的。在诗歌方面的变革便表现于楚词"。"楚词在古本是有特别读法的。汉时人也有能为楚音与不能为楚音的,现在这读法是完全失传了。这是因为在时间的进行中又和言语脱离了的关系。假如能通古音,可以知道春秋战国以来的散文和所谓新体诗,其实都是白话。"

座谈会由冯乃超主持,参加者还有张铁弦、安娥、石凌鹤、臧云远、李嘉、方殷、罗荪、任钧、姚蓬子等。

18日 作诗《"九一八"十周年书感》。感叹:"十年生聚,十年教训。越以沼吴,五年计画。""立人达人,自立自达。翘首北方,奋飞不得。"

初收作家出版社1959年11月初版《潮汐集·汐集》,现收《郭沫若全集·文学编》第2卷。

25日 作《五十年简谱》。发表于《中苏文化》半月刊1941年第9卷第2、3期合刊,又以《郭沫若先生五十年简谱》为题发表于《抗战文艺》1942年6月第7卷第6期。《简谱》从1892年11月16日出生起,至1941年9月25日止,将每年的主要经历逐年列出,间记当年中国乃至世界发生的大事。

收郭沫若先生创作生活二十五周年纪念会筹备会编印《郭沫若先生创作生活二十五周年纪念会特刊》,现收《郭沫若全集·文学编》第14卷。

27日 作七绝《题〈画云台山记图卷〉》四首。诗云:"画记空存未有图,自来脱错费耙梳。笑他伊势徒夸负,无视乃因视力无。""识得赵昇启键关,天师弟子两班班。云台山壑罗胸底,突破鸿濛现大观。""画史新图此擅场,前驱不独数宗王。滥觞汉魏流东晋,一片汪洋达盛唐。"序云:"傅抱石成《中国古代山水画史》,以解释顾恺之《画云台山记》为中心,并附以图卷;索题,因成四绝。"

初收作家出版社1959年11月初版《潮汐集·汐集》，写作时间误署"4月27日"；现收《郭沫若全集·文学编》第2卷。

30日 为祝贺中华剧艺社成立，作《戏剧运动的展开》。发表于10月11日《新蜀报·蜀道·中国剧艺社成立特刊》，又发表于桂林《戏剧春秋》第1卷第6期。肯定"中国的戏剧运动，近十年来有惊人的进步。无论是新剧或旧剧，无论是编导、表演，乃至观赏，都有蒸蒸日上之势"。复指出，"戏剧除它本身的艺术价值以外，在平时是绝好的社会教育，战时是绝好的宣传工具"，"我们实在应该加紧戏剧运动的展开，多多组织剧团，多多培养干部；多多编制新剧本；多多从事演出"。"全靠少数名演员来撑持的'明星主义'是应该扬弃"；"采取庞大的组织而使多数演员失掉演习和竞赛机会的'垄断'是应该扬弃的；集收多数剧本而无演出机会使作家丧失创作热情的'集囤主义'是应该扬弃的；不从整个戏剧运动着想，只站在小团体的立场而互相暗斗的'门户主义'是应该扬弃的。负责保护和督导职责的尤须注意，要求多样底调和，而不求一色底涂刷。春天来了，百花畅开，自然之间便形成五光十色的灿烂的世界。假使你要涂成一色，只准一种花开，那世界是多么单调！"

◎ 作五绝《文化工作委员会成立一周年》："一年容易过，坐老金刚坡。风雨鸡鸣意，相期永不磨。"

初收作家出版社1959年11月初版《潮汐集·汐集》，注云："抗日战争初期，国民党恢复总政治部，曾集中左翼文化人成立第三厅，从事宣传。一九四零年九月三十日使左翼人员全部解职，组织文工会以事羁縻。乡下办公地点，地名金刚坡，在重庆城西约四十公里处。"现收《郭沫若全集·文学编》第2卷。

◎ 在金刚坡下寓所，为关良所作戏剧人物长卷题画："良公与余交二十余年矣，兼善中西画法。在沪时曾为《创造周报》及余所著画图藻饰。北伐时曾参加政治部，担任艺术组组长，非徒以蛰居艺术之宫而满足者也。尔来相别十余年，去岁杪始在渝重晤，而其艺益有进境矣。即观此长卷，以旧剧体态为题材，笔力简劲，妙able传神，可谓别开生面矣。"（手迹见《郭沫若题画诗存》，山西教育出版社1998年1月版）

本月 与阳翰笙商定，请无党派人士艺术家应云卫任新组建的中华剧艺社社长。不支持郑用之取消中华剧艺社之议。（阳翰笙《战斗在雾重庆——

回忆文化工作委员会的斗争》,《新文学史料》1984 年第 1 期)

9、10 月间

◎ 购得虎符一个。

"是由一位轿夫手里花了十块钱买来的。据说是由轰炸后的废墟中掏检出来的东西,以前不知道是甚么人的搜藏品。……字体是汉隶,假如是真的,大约是汉初的东西,因为没有书籍,我还没有工夫来考证。但假的可能性较大,因为两边完整地配合着,实在也是少有的事。""但是就是这个铜老虎事实上做了我这篇《虎符》的催生符。"(《〈虎符〉写作缘起》)

10 月

2 日 作七绝《题天溟山水遗墨》:"木石区区未可评,但求自遣不求名。高怀邈邈谁踪迹?遗墨萧疏气韵清。"

初收作家出版社 1959 年 11 月初版《潮汐集·汐集》,现收《郭沫若全集·文学编》第 2 卷。

4 日 作五律《传湘北大捷》,祝湖南粉碎日本侵略军的进攻所取得的胜利。"湘北羽书至,长沙捷报传。秋收俘满载,月照血盈川。敌败缘轻敌,钱多请出钱。慰劳前线去,莫使不衣棉。"

初收作家出版社 1959 年 11 月初版《潮汐集·汐集》,署写作时间"1941 年 5 月 4 日",有误;现收《郭沫若全集·文学编》第 2 卷。

◎ 作诗《苏联友人歌》,发表于重庆《中苏文化》11 月 7 日第 9 卷第 4、5 期合刊。盛赞苏联人民的卫国战争是"为祖国,为人类,为正义,为解放",指出"胜利终竟是属于我们的"。序谓:"苏联曾有《中国友人歌》,鼓励中国抗战,为答和起见,应中苏文化协会之托,撰成此歌。"(序见郭沫若纪念馆馆藏抄件)

初收作家出版社 1959 年 11 月初版《潮汐集·汐集》,署写作时间"1941 年 5 月 4 日",有误;现收《郭沫若全集·文学编》第 2 卷。

6 日 为撤销日本人民反战革命同盟会西南支部顾问室及遣散该室人员诸事呈报政治部签发公文。(见军事委员会政治部文化工作委员会文化秘字第 982 号影印件)

7日 上午，在天官府七号文化工作委员会举办的第一次文化讲座上主讲《中国古代社会研究》，至9日讲完。演讲内容摘要以《中国古代社会研究——郭沫若昨在文化工作委员会演讲》为题载8日、9日《新蜀报》。（预报见6日《新华日报》《新民报》）

8日 晚，与李石曾、马俊超、王昆仑等出席国际反侵略运动中国分会第二届常务理事会第八次会议，讨论筹设国际研究所，与世界各国联合举办民主胜利大会等要案。（本日《新华日报》）

10日 参观苏联妇女生活展览会，并作诗《题苏联妇女生活展》，称赞苏联妇女的生活："这是妇女生活的标准，这是人类解放的先声。"表示对于江山沦陷一点都不灰心，"我们有广大的群众，亲密的友人。／苏联的胜利就是我们的胜利，／我们的眼前不是秋高风定，天朗气清？"

初收作家出版社1959年11月初版《潮汐集·汐集》，署写作时间"1941年5月10日"，有误；现收《郭沫若全集·文学编》第2卷。

◎《短简》发表于桂林《戏剧春秋》第1卷第5期。写道：

"去年有一个时期本有打算把戚继光斩子的故事写成剧本的计划，曾经尽力多方搜集材料，但研究的结果，斩子的传说大概是不可靠的。因而也就把写作的企图抛弃了。事实上，历史故事要用话剧的形式来写出，也颇感困难，还有是戚继光左右的人物和其个性，都没有充分的资料，这更是促进计划流产的要因。

祝寿之举甚不敢当，能免掉最好。照旧时的规矩来讲，先君于前年五月逝世，今岁尚未满服，更不敢说上自己的年岁来也。"

上旬 谦辞周恩来提出的祝寿之议。

周恩来提出要为庆祝郭沫若创作生活25周年和50寿辰，举行全国性的纪念活动，并安排阳翰笙邀请各方面人士进行筹备。周恩来认为，这是"一场意义重大的政治斗争"，也是"一场重大的文化斗争。通过这次斗争，我们可以发动一切民主进步力量来冲破敌人的政治上和文化上的法西斯统治"。（阳翰笙《回忆郭老创作二十五周年纪念和五十寿辰的庆祝活动》，《新文学史料》1980年第2期）

◎ 在全国慰劳总会在陪都庆祝民国成立30周年大会的贺年信上签名。

贺年信发表于11月出版的《今日中国》画报第17期，标题为《集

体贺年片》。(戴美政《郭沫若几张抗战照片题词探述》,《郭沫若学刊》1996 年第 1 期)

15 日 诗《母爱》发表于桂林《文艺生活》第 1 卷第 2 期。描写了 1939 年"五三"大轰炸后亲眼所见的一位母亲与两个孩子的惨状,赞颂母爱"比文艺复兴时期的圣母画"更要庄严。后改为散文,录入《芍药及其他》。

16 日 作七律《贺十月革命二十四周年》。"爱国战中迎节日,前人缔造感弥艰。光辉十月人增勇,抗战连年敌尚顽。雷电万钧期荡扫,晦明无已共联欢。风声逖听传新捷,胜利旌旗插两间。"

初收作家出版社 1959 年 11 月初版《潮汐集·汐集》,现收《郭沫若全集·文学编》第 2 卷。

◎ 为纪念鲁迅逝世五周年作《总是不能忘记的》。发表于 19 日《新蜀报·蜀道·纪念鲁迅先生逝世五周年》,又发表于 21 日香港《华商报》。写道:"鲁迅在逝世之前不久,有过几条似'遗嘱';其中有两条是'不要做任何关于纪念的事情'。'忘记我,管自己生活。——倘不,那就真是糊涂虫'。鲁迅逝世第五周年纪念来了,大家又要做纪念文章,我自己也受了三处的催索。但文章实在不容易写出。前几天遇见沈衡先生,他也有同样苦楚,说:'年年写同样的文字,实在没有材料了。'我也很知道,做些'关于纪念的事情',并不必全在纪念被纪念者,而是在鼓励其它,说直率一些,就是一种宣传或示威。所以虽然鲁迅有那样的遗言,而我们还是要'做纪念'还是不能'忘记'。然而做起文字来实在勉强,好些人都一样勉强,大都是'抱佛脚'式的打油一般,'伟大'啦,'不朽'啦,'学习'啦,'韧性的战斗'啦,只消把'四'字改成'五'字,去年的文字便可以用到今年。要说对于鲁迅真有研究吧,事实上也未必,单是一部《鲁迅全集》,出版的人便大亏其本,这证明认真读鲁迅的人依然少。照《鲁迅全集》的分量来说,假使是在欧美,那版费是相当可观的,然而鲁迅的遗族却是陷在上海过着相当难苦的生活。我们到底在纪念什么呢?其实大家都在'管自己的生活',说不到研究上来,这一点也怕是不'糊涂'的地方吧。然而,仅仅'糊涂'的'生活'下去罢了,假使真的要纪念鲁迅,切实地把鲁迅来研究研究,在做文学家的人,也正是一种'自己生活'。我很希望对于鲁迅确有研究的人,出来多多写些文章，遇着纪念日到来，请这样的人来作公开讲演，或许是一个较好的办法。平时毫不研究，偏偏成为纪念文写作专家，死者有知，鲁迅是会蹙额的吧。"

◎ 作《O·E索隐》。发表于19日《新华日报》。解读鲁迅《送O·E君携兰归国》一首诗中的"O·E君"："是日本的一位小商人小原荣次郎"，"他和上海内山书店的老板内山完造是好朋友"。说："到日本亡命的初期，凡在上海所收得稿费或版税，便交内山汇与小原，免得经过银行的手续，很感方便，因此我也就很和小原熟了。"

◎ 下午，常任侠来天官府寓所谈天。（常任侠《战云纪事》，海天出版社1999年9月版）

17日 作《并没"浪费"》。发表于10月19日重庆《时事新报》，11月4日香港《华商报》。针对有人认为鲁迅晚年不大写小说，而写"杂文"，这是把本职抛弃了，未免是精神的"浪费"，进行反驳。指出鲁迅在小说的制作上有很大的成就，已不成"问题"，在"杂文"的建设上也有同样的成就。他初期所写的《野草》是脍炙人口的散文诗，"而他后期所写的《花边文学》，实在是散文的社会史诗。那价值是并不亚于《呐喊》与《彷徨》的"。说这是"浪费"的人，对此"不是有意贬价，便是认识不足"。

◎ 在复旦大学会见了陈望道，为其画题七律一首。云："殊亲巴俗不相违，谁道吴侬但忆归。自有文翁兴石室，频传扬马秉杼机。温泉峡底弦歌乐，黄桷树头星月辉。渝酒无输于越酿，杜鹃休向此间飞。"

初收作家出版社1959年11月初版《潮汐集·汐集》，题作《为陈望道题画》，署写作时间"1941年5月17日"，有误；现收《郭沫若全集·文学编》第2卷。

18日 作《〈羽书集〉序》。文章说，因为抗战，"关于学术研究的工作是完全荒废了，但我也不引以为憾"，"不过，我的自信和兴趣还没有失掉，虽然已达到了'不足畏'的五十无闻之境，仍有可以绞出的脑汁和心血。无论是文艺创作或学术研究，再给我一些岁月，总能有至少使得自己较为满足的成绩出现"。

初收香港孟夏书店11月初版《羽书集》；后收《沫若文集》第11卷，改题为《〈羽书集〉第一序》，文字有改动；现收《郭沫若全集·文学编》第 18 卷。

19 日　在文化工作委员会举办诗歌座谈会。(20 日《新华日报》)

◎ 接待陶行知，谈中国古代史，"对于《诗经》、《书经》、《易经》都觉得比从前估计得近"。邀请陶行知到文工会办讲座。

陶行知准备讲《创造的教育》。(《陶行知全集·日记》(第 7 卷)，湖南教育出版社 1992 年版)

◎ 晚，往抗建堂，参加冯玉祥主持的由中华全国文艺界抗敌协会、中国文艺社、全国戏剧界抗敌协会、全国电影界抗敌协会、东方文化协会等八个团体联合举办的纪念鲁迅逝世五周年晚会。以《鲁迅与王国维》为题发表了演讲。将鲁迅与王国维并论，指出王国维是中国近代的新史学家，而鲁迅则为一伟大的新文学家。两人所处时代相同，而王国维则停滞在旧的学术思想范畴里，鲁迅却接受了新的思潮，增加了新的力量，向着光明前进，因之成为伟大的青年的革命导师。(《渝文化界昨纪念鲁迅逝世五周年》，20 日《新华日报》《新民报》)

20 日　下午，在求精中学主持文化工作委员会举办的第 2 次文化讲座，请冯玉祥讲《三国演义》，至 22 日毕。(21 日《新华日报》)

24 日　作七律《浓雾垂天——贺友人结婚》，祝贺吕甫章新婚。云："浓雾垂天帐白纱，嘉陵江水色如茶。九霄不用惊猇鸳，双宿今看耀彩霞。五载同仇期报国，一朝陷阵可离家。明年重节登高日，会看茱萸插嫩芽。"

初收作家出版社 1959 年 11 月初版《潮汐集·汐集》，现收《郭沫若全集·文学编》第 2 卷。

27 日　与冯玉祥、田汉、冰心、老舍等 150 名文化界人士，联名发表《中国诗歌界致苏联诗人及苏联人民书》于重庆《新华日报》。称"希特勒和他底匪帮是一切罪恶的化身"，"你们保卫祖国的英勇战斗，可歌可泣的英雄故事，正是人类历史行为中的一篇悲壮的伟大的诗章"。提议："让我们抗战的歌声互相穿过世界的屋脊，让我们携手地打击人类的丑类——那东方西方的野兽吧！"

◎ 收到宗白华请常任侠转交的信件。(常任侠《战云纪事》，海天出版社 1999 年 9 月版)

11 月

2 日 常任侠来寓所借考古书籍。(常任侠《战云纪事》,海天出版社 1999 年 9 月版)

4 日 诗《警报》发表于《新蜀报·七天文艺》第 31 期。写道:"天气是十分的好,／麻雀儿在窗外叫。／呜唔 呜唔 呜唔,／突然间拉出了警报,／敌机十五架整队飞来了。／……你听敌机在投弹了,／不,是我们在打高射炮。"

6 日 夜,作诗《不准进攻苏联》,发表于 8 日《新华日报》。写道:"苏联和我们中国,／现在是同时受着法西斯蒂的惨毒的进攻,／我们中国人除掉用我们的全力抵抗日本法西斯蒂——我们已经作了四年的血战了——之外,／我们要向纳粹凶手和他们的帮凶们用钢铁的声音急呼:不准进攻苏联!∥不仅因为苏联是我们的友邦,／我们在四年血战中苏联曾经给予了我们的莫大的援助,／精神的和物质的,／不仅因为我们是同病相怜,／我们是在反法西斯蒂的战线上共同作战,／我们为正义,为真理、为人类文化的保卫,／要向纳粹的凶手和他们的帮凶们用我们钢铁的声音急呼:不准进攻苏联!""全世界争取自由,／保卫正义,／保卫真理,／保卫文化的力量已经打成了一片,／你们听!／无论新世界,／旧世界,／凡爱好自由、正义、文化的人,／都正向着纳粹凶手和他的帮凶们,／用钢铁的声音急呼:不准进攻苏联!""最后的胜利必然是我们的,／苏联是天然胜利的,和我们一样,／和我们中国天然会胜利的一样!／我们抗拒日本法西斯蒂四年多了,／我们从生死存亡的最后关头,／把法西斯日本拖到了生死存亡的最后关头。∥在法西斯军阀奴役下的日本人民哟,／但我们依然没有把你们忘记,／全世界爱好自由、正义、真理、文化的人,／早在要你们大声疾呼:不准进攻中国!／我们现在已诚恳地向你们号召,／你们快从法西斯军部的奴役恢复转来,／从杀人狂希特勒的精神奴役恢复转来,／向着纳粹凶手和他们的帮凶,／你们的军部,／用钢铁的声音疾呼:不准进攻苏联!"

7 日 中午,前往苏联驻华大使馆,与冯玉祥、陈立夫、王昆仑等出席庆祝十月革命 24 周年茶会。(8 日《新华日报》)

◎ 与黄炎培、杨卫玉、许寿裳、陈纪莹等为文学书店撰文，论述写日记之方法，收该书店出版《文学日记》。(7日《新华日报》)

◎ 作诗《谢〈园地〉》并跋。诗云："多谢你，你把'园地'开辟了出来，／让我畅游了一番，／从春到秋，看见青松、翠榆、月季、芭蕉、红千紫万。""凶魔不除，／你要想保卫你的'园地'实在难之又难。／／多谢你，／请把'园地'不断地收拾，／让我们百游不厌。"跋谓："余心清君以《园地》一诗见示，读后草此奉答。"

初收上海群益出版社1948年9月初版《蜩螗集》，后收《沫若文集》第2卷，现收《郭沫若全集·文学编》第2卷。

◎ 收到梁寒操手写条幅《诗寿郭沫若——歌德拜伦不老》七律一首。(曾健戎编《郭沫若在重庆》，青海人民出版社1982年12月版)

8日 下午，赴抗建堂参加中苏文化协会为庆祝苏联革命24周年举行的纪念会，在大会上朗诵了《苏联友人歌》："在战壕里披戴着皎洁的月光，／我们关怀着亲爱的苏联友邦；／为祖国，为人类，为正义，为解放，／我们始终是站在一条线上，／你们是西线的铁壁，我们是东线的钢墙。／你们的歌声像金笛那般嘹亮：我们的歌声要远飞过新疆，／胜利终究是属于我们的，／我们要消灭法西斯谛的疯狂。／／苏联的战友们，你们英勇，坚强，／从北冰洋的岸边到北海的波上，／使那条响尾蛇快要不敢再响。／你们的英勇更鼓舞了我们的力量，／我们要驱除尽这东方的嗜血的狼。／胜利终竟是属于我们的，／我们要建造人间世上的天堂。"(9日《新华日报》《新蜀报》)

◎ 晚，作《纪念孙中山先生的两大任务——加强国际国内的团结》。发表于12日《新华日报·纪念孙中山先生诞辰特刊》。指出，"中山先生的全部遗教是博大精深的"，"最重要的是根据当前国际国内的具体形势，把握革命的中心任务，抓紧遗教中的主要环节，以便实行当前最迫切的最严重的战斗"。"今天国际的基本形势是侵略阵线与反侵略阵线的尖锐对立，是法西斯主义与民主主义的残酷斗争。今天国内的基本形势是敌人加紧了新的进攻，抗战处在严重的阶段。在这种情形下，我们的国际任务是加强国际的团结，我们的国内任务是加强民族的团结——国内团结。因为没有坚强巩固的国际国内团结，我们就不能战胜最凶恶的敌人，完成抗建的大业。"

9日　与周恩来、董必武、邓颖超、潘梓年、阳翰笙等出席由部分文化出版界人士集资创办的文学书店开幕式。(10日《新华日报》)

10日　步沈尹默原韵作五言诗。以《郭先生原韵谢沈先生》为题发表于16日《新华日报》。记述携儿过歌乐山，看望沈尹默的情景："久不见君子，茅心愈重听。携儿过歌乐，握手接仪型。法网经年密，清谈片刻醒。山头松翠柏，未逮眼中青。"

初收作家出版社1959年11月初版《潮汐集·汐集》，改题为《步原韵却酬沈尹默》，时间署为"1941年11月19日"，有误；现收《郭沫若全集·文学编》第2卷。

中旬　应文化工作委员会国际问题研究组郑林曦之请，为拉丁化拼音文字运动题词，发表于本年《香港新文字学会会报》："新文字不应该只是中国语言文字的拉丁化，而是中国语言文字的科学的整理和建设。中国言文依象形的工具发展了来，化为表音文字便有不少同音字横生阻碍，其中有大多数应该尽力淘汰。新文字表现法应酌采西声，务使拉丁化后的中国字以一字一义为原则。"(郑林曦《郭沫若先生和新文字——为庆祝郭先生五十寿辰作》，《论语说文》，商务印书馆1983年2月版)

12日　《永在的荣光——为纪念国父诞辰而作》发表于《中央日报》。写道："他是四万万五千万人民的苦难的化身。他是尧舜禹汤文武成康以来的光荣的传统。他是中华民族的血液中的最优秀的一滴血。""他所指引我们的道路也正是我们今天所走的路，虽然还是荆棘塞途。""我们要为国家民族的前途欢欣；我们为他的永在的荣光歌唱。"

◎ 上午，在抗建堂，主持文化工作委员会召开的纪念孙中山七十五周年诞辰纪念大会，致开幕词，题为《纪念孙中山先生的两大任务——加强国际国内的团结》，即8日晚所作文。(12日《新华日报》)

14日　贺冯玉祥60寿诞所作五言诗发表于《新华日报·庆祝焕章先生六十大寿》专栏。诗云："大树遗风在，劳谦一伟兵。普天推鼙铄，四海庆耆英。战阵雄弢略；骚坛溢颂声。乾坤今板荡，不坠赖楷撑。心广涵春海，雍容积圣功。危言经叔世，太朴似童蒙。食饮箪瓢乐，戎衣大布缝。滔滔天下是，诚悦拜斯翁。"

15日　晚，在天官府7号接受文化界为祝寿送来的特制巨型毛笔一支。

笔长五尺许，粗约直径六寸，上有"以清妖孽"四字。（翁植耘《文化堡垒》，《在反动堡垒里的斗争》，重庆出版社1982年9月版）

16日 下午，往中苏文化协会，出席由冯玉祥、孙科、周恩来、陈布雷、潘公展、老舍等九十余人发起的重庆文化界为50诞辰暨创作生活25周年举办的茶会。致答词，自称为"吃奶囡囡"，"为了要想多吃奶，故敢接受各界之庆祝"，"牧羊人必鞭落伍者，今日之会，实等于打我之鞭，颇觉疼痛"。引卢梭的《忏悔录》和燕昭王求士的故事说："今日之会，在鼓励更优秀之作家！""因此会可以消去一般人之灰心念头，使大家这样想：象郭某这样人，也有人纪念，我们努力吧！"答词中还对青年们做了策勉。最后表示："回首五十年，深感惭悚，从今日起，决再勇敢地活下去，以毕生的心血为建设中国文化及为祖国独立而奋斗！"

茶会由冯玉祥主持，并致辞。老舍代表全国文协报告郭沫若生平业绩、黄炎培、沈钧儒、张道藩、梁寒操、潘公展、米克拉舍夫斯基等人先后致辞。周恩来发表讲话，高度评价了郭沫若，称其"不只是革命的诗人，也是革命的战士"，"是新文化运动的主将"。号召大家学习他"丰富的革命热情"，"深邃的研究精神"，"勇敢的战斗生活"。出席庆祝会的有八百余人。（17日《新华日报》《中央日报》）

◎ 在庆祝会上，听毕绿川英子朗诵《一个暴风雨时代的诗人》后，即题赠七绝一首："茫茫四野弥黮暗，历历群星丽九天。映雪终嫌光太远，照书还喜一灯妍。"（据手迹；龚佩康《照书还喜一灯妍——郭沫若同志与绿川英子二三事》，1979年6月17日《四川日报》）

◎ 晚，与周恩来、董必武等领导以及文化界人士60余人在天官府聚餐（17日《新华日报》《中央日报》）

周恩来《我要说的话》发表于本日《新华日报·纪念郭沫若先生创作生活二十五周年特刊》。文章说："郭沫若创作生活二十五年，也就是新文化运动的二十五年。鲁迅自称是'革命军马前卒'，郭沫若就是革命队伍中人。鲁迅是新文化运动的导师，郭沫若便是新文化运动的主将。鲁迅如果是将没有路的路开辟出来的先锋，郭沫若便是带着大家一道前进的向导。鲁迅先生已不在世了，他的遗范尚存，我们会愈感觉到在新文化战线上，郭先生带着我们一道奋斗的亲切，而且我们也永远祝福他带着我们奋斗到底的。""郭沫若先生今尚健在，五十岁仅仅半百，决不能称老，抗战需要他的热情、研究和战斗，他的前途还很远大，光明也正照耀着他。我祝他前进，永远的前进，更带着我们大家一道前进！"

本日，延安、桂林、香港、新加坡等地，都为郭沫若50诞辰暨创作生活25周年举行了庆祝活动。

◎ 作《五十初度步叔平先生原韵》。（郭沫若纪念馆馆藏资料）

17日 致电香港、延安、桂林文化界申谢。发表于18日《广西日报》、21日《解放日报》。电文写道：

"香港张仲老、柳亚子、茅盾诸先生并转香港文化界；延安吴玉章先生转延安文化界；桂林李主任任潮先生转桂林文化界：

"五十之年，毫无建树，犹蒙纪念，弥深惭愧，然一息尚存，誓当为文化与革命奋斗到底，尚祈时赐鞭笞。"

◎ "郭沫若创作生活二十五周年"著作及生活照片展在中苏文协"公开展览"。（16日《新华日报》《新民报》）

19日 在天官府街7号举办文化讲座，请生物研究所所长卢于道讲《人类进化问题》。（20日重庆《新华日报》）

◎ 应周恩来邀请，到曾家岩50号，参加为自己贺50寿辰的便宴。（张颖《领导·战友·知音》，1980年1月27日《光明日报》）

20日 与沈钧儒、张一麐、柳亚子、邹韬奋、茅盾等68人，联名发表《中国文化界人士致苏联人民书》于重庆《新华日报》。表示：在十月革命24周年之际，向正在进行反法西斯卫国战争的苏联人民致敬，坚决站在苏联人民一边。

◎ 往抗建堂观看历史剧《棠棣之花》的演出。

这次演出是为庆祝郭沫若50诞辰暨创作生活25周年而举行的。石凌鹤导演，舒绣文、张瑞芳、周峰主演。在排演期间，郭沫若多次为演员讲述春秋战国历史的故事与当时的社会风俗习惯，帮助演员们理解和进入角色，并为导演和美工选定服装、道具和布景，且授权石凌鹤对该剧本斟酌修改。演出获得热烈的社会反响。《新华日报》特出专刊，讨论该剧的演出与历史剧创作问题。（11月19日、12月17日《新华日报》；张瑞芳《郭老，我们的一代宗师！》，《悼念郭老》，生活·读书·新知三联书店1979年5月版；张颖《领导·战友·知音》，1980年1月27日《光明日报》）

◎ 与冯乃超在夫子池主持文化工作委员会举办的第2次木刻展览预

展会。(21日《新华日报》)

23日 复陈布雷信并和诗四首,以酬谢其贺寿的信及诗。诗以《奉酬畏垒先生步原韵》为题发表于28日《大公报》,又发表于《国防周报》本年第4卷第5、6期合刊。"茅塞深深未易开,何从渊默听惊雷;知非知命浑无似,幸有春风天际来。""欲求无愧怕临文,学卫难能过右军;樗栎散材绳墨外,只堪酒战策功勋。""自幸黔头尚未丝,期能寡过趁良时;饭疏饮水遗规在,三绝苇编爻象词。""高山长水仰清风,翊赞精诚天地通;湖海当年豪气在,如椽大笔走蛇龙。"信写道:"五十之年,毫无建树,猥蒙发起纪念,并叠赐手书勖勉,寿以瑶章,感慰之情,铭刻肝肺。敬用原韵,勉成俚句以见志。良知邯郸学步,徒贻笑于大方,特亦不能自已耳。"(信文及诗文据原件手迹,诗题原作《敬步原韵呈畏垒先生》;翁植耘《郭沫若与陈布雷》,《战地》1980年第4期)

◎ 下午,在天官府街7号举行茶会,欢迎老舍由昆明讲学归来,并请老舍作《西南文艺状况》的报告。(22日、24日《新华日报》)

◎ 致林辰信。"大札及大著均已奉读。孙伏园先生数月前曾以足下致渠一函相示,其中即已提到拙作以鲁迅和韩愈相比之失当,甚佩甚佩。余之比拟仅侧重其文体千锤百炼之一点,并非有意对鲁迅贬价。有人曾因此骂余为'猫式恭维'者,余亦并不以此介意也。鹪鹩巢林不过一枝,鼹鼠饮河不过满腹,余对鲁迅之认识并不深广,特一枝之巢,满腹之饮,想鲁迅如在,亦当不致以此为侮耳。在余之意,似宜视鲁迅为让大众共巢共饮之深林与大河,不必圣之神之,令其不可侵犯也。"(载《鲁迅研究月刊》2003年第10期)

24日 作酬谢柳亚子贺寿诗并序。发表于12月2日《新华日报》,题作《柳郭唱和诗二首》。序写道:"五十初度,蒙陪都、延安、桂林、香港、星岛各地文化界友人召开茶会纪念,亚子先生寓港并为诗以张其事,敬步原韵奉和,兼谢各方诸友好。"诗云:"千百宾朋笑语哗,柳州为我笔生花。诗魂诗骨皆如玉,天南天北共饮茶。金石何缘能寿世?文章自愧未成家,只余耿耿精诚在,一瓣心香敬国华。"

初收作家出版社1959年11月初版《潮汐集·汐集》,题作《用原韵却酬柳亚子》;现收《郭沫若全集·文学编》第2卷。

25日 致信田汉。以《文化之平衡的发展》为题发表于桂林《戏剧春秋》1942年4月第1卷第6期。写道：

"你前后写给我的信都接到，因为这一向稍忙，一直没有答复，望你鉴谅。十六日承桂林及各地友好集会纪念，万分感奋。在十四日左右曾有电请任潮先生转桂文化界，谨致谢意，谅早达览。五寿字之签名已奉到，多谢之至。此间亦颇热烈，主要各报亦有副刊，想已早阅。你的《南山之什》大家都甚称赞，新华日报已抄去载入副刊内矣。香港方面杜老有信来，并将各报副刊剪寄，颇是意外盛况。我自己颇能了解各地友人之至意。一方面在对我加以策励，另一方面则为对整个文化人之策励，自己深想此意之深刻，今后当益加奋勉，以期不负厚情，而完遂自己之职责。

柳亚子先生在港，甚为此事张目。有诗云：'温馨遥隔市声哗，小小沙龙澹澹花，北伐计摽金锁甲，东游曾吃玉川茶。归来写道悲行路，倘出潼关是旧家，上寿百年方得半，祝君立发且休华。'今晨和诗一章奉答，别纸附上一阅，谅吾弟亦必乐于和韵也。

此间演《棠棣之花》由凌鹤导演，彦祥任舞台监督，吴晓邦舞蹈指导，张定和配乐谱，收到意想外之成功，昨夜已演至五场尚人满为患。二十七日起演翰笙之《天国春秋》，绣文白杨共演，必又有一番大热闹也。此间朋侪之意咸认今后文化运动，必须于各地得到平衡之发展，吾弟能在西南努力亦自有其意义。文伯先生曾患恶性疟疾，一时几及危境，但近闻已卜勿药矣。又闻将有赴成都养病之行，可转告各团队专书慰问。不一一。"

另有一短信谓："五十初度，蒙陪都、延安、桂林、香港、星岛各地文化界同人举行茶会纪念，亚子先生寓港更为诗以张其事，仅步原韵奉答，兼谢各方友好。"并抄录奉答诗。

30日 为《新华日报·中国青年反法西斯特刊》的题词发表："我早就说过中日之战是理性与兽性之战，目前世界分为民主阵线与法西斯阵线亦即理性战之扩大。任何人都应该参加反法西斯蒂的斗争，但这也并不是要人人去参加作战，是要人人理解法西斯蒂是兽性的发扬，人人应该克服自己的兽性，体验民主精神，争取理性的胜利。"

本月 应香港《天文台》半月刊主编陈孝威索求作和诗《读酬罗诗灯下率成三绝寄孝威》七绝三首，写陈孝威致书、献诗美国总统罗斯福呼吁支持中国抗战之事。"人称三杰罗斯福，邱吉尔同史太林。能集众思广众益，武侯遗训耿而今。""希墨允称今桀纣，居然一对大魔王！英雄崇拜徒然尔，欲得降魔贵自强。""茫茫四野弥黜暗，历历群星丽九天；映雪终嫌光太远，明书还喜一灯妍。"（田翠竹《记〈太平洋鼓吹集〉献给美国总统罗斯福的始末》，中国人民政治协商会议全国委员会《文史资料选辑》第33卷第96辑）

◎《羽书集》由香港孟夏书店出版，收录抗战以来所作杂文74篇。1945年删去17篇，由重庆群益出版社再版。后收入《沫若文集》和《郭沫若全集》时，篇目又有变动。

12 月

2 日 晚，在中国国际广播电台对敌作日语广播，唤起日本人士振奋自救"民族切腹"之厄运。（1日《新华日报》）

5 日 作七绝《和鸳湖老人二首》。云："文章中古重韩欧，今日龙光集海楼。百禄咸宜春永在，八千岁后始为秋。""郁郁深松茑茑藤，双双拔地荫曾曾。嘤嘤百鸟相鸣和，恬淡无心恰似僧。"

初收作家出版社1959年11月初版《潮汐集·汐集》，现收《郭沫若全集·文学编》第2卷。

鸳湖老人，沈钧儒之兄沈定九。

初旬 与周恩来讨论历史剧中的问题时，周恩来说，聂政是游侠之徒，侠与儒在精神上是不相容的，让聂政来行儒家的三年之丧，觉得有点不合理。承认"这层意思，我自己在前没有考虑到"，"我感谢他这个非常宝贵的意见"。（《我怎样写〈棠棣之花〉》）

9 日 作《我怎样写〈棠棣之花〉》，发表于14日《新华日报》。讲述写该剧的经过：早在少年时代，就对聂氏姐弟产生了同情。在日本留学时期，读过莎士比亚、歌德等人的剧作，"不消说是在他们的影响下想来从事史剧的尝试的"。在写历史剧和写历史的问题上，认为，"剧作家的任务是在把握历史的精神而不必为历史的事实所束缚。剧作家有他创作上的自由，他可以推翻历史的成案，对于既成事实加以新的解释，新的阐发，而具体地把真实的古代精神翻译到现代。历史剧作家不必一定是考古学家"。"《棠棣之花》的政治气氛是以主张集合反对分裂为主题，这不用说是参合了一些主观的见解进去的。"关于历史剧的语言,认为,"大概历史剧的用语,特别是其中的语汇,以古今能够共通的最为理想。古语不通于今的非万不得已不能用,用时还须在口头或形象上加以解释"。

初收重庆文学书店1942年4月初版《蒲剑集》,后收《沫若文集》第3卷,现收《郭沫若全集·文学编》第6卷。

12日 晚,往文化工作委员会中山室参加全国文艺界抗敌协会举办的诗歌晚会,作题为《中国音乐之史的探讨》的报告。(12日《新华日报》)

14日 下午,往新运模范区广场,参加陪都国际文化团体扩大反侵略大会,为主席团成员。(15日《新华日报》《新蜀报》)

15日 作《反侵略歌》。发表于18日《新蜀报·七天文艺》。歌词写道:"团结起来,反侵略的阵线!/我们盼望了四年,/在血战当中,盼望了四年。/如今呀,胜利的曙光,渐渐出现!渐渐出现!"

17日 作广播讲稿《世界大战的归趋》。分析了太平洋战争爆发后的国际形势,认为"目前民主阵营对于轴心国所采取的战略,很明显地,是持久消耗战与资源防卫战","至多两三年之内,轴心国家必然困死无疑"。希望"大家应该把眼光放大一些,不仅要顾着自体的利害,同时还要顾着全体的利害。要这样才能够操主动之权,以决定世界大战的归趋;也才能够获得人类理性的绝对胜利"。

初收重庆东方书社1943年10月初版《今昔集》,后收《沫若文集》第12卷,现收《郭沫若全集·文学编》第19卷。

◎ 下午,参加重庆戏剧界举办的沈西苓逝世周年纪念会,并发表演说。指出:"西苓的死主要的原因还是因为在抗战艰难时期,医药和调养的困难,所以我们要纪念西苓,要完成西苓未竟的志愿,首先要为西苓报仇,消灭法西斯侵略者。"(18日《新华日报》)

19日 作《由"墓地"走向"十字街头"》。发表于24日《新蜀报·蜀道》。回答黄芝冈在《评棠棣之花》一文中的批评。写道:"第三幕的插入,我认为依然是不可少的。戏剧注重在形象与动作,如无第三幕,则第四幕上盲叟的叙述,仅是抽象的言词,不能深切地感动观众","我倒感觉得它并不'庸俗'"。"至于'诗剧主人'如能被认为就是酒家女,我也并不想提出异议。不过要把酒家女写成'忧伤以终老',于我的兴趣全不相投。而且要写成那样,必得再来一个第六幕的《濮阳桥畔》,

仍然是免不了'喧宾夺主',效果不用说完全是相反的。""由墓地到十字街头是我的目的,'依恋之情'正是想'借考古、史实、情理、结构等等'把它斩断的。"关于古籍,指出,"《史记》的《聂政传》和《韩策》的文字几乎全部相同,仅仅略有添削,《韩策》是《聂政传》的蓝本,我看是毫无问题,司马迁引用古书,总爱加以添削,是学术界所通认的事,因而我说司马迁是'画蛇添足',决不是任意诬蔑"。

初收重庆文学书店1942年4月初版《蒲剑集》,后收《沫若文集》第12卷,现收《郭沫若全集·文学编》第19卷。

中旬 收到周恩来15日函,对来信中所提到的《棠棣之花》中某些字句的意见,作了认真的考虑。(《周恩来年谱1898—1949年》修订本,中共中央文献出版社1998年2月版)

21日 上午,赴中华职业学校做题为《屈原考》的演讲,由余湛邦速记。肯定"屈原不但是中国最伟大的一位诗人,而且是最伟大的一位民族诗人"。对于怀疑屈原存在的观点,有针对性地进行了反驳。指出:胡适"提出的理由有好几条","其中重要的一条出于《史记·屈贾列传》。因为传中提到'及孝文崩,孝武皇帝立',把景帝丢了,胡适根据这层他便说《屈原传》靠不住,因而否定屈原的存在"。廖平的"论据较胡适更高一等,他认为《离骚》并不是屈原的作品,而是秦始皇时方士所拟的《仙真人诗》"。其论据"主要是《离骚》开头的几句,秦先祖是高阳氏,所以第一句是叙秦的先代。始皇名政,所以'名予曰正则兮'的正字是'政'的隐射,这一句正是点出了始皇帝的御讳"。演讲词列出四条理由,举《史记·屈贾列传》、贾谊《吊屈原赋》、淮南王刘安的《离骚传》,以及《离骚》开头两句、《尔雅·释天》等文献史料,论证中国历史上确有屈原其人,而且知道其生卒年月。

初收重庆文学书店1942年4月初版《蒲剑集》,后收《沫若文集》第12卷,现收《郭沫若全集·文学编》第19卷。

◎ 在中华职业学校做题为《屈原的艺术与思想》的演讲,由萧仲泉速记。发表于1942年1月8日、9日《中央日报》。认为,讲屈原的艺术,"就是讲屈原的诗。讲屈原的诗,首先必须考证屈原的诗。世间流行的屈原的作品,有好多成了问题"。属于屈原本人创作的作品有二十五篇。在《楚辞》中"加入《招魂》,剔除《远游》"。对胡适认为不是屈原作品的《天问》《九歌》等篇，从结构音调、习俗史等方面进行了考察，证明为屈原所作。"我们向来认定屈原有特创性。自从屈原把《离骚》做出了以后，中国文学便创出一个特殊的体裁，所谓'骚体'"。春秋战国时期"有一个很伟大的文学革命，使文学与鲜活的生活接近了起来"，而"'骚体'是民间文学的扩大，是白话诗，而《楚辞》也爱用当时的白话"。"而解放了中国的诗歌，利用了民间歌谣，创造并完成了中国的一种诗体。这种功绩在历史上真是千古不朽。《离骚》出来到现在二千多年了，文学方面，莫有不受它的影响的。后代的各种诗体，如五言、七言、长短句等，都可以在《楚辞》中找出胚胎的。这正是屈原伟大的地方。总括一句话，屈原不仅是我们中国文学史上的民族诗人，而且的的确确是很有革命性的革命诗人，他的艺术是富有革命性的艺术。"

初收重庆文学书店 1942 年 4 月初版《蒲剑集》；后收《沫若文集》第 12 卷，注为《屈原考》下篇；现收《郭沫若全集·文学编》第 19 卷。

23 日　历史剧《棠棣之花》整理完毕。全剧分五幕："聂母墓前""濮阳桥畔""东孟之会""濮阳桥畔""十字街头"。以战国时代聂政刺杀韩相侠累、聂嫈舍生赴死为弟扬名的故事，颂扬了"杀身成仁，舍生取义"的精神。

初由重庆作家书屋 1942 年 7 月出版，附录《我怎样写〈棠棣之花〉》《由"墓地"走向"十字街头"》《〈棠棣之花〉的故事》《曲谱十一首》及凌鹤《〈棠棣之花〉导演的自白》；后收《沫若文集》第 3 卷，删去《由"墓地"走向"十字街头"》、凌鹤《〈棠棣之花〉导演的自白》；现收《郭沫若全集·文学编》第 6 卷，又删去《曲谱十一首》。

自云"我写这个剧本也象歌德写浮士德一样写了一辈子"。《棠棣之花》的创作，始自 1920 年创作的诗剧《棠棣之花》，至 1925 年写出两幕历史剧《聂嫈》，再到 1937 年 11 月完成五幕历史剧《棠棣之花》，直至此番整理，方才完成。

25 日　下午，在天官府街 7 号举办第四次文化讲座，请卫聚贤讲《敦煌考古》，连讲 3 日。(23 日《新华日报》预告)

27 日　上午，由张骏祥陪同，往重庆中一路 95 号中央青年剧社排演场讲《歌德与浮士德》。说道："五四前后，自己颇为喜爱德国文学，曾翻译过几本歌德的著作和《浮士德》。""过去，曾搜集过不少的材料，不幸在北伐时代都丢失了。现在来讲,只能从残存的记忆中挖出一点来供大家参考罢了。""歌德是世界文学的四大擎柱之一。他具有多方面的才能。做为一个政治家,他作过魏玛公国的宰相。做为一个自然科学家,他有过颇有价值的发明,是达尔文的进化论的前驱之一。在文学上的成就,他是近代文学的开山祖。歌德所处的年代,在欧洲,正是天翻地覆的大时代,由封建社会到资本主义社会的过渡期。《浮士德》一书,歌德写了近六十年。我们应该把里面的人物当做一个象征。恶魔梅非斯特勒内斯是精神上不知满足的冲动的象征,而在歌德,则是辩证的看他们。这样恶魔不复是绝对的坏人。歌德在《浮士德》中所表现的,也就是精神上的矛盾与冲突,而永久不断的努力,一定可以达到最终的目的。"

对于中央青年剧社即将排演《浮士德》所用的刘盛亚改译本,认为是一个很适宜演出的台本。格莱卿之悲剧这一部分,是根据歌德原著,而首尾另有所本,因此在主题上,也不再是歌德原著的了。第六幕结尾,梅非斯特勒内斯胜利,群魔乱舞,高呼:"浮士德死了!""梅非斯特勒内斯万岁!"这正是对于今日的法西斯头子希特勒的一个讽刺;在目前是有它的政治意义的。(1942年1月2日重庆《时事新报》)

28日 作《新出土器铭考释》,发表于1942年1月7日《时事新报》。后作为《陕西新出土器铭考释》一文的前两节。考释"大师簋""善夫吉父器"。

30日 《把全人类由恶魔的血手中救起》,发表于本日《新蜀报》及《儿童月刊》新1号。文章认为,"目前的世界差不多整个都成为战场了,中英美国对日本,苏英对德意,正举行着人类空前的惨斗。但这决不是甲民族对乙民族的战争,而是理性对兽性的战争,人类对恶魔的战争!""凡是理智清明的人,应该迅速携起手来,保卫文明,救活人类,打倒恶魔。"

31日 致信胡危舟。以《由诗剧说到奴隶制度》为题发表于桂林《诗创作》月刊1942年2月第8期。感谢他"集辑了纪念我的文章"。关于诗剧的形式,同意"最难是对白用诗"。信中检讨自己"从前把殷代视为氏族社会末期未免估计得太低,现在我已经证明殷代已有大规模的奴隶生产存在了。但是,'把西周时代认为奴隶制',则是非常正确的"。在论及认为中国无奴隶制的原因时指出:"所谓'封建'这个名词的新旧两观念在现代多数学者中依然还混淆着，而对于奴隶制也还没有正确的把握。古时是把三代都认为封建制度，因而前些年辰有好些人认为中国并无奴隶制。近年来稍稍进步了一些，有的说中国古时是有奴隶制，但只有家内奴隶而无生产奴隶，有的说奴隶制未及完成便蜕化了。其实都是因为研究没有十分周到。仅仅有家内奴隶是不能称为奴隶制的，奴隶制要有大规模的生产奴隶方能构成。"

初收重庆东方书社1943年10月初版《今昔集》，后收《沫若文集》第12卷，现收《郭沫若全集·文学编》第19卷。

◎ 致信宋云彬，重申本日给胡危舟信中关于中国古史分期的观点。（见"野草丛书"《骨鲠集》，文献出版社1942年版）

本月 作七律《题傅抱石山水小幅》："天下山水在蜀中，渔洋此语非托空。抱石入蜀画风改，青城峨眉到笔锋。师法自然创奇格，好在新旧能兼融。此幅虽小有远致，山岩突兀挺苍松。艳说须弥寓芥子，会看破壁起飞龙。"

初收作家出版社1959年11月初版《潮汐集·汐集》，现收《郭沫若全集·文学编》第2卷。

◎ 在国民外交协会国际问题讲习班讲《中华民族精神的体念》，说："我们都是中华民族的儿女，无论从事哪方面工作的，都有散播发皇我们民族精神的责任，尤其是当民族复兴高潮正怒吼着的现阶段，更有把本民族优秀的民族性加以探讨体验的必要。"讲演认为，中华民族具有三大特性：创造性、同化性、弹性。（记录稿《群吼记录》现存郭沫若纪念馆）

冬

◎ 为关良戏剧人物画题诗。"此不知谁子，／看来甚有英气。／／问之良公，／良公曰无题。／／看来有点落拓，／有点凄迷，／恐怕是未入益州以前的刘备。"（手迹见《郭沫若题画诗存》，山西教育出版社1997年11月版）

◎ 作《题良公画〈宋江与阎婆惜〉》："别人并不爱你，／偏要卖弄你的老气。／我实在不爱宋江，／他并不英雄，／也不侠义彻头彻尾，／是一个假仁假义，／欺己欺人的浪子。"（关良《深切的怀念》，《美术》双月刊1978年5月第4期）

◎ 为关良戏剧人物画作《题〈翠屏山〉》（即《石秀智杀如海》）："好个石秀，/能除奸宄。象这样拿个木鱼，/不如有刀在手。"（关良《深切的怀念》，《美术》双月刊 1978 年 5 月第 4 期）

◎ 作《题良公画〈黄金台〉》："据说这是旧剧中的《黄金台》，/但不知道是不是燕昭王师拜郭隗。/郭隗的故事我觉得很可爱，/治国必须有杰出的人才。/人才虽然四处都在，/但却不能轻易地呼之使来。/你必须礼贤下士，/然后才能有云龙风虎的气概。/奈何现代的为政者，/却拒绝人于千里之外。"（手迹见《郭沫若题画诗存》，山西教育出版社 1997 年 11 月版）

◎ 为关良所画京剧大面（净）题字："旧剧脸谱及装束，本身已富有画意。良公取此以为画材，为国画别开一生面，甚觉新颖可喜。其笔意简劲，使气魄声容活现纸上，尤足惊异。"（鲁真《郭沫若为关良题画辑拾》，南京师范学院《文教资料简报》1979 年 4 月总第 88 期；手迹见《郭沫若题画诗存》，山西教育出版社 1997 年 11 月版）

◎ 作《题良公画〈拾玉镯〉》（鲁真《郭沫若为关良题画辑拾》，南京师范学院《文教资料简报》1979 年 4 月总第 88 期）

关良举办画展，他的戏曲人物画受到一些非议。郭沫若则给予肯定和支持。他说："戏曲人物怎么不可以画呢？古人没有画过，你要创出一条新路来"，"要创出自己的路子，总是要遭到一些人的议论，总是有这么一个过程的"。他为关良创作的一些戏曲故事画作了题诗、题字，并鼓励关良"写人生舞台面"。（关良《深切的怀念》，《美术》1978 年第 4 期；鲁真《郭沫若为关良题画辑拾》，南京师范学院《文教资料简报》1979 年 4 月总第 88 期）

本　年

◎ 参观第一次在重庆举办的《关山月抗战画展》，并结识关山月。（关山月《怀郭老》，《郭沫若研究》第 6 辑，文化艺术出版社 1988 年版）

◎ 与阳翰笙、冯乃超等商定，请毕业于日本早稻田大学，又具有组织能力的康大川（原名康天顺）去镇远收容所任所长。

镇远收容所因管理不善，使一些受过民主进步思想影响的日本战俘起来斗争。撤换了所长之后，只好求助于文工会。康天顺到任后，改善了战俘的生活条件，加强了学习，使收容所空气为之一变。（阳翰笙《战斗在雾重庆——回忆文化工作委员会的斗争》，《新文学史料》1984 年第 1 期）

◎ 应姻弟叔虞之请，录 1938 年 12 月在桂林阳朔所作七绝《舟游阳朔》二首之一。（手迹见《郭沫若于立群墨迹》，人民日报出版社 2011 年 3 月版）

◎ 复杨树达信，告以陈独秀行踪："陈居江津，生活甚困，亦未暇与通书也。以君治小学，时有独见。如谓卧、监、临诸字从目不从臣，至为审谛。惜心不甚细，多武断处耳。"（《积微翁回忆录》，上海古籍出版社 2006 年 12 月版）

◎ 为纪念日本人民反战同盟成立一周年题词："文化本身即一革命过程，但任其自然发展达到某一阶段时便趋向下行期，驯至呈反文化之步骤。于此，必须以一定之目的意识加以鞭策，方能恢复文化之本然。"落款署为"在华日本人民反战革命同盟会惠存。"（见《郭沫若书法集》，四川辞书出版社 1999 年 11 月版）

◎ 作诗《自题 1938 年在汉口扩大宣传周上演讲摄影》："聋者原善嚷，倏忽已三冬。嚷九不闻声，聋者耳仍聋。"（郭沫若纪念馆馆藏资料 38—5）

1942 年（壬午 民国三十一年）50 岁

1 月 1 日　中、苏、美、英等 26 个参加对德、意、日轴心国作战的国家在华盛顿发表共同宣言（即《联合国家宣言》）。

1 月 5 日　陕甘宁边区政府文化工作委员会成立，吴玉章任主任。

1 月 28 日　中共中央政治局通过《中共中央关于抗日根据地土地政策的决定》，确定减租减息三原则。

2 月 1 日　毛泽东在中央党校开学典礼上作《整顿党的作风》的报告，提出整风的主要内容是反对主观主义以整顿学风，反对宗派主义以整顿党风，反对党八股以整顿文风。其方针是"惩前毖后，治病救人"。

5 月 2 日　中共中央宣传部在延安召开文艺座谈会，23 日结束。出席的文学艺术工作者共 80 余人。毛泽东在 5 月 2 日的第一次大会上发表讲话，并在 23 日作了总结发言，系统阐述了无产阶级文艺的根本方向、文艺工作者的立场、态度、工作、学习等问题。后称为《在延安文艺座谈会上的讲话》。

6月8日 中共中央宣传部发布《关于在全党进行整顿三风学习运动的指示》。在全党开始了整风运动。

9月 军事委员会政治部以"改组"为名，取缔了孩子剧团。

10月10日 美、英两国同时发表声明，废除在华不平等条约。

10月14日 全国木刻展览在重庆展出，解放区的木刻作品引起人们的关注。

10月22日 第三届国民参政会第一次会议在重庆开幕，30日闭幕。

11月12日 国民党举行五届十中全会，至27日闭幕。通过《党务改进案》等。

1月

1日 上午，与阳翰笙、冯乃超等在夫子池参加重庆各界慰劳抗战将士大会。（《阳翰笙日记选》，四川文艺出版社1985年2月版）

◎ 下午，往中苏文协参加团拜。（常任侠《战云纪事》，海天出版社1999年9月）

◎ 晚，与冯乃超、阳翰笙赴《新蜀报》周钦岳宴请，席间与老舍等人谈及沦陷在香港生死不明的茅盾、夏衍等人，深觉怆然。（《阳翰笙日记选》，四川文艺出版社1985年2月版）

2日 晚，始作历史剧《屈原》，"得五页"。

该剧取材于中国历史上战国时楚国爱国诗人屈原的事迹。计划分上下两部。上部写楚怀王的时代，下部写楚襄王的时代。（《写完〈屈原〉之后》，2月8日《中央日报》）

3日 "午前写《屈原》得十页左右"。（《写完〈屈原〉之后》，2月8日《中央日报》）

4日 应陶行知、辛汉文之邀，偕阳翰笙、尹伯休等赴午宴。席间，陶行知托付计划儿童乐园并写儿童剧本。（《阳翰笙日记选》，四川文艺出版社1985年2月版）

◎"晚归续草《屈原》第一幕行将完成矣。"（《写完〈屈原〉之后》，2月8日《中央日报》）

5日 用"一天功夫"看石凌鹤编《山城夜曲》剧稿本。（《写完〈屈

原〉之后》，2月8日《中央日报》）

6日 "写完《屈原》第一幕，续写第二幕。"（《写完〈屈原〉之后》，2月8日《中央日报》）

7日 "继续写《屈原》，进行颇为顺畅，某某等络绎来，写作为之中断。"（《写完〈屈原〉之后》，2月8日《中央日报》）

◎ 往中苏文化协会出席苏联大使馆举办的"纪念郭沫若学术丛书"茶会，看电影至深夜。（《阳翰笙日记选》，四川文艺出版社1985年2月版）

8日 晨，与阳翰笙在寓所谈论国内外时局，均感今后将更为艰苦。（《阳翰笙日记选》，四川文艺出版社1985年2月版）

◎ "上午将《屈原》第二幕草完，甚为满意。""本打算写为上下部者，将第二幕写成之后，已到高潮，下面颇有难以为继之感。吃中饭时全剧结构在脑中浮出，决写为四幕剧，第三幕仍写屈原之桔园，在此幕中刻画宋玉、子椒、婵娟等人物。第四幕写《天问》篇中之大雷电以此四幕而完结。得此全象，脑识颇为轻松，甚感愉快。"（《写完〈屈原〉之后》，2月8日《中央日报》）

◎ 常任侠来寓所，与其谈历史剧及《棠棣之花》上演盛况，获赠常任侠旧藏《文艺论集》一册。（常任侠《战云纪事》，海天出版社1999年9月版）

9日 续写《屈原》，"须扩展成五幕或六幕，第四幕，写屈原出游与南后相遇，更展开南后与婵娟之斗争，但生了滞碍"。（《写完〈屈原〉之后》，2月8日《中央日报》）

◎ 致信王冶秋："七日夜示悉。慰劳事仰劳兄台，甚感甚感。各方均表谢忱，想冯先生亦必欣慰也。何林兄处曾寄报纸多份来，展览会得以开成，李兄之力为多，后当致谢。条幅当遵嘱书写，容日后写就奉寄。翰笙尚居乡，闻明日当进城，俟进城时以剧本事询之。"（载《战地》1979年增刊第5期）

冯玉祥在成都发起"献金救国运动"，在冯处作国文教员的王冶秋倡议从献金中抽出二三百万元救济生活陷入困境的文化人。冯玉祥同意并拨出救济款，郭沫若即与老舍开具名单并逐一发放救济款。

◎ 阳翰笙来寓所，为其读《屈原》第一、第二幕。

阳翰笙惊佩其"创作力之健旺"，觉得这个剧本写得很好，"在技术

上提供了点小小的意见"。(《阳翰笙日记选》，四川文艺出版社1985年2月版)

10日 续写《屈原》。"第四幕困难得到解决，且颇满意。上午努力写作，竟将第四幕写成矣。"(《写完〈屈原〉之后》，2月8日《中央日报》)

◎ 赴沙坪坝中央大学以《屈原》为题作演讲。(《写完〈屈原〉之后》，2月8日《中央日报》；翁植耘《诗剧〈屈原〉的诞生和战绩》，《抗战时期的郭沫若》，四川省社会科学院出版社1985年版)

11日 作七律《奉祝梓年尊兄大衍之庆（用亚子韵）》。发表于18日《新华日报》。诗云："寒潭寂寂绝声哗，树树黄梅正发花。曰艾早君双阅月，如松献颂两杯茶。难斋鹿洞传千古，佛子天才萃一家，长此人间鸣鸾鹭，年年同日庆新华。"

初收作家出版社1959年11月初版《潮汐集·汐集》，改题为《赠潘梓年》，后四句诗改作"提高党性遵逻辑，写好文章是作家。但愿笔随人共健，年年今日庆新华"，写作时间改署"1941年12月17日"；现收《郭沫若全集·文学编》第2卷。

潘梓年，《新华日报》社社长。《新华日报》创刊于1938年1月11日，潘梓年生日亦恰在1月11日，故诗的结句作"年年今日庆新华"。诗的写作时间，也应为在《新华日报》发表时所署的"1942年1月11日"。

◎ 育才画展开幕，有书法作品参展。(12日重庆《新华日报》)

◎ 夜，《屈原》完稿。"全体颇为满意，全出意想之外。"

"此数日头脑特别清明，亦无别种意外之障碍。提笔写去，即不觉妙思泉涌，奔赴笔下。此种现象为历来所未有。计算二日开始执笔至今，恰好十日，得原稿一二六页……真是愉快，今日所写者为第五幕之全体，幕分两场，着想自亦惊奇，竟将婵娟让其死掉，实属天开异想。婵娟化为永远之光明，永远之月光，尤为初念所未及。""就这样本打算写屈原一世的，结果只写了屈原一天——由清早到夜半过后。但这一天似乎已把屈原的一世概况了。"

创作期间，周恩来曾到家中来，一同讨论创作中的问题。(《写完〈屈原〉之后》，2月8日《中央日报》)

12日 晨，补写《屈原》祭婵娟部分。

"祭婵娟用了《橘颂》这个想法，还是全剧写成之后，在十二号的清早出现的。回想到第三幕中宋玉赠婵娟以《橘颂》尚未交代，便率性拉来做了祭文，实在再适合也没有。而且和第一幕生出了一个有机的叫应，俨然象是执笔之初的预定计划一样。这也纯属是出乎意外。"（《写完〈屈原〉之后》，2月8日《中央日报》）

13日 中午，为阳翰笙朗读《屈原》剧本第四、五两幕。认同阳翰笙的意见："陷害屈原的主谋人物，似乎不应是南后，否则又会被人认为是女人误国。"表示"将南后的责任减轻、想法修改修改"。（《阳翰笙日记选》，四川文艺出版社1985年2月版）

14日 下午，邀演员金山、白杨、张瑞芳等来寓所，"整整花了4个小时，用慷慨激昂的语调，连诵读带讲解地把整个剧本诵读了一遍"，征求大家对剧本的意见。（陈明远《白杨忆郭沫若》，《新文学史料》1985年第2期）

◎ 傍晚，邀周恩来与文艺界许多知名人士来寓所。对有关《屈原》的问题作了讲解，当场决定由金山担任屈原这个角色。（金山《痛失郭老》、张瑞芳《郭老，我们的一代宗师！》，《悼念郭老》，生活·读书·新知三联书店1979年5月版）

15日 偕阳翰笙、柳倩参加文化月会。（《阳翰笙日记选》，四川文艺出版社1985年2月版）

17日 晚，与阳翰笙、冯乃超同往曾家岩50号，为潘梓年补祝五十寿辰。（《阳翰笙日记选》，四川文艺出版社1985年2月版）

19日 上午，在文化工作委员会举行的孙中山纪念周上，报告旅居香港的友人茅盾、夏衍等在日军攻占香港前已平安逃离的消息。（《阳翰笙日记选》，四川文艺出版社1985年2月版）

20日 夜，作《写完〈屈原〉之后》。记述了《屈原》写作的经过。发表2月8日重庆《中央日报》副刊，又发表于《野草》3月15日第3卷第6期。

收重庆文林出版社1942年3月初版《屈原》；又收重庆文学书店1942年4月初版《蒲剑集》，改题为《写完五幕剧〈屈原〉之后》；复收上海海燕书店1947年7月初版《今昔蒲剑》；后收《沫若文集》第3卷，改题为《我怎样写五幕史剧〈屈原〉》；现收《郭沫若全集·文学编》第6卷。

24日 五幕历史剧《屈原》开始在《中央日报》副刊发表。自本日、25 日、27 日、28 日、30 日、31 日，2 月 4 日至 7 日连载毕。单行本由重庆文林出版社 1942 年 3 月初版发行；复有重庆群益出版社 1944 年 7 月版，上海新文艺出版社 1951 年 8 月版，人民文学出版社 1952 年 9 月版等诸多版次，后收《沫若文集》第 3 卷；现收《郭沫若全集·文学编》第 6 卷，后附：《我怎样写五幕史剧〈屈原〉》《〈屈原〉与〈厘雅王〉》《瓦石劄记》《校后记》（群益版）、《新版后记》。

◎ 作《亦石真正死了吗?》。发表于 27 日重庆《新蜀报·十日国际·钱亦石先生逝世四周年纪念特刊》。回顾了与钱亦石从北伐战争到抗日战争的交往与工作，直到亦石"为这工作的艰苦而得病而牺牲了！成为了为抗战而牺牲的文化中的第一人"。称，"亦石之死，实在是国家的一大损失"。"单就他对国际问题的研究，他的知识的渊博，见解的精当，实在是侪辈中的白眉"。

初收上海大孚出版公司 1947 年 12 月初版《沸羹集》，又收《沫若文集》第 13 卷，现收《郭沫若全集·文学编》第 19 卷。

◎ 为陈之佛画展作《之佛画梅属题》《题之佛梅花宿鸟》《题之佛碧桃月季》。以《之佛画展嘱题》为题发表于 2 月 28 日重庆《新蜀报·蜀道》。咏道："天寒群鸟不闻喧，暂倩梅花伴睡眠。自有惊雷藏宇内，还从渊默见机先。""普天皆冰雪，依旧要开花。花开能几时？转瞬逐风沙。但图能快意，自我为荣华。刹那即悠久，悠久亦刹那。""月季何娟娟，碧桃殊绰约。纵无知音赏，双栖有黄雀。黄雀长相伴，花开永不落。任他寒暑易，两情相照灼。"

初收作家出版社 1959 年 11 月初版《潮汐集·汐集》，改题为《题画翎毛花卉三首》；现收《郭沫若全集·文学编》第 2 卷。

25 日 请翦伯赞在文化工作委员会作学术报告，共讲《中国人种之起源》《前氏族社会》和《氏族社会》等三个问题，于 27 日结束。

在这一段时间，还邀请了侯外庐、周谷城、吕振羽、杜国庠等史学家来文工会讲中国通史和中国思想史。"我是有意识地请这些观点不完全一致的学者来讲的，这一方面是百家争鸣，另一方面能启发大家独立思考问题，我本人也是一家之言，你们大家可以相互比较，择善而从，学问就能深入。"（钱远铎《永恒的怀念》，《武汉文艺》1979 年第 4 期）

26 日 上午，与阳翰笙应邀去见陈诚，谈了将近一个钟头。

陈诚说六战区的物价得到相当解决。并告以叶挺在狱中的情况，说叶挺在狱中颇受优待，就是脾气大一点，并说叶要完全恢复自由，得经过军法执行总监部，手续上有些麻烦，希望转告周恩来。最后邀请去前方玩。（《阳翰笙日记选》，四川文艺出版社1985年2月版）

29日 下午，往中苏文化协会参加钱亦石逝世四周年纪念会并讲话，称赞这位国际问题专家参加战地工作而置生死于度外，开文化人服务战地之先声。

此纪念会为与周恩来、董必武、孔庚、沈钧儒等共同发起。（30日重庆《新华日报》）

2月

2日 午前，以信陵君窃符救赵的故事为题材，"开始写信陵君。觉得有了破题，以下便好写下去了。"（《〈虎符〉缘起》）

3日 "写信陵君得十页左右。人物眉目渐由浑沌中突出。决将信陵君之母写为贤母，如姬为时代之先驱者。配以侯嬴女与朱亥女。侯女同情于善，朱女濡染于恶，厥后朱女出卖如姬。但将安厘王写成暴君，须将如姬、侯女、朱女全杀。如此写去，恐欲写信陵君却当写成为上下两部也。捶晋鄙，无须出场。"（《〈虎符〉缘起》）

4日 午前，续写信陵君。"11时须往化龙桥演讲，写作中辍。"（《〈虎符〉缘起》）

◎ 与阳翰笙、程泽民共商文化工作委员会内人事调整问题。"白薇工作可望得一解决。"（《阳翰笙日记选》，四川文艺出版社1985年2月版）

◎ "夜在枕上将全剧结构构想成熟，共分六幕。第一幕写信陵君之家。第二幕夷门外饯别，第三幕如姬父墓前求窃兵符。第四幕如姬授虎符——此幕当设于何处，尚待考虑。第五幕魏王焚信陵君之邸，朱亥女叛变，仍被戮。第六幕，如姬在父墓前自裁，须出现信陵君之幻影，由小而大。群众出场后闭幕。"（《〈虎符〉缘起》）

5日 "整日写信陵君，第一幕完。"（《〈虎符〉缘起》）

◎ 午后，常任侠来寓所，观赏所藏虎符。（常任侠《战云纪事》，海天出版社1999年9月版）

◎ 收到李一氓从江苏阜宁寄来的《念奴娇·怀沫公重庆》词一首，

不胜依依。(《阳翰笙日记选》,四川文艺出版社 1985 年 2 月版)

李一氓此时任新四军秘书长。词中有句:"何事金石摹挲,当年豪气不准戎衣着,聊托风流诗与酒,应悔杜鹃啼蜀,忧国鬓霜,嫉时骨硬,老去先生郭,女神何处,幽居长在空谷。"

6 日 信陵君"第二幕完成,原拟于第三幕方写到乞窃兵符,不意即于第二幕中得到解决。于第三幕由如姬授信陵君兵符,如此则五幕即可竣事,无须写六幕也"。(《〈虎符〉缘起》)

◎ 午后头感发炎,不能执笔,往体心堂街散步,在城垣上小坐,望江景。(《〈虎符〉缘起》)

7 日 上午,"将二幕校读一遍"。续写《虎符》。"第三幕初以为很可容易写出,但却大费气力,因思使如姬将虎符交出,毫无阻碍,未免过于平淡,欲多生波折,遂招致意外困难。"(《〈虎符〉缘起》)

◎ 阳翰笙、王瑞麟、史东山等来访,商议《屈原》公演事。(《阳翰笙日记选》,四川文艺出版社 1985 年 2 月版)

8 日 续写信陵君第三幕。"颇费思索。要如姬如何交出虎符一点,煞费苦心,终于取了一个间接的办法,由侯生转达。魏王出场之波折,却得良好之效果。一使魏王性格更加突出,二使信陵君之主张得到表现。唐雎老人之效果亦颇好。"(《〈虎符〉缘起》)

◎ 应云卫、周峰、江村、孙坚白、阳翰笙等来寓所继续商谈《屈原》演出事。"对于《屈原》究竟交谁演出,仍未得一结论。"(《阳翰笙日记选》,四川文艺出版社 1985 年 2 月版)

9 日 续写信陵君。"写第四幕为使情节复杂亦颇费绸缪。决写成中秋日,因之遂联想到庆节的歌舞,遂将旧作《广寒宫》中之《张果老歌》及《牛郎织女歌》插入。《牛郎织女歌》改作了一遍,较旧作更为满意些。"(《〈虎符〉缘起》)

10 日 续写信陵君。"傍晚完成第四幕,决定名为《虎符》,副题为《信陵君与如姬》。全剧结尾一歌,系于火盆之畔,用脚自敲拍子而成,实一主题歌也。"(《〈虎符〉缘起》)

初旬 为吴一峰画《剑门行旅》题七绝一首:"绝地通天阁道雄,至今人感武侯功。山灵点点酬知己,云白峰青一望中。"(《一峰草堂师友书札》,文物出版社 2006 年 10 月版)

11 日 续写《虎符》第五幕。"得一新鲜观念,使侯女生存,由唐雎领之赴邯郸,唐雎亦得到交代。得'该做就快做,把人当成人'两句,将结尾词略加修改。""午后四时顷将全剧完成。"(《〈虎符〉缘起》)

《虎符》完成后分 16 次连载于 26 日、27 日、3 月 1 日、3 月 3 日、3 月 6 日、3 月 10 日、3 月 11 日、3 月 13 日、3 月 15 日、3 月 17 日、3 月 18 日、3 月 20 日、3 月 22 日、3 月 24 日、3 月 26 日、4 月 1 日重庆《时事新报》。由重庆群益出版社 1942 年 10 月初版发行,附录《〈虎符〉缘起》《〈虎符〉后话》;上海群益出版社 1949 年 8 月第 4 版《虎符》,增加了 1948 年 3 月 24 日所作《校后记》;后收入《沫若文集》第 3 卷,又增加了 1956 年 7 月 3 日所作《校后记之二》、1956 年 2 月所作《为〈虎符〉的演出题几句》;现收《郭沫若全集·文学编》第 6 卷。

◎ 始作《〈虎符〉缘起》。(《〈虎符〉缘起》)

◎ 致顾佛影信:"尊著已拜读。虽与事实不尽符合,然颇具匠心。特童子以丑角饰之,未免过于滑稽耳,尚希斟酌。大儿和夫习应用化学,今春即在大学毕业,并以附闻。"(原见成都中西书局 1943 年 12 月版《四声雷》,又载《新文学史料》1979 年第 5 辑)

顾佛影仿徐渭《四声猿》,以时事入曲,作杂剧《四声雷》。其第一出《还朝别》以抗战爆发后郭沫若别妇抛雏,摆脱日本警探监视,归国赴国难事为题材。郭沫若读《还朝别》后即致此信。

◎ 致吴一峰信:"两次承过访,均失迓,恕罪。大画已题就,奉上乞查收。赠章刻石均妙。"(《一峰草堂师友书札》,文物出版社 2006 年 10 月版)

◎ 晚,与史东山、王瑞麟、应云卫、周峰、江村、孙坚白等谈话,决定将《屈原》交中华剧艺社公演。(《阳翰笙日记选》,四川文艺出版社 1985 年 2 月版)

12 日 《〈虎符〉缘起》作讫。发表于 2 月 22 日、24 日《时事新报·青光》。记述了写作史剧《虎符》的起因和经过:"我想把故事写成剧本,差不多是二十年前的事,但因为如姬的事迹太简略,没有本领赋与以血肉生命,因而不敢动手。现在我又提起兴会竟公然把它写出来了,这不用说是目前的戏剧运动的活跃促进了我,但事实上也是我书案上摆着的一个虎符,不声不响的在催促我。""为了要写《虎符》,我把《史记》和《战国策》翻来覆去地考查了好几天。""如姬在窃符以后的事情是怎样,《史记》没有说到。我在本剧中把她写成了一个悲剧的结束,这是不会有什么牵强的。"

初收重庆群益出版社 1942 年 10 月初版《虎符》;后收《沫若文集》第 3 卷,改题作《写作缘起》;现收《郭沫若全集·文学编》第 6 卷。

15 日 阳翰笙陪金山、王莹来,讲述他们脱险归来的情形。(《阳翰笙日记选》,四川文艺出版社 1985 年 2 月版)

◎ 为柳无忌题写"倔强"二字,并作诗《倔强赞》:"守正不阿,是谓倔强。初必勉强而行之,继则习惯以为常。卷之殊不容于一握,放之却弥塞乎八荒,有偏有党,不大至刚。"

初收作家出版社 1959 年 11 月初版《潮汐集·汐集》,现收《郭沫若全集·文学编》第 2 卷。

17 日 致翦伯赞信:"日前莅城讲学,穷搜博览,析缕规宏,听者无不佩赞,诚为我辈壮气不小也。弟自归国以来,学殖荒废,在东所搜集之材料,手中一无有,颇为焦躁。承询四川所出土之大环石,其出土地为广汉县,发现之者为成都华西大学教授。其石均经琢磨,规整如璧,大小不等,大者直径恐逾三尺。磨制甚精,极平滑,与常见之璧无殊。唯石质非玉。闻仅系一种白色浆石,未经目睹,不知其详也。南洋土人有使用石钱之习,今存于关岛附近之小群岛中,旧为德国殖民地。第一次欧战后,归日本管理。其钱形亦大小不等,即以大小定其价值之高低,大者亦有二尺来往之直径者,东京日比谷公园中有一枚,余曾见之。余所知者略如此,以后尚望时时赐教。"(《北京大学学报》1978 年第 3 期)

20 日 作《屈原思想》。发表于 3 月 30 日重庆《新华日报》。文章针对侯外庐《屈原思想的秘密》一文所说屈原方法论是前进的、"求真的",世界观是落后的、"本质上是反动的"的观点进行驳论。肯定"屈原的世界观是前进的、革命的,而他的方法——作为诗人在构思与遣词上的技术——却不免有些保守的倾向"。在论述了春秋战国时代,应着由奴隶制至封建制的社会变革,产生意识形态上的思想革命之后,指出,"屈原思想很明显地是带有儒家的风貌","所怀抱的是儒家思想的大一统","想以德政来让楚国统一中国,而反对秦国的力征经营"。"他在思想上尽管是北方式的一位现实主义的儒者,而在艺术上却是一位南方式的浪漫主义的诗人"。"屈原思想和他艺术表现上的矛盾,便是这样。""他的自杀的原因倒是由于他的理想和楚国当时的现实相隔太远,不能不使他失望,因而他便只好演出一幕殉道者的剧了。"

初收重庆文学书店1942年4月初版《蒲剑集》;又收重庆群益出版社1943年7月初版《屈原研究》,为第三部分;后收《沫若文集》第12卷;现收《郭沫若全集·历史编》第4卷。

郭沫若先前对屈原的历史评价,在重庆学术界引起了一些不同的意见。2月,侯外庐于《新华日报》发表《屈原思想底秘密》,认为屈原的理想是在旧的奴隶社会所依据的氏族制度的废墟上,恢复美政,他的悲剧是历史的悲剧。

郭沫若和侯外庐的争论,引起重庆中共代表团的注意。侯外庐本来还想继续争论下去。《新华日报》国际版负责人于怀（乔冠华）对侯外庐说:"不要辩下去啦,国民党在拍手呢。"侯外庐遂把本想在《新华日报》刊登的另一篇稿子以《申论屈原思想——衡量屈原的尺度》为题刊登在他自己主编的《中苏文化》第十一卷第十二、十三期上。郭、侯二人关于屈原思想评价的争论虽然各执己见,互不相让,但并不影响他们的友谊。侯外庐回忆说:"平心而论,郭老对我,一向若师若兄,不大计较我的冲撞。不仅如此,整十年相交,从来看不出他有利用自己学术文化界泰斗的地位,强加观点于我的意图。相反,一九四五年应苏联科学院邀请访苏,在讲演中国史学界研究现状时,他还特别对苏联学界介绍了我的工作。"（侯外庐《韧的追求》,三联书店1985年10月）

23日 在《新华日报》发起的"庆祝苏联红军24周年慰问苏联红军签名运动"上签名发表于本日重庆《新华日报》。

27日 作《日本民族发展概观》。以《日本民族发展概况》为题发表于3月3日重庆《新华日报》。文章认为,从衣、食、住三种生活要素的形式来说,"日本民族主要的成分是南来",日本民族的血液中有朝鲜人和中国人的成分也是毫无问题的事,到了隋朝,"日本人还是没有进化到怎样的高度"。"就在我们隋唐两代,突然开化了起来","七八十年以前的旧日本,可以说差不多整个是中国文化的分支","日本人在开始接受西方文明的时候,事实上有好些是间接地得到中国的帮助的"。"日本的成功,主要的原因我看是因为地方狭小,殖民地价值比较低","其次,日本的内部障碍比较少","更其次,日本人自己的确也很努力,能够刻苦耐劳，专心致志"，"日本就因为有外在的和内在的良好条件，故使它的维新变法很顺利地成了功，而且得到顺利的发展。但就是这过于顺利的发展，也使它很快的便走上了下坡路。""自从日、俄战争结束以后，它逐渐地发展为侵略性的帝国主义国家。尤其是'九一八'以来，它更成了法西斯蒂的强盗帝国。在这以后，对于文化便成为破坏的机构，成为反动的动力了。"

初收重庆东方书社 1943 年 10 月初版《今昔集》，题作《日本民族发展概观》；后收《沫若文集》第 12 卷；现收《郭沫若全集·文学编》第 19 卷。

28 日 作《〈虎符〉后话》。发表于 4 月 7 日、4 月 8 日《时事新报》。表示说，"在写史剧《虎符》时未参阅《东周列国志》第一百回《信陵君窃符救赵》，构思与《东周列国志》作者是不同的。两者在人物的描述和虚构上存在着差异"。并谓："我深自庆幸在写剧本之前没有拿来参考过。如果我参考过他，所虚构的那一套便会成为先入见，会束缚我的独立思考。我的另外一套，不敢说比《列国志》那一套就怎么好，然而总是我自己费了心思想出的一套。要说坏，是目无前人，要说好，或许是不落前人的窠臼吧。"

初收重庆群益出版社 1942 年 10 月初版《虎符》，后收《沫若文集》第 3 卷，现收《郭沫若全集·文学编》第 6 卷。

◎ 作诗《神明时代的展开》，以纪念"三八"妇女节。发表于 1943 年 3 月 8 日重庆《新华日报》。写道："神明时代在人类的将来须得展开，／人间世中，人即是神，一律自由平等。""为要争取这一天，男子们须得改悔"，"把配偶看成配偶，真正的好的半边"；"女子们不用说也须得认真地觉悟"。"总有那一天，神明的时代终得展开，／一切都新鲜、甘美、生动、活泼而和谐，／不再有权势、贪婪、淫欲、险恶的斗争，／只有的是技能的比赛和自由的爱。"

初收上海群益出版社 1948 年 9 月初版《蜩螗集》，时间误署为"1942，3，8"。据郭沫若纪念馆馆藏手稿改正。后收《沫若文集》第 2 卷，现收《郭沫若全集·文学编》第 2 卷。

月末 与阳翰笙等将《屈原》全部演职名单决定下来，并在寓所对了两天的词。(《阳翰笙日记选》，四川文艺出版社 1985 年 2 月版)

3 月

2 日 与阳翰笙商谈如何处理石凌鹤写的剧本《秃秃大王》的问题。经与周恩来商议后，决定由阳翰笙写信给梁寒操。(《阳翰笙日记选》，四川文艺出版社 1985 年 2 月版)

9 日 晚，阳翰笙、周峰、苏绣文来访，谈及郑用之想以马彦祥改编的剧本《江南之春》来排挤《屈原》的演出。对此事虽愤愤，却保持缄默。(《阳翰笙日记选》，四川文艺出版社 1985 年 2 月版)

上旬 收到周恩来 7 日函，得周恩来关于《屈原研究》一文的意见。

周恩来在信中对《屈原研究》一文第三部分《屈原思想》提出意见，包括："不论是'德政'还是'刑政'都是奴隶制走向封建的一种过渡时代的改革想法和做法，也正是当时时代的产物"；"拿屈原作为一个伟大思想家，而兼艺术家，我同意，说他是革命的思想家，容有商榷余地"等。(中共中央文献研究室编《周恩来年谱1898—1949》修订本，中央文献出版社 1998 年 2 月版)

◎ 多次往现场观看中华剧艺社排练《屈原》，并向导演、演员介绍创作《屈原》的构思，讲解剧情，分析剧中人物的性格，甚至示范朗读台词，特别是朗诵《雷电颂》。

历史剧《屈原》由中华剧艺社开始排练。由陈鲤庭导演、金山饰屈原、白杨饰南后、张瑞芳饰婵娟。(黄中模《雷电的光辉——历史剧〈屈原〉首次上演前后》，《红岩》1979 年第 1 期；炼虹《忆〈屈原〉，念郭老》，《西湖》1979 年第 6 期)

11 日 为萧林诗集《南山在生长着》作序。收大公书店 1942 年初版《南山在生长着》。写道："这个集子，我一口气读了一遍，感觉有不少新的印象，轻松的气韵，就象不知从何处吹来的那冰清而微含温暖的初春的微风那样。""但有些也不尽醇粹，太长了也每每使人泄气。能多加推敲，必能更好。"

周恩来来访，谈至深夜。(《阳翰笙日记选》，四川文艺出版社 1985 年 2 月版)

17 日 为姚蓬子创办《文坛》杂志作七绝《无题》："两间一卒莫彷徨，坛坫而今赤帜张。峡水倒流真力满，翻天覆地事寻常。"

初收作家出版社 1959 年 11 月初版《潮汐集·汐集》，现收《郭沫若全集·文学编》第 2 卷。

20 日　《正义之声》发表于《文坛》创刊号。写道："野兽法西斯蒂为人类之公敌，文化之破坏者，纳粹兽军于背信无义之侵苏战争中，对于纪念托尔斯泰，契诃夫，柴可夫斯基之博物馆，加以亵渎蹂躏，不啻由罪魁希特勒自行图出供状。中国文化界同人深感公愤，一致声讨，望共同携手，歼灭法西斯暴力，以保卫人类文化。"

此文应苏联对外文化协会之请，后者希望对希特勒匪徒破坏苏联文化遗物之事，电示自己的态度，以便刊入有关专册。

◎ 请中央大学教授宗白华来文化工作委员会作学术报告，讲《中国艺术之写实，传神与造境》，连讲三天。(20 日重庆《新华日报》)

中旬　得周恩来 12 日函，谈与老舍共商救济到达广西的香港文化界朋友。(《周恩来年谱 1898—1949 年》修订本，中共中央文献出版社 1998 年 2 月版)

◎ "买了一部英文的《莎士比亚全集》"，加上不久前冯乃超送来的"一部坪内逍遥译的日文全集本（略有残缺）"，在翻阅中，"实在是愉快得很"。(《〈屈原〉与〈鳌雅王〉》)

25 日　与从香港平安回到重庆的徐迟相见，觉得"人是瘦了，情谊是肥了"。(《〈屈原〉与〈鳌雅王〉》)

27 日　参加中华全国文艺界抗敌协会四周年纪念聚餐会。与朋友谈及屈原是否喜欢喝酒的问题，认为，"屈原一定是时常醉的，他不必陶醉于酒，而必陶醉于他的诗。他如果没有这项陶醉，我看他是'吃不消'，他怎么也抵挡不住那周围的恶势力的压迫，而耐性地活到六十二岁才自杀。"(《〈屈原〉与〈鳌雅王〉》)

28 日　复徐迟信。以《〈屈原〉与〈鳌雅王〉》为题发表于 4 月 3 日重庆《新华日报·〈屈原〉公演特刊》，并附录来信。写道："多谢你，承你指出《屈原》与《鳌雅王》的相似。我接到你的信后，立即把《鳌雅王》，尤其第三幕来读了一遍，的确是有些相似，相似得令我自己都感觉着有点惊讶。但我要告诉你，我很惭愧，象这《鳌雅王》——这'戏剧中最完全的典型'，我却是第一次才阅读的"，"莎翁原剧里面的台词和气势的确和我的'有平行'。""但我却深自庆幸，我在写《屈原》之前不曾读过《鳌雅王》。假使我是读过而且读得很熟，我的《屈原》恐怕是写不出来的。""好在《屈原》的雷电独白和《鳌雅王》的也有一些很大的不同，便是屈原是与雷电同化了，而鳌雅王依然保持着异化的地位，屈原把自然力与神鬼分化了，而鳌雅王则依然浑化，屈原主持自己的坚毅，鳌雅则自承衰老"。对徐迟提出的修改《屈原》的方案认为"都很好"，但是"假使要照着那样修改的时候，恐怕非把全剧另作一遍不可"。在谈到文学语言发展程序问题时认为，"冷嘲照文艺的技巧上讲来，实在更高。多少也有些生性的关系，有的人生来便坦率，有的人生来便富于曲折。但由于教育和阅历，后天的，是可使一个热骂性的人变而为冷嘲性的"。最后称赞徐迟的来信"不仅是一篇很好的批评，而且是一首很好的诗"。

初收重庆文林出版社1943年2月重排版《屈原》，后收《沫若文集》第3卷，现收《郭沫若全集·文学编》第6卷。

徐迟在信中说："拜读《屈原》激动万分，遂至失眠。"对"《屈原》第五幕第二景风雷电的Soliloquy，我不赞成"，指出，"电，你这宇宙中的剑……"一段"与K·L的有平行。所以虽是光辉的诗句，我还是不主张这一段独白存在于《屈原》剧中。依据屈原的性格来说，他也不是暴风雨的性格。我曾感觉到，人类的语言是在这样的程序下发展的：起初，人类有天真的语言，跟着人类有爱的语言。社会复杂以后，有使佛大呼孽障的绮语，于是有了冷嘲"。"而更后于冷嘲，有了热骂。鲁迅先生是一个热骂性格"，"《屈原》多份是抒情的，也许更多是哲学的"。

本月 与王亚平、方殷等6人合编的诗歌丛刊《春草集》出版。（8日《新华日报》）

◎ 将一册由重庆文林出版社出版的《屈原》送交陈鲤庭，之前，在书上作了文字增补。

增补内容除文林出版社于1943年2月重排版时加印了少部分外，其后各版《屈原》均未收录。（曾健戎《郭沫若第一次修改〈屈原〉考析》，《郭沫若学刊》1992年第1期）

春

◎ 董作宾来访，"十年神交，握手言欢"。赋七绝一首相赠："卜辞屡载正尸方，帝乙帝辛费考量。万蠕千牛推索遍，独君功力迈观堂。"

董作宾《跋鼎堂赠绝句》记："三十一年春，访沫若于渝，十年神交，握手言欢。"（载《董作宾先生全集》乙编第五册，台湾艺文印书馆1977年11月版）

◎ 为志斌书录旧作《和老舍原韵并赠三首》之一。（手迹见《郭沫若书法集》，四川辞书出版社1999年11月版）

4月

1日 作七律《偶成》："五年戎马亦栖遑，秋菊春荼取次尝。泽畔吟余星殒雨，夷门人去剑横霜。柔荑已折传香海，兰佩空捐忆沅湘。屹立嶙峋南岸塔，月中孤影破苍茫。"

初收作家出版1959年11月初版《潮汐集·汐集》，现收《郭沫若全集·文学编》第2卷。

3日 五幕历史剧《屈原》由中华剧艺社在重庆国泰影剧院首场公演，与阳翰笙前往观看，"非常兴奋"。（4日重庆《新华日报》；《阳翰笙日记选》，四川文艺出版社1985年2月版）

当日《新华日报》《时事新报》均刊出祝贺《屈原》公演的专刊。此后演出期间，郭沫若几乎天天到场，戏散才走。还时常到后台看望、慰问大家，有时到台下看戏，就站在条幕旁和剧中人一同欢笑和落泪。期间，曾邀在重庆"孔学会"工作的陈禅心观看演出。

该剧"上座之佳，空前未有"，有人半夜排队候票，有人专程从外地赶来。周恩来非常欣赏剧中的《雷电颂》，曾说"屈原并没有写过这样的诗词，也不可能写得出来，这是郭老借着屈原的口说出他自己心中的怨愤，也表达了蒋管区广大人民的愤恨之情，是对国民党压迫人民的控诉，好得很！"

另一方面，《中央日报》《中央周刊》等报刊则陆续发表攻击《屈原》的文章。在一次由陈立夫、潘公展举办的"文艺界招待会"上，几个御用文人直接攻击《屈原》，并要求禁演，潘公展称该剧"是别有用心，是借演戏搞不正当活动"，并以"顺从民意"为借口，要《屈原》立即停演。（白杨《我参加〈屈原〉演出的一点回忆》，《红岩》1979年第1期；陈禅心《〈屈原〉与〈屈原〉唱和》，《郭沫若研究》第2辑，文化艺术出版社1986年3

月版；金山《痛失郭老》，张瑞芳《郭老，我们的一代宗师！》，《悼念郭老》，生活·读书·新知三联书店1979年5月版）

5日 晚，在国泰影剧院后台与张瑞芳等演员讨论《屈原》第五幕第一场的台词，并采纳了修改意见。（见《屈原》附录：《瓦石札记·一字之师》）

7日 与林幼石宴请刚从广西桂林飞抵重庆的夏衍，为其洗尘。阳翰笙夫妇和李剑华夫妇、尹伯休夫妇，以及林维中等作陪。（《阳翰笙日记选》，四川文艺出版社1985年2月版）

8日 赠黄炎培戏票，请其观看历史剧《屈原》。

黄炎培观剧后即作七绝二首相赠。（《黄炎培日记》第8卷，华文出版社2008年9月版）

9日 晚，夏衍由孙师毅陪同来天官府寓所。听夏衍传达周恩来的指示。（夏衍《懒寻旧梦录》，生活·读书·新知三联书店1985年7月版）

10日 《殷周是奴隶社会考》发表于重庆《学习生活》月刊第3卷第1期。认为，"中国古代的文献，既多伪造，研究的时候，稍一不慎，便得不到正确的结论。真实的文献，亦不全可靠"。"所以研究古代真象，最好是从地下去找古人亲手留下来的东西"，"我们根据真实的史料，——甲骨文，金文，再参考旧有的文献，斟酌损益，然后研究中国古代社会，才有基础，才能迈步前进"。讲古代社会，"要明白古代社会情形，就要明白古代的经济组织"。"中国古代社会需要研究的一个最大的问题是在有没有生产奴隶的这个阶段的问题"，"拿地下发现来研究"，"中国古代确曾用过大规模的奴隶来作生产事业，确曾经过奴隶制的阶段。庶人或民就是生产奴隶，这是须得认清楚的！""从殷朝到春秋中叶，都是奴隶制度的社会"。

初收重庆东方书社1943年10月初版《今昔集》，题为《论古代社会》；后收《沫若文集》第12卷；现收《郭沫若全集·历史编》第3卷。署写作时间为1942年8月，有误。

◎ 出席周恩来举办的为祝贺《屈原》演出成功的宴会。席间与周恩来探讨历史剧《屈原》。

夏衍及该剧全体演员也出席了宴会。周恩来说："在连续不断的反共高潮中，我们钻了国民党反动派一个空子，在戏剧舞台上打开了一个缺口。郭先生和诸位都立了大功！"（夏衍《知公此去无遗恨》，《悼念郭老》，生活·读书·新知三联书店 1979 年 5 月版；《周恩来年谱 1898—1949 年》修订本，中央文献出版社 1998 年 2 月版）

11 日　作七绝二首并序，和黄炎培观《屈原》赠诗。与黄炎培原诗一起，以《弦外之音——黄炎培、郭沫若唱酬》为题发表于 12 日重庆《新民报》，又以《〈屈原〉唱和》为题发表于 13 日《新华日报》及《半月文萃》6 月 20 日第 1 卷第 2 期。序谓："任之既观屈原演出，以二绝句见赠，谨步原韵奉酬，如有同音，殆鼓宫宫动者耶？"诗云："两千年矣洞庭秋，疾恶由来贵若仇。无边春风无识别，室盈簮菉器盈莸。""寂寞谁知弦外音？沧浪泽畔有行吟。千秋清议难凭借，瞑目悠悠天地心。"

初收作家出版社 1959 年 11 月初版《潮汐集·汐集》，题作《和黄任老观〈屈原〉演出二首》；现收《郭沫若全集·文学编》第 2 卷。

◎ 晚，往国泰影剧院后台慰问演出《屈原》的演员。（《芍药》，《笔阵》半月刊 1942 年 8 月 20 日第 4 期）

12 日　作《〈蒲剑集〉序》。发表于 5 月 12 日《时事新报》。谓："两三年来，关于屈原写了一些东西，也作过几次讲演，现在把那些杂文和讲演录收集起来，成为这《蒲剑集》。""还附带着收集了好几篇谈文艺或学术的文章。""在本集中，都经过我自己的校改，可以作为定稿。""最近得到一部《韩非子》，查出了几则关于聂政与南后郑袖的故事，可以补充关于《棠棣之花》和《屈原》两个剧本的本事的考索。"

初收重庆文学书店 1942 年 4 月初版《蒲剑集》；又收上海海燕书店 1947 年 7 月初版《今昔蒲剑》，改作《〈蒲剑集〉后序》；后收《沫若文集》第 12 卷；现收《郭沫若全集·文学编》第 19 卷。

◎ 作散文《芍药》。发表于成都《笔阵》半月刊 8 月 20 日第 4 期。叙述拣了一枝芍药花骨朵之事。

初收重庆群益出版社 1945 年 9 月初版《波》，为《芍药及其它》之一篇；又收上海海燕书店 1949 年版《抱箭集》；后收《沫若文集》第 9 卷；现收《郭沫若全集·文学编》第 10 卷。

◎ 作散文《水石》。发表于成都《笔阵》半月刊 8 月 20 日第 4 期。通过对水里小石子的观察，发现这是"最妙的艺术品"，但是"那些石子却不好从水里取出"。从水里取出，"那美妙便要失去"。

初收重庆群益出版社 1945 年 9 月初版《波》，为《芍药及其它》之一篇；后收《沫若文集》第 9 卷；现收《郭沫若全集·文学编》第 10 卷。

13 日 作五律《和韵》。发表于 16 日《时事新报·青光》，又发表于《半月文萃》6 月第 1 卷第 2 期。咏道："寂寞千年事，斯人未易方。风雷任先马，狂狷掩中行。举目人皆醉，捶心天亦伤。愁闻啼鴂遍，百草失芬芳。"

初收作家出版社 1959 年 11 月初版《潮汐集·汐集》，题作《和李仙根观〈屈原〉演出一首》；现收《郭沫若全集·文学编》第 2 卷，并附李仙根原诗《金山力演沫若成功作》。

◎ 陈禅心来访，并作《屈原》唱和诗二首。（陈禅心《〈屈原〉与〈屈原〉唱和》，《郭沫若研究》第 2 辑，文化艺术出版社 1986 年 3 月版）

16 日 作诗《十四绝赠演员诸友》。发表于 27 日重庆《新蜀报·七天文艺》第 59 期。序谓："《屈原》演出中，演员同志们嘱题诗以为纪念，因各赠一绝。"包括：《金山饰屈原》《瑞芳饰婵娟》《坚白饰宋玉》《施超饰靳尚》《丁然饰子兰》《白杨饰南后》《而已饰怀王》《业高饰子椒》《苏绘饰张仪》《立德饰巫师》《逸生饰钓者》《君遏饰更夫》《周峰饰卫士》《房勉饰詹尹》（以出场先后为序）。

初收作家出版社 1959 年 11 月初版《潮汐集·汐集》，增加《白杨饰南后》一首、《饰渔夫者》一首，题作《赠〈屈原〉表演者二十一首》，实际共十六首；现收《郭沫若全集·文学编》第 2 卷，题作《赠〈屈原〉表演者十六首》。

18 日 作七绝《次韵赋答真如》。发表于 29 日重庆《时事新报》，又发表于桂林《半月文萃》6 月 20 日第 1 卷第 2 期。诗云："卜居无计问苍天，树蕙滋兰为美荃。一命纵教逾九死，寸心终古月娟娟。""文章百代日经天，誓把忠贞取次传。一曲礼魂新谱出，春兰秋菊唱年年。"

收作家出版社 1959 年 11 月初版《潮汐集·汐集》，题作《和无名氏观〈屈原〉演出后二首》；现收《郭沫若全集·文学编》第 2 卷，题作《次韵赋答真如二首》，并附录陈铭枢原诗。

◎ 为黄苗子书王昆仑集苏东坡句："磨刀狭巷追穷寇　涕泣循城拾弃孩。"（手迹见《郭沫若书法集》，四川辞书出版社 1999 年 11 月版）

19 日 作自传《我的学生时代》。发表于《妇女新运》5 月第 4 卷第

5 期，又发表于桂林《野草》月刊 6 月第 4 卷第 3 期。回忆求学的经历，讲述了学医而改行之主要原因。

初收重庆东方书社 1943 年 10 月初版《今昔集》；又收上海海燕书店 1947 年 5 月初版《革命春秋》，题名《学生时代》；后收《沫若文集》第 7 卷；现收《郭沫若全集·文学编》第 12 卷。

◎ 作《历史·史剧·现实》。发表于《戏剧月报》1943 年 4 月第 1 卷第 4 期。论述历史与历史剧的区别及如何正确评价历史剧等问题。认为，"历史的研究是力求其真实而不怕伤乎零碎；史剧的创作是注重在构成而务求其完整"。"历史研究是'实事求是'，史剧创作是失事求似。""史学家是发掘历史的精神，史剧家是发展历史的精神。"两者"任务毕竟不同，这是科学与艺术之别。""史剧既以历史为题材，也不能完全违背历史的事实。大抵在大关节目上，非有正确的研究，不能把既成的史案推翻。""推翻重要的史案，却是一个史剧创作的主要动机。故尔创作之前必须有研究，史剧家对于所处理的题材范围内，必须是研究的权威。优秀的史剧家必须是优秀的史学家，反过来，便不必正确。"关于史剧的批评，写道："应该在那剧本的范围内，问它是不是完整。全剧的结构，人物的刻划，事件的进展，文辞的锤炼，是不是构成一个天地。""批评家应该是公平的审判官，不是刽子手"，"史剧家在创造剧本，并没有创造'历史'"。关于史剧与现实的问题，指出，"现在的事实，固可以称为现实，表现的真实性也正是现实"。

初收上海大孚公司 1947 年 12 月初版《沸羹集》，后收《沫若文集》第 13 卷，现收《郭沫若全集·文学编》第 19 卷。

20 日 致信木刻工作者。以《敬致木刻工作者》为题发表于《木刻艺术》月刊 1943 年 12 月 30 日第 2 期。肯定"木刻艺术有长足的进展，对于抗战、对于社会，都有很大的贡献"。希望木刻工作者，"把你们的力量，集中到这些实际问题上来。不要过于执着于艺术家的态度，而且不要把木刻这项宝贵的武器孤立起来"。

初收重庆东方书社 1943 年 10 月初版《今昔集》；后收《沫若文集》第 12 卷，题作《致木刻工作者》；现收《郭沫若全集·文学编》第 19 卷。

◎ 晚，邀请并陪同苏联驻华大使潘友新和使馆的一些朋友，以及刚从香港回来的夏衍,在国泰影剧院观看《屈原》最后一场演出。于立群陪同观剧。演出后,与夏衍同到后台会见了导演、演员和工作人员。(《夏衍致田汉信》,桂林《戏剧春秋》7月第2卷第2期;夏衍《知公此去无遗恨》,《悼念郭老》,生活·读书·新知三联书店1979年5月版)

21日 往复旦大学讲演。阳翰笙和夏衍同往。(《钓鱼城访古》;《阳翰笙日记选》,四川文艺出版社1985年2月版)

◎ 在北碚管理局局长卢子英家中遇冯玉祥,约定择日一起去游览华蓥山。(《钓鱼城访古》;《阳翰笙日记选》,四川文艺出版社1985年2月版)

◎ 午后,向有关方面人士作抗战期中的文学艺术问题的演讲。说道:"中国旧文学当中,有不少伟大作品,我们要继承他的优良传统,并发扬光大。中国新文学,是应时代的要求而产生,因时间很短,所以还没有产生伟大的作品,不过尚需要一般作家的努力,中国新文学的前途,是一定光明的。"(《阳翰笙日记选》,四川文艺出版社1985年2月版)

◎ 晚,在复旦大学举行的晚宴上,与陈望道、张志让、陈子展等人相遇。(《钓鱼城访古》;《阳翰笙日记选》,四川文艺出版社1985年2月版)

22日 午后,偕夏衍、阳翰笙等乘小船赴温泉,下榻柏林。(《阳翰笙日记选》,四川文艺出版社1985年2月版)

23日 晨,与阳翰笙、夏衍等到温泉内池游泳。泳毕,众人一起在公园散步,在佛殿中观赏古董。(《阳翰笙日记选》,四川文艺出版社1985年2月版)

◎ 往北泉公园图书室参观"白屋诗人遗稿展览会",观后即兴吟五律一首《题吴碧柳手稿》:"廿年前眼泪,今日尚新鲜。明月楼何在?婉容词有笺。灿然遗手稿,凄切拂心弦。幸有侯芭在,玄文次第传。"

初收作家出版社1959年11月初版《潮汐集·汐集》,现收《郭沫若全集·文学编》第2卷。

吴碧柳,即吴芳吉,著作有《白屋书生诗稿》。(李萱华《郭沫若在北碚》,《抗日时期的郭沫若》,四川省社会科学院出版社1985年版)

◎ 午后,与阳翰笙去游泳。在茶亭见到章伯钧。二时许即搭木船回北碚。(《阳翰笙日记选》,四川文艺出版社1985年2月版)

26日 晨,由赖家桥前往璧山县。

◎ 再作和黄炎培观《屈原》诗二首并序。发表于5月7日重庆《新华日报》，《半月文萃》本年第 1 卷第 2 期。序云："二十六日晨兴，乘肩舆由赖家桥赴壁山途中，大雨初霁，万象如新浴。微风习习，鸟语清脆，恬适之情，得未曾有。爰再踵任老韵，奉答赐和诸君子。"诗写道："呵天有问不悲秋，众醉何心载手仇？荃蕙纵教能化艾，莸经万古仍为莸。""晨郊盈耳溢清音，经雨乾坤万籁吟。始识孤臣何所借，卅年慰得寂寥心。"

初收作家出版社 1959 年 11 月初版《潮汐集·汐集》，题名《赴壁山途中再和黄任老观〈屈原〉演出韵二首》；现收《郭沫若全集·文学编》第 2 卷。

◎ 作散文《石池》。发表于成都《笔阵》半月刊 8 月 20 日新 4 期，为《芍药及其它》之一篇。记述张家花园的怡园前面有一个大石池。前因石缝砌得严密，连一株草一钱青苔也未长出来。然而，经过敌寇一次空袭，把石池炸了一个不大的坑。坑被填平后不久，即长满了野草，"石池中竟透出了一片生命的幻洲"。

初收重庆群益出版社 1945 年 9 月初版《波》，后收《沫若文集》第 9 卷，现收《郭沫若全集·文学编》第 10 卷。

27 日 上午，在壁山社会教育学院讲演。答应卢子英的要求，决定回城后敦促应云卫派人去北碚公演《屈原》。(《阳翰笙日记选》，四川文艺出版社 1985 年 2 月版)

◎ 读担任演讲记录的李绍朴赠诗二首，作和诗《平生多负气》二首并序。序云："有女子名李绍朴，自称西康人，以诗二首见赠。其一云'诗名非浪得，夙愿遂瞻韩。北伐功勋在，东归气度难。文章尊秉笔，朝野庆弹冠。我愧吟哦久，无由侍杏坛。'又其一云'神州伤破碎，慷慨记新词。弃妇情非薄，抛雏割爱奇，登龙齐仰首，附骥肯低眉？莫讶黄崇嘏，深惭是女儿'。自注'四月廿七日八时，倥偬中'。倥偬中能成此，殊不易得，因而和之。"诗咏道："平生多负气，所慕在苏韩；砥柱中流险，梯航蜀道难。问天悲棘楚，涂地叹衣冠。烽火连传急，苍茫旧筑坛。""比来如出世，兀地接新词。宛转拟珠润，清新似梦奇。长才追蔡谢，枵腹愧须眉。一语铭深内，西康有女儿。"(事见康鉴《"平生多负气"二首考释》，《郭沫若研究丛刊》1984 年 12 月第 1 辑)

初收作家出版社 1959 年 11 月初版《潮汐集·汐集》，文字多有改动；现收《郭沫若全集·文学编》第 2 卷。

28 日 下午，从璧山返渝。接桂林《戏剧春秋》杂志，读杜宣的《英雄插曲》。（《致田汉信》，桂林《戏剧春秋》7 月第 2 卷第 2 期）

◎ 致信田汉。发表于桂林《戏剧春秋》月刊 7 月第 2 卷第 2 期。谈到《屈原》演出的情况时说："一般说来大家都觉得满意，我自己也很满意。演员诸友的努力实在是值得惊佩。""还不见有什么比较有重量的批评，前演《棠棣之花》批评文字特别多，这次却甚寥寥。只是做诗的人却不少。"

29 日 三作和黄炎培观《屈原》诗并序。发表于 5 月 18 日重庆《新华日报》，题作《黄郭唱和》。序谓："任老自湄潭归来，赠以新作。次韵再吊三闾，却寄呈教。步步趣趣，赡前顾后，殊得暂时忘机之乐，敢云劳乎哉？"又发表于桂林《半月文萃》7 月 20 日第 1 卷第 3 期，题作《〈屈原〉赓歌》，小序改为："任老前以观屈原剧二绝见赠，余既奉和，顷自湄潭归来，复赐新作。爰赓和志感，即以呈教，正则可尊，灵奇可感，步步趣趣，赡前顾后，殊得暂时忘机之乐，敢云劳乎哉？"诗云："其棘谁抽楚楚赘？生民涂炭国阽危。登天抚簪难舒愤，御气乘雷纵有时。宁赴常流终不悔，卒成雄鬼亦堪奇。亡秦三户因何致？日月江河一卷诗。"

初收作家出版社 1959 年 11 月初版《潮汐集·汐集》，题作《三和黄任老观〈屈原〉演出后》，序文略有易动；现收《郭沫若全集·文学编》第 2 卷，并附黄炎培原诗。

30 日 晨，将《母爱》一诗改作散文。发表于成都《笔阵》半月刊 8 月 20 日新 4 期。为《芍药及其它》之一篇。

初收重庆群益出版社 1945 年 9 月初版《波》；后收《沫若文集》第 9 卷；现收《郭沫若全集·文学编》第 10 卷。

◎ 作《由葛录亚想到夏完淳》。发表于 5 月 5 日重庆《新华日报》。文章是在读了 3 月 12 日《新华日报》登载的算史氏的《算数奇才葛录亚》一文后有感而发。"19 世纪初期法国所产生的数学天才葛录亚，仅仅二十一年短促的不幸生涯，在数学史中留下了永远不能磨灭的业绩，这已经是奇事，而他还不限于是一位狭隘的数学专家，却是实际参加革命，两次入狱，终于被人暗杀了的'重要政治犯'，实实在在是奇中之奇。""读了算史氏的文章，立即联想到的是明末天才诗人，屡次起义，终于在十七岁的龆龄，便被清廷杀戮了的夏完淳。虽然一位是数学家，一位是文学家，在成就上各有不同，但在才气的优越，政治实践的坚苦，而且同以妙龄被杀的这些节目上，可以说是无独有偶的。""完淳是这样幼小便注意时事的人，所以他一方面能有绝好的诗文词赋，另一方面也并没有忽略了人生的实践。而他的诗文词赋，十分之九是由他的实际生活所血浸出来的东西，差不多篇篇都是辛酸，字字都是血泪。""是出于国破家亡，种族沦夷之痛。就因为有这血淋淋的实践渗透着，所以他的词赋，尽管有好些还没有脱掉摹仿前人的痕迹，而却十分动人，往往有青出于蓝，冰寒于水之概。"

初收重庆东方书社1943年10月初版《今昔集》；后收《沫若文集》第12卷；现收《郭沫若全集·文学编》第19卷。

据手稿，文尾原有"附白"："关于夏完淳，我很想给他写一篇评传，并且把他的全集标点印行，但现在时间来不及，只好发表这一点点，以后打算陆续写下去。""附白"发表时被删掉。(郭沫若纪念馆馆藏文物)

本月 译作《赫曼与窦绿台》(歌德原作)由重庆文林出版社出版。

◎《蒲剑集》由重庆文学书店出版，收论文、杂文22篇。《〈蒲剑集〉后序》云："除掉关于屈原的文字之外，还附带着收集了好几篇谈文艺或学术的文章。"有抗战前的作品，也有产生于抗战后的文章。"这两部分的文字，有好些是曾经收录在《羽书集》里，但因香港沦陷，《羽书集》毁版"，"因此我把那多带宣传性的文章除去，把多带学术性的文章留存了下来"。

5 月

1日 作七绝《赠朴园》："一成一旅能兴夏，此日谁嗟蜀道难？况复中原文物尽，仅留福地在人间。"

初收作家出版社1959年11月初版《潮汐集·汐集》；现收《郭沫若全集·文学编》第2卷。

4日 作《写尔所知》。载谭锋编《佩剑集》，文林书店1943年2月出版；又发表于《现代文献》月刊1946年6月第1卷第2期。写道："卓越的创作家或批评家，关于文学作品的取材的话为'写尔所知'四个字。""有修养的文学家,他并不专驰骛于材料的新奇,而是要使不新奇的东西新奇化,不高远的东西高远化。似乎也并没有什么了不起的秘诀。主要的似乎就在能降心相从,在能够集中自己的注意力,能够活用自己的感官。""我们是应该对于低近的东西也和对于高远者的一样,一样用心去追求。要有调查才有发言权","因此材料的远近新旧应该是没有差别的,问题是看你有没有研究","研究到了家,写出来的极致,会是使高远者低近化,低近者高远化。""研究决定一切。研究的不够,可以使作家感觉题材枯乏。遍地都可以写的东西,却感觉着没东西可写。什么都好像知道了,什么都很平常,不肯下工夫去研究,那自然就写不出东西来了。但说研究,也并不必是学究式的那种研究法,生活实践或体验,也就是一种广义的研究。"

初收重庆东方出版社1943年10月初版《今昔集》,后收上海海燕书店1947年7月初版《今昔蒲剑》,《今昔集》收入《沫若文集》时删去该文,现收《郭沫若全集·文学编》第19卷。

◎ 坐车接张一麐到复兴关,出席国民政府军事委员会政治部举办的招待文化界晚会。散会后送张一麐回寓的路上介绍其与包华国相识,并谈及国内外的情况和国内团结的问题。(《两次哭此人》,1944年4月18日重庆《新华日报》)

5日 作诗《听唱〈湘累曲〉四首》:"含杯情缱绻,灯下唱湘累。彷佛难为别,从容善自持。""月眠诗一贴,壁上已纱笼。珍重人前意,灵犀点点通。""弦半生离别,冰轮又转圆。清辉无惜意,相对却天边。""南园曾小离,有话到洋槐。久矣花时过,犹言花待开。"

初收作家出版社1959年11月初版《潮汐集·汐集》,现收《郭沫若全集·文学编》第2卷。

◎ 作《〈屈原研究〉跋》。载重庆群益出版社1943年7月初版《屈原研究》。说明书中的《屈原身世及其作品》是由《屈原》修改而成,《屈原时代》及《离骚》译文均经过"改削",《屈原思想》是新写的,"足以补充前两篇所论的不足"。并谓:"我对于屈原的整个看法,大抵就包括在这个小册子里面了"。

◎ 晚,在家中设宴为辛汉文、孟君谋祝寿,阳翰笙、金山、周峰等作陪。(《阳翰笙日记选》,四川文艺出版社1985年2月版)

6日 作散文《小麻猫的归去来》。发表于桂林《文学杂志》6月25日第2卷第4期。记述了小麻猫的走失、被囚的经过,引发出"我真禁不住要对残忍无耻的两脚兽提出抗议"。

初收重庆群益出版社1945年9月初版《波》;后收《沫若文集》第9卷,改题作《小麻猫》;现收《郭沫若全集·文学编》第10卷。

7日 致翦伯赞信:"关于追悼董维键的事体,很想同老兄商量一下。前天曾往中苏文协拜访您,才知道您没住那儿。在什么时候,在什么地方可以会着您,请您告诉我,我想来访问您。"(《北京大学学报》1978年第3期)

董维键曾在政治部第三厅工作,本年春在香港病逝。

◎ 作《奉答曙青光先生敬步原韵》:"春风送雨小窗前,知有幽人拂素弦。水起潜蛟飞未得,刹那真个即千年。""兰芷天涯尚幸存,美人何处可招魂?凤凰已渺鸣鸠逝,千古牢愁纳五言。"

初收作家出版社1959年初版《潮汐集·汐集》,改题为《夜和高鲁诗二绝》;现收《郭沫若全集·文学编》第2卷。

8日 夜,作《怀董博士维键兄》。发表于14日重庆《新华日报·追悼董维键同志特刊》。赞扬董维键为抗战宣传工作不计个人得失。以董维键作为哥伦比亚的哲学博士,曾任湖南教育厅厅长和外交交涉员的经历,能屈就"第七处第三科科长之职","如不是以工作为本位,不是以国家民族的利益为前提的人,谁也不肯降两级来就这上校的职分的"。又为董维键不受当局重视,被迫去香港的遭遇鸣不平:"生死本来是很平常的事情,何况在目前全世界都成了战场的时候。但我总觉得可惜。国家培养出一个人才并不是容易的事。人才养成了而未能竟其用,不甚受人珍惜而又萎谢,实实在在是一件可惜的事。百物都昂贵了!人们似乎都知道爱惜衣物","然而奇怪,却不十分爱惜人"。

初收上海大孚公司1947年12月初版《沸羹集》;后收《沫若文集》第13卷,改题为《怀董维键》;现收《郭沫若全集·文学编》第19卷。

9日 复陈禅心信,告知"田寿昌先生现在桂林,不久将来渝"。(手迹见《抗倭集》)

11日 复孙望信。写道:"四月三十一日大函奉到。《关于屈原传及其它》已拜读。屈原传,据刘永济氏错简说,加以整理,甚有条理,颇觉可信。屈原生年，当采比较可信之长历术而据定之，日本新城新藏氏之春秋战国长历，余认为较有根据，而无削足就履之嫌，故据用之。此说甚长，恕不尽述。但相差亦无几，无关宏旨也。死年则大有关系，不经襄王二十一年之剧变，对于屈原久流不死，难以说明。如必拘'九年不复'之语，将屈子放逐之年放迟，亦可说得过去。秦楚复交乃在襄王七年，放逐以七八年左右为近理也。"（手迹载南京师范学院《文教资料简报》1978年7月总第79期）

刘永济，武汉大学教授，《屈原列传发疑》指出了《史记·屈原列传》中有错简的问题。

◎ 为冯玉祥画《骑驴图》题诗。以《郭沫若先生题诗》为题发表于《新华日报》。云："有马借人乘，有驴独自坐。骑去看梅花，板桥容易过。骑去上战场，枪炮容易躲。何必如龙始足豪，须知马大人显小。其进锐者其退速，何如进退如一慢慢跑。视死能如归，看花上阵两都好。"并作跋："焕章先生以名将而能诗善画，诗名妇孺皆知，而画却不轻易动笔，然其画之超脱，实有飘飘欲仙之意，观此为非杞先生所图可知也。"

冯玉祥《骑驴图》为柳非杞作，并题诗于画："许多人们好乘马，／惟有此翁爱骑驴。／只要铲走日本鬼，／无论如何皆欢喜。"

14日 应任秋石之请，为寿其父任志远六十寿辰作五言诗《有赠》。诗云："人生四十始，六十乃入冠。余更少十年，黄嘴犹未干。浊世退何勇，治学心闲闲。上有慈母健，下有儿舞斑。书以陶性情，诗以养静观。忧先天下人，独善良所难。载屋在础石，何殊高者橡？要使世间乐，长命方足欢。"

初收作家出版社1959年11月初版《潮汐集·汐集》，现收《郭沫若全集·文学编》第2卷。

◎ 作诗《水牛赞》。发表于15日重庆《新华日报》；又发表于1947年7月《大学月刊》第6卷第2期转载，诗后注："此旧作最为陶行知先生所激赏录此以补白。"诗写道："水牛，／水牛，／你最最可爱，／你是中国作风，／中国气派。／／坚毅，／雄浑，／无私，／拓大，／悠闲，／和蔼，／任是怎样的辛劳，／你都能够忍耐，／你可头也不抬，／气也不喘。／／你角大如虹，／腹大如海，／脚踏实地而神游天外。／／你于人有功，／于物无害，／耕载终身，／还要受人宰。／／筋肉肺肝供人炙脍，／

皮骨蹄牙供人穿戴，／你活也牺牲，／死也牺牲，／死活为了人民，／你毫无怨艾。／／你这和平劳动的象征，／你这献身精神的大块，／水牛，／水牛，／你最最可爱。"

初收上海群益出版社 1948 年 9 月初版《蜩螗集》；后收《沫若文集》第 2 卷，写作时间署"1942 年春"；现收《郭沫若全集·文学编》第 2 卷。

◎ 接待来访的纳西族女作家赵银棠，并抄赠刚写就的《水牛赞》。知其来访是求助去延安，答应次日由于立群陪同去见邓颖超。（陈筱平《难忘的教诲　前进的动力》，《郭沫若学刊》1994 年第 4 期）

15 日　为纪念屈原，作《"深幸有一，不望有二"》。发表于 6 月 18 日重庆《新华日报》。写道："近来因为关于屈原的东西写得大概过多了一点，似乎引起一部分人的反感。有的说：屈原这样的人我们现在是不需要的。但这也就是'深幸有一，不望有二'的意思了，并不新。""对于一个人的批评总须得客观一点才好，研究屈原固然应当这样，批评目前的人也应当这样。要把一个人的著作和行为通盘看一下，再下结论，不要老是那样全靠主观，甚至全靠戴着着色眼镜。"文章最后预言："我是决不相信中国会亡、中国的民族会灭的，因而我也就可以自行预言：我断不会和屈原那样跳水自杀。请不要为我操心，我还须得再补说一遍：我国的屈原，深幸有一，不望有二。"

初收新华书店 1942 年 12 月初版《屈原——五幕史剧及其他》，后收《沫若文集》第 12 卷，现收《郭沫若全集·文学编》第 19 卷。

◎ 让于立群陪来访的赵银棠往曾家岩周公馆访问邓颖超。

此后，赵银棠多次来访，并由于立群陪同前往北碚观看了历史剧《屈原》。（赵银棠《墨迹　难忘的教诲》，《玉龙旧话新编》，云南人民出版社 1984 年版；陈筱平《难忘的教诲　前进的动力》，《郭沫若学刊》1994 年第 4 期）

中旬　作七律《赠梁寒操》："欣闻入海掣长鲸，五月南征万里行。羽扇风高今汉相，铙吹声壮旧边城。朱波自昔为兄弟，铜柱他年认姓名。何必黄龙才痛饮，凭将肝胆共杯倾。"

梁寒操时任军事委员会政治部副部长兼中国远征军政治部主任，准备赴缅甸履职，遂有此作。（姜力《关于郭沫若诗五题》，《郭沫若研究》第 11 辑，文化艺术出版社 1996 年 6 月版）

21 日 致张可廷信:"大札及诗今日始由乡下转到,业已拜读,南征重践渡泸遗迹,诚壮举也。日前曾为赠均默先生诗一首,谨先抄出呈教。此诗梁先生尚未寓目,因在裱装中,尚未送去也。"(张克坚《新发现郭沫若给梁寒操的一首诗》,《广州文史资料》选辑 1984 年第 31 辑)

所抄录诗题名作《送均默南征兼呈可廷》,即《赠梁寒操》一诗。信落款未署年代。《新发现郭沫若给梁寒操的一首诗》认为作于 1944 年。但中国远征军第一次开赴缅甸在 1942 年。

22 日 晚,与于立群往苏联驻华大使馆,参加苏联大使潘友新举办的招待中苏文化协会同人联欢会。

到会者有该会名誉会长宋庆龄及于右任、孙科夫妇等 20 余人。(24 日《新民报》)

23 日 作散文《银杏》。发表于 29 日重庆《新华日报》。赞美银杏:"你这东方的圣者,你这中国人文的有生命的纪念塔","不是因为你是中国的特产,我才特别的喜欢,是因为你美,你真,你善","希望中国人单为能更多吃你的白果,总有能更加爱慕你的一天"。

初收重庆群益出版社 1945 年 9 月初版《波》,后收《沫若文集》第 1 卷,现收《郭沫若全集·文学编》第 10 卷。

25 日 作演讲稿《中国战时的文学与艺术》。发表于 28 日、29 日重庆《新华日报》;又发表于《半月文萃》1942 年第 3 期;另以《中国战时的文学与艺术》为题发表于 28 日、29 日重庆《时事新报》。文章说道,由于战争爆发,有人忧虑"中国的文学和艺术的活动,要遭到很大的打击,或者会至于停顿"。但五年的抗战"证明了这些忧虑的根据是不正确的"。侵略战争"在人类历史上从来不曾有过获得了最后胜利的先例,故尔战争的归趋不一定是完全破坏。在破坏的一面,有促进着理性创造的动力,每于一时性的破坏之后,而有更高一段的文物产生。一般说来,反侵略性的战争,便和人类的创造精神,或文学艺术的活动合拍。人类的文学艺术活动,在它的本质上,便是一种战斗,对于横暴的战斗,对于破坏的战斗,对于一切无秩序、无道理、无人性的黑暗势力的战斗。因此在进行着反侵略性的保护战的国家中,即在战争期间,必然有一个文学艺术活动的高潮"。"中国自'七七'抗战以来,才真正到了'文艺复兴期',中国的文艺,在抗战前大都和生活现实脱了节。旧的文艺局限于古代作品的摹拟，老早失去了生命。新的文艺也局限于外国作品的摹拟"，"然而抗战的号角，却把全体作家解放了"，"新的艺术到这时才生了根，旧的艺术到这时才恢复了它的气息"。"无论在怎样的困难条件之下，我们的创造精神是被亢扬着的。我们要忍受任何困难，克服任何的困难，向着肃清魔鬼、扫荡兽性、美化人生的大业前进。"

初收重庆东方书社 1943 年 10 月初版《今昔集》，后收《沫若文集》第 12 卷，现收《郭沫若全集·文学编》第 19 卷。

26 日　作《怎样运用文学的语言?》。发表于重庆《文坛》1943 年 4 月 30 日第 2 卷第 1 期，题作《略论文学的语言》；又以此题发表于《书报精华月刊》第 14 期。文章按照小说、戏剧文学、诗和抒情的散文的文体形式，论述其语言写作的异同。认为，"小说注重在描写"，"它和绘画的性质相近。它的成分是叙述和对话。叙述文是作家自己的语言，对话便应该尽量地采用客观的口语"。"戏剧文学中的话剧，其用语与小说中的对话相同，但应该还要考虑到舞台上的限制"，"除供人看之外还要考虑到供人听。声调固必须求其和谐，响亮，尤须忌避同音异义字的绞线。太长了不宜于舞台，但一句话中太简单了的词汇反而容易滑脱听者的注意"，"最好多念几遍"，"务求容易听懂，而且中听。有好些语言的适合度要经过试演之后才能判定"。"诗的语言恐怕是最难的，不管有脚韵无脚韵，韵律的推敲总应放在第一位。和谐是诗的语言生命。古诗爱用双声、叠韵，或非双声叠韵的连绵字，这种方法在新诗里也应该遵守的。""新诗的韵律虽然没有旧诗严，但平仄的规定是不能废的。有时同一是平声的字也应该分别阴平与阳平，同一是仄声的字也应该分别上去入。但过于铿锵了也是一种累赘。""自己写出的东西要读得上口，多读几遍，多改几遍"，"不要急于发表"。

初收上海大孚出版公司 1947 年 12 月初版《沸羹集》，题作《怎样运用文学的语言?》；后收《沫若文集》第 13 卷；现收《郭沫若全集·文学编》第 19 卷。

◎ 准备写作历史剧《高渐离》，"拟定了一个人物表和分幕表"。

"筑的考证得到了一个眉目之后，我便决心写剧本。"(《〈筑〉序言(下)》，1942 年 6 月 29 日重庆《新华日报》)

27 日　晚，应中美文化协会邀请，往该会作《中国战时的文学与艺术》的讲演。

28日 开始写作历史剧《高渐离》，"得八页"。(《〈筑〉序言（下）》，1942年6月29日重庆《新华日报》)

◎ 接到周恩来关于"国民政府开始清查中共党员及左翼作家，准备一网打尽，请关照各同志注意"的通知。(中共中央文献研究室编《周恩来年谱1898—1949年》修订本，中央文献出版社1998年2月版)

29日 续写《高渐离》，"夜将睡时成《荆轲刺秦》之歌"。(《〈筑〉序言（下）》，1942年6月29日重庆《新华日报》)

30日 续写《高渐离》，"午前得十页"。(《〈筑〉序言（下）》，1942年6月29日重庆《新华日报》)

◎ 下午，在中苏文化协会作演讲《中苏文化之交流》。摘要发表于31日重庆《新华日报》。说道："中苏两个民族自有文化以来，就在互相交流着。关于这方面的史迹，苏联文化界也许有很周密的研究。中国方面对于这种史实的研究，似乎还没有人注意。""史基泰美术的研究家罗斯妥吾契夫发现战国时代的青铜器花纹，和苏联境内古代史基泰民族的文化有类似的地方。""罗氏认为中国青铜器可能受到史基泰艺术的影响"，"我倾向于承认这种学说的合理性的。因为我们知道中国战国时代在历史上曾和外族发生过密切的交涉"，"同样，我们中国文化影响到苏联的，在历史上也斑斑可考"，"如中国人发明的活字、指南针，及打仗离不了的火药，都是1238—1239年传到欧洲去的"。"有一点使我们感觉遗憾的"，"就是交流只是片面的。苏联文化给予我们的影响，真是浩浩荡荡象洪水一样向我们中国奔流，而我们中国的文化输到苏联方面的""说起来真叫我们惭愧"，"因为并不是苏联朋友介绍我们的东西不努力，而是我们值得介绍的东西实在太少"。"希望我们从事文学艺术的朋友们大家努力，同时也希望社会人士要爱护作家，鼓励作家，主持文艺政策的人要着眼远处，给文艺作家以更多的空气，更多的阳光，更多的养料，使他们能够自由自在地发展。这样才能有伟大的创造，才能加强中、苏两国文化以及中国与任何国家间的文化交流。"

初收重庆东方书社1943年10月初版《今昔集》，题名《再谈中苏文化之交流——三十一年五月三十日在中苏文化协会演讲》；后收《沫若文集》第12卷；现收《郭沫若全集·文学编》第19卷。

◎ 作《"如含瓦石"》《一字之师》。发表于桂林《文学创作》月刊1943年1月第1卷第4期，为《劄记四则》之一、二两则。

初收上海大孚出版公司1947年12月初版《沸羹集》；后收《沫若文集》第3卷，改题作《瓦石劄记》，《"如含瓦石"》一则删去；现收《郭沫若全集·文学编》第6卷。

31日 续写《高渐离》，"草成第一幕"。（《〈筑〉序言（下）》，1942年6月29日重庆《新华日报》）

◎ 晚，应卢子英邀约一同往北碚，欲聚齐朋友游华蓥山。夜宿"红崖嘴卢作孚先生的别墅"。（《钓鱼城访古》，《郭沫若全集·历史编》第3卷）

本月 拒绝梁寒操邀为陈独秀追悼会发起人。

陈独秀病逝于江津，陈立夫等人拟邀集国民党、青年党、民社党人在重庆为其开追悼会。后"因故延期"，最终未成。（钱远铎《永恒的怀念——纪念郭沫若同志逝世一周年》，《武汉文艺》1979年第4期）

◎ 复信洛汀，讲述《屈原》剧本创作和演出情况。认为金山在朗诵《雷电颂》时，吸收了京剧唱腔的一些艺术方法，效果很好。（洛汀《郭老三信——纪念郭沫若同志百年诞辰》，《郭沫若学刊》1992年第3期）

◎ 应柳非杞求索，书赠甲骨文条幅《癸卯卜今日雨》并附题识，赞曰："颇有诗趣"，特引古诗与之相印证。（手迹载上海社会科学院文学研究所《资料与研究》1982年12月总第67期）

◎ 在文化工作委员会举行欢迎从香港脱险归来人员茶话会。（《阳翰笙日记选》，四川文艺出版社1985年2月版）

◎ 译诗《给迷娘》（德国歌德原作）发表于重庆文林出版社初版《春草集》。

6月

1日 晨，与卢子英搭民生公司"民昌号"轮往北碚。讲起钓鱼城史事，方知卢子英是合川人，即提出："与其去登华蓥山，我倒宁肯去游钓鱼城。"（《钓鱼城访古》，《郭沫若全集·历史编》第3卷）

◎ 午后，到达北碚。"饭后中华剧艺社的沙蒙来访"，同去看望正在上演《天国春秋》的剧艺社朋友。复去公园吃茶，遇夏衍、陈白尘、徐迟、金山等人。（《钓鱼城访古》，《郭沫若全集·历史编》第3卷；李萱华《郭沫

若在北碚》,《抗战时期的郭沫若》,四川省社会科学院出版社 1985 年版)

◎ 傍晚,与卢子英、夏衍、陈锂庭、应云卫、辛汉文共进晚餐。商定次日不去华蓥山,改访合川。(《钓鱼城访古》,《郭沫若全集·历史编》第 3 卷;李萱华《郭沫若在北碚》)

◎ 晚,与马宗融夫妇一起看《天国春秋》,到剧场后台会见了一些演员朋友。(《钓鱼城访古》,《郭沫若全集·历史编》第 3 卷;李萱华《郭沫若在北碚》,《抗战时期的郭沫若》,四川省社会科学院出版社 1985 年版)

2 日 上午,查看卢子英所藏钓鱼城的碑文拓本,并抄录光绪七年合州知事华国英撰并书的《重建钓鱼城忠义祠碑记》,"对于钓鱼城的故事得到一个相当正确的准备智识"。(《钓鱼城访古》,《郭沫若全集·历史编》第 3 卷)

◎ 午后,与阳翰笙在兼善公寓匆谈,复与卢子英乘"民耀号"船往合川。(《阳翰笙日记选》,四川文艺出版社 1985 年 2 月版;《钓鱼城访古》,《郭沫若全集·历史编》第 3 卷)

◎ 晚,抵达合州,下榻水电厂。(《钓鱼城访古》,《郭沫若全集·历史编》第 3 卷)

◎ 夜,翻阅张森楷著《民国新修合川县志》,在《大事谱》查阅到一些钓鱼城大事记。(《钓鱼城访古》,《郭沫若全集·历史编》第 3 卷)

3 日 上午,乘滑竿往钓鱼城。瞻仰护国寺"夫人祠"与"忠义祠"。得见"钓鱼城功德祠"碑,认为"这简直是十足的顺民理论"。(《钓鱼城访古》,《郭沫若全集·历史编》第 3 卷)

◎ 作七律《钓鱼城怀古》。发表于 18 日重庆《新蜀报·七天文艺》第 63 期。诗云:"魄夺蒙哥尚有城,危崖拔地卜回潆。冉家兄弟承璘玠,蜀郡山河壮甲兵。卅载孤撑天一线,千秋共仰宋三卿。贰臣妖妇同祠宇,遗恨分明未可平。"

初收作家出版社 1959 年 11 月初版《潮汐集·汐集》,现收《郭沫若全集·文学编》第 2 卷。

◎ 晚,水电厂"胡厂长伯雄招饮于公园餐馆"。就寝前写了几张单条。又应卢子英嘱,书赠诗《水牛赞》。(李萱华《郭沫若在北碚》,《抗战时期的郭沫若》,四川省社会科学院出版社 1985 年版)

◎ 为胡伯雄题《和李仙根观〈屈原〉演出一首》诗。(《郭沫若研究学

会会刊》1984 年第 4 期）

4 日 晨，与卢子英乘"民昌号"轮至北温泉。（李萱华《郭沫若在北碚》，《抗战时期的郭沫若》，四川省社会科学院出版社 1985 年版；《钓鱼城访古》，《郭沫若全集·历史编》第 3 卷）

◎ 下午，同夏衍、阳翰笙、郑伯奇等谈钓鱼城见闻。计划用此题材写一部宋末抗元的历史剧。"一面表彰王坚，尤其是张珏之忠义；另一面则描写王立与熊耳夫人之谲诈。忠奸对立而构成一个悲剧的结束，实在是一部天成的戏剧资料。"（李萱华《郭沫若在北碚》，《抗战时期的郭沫若》，四川省社会科学院出版社 1985 年版；《钓鱼城访古》，《郭沫若全集·历史编》第 3 卷）

◎ 晚，与张志让谈时局。（《阳翰笙日记选》，四川文艺出版社 1985 年 2 月版）

5 日 晨，自温泉乘巡船回北碚，饭后乘"民权号"轮，至夜半返重庆。

"后来重庆的反动派闹得满城风雨，说我在北碚和合州纠集文化人，图谋不轨。"（《钓鱼城访古》，《郭沫若全集·历史编》第 3 卷）

6 日 作《〈钓鱼城怀古〉附记》。发表于 18 日重庆《新蜀报·七天文艺》，附于《钓鱼城怀古》诗后。考证钓鱼城"在合川县城东北十余里，三面临江，形势陡绝"，建于"宋理宗淳祐三年（1243 年）"，1278 年，"守者王立，听其'义妹'熊耳夫人之计，举城降元将李德辉"。认为乾隆三十一年所建之"王立、熊耳、德辉祠"，"与忠义祠并列于山岭，可谓薰莸一器，冰炭同炉矣"。

8 日 复信李远芳："五月廿日手书奉悉。辱承嘱书归国诗，因往事不忍回忆，仅录近作一首奉教，望谅之。澄览大师言甚是。文事要在乎人，有旧学根底固佳，然仅有此而无人的修养，终不得事也。古人云：士先器识而后文艺，殆见到之言耳。"（中日文化协会上海分会《弘一大师年谱》，1944 年 9 月版）

9 日 开始写《高渐离》第二幕。"进行颇勉强，欲刻画秦始皇，颇不易。余人太多，如专写一人则欠平衡发展而成木偶。因此竭一日之力仅得六页，仍不甚满意。"（《〈筑〉序言（下）》，1942 年 6 月 29 日重庆《新华日报》）

10 日 续写《高渐离》第二幕。"颇感濡滞，忽思将原定计划改变，将原定第二幕改为第三幕,原定第三幕改为第二幕,但筹画第二幕之开始复极感困难,欲写赵高诱导胡亥作恶,但无这番经验,颇不容易。欲利用《韩非子》,翻阅若干篇,仍无着落。"(《〈筑〉序言(下)》,1942年6月29日重庆《新华日报》)

上旬 书赠赵银棠《登钓鱼城怀古》一诗。(赵银棠《亲切的墨迹 难忘的教诲》,《玉龙旧话新编》,云南人民出版社1984年版)

11日 晨,"开始写新第二幕,进行颇速,思绪层出,写到后来生了滞塞。人物出场,换来换去,太呆板。对于家大人之处理,始终感觉着不妥帖,赵高写得颇成功,高渐离则因未写,将来恐怕连题目都要改变。落幕究竟如何落法,尚须考虑"。(《〈筑〉序言(下)》,1942年6月29日重庆《新华日报》)

12日 续写《高渐离》第二幕。"第一幕得完成。续前所写旧第二幕,拟改为第三幕者,所写乃登琅琊台观日出,但读去毫无意趣。""第三幕遂决定完全从新编过,作为审判场面,场景不换。已成之十余页全弃,写来颇觉快意,午前竟得二十页左右。""晚上写了数页,不甚惬意,遂作罢。有写四幕即可完结之意。想到以家大人与怀清作为孪生姊妹,一人双演,剧情可增加曲折。"(《〈筑〉序言(下)》,1942年6月29日重庆《新华日报》)

13日 晨,"早起写作至九时半"。写完《高渐离》第三幕。"三幕完后,仍觉非写成五幕不可,第四幕仍在同一景中,写高渐离盲目后之生活。无此一幕,则高渐离真成木偶矣。第五幕写琅琊台成,可不必延到十年之后","校读一二幕,直至夜深"。(《〈筑〉序言(下)》,1942年6月29日重庆《新华日报》)

◎ 与邓颖超、西门宗毕、曹靖华、戈宝权、王云五、米克拉舍夫斯基等人出席中苏文化协会理事梁寒操举行的招待会,商讨出版苏联政治、经济、文艺丛书计划。(14日重庆《新华日报》)

14日 "晨想到《项羽本纪》中之卿子冠军宋义,与宋意殆是一人。读《项羽本纪》数段。"草成《白渠水歌》,可作为主题歌。"诗成后,灯下继续写作,得七页。"(《〈筑〉序言(下)》,1942年6月29日重庆《新华日报》)

15日 夜,《高渐离》"第四幕完成"。(《〈筑〉序言(下)》,1942年6

月29日重庆《新华日报》)

16日 写《高渐离》,"第五幕开场,颇费思索","夜饭后对于第五幕之处理,始获得适可之办法"。(《〈筑〉序言(下)》,1942年6月29日重庆《新华日报》)

◎ 作《〈筑〉序言(上)》。发表于29日重庆《新华日报》。从弦数大小、鼓法等方面对筑进行考证。认为,"古筑,五弦,如琴而小,左手执其项,置其尾于肩上,右手以竹尺击之"。"既是打击成声,弦就应该是金属;筑为半竹,则附铅于中而固系之。"

初收上海群益出版社1946年5月初版《筑》,1949年9月第2次印行《筑》时,改题为《关于〈筑〉》;后收《沫若文集》第4卷,上篇题名《关于筑》,下篇题名《剧本写作的经过》;现收《郭沫若全集·文学编》第7卷。

17日 午后,"将《高渐离》完成"。发表于桂林《戏剧春秋》月刊10月第2卷第4期。附录《关于筑》《剧本写作的经过》和《人物研究》。

上海群益出版社1946年5月出版单行本,题名《筑》,1949年9月出版第2版,有较大修改,并附1948年3月28日作于香港的《校后记(之一)》;后收入《沫若文集》第4卷,仍名《高渐离》,亦有修改,并附《校后记(之二)》;现收《郭沫若全集·文学编》第7卷。

◎ 作《"筑"的人物研究》。发表于桂林《戏剧春秋》月刊9月第2卷第3期。征引《史记》中的《荆轲列传》《项羽本纪》《货殖列传》《秦始皇本纪》《蒙恬列传》《李斯列传》和《淮南子》等有关文献,对高渐离、家大人、怀清夫人、宋意、秦始皇、徐福、赵高、胡亥、夏无且、蒙毅以及李斯等进行了分析研究,以这些历史人物为原型,做《高渐离》剧中人物之依据。

初收群益出版社1946年5月初版《筑》;又收《沫若文集》第4卷,题名《〈高渐离〉人物研究》;现收《郭沫若全集·文学编》第7卷。

18日 "草筑之考证成。决定名《高渐离》剧本为《筑》,虽不通俗,饶有风致。"(《〈筑〉序言(下)》)

◎ 常任侠来访。(常任侠《战云纪事》,海天出版社1999年9月版)

◎ 傍晚,往中山一路中苏文协,与孙科、王昆仑、潘友新等出席中苏文化协会、政治部文化工作委员会、国际反侵略大会中国分会、中苏文协重庆分会等11个文化团体联合举行的高尔基逝世六周年纪念暨中国第二届诗人节大会并作演讲。演说词及报道刊载于19日重庆《新华日报》。称道屈原和高尔基"都是代表人民利益的，也是反对暴政的"。认为，"屈原先生以天地之心为心，爱祖国，爱人类，成为了他的伟大人格。所谓文学艺术是什么？简单说来，他就是人格的表现。有伟大的人格，才会产生伟大的理想，与伟大的文学的作品"。"屈原的政治上果然失败了，但在艺术上仍获得极大成功。这一种伟大的文学成就，使我们民族获得无限安慰。每一个中国人，今日纪念世界上两大文学家，要学习他们反暴政，反法西斯的精神，彻底斗争！我们特别要学习屈原'天地万物总动员'的精神，以击败世界上法西斯。"

20日 作《〈筑〉序言（下）》。发表于29日重庆《新华日报》。记述《筑》写作之经过。

初收上海群益出版社1946年5月初版《筑》；后收《沫若文集》第4卷，改题名作《剧本写作的经过》，文字略有删削；现收《郭沫若全集·文学编》第7卷。

◎ 作《笑早者，祸哉！》。发表于22日重庆《新华日报》。纪念苏联抗德卫国战争一周年，批评那些"义务宣传员"宣传"不出三星期莫斯科就会丢掉"。认为，"纳粹德国一直是帮助日本而侮辱我们，苏联一直是帮助我们而牵制日本。苏联终于受德国侵袭而被迫应战了，即使不讲'礼尚往来'，爱莫能助"，"也应该同情苏联，然而适得其反。真不知是何心肝！"指出，一年来，"苏联愈战愈强，民主战线是愈战愈巩固"，"毕竟是笑得太早了吧，笑得太早者，祸哉！"

初收重庆东方书社1943年10月初版《今昔集》，后收《沫若文集》第12卷，现收《郭沫若全集·文学编》第19卷。

22日 与茅盾、田汉、欧阳予倩等人联名发表《中国文艺界为苏联抗战周年致斯大林先生及全体苏联战士书》于重庆《新华日报》。写道："目前已成为全人类'敬仰之的'的苏联和英勇的苏联战士，是你们粉碎了匪军所向无敌的神话，是你们揭露了人类解放的曙光"，"全世界的人类，都感受着你们的鼓舞"，"都坚定了抗战到底的斗志，维系了正义的信心"。

初收上海大孚出版公司 1947 年 12 月初版《沸羹集》，题名《中国文艺界贺苏联抗战周年》；后收《沫若文集》第 13 卷；现收《郭沫若全集·文学编》第 19 卷。

◎ 下午，与宋庆龄、冯玉祥、王世杰、张西曼等人及苏、美、英等国大使出席中苏文化协会在广播大厦为纪念苏联反法西斯战争一周年举办的茶会。(23 日重庆《新华日报》)

23 日　收到《言子选辑》一书，颇感兴趣，即"翻阅了一过"。

《言子选辑》，乐山人杨世才编，为"重庆指南编辑社语言学丛刊第一种"，编著者自办，1942 年 6 月初版发行。

24 日　作《〈言子选辑〉序》。发表于重庆指南编辑社 1942 年《言子选辑》。写道：

"《重庆指南》编者杨君把他所搜集的《言子选辑》给我看，要我为他作一篇序，我从头至尾地翻阅了一过，引起了我许多幼时的回忆，觉得好些话头都是从前在故乡听惯了的，不过一时记忆不起罢了。这类的话在四川很多，国内各省似乎也不少，可惜没有采集。

据我所知，从前北京大学语言学系曾经搜集各地的土语方言数千条，其中有一小部分这种资料，可惜也未见刊行。现在有这样小小一本集子，我得先睹为快，是娱情聊胜无的事。这里面的词句都是照实笔录，庄谐并存，雅俗共赏，似可称为集口头谜语之大成。虽小，我看是不失为富有兴趣的读物。就是对于写小说戏剧的人，对于研究语言学的人也怕不无裨益。因此我也就乐意写这几行来为作者介绍。"

◎ 手书《水牛赞》，文字略有改动："死活为了人民，你毫无怨艾"，改作"丝毫也不悲哀，也不怨艾"；"你只有东方才有"，改为"你只有中国才有"；"可是地主们，财东们"，改为"可是中国人，中国人"。(《郭沫若书法集》，四川辞书出版社 1999 年 11 月版)

25 日　作《〈情虚集〉序》。发表于 1943 年 1 月 6 日重庆《大公报》。收重庆东方书社 1943 年 2 月初版《情虚集》。介绍："田仲济先生把近年所写的杂文辑为了这本《情虚集》"。评集中《猫》一文"充分地表现着作者的博爱精神"，"不过猫之被囚，我看，也有是'由于恨'的一种"。并借自己写《猫的归去来》的缘起和经过，说道："我为了猫，实在感觉着有一部分人毕竟是最可怕的动物，英雄下大狱寻常事耳。于是有诗为证:'英雄下狱本寻常,猫兮归来自四方。安得自由猫世界,英雄亦免受琅珰'"。

26日 随中华剧艺社《屈原》剧组于拂晓由千厮门乘船赴北碚。并携一瓷花瓶,为剧中人物做道具。(《芍药及其它·雨》,《沫若文集》第9卷;李萱华《郭沫若在北碚》,《抗战时期的郭沫若》,四川省社会科学院出版社1985年版)

27日 作诗一首,随散文《雨》发表于7月12日重庆《大公报》。云:"不辞千里抱瓶来,此日沉阴竟未开。敢是抱瓶成大错,梅霖怒洒北碚苔。"

初收群益出版社1945年9月初版《波》;又收作家出版社1959年11月初版《潮汐集·汐集》;现收《郭沫若全集·文学编》第2卷。

诗的写作,缘起于读《屈原》剧的演员们所写的打油诗:"吃饭靠天不自由,农人欢喜剧人愁。今日演罢屈原后,明朝各自改行头。"后接受程梦莲、张瑞芳的意见,将后二句改为"敢是热情惊大士,杨枝惠洒北碚苔"。(李萱华《郭沫若在北碚》,《抗战时期的郭沫若》,四川省社会科学院出版社1985年版)

28日 晨,在北碚兼善公寓与陈鲤庭、张瑞芳一起早餐,谈论27日那首改过的诗。得知《屈原》顺畅地演了五场,且场场客满,甚欣喜。(《芍药及其它·雨》)

◎ 下午,在重庆师范学院礼堂,为中国青年剧社举办的第2次戏剧讲座讲《屈原悲剧的意义》。说道:"我把时代的愤怒复活在屈原的时代里","借了屈原的时代来象征我们当前的时代"。屈原的死"不仅是他个人的悲剧,而且是楚国的悲剧,是中华民族的悲剧。他的理想如果得以实现,楚国可能代秦统一中原,二千年来的历史会变个样子,至少不会有焚书坑儒之类的事情了。不过屈原的理想,在今天开始逐渐实现了,因此二千多年的屈原与我们离得并不远,甚至诸位今天晚上就可以看见他了"。(重庆《时事新报》;李萱华《郭沫若在北碚》,《抗战时期的郭沫若》,四川省社会科学院出版社1985年版)

◎ 夜,《屈原》演出后,同演员们一起在北碚公园草坪赏月谈天,吟诗作对。张瑞芳唱了《棠棣之花》剧中酒家女唱的《湘累》曲。后来以此吟诗一首赠张瑞芳:"风雷叱罢月华生,人是婵娟倍有情。回首嘉陵江畔路，湘累一曲伴潮声。"（李萱华《郭沫若在北碚》，《抗战时期的郭沫若》，四川省社会科学院出版社 1985 年版；手迹见《郭沫若遗墨》，河北人民出版社 1980 年版）

29 日　作五绝《咏月八首》。写道："月圆无几时，又坐看一夜。看罢待明朝，乘风且归去。""深期月有音，月却终无语。江水流滔滔，月影不随泻。""中宵为月留，江畔石凝露。谁解石心悲？眼泪无干处。""分明月在望，远远系天边。欲凭青鸟翼，鸟却已安眠。""月竟为谁圆？既圆何又缺？纵使难追攀，亘古长不没。"

初收作家出版社 1959 年 11 月初版《潮汐集·汐集》，现收《郭沫若全集·文学编》第 2 卷。

30 日　从北碚回重庆。（《芍药及其它·雨》）

本月　收到李白瑜托友人刘若水转赠的"汉新丰瓦琢砚"一方，题诗："完璞未雕时，玉人抱之泣。一旦化神奇，龙蛇破封蛰。纵令摧毁之，一字一珠粒。媚俗何为者，哲人安所习。"落款作"白瑜寻新存瓦琢砚题奉"。（葛尘《郭沫若题汉瓦琢砚手迹》，《文物天地》1981 年第 1 期）

李白瑜，陕西省西乡县小学教师，于 1940 年觅得该瓦，制成砚台，并在背面刻了铭文。

夏

◎ 为陈若希五十寿辰在红缎上题七言诗四首。有"由来哲士多贤母，未有佳儿不爱娘"句，赞陈若希母子。（1985 年 3 月 1 日《上海政协报》）

陈若希为秘书翁植耘之母、陈布雷之妹。

7 月

6 日　致寿昌、浅哉书。发表于桂林《戏剧春秋》10 月第 2 卷第 4 期。写道：

"目前夏衍在北温泉写剧本。翰笙兄在赖家桥亦努力写作。闻夏兄不日亦可返渝。今岁此间友人大率丰收。夏衍将产生二个剧本，老舍将产生四个。翰笙之《草莽英雄》，不久即可完稿矣。闻兄等在桂将作《屈原》之演出，再由浅哉兄亲自导演。此间友人均甚兴奋。

《屈原》在此间演出时对于原剧本曾略有增减。赵直同志曾观览数次，谅能知其详。第一幕台词太长，是一闷头棒，请尽量减短，第五幕郑彦尹与屈原对话处，在舞台上亦嫌冗赘，亦请斟量删削。同幕婵娟死时未发一言，殊嫌不足，演出曾由弟增加数语：

婵娟（苦闷）那酒……那酒……里面有毒药！……（倒，屈原以手套其头拥抱之）啊，先生，先生，我可真高兴……我……真高兴……我竟能够代替了你死……（大痉挛，死去）。

如此增入剧情较为紧凑。其他不能详述，统希酌裁，在桂列列好友均致敬。"

寿昌，田汉；浅哉，洪深。

◎ 复信雷石榆。发表于昆明《西南文艺》1942年第2期。写道：

"六月十六日信奉悉，暑中拟续刊《战歌》及《西南文艺》，甚善。足下及其他友人以开展地方文化为鹄的，并以牺牲奋斗之精神黾勉从事，不辞艰苦，钦佩无似。

承抄示胡适否认屈原存在之论据，余于数年前曾撰《屈原》一书已加以驳斥，该书由上海开明书店出版，想昆明必易于购得，能蒙检阅一遍，便可分晓，恕不多渎。胡适辈过用怀疑武器，每以立意为高，并不实事求是，乃其大毛病。其实屈原距贾谊仅百余年，曾见屈原晚年之人在贾谊时代尽可尚存人世，断非如神话中之虚拟人物可比。贾谊既亲至屈原曾游之地，并仿其文体为文吊之，即此已亦打破怀疑说之心脏矣。据余所知胡适自身及其一派其后似已不复坚持旧说，世之信之者，似亦甚少见也。屈原问题，余意所常考究者为其作品之研究及近代化，余往年曾将其《离骚》用现代语译出，附刊在上述《屈原》小册子之后，惜其他错篇未及着手，而亦无人踵继，殊不免有寂寞之感，至屈原有无之问题已早成过去，似可置之不理也。"

7日 为抗战五周年纪念题词发表于《新华日报》："胜利愈接近，斗争必愈艰苦。轴心国正以决死之心求胜，民主国尤须以必胜之念决死。须于死里求生，断不可于死中苟活。中国既已经历了五年血战，领导了全世界反侵略的斗争，自当加紧团结，加紧奋斗，以争取全世界反侵略的胜利。"

◎ 作七绝《和亚子》三首，附于《诗讯》一文。发表于15日重庆

《新华日报》。诗云："以不平平平不平，哲人伊古总无名。誉非举世浮云耳，劝阻无如自在情。""天真真谛原为一，敢道中行即是狂。今日人间成地狱，还从地狱建天乡。""欲读南明书已久，美人远在海之湄。薪樵岂有伤麟意？大道如天未可衰。"

初收作家出版社 1959 年 11 月初版《潮汐集·汐集》，现收《郭沫若全集·文学编》第 2 卷。

◎ 夜，作《诗讯》，发表于 15 日重庆《新华日报》。写道："顷得寿昌自桂林来信，示及柳亚子先生端午新诗及寿昌的和诗。""亚子先生的诗，我素来是喜欢的。因此寿昌的这封信使我加倍的愉快。""原诗不免有寂寞之感，但这似乎正足表现着纯真的诗人的心。诗人的感觉是特别锐敏的，时代环境既衰杀，因此免不得'梧桐一叶落而知秋'了。"

初收新华书店 12 月版《屈原——五幕史剧及其他》，后收《沫若文集》第 13 卷，现收《郭沫若全集·文学编》第 19 卷。

8 日 作散文《雨》。发表于 12 日重庆《大公报》，又发表于 8 月 25 日延安《解放日报》。记述 6 月底北碚演出《屈原》前后的事。

初收重庆群益出版社 1945 年 9 月初版《波》，后收《沫若文集》第 9 卷，现收《郭沫若全集·文学编》第 10 卷。

◎ 晚，出席中苏文化协会、文化工作委员会举行的抗战建国五周年纪念晚会，到会文化界人士百余人。（9 日重庆《新华日报》）

10 日 夜，作杂文《〈娜拉〉的答案》，发表于 19 日重庆《新华日报》。文章为纪念秋瑾而作。说："《娜拉》一剧是仅在娜拉离开家庭而落幕的，由此便剩下了一个问题，娜拉究竟往那里去？""关于这个问题的答案，易卜生没有写出什么。但我们的先烈秋瑾是用生命来替他写出了。""求得应分的学识与技能以谋生活的独立，在社会的总解放中争取妇女自身的解放；在社会的总解放中担负妇女应负的任务；为完成这些任务不惜以自己的生命作牺牲。"

初收重庆东方书社 1943 年 10 月初版《今昔集》，后收《沫若文集》第 12 卷，现收《郭沫若全集·文学编》第 19 卷。

12 日 自城归乡，为苏联驻华大使潘友新来访做准备。请阳翰笙代为主持文化工作委员会将于 15 日举办的国际问题演讲会。（《阳翰笙日记选》，四川文艺出版社 1985 年 2 月版）

◎ 晚，与冯玉祥、王芸生等 50 人，出席文化工作委员会在两路口社会服务处社交会堂举行的第 9 次国际问题座谈会，讨论"日寇今后之动向及同盟国之对策"。(13 日重庆《新华日报》)

13 日 晨起，发现两年前遗失的钱包夹在门缝里，颇感意外，"一种崇高的人性美电击了我"。(《小皮箧》，8 月 2 日重庆《大公报》)

◎ 作《南后郑袖》(《劄记四则》之三)。发表于桂林《文学创作》月刊 1943 年 1 月第 1 卷第 4 期。征引《战国策·楚策》的文献，证明南后郑袖为一人，而不是"有人在某晚报中指摘"的那样为二人。并谓："好在我是在写剧本，并不是在做考证，即使真是两个人，我把他们合而为一了，无论古今中外，对于一个作家都是可以宽容的。"

初收上海大孚出版公司 1947 年 12 月初版《沸羹集》，题名《瓦石劄记》；后收《沫若文集》第 3 卷；现收《郭沫若全集·文学编》第 6 卷。

◎ 作《〈少年维特之烦恼〉重印感言》，收重庆群益出版社 11 月版《少年维特之烦恼》。写道：

"好快！

这部书的译出也就二十年了。

二十年后的今天我又重读了一遍，依然感觉着它的新鲜。

一本有价值的书，看来总是永远年青的。读了这样的书，似乎也能够使人永远年青。

人世间，比青春再可宝贵的东西实在没有，然而青春也最容易消逝。

最宝贵的东西却不甚为人所爱惜，最易消逝的东西却在促进它的消逝。

谁能保持永远的青春的，便是伟大的人。

歌德，我依然感觉着他的伟大。

为使人们大家都更年青些，我决心重印了这部青春颂。"

◎《钓鱼城访古》作讫。发表于重庆《说文月刊》8 月 15 日第 3 卷第 7 期。记述往合川钓鱼城游览访古的经过。途中查阅到许多"关于钓鱼城的故事"，"想根据这一次的收获再来写一个剧本，一面表彰王坚，尤其张珏之忠义，另一面则描写王立与熊耳夫人之谲诈。忠奸对立，而构成一个悲剧的结束，实在是一部天成的戏剧资料"。

初收重庆东方书社 1943 年 10 月初版《今昔集》；又收上海海燕书店

1947 年 7 月初版《今昔蒲剑》，附有 1947 年 6 月 3 日所写追记；后收《沫若文集》第 12 卷；现收《郭沫若全集·历史编》第 3 卷。

14 日　致翦伯赞信："弟已下乡，极盼望我兄能来会讲学。历代疆域图，行知先生处有一部日文的最好，但恐不易借到耳。"（《北京大学学报》1978 年第 3 期）

◎ 作小说《波》。发表于 17 日重庆《新华日报》，又发表于 8 月 28 日延安《解放日报》。描写武汉撤退时，一对青年夫妇带着幼儿在轮船上，因敌机飞临，孩子遭遇被抛入江中的惨剧。控诉日本帝国主义侵略中国的罪恶，反思战时人性的弱点。

初收重庆群益出版社 1945 年 9 月初版《波》，后收《沫若文集》第 5 卷，现收《郭沫若全集·文学编》第 10 卷。

15 日　上午，常任侠、李可染二人来寓所访谈。（常任侠《战云纪事》，海天出版社 1999 年 9 月版）

◎ 准备接待苏联驻华大使潘友新到赖家桥访问，委托阳翰笙作代表去红岩吊唁周恩来父丧。（《阳翰笙日记选》，四川文艺出版社 1985 年 2 月版）

◎ 晚，阳翰笙、应云卫等来寓所漫谈至天亮。（《阳翰笙日记选》，四川文艺出版社 1985 年 2 月版）

16 日　与阳翰笙、应云卫在寓所谈工作事。（《阳翰笙日记选》，四川文艺出版社 1985 年 2 月版）

17 日　上午，与阳翰笙、冯乃超在赖家桥文化工作委员会接待来访的苏联驻华大使潘友新、秘书费德林和代表米克舍夫斯基、安德烈夫妇。共进午餐。（《阳翰笙日记选》，四川文艺出版社 1985 年 2 月版）

◎ 晚，邀请常任侠、郑伯奇等共进晚餐。席中谈及沈尹默《秋明集》，认为其诗笔可爱，在近人作品中，未可多得。（常任侠《战云纪事》，海天出版社 1999 年 9 月版）

18 日　致信柳亚子。发表于桂林《戏剧春秋》1942 年 10 月第 2 卷第 4 期。写道：

"香江沦敌后，此间侪辈均关心先生之行踪，北杞时来敝寓，尤为关怀，顷得寿昌来信，知先生确已抵桂，并得读端午近什，首蒙忆念，感激感激。寿昌嘱和，因亦效颦，已于十五日见报矣，想已达览。兹再录出如次，敬请督政。

报中首绝略有误字，盖由编者妄作聪明所改也。沫若近作史剧《高渐离》一种，其中将赵高写为从事工作之报仇者，就此实得诸先生之启示。不知在何处曾读先生一文，记太炎先生咏赵高诗一绝即含此意。原诗及尊文均失记，甚望教示。拟补一序于卷首以明渊源，甚望，甚望。

今年川中农产可告丰收。近来天气大热，已暂下乡一避，在乡一二月当再进城也。南明史深望早日杀青。著述如战机，似乎争取时间为要着。"

◎ 致田汉信。发表于桂林《戏剧春秋》1942 年 10 月第 2 卷第 4 期。说："最近一信录示亚子先生及弟诗者已奉到，原诗已如嘱步韵，并于十五日登诸报端，想已入目也。吾弟生活极窘，近已知其详尽，此间友人正拟设法。"《高渐离》一剧奉上，希弟指正，可将该剧分成几处发表，第一幕亦可标题为'白水渠畔'，第二三幕'琅琊台下'，第二幕与第三幕可并作一处发表。第四幕'醒目以后'，第五幕'碌'，如有稿费可得，即请留弟处以为老伯母甘旨之费。余不另。"

19 日　作散文《钱包》。（郭沫若纪念馆馆藏资料）

20 日　《论儒家的发生》发表于重庆《学习生活》月刊第 3 卷第 2 期。针对胡适《说儒》，重申《借问胡适》一文的基本观点。"胡适的《说儒》，以'三年之丧'、《易经》的需卦、《正考父鼎铭》、《商颂·玄鸟》四点为根据，证明儒为殷之宗教，充分带有奴隶根性而柔顺，追孔子出世，始改为刚毅的宗教。今天从所引的四大证据来研究，'三年之丧'是孔子创造的，《易经》是战国初年的东西，正考父的谦恭，不能作为奴隶解释，他是殷之顽民宋国的贵族，并不是周朝的奴隶，而且正考父的《鼎铭》是后人假造的，孟僖子的故事，也是假的，《玄鸟》诗，不能作预言解释。四根大台柱，不能成立，对儒家的看法，就是根本错误，只好垮台。""我对儒的看法不同，儒是春秋时代，社会转变，生产方式变更，奴隶制度崩溃时代的产物"，"升上来的下层阶级的庶人"，"处在社会的上层阶级后，觉得礼不可少，便拼命学礼乐"，"堕落的上层阶级的人，又被重视了，这就是儒之所以产生"。"儒被重视之后，儒家便成了一种职业，于是便和农工商一样。"儒发生在邹、鲁，"是因为邹、鲁在列国中文化最高"，"东迁以后，周室仅仅保存天子的虚位，丧失了过去统治天下之权，所以儒不发生在周室"。

初收重庆东方书社1943年10月初版《今昔集》；又收上海海燕书店1947年7月初版《今昔蒲剑》；后收《沫若文集》第12卷；现收《郭沫若全集·历史编》第3卷。

◎ 将《钱包》修改为《小皮箧》。发表于8月2日《大公报》。由两年前丢失的钱包夹被人送回之事，感慨道："在目前生活日见艰难，人情日见凉薄的时代，竟为我启示出了这样葱茏的人性美，我实在是不能不感激。"

初收重庆群益出版社1945年9月初版《波》，后收《沫若文集》第9卷，现收《郭沫若全集·文学编》第10卷。

中旬 为提高北碚民众对于戏剧研究的兴趣，应中国万岁剧团之邀请，在该团公开演讲《屈原》。(15日重庆《新华日报》)

◎ 在北温泉观《屈原》演出后，应邀参加中央青年剧社戏剧座谈会，在崇实礼堂讲写屈原之经过，历三小时，听众中有来自各校的学生。(16日重庆《新华日报》)

22日 致信翦伯赞："惠札奉悉。天气实在太热，老兄的讲演改到秋凉，听者的小弟也极端欢迎。不过此间的同志们依然希望您早来，其诚比太阳还要热烈。代达此意，请老兄斟酌。小弟需要《宋史·忠义传》及《元史·宪宗本纪》，听说老兄处有之，望能假我一阅，希望在炎热之中写一部火烈的剧本也。"(《北京大学学报》1978年第3期)

27日 出席文化工作委员会举行的"庆祝郭沫若回国五周年纪念"公宴和晚会，晚会刚刚开始，因接到政治部电话说有空袭，只得散会。(《阳翰笙日记选》，四川文艺出版社1985年2月版)

28日 与冯玉祥等150人联名发表《中国诗歌界致苏联诗人及苏联人民书》于重庆《新华日报》，又发表于《诗创作》第6期。写道："我们和你们的奋斗就是伸张人类正义，保卫人类幸福的伟大事业。我们和你们共有一个崇高伟大的理想。""我们屈原、杜甫爱世爱国精神的继承者，对你们普希金、莱蒙托夫、涅克拉索夫、马雅可夫斯基战斗精神所熏陶的苏联人民，伸出热烈的友谊的手。让我们抗战的歌声互相穿过世界的屋脊，让我们携手地打击人类中的丑类——那东方西方的野兽吧！"

29日 作小说《月光下》。发表于《人世间》月刊10月第1卷第1期。描述了战争给主人公带来的灾难。面对一家人贫病交迫的生活境遇，主人公逸鸥被迫走上自杀的道路。

初收重庆群益出版社1945年9月初版《波》，又收上海海燕书店1947年10月初版《地下的笑声》，后收《沫若文集》第5卷，现收《郭沫若全集·文学编》第10卷。

30日 致信翦伯赞："奉读大札，不啻获得十万雄师，感激感激。《多桑蒙古史》此间有之，已阅读。诚如尊言，一良史也。洁夫回，《宋书》收到。余玠、张珏本传与《合州志》中所录取者同，盖为后书所本。立秋后尚不进城，在候兄来也。"（《北京大学学报》1978年第3期）

洁夫，文化工作委员会工作人员。

31日 致信李远芳："前后二函均奉悉。澄览大师书法，谢谢。没有好纸，谨胡乱草拙一首却报，乞转达。此间出版界不大高妙，因纸张印刷均高贵粗劣。即此物不成名器也。桂林较佳，仁者何不于彼一询耶？"（《弘一大师年谱》，中日文化协会上海分会1944年9月编印）

月底 傅抱石抱来国画新作多幅求题词，答应下来。（《今昔集·题画记》）

本月 历史剧《棠棣之花》由重庆作家书屋出版。

◎ 在赖家桥寓所接待从桂林来访的杜宣，交谈中讲了不少国民党政府的丑闻，并示以一本揭露、谴责国民党背信弃义、破坏团结行径的毛边纸装订的诗稿。谓："这里面的诗，今天是不能发表的。我相信将来总有那么一天，会把它印出来，让我们的子孙后代知道，我们曾经经历过怎样的黑暗时代。"（杜宣《忆郭老》，《杜宣散文选》，人民文学出版社1981年7月版）

7、8月间

◎ 致信罗永麟，告以正在筹建一个出版社（即后来成立的群益出版社），希望他在自流井盐商中设法募股。（据龚济民1982年12月30日访问罗永麟谈话记录，龚济民、方仁念编《郭沫若年谱》，天津人民出版社1992年10月版）

8月

1日 作七律《感怀》和孙师毅喑瑚公诗："蓼莪篇废憾何涯，公尔由来未顾家。仅得斯须承菽水，深怜万姓化虫沙。中宵舞剑人无儿，到处张弧鬼一车。庙祭他年当有告,王师终已定中华。"

初收作家出版社 1959 年 11 月初版《潮汐集·汐集》,现收《郭沫若全集·文学编》第 2 卷。

3 日 作五言诗《中国有诗人——为抱石五柳先生像作并题》,为《题傅抱石画八首》之二。发表于 10 月 11 日重庆《新蜀报·蜀道》第 812 期。诗云:"中国有诗人,当推屈与陶。同遭阳九厄,刚柔异其操。一如云中龙,夭矫游天郊。一如九皋鹤,清唳澈晴朝。一如万马来,堂堂江海潮。一如微风发,离离黍麦苗。一悲举世醉,独醒赋离骚。一怜鲁酒薄,陶然友箪瓢。一筑水中室,毅魄难可招。一随化俱尽,情话说渔樵。问余何所爱,二子皆孤标。譬之如日月,不论鹏与雕。旱久焦禾稼,夜长苦寂寥。自弃固堪悲,保身未可骄。忧先天下人,为牺何惮劳!"

初收作家出版社 1959 年 11 月初版《潮汐集·汐集》,写作时间署 8 月 2 日,有误,据作于 8 月 6 日的《题画记》记载,诗作于 8 月 3 日;现收《郭沫若全集·文学编》第 2 卷。

4 日 阳翰笙陪杜宣来访。(《阳翰笙日记选》,四川文艺出版社 1985 年 2 月版)

◎ 作五言诗《题抱石屈原巨帧》,为《题傅抱石画八首》之一。发表于 10 月 11 日重庆《新蜀报·蜀道》第 812 期。诗云:"屈子是吾师,惜哉憔悴死,三户可亡秦,奈何不奋起?吁嗟怀与襄,父子皆萎靡,有国半华夏,荜路所经纪,既隳前代功,终遗后人耻。昔年在寿春,熊悍幽宫圹,铜器人百余,无计璧与珥。江淮富丽地,谀墓亦何侈!无怪昏庸人,难敌暴秦诡。生民复何辜,涂炭二千祀?斯文遭斫丧,焚坑相表里。向使王者明,屈子不谗毁,致民尧舜民,仁义为范轨。中国安有秦?遑论魏晋氏。呜呼一人亡,暴政留污史,既见鹿为马,常惊朱变紫,百代悲此人,所悲亦自己。华夏今再生,屈子芳无比,幸已有其一,不望有二矣。"

初收作家出版社 1959 年 11 月初版《潮汐集·汐集》,题名《题屈原画像》,写作时间署 8 月 2 日,有误,据作于 8 月 6 日的《题画记》记载,诗作于 8 月 4 日;现收《郭沫若全集·文学编》第 2 卷。

◎ 作五言诗《题抱石近作渊明沽酒图》,为《题傅抱石画八首》之三。发表于 10 月 11 日重庆《新蜀报·蜀道》第 812 期。

初收作家出版社 1959 年 11 月初版《潮汐集·汐集》,题作《题陶渊明沽酒图》，写作时间署8月3日，有误，据作于8月6日的《题画记》记载，本诗作于8月4日；现收《郭沫若全集·文学编》第2卷。

5日 作五言诗《抱石写龚半千与费密游诗即步半千韵题之》，为《题傅抱石画八首》之五。发表于10月11日重庆《新蜀报·蜀道》第812期。诗中写道："披图忽惊悟，仿佛钓鱼台。古木参天立，残关倚水开。蒙哥曾死去，张珏好归来。战士当年血，依稀石上苔。""三面皆环水，双江日夜流。当年遗恨在，今日画图收。我亦能拚醉，奈何不解愁。羡君凝彩笔，矫健似轻鸥。"

初收作家出版社1959年11月初版《潮汐集·汐集》，题作《题〈与尔倾杯酒〉》三首，写作时间署8月4日，有误，据作于8月6日的《题画记》记载，诗作于8月5日；现收《郭沫若全集·文学编》第2卷。

◎ 作七言诗《抱石写张鹤野石涛诗意极为沉痛即为鹤野原韵反其意以勖之》，为《题傅抱石画八首》之四。发表于10月11日重庆《新蜀报·蜀道》第812期。诗中有句："画中诗意费哦吟，借古抒怀以鉴今。犹有山川犹有树，莫因零落便灰心。"

初收作家出版社1959年11月初版《潮汐集·汐集》，题作《题张鹤野诗画意二首（用野遗原韵）》，写作时间署8月4日，有误，据作于8月6日的《题画记》记载，本诗作于8月5日；现收《郭沫若全集·文学编》第2卷。

◎ 致傅抱石信，询问石涛和张鹤野诗的情况。

"画既题就，复写《题画记》。行将辍笔，忽思石涛所和诗未见，且以鹤野为铁桥道人恐亦未尽合，乃即走笔飞札抱石。蒙报一简。并以《大涤子干净斋唱和诗画册》一册见示。"（《题画记》）

6日 作《题画记》讫。记录了为傅抱石几幅画作题诗的经过，称赞傅抱石诸画作寓意深刻，均"有家国兴亡之意"，并感谢他"启发了我的心思"。

初收重庆东方书社1943年10月初版《今昔集》，后收《沫若文集》第12卷，现收《郭沫若全集·文学编》第19卷。

◎ 写便笺给阳翰笙，告知王瑞麟自北碚归来，约其至家中。阳翰笙随后赶来聚谈。（《阳翰笙日记选》，四川文艺出版社1985年2月版）

7日 作词《水龙吟》。题解道："沈衡山先生爱石。凡游迹所至，必给取一二小石归，以为纪念。侯外庐兄榜其斋曰'与石居'。"词云："南盘孔鼎无存，禹碑本是升庵造。古香已逸，豪情待冶，将何所好？踏遍天涯，汉关秦月，雪泥鸿爪。有如神志气，长随书剑，时媵以，一拳小。浑似风清月皎，会心时点头微笑。轻灵可转，坚贞难易，良堪拜倒。砭穴支机，补天填海，万般都妙。看泰山成厉，再劳拾取，为翁居料。"

初收上海群益出版社1948年9月初版《蜩螗集》，后收《郭沫若文集》第2卷，现收《郭沫若全集·文学编》第2卷。

8日 作《关于"接受文学遗产"》。发表于《抗战文艺》1943年1月15日第8卷第3期。强调继承中外文化遗产的重要性，认为文化的宝贵遗产总是应该接受的，诸如文字、历史、文学等。"凡是文艺或文化的成品应该无国界种界的"，"凡是世界上有价值的东西，都应当赶快设法接受"，"中国还缺乏一部好的辞典"，"也缺乏一部很好的通史，更缺乏关于文艺各部门的良好的专史"。

初收重庆东方出版社1943年10月初版《今昔集》，后收《沫若文集》第12卷，现收《郭沫若全集·文学编》第19卷。

◎ 写便笺给阳翰笙，告知与王昆仑、曹孟君夫妇已到赖家桥住所。阳翰笙即来晤谈。（《阳翰笙日记选》，四川文艺出版社1985年2月版）

9日 侯外庐到访。邀阳翰笙来，同吃水饺。

◎ 下午，看望朱洁夫的母亲、姐姐。（《阳翰笙日记选》，四川文艺出版社1985年2月版）

10日 上午，请王昆仑在文化讲座上主讲《怎样辨识中国的四声》，亦请洪深谈这一问题。（《阳翰笙日记选》，四川文艺出版社1985年2月版）

◎ 下午，请侯外庐作学术报告。（《阳翰笙日记选》，四川文艺出版社1985年2月版）

◎ 历史剧《高渐离》插曲《白渠水》发表于成都《诗星》月刊第3卷第1期。

11日 为于立群书《钓鱼城怀古》《登尔雅台怀人》《咏屈原》《月夜有感》《江石》《诗人》《舟游阳朔即事》等七首诗。跋谓："立群此扇页前寓武昌珞珈山时即已由秀仪托人画好，竟将上款题错，迄今已逾四年，以为已被炸毁于桂林，不意尚存也，为挥汗书之。"（《郭沫若书法集》，四川辞书出版社1999年11月版）

12日 夜，作词《烛影摇红》。解题云："'八·一三'之前夜，昆仑急简相邀。言于七时有半，谋作秉烛之聚。备麻酱凉拌面，冰冻绿豆沙，以代茶点。借聆艺坛雅讯，文化新猷。惜余清晨入城，未午即返，失诸交臂，作此解以谢。"词写道："夜奉瑶缄，上书三十忙开看，霏微期过暑如蒸，空袭频投弹。友好六乡星散，欲趋承，槎舆苦罕。若为今夕，并聚珠联，中苏庭院？憾我缘悭，早朝入郭移时返。空冰豆碧沙澄，凉面香醯拌。素稔艺坛四战，话新猷，参商递灿。晚风入座，雄辩惊筵，斜倾银汉。"

初收上海群益出版社1948年9月初版《蜩螗集》，后收《沫若文集》第2卷，现收《郭沫若全集·文学编》第2卷。

13日 主持创办的群益出版社在重庆西来寺20号开始营业。

群益出版社经理为时任文工会城内秘书室别官的郭培谦。出版社主要出版郭沫若著作，也出版了阳翰笙、夏衍、陈白尘、沙汀等一批进步作家的作品。出版社于1946年迁到上海，又于1948年10月被迫撤退到香港。上海解放后，由香港迁回上海，1951年3月改组成新文艺出版社。（屈楚《早期群益琐记》，《出版史料》1987年第1期；阳翰笙《战斗在重庆》，《新文学史料》1984年第1期）

17日 病，请阳翰笙代为主持文化工作委员会的纪念周，请郑伯奇作《发扬中国民族的优良传统》的报告。（《阳翰笙日记选》，四川文艺出版社1985年2月版）

22日 为李可染画题诗《风雨归牧》。发表于《文选》月刊1946年4月第2期。附言："可染作《风雨归牧图》索题，因托牧童水牛唱和。"云："我有全身蓑笠，尔无半点披挂。当前走石又飞沙，赶快回家去吧。""身上皮肤似铁，胸中胆量无涯。由来锻炼不争差，哪怕风吹雨打！"

初收作家出版社1959年11月初版《潮汐集·汐集》，改题作《牧童与水牛唱和》，原注写作日期有误，据手稿应系于本日；现收《郭沫若全集·文学编》第2卷。

26日 上午，与应云卫、阳翰笙等在寓所商谈中艺事至久。（《阳翰笙日记选》，四川文艺出版社1985年2月版）

◎ 中午，在寓所由周恩来做东，请洪深、应云卫、夏衍、阳翰笙等午餐。席间，周恩来讲了当前国共两党斗争的形势，并要求戏剧界应当有

克服一切困难的决心和勇气。(《阳翰笙日记选》,四川文艺出版社 1985 年 2 月版)

27 日 草拟手令,调整文工会组织,分历史、文艺两个组开展工作。交阳翰笙向在城内办公的文化工作委员会人员宣读,并组织讨论。(《阳翰笙日记选》,四川文艺出版社 1988 年 2 月版)

28 日 偕于立群与阳翰笙于午后进城。(《阳翰笙日记选》,四川文艺出版社 1985 年 2 月版)

◎ 在"歌德晚会"上作题为《关于歌德》的演讲。演讲词记录稿(记录者爱兰)发表于桂林《诗创作》月刊 11 月第 16 期。首先指出:"五四以来把孔子否定得太过火,现在似乎该给以正确批判了。""歌德主张的思想和实践的态度同孔子很相象。"继而分析指出:"歌德所处的社会正是由封建社会转到资本社会的过渡期,封建社会虽然解体了,但是资本社会却没有形成,德国的文艺复兴,到歌德才完成。德国在十六世纪经过宗教改革和农民战争,并没有什么大的产业革命,而只是小诸侯,小贵族,小地主林立,这就是所以产生了歌德,产生了歌德的理想主义。""社会限制了他,没有客观的基础,只能在主观上求满足。"

29 日 苏联驻华大使馆费德林来寓所造访,阳翰笙,夏衍在座,谈得很痛快。费德林想请一人去教书,即推荐徐迟。(《阳翰笙日记选》,四川文艺出版社 1985 年 2 月版)

本月 自传《童年时代》由重庆作家书屋出版。

◎ 复苏联《国际文学》主编苏切考夫电发表于《中苏文化》第 12 卷第 4 期。电文说:"来电奉悉。《国际文学》随时寄赠,甚为感谢。关于中国文艺界之消息及作品,当设法收集,随时寄毕。"

◎ 作《满江红》词。解题说:"日本泷川龟太郎博士著《史记会注考证》一书,在彼邦诩为空前著作。宁乡鲁君实先近成《驳议》一书,标举七事纠斥之,曰体例未精,曰校刊未善,曰采辑未备,曰无所发明,曰立说疏谬,曰多所剽窃,曰去取不明。鲁君与余,初无面识,远道将其书见惠,赋此赠之。鲁君之年,闻仅二十有六也。"词云:"国族将兴,有多少奇才异质。纵风雨飘摇不定,文华怒苩。洹水遗龟河洛文,流沙坠简《春秋》笔,看缉熙日日迈乾嘉,前无匹。泷川注,夸劳绩。服鸟赋,难分析。赖发蒙千载,庚辰元历。衡岳精灵撑突兀,潇湘风韵恣阳激。料方壶定感一声雷,震遏逖。"

初收上海群益出版社 1948 年 9 月初版《蜩螗集》,后收《沫若文集》第 2 卷,现收《郭沫若全集·文学编》第 2 卷。

9 月

1 日 作诗《题鲁实先所著汉鸿嘉以来气朔表 鲁君之书得高霁云老人所遗奖金刊行故篇中序及之》。发表于《真理杂志》1944 年第 1 卷第 3 期。写道:"五十八历勤钻研,气朔今始阳嘉年。通躔一千五百载,正统偏霸上下篇。上接古史天象表,下与郑著相蝉联。通鉴目录何足数,详核远胜汪与钱。借问苦心著者谁?青年学徒鲁实先。曾驳泷川迁史注,倭夷骇汗如流泉。博览群书明缀术,追踪司马学通天。景烁巧思入神化,厥美难可专于前。方今国步遭播迁,天南天北弥硝烟。健儿流血数百万,坫坛零落绝桀船。何期得此金玉编,枢纽辟阖如玑璇。"

初收作家出版社 1959 年 11 月初版《潮汐集·汐集》,题作《气朔篇》;现收《郭沫若全集·文学编》第 2 卷。

诗为赞鲁实先《〈史记会注考证〉驳议》一书而作。鲁实先,时任复旦大学教授。

3 日 开始创作历史剧《孔雀胆》第一幕,得十八页。(《〈孔雀胆〉的故事》,28 日重庆《新华日报》)

4 日 上午,续作《孔雀胆》,第一幕成。

◎ 午后,主持自歇马坝来的翦伯赞为文化工作委员会讲中国通史。讲毕,陪之畅谈至夜。(《〈孔雀胆〉的故事》,28 日重庆《新华日报》)

5 日 上午,听翦伯赞讲史,对翦伯赞在中西史事之比较上甚能提纲挈领,获得重要关键,甚感佩服。

◎ 下午,写《孔雀胆》第二幕,至半夜过后写完毕。

原预计有一医生出场,参加毒杀之阴谋。写至医生出场后于将闭幕时忽然想到当更有用处,由主谋之车力特穆尔推之入池以灭其口,以显示车之奸恶。完幕后又忽然想到,医生当不让其淹死,留待结局时当更使其出头暴露。(《〈孔雀胆〉的故事》,28 日重庆《新华日报》)

6 日 午前,继续听翦伯赞讲古代史。

◎ 下午，开始写《孔雀胆》第三幕。幕景颇费思索，参考宋代刘松年的《唐五学士图》，而略加扩充，尽力将阿盖写成一贤妻良母之型，将《正气歌》插入，颇觉适意。写得六七页。(《〈孔雀胆〉的故事》，28日重庆《新华日报》)

7日 在纪念周上，鼓励文化工作委员会的同事努力研究并勤作笔记。请翦伯赞继续讲中国历史。

◎ 续作《孔雀胆》第三幕。午后将第三幕完结，第四幕分两场写。深夜，一场完毕复写二场，共得二十页左右。

在写作第三幕时，从明史中考出梁王巴匝剌瓦尔密传，甚感愉快。因万胜攻入云南之年，史书有异说，决采用旧元史，定为至元二十二年至二十三年。为欲将此二年中重要史事作为谈资，复将元史顺帝纪此二年中事涉历一遍，决取其中四件，此幕遂得充实。觉得写段功与阿盖似还可以过意得去。车力特穆尔写得相当满意。(《〈孔雀胆〉的故事》，28日重庆《新华日报》)

8日 续作《孔雀胆》第四幕，将昨夜所写稿多所审改。车力特穆尔求爱自供一节乃临时想到。觉颇妥适。午后，四幕历史剧《孔雀胆》全剧完成。发表于《文学创作》月刊1943年4月第1卷第6期。剧作以元末云南梁王的女儿阿盖公主因丈夫段功被害，悲愤自杀的故事，表达了"善与恶——公与私——合与分的斗争"之主题，抨击了破坏民族团结、制造民族分裂的罪恶行径。

单行本由重庆群益出版社1943年12月初版发行，后收《沫若文集》第4卷，现收《郭沫若全集·文学编》第7卷。

《孔雀胆》根据《明史》《元史》《新元史》中的《明玉珍传》《巴匝拉瓦尔密传》《阿盖公主传》《顺帝传》《云南土司》，雪生辑《脉望斋残稿》，多桑《蒙古史》和《马可波罗游记》等文献史料创作，仅用了五天半时间，"但改却差不多改了二十天"。在修改过程中"送给好朋友们看过，也念给朋友们听过几次"。"采纳了好些宝贵的意见。主要的添改是对于段功的加强，对于阿盖的内心苦闷的补充，对于车力特穆尔的罪恶暴露的处理"。(《孔雀胆的故事》，《〈孔雀胆〉后记》，《〈孔雀胆〉二三事》)

10日 接到昆明杨亚宁信，指正《屈原》剧本的错字。即复信，并托其查找"段功梁王等的遗事"。(《〈孔雀胆〉资料汇辑——昆明杨亚宁先生所

提供之函件》)

◎ 作《孔雀胆的故事》。发表于 28 日重庆《新华日报》。将与《孔雀胆》史剧所依据的古文献作了考证。追忆"知道有阿盖的存在应该是三十多年的事","有时候也起过这样的念头,想把阿盖的悲剧写成小说。但要写小说时,最大的困难是我没有到过昆明和大理,地望和土宜对于我是一片空白,因此没有胆量敢写。我终于偷巧,采取了戏剧的形式"。

作为附录,初收重庆群益出版社 1943 年 12 月初版《孔雀胆》,删去 9 月 3 至 8 日的写作日记及两段文字;又收《沫若文集》第 4 卷;现收《郭沫若全集·文学编》第 7 卷。

◎ 阳翰笙等来家吃晚饭。(《阳翰笙日记选》,四川文艺出版社 1985 年 2 月版)

11 日 致张煌信,以《祝与献》为题,收桂林普及出版社 1943 年 7 月初版《当代作家书简》。写道:"你的两封信都接到,以前由罗荪君转来一信也曾接到,因杂物纠纷缠,未及速覆,尚乞原谅。《创作季刊》一期二十五万字,必能成为洋洋大观,诚恳地祝你们的成功。你要我写的文章,我费了几天工夫写了出来,但因时辍时续,思路每被打断,有些意思也未能尽情表达,自己未能满意。文中所述各节能否与诸君子之意见合拍亦难保证,但我仍然寄给你,作为我个人的一项意见以供参考好了。文字写成后,此间的朋友看见,也想要去,我暂时按留着了。将来撇不过朋友的浓情说不定会在当地发表,想来是不妨事的。我在这边尽可能把时间延迟一点便不致有所妨害了。再如你们觉得拙文中所陈述与诸位所怀抱不尽相同,有碍难采用之处,亦请毫不客气,将稿件掷还我好了。"

12 日 晚,出席文化工作委员会举行的诗歌会,纪念歌德诞辰 193 年。"主讲歌德思想与艺术,及翻译歌德作品之经过。""并就孔子与歌德作一详尽之分析与比较,谓二人颇多相同之处。"(13 日重庆《新华日报》)

18 日 散文《蚯蚓》发表于重庆《新华日报》。赞美蚯蚓默默地耕耘土地,为人类造福的精神。然而,"明天会不会被那一位'活魔'挖去做钓鱼的饵,谁个能够保证呢?"

初收重庆群益出版社 1945 年 9 月初版《波》,后收《沫若文集》第 9 卷,现收《郭沫若全集·文学编》第 10 卷。

◎ 作七绝《题画莲》:"亭亭玉立晓风前,一片清芬透碧天。尽有污泥能不染,昂头浑欲学飞仙。"

初收作家出版社 1959 年 11 月初版《潮汐集·汐集》,现收《郭沫若全集·文学编》第 2 卷。

19 日 作《崇德小学校歌》:"莲花山下风光好,薰风摇碧草。春秋代序如海潮,读书趁年少。学成为国争光耀,努力努力莫浮躁。莲花山下好风光,净几又明窗。少年志趣要坚强,学业日就将。立身处世贵鹰扬,努力努力莫彷徨。"

初收作家出版社 1959 年 11 月初版《潮汐集·汐集》,现收《郭沫若全集·文学编》第 2 卷。

20 日 《论古代文学》发表于重庆《学习生活》月刊第 3 卷第 4 期,又发表于《现代文献》1946 年创刊号。原系讲演稿。文前有提纲六条:

"一、第一次'五四运动'的时间和原因——春秋战国时代由于奴隶制度崩溃,专为贵族所有的知识普及到民间。

二、文化运动在文学上的反应——从《书经》《诗经》'甲骨文''金文'证明春秋以前的文字均系古文言体,春秋以后变为焉哉乎也的语文体。

三、文字只有时代之别而无南北之分——《楚辞》乃《国风》的扩大;北方文化系殷民族奠定的,南方文化系殷民族传播的,故南北共贯。

四、秦楚争霸的成败原因——楚国内部意志不统一,领袖无能,生活过于奢侈,秦则反是。

五、中国由楚统一的假想——思想更自由,又更有艺术风味。

六、中国文化以莫大的挫折换得了屈原——不要让历史更走错路。"

初收重庆东方文艺社 1943 年 10 月初版《今昔集》,后收《沫若文集》第 12 卷,现收《郭沫若全集·文学编》第 19 卷。

25 日 翦伯赞在文化工作委员会的演讲本日结束,带领文工会设宴饯别。(《阳翰笙日记选》,四川文艺出版社 1985 年 2 月版)

27 日 与阳翰笙、冯乃超等人在赖家桥文化工作委员会听周恩来、邓颖超讲国内外形势。并与周恩来、邓颖超谈《孔雀胆》的创作。

周恩来对文化工作委员会近来在城乡两地大倡讲学之风,给予充分的肯定。讨论到《孔雀胆》的创作时,对于阳翰笙"不主张在元统治中国快要崩溃的时候,来谈蒙汉团结,并在团结中来对付从民族运动中起来的明玉珍","把段功处理得过分的忠勇而毫无矛盾"的意见,表示诚恳地接受。(《阳翰笙日记选》,四川文艺出版社1985年2月版)

30日 作《〈孔雀胆〉后记》。发表于桂林《野草》月刊1943年3月1日第5卷第3期。记述《孔雀胆》的写作和修改过程。

初收重庆群益出版社1943年12月初版《孔雀胆》,后收《沫若文集》第4卷,现收《郭沫若全集·文学编》第7卷。

本月 诗《奉和太虚法师》,发表于《海潮音》月刊第23卷第8、9期合刊。咏道:"内充真体似寒泉,淡淡情怀话旧缘;长忆缙云山下路,堂堂罗汉石惊天。"

◎《易水寒》(《高渐离》插曲之一)发表于重庆戏剧文学出版社《诗家》。

10月

6日 致张煌信,以《创作长假可以满期了》为题,收桂林普及出版社1943年7月初版《当代作家书简》。说道:"九月二十一日信早奉到。拙稿决遵嘱不在重庆发表,请释念。创作长假,大概不久总可以满期销假了吧,近来亦颇有思动之势,望你不断鞭策。《文艺工作》早已流产,稿件已全部发还或转投别处矣。二期或许可以写些东西寄你,但目前尚难定。"

10日 应冯玉祥之请,与阳翰笙、杜国庠、夏衍等人往冯公馆共进午餐。(《阳翰笙日记选》,四川文艺出版社1985年2月版)

11日 作七绝:"寂寞谁知弦外音,沧浪泽畔有行吟。千秋清议难凭借,瞑目悠悠天地心。"(见黄中模《论郭沫若研究屈原的历史功绩》,《郭沫若研究》第4辑,文化艺术出版社1988年4月版)

14日 应中国万岁剧团之请,为正在排练史剧《虎符》的演员讲该剧的时代背景及剧中人物。(15日重庆《新华日报》)

◎作《〈孔雀胆〉故事补遗》。发表于20日重庆《新华日报》。对于元末云南的历史人物驴儿达德、梁王妃忽的斤、施宗施秀等作了考证。评论施蜇存的历史小说《阿槛公主》,以为其所引用的明人杨升庵的材料不可靠。另对云南王或梁王之继承作了追索,并考证了阿盖与段功的年龄。

初收群益出版社 1943 年 12 月初版《孔雀胆》，文字略有删改，署写作时间为 11 月 28 日；后收《沫若文集》第 4 卷；现收《郭沫若全集·文学编》第 7 卷。

15 日 为胡仁宇《恩海集》题诗："中年哀感废蓼莪，罔极亲恩似海波，读罢述衎三叹息，遍地棘荆多龃龉。抚摩颊臂明肥瘠，贤母伤心目已盲，最是弥留思子语，裂人肝肺荡心肠。茫茫浩劫实空前，满地胡尘已五年，欲得报恩归不得，由来忠孝两难全。君子吃亏方可做，小人毒恶猛于蛇，且将心力酬国家，秉母遗言莫惹他。"

还为《恩海集》留下两段文字。一为《读罢寰九所述》："胡母宋太夫人行状，率成四绝，以专哀感，兼以劝慰寰九，古人云：君子要常常吃亏方才做得，方今国难当前，节哀节变，尤应有以自广，私人仇怨，可暂时付诸东流水也。"二是在画家吕霞光为《恩海集》所作《思亲图》画面空白处题词："爱是生命的源泉，作画之得以存续，赖有母爱，一切物汇之得以生存，亦赖有母爱，故纪念母爱必须自爱其生，自爱其生，非贪生怕死之谓，乃当使此生赋有充实崇高之意义，不虚其生也。故遇必要而杀生成仁实亦爱生之极。"

胡仁宇，郭沫若的同乡与下属，1941 年其母亲病逝，编《恩海集》，遍请重庆名流题词。（龚德明《〈恩海集〉中的作家佚文》，《昨日书香》，东南大学出版社 2002 年版；陈俐、王海涛《移孝作忠与儒学复兴——以抗战时期郭沫若和马一浮讲"孝"为个案》，《现代中国文化与文学》第 10 辑，2012 年）

17 日 致信杨树达："顷奉十月三日惠书及金文考释数种，已一一拜读，卓识明辨，甚为感佩。弟古文字学已抛荒甚久，迩来只就历史逸事编为剧本，已成《屈原》、《虎符》、《高渐离》、《孔雀胆》诸种，实一逃荒解闷之策，不足以登大雅。拙作洋装《金文辞大系》及《青铜器铭文研究》二种，乃弟初入此门时之试作，中多纰缪，其后所作《金文丛考》及线装本《金文辞大系图录与考释》较有可观。《丛考》与《考释》二书去岁被友人借去，屡索不还，颇为扼腕。目前书荒在我辈乃一大险象，奈何奈何！前两书俟再函索，如能索回，当寄上呈教。"（《积微居友朋书札》，湖南教育出版社 1986 年 7 月版）

杨树达时在湖南辰溪湖南大学任教。

18 日 作诗《第十八次"十廿三"》。发表于 23 日重庆《新华日报》。本诗通过溥仪在抗战时的表现，认为他当初被赶出故宫是正确的。针对当时有些人认为此事做得不宽容的看法，认为中国人最大的毛病，就是"对于坏人和仇敌过分的宽大"。"十廿三""值得我们永远作为纪念，然而也值得我们永远作为殷鉴。"

初收上海群益出版社1948年9月初版《蜩螗集》；后收《沫若文集》第2卷，题名《团结一致——纪念第十八次"十廿三"》；现收《郭沫若全集·文学编》第2卷。

诗为纪念1924年10月23日，冯玉祥将所部改称革命军，改组曹锟内阁，驱逐废帝溥仪出宫18周年而作。

19日 《有钱最好买公债》发表于重庆《新华日报》。文章说："发行公债，是战时财政必要的办法，也是最良好的办法。购买公债，是战时国民重要的义务，也是最易尽的义务。""现在是到了什么时候呢？是政府要充实国库，紧缩信用，又不能不设法吸收游资的时候了；是政府要调节资金，安定金融，更不能不设法稳定物价的时候了，我们要克服最后艰难，争取同盟胜利，便不得不竭其全力协助政府。我们要免使国家沦亡，民族溃灭，尤不得不尽其所有以贡献抗战。换句话说，就是不得不于有力出力的原则之外，尚须贯澈有钱出钱这一原则。在这样的时候，政府最好是发行公债，而我国民最好是踊跃购买公债。"

20日 作《离骚一句》（《劄记四则》之四）。发表于桂林《文学创作》月刊1943年1月第1卷第4期。对于《离骚》中"孰信修而慕之"一句，做考证解读。

初收上海大孚出版公司1947年12月初版《沸羹集》，题名《瓦石劄记》；后收《沫若文集》第3卷；现收《郭沫若全集·文学编》第6卷。

中旬 应杨亚宁所求，为其所购鲁迅石膏浮雕像作联语："返国空余挂墓剑，斫泥难觅运风斤。"并跋语："余与鲁迅素未蒙面而时受其斥责，虽当时受之，每有难忍之处，但今则求之而不可得矣。"

作为《孔雀胆·资料汇辑（三）》，收上海群益出版社1948年2月初版《孔雀胆》；后收《沫若文集》第4卷；现收《郭沫若全集·文学编》第7卷。

杨亚宁在10月8日致郭沫若信中写道："尚有恳者：后学前托友人自渝购得鲁迅翁石膏浮雕像一具，亟须制联以映衬之。兹特趁此良机，附呈素纸二帖，敬乞先生于便中法书类似鲁迅像赞之词句。倘无暇思索，则即用畴昔在倭京出版之《质文》上所载先生手书之'平生功业尤拉化，旷代文章数阿Q'一联，亦甚佳也。"

21日 将杨亚宁"来件订成了一个小册子"，并题诗一首："亚宁盛意至可感，助我完成《孔雀胆》。来件珍藏在玉函，传之百世足观览。"

以《〈孔雀胆〉资料汇辑》为题，收上海群益出版社1948年2月初版《孔雀胆》；后收《沫若文集》第4卷；现收《郭沫若全集·文学编》第7卷。

22日 作《〈孔雀胆〉资料汇辑——昆明杨亚宁先生所提供之函件》。记述杨亚宁帮助在云南搜集《孔雀胆》资料的经过，说明将杨亚宁来件装订成册，"一以表示我对于亚宁的感激，一以供读本剧者得参考"。

初收上海群益出版社1948年2月初版《孔雀胆》，后收《沫若文集》第4卷；现收《郭沫若全集·文学编》第7卷。

◎ 接受周恩来不同意《孔雀胆》对农民起义领袖写法，并要求修改的意见。（张颖《领导·战友·知音》，1980年1月27日《光明日报》）

23日 作《〈今昔集〉序》。谓："我把年来所写的散文收为这一个集子，名之曰《今昔集》：因为这儿所论的有近在眼前的今天，有远在三千年前的古代。但我并无所谓'今昔之感'。"

初收重庆东方书社1943年10月初版《今昔集》，后收《沫若文集》第4卷，现收《郭沫若全集·文学编》第19卷。

◎ 作《驴猪鹿马》。发表于28日重庆《新华日报》。借中国古代的笑话，指出有两种主观主义，"认驴似猪是出于无智，指鹿为马是出于知识的误用。前一种的主观主义，可以用科学的方法以疗治其愚昧，后一种主观主义愈知道得一些科学方法，愈足以增其诡诈。同一科学，人道主义者用之以增进人类的幸福，法西斯蒂用之以歼灭幸福的人类。在这儿除掉科学的方法之外，显然还须得有道德力量或政治的力量以为后盾"。

初收上海大孚出版公司1947年12月初版《沸羹集》，后收《沫若文集》第13卷，现收《郭沫若全集·文学编》第19卷。

◎ 作《鼠乎？象乎？》。发表于29日重庆《新华日报》。引志怪小说《神异经》关于冰鼠的记载，借以评论主观主义，并进而批判希特勒："在狂人希特拉的领导之下，便把全人类看成了原生动物，把一切的客观力量都估计到零位以下去了"。文章最后对国内反苏者进行了抨击。

初收上海大孚出版公司1947年12月初版《沸羹集》，后收《沫若文集》第13卷，现收《郭沫若全集·文学编》第19卷。

24日 作《赵高与黑辛》。发表于31日重庆《新华日报》。写道："在《高渐离》剧本里面把赵高写成了一个好人，说他是存心替赵国报仇而策谋秦国内部破坏。朋友们对于这个翻案颇感新奇，但其实我是有所师承的。""章太炎的一首诗里面似乎很称赞赵高。我接受了这个暗示。"

初收上海大孚出版公司1947年12月初版《沸羹集》；后收《沫若文集》第13卷，文末附1947年8月14日所作按语；现收《郭沫若全集·文学编》第19卷。

25日 上午，与文工会留乡的臧云远、高远等20余人同游飞雪崖。

◎ 夜，作散文《飞雪崖》。发表于11月29重庆《大公报·战线》。记游飞雪崖所见"清代及南宋人题壁"。对于两则南宋人题壁，略做考订。因"手中无《重庆府志》"，有些问题无法考证。是年12月13日又写了《补记》。

初收重庆群益出版社1945年9月初版《波》，后收《沫若文集》第9卷，现收《郭沫若全集·文学编》第10卷。

27日 作《关于古代研究》。发表于桂林《文化杂志》月刊1943年1月第3卷第3期，题作《关于古代社会研究答客难》。文章指出"关于中国古代研究，最闹得波谲云诡的就是'亚细亚的生产方式'"。"所谓'亚细亚的'，并不限于亚洲诸民族，全人类都曾经历过这个阶段。""无论国内国外研究中国古代的人，最大一个毛病就是在资料调查的第一步上便没有做好。"根据《诗经》及周秦诸子，"这些资料都是战国时代的成品"。"以前的人最大的缺陷便是不了解古代人民众庶的地位，因而有人说中国无奴隶制，或只有家内奴隶而无生产奴隶。"西周封建说无一可通，"主要的错误即在三代封建之旧式观念未除，而对于资料的时代性及解释，均不免自我作故"。

初收东南出版社1945年4月初版《先秦学说述林》；现收《郭沫若全集·历史编》第3卷。

28日 作《一样是伟大》。发表于11月4日重庆《新华日报》。对于"要作家们以司马光为例，费十九年工夫写出一部《资治通鉴》"的论点，提出了不同的意见："其实伟大不伟大倒在其次。主要的是应该追问：究竟要怎样的条件之下，才写得出那样大部头的书？而且所写出的也还须得看看：究竟是不是合乎真善美的标准？""我们诚恳地希望：在中国的文艺界不要也弄到将军多过于士兵。"

初收上海大孚出版公司 1947 年 12 月初版《沸羹集》，后收《沫若文集》第 13 卷，现收《郭沫若全集·文学编》第 19 卷。

29 日 作《赞天地之化育——纪念中华助产士协会成立一周年》。写道："一个医生不仅要有渊博的学识，而且还要有崇高的道德。""医生是自然的助手，护士是医生的助手。有好的医生便能领导自然，有好的护士同样可以领导医生。""助产工作在这儿是直接帮助自然，所谓'赞天地之化育'，与医生的功德具有同等的伟大。"

初收上海大孚出版公司 1947 年 12 月初版《沸羹集》，后收《沫若文集》第 13 卷，现收《郭沫若全集·文学编》第 19 卷。

30 日 作《"绿"》。发表于 11 月 6 日重庆《新华日报》，又发表于 12 月 7 日《解放日报》。由王安石反复推敲才成"春风又绿江南岸"句，联想到"文艺作品有时是要经过千锤百练才能达到好处。但锤炼也并不是要弄得来极其生硬，而是要弄得来极其纯粹"。"看见别人'绿'而眼睛红的人，尤其应该向王荆公学习学习。"

初收上海大孚出版公司 1947 年 12 月初版《沸羹集》，后收《沫若文集》第 13 卷，现收《郭沫若全集·文学编》第 19 卷。

◎ 作散文《丁东草》之一《丁东》。发表于《文艺生活》月刊 1943 年 2 月第 3 卷第 4 期。诉说，思慕的"并不是那环佩的丁东，铁马的丁东，而是清冽的泉水滴下深邃的井里的那种丁东，嘉定城里月儿塘前面丁东井里的丁东"。对于清代王士禛《题丁东水》一诗以"方响洞"为"丁东水"更名大不以为然，"那样的名称，那有丁东来得动人呢？"

初收重庆群益出版社 1945 年 9 月初版《波》，后收《沫若文集》第 9 卷之《芍药及其它》，现收《郭沫若全集·文学编》第 10 卷。

31 日 作《丁东草》之二《鹭鸶》。发表于《文艺生活》月刊 1943 年 2 月第 3 卷第 4 期。称赞"白鹭是一首精巧的诗"，"一首韵在骨子里的散文的诗"。

初收重庆群益出版社 1945 年 9 月初版《波》，题名《白鹭》；后收

《沫若文集》第 9 卷之《芍药及其它》；现收《郭沫若全集·文学编》第 10 卷。

◎ 作《丁东草》之三《石榴》。发表于《文艺生活》月刊 1943 年 2 月第 3 卷第 4 期。赞美"石榴有梅树的枝干，有杨柳的叶片，奇崛而不枯瘠，清新而不柔媚，这风度实兼备了梅柳之长，而舍去了梅柳之短。最可爱的是它的花，那对于炎阳的直射毫不避易的深红色的花，单瓣的已够陆离，双瓣的更为华贵"。

初收重庆群益出版社 1945 年 9 月初版《波》，后收《沫若文集》第 9 卷之《芍药及其他》，现收《郭沫若全集·文学编》第 10 卷。

本月 历史剧《虎符》由重庆群益出版社出版。

11 月

1 日 为张仲友第三次个人画展题词刊载于重庆《时事新报》。写道："作画须先求准确，须于无法之中求法，有法之后求化，方能气韵生动，把生命突出于纸上，张女士作画可谓成熟矣。"

4 日 作《杜鹃与道学——读梁任公〈王安石评传〉有感》。发表于重庆《学习生活》月刊 1943 年 1 月 1 日第 4 卷第 1 期。抨击诽谤变法者王安石的南宋一批道学家们。写道："杜鹃不自筑巢，借用别鸟之巢以延其后裔"，"这只是出于本能而非出于存心，而且它们也并没有道貌岸然的标榜着它们是贤哲。暂时借巢并未毁坏其巢，或在巢中拉些矢粪。独占养育也因身力较大，不免执行了一种自然淘汰。这些和道学先生们的行为比较起来，实在是大有愧色的。谤其法而火其书，毁其父而伤其子，一手遮尽，唯我独尊，任意捏诬，垂垂百世，而自己却在大谈其道学，大谈其理学"。盛赞"王安石与王阳明实在是不可多得的两位人物，事业文章，学术道德，均有划时代的表现"。

7 日 为纪念苏联十月革命 25 周年，与茅盾、胡风、夏衍等百余人联名在重庆《新华日报》发表《中国文化界向苏联文化界致书》。写道："苏联的文化工作者和苏联全体的英勇人民是全世界的示范，在这十月革命的光辉照耀之下，增进了自己的力量和信心。我们是深切地相信人类的前途必是走向光明，纵使目前尚有莫大的阻碍，但我们要不屈不挠，排除万难前进。我们祝苏联的纪念如同本国的纪念，祝苏联的国庆如同本国的国庆，一切的一切都是休戚相关。我们趁着这个光辉的纪念日敬致我们的至忱和庆贺，敬祝苏联全面的胜利，敬祝全民主战线的胜利，敬祝文化创造的胜利。"

◎ 上午，与周恩来、董必武、邓颖超、冯玉祥、沈钧儒等往枇杷山苏联大使馆出席苏联驻华大使馆举办的庆祝十月革命25周年招待会。(8日重庆《新华日报》)

◎ 与冯玉祥等6人联名代表中国文化界送锦旗并《给苏联领袖和人民的信》，庆祝十月革命节。信发表于《新华日报》。说道："今天在这个最可纪念的日子，我们谨以无上的热诚表示庆贺。我们没有什么礼物可以奉献，仅在一面锦旗上写出了几句粗率的诗但这也正是我们的一个决心的表示。真正可以奉献你们的礼物，我们还须得创造，我们还须竭尽自己的力量来，对于法西斯毒素的肃清，世界新秩序的建立，全人类福利的增进上，切实能够有所贡献。"

16日 董必武、林伯渠、夏衍、廖梦醒以及叶挺夫人李秀文携女儿扬眉等人来赖家桥寓所贺50岁生日。

李秀文带来叶挺赠送的寿礼——在狱中用香烟盒制作，并用钢笔横书的"文虎章"。章名周围环绕着"寿强萧伯纳，骏逸人中龙"十个字，背面写着"祝沫若兄五十大庆，叶挺"。"文虎章"上，李秀文用红丝线订上了佩绶，并用红墨水加上了边沿。"这样一个宝贵的礼物，实在是使我怀着深厚的谢意和感激。我感激得涔着了眼泪。"(《天地玄黄·叶挺将军的诗》；《阳翰笙日记选》，四川文艺出版社1985年2月版)

19日 致信翦伯赞："十七日信奉到，读后甚感兴奋。您的《中国史纲》将要脱稿，这断然是一九四二年的一大事件，为兄贺，亦为同人贺。我们极欢迎您写好后到赖家桥来为我们朗读，请您一定来，我暂不进城，决定在这儿等您。来时请嫂氏一道来，朗读完毕之后，或者可同进城看《虎符》也。高原日前来向您请（教），恐反而耽误了您的写作。我现在略略伤风，更加渴望您用《史纲》来疗治。"(《北京大学学报》1978年第3期)

◎ 晚，听阳翰笙来谈章伯钧欲筹建剧场事。(《阳翰笙日记选》，四川文艺出版社1985年2月版)

22 日 与阳翰笙等人商议即将创刊的《中原》月刊编辑方针，决定将该刊办成偏重文艺的综合性刊物，在文艺之外，还须登载一般社会科学的译著。决定与阳翰笙、冯乃超、杜国庠、郑伯奇、夏衍、刘仁共同担任编委，由夏衍实际负责。(《阳翰笙日记选》，四川文艺出版社 1985 年 2 月版)

◎ 作《春再集序》。"在这儿我把一部分的论文和杂文汇集了起来，有几篇是讲演录，但都是经过我的校阅的。""青春哟，我希望你是真正的已经再来！"但这部收录 1942 年论文与杂文的集子后来未见出版。(郭沫若纪念馆馆藏资料)

23 日 作《无题》。说："照年龄说来，我已经是知命晋一的人，但不知怎的，我却感觉着一切都还年青。仿佛二三十岁的心境和现在的并没有怎么两样"。"平生一大恨事便是两耳失聪而又聋得不彻底，假使我不聋，或许总可以更聪明得一点吧？假使聋得更彻底，或许也可以更聪明得一点吧？"

初收上海大孚出版公司 1947 年 12 月初版《沸羹集》，后收《沫若文集》第 13 卷，现收《郭沫若全集·文学编》第 19 卷。

24 日 在寓所与杜国庠、郑伯奇、冯乃超、何成湘等人为阳翰笙贺 40 岁生日。(《阳翰笙日记选》，四川文艺出版社 1985 年 2 月版)

27 日 在文化工作委员会作题为《先秦天道观的进展》的学术报告。后与阳翰笙商定次日午后二时一道进城。(《阳翰笙日记选》，四川文艺出版社 1985 年 2 月版)

28 日 午后，与于立群、阳翰笙进城。(《阳翰笙日记选》，四川文艺出版社 1985 年 2 月版)

◎ 作《关于屈原之年龄与其作品之真伪》。(郭沫若纪念馆馆藏资料)

29 日 上午，与于立群、阳翰笙、冯乃超等人往国泰大戏院观看卓别林主演的电影《大独裁者》。(《阳翰笙日记选》，四川文艺出版社 1985 年 2 月版)

30 日 为文化工作委员会副主任委员谢仁钊调训后所遗工作安排草呈文报政治部。拟请由副主任委员阳翰笙兼代理谢的工作，谢所兼代第一组组长职，由第三组组长冯乃超代理。(政治部巴字第 18850 号文)

下旬 收到叶挺夫人李秀文从囚禁叶挺处带出来的叶挺作于 21 日的《囚歌》并署名"六面碰壁居士"的一封信。(孙曙《党史小说〈红岩〉中的

史实讹误》,《炎黄春秋》2004年第1期;《阳翰笙日记选》,四川文艺出版社1985年2月版)

12月

5日 《屈原·招魂·天问·九歌》发表于重庆《新华日报》,连载至6日毕。针对陆侃如在《文化先锋》第1卷第9期批评《蒲剑集》中关于屈原论述的《西园读书记》一文,重申个人看法。关于屈原的生卒指出,"前代历朔家有二通弊。其一依后代支干纪年而逆推周秦甲子",其实汉武以前中国古历仅以太岁纪年,不以干支纪年;其二,均认超辰术为刘歆所发明,故于刘歆以前之历朔推算概不超辰。其实超辰乃自然现象,而刘歆所推亦不正确。岁星运行,余分经八十二点六年即积满三十度超过一辰。古时以太岁纪年,乃按实书年,故无超辰的理论,却有超辰的事实。今观陈、刘二氏的结果,显然于此二弊均未能免。坚持《天问》《招魂》为屈原所作,以为:"司马迁去古较近","《天问》、《招魂》夹在《离骚》与《哀郢》之间,《离骚》与《哀郢》既为屈作,则《天问》、《招魂》自以认为屈作为宜"。而"以《九歌》与《离骚》《九章》等相比,虽情调有悲愉之别,而风味无文质之殊,返复玩味,终无法认其必出二人或二人以上"。

初收重庆东方书社1943年10月初版《今昔集》,后收《沫若文集》第12卷,现收《郭沫若全集·文学编》第19卷。

◎ 夜,致信翦伯赞。谈到历史剧《孔雀胆》时说:"事实您是一位助产者。经过了好几番的润色,算勉编成了定稿。您说您愿意以历史家的立场来说一番话,我极希望您能够即早执笔。"(《北京大学学报》1978年第3期)

6日 作《追怀博多》。发表于《现代周刊》1945年第10期。追忆到留学日本九州帝国大学时在博多的生活,记述了博多湾、十里松原的景色和博多的历史传说。说道:"我本来学的是医科","但终竟跑到文学的道路上来了。所以致此的原因,我的听觉不敏固然是一个,但博多的风光富有诗味,怕是更重要的一个吧"。

初收上海大孚出版公司1947年12月初版《沸羹集》,后收《沫若文集》第 13 卷，现收《郭沫若全集·文学编》第 19 卷。

◎ 晚，参加全国文艺界抗敌协会和中国文艺社为欢迎中国驻苏联大使邵力子举行的茶会。听邵力子介绍苏联战时文艺、出版情况，亦为彼介绍国内情况。告以当局正劝告作家多写成功之故事，少写成仁之悲剧，莫写岳飞、文天祥，而多写明太祖、戚继光。(7 日重庆《新华日报》)

9 日 为伍蠹甫画作《峡船图》题五律："峡行如登天，山川见奇势。鞭石血流赤，凿空浑沌帝。平地卷波涛，涤荡人世间。吾亦气淋漓，道已进于艺。"

收作家出版社 1959 年 11 月初版《潮汐集·汐集》，题名《题峡船图》；现收《郭沫若全集·文学编》第 2 卷。

◎ 为悼念友人王劲三作五言诗《吊友》："巢复卵无完，国破家何计？痛哉此血仇，复之期九世。椿萱同时摧，中馈复溘逝。阖门成国殇，幼子方十岁。骨肉皆分散，是否在人世？知君恨剧深，欲哭已无泪。举世双璧垒，轴心已摇曳。还当奋力威，鼓舞山岳锐。横将法西斯，一扫乾坤霁。"

初收作家出版社 1959 年 11 月初版《潮汐集·汐集》，现收《郭沫若全集·文学编》第 2 卷。

10 日 晨，与阳翰笙商谈历史剧《孔雀胆》演出的问题，未得结论。

阳翰笙晚应应运卫邀宴，晤路明，路明答应主演《孔雀胆》。(《阳翰笙日记选》，四川文艺出版社 1985 年 2 月版)

12 日 作诗《丹娘魂》。歌颂丹娘和无数反法西斯的丹娘式的抗敌女英烈："我读丹娘传，我礼丹娘魂。女儿十八朝霞曛，以身许国流芳芬。汽油一罐丹娘血，兽军电线一火焚。皮鞭二百，惨不忍闻。木牌一个：'游击队员'。六尺长绳压颈，魂飞宇宙八弦。丹娘虽属苏联有，丹娘之魂遍六洲。母也丹娘，女也丹娘，姊也丹娘，妹也丹娘，万亿女性尽丹娘。永远复永远，丹娘复丹娘，长使法西斯灭绝，不敢再跳梁。"

初收作家出版社 1959 年 11 月初版《潮汐集·汐集》，现收《郭沫若全集·文学编》第 2 卷。

丹娘，即苏联卫国战争时期的女英雄卓娅。

◎ 作《文艺的本质》。发表于桂林《艺丛》月刊 1943 年 5 月创刊号。强调"文艺的本质是斗争，是对于自然界（人包含在内）暴力抗争的斗争，因此文艺是武器"。"但暴力也能利用文艺的形式来从事斗争，凡是讴歌暴力或削弱对暴力的力量的所谓'文艺'，那只是暴力的化身。"批评"与抗战无关"论和"文学贫困论"。认为前者其实是最恶性的政客，后者将性质不同的东西相比。"希望我的朋友们不要轻易地去当什么大学讲师或大学教授。""更客观一点！""更虚己一点！""更反法西斯蒂一点！"

初收上海大孚出版公司1947年12月出版《沸羹集》，后收《沫若文集》第13卷，现收《郭沫若全集·文学编》第19卷。

13日 作《〈飞雪崖〉补记》。征引《巴县志》（民国二十八年向楚新修）关于飞雪崖的几则文献，对于10月游飞雪崖所见宋人题壁做考证。

初收重庆群益出版社1945年9月初版《波》，后收《沫若文集》第9卷，现收《郭沫若全集·文学编》第10卷。

15日 为王晖石棺青龙图拓片作七言诗，并作跋语。以《王晖石棺题咏之一》为题，发表于1946年4月10日上海《大晚报·剪影》。咏道："芦山城东四五里，乡人发得汉墓址。墓铭简短记故人，王晖伯昭上计史。建安十六岁辛卯，九月下旬秋亦老。翌载林钟辰甲戍，长随落日入荒草。双龙矫矫挟棺走，龟蛇纠缪尾与首。地底潜行二千年，忽尔飞来入我手。诚哉艺术万千秋，相逢幸有车瘦舟。能起死人肉白骨，作者之名乃未留。曾读雅州樊敏碑，碑乃建安十年造。石工堂堂列姓名，曰惟刘盛字息憪，为时相隔仅七载，况于芦山同健在。想此当亦刘家龙，惘然对之增感慨。西蜀由来多名工，芦山僻邑竟尔雄。奈何此日苍茫甚，山川萧条人物空。"跋语谓："车君瘦舟拓赠并縢以函，云为写飞将军乐以琴小传，十一月曾去西康芦山乐氏故里一行，于县东门外四五里许，得见乡人无意中发掘出建安十七年上计史王晖之石棺。棺之两旁有浮雕为飞龙飞虎，两端亦有龟蛇相缠之浮雕及王晖之简短墓志。雕工精细，甚有艺术价值。因于灯下题此长句。计建安十七年距今已千七百三十一年矣，与樊敏碑同出芦山，相隔仅七年，疑此亦石工刘盛所刻也。"

初收作家出版社1959年11月初版《潮汐集·汐集》，题名《咏王晖石棺》，署写作时间为"12月14日"，有误；现收《郭沫若全集·考古编》第10卷。

1942年10月《康导月刊》第4卷第6、7期载任乃强《芦山新出汉石图考》一文云："距樊（敏）碑二里，道旁有古墓，露石一角"，记述了王晖墓发掘的经过及石棺刻图考。郭沫若得成都《工商导报》记者车辐（瘦舟）寄赠石棺浮雕拓片，遂于青龙图拓片上题此诗。

◎ 为王晖石棺玄武图拓片作七言诗："龟长于蛇古有说，只今思之意惘然。二物同心剧相爱，绸缪不解二千年。憎到极端爱到底，总以全力相盘旋。曾见罗丹接吻像，男女相拥何缠绵。巨人米克郎吉乐，壁画犹传创世篇。视此均觉力不逮，目目相向入神玄。龟如泰岳镇大地，蛇如长虹扛九天。天地氤氲实如此，太极图像殊可怜。爬虫时代久寂寞，忽见飞龙今在田。谁氏之子像帝先，徒劳仰慕空云烟。"

初收作家出版社1959年11月初版《潮汐集·汐集》，题作《题王晖棺玄武像》；现收《郭沫若全集·考古编》第10卷。

此诗题作于车辐寄赠的王晖石棺玄武图拓片上。

◎ 致车辐（瘦舟）信。写道：

"十一月廿八日惠书业早奉悉。日前刘念渠先生进城，晤面时亦曾谈及足下之所发现，正相共庆幸。今日奉到得拓本，展视颇为惊愕。龙与龟蛇之象甚生动有力，不忆东汉末年，芦山偏僻之地竟有如许之无名艺术家存在也。现因手中无书，王晖不知是否可以考出，俟缓日返乡之后再行獭祭。再，足下见此棺发出时不识曾有其它殡葬物否？能得其它物品并于墓地情形加以详细记录，实为考古上一有价值之事，甚愿能知其详尽。

又月前此间报纸载成都发现前蜀王建墓，有玉简诸物，足下曾亲观否？此事如在欧洲学界，必当大轰动，可惜中国学术空气稀薄，又在战时，竟不得集多数有权威之学者细细加以研讨，甚为可叹。"（据手迹，车辐《关于郭老两封信的说明》，《郭沫若研究学会会刊》1984年总第4集）

原信未署年份，《关于郭老两封信的说明》认为作于1941年，有误。王晖石棺的发掘在1942年，信中所言"成都发现前蜀王建墓"事，亦在1942年。

19日 晨，致电阳翰笙之父欧阳静波，问候其病况。（《阳翰笙日记选》，四川文艺出版社1985年2月版）

21日 与田汉、阳翰笙、老舍、张道藩等31人当选为中华全国戏剧界抗敌协会第三届理事会理事。（26日重庆《新华日报》）

23日 中午，与阳翰笙同往生活书店，看望刚到重庆的茅盾。

◎ 晚，与阳翰笙等在寓所宴请林彪及茅盾夫妇（《阳翰笙日记选》，四川文艺出版社1985年2月版）

27日 下午，文化工作委员会在天官府举行诗歌座谈会，讨论"怎样选择新诗主题与题材""抒情诗与叙事诗的创作方法""对过去新诗歌的检讨及对未来新诗歌的展望"等问题。(28日重庆《新华日报》)

31日 《寿浅哉五十》发表于重庆《新蜀报》。追忆抗战初于上海与洪深相识的印象。赞颂洪深是"狂涛急浪中之巨石，巍峨屹立而不移"。表彰洪深组织成立救亡演剧队的功绩。"其为人恳挚，任事勇决"，虽然"已年届知命，而精力弥壮"，但在学业上"著作等身而犹孜孜不息，桃李已遍天下而犹淳淳"，"是所谓学不厌教不倦者"，"业如山岳之洪"。

◎ 与沈钧儒、曹禺、张俊祥等人的贺词以《洪深先生五十寿》为总题发表于重庆《新华日报》。谓，"洪深先生中西共治，新旧兼融，著作六十余种而犹孜孜不息，实我国文化界杰出之人才。其所以能致此者，身体健康，精神开放，思想自由，生活坚实也。凡此均足以供吾人效法。"

◎ 下午，出席重庆戏剧电影界在百龄餐厅为庆贺洪深五十寿辰举行的茶会，并致辞。称洪深"不但能编能导，而且还能演，可说是个艺术界的完人"。"希望你多多写剧本，还希望你多多培植新演员"，"写出一部话剧历史来"，"多介绍一点外国剧本，象希腊悲剧，很多好的外国剧本。"（31日重庆《新华日报》；《洪深先生五十寿辰座谈会纪要》，《戏剧月报》第1卷第3期）

本月 《屈原——五幕史剧及其他》由新华书店出版，收《屈原——五幕史剧》《屈原思想及其他》等9篇。

◎ 月末，作《新年献辞》。发表于桂林《文学创作》月刊1943年1月15日第1卷第4期。写道：

"转瞬便到了一九四三年了。

虽然目前还在准备过冬，但已透感着新年的新气。

一九四二年虽然同样在烽火中过渡了来，过渡着在，而且还要过渡下去，但东西法斯蒂的毒焰已不再有往年那样猛烈了。

纳粹在斯大林格勒又要举行一次雪葬，'皇道'在太平洋上正在举行水葬。

一九四三年大概是和平破晓的一年吧。我们高奏起文艺的军号来宾寅这和平的曙光，但可不要忘记在目前还须得开辟两对第二战场——

西欧一个，缅甸一个。小说一个，批评一个。

诗歌和戏剧应该加紧战斗下去，但小说和批评别再冷落了。"

冬

◎ 为关良画《白水滩》题诗："我不识剧情，/言是白水滩。/只觉比戏更好看。/不管谁是持矛武小生，/不管谁是红胡青面汉，/如闻金鼓声，/纸上大鏖战，/传神之笔殊可赞！"（《郭沫若题画诗存》；鲁真辑《郭沫若为关良题画拾遗》，南京师范学院《文教资料简报》第88期）

◎ 为关良画《打渔杀家图》题诗："英雄老去隐渔家，失水鱼龙困蟹虾。打尽不平天下事，江湖气魄女儿花"。自注云："良公画此索题卅一年冬"。（手迹见《郭沫若题画诗存》，山西教育出版社1997年11月版）

初收作家出版社1959年11月初版《潮汐集·汐集》，题为《题打渔杀家图》，"打尽不平天下事"改作"打尽天涯不平事"，写作时间误署为"1944年5月21日"；现收《郭沫若全集·文学编》第2卷。

本　年

◎ 闻知周谷城到达重庆，请其在寓所为几个年轻人作了一次学术报告。饭后，就中国资本主义迟迟没有发展的原因与周谷城交换了意见。（周谷城《怀念郭老》，《悼念郭老》，生活·读书·新知三联书店1979年5月版）

◎ 致信第七战区艺宣大队，同意李门等戏剧青年演出史剧《虎符》。并告以怎样掌握主题，怎样表演，对于舞台设计也提出具体意见。后应李门之请，为其题辞："勇气与专精，是成功的最大要素。对客观事物，必须用尽全力以处理之，来能称意，死不罢手，天下实无难事。"（李门《泰山之神永生》，《悼念郭老》，生活·读书·新知三联书店1979年5月版）

◎ 作《关良艺术论》。发表于1947年1月29日《文汇报》。文章说："谈关良先生的画，从关良的画展，感想到目前中国的绘画艺术，应该有一种新的趋向，新的作风。""西洋民族是一种动的，热情奔放的，甚至于急功好利的，所以西洋画的作风，有粗大的线条，鲜明的轮廓，浓郁的色调，坚实和夸奖的性格，读之容易感人媚人。中国画是从内在的灵境出发，从平面中蕴蓄无尽，富于一种潜在的神秘感，西洋画是从外在的实感出发，从立体中发扬无遗，富于一种外铄的印象感。中国画是在某些部分实不及西洋画的技巧，西洋画在大体上，然亦不及中国画的蕴藉。因此中国艺术的价值，殊觉可贵。不过从时代的意义上说，目前的中国是需要动，需要有一种热情奔放的推进力量，需要由'山人''居士'的意境，转变到正视人生的意境，及需要发扬'淡泊明志，宁静致远'的积极作用。所以我们的画家，尤其是研究西洋画的中国画家，不可不注意以下数点，摆脱模仿，抄袭的樊笼，端正自我的视线，选择独立的主题，发挥崇高的个性，创造时代的，进步的，发扬中国作风，中国气派的绘画。"

"关良先生有深固的西画的根底，同时更深入国画的堂奥，从他的作品中所表现出来的风格，显然富有一种极大的创作感，他既不愿以纯粹的西画以绚其长，更不愿以陈旧的国画作风去倒钻牛角，他认识中国绘画内在精神的可贵，同时更深切认识动的热情奔放的时代精神之必须发扬，他以西画作驱壳，国画作灵魂，以西画单纯明快坚实浓郁的技巧，来表达国画恬静洒脱淡雅超逸的神韵，企图创造一种时代的，前进的，发扬中国传统艺术精神的新绘画。但他决不是'折衷主义'者，因为他的目的在创造。"

《文汇报》文后有"编者按：关良教授于一月廿日至二月一日假南京路大新公司二楼画厅举行全国名胜画展"。

◎ 为石啸冲书录旧作《和老舍原韵并赠三首》之三。（手迹见《郭沫若书法集》，四川辞书出版社 1999 年 11 月版）

◎ 为历史剧《屈原》作三首歌词，由刘雪庵谱曲。（朱舟《郭沫若与音乐》，《郭沫若学刊》1995 年第 4 期）

◎ 担任歌剧《秋子》导演成员顾问，指导排演工作。

这是一部主题为反法西斯、反日本军国主义侵略的歌剧，在重庆上演。（朱舟《郭沫若与音乐》，《郭沫若学刊》1995 年第 4 期）

◎ 为《秋白诗选》题《和老舍原韵并赠三首》之三。手迹收学生导报社 1942 年版《秋白诗选》。

秋白，郭秋白，成都《服务月刊》主编。

◎ 题写一条幅，赠送正在昆明养病的翁植耘："金刚坡下有银杏树一株,为陪都百里内所罕见之物,其北有小丘,形如水牛,余即以水牛名之。筑一亭于其脊上,题曰银杏亭。以为文会中人息游之地。丘上荒芜,已辟为菜圃,荷锄种植,自食其力,亦一乐事。"(翁植耘《文化堡垒》)

◎ 应重庆大学嘉陵文艺社的邀请,作题为《屈原的悲哀》的演讲。批判楚怀王的昏庸无道,弄得国破家亡,民不聊生;痛斥南后、子兰、靳尚等人的投降卖国活动。号召大家都要学习屈原的爱国主义和不畏强暴的精神,要像屈原那样忠于自己的理想。(张悲鹭《悼念·回忆·学习——忆郭老二三事》,《新文学史料》1979年第2期)

◎ 作《第二十一(金陵)兵工厂厂歌》。歌中写道:"战以止战兵以弭兵,正义的剑是为保卫和平。创造犀利的武器,争取国防的安宁。"(郭沫若纪念馆馆藏资料)

歌词由贺绿汀谱曲。

◎ 作《少年殉国诗人夏完淳》。(郭沫若纪念馆馆藏资料)

◎ 作《夏完淳的家庭》(未完成)。(郭沫若纪念馆馆藏资料)

◎ 作《屈原的存在》。(郭沫若纪念馆馆藏资料)

◎ 作《作剧经验》。(郭沫若纪念馆馆藏资料)

◎ 作《悲剧与闹剧》(未完成)。(郭沫若纪念馆馆藏资料)

◎ 作《关于血型》。(郭沫若纪念馆馆藏资料)

◎ 作《抗建儿童进行曲》。(郭沫若纪念馆馆藏资料)